·北京师范大学史学探索丛书·

ZhongGuo SheHui JiaoYuShe YanJiu

中国社会教育社研究

周慧梅　著

北京师范大学出版集团
BEIJING NORMAL UNIVERSITY PUBLISHING GROUP
北京师范大学出版社

图书在版编目（CIP）数据

中国社会教育社研究 / 周慧梅著. —北京：北京
师范大学出版社，2019.5
（北京师范大学史学探索丛书）
ISBN 978-7-303-24564-2

Ⅰ．①中… Ⅱ．①周… Ⅲ．①社会教育－学术团体－
研究－中国 Ⅳ．①G779.2-26

中国版本图书馆 CIP 数据核字（2019）第 030792 号

营 销 中 心 电 话 010－58805072 58807651
北师大出版社高等教育与学术著作分社　http://xueda.bnup.com

ZHONGGUO SHEHUI JIAOYUSHE YANJIU
出版发行：北京师范大学出版社 www.bnup.com
　　　　　北京市海淀区新街口外大街 19 号
　　　　　邮政编码：100875
印　　刷：保定市中画美凯印刷有限公司
经　　销：全国新华书店
开　　本：730 mm × 980 mm　1/16
印　　张：36.75
字　　数：556 千字
版　　次：2019 年 5 月第 1 版
印　　次：2019 年 5 月第 1 次印刷
定　　价：128.00 元

策划编辑：刘东明　　　　　　　责任编辑：朱前前
美术编辑：李向昕　　　　　　　装帧设计：李向昕
责任校对：段立超　　　　　　　责任印制：马　洁

出版说明

在北京师范大学的百余年发展历程中，历史学科始终占有重要地位。经过几代人的不懈努力，今天的北师大历史学院业已成为史学研究的重要基地，是国家"211"和"985"工程重点建设单位，首批博士学位一级学科授予权单位。拥有国家重点学科、博士后流动站、教育部人文社会科学重点研究基地等一系列学术平台。科研实力颇为雄厚，在学术界声誉卓著。

近年来，北师大历史学院的教师们潜心学术，以探索精神攻关，陆续完成了众多具有原创性的成果，在历史学各分支学科的研究上连创佳绩，始终处于学科前沿。特别是崭露头角的部分中青年学者的作品，已在学术界引起较大反响。为了集中展示北师大历史学院的这些探索性成果，也为了给中青年学者的后续发展创造更好条件，我们组编了这套"北京师范大学史学探索丛书"，希冀在促进北师大历史学科更好发展的同时，为学术界和全社会贡献一批真正立得住的学术力作。这些作品或为专题著作，或为论文结集，但内在的探索精神始终如一。

当然，作为探索丛书，特别是以中青年学者作品为主的学术丛书，不成熟乃至疏漏之处在所难免，还望学界同仁不吝赐教。

北京师范大学历史学院
北京师范大学史学理论与史学史研究中心
北京师范大学史学探索丛书编辑委员会
2014 年 3 月

目　录

图表目录

一、图

二、表

北京师范大学史学探索丛书

北京师范大学史学探索丛书

导　论

一、写作缘起

近些年来，近代各类社团研究方兴未艾。在 1912—1949 年的 38 个春秋里，伴随着社会转型的阵痛，教育经历着从传统向现代化的蜕变，集结精英们的各式教育社团起伏其中，或摇旗呐喊，或引领风骚，为这种蜕变做出精彩纷呈的注脚。这些范围不一的教育会社团体，从不同层面、不同方式，在引介西方教育基础上，对传统教育予以扬弃，孕育并滋养了现代教育。有研究者指出："对传统教育的摒弃与继承、否定与弘扬，对西方教育的接纳与排拒、移植与抗阻，对民国教育的构思与运作、试验与调整，交织成一幅错综复杂、色彩斑斓的历史画卷。"①而中国社会教育社（下文简称"社教社"），作为民国时期社会教育界的全国性的专业社团，是这幅画卷中最为独特，甚至有几分斑驳陆离却又被后人忽略的那一抹色彩。

中国近代教育会社团体研究，已逐渐成为一个新的学术增长点，涌现出不少成果。但相较于同时期有影响社团研究的方兴未艾，中国社会教育社研究却非常滞后。尽管近年来随着学界对民国时期乡村建设、社会教育研究的热度的提升，研究者或以乡村建设派的分歧为切入点，或以前四届年会为中心，抑或以北平市第一民众教育馆参与为个案来看中国社会教育社的影响等，宛如阵阵春风，不时拂动社教社的神秘面纱，但"犹抱琵琶半遮面"，影影绰绰，难窥全貌。有着"全国社教之总枢纽"之称的社教社，先后存续 18 年，鼎盛时有个人社员 1600 余人，团体社员 38 处，几乎汇集了全国的社教专家和中央、省市的主要社教行政官员。单就专家组成看，不仅拥有如梁漱溟、晏阳初、黄炎培、陶行知、邰爽秋、舒新城、陈东原

---

① 李华兴：《民国教育史》，1 页，上海，上海教育出版社，1997。

等为学界所耳熟能详的、各教育流派的领军人物，更有陈礼江、李蒸、雷沛鸿、孟宪承、俞庆棠、赵冕、庄泽宣、高践四、郑晓沧、尚仲衣、钟灵秀等社教界核心人物。是"研究社会教育学术，促进社会教育事业"这样一个共同理想与愿景，将这些年龄相若、经历迥异、分散在全国各地的留学生、新儒家以及新型知识分子凝聚在一起，"嘤其鸣矣，求其友声"，前呼后应，交相辉映。实际上，这样的社团宗旨和社员构成，一方面使社教社在社会教育制度设计方面具有极大的责任感和权威性，"拥有较大制度设计表述权"的中国近代知识精英，以社教社为基地，在对不同域外观念的观照下，从不同角度进行"社会教育在学制中的合法地位"的制度建设。该社向教育部递交的各类社会教育制度建议一直为教育部社会教育司所倚重，其制度设计得到最大发展空间；另一方面，社内意见的分歧无形中被无限放大，在各自追随者的支持下，各派意见互不妥协，亦为社会教育制度建设缤纷多变埋下了伏笔。各界精英通过社教社，不仅向社会各界传达着各自的社会教育理念与实践，争夺话语权；而且在一定程度上影响中央政府和各级政府各种社会教育政策出台，引导着近代社会教育的发展趋势。换句话讲，在传统教育变革和现代教育生成的历史进程中，从微观到宏观，从理论到实践，从局部到整体，从平日到战时，从域外引介到本土改造，正是通过社教社集聚这些知识精英的自觉参与和担当，才使得社会教育突破一隅，从而席卷全国，并与学校教育一起构成了近代教育的重要两翼。该社常务理事俞庆棠曾讲："大家济济一堂，集合着努力开拓中国教育的许多同志，来谋社会教育的进步。这种情形，在国内许多教育集会中，恐怕也不常见到。这固然出于社员的热心赞助，同时也可以看到中国整个教育正在显露出一种方向性的转变。大家觉得过去的学校教育偏于课堂，尝试从社会教育来开辟新途径，我们不敢说这是中国教育的唯一途径，但这种方向性的转变，实在是整个教育界的一种共同趋势。"①从这个

---

① 俞庆棠：《闭幕辞》，见中国社会教育社编：《中国社会教育社第三届年会报告》，24 页，无锡，中国社会教育社，1934。

北京师范大学史学探索丛书

意义上讲，中国社会教育社研究，不仅是理解社会教育运行的核心密码，更是探索中国教育早期现代化不可避开的课题。实际上，无论从价值重要性还是史料丰富性上讲，该社研究均是一个亟待深入的课题。

自博士论文选题开始，笔者就以近代社会教育作为研究领域，2006 年完成《南京国民政府时期民众教育研究》博士论文后，先后对民众教育馆、民众学校和民国社会教育进行专题研究，并出版了相应专著。在进行研究中，中国社会教育社这个社教界的专业学术团体，自然而然进入笔者的研究视野。尽管在相关专题研究过程中，对中国社教社进行或多或少的涉入，但距离整体的、清晰的认识还有相当大的距离。有鉴于此，在完成《民国社会教育研究》专题后，笔者决定将中国社会教育社正式列入研究日程，以期能对其进行较为全面的历史梳理。

二、学术史回顾

学界对于中国社会教育社的研究比较薄弱，近些年来才引起部分学者的关注。有代表性的研究成果主要有唐孝纯、王雷、曹天忠、赵倩等人的作品，笔者也进行了一些尝试，尚没有发现专题研究的专著出版。

俞庆棠作为中国社会教育社的主要发起者之一、常务理事、总干事，唐孝纯《人民教育家俞庆棠》一书中，第六章的标题为"倡议建立中国社会教育社"，唐孝纯从俞庆棠作为倡议者的角度，对该社创建历史背景、建立、历届年会情况、两个附设的实验区（河南洛阳民众教育实验区、广东花县乡村教育实验区）进行简要历史梳理。唐孝纯作为俞庆棠长女，在中国社会教育社创设期间，时年十岁左右，对母亲忙于社务有深刻印象，"常常看到母亲坐在书桌前，面前摆开笔砚信纸，认真写许多信，那时她常想，'妈妈好不容易下班回来，还有那么多老是写不完的信要写'，此情此景至今还清楚记得。在那些信中，有很多事和创建中国社会教育社有关的"①。之后的历届年会，特别是第三届、第四届，加入不少俞庆棠当时纠结的心路历程，读起来很生动。该书更大意义上是人物回忆传记，不属于严格意义的学术著作，但因唐孝纯亲历性的具体参与，而体现出一种"历史在场"的感觉。

王雷以博士论文《近代中国社会教育研究》为基础，先后出版了一系列社会教育专著，其中尤以《中国近代社会教育史》为代表，书中第五章第四节为"中国社会教育社"，从缘起·沿革、组织·社员、学术研究和实验工作四个方面，对该社进行提纲性梳理，并开创性地对社教社组织和社员特点做出总结：(1)在组织系统上，以北洋政府时期的通俗教育研究会"认定"和"指派"官方人员为对照，认为社教社是一个由私人结合而成的社会教育学术团体，不具有官方意志，仅是民间行为；(2)从组织结构构成来看，再次援引通俗教育研究会分股成例，认定社教社不具有行政成分，简单的行政机构体现了学术组织的基本特点；(3)从理事会成员看，主要成员基本没有大的变动，而主要成员的来源体现了广泛性和专业性；(4)从出席年会社员人数以及社员增幅等数字，得出该社具有广泛影响力和号召力，并据此推论出当时研究和从事社会教育的人"是比较多的"。② 由于该书仅仅以年会报告和一些江苏省立学院毕业生回忆为来源，其结论一定程度上失于偏颇。如组织系统，作者仅看到社教社不像通俗教育研究会那样由教育部指派会员，就将之归为不具有官方意志，实际上，如若没有主要倡议人俞庆棠(时任中央大学区扩充教育处处长)、钮永建(时任江苏省政府主席)等行政地位，单单征召到足够有分量的发起人就绝非易事，更遑论社务进展，社教社的最大特色是"政教合一"，极力吸收各种社会教育行

① 唐孝纯：《人民教育家俞庆棠》，见江苏省政协文史资料委员会等编：《江苏文史资料第 104 辑》(《无锡文史资料第 37 辑》)，78 页，南京，江苏《文史资料》编辑部，1998。

② 王雷：《中国近代社会教育史》，360～361 页，北京，人民教育出版社，2003。

政官员入社，该社通过理事会理事遴选^①，来实现社会教育界与政界、其他主要教育社团的大联合。南开大学张伯苓在复中国社会教育社临时筹备委员会会函中，称"诸公对研究社会教育学术，促进社会教育事业备极热心，钦佩无拟。嘱列贱名于发起，极所欣愿，敬当如命。惟参加会议一节，恐因冗未克前往也"^②；再者，中国社教社并非如作者所言"民间团体"没有门槛自愿加入，社员入会需要两名理事对其资格进行审核，如中国社教社理事会1933年6月就专函张伯苓，请其对徐轶民等30余人进行审核，方才承认其新社员身份。^③ 再如组织结构构成：完善的组织架构是任何一个团体得以正常运行的基础，组织架构的完善程度是衡量一个学术团体是否成熟的主要标志，该社组织机构由社员年会、理事会（包括常务理事、总干事、理事、候补理事）和事务所组成，年会期间设有主席团、轮值主席、审查会和各种特设委员会（如学制系统整理委员会等），绝非如作者所言"简单的组织机构"，单从是否分股、设部，是否设置复杂来判断社教社不具有行政成分、体现学术组织基本特点，有失武断。第三，作者列举出

---

① 按照《中国社会教育社社章》规定，在年会闭会期间，该社日常工作由理事会综揽执行，对外代表社教社，对内综理社务。理事会共设理事和候补理事各15人，采取选举和推荐两种方式产生。按照规定，理事任期为3年，每年改选5人，可以连选连任。为了平衡理事会成员的地域分布，还专门规定改选时要优先考虑未当选的社员，尤其是在重要省、市或重要社会教育事业机构任职者；全体社员在年会召开前采用"双记名法"通讯选举，然后密封寄送理事会汇总，年会期间开票，以票数高低为序确定当选者，理事会设常务理事3人，由理事互推产生，任期1年，可以连选连任，负责处理日常社务。常务理事每年至少要召集3次理事会会议。理事会职责包括审定社员资格、草拟工作计划、筹备年会（包括年会开会地址的选择、年会中心议案的决定、经费的来源争取等）、督促决议案执行等，各地若有分社设立，其分社社章须经理事会审定，其工作亦随时受理事会指导，具体工作由理事会组织的事务所负责执行。

② 张伯苓：《复中国社会教育社临时筹备委员会函》(1931-12-04)，见梁吉生、张兰普编：《张伯苓私档全宗》（中卷），615页，北京，中国档案出版社，2009。

③ "江苏无锡江苏省立教育学院：径启复者，来函奉悉。徐轶民等三十余人苓已逐名审核完毕，均承认其加入本社作为新社员，此复中国社会教育社理事会。"《复中国社会教育社理事会函》(1933-06-02)，见梁吉生、张兰普编：《张伯苓私档全宗》（中卷），773页，北京，中国档案出版社，2009。

俞庆棠、梁漱溟、雷沛鸿、陈礼江、高阳、李蒸、傅葆琛、马宗荣等为主要成员，还拉出孟宪承、舒新城、黄炎培等"社会上较有影响的教育家"，来力证"表明了社会教育社主要成员的这种广泛性和专业性"。从当时影响看，马宗荣虽有大量社会教育成果问世，但因其理论来源于日本，在当时社会环境下，马宗荣在社教社绝非主干人物①；与孟宪承和舒新城、黄炎培相比，尚称不上"社会上较有影响的教育家"；而中华职业教育社的核心人物黄炎培作为中国社教社的候补理事，该社第一至第四届年会报告记录及《社友通讯》，未发现黄炎培参加年会的史料支撑（仅委托俞庆棠代其出席第 10 次理事会议）。实际上，"古人本有生命与知觉，但因时空隔绝已多，治史者必须设想自己身临其境，历经其事，思其所思，然后始能与其形成对话、沟通、理解"②。如以从"后世之名"来推演彼时境况，难免陷入误读。同样的问题也体现在其书中的第四结论上，出席社员的多寡和社员增幅仅仅是一个社团社会影响的因素之一，该社 1935 年、1937 年先后出

北京师范大学史学探索丛书

① 马宗荣毕业于东京帝国大学社会教育系，师从日本著名社会教育家吉田熊次，回国后长期从事社会教育事业（曾任大夏大学教育学系主任，专攻社会教育及图书馆学），其研究成果最为丰硕，包括译著、独著、合著三种。代表性的成果：译有吉田熊次《社会教育的设施与理论》（中华书局，1935）；独著有《社会教育概说》（商务印书馆，1925）、《社会教育原理与社会教育事业》（文通书局，1931）、《比较社会教育》（世界书局，1933）、《现代社会教育泛论》（世界书局，1934）、《社会教育事业十讲》（商务印书馆，1936）、《非常时期之社会教育》（中华书局，1937）、《社会教育纲要》（商务印书馆，1937）、《大时代社会教育新论》（文通书局，1941）、《社会教育原理与社会教育事业》（文通书局，1942）等；合著有《日本教育行政通论》（与高田休广、小笠原丰光合著，商务印书馆，1935）、《社会教育入门》（与蓝淑华合著，文通书局，1942）等。但是，尽管马宗荣著作甚丰，一生亦为社会教育事业苦心孤诣、兀兀穷年，但其社会教育理论体系并没有占有压倒性优势。究其原因，一是 1922 年实行新学制后中国教育已完成了从学习日本到学习美国的转向，二是九一八事变特别是抗战全面爆发后，日本成为中国最大敌手，无论马宗荣、吴学信如何努力著书立说、奔走呼吁，以学习日本为底色的社会教育理念都难以得到太多的同道呼应。于二人来讲，时不我与，是尴尬的现实，后来研究者若以他们的著作及观点来分析日本社会教育理念在中国的传播范围和影响力，难免有所偏颇。

② 王奇生：《党员、党权与党争：1924—1949 年中国国民党的组织形态》序一，3 页，北京，华文出版社，2010。

版的《中国社会教育社社员一览》及相关史料证明有不少社员仅仅是挂名而已，在登记社员中，还有因为各种原因被列入进来的①，没有史料证明这些社员直接参与中国社会教育社年会或其他活动，亦无发表或出版与社会教育相关文章或著作。当然，这些都不能抹杀该书作为较早对社教社学术研究探索的努力。

20世纪30年代乡村建设运动轰轰烈烈，盛极一时，不少学术团体纷纷参与其中，舒新城曾谈到乡村教育思想，他认为"数年来虽有不少的主张，但归纳其可以下列二说为代表，甲、乡村生活改造说，倡此说者为陶行知；乙、乡村建设说，倡此说当推梁漱溟"②。此种归纳得到陈青之、任时先的认同，并进而完善为乡村生活改造派和乡村生活建设派。章光涛以新旧两派价值判断，提出另外一种归纳，即平教会与乡村建设派一道成为乡村教育的两大主力，开启了后来流行的东西新旧时空价值标准。③ 之后又有赵演、李紫翔、孔雪雄都提出自己观点，参与学术团体增多是趋势。1935年姜琦明确提出"十一派"说，包括了以梁漱溟为首的村治派、陶行知的晓庄派、晏阳初的平教派、以黄炎培和江问渔为首的职业教育派、以俞庆棠和高践四为首的民众教育派、邰爽秋的念二社派等，诸多社团之间的互动与联系的途径成为近些年来学者的新关注点，社教社的研究亦在此中

---

① 或为感情原因，如唐庆诒作为该社总干事俞庆棠外子、俞颂华为俞庆棠胞兄；或鉴于同行道义，或有人推荐不便驳回等原因加入社教社。有代表性的：唐庆诒（时任国立交通大学英文系主任）、毛礼锐（当时正在英国留学）、李小缘（金陵大学中国文化研究所专任研究员）、柳诒徵（时任江苏省立国学图书馆馆长）、袁同礼（时任国立北平图书馆副馆长）、张伯苓（时任南开大学校长）、张耀翔（时任国立暨南大学教务长兼教育系主任）、许恪士（时任国立中央大学教授）、陈中凡（时任国立中山大学教授）、陈鹤琴（时任上海工部局华人教育处处长）、杨开道（时任燕京大学农学院院长）、黄建中（时任教育部高等教育司司长）、郑彦棻（时任国立中山大学法学院院长）、黎照寰（时任国立交通大学校长）、钟荣光（时任私立岭南大学校长）、罗廷光（当时在欧洲考察教育）、Miss Bille（时任清华大学英文教授）等，名誉社员吴稚晖、蔡元培。未有史料证明他们亲自参加过社教社的活动。

② 舒新城：《最近中国教育思想的转变》，载《新中华》创刊号，1933。

③ 章光涛：《复兴农村与农村教育》，载《东方杂志》，第30卷18号，1933。

得以延展。

　　曹天忠对社教社进行了卓有成效的探索。他从乡村教育派分互动角度，对社教社在乡村建设由分散到整合中的作用予以考察。他援引了大量史料，如以社教社四次年会报告，时人文章，梁漱溟与中山大学庄泽宣、崔载阳和古楳的论争檄文，乡村工作讨论会编写的《乡村建设实验》(第3集)，社教社广西考察报告，古楳的《卅五年的回忆》(1935)，瞿菊农的《抗战七年来的教育学》(1946)，杨开道的《我所知道的乡村建设运动》等作为资料谱系，得出如下结论："在1930年代乡村教育各界派分之间的互动过程中，中国社会教育社在突破区域局限，使全国连成一体，从分歧到合作，从单一到综合及其影响方面扮演了重要的角色，从而为社会结构和国家制度的整合准备了民间的思想条件"①。曹天忠认为江苏省立教育学院作为社教社的大本营，以东道主身份承办全国乡村工作讨论会第三次会议意义重大，不仅成为乡教重点南移的标志，而且民众教育派通过进入大会主席团、作分组报告和特约代表谈话方式②，借机提升自己地位，与强势的平教、村治两派平起平坐，其竞争实力和地位由此得到确认。曹天忠认为中国社会教育社及其年会举行解决了社会教育组织发展先天不足的缺陷，并采取各种措施，努力争取社教在学制中的法理地位、妥善处理学校教育和社会教育之间的关系，积极联络社教内外力量，重视与政府的合作，取得一定成效，这不仅促进社教的进一步发展，而且是20世纪30年代中国社会各种力量资源由分散到整合的反映。③ 在曹天忠看来，中国社会教育

---

　　① 曹天忠：《中国社会教育社与乡村教育派分的互动》，载《中山大学学报(社会科学版)》，2006(4)。

　　② 全国乡村工作讨论会第三次会议大会主席团由高践四、晏阳初、陈筑山、许仕廉、章元善、梁漱溟、江问渔7人组成(北方4人南方3人)，平教会占2人；江问渔、王先强、庄泽宣、俞庆棠、许仕廉、梁漱溟6人分别代表政治、经济、教育及其他4个小组做大会报告(南方人占5人)。除去大会报告和分组讨论，晏阳初、梁漱溟和高践四分别代表三组作特约个人谈话。《第三届乡村工作会议在锡院举行》，载《教育与民众》，第7卷1期，1935。

　　③ 曹天忠：《中国社会教育社述论——以年会(1932—1936年)为中心》，载《民国档案》，2006(2)。

社作为与乡村教育关系密切的两个全国性社团之一（另一个是乡村工作讨论会），作为有着"全国社教之总枢纽"称誉的社教界的唯一全国性社团，对其在各派有组织的联系过程中功能的研究是重点。这既可以弥补已有研究中乡村教育各派之间横向联系不足的缺憾，也有助于把握这一时期中国社会机构如何从松散走向紧凑的历史变化。本着这种逻辑，不论中国社会教育社与乡村教育派分互动，抑或社教社年会研究，均被放置在更广阔的社会背景中，乡村教育各派在社会主流意识形态支配和相应权力机制主推力下，呈现出对中国社会各种力量资源由分散到整合趋势的影响，在此维度中实现了更细微、更深刻地理解和把握社教社的研究。曹天忠扎实的历史学功底，对雷沛鸿主持下的广西国民教育运动有深入研究，研究路径和研究结论让笔者受益匪浅。

　　于述胜以制度变迁为中心对民国社会教育诸多问题进行多维分析。他认为在社会教育的主体方面，知识分子群体和国家、地方政权三方在不同阶段扮演着不同的角色，并呈现出不同的相互关系。他认为特别值得注意的是，围绕解决国家自上而下的理性规划和基层社会自主、自治能力发展之间的矛盾，存在着不同的探索方式，但限于历史条件而未及充分展开。① 为此，他提出建议："如果能以俞庆棠和中国社会教育社为中心，对参与其中的人物和活动进行更为细致的分析，就有可能对那个时期政治、学术和教育中的权力关系作出具体而准确的描绘。那恐怕不是用一个简单的'国家—民间社会'概念就能加以框定的。"② 张礼永的博士论文《教育建设的第三条道路——民国时期教育研究组织之探析》，将中国社会教育社作为"业有专攻的教育社"之一，与传播新教育的共进社、改进中国教育的改进社、发展职业教育的职教社以及推进儿童教育的儿教社并列，标以"促进社会教育的社教社"。张礼永认为社教社的产生发展是中国社会教育的一大见证，从中国社会教育的演变过程（从通俗教育到社会教育）、江苏省立

---

① 心水：《现有教育制度的罪恶》，载《生活》，第5卷30期，1930。

② 于述胜：《民国时期社会教育问题论纲——以制度变迁为中心的多维分析》，载《北京大学教育评论》，2005(3)。

教育学院创建、中国社教社的酝酿筹备、中国社会教育诸流派汇合及社教社发展等方面予以梳理。他还认为中国社会教育社的成立是中国社教界人士吸收国外同行经验和本土实践需要的推动，如国际性组织"世界成人教育协会"（World Association for Adult Education，WAAE）、区域性组织"美国成人教育协会"（American Association for Adult Education，ASAE）、"英国成人教育协会"（British Institute of Adult Education，BIAE）等。他的论文最有特色的是对社教社的发生发展提出大胆论断，他认为该社与中华教育改进社一样，均是"联合改组"而来。"当时的社会教育，其内涵主要为乡村教育，河北有中华平民教育促进会在定县的实验；山东有梁漱溟主办的邹平县乡村建设研究；江南有陶行知在南京创办的晓庄乡村师范学校；还有江苏省立教育学院在黄巷和北夏的民众教育实验等，这些人员后来都汇集到了中国社会教育社名下"，社教社"虽然没有像教育改进社那样改组成一个总的组织，不过依然可认为是由各个教育机关及团体联合而成"。① 姑且不论将社教社发展分为联合改组和逐渐扩充两种趋势是否得当，亦不论将其时的社会教育内涵认定为乡村教育，仅凭社员中有晏阳初、梁漱溟、陶行知以及江苏省立教育学院诸教授开展相关试验就将之归为"联合改组"而成有失轻率。实际上，晏阳初从未加入社教社，陶行知亦从未出席过社教社的年会。由此可见，对社教社史料进行仔细爬梳，进行专题研究亟待进行。

新文化史"话语—权力"的历史分析方法，近年来颇为学界所青睐。在这种分析框架下，社会教育很大程度上与中国社会现代化具有了"同质性"，而社教社作为社教界全国性学术社团，更是首屈一指，通过连续举办的四届年会，专家学者、党政两界代表和各地社会教育机构馆长、主任以此为平台，研讨社教学术问题，制定实施方案，形成了政学两界共同参与社会教育的空间与场域。赵倩《现代化语境下的民众教育与社会改造：1928—1937 年北平民众教育馆研究》第 5 章以中国社会教育社年会为切入

---

① 张礼永：《教育建设的第三条道路——民国时期教育研究组织之探析》，97页，博士学位论文，华东师范大学，2011。

点，展现了社会教育界内部交流与互动，并以北平民众教育馆为例，剖析了知识精英和基层社教机构关注焦点的差异所在。她认为，社教社与平教会等民间学术团体最大的不同，是为知识精英、各学术团体、政府行政人员提供沟通的平台，而不是以建立独树一帜的社会教育学派为旨趣。该社借年会讨论方式推动社会教育理论共识形成，并希冀借此打破学派之争、政学对立，合力推动社会教育。该书的最大亮点是对该社成员构成特点与话语权掌控联系在一起，赵倩认为年会中心议案的讨论话语权牢牢掌握在专家学者手中，如江苏省立教育学院凭借得天独厚的优势①，在社会教育领域影响日渐增大，在社教社及年会中，在此任教的知识精英们拥有相当大的话语权；同时梁漱溟的影响也在逐年增加，其连续当选常务理事是明证，这种局面既是乡村建设思想融汇社会教育的外在表现，更是梁氏积极主动参与的结果。与专家学者掌控年会话语权相对应，基层代表在年会讨论中出现失语和疏离的现象。赵倩分析了年会讨论中最为活跃的 3 个基层社会教育机关(陕西省第一民众教育馆、福建省民众教育馆和河北省立实验民众教育馆)和参与度低的北平市第一民众教育馆，得出一个颇耐人寻味的结论：双重身份的与会者，起决定作用的还是其学者身份，他们一旦离职，对所属机关影响巨大，继任者如无可与之比肩的学术修养和社会声誉，在年会讨论中便会泯然众人。②

实际上，这种失语和疏离不仅存在于基层社会教育机关，党政两界代表同样如此。笔者曾对该问题进行初步涉猎。教育部社会教育司第一科科长钟灵秀之所以能进入社教社年会讨论核心位置(如第一届年会提交《促进

① 原因有二：(1)该院作为发起人，且社教社的社址附设于此，年会参与度高，与会学者多与之保持密切联系；(2)该院为国内第一所省立社会教育师资培养机关，多数社教界主干人员在该院任教过，社教社连任多届的常务理事俞庆棠(总干事)、赵冕都服务于此，理事与候补理事中的高践四、傅葆琛、李蒸、雷沛鸿、甘豫源、孟宪承、陈礼江、古楳、马宗荣等先后受聘该院；而且该院毕业生多在社会教育界任职，学缘关系使得对该院教授社会教育理念有高度认同感。

② 赵倩：《现代化语境下的民众教育与社会改造：1928—1937 年北平民众教育馆研究》，249～288 页，北京，中国人民大学出版社，2015。

社会教育列入现行学制系统之进行程序案》被提案审查会列为"目前最切要而急得解决的问题之一",第三届年会社教社事务处函请其担任制定《民众学校课程标准草案》召集人等),绝非仅其任社会教育司的第一科科长达18年之久,更大程度上,是因为其"专任为社会教育司第一科科长之职,先生奉命唯谨,兢兢以研讨与发展社会教育为务,亦表示愿终身尽瘁于社会教育事业"的"社教专家"身份。① 揆之史实,钟灵秀公务之暇,在《教育与民众》《社友通讯》《民众教育通讯》《山东民众教育月刊》《教育杂志》《教育通讯》等发表30余篇社会教育学术论文,贯穿他在社会教育司工作的整个时段(1930—1947)。从内容上看,这些论文不仅涉及不同时期全国范围内的社会教育发展概况,还涉及识字教育、成年补习教育、民众学校课程、民众教育馆、社教师资培养和经费等具体事业。② 钟灵秀文章的最大特色,是谙熟社会教育行政法令法规,利用大量各省教育厅上报教育部的数据,站在社会教育最高行政机关的角度来审视各类社会教育事业,有较强的针对性、权威性,与同时期大学教授们的社会教育文章的风格明显不同。这一点,同样体现在社教社年会议案中。钟灵秀作为社会教育司第一科科长,比其他社员更为清楚洞察社会教育法规政策的变化,以《民众学校课程标准议案》最具代表性。

由此可见,对争取社教社话语权,专家身份远比行政级别更为重要,两者兼而有之,更是锦上添花。钮永建作为国民党元老和政要,一直对社会教育持浓厚兴趣,在任江苏省政府主席期间对江苏省立教育学院创建支持颇大,捐资在家乡俞塘开办了私立民众教育馆(后改为省立)。"钮惕生氏之信仰社会教育,努力社会教育,已为国人所共知共闻",社教社常务理事俞庆棠在该社第三次年会开幕会上,专门提起,"记得有一次本社举行理事会,讨论购买社址问题时,有一理事以为基金太少,只能就力量所

① 俞同龄:《纪念社教先进钟灵秀先生》,载《社教通讯》(杭州)复刊,第5期,1948。

② 周慧梅:《民国社会教育家群体的社会结构分析——以中国社会教育社为考察中心》,《终身教育研究》,第5期,2018。

及，购买数亩为建筑社所之用，钮氏认为中国将来的出路只有社会教育，本社系全国社教之总枢纽，同人应该从大处着眼，共同设法，为本社确立伟大之基础，主张扩大基地"①。中国社会教育社举办第一届至第四届年会，钮永建均被推选为大会主席团成员，并数次到会作演讲。钮永建在《教育与民众》《社友通讯》发表多篇社会教育文章，钮长耀还专门编辑出版《钮惕生民众教育论选编》一书。钮永建作为政府要人，对社会教育的积极态度，一定程度上成了鼓励并影响着地方政府的风向标。

近些年来，以近代中国教育会社（或教育组织）为主题的研究层出不穷，尤以青年学者的学位论文最为集中，研究路径不一。华东师范大学张礼永博士曾专门统计过 2000—2010 年学界对教育社团研究的成果，有 2 本专著、11 篇硕士学位论文、6 篇博士论文、20 篇学术论文，研究主题涉及中央教育会、江苏省教育会、浙江省教育会、福建省教育会、全国教育会联合会、中华教育改进社、中国社会教育社、中华职业教育社、中国教育学会、中国教育学术团体联合会等。② 2010 年以来，这类研究方兴未艾，成为新的学术增长点。从学界研究热度看，近代教育社团的丰富性，提供了广阔的选题空间、领域和角度。学界对专业学术团体的研究成果，给予我很多启示，有助于对同类性质的社教社研究的深入。

社教社酝酿与江苏省教育会密切相关。尽管该会 1927 年被解散，但孕育和促生新教育共进社、中华教育改进社、中华职业教育社的江苏省教育会，下设的通俗教育会与社教社的酝酿有很大关系，所以，学界对江苏省教育会的研究进展亦被本书纳入学术史回顾中。成立于 1905 年的江苏省教育会，无论规模，抑或影响，在各省教育会中都是首屈一指，学界对它的研究最为丰富。较早关注江苏省教育会的当数两位汉学家，法国的巴斯蒂（M. Bastid Bruguiere）和美国的任以都（E-Tu Sun Zen），他们的研究成果

---

① 《大会经过》，见中国社会教育社编：《中国社会教育社第三届年会报告》，8 页，无锡，中国社会教育社，1934。

② 张礼永：《教育建设的第三条道路——民国时期教育研究组织之探析》，4 页，博士学位论文，华东师范大学，2011。

被收在《纪念辛亥革命七十周年学术讨论会论文集》中，任以都特别界定了江苏省教育会的阶级性质，认为辛亥革命时期的"大多数学堂、文学馆、报馆、教育会、通俗报等等在作革命的宣传，学校课程里每日又介绍到了当时的西方社会思想，所以知识分子这时主张排满革命，建立新社会，已成为一个广大潮流了"①。国外研究的关注，并未能马上引起国内学界的注意，数年后，马敏、桑兵、熊贤君、关晓红、朱英、阎广芬和刘正伟等相关专著对该会有所涉及。进入 21 世纪，江苏省教育会的研究进入繁盛阶段，仅就学位论文讲，以江苏省教育会为专题研究的有 3 篇博士论文②、3篇硕士论文③；相关研究中涉及江苏省教育会的有数篇硕博士学位论文④。专著方面有孙广勇、谷秀青的同名博士论文等。学界一致认可江苏省教育会对清末教育会学务活动空间的扩张、地方知识精英介入政府教育政策、对江苏省乃至全国范围的教育现代化、近代中国社会变迁有积极的推动作用。

北京师范大学史学探索丛书

日本早稻田大学教授新保敦子对民国社会教育有较为深入的探索，2001 年对民国时期社会教育第一所师资专门学校——江苏省立教育学院的

---

① ［美］任以都：《辛亥革命时代国内教育界的动态》，见《纪念辛亥革命七十周年学术讨论会论文集》(下册)，2657 页，北京，中华书局，1983。

② 刘方仪：《江苏省教育现代化的推手——江苏省教育会研究(1905—1927)》，博士学位论文，南京大学，2005；郑新华：《近代中国教育如何可能——以江苏省教育会为例(1905—1927)》，博士学位论文，华东师范大学，2006；谷秀青：《清末民初江苏省教育会研究》，博士学位论文，华中师范大学，2008。

③ 贺金林：《清末教育会初探——以江苏教育总会与中央教育会为中心》，硕士学位论文，湖南师范大学，2001；蒋梅：《辛亥革命前后的江苏教育总会》，硕士学位论文，扬州大学，2002；戴长征：《清季的江苏教育会(1905—1911)》，硕士学位论文，华东师范大学，2007。

④ 博士论文有 3 篇，分别为孙广勇：《社会变迁中的中国近代教育会研究》，博士学位论文，华中师范大学，2006；何树远：《中华教育改进社与民国教育界(1919—1928)》，博士学位论文，中山大学，2008；张礼永：《教育建设的第三条道路——民国时期教育研究组织之探析》，博士学位论文，华东师范大学，2011；硕士论文有卜春鹤：《民初教育团体与 1922 年学制改革》(华东师范大学，2011 年)等。

办学宗旨、课程、教学等进行了全面梳理①；在此基础上，采用国际比较视角，将社教社成立过程、活动与俞庆棠为中心的相关成员的国际交流目的(探索民众教育存在的方式)结合起来，提出并验证了中国社会教育是怎样以九一八事变为契机被迫转型的。在文中，她认为 20 世纪 30 年代的中国社会教育，既无正式学制保障，又受政府社会教育经费有限的制约，其事业之所以能在全国迅猛发展，端赖于社教社的存在。② 新保敦子基于国际形势来考察社教社及中国社会教育在中日战争中怎样实现转型的研究视角，很有新意。

综上所述，学界对社教社的研究，主要侧重于前四届年会活动的历史考察、基于新文化史"话语—权力"分析框架探讨社教届内部交流互动、剖析知识精英与基层社教机构关注焦点的差异所在。研究者注意到举办年会对社教社这一学术社团的重要性，认为通过年会探究可以集中反映出各派之间有组织联系的具体情形，这种研究路径符合史实，但若反将年会看作社教社最主要的活动方式，从而忽略社教社的组织运行、社刊舆论营造、实验区实践等与年会互为表里，难以剥离的活动方式，容易蔽于一隅。实际上，正是由于有了它们之间互相耦合，政学两界才得以联手将社会教育推至高潮。经过知识精英的权力话语包装、诠释，训政、党治文化、地方自治、新生活运动、保甲运动、新县制和总理诞辰纪念等被轮番嵌入社会教育，社会教育由普通意义上的教育改造升华为社会改造运动。而社教社的战后复员及第五届年会，学界关注甚少，这不能不说是极大的遗憾。总的来讲，关于社教社的研究尚未引起学界足够重视，成果不多且较为零散。有鉴于此，本书在学界研究基础上，从社会政治史角度切入，借助档案、社刊及其他社教刊物、日记、回忆录、老照片等资料，对有"全国社教之总枢纽"之称的社教社进行专题研究，以期能最大程度展现其历史图景。

---

① ［日］新保敦子：《中国における民衆教育に関する一考察——俞庆棠と江苏省立教育学院をめぐって》，载《早稲田教育評論》，第 15 卷，2001。

② ［日］新保敦子：《试论民国时期的民众教育——从与日本相比的视角》，见李廷江主编：《晚清中国社会变革与日本》，159 页，北京，社会科学文献出版社，2014。

三、主要研究内容

　　研究近代社团史，其社团主张及其实际运行是重点，近年来出现的有关社团史研究的著作大都遵循这一研究思路，这是必要的。而社团如何发展社员、管理社员、社员的社会构成、内部派分等内容，非常重要却常常被忽略。实际上，这是社团史研究不容忽视、不可或缺的重要内容。社员成分、信仰、职业、年龄、文化程度、知识结构、兼职、薪俸、地域分布等，既是该社团持续发展的外在表现，更是社团社会影响力、政策话语权以及汇聚社会资源的内在支撑。只有将两者结合起来，我们才能对近代某一具体社团有全面的认识。由此，本书将社教社的组织运行、年会分析、实验事业、社刊、社员群体分析结合起来，分析它们之间的交互影响，将社教社的历史分析放在更为广阔的历史背景中进行考察。

　　在内容上，除导论外，本书主体共分为七个部分。

　　第一章对社教社的成立与运行进行考察。20世纪30年代的中国，日本进犯侵占东三省，乡村社会凋敝破败，与内忧外患的社会困境相伴随，南京国民政府宣布训政开始，教育改革取法欧美"专家内阁"形式，重视专家意见。在这种社会语境下，新旧知识分子"遂联系同好，组织各种学术团体"①，社教社便是其中之一。江苏省立教育学院多名教授列名发起人，对社教社的酝酿成立襄助颇多，不仅社址附设该院，且理事会成员构成中约占一半之多，三名常务理事中该院居二；国际教育联盟考察团也曾到江苏省立教育学院考察，其最终报告书中的结论"成人教育为中国教育最令人满意之一点"②与考察印象有直接关系。而且，中国社会教育社能顺利加入世界成人教育协会与该院有莫大关系。由此，以江苏省立教育学院为代

---

　　① 钟道赞：《参加社教年会之后》，见中国社会教育社编：《中国社会教育社第一届年会报告》，10页，无锡，中国社会教育社，1933。

　　② 国际联盟教育考察团：《中国教育之改造》，13～19、208页，见沈云龙主编：《中国近代史料丛刊》三编第11辑，台北，文海出版社，1986。

表的专家很大程度上掌控该社社务、年会的话语权。在各方助力下，中国社会教育社急剧扩张，会员遍布全国各地，1936年达到1600余人，团体社员37处，成为颇具影响的全国性社团。本章从社会语境分析、社教社组织与运行、社教社与国内外学术组织的联系三个方面入手，对该社组织运行机制予以重点考察。合理制衡的组织架构以及民主决策的运行机制，是社教社作为新式社团的突出特点。本章将援引社刊《社友通讯》上刊登的大量经费收入和支出表，从经济史角度探索中国社会教育社作为一个学术团体的经费运行，这个方面是以往学界社团史研究较少关注的。

第二章是中国社会教育社的年会分析，以五次年会为主要分析对象，从与会代表、会议议程与决议、会议期间其他活动、中心议案（第一届没有）等方面切入，特别是会议期间其他活动部分，如考察年会举办方提供的社教机关、座谈、宴请，还包括各种会议花絮，这些看似碎片化、繁琐史料，为还原"年会历史图景"提供了鲜活佐证，更展现出社员之间具有人情味、精神往来的精神风貌。

第三章是中国社会教育社与其他机关合办的实验区。为发展社会教育事业，该社极力营造政学两界的联合，实验区的开设便是具体实践。不论与河南省教育厅、洛阳县政府合办的河南洛阳社会教育实验区，还是与广东省教育厅、花县政府合办的广州花县乡村教育实验区，抑或抗战期间与重庆市政府合办的岩洞教育实验区，都展现出不同地域、不同实验主题的独特实验。正是有了实验区这种"政教合一"的运行模式，中国社会教育社拥有了与其他教育团体的最大不同，并由此奠定其在乡村建设运动中的地位。

第四章是中国社会教育社其他事业。该章将其他章节难以容纳、却与中国社会教育社有独特意义的内容纳入，如社刊《社友通讯》、指导各省社会教育事业、文盲调查、主持《申报》相关专刊以及与其他社团的互动等，希望通过对这些内容的分析，更为立体展现、贴近中国社会教育社的原貌。

第五章从社教制度建设、民众学校课程标准、社会教育经费标准、社教人才专门培养等个案，对中国社会教育社的政策参与予以考察，中国社会教育社凭借主干社员的权力网络，对政府社会教育法令、法规的出台以及政策的推行有着深远影响。

在前五章的基础上，第六章对社教社理事会群体进行分析。理事会作为年会闭幕期间的权力机关，对社教社日常事务和发展规划起着关键作用，理事会成员成分、职业、年龄、文化程度、知识结构、地域分布等内容构成了社教社的社会网络关系，理事会群体的学缘、地缘关系，是社教社兼具传统社团面向现代的集中体现，同时决定了社会教育的事业实践和学术秩序。对理事会群体的分析，对进一步厘清社教社维系力量及事业导向有重要意义。

最后是结语部分，在总结全书的基础上，笔者借鉴政治术语"国家形象"分析框架，对社教社这个学术团体进行社团形象分析，认为社教社作为社教界唯一的、全国性的学术团体，其联结纽带是社员内部的认同感以及对社会教育的社会影响力，官方行政影响触目可见。社教社运行和发展机制主要依靠社员对社会教育领域最高级别的学术团体的认同来维持，社员从中获得社会资本积累和个人发展。社教社的同业人员的联谊功能和推展社会教育领域社会影响力功能，通过相关组织架构得以较为充分发挥，成为影响政府社会教育决策的重要变量。

四、资料谱系

作为史学研究，对尚显薄弱的社教社的专题研究而言，资料谱系和方法论意义尤为重要。而且，社教社的年会议案、事业规划等有很强的针对性，是针对全国范围内、区域社会教育发展态势所面临的困难、问题而提出的，所以，必须把中国社会教育社研究放在民国时期社会教育研究的大背景下。档案资料和地方志、文史资料、图片资料以及其他学科的相关研究成果，构成了本书的主要资料和方法论来源。

（一）民国时期相关的杂志、报纸

社教社作为社教界全国性的学术团体，其社务进展、年会召开、实验区实践、与其他社团的互动等不仅受到社教界刊物关注，一些教育类刊物如《中华教育界》《教育季刊》《教育研究》(广州)、《教育通讯》(汉口)、教育学术团体联合办事处机关刊物《建国教育》，一些专门类刊物如《合作月刊》《中国农村》《建国教育》也刊登不少；报纸如《大公报》《申报》《河南日报》、公报包括《教育部工作报告》《河北教育公报》《四川省教育厅公报》等时有报道。社教刊物中，社刊《社友通讯》是重要资料来源，共 8 卷 67 期(其中有 8 次合刊)，社务是该刊的基本内容；此外，江苏省立教育学院主办的《教育与民众》《教育周刊》，山东省立民众教育馆主办的《山东民众教育月刊》，江苏省立南京民众教育馆的《民众教育通讯》、云南省立昆华民众教育馆的《昆华民众教育》等有影响的刊物，均对社教社予以相当的关注。

社教社非常注重与各省教育厅联系，各省教育厅亦给予积极回应，《浙江教育行政周刊》《安徽教育行政周刊》《广西教育行政月刊》《上海市教育局行政周报》《云南教育行政周刊》《江西教育行政旬刊》等，在"教育消息"等板块刊登不少社教社活动信息。值得注意的是，一些地域性的刊物或校刊在某一时段突然密集刊登社教社的消息，如《浙江教育行政周刊》《国立中山大学日报》《青岛教育》等，这与社教社年会举办地点直接相关，社教社前四届年会历经杭州、济南、开封、广州四地变化，原本定于 1937 年 8 月于青岛召开的第五届年会虽因战火骤燃而不了了之，但之前的会务通知、舆论营造还是被《青岛教育》等报刊集中报道。

1930 年后，出版刊物是大多数社会教育机关的常规工作。据 1931 年不完全统计，全国各地各级民众教育馆出版的各种连续民教刊物约有 150 种，有代表性的有《教育与民众》《山东民众教育馆月刊》《社友通讯》《教育与社会》等。尽管因经费、人员的差异，这些出版物呈现参差不齐的状况，但这些或成熟或稚嫩、或精美或粗劣的出版物，特别是一些偏远地区，如云南省立昆华民众教育馆出版的《云南民众教育》月刊中有关中国社会教育社的信息，提供了该省教育厅、省立昆华民众教育馆积极与国内同行联络等珍贵史料。这些不同地域、不同时期连续出版的杂志、报纸、公报、行政周刊，提供了中国社会教育社研究的丰富多彩的第一手资料。

(二)民国时期社会教育研究成果

第一，中国社会教育社社员撰写的一批有影响、有见地的专著和论文是本书倚重的重要资料之一。中国社会教育社总干事俞庆棠曾讲："我们再检阅我们社友在民教学术上的努力，我可以概括的这样说：全国民教的刊物都代表着我们社友的思想。其中有书籍，杂志，报章，专刊等。……我们大部分的社友是各省内地乡村民教实际工作的人员，也有领导我们的先进，研究理论的专家和热心提倡的行政长官。"①梁容若选编的《民众教育的重要论文》一书，作者共32人，"分析三十二个作者，几乎全数曾为大学教育系及民众教育师资训练机关教授或讲师，并多曾从事民众教育研究实验工作。中国社会教育社社员占二十七人"②。大部分作者活跃在社会教育领域，他们"述而又作"的亲身体验和深浅不一的思考，为生动地"重现历史"提供了难得的第一手资料。

　　第二，实验报告和农村调查资料。这一时期，教育实验已经深入教育的各个领域，社会教育亦不例外。落后的农村社会以及相应的乡村问题备受社会各界关注，在此种情势下，实地调查成为进行社会教育实验的基础和起点。与李景汉、费孝通、吴文藻、张之毅等人的农村调查有所区别的是，社教界所进行的实地调查更紧密地和社会教育的主要事业联系在一起，如《社友通讯》上刊登的"洛阳试验区""花县实验区"专号、陈大白的《洛阳实验区事业实验记》(1940)、邵晓堡的《介绍南国的花县乡教实验区》(1937)、石玉昆的《花县乡村教育实验区的实验工作》(1937)等。这些资料都成为我们追溯当时中国社会教育社作为一个社团与社会变迁互动的历史图景。

　　第三，20世纪30年代乡村建设论战的相关研究成果。梁漱溟作为乡村建设派的核心人物，同时也是中国社会教育社的常务理事，中国社会教育社的第二届年会中心议题更是以"由乡村建设来复兴民族"为中心，由此可见，乡村建设与社会教育休戚相关。而乡村建设派与左翼学者之间的论战是"中国社会史论战"的开端，这股"争鸣、讨论"之风，发展到1935年，

---

① 《总干事俞庆棠先生社务报告》，见中国社会教育社第四届年会筹备委员会编：《中国社会教育社第四届年会纪念册》，100页，广州，广州培英印务局，1936。

② 梁容若：《八年来民众教育刊物的检阅》，载《社友通讯》，第3卷11期，1935。

焦点集中到对中国农村社会的论战。① 这次论战的最大成果之一是促使一批卓有见地的论文、专著相继问世，如中国农村经济研究会编的《中国农村社会性质论战》、千家驹主编的《中国农村经济论文集》《中国乡村建设批判》《乡村建设实验》(1—3辑)等，"如何谋中国农村的复兴……时论界对于这却有二种不同的意见，一是主张自建设乡村入手，由乡村之建设以引发工商业，一是主张由发展都市来救济乡村。前者可以山东乡村建设研究院的梁漱溟先生，定县平民教育促进会的晏阳初先生及无锡教育学院的高践四先生等为代表，而今日风靡一时的乡村建设运动便是他们这种信仰的成绩表现"②。很明显，时人将无锡教育学院作为并入乡村建设运动的一支力量。通过这些同行们"当事人"的研究成果，和社会教育界的有关成果相互佐证，我们可以拂去"当事人"自觉不自觉地"偏离史实"的尘埃，更接近昔日的"历史存在"。

（三）各种统计数据

美国历史学家利普塞特(S. M. Lipset)指出，对于一个社会问题的深入研究，历史学家可以借鉴社会学家，强调历史社会学研究方法，将归纳和定量方法结合起来，不仅可以运用社会学概念及分析技术，而且能从合理的历史数据中获益。③ 通过可靠的数据分析，有助于我们了解历史存在的整体状况，回到"历史现场"。《社友通讯》上刊登大量社教社经费收入、支出，前四届年会报告书中有翔实的参会社员籍贯、学历、职务、性别等数据统计以及年会经费支出比例等。此外，民国时期教育部社会教育司、地方政府、各社会教育机关留下大量社会教育统计材料，如教育部社会教育

① 在论战中，以钱俊瑞、薛暮桥等人为代表的"中国农村派"和以王宜昌、王毓铨等为代表的"中国经济派"分别以《中国农村》《中国经济》为阵地。他们分别对中国农村社会经济的研究方法、研究对象、农村破产的原因、农村早期工业化的途径、农村教育的实施等展开论战，各抒己见，难分上下。

② 千家驹：《中国的歧路——评邹平乡村建设运动兼论中国工业化问题》，见千家驹、李紫翔编：《中国乡村建设批判》，123页，上海，新知书店，1936。

③ ［美］西达·斯考切波：《历史社会学的视野及方法》，封积文等译，417页，上海，上海人民出版社，2007。

司编撰的《全国社会教育概况》(共计 6 本),统计了 1928—1929、1929、1931、1931—1933、1940、1947 六个时段的全国社会教育统计数据;《社会教育概况》(教育部社会教育司自刊,1942);教育部统计室编印的《全国社会教育统计 中华民国二十三年度》(商务印书馆,1936)、《全国社会教育统计 中华民国二十五年度》(商务印书馆,1939);地方政府如浙江省教育厅《浙江省社会教育》(1930)、《三年来浙江社会教育概况》(1933)、《浙江省社会教育概况》(1936)等;河北省教育厅《河北省社会教育概况》(1935)、广西省教育厅《广西省社会教育概况》(1934)等,以及各地档案馆所藏各省市、县相关社会教育统计数据,这些统计材料涵盖了全国各地社教机关的数量、经费(经费投入、支出,来源及分配、百分比等)、社会教育人员情况表(学历、资历、教龄等)、社会教育人员的薪金等,这些均为笔者对社教社的量化研究提供了直接或间接的材料。

(四)档案资料、地方志和文史资料

近些年来,随着晏阳初档案、张伯苓私档全宗等研究成果面世,他们与社教社的信件往来亦随之披露,为社教社研究提供了珍贵的第一手资料。而由中国第二历史档案馆编辑、江苏古籍出版社出版的《中华民国档案资料汇编》,囊括了 1911—1949 年间国民政府在经济、财政、社会、政治、教育等各方面的大量档案资料,为本书提供了诸多方便。此外,第二历史档案馆还有一些尚未编入汇编中的南京政府教育部、内政部档案中有关社会教育的资料,也为本书所征引。此外,笔者先后在江苏、浙江、湖南、北京、天津、上海、河南、四川、广州、山西等省市档案馆查阅了有关社会教育的馆藏档案;特别是浙江省档案馆,藏有不少中国社会教育社第五届年会的档案资料,相对于前四届年会,1947 年举行的第五届年会在学术刊物、教育公报、报纸上甚少找到报道,亦没有出版年会报告,这些档案资料对研究第五届年会弥足珍贵。此外,还有北京师范大学档案馆、图书馆和国家图书馆馆藏地方志相关资料及大量文史资料中有关社会教育内容的,大多是作者亲身经历或亲眼所见的回忆,尽管这些文字不可避免地夹杂了作者的情感、个性、偏见,甚至记忆的错误或有意识的内容取舍,但作为相互印证的史料其价值不容小觑。

随着影像史学的兴起，学界逐渐认同除语言文字为载体的传统书写历史之外，借由绘画、摄影、影像等视觉形象同样可以再现历史，"让图片自己说话"。年会合影、核心社员出席教育部会议合影、社员教育考察活动侧影、实验区事业以及社员专著书影等，都展示了社教社丰富多彩的面相。由此，各种老照片亦成为本书的资料谱系构成。

当然，每一种史料在体现它的丰富性的同时，也同样有着自身的局限性。不论是民国时期既有的研究成果，还是社教机关自行出版的月刊、画报或专辑，教育部、地方教育厅及各社会教育机关的统计数字，以及各地档案馆馆藏档案、地方志、文史资料，或是那些发黄的老照片，一般都立足于官方或创办方立场，关注对象更多的是"已规范""已圈定"的民众。且在意识形态影响下，不同时期对社会教育的评价互有参差，特别是各地的地方志、文史资料在编写上呈现趋同风格。章开沅先生曾专门指出使用文史资料作为史料来源的风险："在引用 1949 年以后各级政协所征集和发表的文史资料时，必须特别注意忆述者当时的环境与心境，即由于外在的压力和主观意识的变化每有可能导致回忆时不同程度的失真，无论溢恶或溢美都会误导读者。……我在 20 世纪 60 年代与此类作者打过许多交道，深知有些人确实存在着对当下威权的某种潜在迎合性。"①很显然，文史资料中对于社教社的评价，口述者大多为江苏省立教育学院毕业的校友，集中发表在《江苏文史资料》(江苏省立教育学院专辑)，经历岁月更迭，这些耄耋老人的回忆，更多留下的是想象中的或有筛选的"美好记忆"，过于溢美的色彩浓郁。但这些多元资料，还是为分析社教社这个"历史图景"提供了必要的、不可取代的依据。

以上是本书分析所依赖资料的大致来源，由于目前社教社、包括社会教育的研究都相对薄弱，加上与时政、思想缠绕纠葛，史料更为庞杂，20世纪三四十年代社会教育资料浩如烟海，多散见于这一时段出版的零散刊物以及各省市的地方档案中，笔者尽可能多渠道地去搜集、查找，尽可能

---

① 王奇生：《党员、党权与党争：1924—1949 年中国国民党的组织形态》序一，4页，北京，华文出版社，2010。

挖掘有关史料，力求在对史实的来龙去脉及各方联系了然于胸后再下结论，竭力避免以论代史，观点先行，希望本书观点能经得住日后不断增多的学术考证。

社团是社会学范畴的重要概念，也是社会学和社会史研究的重要课题之一，与社会组织、社会结构及社会变迁有着密不可分的关系。从社会功能上看，社团起着联结个人与社会的纽带作用，社教社作为民国社会教育界全国性社团，担负着社会教育"以教育改造达社会改造"的社会使命，单一的教育史框架或社会史框架都难以容纳。有鉴于此，本书融合社会学、人类学、政治学、计量史学、教育学的理论和方法，进行跨学科的探讨，当然，传统史学的文献分析等一些重要方法与研究路径，仍然是需要奉行的圭臬。

北京师范大学史学探索丛书

第一章 中国社会教育社的成立与运行

近代社团会社的产生发展，与近代中国社会错综复杂的变动轨迹同步。欧风美雨的冲刷下，结社集会成为了近代以来民主国家民众应有的政治权利，文人结社的传统在形式、内容、角色、功能以及相互关系上都发生了变化，一些新兴的专业群体随之出现。"专门团体的建立及其活动，可以视为专门职业者整合其政治、经济、社会和文化资源，建构专业地位的场域"①。社会教育在南京国民政府行政力的推动下繁荣发展，各自为营的小团体星散各地，为了整体推进社会教育事业发展，研究社会教育学术，全国性的社会教育专业社团亟须成立。在这种背景下，以江浙一带社会教育界主干人物联络政学两界精英，酝酿发起社教社。社教社成立后，颁发了《中国社会教育社章程》，理事会、事务所先后成立，运筹规划，社教社开始有序运行。

一、社会语境分析

晚清以降，内忧外患，江山社稷呈风雨飘摇之势，知识分子以"天下兴亡、匹夫有责"为砥砺，纷纷结群体、开学会，在争夺话语权的同时，冲破了传统社会的"党锢之争"阴霾。为了规范民间集会结社，1908年清政府还颁布结社集会律，从一个侧面可见当时集会结社的流行。各式教育社团会社更是风起云涌，据统计：1908年各地有教育会506个，1909年增至723个，增幅明显。② 民国成立后此风更炽，各式教育团体会社层出不穷。

---

① 郑成林、路中康：《社群、社团史研究与近代中国社会重构："近代中国社会群体与社会变迁"学术研讨会述评》，载《近代史学刊》，第5辑，2009。

② 桑兵：《清末新知识界的社团与活动》，231页，北京，北京师范大学出版社，2014。

（一）结社的政策

随着"欧风美雨"浸润，新式知识分子群体日渐扩大，近代意义上的集会结社便是凸显的外在表现之一。他们借学会办理报刊、译介书籍、传授新学、讽议国事，以期能启迪民智，救亡图存。"时四方新学士子们喜康梁之议论新颖，群相呼应，起而组织学会讨论政治问题和社会问题"[1]。据统计，1903—1904 年，"国内以新知识分子为主体组建的各类社团多达数百，不仅分布于各大都市，而且深入县城乡镇。其中除华兴会、光复会等少数几个主张并实行了武力革命外，多数以办报、演说、兴学为主要活动"[2]。面对士人群集、学会林立的状况，清政府内部守旧势力与开明派在如何对待民间集会结社问题上展开了一场大讨论，守旧派抛出的"蛊惑人心""挑起纷争""营私干政"理由，被开明派用"广开民智""大势所趋""先例宛在"迎头痛击。他们从中国传统与西方先进国家经验中寻来集会结社合理性佐证，认为会社可以"开民智"，政府如能"得其道"，则"裨益良多"。[3] 这场辩论以开明派大获全胜告终，1908 年 2 月，宪政编查馆、民政部"仰体圣谟，参照中外"，共同拟定结社集会 35 条，《结社集会律》颁布。

> 良以宇宙之事理无穷，一人之才智有限，独营者常绌，而众谋者易工。故自学术、艺事、宗教、实业、公益、善举，推而至于政治，无不可以稽合众长，研求至理。经久设立则为结社；临时讲演，则为集会。论其功用实足以增进文化，裨益治理；然使漫无限制，则又不能无言哤事杂之虞。是以各国既以人民结社集会之自由明定于宪法，而又特设各种律令以范围之。其中致治社会关系犹重，故国家之防范亦弥严；先事则有呈报，以杜患于未萌，临事则有稽查，以应变于俄

---

[1] 戈公振：《中国报学史》，123 页，北京，生活·读书·新知三联书店，1955。

[2] 桑兵：《清末新知识界的社团与活动》，229 页，北京，生活·读书·新知三联书店，1995。

[3] 《江苏巡抚陈夔龙奏报纸电讯集会演说以范围于法律之内折》，见《清末筹备立宪档案史料》上，149 页，北京，中华书局，1979。

北京师范大学史学探索丛书

项。上收兼听并观之益，而下鲜嚣张凌乱之风，立宪精义，实存于此。①

不难看出，政事性的结社集会是清政府关注的核心，"其关系政治者，非呈报有案，不得设立"。而对于非政事性的结社集会，政府态度相当宽容。援引西方立宪国家经验，"国愈进步，人民群治之力越强，而结社集会之风亦因之日盛"。《结社集会律》规定，"凡与政治及公事无关者，届可照常设立，毋庸呈报"。在这种倾斜性政策规定下，以"开民智，做新民"为各类宗旨的教育会社勃兴，《结社集会律》颁布当年各地有教育会506个，1909年增至723个。②《结社集会律》的出台，一改政府以往对待秘密结社和革命党的高压方式，在借鉴西法的基础上，对民众结社的诉求予以法律性规范，有学者指出清政府借此"维护统治"。③ 从结社的外在舆论看，此说法有独到之处。绅商立宪团体以及自治团体纷立，民变迭发，以集会结社为表现的民主浪潮无法逆转的情势下，清政府必须找到一种双方都能认可的表达体系，采取"改禁为导"策略，颁布《结社集会律》，体现了清政府对时代潮流的顺应和限制。《结社集会律》首次承认了民间集会结社的合法性，赋予了民众结社集会权利的法理性地位，一定程度促进了民间结社的兴起。

民初《中华民国临时约法》，赋予了民众有结社的自由和权利，1912年颁布《教育会规程》，规定"教育会得以研究所得建议于教育官厅""教育会得以处理教育官厅委任事务"，同时亦规定"教育会不得干涉教育行政及教育以外之事"，教育会与教育行政关系开始联结。1919年11月，教育部修订《教育会规程》，第五条规定"教育会得以会员决议事项，建议于教育官

---

① 《宪政编查馆、民政部会奏结社集会律折》，载《政治官报》，第135号，1908。

② 桑兵：《清末新知识界的社团与活动》，274页，北京，生活・读书・新知三联书店，1995。

③ 韩延龙、苏亦工：《中国近代警察史》上，32页，北京，社会科学文献出版社，2000。

厅"，彰显出政府对教育会社的倚重。此时期社团大多公开刊出社章、自行设立标准招募社员，是否合法的界限较为模糊。宽松的结社环境，新式知识分子(包括在校的大学生、中学生)结社兴趣浓厚，出现了数量庞大，但大多属于昙花一现的各式社团。其中影响最大的当数 1915 年成立的全国教育联合会，连续举行 11 届年会，每次年会集中大部分省区教育界的代表，总决议案数量达 254 件，涉及全国范围内教育领域的方方面面，内容既包括"废止教育宗旨宣布教育本义"等宏大政策决议，亦涵盖"国民学校教科书宜用本国造纸"细微问题，有较大的社会影响。

国民政府奉行"以党治国"治国方略，颁布了一系列规程法令，严格、规范社团管理。北伐结束，教育行政委员会就颁布《教育会规程》(1927)、1928 年大学院颁布《教育会条例》，解除了北京政府时期"教育会不得干涉教育行政及教育以外之事"①禁令，次年，教育部颁布《教育会规程》及《教育行政机关管理学术团体办法》，后者对教育团体有直接的指导意义，规定"凡私人组织之社团、以研究学术为目的者，概称学术团体，除遵照民法总则及他项法令之规定外，依本办法办理"，要求学术团体不得有"违反党义""妨碍治安""败坏善良风俗""涉及迷信""干涉行政及其他一切学术范围以外之事""借端敛财"目的或行为。其中第四条规定了学术团体成立后，"应开具左列各项、连同所有章程规则，向所在地之省或特别市教育行政机关登记：(1)事务所地址；(2)董事之姓名年龄籍贯学历及职业；(3)资产资金或其他收入之详细项目；(4)社员之姓名年龄籍贯及学历"②。中央执行委员会制定《文化团体组织原则》《文化团体组织大纲》以及《文化团体组织大纲施行细则》，教育部先后奉颁转发，要求全国各学术团体组织原则据此原则大纲办理。1931 年 1 月国民政府颁布《教育会法》，该法共 7 章 38 条，特别规定了教育会为法人，须遵照中华民国教育宗旨及其实施方针，以研究教育事业、发展地方教育为目的，重申在校学生不得为社团会员，并对教育会的监督机关予以分级规定。5 月，教育部发布《关于各学术

---

① 《大学院公报》，第 1 年 1 期，1928。

② 《教育行政机关管理学术团体办法》，载《浙江民政月刊》，第 26 期，1930。

团体应呈请备案的训令》，称"惟本部为最高教育行政机关，对于各种学术团体，有指示监督之责。嗣后凡经主管官署核准备案之学术团体，应一律连同各该学术团体章程及表册，转呈本部核准备案，以资考核而便监督。而学术团体，须于每年度终结后，详开左列各项，呈报主管官署查核，并应由主管官署转交本部备案：1. 前年度所办重要事项；2. 前年度收支金额及项目；3. 前年度新加社员之姓名、年龄、籍贯及学历"①。国民政府详细而具体的法令法规，保障了教育社团的合法地位，营造了各类教育会社产生发展的社会语境。教育会社、团体与教育行政、教育决策关系愈发亲密起来，更多的新知识分子加入其中，以更为专业的姿态、更自信的态度，"舍我其谁"的气概，以专业学术团体为平台，施展个人抱负。

（二）教育会社繁盛

伴随着近代中国社会变迁，产生了一批在知识结构、价值观念上都区别于传统士人的新知识分子（有研究者将之分为三个构成层面②），本着教育救国理念，自主自愿，普遍实行民主原则和制度化程序，"合群"、具有强烈民间色彩③的各式社团，积极投身教育事业改革。结社与爱国、种族文明联系起来，1908 年，驻美公使伍廷芳为冈州会馆（美国最早成立的华人社团）落成开幕所撰贺联，称"二十世纪，黄帝子孙，同作燕厦，此际列

① 《教育部关于各学术团体应呈请备案的训令》，中国第二历史档案馆编：《中华民国史档案资料汇编 第 3 辑 文化（一、二）》，729 页，南京，江苏古籍出版社，1994。

② 第一个层面是从传统士大夫中蜕变而成的近代士绅知识分子，以张謇、梁启超、张元济、熊希龄、江谦、唐文治、袁希涛、沈恩孚为代表，有科举功名出身，有深厚的中学根基，对新学不排斥，多数清末曾担任过显赫职务，他们以自身影响力保护和推进新式教育的发展；第二个层面是清末民初的归国留学生（游历海外），包括留日、欧美等，以蔡元培、蒋维乔、黄炎培、陈宝泉、张伯苓、郭秉文、胡适、陶行知、陈鹤琴、蒋梦麟、晏阳初等为代表，用与传统士大夫迥异的知识结构与价值理念，投身教育改革浪潮；第三个层面是在国内接受新式教育的知识青年。见王炳照、阎国华主编：《中国教育思想通史》第六卷，438～443 页，长沙，湖南教育出版社，1994。

③ 罗福惠：《辛亥时期的精英文化研究》，322～323 页，武汉，华中师范大学出版社，2001。

强环伺，舍合群而外，讵争种族文明"①，新式知识分子以结社为爱国救种的标志。有研究者指出："在不断变化的政治和经济形势下，教育界必须设法维护教育事业的正常运行和发展，'合群'无疑是其扩张自身理论的必由之路"；而近代民主思潮形成了教育会社团体赖以存在的社会语境和力量来源，"对于教育会组织而言，民主化的组织原则和广泛的会员代表性，给予中华教育界教育会组织由'合群'而'合力'的制度基础，使教育会能够凝聚共识，以集体之力面对各种势力"。② 这些处于政府与社会之间的教育团体会社，具有明显的桥梁作用，活动方式符合政府规范，体现了社会基层教育界的呼声，从而呈现出"弱政府、强学会"局面，处于上海的江苏省教育会是突出代表。

江苏省教育会作为清末民初建立最早、存在时间最长、影响最为广泛的地方教育社团，备受学界关注。该会1905年成立，其前身为江苏学务总会，1906年按照学部章程更名为江苏省教育总会。1912年9月，教育部颁布新的教育会章程，为教育会一定程度上借用行政权力打开方便之门。10月，江苏省教育总会制定新的章程，不仅按照要求更名为"江苏省教育会"，并将宗旨明确为二："一审民国之前途以定方针，一审本省之现状以求进步"，"本会研究关于学校教育、社会教育、家庭教育各事项，力图教育发达"。与1908年章程最大的变化，是该会组织机构和会员机构的变化，取消了会董会设置，原来的5部(经济部、调查部、普通部、专门部、庶务部)精简为4部，保留调查部、庶务部，增加了学校教育部、社会教育部。会员由"代表入会"变更为"当然入会""志愿入会"，各县市、乡教育会会长及学务专员为当然入会者，彰显了教育会对地方教育的影响力。③ 从表面上看，江苏省教育会的焦点集中在学校教育、社会教育等领域的"教育"方

① 《全美最古老之华人社团》，载《华侨时报》(香港)，1989-09-15。

② 孙广勇：《社会变迁中的中国近代教育会研究》，191页，博士学位论文，华中师范大学，2006。

③ 朱有瓛等编：《中国近代教育史资料汇编——教育行政机构及教育团体》，252～253页，上海，上海教育出版社，1993。

面，但近代中国教育问题从来就是政治、经济、社会问题的外化，由此，以江苏绅商为主体的江苏省教育会，其活动必然由教育扩展到政治、经济、社会各个层面，而该会主干会员的政治资源亦为此做了相当铺垫，使得该会政治参与、社会参与以及僭越政府行政职能有了实现平台，并由此获得社会各界的广泛认可。民国初年的"城头变幻大王旗"的政治局势，为地方势力主导教育发展提供了权力空间。在军阀、地方行政与社会力量的三方博弈中，以士绅和新式知识分子为代表的社会力量"长袖善舞"，开始渗透到国家和地方行政权力机关。江苏省教育会的主干会员，如长期担任"常任调查员"的黄炎培成为江苏都督府第一任教育司长、长期担任"驻会干事"的沈恩孚先后任内务司长、江苏省公署秘书长，李平书任民政司长，会员马相伯任外交司长，曾担任会长的袁希涛进入北洋政府担任教育部次长、总长，第一任会长张謇任实业总长等，这些权力资源，为该会通过政治与教育互动变革教育，改革社会提供了动力，无形中扩大教育会的社会地位和影响力。

江苏省教育会按照教育部《教育会章程》规定，主要开设教育研究、教育推广和教育调查活动，特别是教育研究活动，通过在教育会内部设立各种研究会、集聚同好，设立有教育法令研究会、地方教育行政研究会、江苏新学制草案讨论委员会、小学教育研究会、师范教育研究会、职业教育研究会、通俗教育研究会以及体育研究会、道尔顿制研究会等，不仅推动各式研究事业的发展，还孕育了中华新教育共进社、中华教育改进社、中华职业教育社等。

表 1-1　江苏省教育会附设研究会一览（1902—1924）①

附属研究机构 ＼ 明细	成立时间	主要活动
法政研究会	1906 年	设立法政讲习所
教育法令研究会	1909 年	—

---

① 笔者整理于江苏省教育会：《江苏省教育会历年会务简明报告表》，自刊，1926。

附属研究机构 \ 明细	成立时间	主要活动
英文教授研究会	1914 年 9 月	—
小学教育研究会	1914 年 10 月	1917 年开展学校图画手工成绩展览
理科研究会	1914 年 11 月	1920 年办理小工艺传习会；1921 年成立小学理科实验室，举办理科讲习会；1923 年举办小学校理科教具展览会；1923 年、1924 年在沪宁苏三处开理科实验竞赛会
师范教育研究会	1915 年 1 月	与小学教育研究会同开小学图画工作展览
体育研究会	1915 年 7 月	1919 年开办暑假武术传习所；1925 年组织远东运动会筹备委员会
幼稚教育研究会	1916 年 5 月	举行幼稚生表演会多次
职业教育研究会	1916 年 9 月	—
中学教育研究会	1918 年 8 月	—
地方教育行政研究会	1918 年 8 月	每年出版各县教育概况报告表
通俗教育研究会	1921 年 1 月	—
江苏新学制草案讨论委员会	1921 年 12 月	—
江苏职业教育联合会	1922 年 8 月	每年开会一次
美术研究会	1923 年 8 月	1924 年召开美术展览会
道尔顿制讨论会	1924 年 9 月	—
公民教育委员会	1924 年 9 月	订立公民信条，发起公民教育运动，组织公民宣讲队，开办公民教育讲习会，发起模范公民选举，进行公民教育征文等

　　江苏省教育会借助附设研究会，不仅对国内热点问题（如新学制制定、道尔顿制的推广）有了及时、精准的回应，而且持续出版了《教育研究》《新教育》（与中华教育改进社合办）等有全国影响的教育杂志，出版以翻译、介绍性为主的图书，如《实用学校园》（曹栋译）、《二分间体操》（徐傅霖译）、《日本模范小学校要鉴》（杨保恒编译）、《职业教育设施法纲要》（顾树森编译），并在此基础上，加强研究性成果的推出，以《实用主义小学教学法》（杨保恒、黄炎培编）、《英美德法国民性与教育》（朱叔源、赵南编著）

为代表。从研究成果领域看，集中在中小学及职业教育领域。

江苏省教育会虽历江苏学务总会、江苏省教育总会两次更名，宗旨、内部机构设置发生一些变更，但其影响却日益彰显，"三会"基本架构的核心组织是重要保障。"'三会'组织机构一定程度上体现了资产阶级司法、执法、行政三权分立的特点"①，其中评议员会是核心，由会长、副会长和由各省直属厅州的会员公开选举而来的评议员组成，有较大的民意代表性，加上召开会议的密度和人数更具有操作性②，评议员会的地位相当突出，实际承担了江苏省教育会的大部分会内日常事务。这种组织建构，为日后社教社所仿效。

为了事业的扩展，教育界知识分子社团逐渐由地域性向全国性发展，"集会者，团体自由之结合也，其章程必为自定之章程，其事业必为自营之事业。同志们入会，无地方关系，不以地为限制，千里之外，声应气求"。③ 随着时日推移，陆尔奎所期望的教育社团理想逐渐变为现实，全国教育联合会、中华职业教育社、中等教育协进社、中华教育改进社、中华平民教育促进会和中华儿童教育社等逐渐出现。全国教育联合会代表全国各个层次的教育会，先后召开 11 次年会，对北洋政府时期的教育立法和行政产生直接影响。而中华全国体育协会、中国科学社、中国儿童教育社、中华职业教育社、中华图书馆协会等在专业领域实现"术业有专攻"的全国同业人员大联合。正是这些学术团体的示范和影响，为社会教育界酝酿成立全国性的学术团体起到了很好的铺垫作用。为清晰起见，笔者以 1902—1949 年为时段，将近代中国有代表性的全国性教育团体予以统计，如表 1-2 所示。

---

① 刘正伟：《巡抚与士绅：江苏教育近代化研究》，331 页，石家庄，河北教育出版社，2001。

② 尽管按照《章程》规定，会员代表大会（常会）是该会的最高权力及决策事务的机构，但每年只召开一次且需参加人数达到会员的三分之二才算符合程序，远远不如每月召开一次、10 人参加即可的评议员会方便、便捷。

③ 陆尔奎：《论教育会之性质》，载《教育杂志》，第 1 卷 9 期，1909。

表 1-2　近代中国有代表性的教育团体一览(1902—1949)①

社团名称 \ 明细	成立时间	地点	发起或负责人	沿革及其主要活动概况
中国教育会	1902 年	上海	蔡元培	由蔡元培、蒋智由、叶浩吾等人发起，名为办教育，实质鼓吹革命，办有爱国学社、爱国女学，并以《苏报》为舆论阵地
中华全国体育协进会	1910 年 10 月	上海	张伯苓	由唐绍仪、伍廷芳、王正廷、张伯苓等发起成立，1924 年更名，以"联合全国体育团队从事研究及推动社会体育，发扬中华民族精神并主持或参加国际体育比赛"为主旨。主持负责了第一至六届全国运动会(1910—1935)，并协助各省市召开运动会，发行《体育季刊》
中央教育会	1911 年 6 月	北京	张　謇	该会是学部为征集全国意见而设立的组织，由学务大臣监督，会长、副会长由学务大臣于会员中选派，奏报皇帝核准。章程定于每年暑假开会，1911 年 8 月召开第一届会议，后随清政权覆灭而戛然而止
通俗教育研究会	1915 年 9 月	北京	袁希涛	以"研究通俗教育事项，改良社会普通教育"为宗旨，为教育部所属机构之一。该会分小说、戏剧、讲演三股，以"寓忠孝节义之意"为标准，对相关事业进行审查。刊发《通俗教育研究会第一次至第四次报告书》，1919 年后刊发《通俗教育丛刊》
中国科学社	1915 年	美国	任鸿隽	由中国留学生在美国康奈尔大学发起成立，以"提倡科学、鼓吹实业、审定名词、传播知识"为宗旨，1918 年迁回国内，社址在南京高师，1926 年社址在上海。发行有《科学画报》《科学译丛》等

①　笔者整理自顾明远主编：《教育大辞典》10 卷(中国近现代教育史)，439～458页，上海，上海教育出版社，1991；张宪文、方庆秋主编：《中华民国史大词典》，263页，南京，江苏古籍出版社，2001。

北京师范大学史学探索丛书

社团名称\明细	成立时间	地点	发起或负责人	沿革及其主要活动概况
全国教育会联合会	1915 年 4 月	—	—	亦称"各省省教育会联合会",以"体察国内教育状况,并应世界趋势讨论全国教育事宜共同进行"为宗旨,从各省教育会及特别行政区域教育会各选派 3 人充任会员,并吸纳国内外文教界人士入会
中华职业教育社	1917 年 5 月	上海	黄炎培	由蔡元培、张謇、黄炎培为首的一批教育家、实业家和政界名流共 48 人联合发起,以倡导、研究和推行职业教育,改革脱离生产劳动、脱离社会生活的传统教育为宗旨。发行《教育与职业》社刊
中华新教育共进社	1918 年 12 月	上海	蒋梦麟	由江苏省教育会、北京大学、南京高师、暨南学校、中华职业教育社联合成立,以集合国内教育团体或教育家,以联络国外教育团体或教育家,输入新教育、共同研究推行,并宣布国内教育状况为宗旨,刊发《新教育》社刊
中华博物学会	1919 年	北京	袁希涛	副会长为吴家煦、陈宝泉
中华心理学会	1921 年	北京	张耀祥	以研究各种心理问题为宗旨,赞助发起人为陆志韦、廖世承、陈鹤琴
中华教育改进社	1921 年 12 月		陶行知	由新教育共进社、《新教育》杂志和实际教育调查社改组而成,以"调查教育实况,研究教育学术,力谋教育进行"为宗旨,先后在济南、北京、南京、太原召开年会,参与世界教育会议,创立中华平民教育促进会,办有《新教育》《新教育评论》
中华儿童教育社	1923 年	南京	陈鹤琴	由陈鹤琴、董任坚等南京鼓楼幼稚园邀约东南大学教育科、晓庄师范等单位组织成立,出版有《幼稚教育》月刊,1929 年更名为中国儿童教育社

明细 社团名称	成立时间	地点	发起或 负责人	沿革及其主要活动概况
中华平民教育 促进会总会	1923 年 8 月	北京	晏阳初	以"适应失学人民的实际生活，研究并实验平民教育学术，协助国家教育民众，培养全民修齐治平的真实能力，发扬中国文化，促进世界大同"为宗旨，从"调查事实、研究学术、实验学术、编制工具、训练人才和协助推行"六个方面来推进会务
中华教育 建设社	1924 年	上海	—	1933 年第九次社员大会决议进行生产教育计划，与黄渡乡村师范学校合办养鸡场、举办养鸡共学班、培养养鸡专门人才，推广良种
中华图书馆 协会	1925 年	北京	袁同礼	主要研究图书馆行政、研讨图书馆技术、为图书馆培养专业人才等，设有暑期学校讲授图书馆学，并注重调查与出版事宜，发行《图书馆学季刊》
中华盲哑 教育社	1928 年	南通	朱卫清	由南通盲哑学校校长朱卫清发起组织，以"盲哑教育职业化，变分利为生利"为宗旨
中华慈幼协会	1928 年	—	孔祥熙	以"倡导实施各项有关儿童福利事业，为全国儿童谋幸福"为宗旨，1931 年该会呈请教育部，请定每年 4 月 4 日为儿童节。次年 4 月 4 日全国 20 多个城市举行首届儿童节纪念活动
中国社会 教育社	1931 年	上海	俞庆棠	以"研究社会教育学术，促进社会教育事业"为宗旨，有"全国社教之总枢纽"之称，刊发《社友通讯》社刊
中华教育 电影协会	1932 年	南京	段锡朋	以"研究利用电影，辅助教育宣传文化，并协助电影事业之研究"为宗旨，1936 年曾推行电影教学，特选物理、化学、生物三类电影在中学放映，推行区为沪杭、宁芜、淮南等铁路沿线的中学和师范学校，抗战期间西迁重庆，复员后回迁南京

北京师范大学史学探索丛书

明细 社团名称	成立时间	地点	发起或 负责人	沿革及其主要活动概况
中国化学学会	1932 年	南京	陈裕光	以"联络国内外化学界同人，共图化学在中国之发展及应用"为宗旨，办有《化学杂志》《化学通讯》《学会会志》等刊物
中国物理学会	1932 年	北平	李书华	主要从事研究和教学工作，并定期举行年会，讨论有关物理学研究和教学中种种问题，有《物理学报》会刊
中华乡村 教育社	1934 年	南京	彭百川 黄质夫	以"研究乡村教育，促进社会事业"为宗旨，由古楳、章之汶、邰爽秋、吴研因、程其保、相菊潭、孙枋、梁漱溟等任理事，推彭百川、黄质夫、何玉书为常务理事处理日常事务，主要工作是调查各地乡村教育及乡村社会状况和实际问题，并进行乡村教育问题实验和编译出版乡村教育书报等
中华艺术 教育社	1934 年	上海	马公愚	以普及艺术教育、发扬民族文化、提倡实用艺术、促进生产效能为宗旨
中国童子军 总会	1934 年 11 月	南京	蒋介石	以"发展儿童作事能力，养成良好习惯，使其人格高尚，常识丰富、体魄健全，成为智仁勇兼备之青年，以建设三民主义之国家，而臻世界于大同"为宗旨，蒋介石亲任总会长，何应钦任副会长兼总司令
中华卫生 教育社	1935 年	南京	胡定安	以"联合全国卫生及教育两界有志于卫生教育人士，专事倡导卫生教育，以谋中国卫生教育之普及并促进民族健康"为宗旨，抗战全面爆发后迁重庆，战后回迁南京
中国博物馆 协会	1935 年	—	马　衡	马衡、沈兼士、朱启钤、袁同礼等人为执行委员，以"本互助之精神，谋未来之发展，唤起一般人对中国固有文化之注意与认识，联络各国博物馆，沟通学术文化"为宗旨

明细 社团名称	成立时间	地点	发起或 负责人	沿革及其主要活动概况
中国民生 教育会	1936年	上海	邰爽秋	以"研究及推行民生本位教育"为宗旨，重在以教育力量发展人民生计、改进民众生活，曾办有中国民生建设实验学院，在沪办有民生补习学校多所，刊发《民生教育》月刊及《教育与民生》周刊
中国医药 教育社	1938年	重庆	陈文虎	以"研究并刷新中国医药教育"为宗旨，主要从事编纂教材、草拟中医专校课程表、设立中医研究班、建议政府设立中医教育机构，主办中医内科治疗所工作
中国识字 教育社	1938年	上海	王瑞炳	主要工作有推行识字学术讲演、展览会等，并研习字法、识字图

从上表看出，全国性的学术团体名称不一，尤以"教育会""教育社""教育学会"命名为多。从设立地点看，大多麇聚在北京、上海等大城市，与政治中心、经济中心高度相关，南京国民政府成立后，政治中心南京亦随之成为新设学术团体社址首选地。发起人大多为社会各界名流，多具有行政职务；从学术团体性质看，20世纪二三十年代，是专业性、研究领域更明确的学术团体设立的高峰期，这与学术界逐渐分化、日渐成熟有直接关系，突破了之前营造舆论、追求轰动效果初期阶段，相对于动辄数百上千人的大会，"术业有专攻"的小范围的同行圈子更受青睐。从设立宗旨看，专业化的学术团体更倾向于贴近明确学科、研究对象。

（三）中国社会教育社成立

"溯自民国十六年以来，因着国民革命的呼声，社会教育事业日益高涨，各地同志都感到有联合组织团体，共同研究社教学术及促进社教事业的必要，本社是应着这种需要而产生"①。社会教育事业迅猛发展的同时，

---

① 《大会概况》，见中国社会教育社：《中国社会教育社第一届年会报告》，1页，无锡，民生印书馆，1933。

既面临经费、专门人才匮乏，事业发展参差不齐、教育对象无积极性、绩效不佳等诸多实际问题，且各地分散无联络，亟须平台来集中学界专家把脉切诊，解决问题，给出方向性规划。社教界人士深感密切联络的需要，社教社成立的内外因俱备。

中国社教社创办动议，酝酿于1931年5月。有趣的是，就时人报道看，何人提议发起颇有几分微妙，焦点是赵冕排名次序，大致可以分为四派。第一种最为常见，亦为后人常常引用，赵冕被排在第四位。江苏省立教育学院主办刊物《教育与民众》如此叙述："最近社会教育人士俞庆棠、李蒸、高践四、赵步霞等鉴于训政期间民众教育使命之重大，更非彼此联络相互帮助，难获实效，遂约同钮永建、尚仲衣、雷宾南、陈礼江、李小缘等若干人，发起中国社会教育社"①。湖南省教育厅主办刊物《湖南教育》、中华书局主办刊物《中华周报》均持此说。② 第二种是赵冕被排在第三位，第一名依旧是俞庆棠，第二位却换成了童润之。③ 这种观点刊发在《山东民众教育月刊》的"民众教育消息汇志"栏目，该刊由山东省立民众教育馆发行，董淮任馆长。第三种是淡化赵冕，表现有二，其一是依旧将赵冕列入倡议者之列，只是排在末位，如江苏省立南京民众教育馆刊物《民众教育通讯》，赵冕名字被移到末位④；其二则是直接隐去赵冕名字，代之以

---

① 《中国社会教育社成立志盛》，载《教育与民众》，第3卷4期，1931。

② 见《中国社会教育社组织成立》，新闻要闻（省外），《湖南教育》，第25期，1932；见《中国社会教育社组织成立》，载《中华周报（上海）》，第8期，1931。

③ "中国研究及实施社会教育者，向无联合组织，在事业发展上极为不便。俞庆棠、童润之、赵冕诸君有鉴于此，爰发起组织中国社会教育社。"见《中国社会教育社成立》，载《山东民众教育月刊》，第3卷1期，1932。

④ "国内社会教育界闻人李云亭（李蒸字云亭，笔者注）、俞庆棠、高践四、雷宾南（雷沛鸿字宾南，笔者注）、彭百川、陈礼江、祁锡勇、赵冕等，鉴于社会教育在训政时期之重要，非联络进行，难获实效，同时并为增进研究兴趣，促进事业发展起见，特联合同志七十二人，发起组织'中国社会教育社'"。见《中国社会教育社在京举行成立大会》，载《民众教育通讯》，第1卷9期，1931。

"江浙社会教育服务人员"。① 浙江省教育厅主办的《浙江教育行政周刊》如此处理，是因为赵冕为其工作人员做谦虚状，抑或有其他深层次原因，不得而知。第四种最为不同，虽将赵冕列入发起人的最末位置（第16位），但文中字里行间却显示赵冕为首倡人。"二十年五月，江苏省会举行识字运动宣传，赵君当时方服务于浙教厅，被邀赴苏讲演，遂谈及组装中国社会教育社事，俞庆棠、刘绍桢诸君赞助甚力，当约赵君起草社章及进行计划，奈以种种原因，迁延未成。同年秋季，江苏省立社会教育机关联合会集议时，又提及组社事，当即推定俞庆棠、甘豫源、赵冕三君为起草员，并负召集发起人会议全责。赵君等受委后，积极进行，以李蒸、雷沛鸿、陈礼江、柳贻徵、高阳、俞庆棠、刘昭桢、刘云谷、孙枋、祁锡勇、张钟藩、吴邦伟、陈定祥、冯国华、甘豫源、赵冕等之名义，征求发起人，并召集发起人会议。"② 该文刊发在《社友通讯》创刊号上，作者陈大白此时为社教社助理干事，应较为客观真实。这一点，从安排赵冕担任发起会召集人之一、在发起人会议上作为发起人汇报起草三人被推定起草人经过可见一斑。

　　当事人之一的俞庆棠在第一届年会，报告该社成立历史，称"自从民国十六年以来，各省市的社会教育机关，都渐渐的增多，服务于社会教育的同人，都感觉到有组织学社的必要。民国二十年四月，江苏省会举行识字运动时，郑晓沧、高践四、雷宾南、赵步霞诸先生都到会讲演，当时即谈及组织中国社会教育社问题。其后因人事变迁，未能积极进行。同年秋季，江苏省立社会教育机关举行联合会时，又讨论组织社会教育社问题，当经会议推进赵步霞、甘导伯二先生，及本席负责起草社章及缘起等。会

---

　　① "江浙社会教育服务人员，鉴于社会教育在训政时期工作之重要，若非联络进行，难获实效，并为研究社会教育学术、促进社会教育事业起见，特由高践四、李云亭、彭百川、俞庆棠、刘述尼（刘绍桢字述尼，笔者注）、胡承枢等，联合同志七十二人，发起中国社会教育社"。见《中国社会教育社组织成立》，载《浙江教育行政周刊》，第3卷17期，1931。

　　② 大白：《社务发展之前前后后》，载《社友通讯》，第1卷1期（创刊号），1932。

议后，即分头进行，征求发起人。同年十二月三日举行发起人会议于南京"①。谈及社教社发起时，用的是一种统而化之的口气，模糊了酝酿时期的提议个体，变成了集体提议。

笔者之所以花力气还原社教社酝酿期间的不同说法，实际上赵冕排名的文稿背后，隐藏着不同派系的话语权之争。名字前后排列不仅仅是个人声望的社会地位所主导②，更多的是江苏省立教育学院③要取得创设社教社的正统地位而致。社教社成立不久，次年4月正式理事会产生，常务理事为俞庆棠、孟宪承、赵冕(临时理事会为俞庆棠、甘豫源、赵冕)，此时赵冕已加盟江苏省立教育学院，在民众教育系担任副教授、兼任黄巷实验区总干事，江苏省立教育学院仍占三分之二，保持了绝对优势地位。多年后，国立浙江大学校刊如此介绍社教社："中国社会教育社成立八年，会

---

① 《演说词及其他论文 本社理事会事务所总干事俞庆棠报告》，见中国社会教育社编：《中国社会教育社第一届年会报告》，88~89页，无锡，民生印书馆，1933。

② 如最常见的俞庆棠、李蒸、高践四、赵冕排序，前三者不仅年长于赵氏，且均有一定行政职务傍身(俞氏曾任中央大学区扩充处处长，创办了江苏省立教育学院，李蒸曾任社会教育司司长一职，时任北平师范大学校长，而高践四为江苏省立教育学院院长)，且均为社教界知名人士(三人均为海外名校毕业，俞庆棠、李蒸分别为哥伦比亚大学硕士、博士；三人均为江苏省立教育学院教授)。

③ 江苏省立教育学院作为社会教育人才培养专设院校之嚆矢，前身为俞庆棠1928年创办的中央大学区劳农学院，建院之初，俞庆棠请求同学陶行知的支持，陶行知派来晓庄师范的得力干将赵叔愚来担任院长，可惜赵氏"出师未捷身先死"，俞庆棠随之邀请高践四出任院长。1929年开始招生，1930年正式开设民众教育系和农事教育系，不仅开办本科，还招收研究生，并设有二年制专修科。该院虽以"养成江苏省六十一县民众教育、农事教育服务人才并为全省民众教育、农业教育研究设计及实验之场所"为办学主旨，却对全国社会教育发展影响颇大，梁漱溟曾给予高度评价："学院名义虽为江苏省立，实际上全国各省均在院内设有公费学额，远如滇、黔、粤、桂、川、康、陕、甘学子，亦有负笈来游。于时，全国社会教育人才之训练培养，各地社会教育事业之研究实验，各省有关社会教育之法令设施，以及目前战时教育及社会服务事业，期间取法于江苏省立教育学院者盖不少。"梁漱溟：《高践四先生事略》，见江苏省立教育学院校友会编：《艰难的探索 续集 江苏省立教育学院校友回忆录》，79页，苏州，苏州大学劳动服务公司誉印社，1994。

员分布各地，该社理事多为江苏省立教育学院教授"①。此种说法有力地佐证了当年的话语权之争。

1931 年 12 月 13 日，假江苏省立南京民众教育馆，社教社举行发起人会议，与会者 57 人②，作为 72 人③发起人代表与会。俞庆棠联合高践四、李蒸、赵冕，并约同钮永建、尚仲衣、雷沛鸿、陈礼江、李小缘等为共同发起人，发布热情洋溢的发起词："我们已知各地的社会教育同志，已在不同的环境之中，依据适当的理论和方法，推进他们的事业。但中国地大人众，同志散处各地，深感声气少通，愿宏力薄。因此，同人等欲谋全国社会教育同志的大团结，而有中国社会教育社的发起"，并援引国际经验加以佐证，"各国成人教育的同志，不但已有全国的组织，而且已有国际的组织。如美国的成人教育协会（American Association for Adult Educa-tion）、英国的成人教育社（British of Adult Education）和工人教育协会（Worker's Education and Association）都是全国的组织，而世界成人教育协会（World Association for Adult Education）尤为全世界成人教育之大团结。我们已深知世界的成人教育同志，因团结而生力量，有力量而事业得到更速的进步"。由此，给出社教社成立的意义，"现今全国社会教育同志既感学术的饥荒，事业的幼稚，应当急谋团结，促新教育制度之成功，新社会秩序之实现，开中华民族的新生命，放世界人类的新光明，凡我同志，赞成斯旨，盍兴乎来!"④发起人会议上，公推俞庆棠为主席。

北京师范大学史学探索丛书

---

① 《教育学术团体汇志》，载《国立浙江大学校刊》复刊，第 7 期，1939。

② 到会人物为：赵冕、李蒸、高践四、赵季俞、甘豫源、许牟衡、陈兆蘅、杨中明、童润之、刘云谷、陈定祥、赵吉士、彭百川、刘绍桢、李寅恭、钮永建、钮长耀、黄梅仙、祁锡勇、胡承枢、冯国华、李小缘、孙枋、俞庆棠、赵光涛、雷宾南、陈礼江、涂开兴、刘维新、马祖武、尚仲衣、钱用和、王季昭、吴邦伟、袁仲濂、金嵘、张钟藩等 57 人。

③ "李云亭……等鉴于社会教育在训政时期之重要，非联络进行，难获实效，同时并为增进研究兴趣，促进事业发展起见，特联合同志七十二人，发起组织'中国社会教育社'"。见《一月来各省市民众教育消息 南京市》，载《民众教育通讯》，第 1 卷 9 期，1931。

④ 《中国社会教育社成立志盛》，载《教育与民众》，第 3 卷 4 期，1931。

很有意思的是，原定的发起人会议闭会后，随即于下午召开成立大会。在场多数社员提出紧急动议，"以为国难当前，凡足领导民众之组织，亟宜从速成立，议即开成立大会，经众一致通过，公推童润之为主席，刘绍桢记录，如仪开会"①。"当时以敌军压境，交通阻塞，召集会议殊多困难，即于是日下午二时仍在南京民众教育馆开成立大会，出席者同上"②。社务紧于进行，外面环境紧张，"发起人会议应否改为成立大会"临时动议获得全体通过，成立大会顺利进行。会上审议通过了《中国社会教育社社章》等纲领性文件，用记名投票法产生临时理事会（俞庆棠，13 票；赵冕，12 票；甘豫源，5 票），负责办理第一届理事选举事宜、召集第一届理事会第一次会议以及执行发起人会议及成立大会交付事宜，并通过了出席人介绍社员案。会后，临时理事会即着手进行第一届理事会通讯选举，并定于 1932 年 2 月完成，却因沪战爆发未能如期。4 月底，正式理事会经过推举产生，俞庆棠、孟宪承、赵冕三人担任常务理事，俞庆棠等 12 人当选为第一届理事会理事，祁锡勇等 12 人当选为第一届理事会候补理事，6 月事务所正式运行。该社先后在国民党中央党部、教育部呈准备案③，成为法人团体。

该社以"研究社会教育学术、促进社会教育事业"为宗旨。该社章第 3 条规定该社的 11 项主要工作是：

1. 调查并报告社会教育之研究及推行状况；

2. 研究社会教育之主要问题；

3. 谋各处各项社会教育研究及实验工作之互相联络；

4. 协助各机关团体或个人从事社会教育之研究及推行；

---

① 刘维新：《中国社会教育社成立大会纪详》，载《民众教育》，第 3 卷 11、12 期合刊，1931。

② 大白：《社务发展之前前后后》，载《社友通讯》，第 1 卷 1 期，1932。

③ 本社系根据人民团体组织法而成立，同时又是学术团体，据此，社教社于1932 年 7 月在国民党中央党部、9 月在教育部备案，成为法人。

5. 宣传社会教育之重要；

6. 于推行事业之必要时联络各地同志为一致之努力；

7. 举办社会教育事业；

8. 出版社会教育刊物；

9. 介绍社会教育人才；

10. 联络外国社会教育机关团体及学者；

11. 其他依照宗旨应进行之工作。①

这11项主要工作中，除社会教育调查、研究、宣传和出版社会教育刊物外，其他各条，如第3、4、6、9、10均为联络、团结工作，构成该社的中心工作。这种工作重点得到了各界代表及行政机关（特别是教育部）的高度认可。教育部代表彭百川在第一届年会上发言，称中国过去社会教育因"三不合作"②而成绩不佳，特别提出官厅要与社教团体合作，社教方易于进展。江苏省立教育学院院长高践四热烈回应，"同人热烈盼望陈厅长在浙教厅及在中央多多与以提倡，使民众教育臻于光大之域"③，政界与教育界、教育界之间以及政府与民众之间合作成为众望所归。社教社的成立，是社教界联合社会热心人士与政府合作的第一步。社会教育之所以能赢得国民政府的青睐，热心人士的积极提倡功不可没。"国民政府成立以来，社会教育进步之速，一日千里，固为政府提倡得力，亦由于社会热心人士努力所致。"④俞庆棠等发起人深谙这一点，从一开始就将社教社定位为"全

---

① 《中国社会教育社成立志盛》，载《教育与民众》，第3卷4期，1931。

② 三不合作：（1）政界与教育界不合作，政界往往无学识为依据，以致难有贡献；教育界无实行其意见的机会，徒尚空言；（2）学术界往往意见分歧，各成派别，减少了研究力量；（3）政府往往不与人民合作，二者恒互相非难，实则在政府因有不顾及人民，人民亦不督促政府，有以致之。详见：中国社会教育社编：《中国社会教育社第一届年会报告》，84页，无锡，民生印书馆，1933。

③ 中国社会教育社编：《中国社会教育社第一届年会报告》，16页，无锡，民生印书馆，1933。

④ 《中国社会教育社成立志盛》，载《教育与民众》，第3卷4期，1931。

国社教界之枢纽"，重在联络，重在沟通，"本社处此民族阽危，教育破产之时会，他所负顶大的使命，倒在为社会教育造成风气。其次，是联络同志，交换意见，使各人原有的研究及事业得到更大的效果"，"二十省市的社会教育同志，并且差不多代表了所有重要一些的社教机关及团体，网罗在一个组织中，这不能算是一件小事！这许多人每年要'轰'到一个地方去'面对面'研究、商讨、以至争论社会教育的诸多问题，渐渐由纷歧的意见中整理出头绪来，这不能算不是一件艰难的工作！"①在这样的顶层设计下，社教社的组织与运行有序展开。

二、中国社会教育社的组织与运行

作为一个学术团体，其组织结构繁简、社员发展管理、经费来源支出、年会召集及提案征集等共同构成了其有效运作的主要层面。社教社的组织架构较疏括简易，更多是求社会声势，而非中国科学社、中国儿童教育社等专门学术团体那样"同道同好"。社教社存续期间，其日常经费主要来源于社员会费及捐助，经费支绌如影随形。相对来讲，历届年会由于有会议所在地政府资助，其年会办理经费能维持收支平衡，第三届、第四届稍有结余。自第二届年会开始，理事会实现拟定"中心议案"，事先发函邀请特定小团体、专家来征询，社会影响也逐渐扩展。

（一）内部组织架构

社教社设有理事会、事务所，年会召集前还会依例设立年会筹备委员会，并设立分社，来保障该社的组织运行。抗战全面爆发后，随江苏省立教育学院一路内迁，设重庆办事处，1943 年按照社会部人民团体组织法，在理事会外，增设监事会，战后复员后，先附设苏州的国立社会教育学院，后回迁无锡，仍附设于江苏省立教育学院。按照社章规定，社教社以社员大会为最高权力机关，社员大会闭会期间，由理事会负责处理本社一切事

---

① 赵冕：《本社第一年的回顾与第二年的展望》，载《社友通讯》，第 2 卷 2、3 期合刊，1933。

务。社教社社章对理事会职权、理事人数及推选范围、任期以及常务理事等事宜做出详细规定。按照社章第9条规定："理事之选举由全体社员于常年大会期前，用双记名法通讯选举，密封送交理事会汇齐于常年大会时开票。"1932年4月底，按照开票结果①，俞庆棠等12人当选为第一届理事会理事；祁锡勇等当选为候补理事，第一届理事会正式成立。从当选票数看，当时主流的社会教育界人士票数占据主导地位，黄炎培（25）、梁漱溟（15）、张伯苓（15）与俞庆棠（102）、高阳（94）、李蒸（82）等高票数不可同日而语。此时，梁漱溟在社教社的地位并不凸显。

6月11—12日，社教社举行第一届理事会第一次理事会议，会场借设江苏省立教育学院。实际出席理事有钮永建、俞庆棠、高阳、赵冕、李蒸、孟宪承、甘豫源、尚仲衣；雷宾南、傅葆琛、陈剑修、刘绍桢分别委托代表，12名理事出席8人。列席者有候补理事陈礼江、彭百川、孙枋和刘云谷4人，黄炎培、马宗荣、祁锡勇、刘湛恩、张伯苓因事未到。作为该届理事会第一次理事会议，该次会议通过多达18条决议案，为清晰起见，特列表如下。

表1-3　社教社第一次理事会议决议案一览（1932）②

明细 序号	议案名	议案结论
1	出版社务通讯月刊案	通过，交常务理事办理
2	编印社会教育丛书案	通过详细办法，交常务理事酌定
3	筹设社会教育书局以便印行社教图书、制造社教仪器而利推行社教案	推举陈礼江、赵冕、孙枋3人拟具体办法，提交下次理事会讨论

① 名单及所得票数如下：俞庆棠（102）、高阳（94）、李蒸（82）、赵冕（69）、钮永建（65）、甘豫源（52）、孟宪承（51）、雷沛鸿（43）、傅葆琛（34）、尚仲衣（31）、陈剑修（30）、刘绍桢（30），以上当选为理事。祁锡勇（26）、黄炎培（25）、彭百川（25）、刘云谷（22）、马宗荣（20）、孙枋（18）、陈礼江（17）、梁漱溟（15）、张伯苓（15）、涂开兴（15）、冷御秋（15）、刘湛恩（14），以上当选为候补理事。

② 大白：《社务发展之前前后后》，载《社友通讯》，第1卷1期，1932。

明细序号	议案名	议案结论
4	加推理事案	加推梁漱溟、庄泽宣、董淮 3 人为本社理事，舒新城、尹全智、张一廖 3 人为候补理事
5	推举常务理事案	推举赵冕、俞庆棠、孟宪承 3 人为常务理事，高阳、李蒸、尚仲衣为候补常务理事
6	确定本社社址案	暂定无锡江苏省立教育学院
7	征求社友案	通过刘平江、张任天、陈训慈、相菊潭、赵鸿谦、芮宝公、储劲、祝其乐等为本社社友
8	确定年会日及地址案	议决年会期约在 8 月 20 日左右，由常务理事决定，地址在杭州
9	年会筹备事宜应如何进行案	推举尚仲衣(主任)、陆殿扬、郑宗海、胡承枢、孟宪承、张任天、陈训慈 7 人为筹备委员，协同常务理事办理筹备事宜
10	拟具本社收受捐款办法请核准案	原草案由彭百川(召集人)、钟灵秀、顾良杰 3 人审查，提交下次理事会讨论
11	本社建议各省市举办县单位普及民众教育之实验案	原提案推高阳、俞庆棠、赵冕、陈礼江、甘豫源 5 人起草建议书，交常务理事呈请教育部，并分函各省市教育局，同时通知社友，设法促其实现
12	拟具改进我国学制系统，确立社会教育地位案	推举孟宪承(召集人)、赵冕、陈礼江、俞庆棠、尚仲衣 5 人拟具草案，提交下次理事会讨论
13	本届理事任期应如何规定案	提交年会讨论，下届理事选举暂缓进行
14	本社社务进行计划应如何草拟案	由常务理事草拟后，提交下次理事会讨论
15	确定第一届理事会第二次会议时期案	在年会前一星期内召集第二次会议
16	拟具本社理事会事务所组织大纲草案请核议案	常务理事中互推一人，为事务所主任，原案交常务理事修订之
17	审查本社第一年度经费预算案	交常务理事按实际情形修订实行，提交下次理事会讨论
18	规定本社社员通讯研究办法俾可互相砥砺案	请原提案人拟具详细办法，提交常务理事审查，交下次理事会讨论

由表 1-3 可知，社章第 7 条规定："理事会设理事十五人，其中十二人由全体社员公选之。其余三人由当选之理事，就未当选之重要省市或重要社会教育事业之社员中推选之"，这次会议将之落到了实处，理事会加推梁漱溟、庄泽宣、董淮为该社理事，舒新城（中华书局编辑所所长）、尹全智（河北省立实验民众教育馆馆长）、张一麐（前教育总长）为候补理事。至此，29 人（15 名理事，14 名候补理事）的社教社第一届理事会名单确定。①值得注意的是，理事会加推的理事名单中的梁漱溟，并不符合章程规定，其一梁漱溟属于临时理事会时期社员公选出来的候补理事，不属于"未当选之重要省市社员"；其二梁漱溟为山东乡村建设研究院院长，在邹平开展乡村建设实验，与同时加推的庄泽宣（哥伦比亚大学博士，国立中山大学教育研究所所长，为该所学生开设《民众教育概论》，该所为其时国内社会教育专业人才培养基地之一）、董淮（山东省立民众教育馆馆长）相比，亦不能算"重要社会教育事业的社员"。理事会将并不符合条件的梁氏加推出来，且给予其三年任期，宁愿候补理事缺额一人，如此凸显梁漱溟的选择背后，意味深远，为梁漱溟成为社教社常务理事做了坚定铺垫。

经过两年运行，到了 1934 年第三届年会前夕，第七次理事会召开，决议案呈现方式有了新的变化，事务所专门做了决议案执行状况调查，并在《社友通讯》上予以发表。如此安排，既有利于社员了解理事会会议的讨论内容，又一定程度上督促了理事会决议的有效落实。如表 1-4 所示。

---

① 第一届理事提名如下：理事有俞庆棠（常务）、孟宪承（常务）、赵冕（常务）、高阳、李蒸、钮永建、甘豫源、雷沛鸿、傅葆琛、尚仲衣、陈剑修、刘绍桢、庄泽宣、梁漱溟；候补理事：祁锡勇、黄炎培、彭百川、刘云谷、马宗荣、陈礼江、孙枋、张伯苓、刘湛恩、涂开兴、冷御秋、舒新城、尹全智。见《第一届理事提名》，载《社友通讯》，第 1 卷 1 期，1932。

表 1-4 社教社第七次理事会决议案执行状况一览(1934)①

议题＼明细	决议事项	执行情况	备注
请通过新社员案	照收到入社愿书通过个人社员84人，团体社员5处	按照名单分别通知并补寄刊物	—
依照社章第五条之规定：凡普通社员无故不缴费在一年以上者，应取消其社员资格，究应如何办理案	1. 社费由事务所分区请人征收；2. 印刷品暂时照寄	均已分别函催	—
本社社址基地已经勘察，应否即行购置开始建筑，并如何筹款案	1. 立刻购置中山门外地皮60～100亩；2. 公推钮永建、刘季洪、朱坚白三先生接洽南京大中桥省立民教馆内地基。3. 关于筹款方法，公推陈礼江、孙枋、朱坚白三先生拟具体计划，交下午会议报告	（1）已经购买60余亩；（2）正在积极接洽中；（3）见后	—
请确定第三届年会地点时间及日期案	地点：定为开封，如遇困难以南京为候补，由常务理事斟酌决定 日期：8月17—19日三日	第三届年会决定在开封举行，现已筹备就绪	—
请推定第三届年会筹备委员会案	公推王海涵、陈大白为筹备委员，其余由常务理事聘请	由理事会聘请王海涵为筹备主任，蔡衡溪、陈大白等为筹备委员	—

① 表格说明：①决议案中无须执行者、缓议者即提交下次会议讨论者，均未列入；②筹款方法有：1. 息借4500元，购置地皮60亩；并继续设法借款，务求购地皮增至100亩。2. 募捐还借款。募捐不足数时，酌提各省补助费，分期偿还。募捐还款后尚有余数时，即从事建筑会舍及购置设备。3. 募捐方法：A. 请各社员每人负捐募数元至数十元之责；B. 设法向富有实力者捐募巨款。4. 呈请中央党部及教育部并分函各省市教育厅局，请求常年补助费。5. 募捐组织委员会办理，余由常务理事会直接办理。《第七次理事会决议案执行状况》，载《社友通讯》，第3卷2期，1934。

议题　　　明细	决议事项	执行情况	备注
第三届年会预算如何确定案	交第三届年会筹备委员会	已由年会筹备委员会拟定，俟交第八次理事会通过	—
请规定第三届年会讨论中心案	以"由乡村建设以复兴民族之具体实施办法"为讨论中心	已由梁漱溟先生与高践四、孟宪承二先生拟成中心提案二篇	二中心提案分别印有单行本
第三届年会议事日程应如何规定案	以三日分成六个半天支配，假定如下：1. 开幕；2. 讨论中心问题；3. 实施心得报告；4. 读论文；5. 讨论学术提案；6. 社务讨论。每项所占时间，各以半日为原则	大会日程已按照此项原则拟定，提请第八次理事会通过	
乡村建设具体方案编制委员会主持人梁漱溟先生患病，应否推员协助案	公推高践四、孟宪承二先生协助主持	已分别函请	—
与河南省教育厅洛阳县政府会同拟定洛阳实验区计划大纲及合办办法，请追认案	准予追认	原文已在本刊第 2 卷第 11、12 期发表	—
与河南省教育厅洛阳县政府会聘洛阳实验区董事，请追认案	准予追认	名单已在本刊 2 卷 10 期公布	—
请讨论洛阳实验区开办日期案	交洛阳实验区区董事会决定	4 月 3 日举行第一次董事会议以后，该区即正式开始办公	—
孟宪承等提本社 1933 年度经常费预算及社务进行要项，审查报告案	1. 1933 年度经常费预算修正通过；2. 1933 年度社务进行要项照审查意见修正通过	自决议以后，事务所有经济支出及工作均遵照实行	—

议题 ＼ 明细	决议事项	执行情况	备注
孙枋等提案本社1933年度临时预算及筹款办法，审查报告案	照审查意见修正通过，其筹款办法见②	已办，其余均在积极进行中	—
请推员向各省教厅接洽补助费案	共推俞庆棠、彭百川、朱坚白、赵冕四先生向江苏省教厅接洽，其余由常务理事会办理	均在继续进行中	
请规定本社社徽形质案	交给第三届年会讨论	已征求图样多种，俟交第三届年会讨论	—
年会通过"本社应与国内教育、农业、农村经济及其他各机关团体学校密切联络合作，进行大规模农村经济调查"一案，应如何切实执行案	公推刘季洪、甘导伯、古楳三先生计划，由刘先生召集决定后，交事务所执行	已分别函请，俟计划拟就，即开始进行	—
年会通过"拟定民众图书馆分类编目法已被全国社教机关采用"一案，应如何进行案	函请中华图书馆协会编拟	已经录案函请	该会已函复并介绍刘国钧社友编著之中国图书分类法，嘱暂行采用

按照社章第 8 条规定："理事之任期均为三年，惟第一年社员公选理事之任期，三年二年一年者各 4 人，当选理事公推之理事，其任期三年二年一年者各一人，均以备选票数多少为根据，以后每年如法议选五人，连举均得连任。"第一届理事会名单及任期如表 1-5 所示。

表 1-5　社教社第一届理事会名单及任期一览(1932)①

明细 类别	姓名	任期 (年)	产生办法	明细 类别	姓名	任期 (年)	产生办法
理 事	俞庆棠	3	社员公选	候 补 理 事	祁锡勇	3	社员公选
	高　阳	3	社员公选		黄炎培	3	社员公选
	李　蒸	3	社员公选		彭百川	3	社员公选
	赵　冕	3	社员公选		刘云谷	3	社员公选
	梁漱溟	3	理事会加推		舒新城	3	理事会加推
	钮永建	2	社员公选		马宗荣	2	社员公选
	甘豫源	2	社员公选		孙　枋	2	社员公选
	孟宪承	2	社员公选		陈礼江	2	社员公选
	雷沛鸿	2	社员公选		尹全智	2	理事会加推
	庄泽宣	2	理事会加推		张伯苓	1	社员公选
	傅葆琛	1	社员公选		涂开兴	1	社员公选
	尚仲衣	1	社员公选		冷御秋	1	社员公选
	陈剑修	1	社员公选		刘湛恩	1	社员公选
	刘绍桢	1	社员公选		张一麐	1	理事会加推
	董　淮	1	理事会加推				

　　第一次理事会议对年会召开做了具体安排，确定了年会日期、地址，成立了年会筹备委员会，为年会顺利召开做了坚实铺垫。值得注意的是，本次会议中第12个议案"拟具改进我国学制系统，确立社会教育地位案"，成为之后社教社历届年会的重点讨论内容。② 由此可见，该次理事会会议的召开，具有绘画社教社发展蓝图意义。

　　按照社章规定，理事会理事每年如法改选五人，连举均得连任。1933年，任期满的理事(傅葆琛、尚仲衣、陈剑修、刘绍桢、董淮)五人，第二届年会中开票后的选举结果，陈礼江、董淮、彭百川、尚仲衣当选。会后

　　① 敬之：《本社理事会理事的选举经过》，载《社友通讯》，第 1 卷 2、3 期合刊，1932。

　　② 周慧梅：《域外观念与中国学制变革——基于 20 世纪 30 年度代"社会教育制度建设"的考察》，载《教育研究》，2011(5)。

第六次理事会议第一次会议上，理事会照章加推陈剑修为理事，张一麘、相菊潭为候补理事。第二次会议选举出常务理事三人（赵冕 8 票、梁漱溟 7 票、俞庆棠 6 票），高践四（4 票）、陈礼江（3 票）为候补常务理事，常务理事互推俞庆棠为事务所常务总干事。理事名单及任期如下表所示。

表 1-6　社教社第二届理事会名单及任期一览（1933）①

明细类别	姓名	任期（年）	产生办法	明细类别	姓名	任期（年）	产生办法
理事	陈礼江	3	选举	候补理事	傅葆琛	3	选举
	彭百川	3	选举		孔令粲	3	选举
	董　淮	3	选举		朱坚白	3	选举
	尚仲衣	3	选举		舒新城	3	选举
	陈剑修	3	公推		张一麘	3	公推
	俞庆棠	2	选举		黄炎培	2	选举
	高　阳	2	选举		刘云谷	2	选举
	李　蒸	2	选举		马宗荣	2	选举
	赵　冕	2	选举		孙　枋	2	选举
	梁漱溟	2	公推		相菊潭	2	公推
	钮永建	1	选举		陈兆蘅	1	选举
	甘豫源	1	选举		杨展云	1	选举
	孟宪承	1	选举		郑宗海	1	选举
	雷沛鸿	1	选举		刘季洪	1	选举
	庄泽宣	1	公推		尹全智	1	公推

　　中国社会教育社作为"全国社教之枢纽"，尽可能吸引更多地域、不同主张、不同派别的社员加入，将乡村建设研究院、中华职业教育社、中国教育改进社等团体的核心人物囊括殆尽。该社通过理事会理事的遴选，来实现社会教育界与政界、其他教育团体的大联盟。理事会作为负有引导并决定着该社事业的发展方向责任的常设权力机构，其理事会成员构成至关

---

① 《承上启下的两次理事会议》，载《社友通讯》，第 2 卷 4、5 期合刊，1933。

重要，后文将有专章展开，此处不赘。

1947 年复员后，根据新的形势第五届年会修订通过了中国社会教育社社章（社会部京组四字 32828 号指令准予备案、教育部社字 40406 号指令准予备案），新修订的社章最大变化，是增设了监事会，理事会规模由原来的 15 人扩大到 21 人。第 7 条规定："……社员大会闭会期间，由理事会监事会负责处理本社一切事务"，理事会原有职权"审核社员入会"变更为"通过社员入社"，"召集全国大会"更改为"召集社员大会"，新增的监事会职权有 4 项：(1)审核社员资格；(2)审核本社预算决算；(3)督促大会决议案之执行及社务之推进；(4)复审本社刊物。第 8 条规定，"本社设理事 21 人，候补理事 10 人，监事理事 7 人，候补监事 3 人。除理事中 3 人，监事中 1 人，由理事会监事会就重要省市或重要社会教育事业之社员中推选外，均由社员公选之。理事监事分别组织理事会、监事会以执行其任务。公选之理事监事任期均为三年，惟第一年社员公选理事监事之任期，依得票多寡平均分三年、二年、一年三种。任期届满之理事监事，于每年改选之。连举得连任"。第 16 条规定，"理事会监事会会议每年至少举行三次，由常务理事及常务监事召集之"。从社章新规定看，监事会及监事的出现，是为了监督理事会有序运行。

战后复员，社教社随国立教育学院回迁苏州，后迁回无锡，1947 年 3 月，《社友通讯》复刊，出版复刊第 1 卷 1 期（总第 46 号），并设立第五届理事会，公推俞庆棠、陈礼江（国立社会教育学院院长）、童润之（江苏省立教育学院院长）担任常务理事。第五届理事会成立后，以俞、陈、童三位常务理事联衔专函各省市教育厅（局）社教社社址信息："径启者：查本社社址，现经本社第五届理事会第一次会议决议，仍设无锡社桥头无锡省立教育学院内，记录在卷，除分函外，相应录案函达"①。社教社还专函向各省

---

① 上海市教育局：《上海市教育局关于中国社会教育社函知该社社址》，Q235-2-1862，1947，上海市档案馆藏；重庆市教育局：《关于在无锡社桥头江苏省立教育学院设立中国社会教育社分社致重庆市社会局的函》，006-00015-00254，1947，重庆市档案馆藏。

市教育厅（局）调查其社友服务地点。

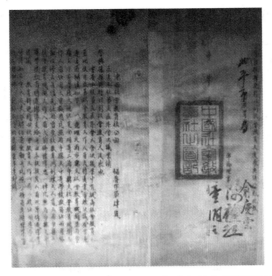

图 1-1　社教社调查该社社友服务地点的公函照影（1947）①

　　社教社常务理事俞庆棠、陈礼江、童润之以调查该社社友服务地点的方式，通知各省教育行政机关第五届年会召开："径启者，本社定于三十六年三月廿九至卅一日在苏州国立社会教育学院举行第五届年会，以复员以后社友服务地点颇多变更，不克一一通知，业记服务于贵局之社友颇不乏人，特奉上公告一份，敬烦贵局揭示周知。至为感荷。"数日后，收到北京市教育局公函回复："查本局并无该社社友"。② 战前，北京原属于社教社的积极单位，北平市立第一民众教育馆馆长戚彬如前后参与第二届、第三届、第四届年会，并积极递交议案。第二届年会戚氏还向大会报告了北平社会教育实施情况，当说到"北平市立民众教育馆明耻楼受日兵时加压

---

　　① 北京市教育局：《"中国社会教育社"送该社第五届年会决议案及调查该社社友服务地点的公函以及"中华教育改进社"第一次常年大会决议案和"中国社会建设协会北平分会"章程》，J004-004-00238，1947，北京市档案馆藏。

　　② 北京市教育局：《"中国社会教育社"送该社第五届年会决议案及调查该社社友服务地点的公函以及"中华教育改进社"第一次常年大会决议案和"中国社会建设协会北平分会"章程》，J004-004-00238，1947，北京市档案馆藏。

迫,不能进行之惨状,会场空气顿然沉闷,有许多会员竟至恨极而掉泪"①。战后,竟然出现整个北京市教育系统无该社社友的状况。由此可见社教社战后再难恢复战前的繁荣局面。

按照社章规定,"理事会为执行职务之便利,应组织事务所,事务所组织大纲,由理事会订定施行"。依据此条,社教社制定《本社理事会事务所暂行组织大纲》,规定事务所设总干事一人,商承常务理事综理所务;干事及助理干事若干人,商承干事分办各项事务;规定总干事由常务理事互推、提请理事会通过,干事及助理干事由总干事提请常务理事同意,均以理事会名义聘任之。组织大纲还规定了总干事任期为一年,连聘得连任,不支薪,干事及助理干事任期由总干事酌定,酌给薪津。1932年6月16日,事务所在《社友通讯》上发布通知:"本事务所于本日起假无锡江苏省立教育学院图书馆楼上正式办公,办公时间除星期日及例假外,每日下午一时起,至四时止。凡欲与本社接洽事务者,请驾临或通函本事务所可也。"6月30日,事务所以"节省经费起见",特通知全体社员"以后本社各项通告,除万不得已专函通告外,其余均将刊登在《社友通讯》通告,希特加注意"②。赵冕担任事务所主任。第一届年会后,社教社又出台《本社理事会事务所办事细则》,确定该所事业分为研究、实验、宣传、出版、图书、集会、注册、文书、会计、庶务10项内容,围绕工作内容制定相应的办事细则,并将工作时间延展至全天(上午8:00—12:00,下午1:00—4:00),这些具体规定从制度上保障了事务所工作有序开展。12月,为了更好推进事业开展,事务所聘定专职干事,"兹经多方物色,聘得储劲君担任。……最近毕业于江苏省立教育学院民众教育专修科,品学兼优,为该校高材生。现储君已来社正式视事,将来社务之发展,定卜有一番新气象云"③。专职干事的到位,保证了事务所工作的落实。

---

① 北京市教育局:《民众教育馆馆长关于赴济南参加中国社会教育社第二年年会的报告书及社会局的指令》,J002-003-00092,北京市档案馆藏。

② 《通知办公》《社员注意》,载《社友通讯》,第1卷1期,1932。

③ 《本社聘定新干事》,载《社友通讯》,第1卷6期,1932。

为参会社员办理舟车减票手续,是年会筹备委员会与事务所的常规工作。第二届年会前,"此次举行年会,事务所方面,除照例呈请铁道部,优待会员,减收票价外,并呈请交通部,对于乘坐招商局轮船亦予以特别优待,减收半票。现在各项手续均已办妥,一俟铁、交两部批示到达,乘船乘车证明书即可分别发给各社友"①。为了更有针对性,第三届年会召开前事务所发布通告:"过去各界年会,因希望全体社员参加,舟车减票,悉按照社员总数全部办理,结果费力甚多,而收效有限。因此,今年改变方法,在会期决定以后,即分别函请全体社员自行报名,本社根据报名单向铁交两部呈请。……此种办法,手续比较简单,惟对于报名较迟各社员,不能同享舟车减票优待,仍难尽满人意。下届年会时,犹拟有所改进云。"②揆之史实,第三届舟车减票事宜办理并不顺利,③ 单单从历届年会事务所为舟车减票优惠办理情形看,事务所干事可谓是绞尽脑汁,竭尽全力去为参会社员提供便利。

事务所成立以来,一直寄寓于江苏省立教育学院。"本社自成立以来,即假无锡江苏省立教育学院图书馆楼上办公,嗣以该院建筑教职员第二宿舍,复商借二间,一为图书室,一为办公室。迁入办公以来,业已二载有余。最近该院在院之东南隅又建筑新图书馆,馆分前后三进,前二进分上下二层,后进分三层。大门南向,上嵌本社名誉社员吴稚晖先生之题额,庄严伟大,壮丽可观。落成后,又承该院高院长之盛意,准借前进楼下一部分,作本社办公室。本社全部办公用具,已于上月中旬,全部迁入。戏者谓:'孟母三迁,孟子卒成亚圣',本社办公室现已三迁,将来新舍落成,

---

① 《筹备中之第二届年会》,载《社友通讯》,第2卷1期,1933。

② 《分发舟车减价券》,载《社友通讯》,第4卷6期,1935。

③ "去年由事务所代为决定,舟车一律二等,后来有少数社员认为应有改进。今年事务所于会期两月以前,即分别通知各社员自填舟车等级,再行据以呈铁道、交通两部批准。讵知铁道部以清单中等级有头二三等之分,不予批准。嗣经事务所申明不得已之理由,始准予通融,可是时间又很匆促了"。《大会经过 舟车减票》,见中国社会教育社:《中国社会教育社第三届年会报告》,6页,无锡,民生印书馆,1934。

不免第四迁，则吾社诸社员，将可与至圣媲美矣"①。尽管社教社用社会募捐等方法筹足购买南京社址经费，但由于地皮购买纠纷及全面抗战爆发，编辑部所期望的"新舍"始终未能落成，抗战胜利后，事务所假苏州国立社会教育学院办公数月，1947 年 5 月依然迁回江苏省立教育学院，借址办公。

（二）社员发展与管理

按照《中国社会教育社社章》规定，社员根据相应标准及义务分为三类。1. 个人社员：申请者须具有研究社会教育或服务于社会教育机关的身份，经由两名社员介绍并经理事会审查通过。2. 团体社员：与社会教育有关且不以营利为目的机关团体，经理事会审查通过。3. 名誉社员：须是在社会教育研究、推行方面有特殊贡献或给予该社特别助力者，由理事会提议经大会通过。前两种社员须缴纳数量不一的会费。显而易见，该社的入社条件相当宽松，这和其追求全国社会教育界大团结的目的直接相关，翻看历届社员名单，乡村建设派的梁漱溟、生活教育派的陶行知、民生教育派的邰爽秋、儿童教育派的陈鹤琴、中华职业教育社的黄炎培、江问渔等，国立北平师范大学校长李蒸、国立中山大学校长钟鲁、浙江省教育厅厅长陈布雷等，都赫然在列，蔡元培、吴稚晖被理事会第五次会议提名推举为该社荣誉社员。② 而且，每届年会亦有中央党部及教育部代表应邀出席，理事会还会专门邀请年会举办所在地的政府官员、教育厅长官参加。像社教社这种"集合着努力中国教育的许多同志，来谋社会教育推进"的学术团体，"在国内此时许多教育集会中，恐怕也不常见到"。③ 总干事

① 《社务报告 迁移办公地址》，载《社友通讯》，第 4 卷 5 期，1935。

② "本年夏本社举行第二届年会，理事会按照社章之规定，提请大会通过吴稚晖、蔡孑民二位先生为本社名誉社员。一经提出，随由全场一致通过，表示竭诚欢迎。会后由事务所分函敦聘，顷已奉回音，二老均慨然允诺。蔡先生对于社会教育，不特提倡推行，且予以在教育行政系统上之独立地位，而吴先生对于国语注音符号之提倡，尤著功绩。本社此次能得到二老为名誉社员，实为本社之荣幸"。《聘请名誉社员》，载《社友通讯》，第 2 卷 6 期，1933。

③ 《大会经过》，载《中国社会教育社第三届年会报告》，24 页，无锡，民生印书馆，1934。

俞庆棠直言不讳："我们大部分的社友是各省内地乡村民教实际工作的人员，也有领导我们的先进、研究理论的专家和热心提倡的行政长官"①，对其社员来源复杂认识清楚。

为了扩大社教社影响，征求社员成为必需。社教社通过各种办法征求新社员。出席代表提名、在《社友通讯》《教育与民众》等刊物做广告等，都是较为通行的办法。在1931年12月的成立大会上，通过确定社员案决议："(1)凡最初发起人及最初发起人邀请列名发起而表示赞同者，均为本社社员；(2)经本会出席者一人之提名、三人之复议过半数之通过者，亦得为本社社员，是项社员由提名者负责代为加入；(3)其它社员征求事宜由正式理事会办理之。"②社教社用出席代表提名的方式得到了第一批社员。

表 1-7　社教社成立大会通过社员一览表(1931)③

提名人	就职单位	提议名单
彭百川	教育部社会教育司	顾良杰、郭莲峰、高鸿图、涂闻政、罗廷光
俞庆棠	江苏省立教育学院教授、实验部主任	王企华、郑一华、雷荣甲、林宗礼、朱秉国、陈表、李从之、褚一飞、秦柳芳、武葆琛、王育诚、王庚、杨木者、姜和、黄振中、施舍、陈瑞璋、芮麟、茅宗杰、荣师昭、胡耐秋、徐寅初、陆理成、朱若溪、郁瘦梅、许其仁、唐松园、汪畏之、吴振坤、王义耕、杨师复、陆盖、冷御秋、李根源
李小缘	金陵大学中国文化研究所专任研究员	刘衡如、洪范五、袁守和、沈祖荣
刘绍桢	江苏省立教育学院	叶猷皋、杨昌运、黄逸尘、秦宝琳、薛溱、邵震楼、白懋宽
钮长耀	私立俞塘民众教育馆馆长	翟嘉猷、韦瑞墀、孙建君、金作宝、张翼

---

① 《总干事俞庆棠先生社务报告》，见中国社会教育社第四届年会筹备委员会编：《中国社会教育社第四届年会纪念册》，100 页，广州，培英印务局，1936。

② 刘维新：《中国社会教育社成立大会纪详》，载《民众教育》，第 3 卷 11、12 合刊，1931。

③ 刘维新：《中国社会教育社成立大会纪详》，载《民众教育》，第 3 卷 11、12 合刊，1931。

提名人	就职单位	提议名单
胡承枢	浙江省立民众教育馆馆长	蒋锡恩、金文恢、赵梯霞、钟伯庸
赵冕	江苏省立教育学院副教授、实验区副主任	陆铭之、王鲜园、任应培、施竞奎、张永祖、沈明才、周耀
祁锡勇	江苏省立镇江民众教育馆馆长	董淮、徐朗秋
冯国华	私立俞塘民众教育馆实验区主任	张京石
祁锡勇 冯国华	江苏省立镇江民众教育馆馆长 私立俞塘民众教育馆实验区主任	周振韵、顾仁铸、刘之常、高鸿奎、朱芸生
刘云谷	江苏省立南京民众教育馆馆长	孙辛白、张琴、范永祥、蒋瑞生、徐芳田
孙枋	江苏省立南通民众教育馆馆长	邵晓堡、许治玉、陈鹤琴、赵颜如
尚仲衣	浙江省立实验民众学校校长	程兴松

1932 年 8 月 26 日，社教社第三次理事会就"本社应确定征求社员具体方针案"，会议决议规定征求社员办法，规定每省由社员一人至四人负责征求，分配如下：（1）浙江：胡斗文、赵季俞、马祖武。（2）河北：尹全智、李云亭、姚石庵、傅葆琛。（3）福建：钟道赞、张永荣、程时煃。（4）安徽：周德之、洪范五、王德玺。（5）江西：彭百川、陈剑修、王欲为。（6）广东广西：雷宾南、黄裳、徐锡龄。① 1933 年 5 月，《社友通讯》专门刊登美籍教授 Arthur L. Carson（齐鲁大学任教，中文名为"贾尔信"）加入社教社的消息：称他"平日专攻教育学术，对于民众教育尤为注意，曾将高践四先生所著之《三十五年来中国之民众教育》一文，摘译为英文，披露于美国成人教育协会出版之《成人教育季刊》中。氏与山东省立民众教育馆馆长董渭川先生，亦时相过从，讨论民教问题。此次本社举行第四次理事会时，已由高践四、董渭川二先生介绍加入本社为个人社员。本社现

---

① 《年会前后的两次理事会议 第三次理事会议》，载《社友通讯》，第 1 卷 4、5 期合刊，1932。

有社员虽达六百余人，惟缺外国籍者，贾氏却为第一声。众料贾氏此次加入本社，对本社前途，定有莫大贡献云"①。看得出来，事务所干事是怀着欣赏的心情，写下这段文字的。

图 1-2　社教社征求新社员广告(1932)②

1934 年 1 月，理事会事务所再次在《社友通讯》上刊登告示，征求新社员，强调"本社以研究社会教育学术、促进社会教育事业为宗旨，自民国二十年成立，于今已有二载有余，除执行种种工作外，并积极进行各项研究事业，统筹全局的社会教育杂志，行将编印；洛阳实验区亦已定于三月一日正式开始办公。至于筹建本社社所，举行农村经济调查，成立社会教育图书室等，均已列入本年度计划。惟念我国社会秩序，日赴破坏，社会教育，需要愈切，非我全国社教同志一致动员，恐不足挽狂澜于既倒。爰本本社社章之规定，积极征求同志。凡我社员，均祈按照本社社章规定，暨第六次理事会议关于征求新社员之决议，尽量介绍"③。如此征集社员，就决定了社教社社员构成复杂，突出该社"联络"定位。该社曾于 1935 年、

①　《Professor Arthur L. Carson 加入本社》，载《社友通讯》，第 1 卷 11 期，1933。
②　《征求新社员》，载《社友通讯》，第 1 卷 1 期，1932。
③　《征求新社员》，载《社友通讯》，第 2 卷 7 期，1934。

1937 年先后出版《中国社会教育社社员一览》，对个人社员性别、籍贯以及现任职务进行详细登记，数量最多的是来自社会教育机关工作人员（特别是民教馆馆长、民众学校教师）。总干事俞庆棠曾指出："我们大部分的社友是各省内地乡村民教实际工作的人员，也有领导我们的先进、研究理论的专家和热心提倡的行政长官。"[①]社教社繁盛时有 1800 余名社员[②]，虽有一些社员从不出席年会，但对于社教社交付的事情，态度积极，以南开大学张伯苓为例，其书信档案中记载着数次与社教社的往来：

敬复者：接奉来函并社章草案等，均经领悉。诸公对研究社会教育学术，促进社会教育事业备极热心，钦佩无拟。嘱列贱名于发起，极所欣愿。敬当从命。惟参加会议一节，恐因冗未克前往也。此致中国社会教育社临时筹备委员会(1931.12.4)

径启复者：来函悉奉。徐秩民等三十余人苓已逐名审核完毕，均承认其加入本社作为新社员。此复 中国社会教育社理事会(1933.6.2)[③]

从档案资料可以看出，面对中国社教社临时筹备委员会的邀约，张伯苓虽以"恐因冗未克前往"为由婉转谢绝出席会议，却欣然答应列名于发起人之一。1933 年 6 月，更应社教社理事会要求，对湖南省立农民教育馆职员徐秩民等 30 余人审查资格，履行理事职责，为社教社扩大队伍作出努力。从这些细节看，张伯苓虽未直接出席年会，但对社教社的态度积极。再如名誉社员蔡元培，或因"足疾"、或因"未克抽身"，婉转推辞社教社第

北京师范大学史学探索丛书

---

① 《总干事俞庆棠先生社务报告》，见中国社会教育社第四届年会筹备委员会编：《中国社会教育社第四届年会纪念册》，100 页，广州，培英印务局，1936。

② 储心斋：《忆中国社会教育社》，见中国人民政治协商会议江苏省无锡市委员会文史资料委员会：《无锡文史资料 第 25 辑 江苏省立教育学院专辑》，117 页，自刊，1991。

③ 《复中国社会教育社临时筹备委员会函》《复中国社会教育社理事会函》，梁吉生、张兰普：《张伯苓私档全宗 中卷》，615、773 页，北京，中国档案出版社，2009。

二届、第四届的年会学术讲演邀请，但发来贺函①，为即将召开第四届年会送上美好祝愿。实际上，社教社之所以将这些社会名流列入社员队伍，更多的是想借其社会声望，为社教社壮大声势。

从程序上看，不管是由提名还是两名社员推荐入社的社员，都需要填写入社志愿书。从《社友通讯》上刊登的相关通知看，一些社员并没有严格履行手续，事务所为了汇编《社员一览》一书，不得不刊登告示，请相关人等补填入社志愿书。如图1-3所示：

图1-3　社教社催填入社志愿通知（1932）②

从图1-3显示的名单看，被通知的名单里不仅有普通社员，一些知名社会人士，如南京图书馆馆长柳诒徵、中华儿童教育社创办人陈鹤琴、教育部司长顾树森等人，甚至社教社的不少理事也赫然在列，如梁漱溟、张伯苓、张一麐、陈剑修、黄炎培、刘湛恩、郑晓沧、孙枋、相菊潭、冷御秋、董渭川等人。在《社友通讯》4、5期合刊上，理事会事务所刊登"特别

---

① 贺函中称："贵会将于本月十八日至二十二日在广州中大召开年会，必能征求多数同志，并搜集难得的参考资料，敬祝敬贺。承命到会讲演，因敝院正多事之秋，未克抽身，谨此告辞，尚祈鉴谅"。详见《中央研究院院长蔡元培先生贺函》，《中国社会教育社第四届年会筹备委员会》，《中国社会教育社第四届年会纪念册》，1页，广州，培英印务局，1936。

② 《催填入社愿书》，载《社友通讯》，第1卷6期，1932。

启示"，称："查本社入社志愿书或履历表，尚有少数社员未曾递交，兹因社员一览急待付印，未填交各同志，请速于日内填就寄下，俾利进行，实为感荷！"①从图1-3注"如前次寄上之空白入社愿书已失落函索即寄"看，催填入社意愿书不是一蹴而就的事情。

表 1-8　社教社团体社员一览表(1937)②

单位名称	负责者	单位名称	负责者
上海县教育局	局长朱昌麟	河南省省立百泉乡村师范	校长李振云
山东省立民众教育馆	馆长董淮	中原社会教育馆	馆长宋湜
山东乡村建设研究院	院长梁漱溟	懋公图书馆	—
北平市第一社会教育区民众教育馆	馆长戚彬如	湖南农村建设协进会	理事向都阶
江西省教育厅	厅长程时煃	南京市立鼓楼民众教育馆	—
江西特种教育处	—	南京市立图书馆	—
江苏省立教育学院	院长高阳	浙江吴兴县立民众教育馆	馆长裘克谦
江苏省立苏州图书馆	馆长蒋镜寰	浙江省立图书馆	馆长陈训慈
江苏省立徐州民众教育馆	馆长赵光涛	浙江省立民众教育实验学校	校长陈贻荪
江苏省立南京民众教育馆	馆长赵季俞	湖北省立图书馆	馆长谈赐恩
江苏省立南通民众教育馆	馆长孙枋	湖北省立实验民众教育馆	—
江苏省立镇江民众教育馆	馆长赵鸿谦	福建省教育厅	厅长郑贞文
江苏省立无锡师范学校	校长周毓莘	福建省立图书馆	馆长张翼云
河北省教育厅	厅长李金藻	福建省立民众教育处	处长唐守谦
河北省立实验乡村民众教育馆	—	云南省教育厅	厅长龚自如
河南图书馆	馆长井俊起	万县县立民众教育馆	馆长黄道诚
河南省立实验民众学校	校长杜振	宝山县教育局	—
河南省立民众教育馆	—	津浦铁路浦镇职工学校	—

---

① 《特别启示》，载《社友通讯》，第1卷4、5期合刊，1932。

② 笔者整理自中国社会教育社编：《中国社会教育社社员一览》，81～83页，无锡，民生印书馆，1937。

北京师范大学史学探索丛书

从表 1-8 看，该社最繁盛时有 37 家团体社员，团体社员中除 3 位常务理事的来源单位江苏省立教育学院、山东乡村建设研究院外，各级民众教育馆(以省立为主)是出现次数最多的团体社员，地域涵盖了山东、北平、江苏(包括徐州、南京、南通和镇江 4 所省立民众教育馆)、河北、河南、南京、浙江、湖北、福建、云南 10 省市；教育行政部门如上海教育局，江西、河北、福建与云南 4 省教育厅；此外，图书馆、民众实验学校、师范学校、特种教育处、民众教育处等团体会员单位，均与社会教育事业有密切关系。相对个人社员，团体社员不仅给予更多的经费支持，更是一种态度上认可的外在表现。与社教社 1935 年出版的《社员一览》团体社员比对，发现有 30 个团体社员重合，部分团体社员如力民社(无锡江苏省立教育学院)、河北省立实验城市民众教育馆(馆长张鹤浦)、河南省立中山图书馆、徐州沛县第三民众教育区青墩寺农民教育馆、首都实验民众教育馆(馆长徐朗秋)、福建省立民众教育馆(馆长谢大祉)、福建铜山县立民众教育馆(馆长葛孝庆)7 家团体社员，在 1937 年的名单上已杳如黄鹤，无迹可寻。追溯原因，应与该团体社员单位的长官去留有直接关系，如 1935 年首都实验民众教育馆馆长徐朗秋(江苏省立教育学院毕业生)，1936 年年底改任教育部社会教育司科员①，次年社教社团体会员中便没有了该馆的踪影，至于是否有更深层面的纠葛，留待日后继续深入探索。

社会教育作为南京国民政府"行政力"推动的社会事业，其事业发展带有国民党统治有效区域的"天然印迹"。特别在 30 年代初期，国民政府的统治核心区域在江浙、山东、河南等区域，这些区域的社会教育亦发展较为迅速。而社教社作为江浙为首的教育界人士发起的民间学术团体，其成立初期社员籍贯分布呈完全同步状态。下表为社教社事务所 1932 年 8 月 1 日的统计数据。

---

① 中国社会教育社编：《中国社会教育社社员一览》，36 页，无锡，民生印书馆，1937。

表 1-9　社教社社员籍贯分布统计表(1932)①

地别	个人社员(个)	团体社员(个)	地别	个人社员(个)	团体社员(个)
江苏	244	7	南京市	5	2
浙江	71	2	上海市	3	0
山东	58	1	四川	2	1
广东	37	0	陕西	2	0
河南	36	1	贵州	2	0
河北	20	1	云南	2	0
江西	19	1	绥远	1	0
安徽	17	0	美国	1	0
福建	13	3	湖北	5	0
湖南	10	0	未详	34	0
广西	5	0	总计	587	19

　　从表1-9可见，江苏省以个人社员244名占据首位，约占总社员数的42%。相对来讲，此时云南、贵州、四川、陕西等国民政府统治边缘地带，全省范围内各仅有2名社员，远远谈不上社教社在该区域有多大影响。当然，这只是社教社成立初期的社员分布，随着国民政府实际控制地域的扩展，社教社影响的逐渐拓展，年会召开地点从长江流域、黄河流域扩展到珠江流域，社员籍贯分布亦逐渐拓展开来。

　　对于社员管理，社章中第5条规定："凡普通社员无故不缴纳社费在一年以上者，或以足以损坏本社名誉之行为，由社员三人以上指证，经理事会查明属实者，均得由理事会取消其社员资格"，理事会会议有数次涉及这个议题。如1934年10月28日，理事会第10次会议，有理事提出"本社社员有自入社以来从未缴纳社费或与本社发生关系者，应如何办理案"，经过与会理事讨论，决议如下："凡入社一年以上，从未缴纳社费，亦未

　　①　《中国社会教育社社员籍贯统计表》，载《社友通讯》，第2卷2、3期合刊，1933。

北京师范大学史学探索丛书

与本社发生任何关系者(如参加会议及与本社通信投稿赠书等),应由事务所连其他欠缴社费社员,再催一次,如于本年内仍不缴纳,遵照社章第五条之推动取消其社员资格,被取消社员资格者,只须停寄一切印刷品选举票等,毋庸专函通知"①。从管理上看,因为征集同志不易,社教社更多的是要唤起注重社会教育的舆论风气,对取消社员资格甚为谨慎。

综之,通过广泛吸纳各类社员,社教社获得了学术联络的基础,并通过社员们周围的社会网络获取了年会经费来源,扩大了社教社的社会影响,团聚了更多的社教理论和实践者,拓展了社会教育发展的力量与范围,逐渐成长为民国时期中国学术团体中较有影响力的一支力量。社教社的成立发展,逐渐将全国范围内社会教育界联络起来,社员们也找到一个对话平台、一个展示教育理想和抱负的公共领域,相互切磋,丰富并充实自身的理论并进而辉映到实践中去。

(三)经费来源与支出

社教社作为民间学术团体,按照社章规定,其经费来源主要包括社员(包括个人社员和团体社员)缴纳的常年社费、社员特别捐助及社外机关团体个人捐助及政府补助费。② 揆之史实,社教社经费来源有个时间段变化,抗战全面爆发之前,社员年费是经费收入的主要来源,年会所需经费从第二届年会起,由会议承办方政府给予全额补助,特别捐助和政府补助费亦时而出现。抗战期间主要是政府补助费及借支捐款,社员社费所占比例低至可忽略不计。战后复员,社教社通过社员总登记、招收新社员等举措,社员年费收入有所回升,但主要来源仍以教育部、江苏省政府补助费为主。

---

① 《第十次理事会议记》,载《社友通讯》,第 3 卷 5 期,1934。

② 该社社章第 17 条规定,社员常年社费标准如下所示:"普通个人社员每年二元,普通团体社员每年五元,凡个人社员能于一次缴足二十五元,团体社员能于一次缴足六十元者,永远免除其常年费。"1947 年修订的社章第 18 条规定:普通个人社员每年一万元,普通团体社员每年分五万元、十万元、二十万元三种,由该团体社员自行认缴之。凡个人社员能于一次缴足十万元、团体社员能于一次缴足六十万元者,永远免除其常年费。详见《中国社会教育社社章》,《民众教育通讯》,1 卷 9 期,1931;《中国社会教育社社章》(修订),《社友通讯》复刊,第 1 卷 2 期,1947。

社教社作为民间学术团体，作为社教界的全国性团体组织，其经费一直处于捉襟见肘的状况。"本社为私人组织之学术团体，一切经常开支，全恃社员社费维持。"①社员缴纳经费是该社日常支出主要经费来源。社刊《社友通讯》上，时常可见该社催社员缴费的通知。

图 1-4 社教社催缴社费通知（1932、1937）②

图 1-4 展示了 1932 年、1937 年的两份催缴社费通知，实际上，这种通知在《社友通讯》上比比皆是，1947 年《社友通讯》复刊第 1 卷 2 期，根据新修正社章收费标准，事务所刊登新额度的"催缴社费"通知："凡社员未缴纳三十六年度常年社费者，依章普通个人社员缴一万元，普通团体社员分五万元、十万元、二十万元三种，由该团体社员自行认缴。即希早日寄下为荷！"③除去在《社友通讯》公开催促，社教社还以理事会的名义，直

---

① 中国社会教育社：《中国社会教育社第三届年会报告》，6 页，无锡，民生印书馆，1934。

② 《催缴社费》，载《社友通讯》，第 1 卷 2、3 期合刊，1932；《催缴社费》，载《社友通讯》，第 5 卷 9 期，1937。

③ 《催缴社费》，载《社友通讯》复刊，第 1 卷 2 期，1947。

接给社员个人寄函，催缴社费。下面是社教社理事会给张伯苓的催费信函及收到的回复：

径启者：先生应缴二十五年度之社费式元，敬希早日惠下，以济社用，为荷！此致 张伯苓先生（中国社会教育社启 1936.10.9）

附敬启者：兹奉鄙校长伯苓先生嘱，邮上国币式元，为缴纳二十五年度社费之需，敬请查收，便赐回据为盼。此致 中国社会教育社（校长办公室 1936.10.15）①

实际上，从社教社成立以来，理事会对经费筹措很是积极，征求永久社员，向各省市教育厅局请求补助，还专门制定了《收受捐款办法》②，可惜整体效果不佳。"本社的经济基础薄弱，一头不能罗致相当人才专心一致来主持推进社务，一头也没法进行需要相当经费的事务"，"社内的穷相，实在难以形容。有时简直一文钱也没有了，而《通讯》依旧要出，报告必得要印，各种开支不能稍缓。'钱没有了，怎么办'、'办了再讲！'这种公式的谈话，我们是说惯了的。俞庆棠先生曾捐助过二百七十二元，原来是指定作基金，有一时实在没法，只好动用一下。又有一次，又没有钱

① 《中国社会教育社致张伯苓函》，梁吉生、张兰普：《张伯苓私档全宗 中卷》，979 页，北京，中国档案出版社，2009。

② （1）本社依社章第 16 条之规定，得收受社员之特别捐及社外机关团体个人之捐助。（2）捐款者得于本社社章第三条规定之本社工作范围内，指定其用途。（3）捐款者如不指定用途，其捐款一律储作基金。（4）以动产或不动产助者，应以当地时价折合现款计算。（5）本社收受捐款，由理事会负责保管，其被支用者，由理事会随时稽核。保管及稽核办法由理事会另定之。（6）本社收受捐款，于每届社员大会应提出收支报告书。（7）捐款人之捐额合于捐资兴学褒奖条例第 2 条之规定者，除由本社请褒奖外，另定纪念办法如下：甲，捐款在一万元以上者，将捐款者之台衔题名本社之建筑物，或本社所设立之机关。乙，捐款在一千元以上者，将捐款者之肖像，永远悬诸本社事务所。丙，捐款在一百元以上者，将捐款人之姓名镌于铜牌或石碑。丁，捐款在一百元以下者，将捐款者之姓名，刊登本社社刊。（8）本办法由理事会通过施行。详见《本社收受捐款办法》，载《社友通讯》，第 1 卷 6 期，1932。

了，总算承高践四先生厚意，捐助一百元，维持若干时。陈礼江先生代理总干事以来，主张从两条途径去开源：一、征求永久社员，增厚基金；二、向各省市教育厅请求补助。前者，略有成效，总算有全体社员百分之二三答应。① 后者，有的不复，有的诉说困难，只有三省应允补助自六十元至三百元不等，可是二省都附有条件'一次为限，不许再来！'因为经费困难，所以专任干事一直挨到半年以前才聘请，致送最低的待遇为原则的"。② 为了便于边远省份社员缴纳社费，1933 年 3 月 15 日，理事会第七次会议专门通过决议分区聘请专员就地代收，如广东省，"贵省方面代收员，业由本社聘定贵省教育厅督学徐锡龄及省民教馆职员雷华强二位先生担任，嗣后各位社员社费可径缴徐雷二先生代收"③。1935 年理事会第十一次会议上，报告经常费部分按照本年度预算，收支相抵尚差 720.11 元，"故一切开销只有力求节省，虽一纸一墨，亦不敢随意滥用。最近接到河北教育厅来函，从本年度起，允许每年补助本社经常费三百元，因此本年度设无特别支出收支或可相抵"④，可谓困窘至极。

面对经费支绌问题，有不少社员出谋划策，"本社成立以来，对于经费的筹措，也很注意，但尚无积极的进展，我们应该多多参考他们的方法，迎头赶上去。最好能即在社会教育上着眼，自己能办起一点生产事业，如

---

① 《社友通讯》曾刊登数条信息，佐证了赵冕的说法："本社为奠定经济基础，发展功能起见，曾根据社章规定，通告征求永久社员，先后加入者，计有高践四等二十人，最近陆续来信承认者，又有钟灵秀、傅葆琛、孔令粲、尹全智暨山东省立民众教育馆等。深愿其他诸社员，亦本爱护本社之热忱，努力赞助。本社前途，庶有厚望"。见《继续增加永久社员》，载《社友通讯》，第 2 卷 2、3 期合刊，1933；在介绍社员周葆儒时，第一句即为"周君为本社永久社员，原任广州国立中山大学教育系教授"。见《社员消息》，载《社友通讯》，第 4 卷 5 期，1935。从这两条信息时间看，1933 年只有 20 多个社员愿意确认为永久社员，1935 年仍在继续大力宣扬永久社员，由此可见社教社特别重视永久社员的吸纳。

② 赵冕：《本社第一年的回顾与第二年的展望》，载《社友通讯》，第 2 卷 2、3 期合刊，1933。

③ 《启事 广东社员公鉴》，载《社友通讯》，第 2 卷 10 期，1934。

④ 《第十一次理事会议记》，载《社友通讯》，第 3 卷 10 期，1935。

中华职业教育社的办法，实为最妙。还有请教育行政机关每年予以补助，也很要紧。我们知道：教育部每年补助儿童教育社有 1000 元，江苏教育厅每年补助中华职业教育社 24000 元。我们也可援例呈请，以抒艰困"①。常务理事赵冕希望得到各级政府支持："实则本社既是全国性质的学术团体，中央政府似乎更应当给予物质上的援助。对各省市政府，我们希望能给我们常年补助费。"②第四次理事会上，有理事提出"本社二十一年度预算不足之数应如何弥补之审查报告案"，大家讨论后的决议即"请求中央党部暨教育行政机关与社教机关补助及社员特别捐补充之"。③揆之史实，社教社以"本社以经费支绌而事业诸待兴办"呈请教育部补助常年经费，呈文如下所示：

　　窃本社以研究社会教育学术，促进社会教育事业为职志，成立以来，业经五载。社务进展情形暨历届年会概况，迭经呈报钧部在案。曾以经费支绌而事业诸待兴办，呈请准予补助常年费在案。兹因本社自第四届年会以后，各项事业亟待进行：与河南省教育厅及洛阳县政府合设之洛阳实验区，除积极推广民众基础教育外，并注意于国民经济建设，以全民造产为实验事业之中心。与广东省教育厅及国立中山大学合设之花县乡村教育实验区，为倡导自力更生教育，正在举办乡村青年训练及普教试验。努力虽居于一隅，影响实广及于全国。本年度社务要项：如进行农民生产训练班之实验，以提高农民之生产知识与兴趣，增进农民之生产技术及能力，藉谋促进国民经济之建设；如进行小学兼办民众学校之实验，期能求得小学兼办民校最经济之具体办法，以供推广施行；又如调查全国农村经济之实况及趋向，俾作研

---

①　宗秉新：《历史所昭示的本社底前途》，载《社友通讯》，第 2 卷 2、3 期合刊，1933。

②　赵冕：《本社第二年的回顾与第三年的展望》，载《社友通讯》，第 3 卷 2 期，1934。

③　《第四次理事会》，载《社友通讯》，第 1 卷 10 期，1933。

究农村问题之参考，及设施教育者之依据等项；均在次第进行。惟本社原有经费，多赖社员常年社费，而社员多从事下层教育工作，待遇菲薄，社费之收入殊少。举办此种实验及调查工作，非有充足之人才经费，殊难有成。用敢沥陈实情，并拟呈各种计划及预算，恳祈俯赐察核，惠予扶持，准自下年度起，拨给常年补助费，俾本社社务得以进行顺利，实为公便！（下略）①

　　没有资料显示社教社的这次申请，教育部是否如愿拨付常年补助费，但以社教社高调行事风格，与教育行政机关、其他团体的往来均登载《社友通讯》广告天下，从这个角度推测，这次向教育部"援例呈请"没有后续报道，应该没有成功。除向教育部申请常年补助费，理事会第七次会议再次"请推员向各省教厅接洽补助费案"，会议决议公推俞庆棠、彭百川、朱坚白、赵冕四人向江苏省教育厅接洽，其余区域由常务理事办理。② 会后，社教社理事会以常务理事俞庆棠、梁漱溟、赵冕三人联衔的方式，向各省市教育厅（局）、社会局申请补助费。"本社成立至今，教育厅补助有四处，浙江一百元，山东三百元，云南六十元，广西四百元，惟云南言定每年补助"③。1935 年 2 月，接河北省教育厅来函，"从本年度起，允许每年本社经常费三百元"④。社教社向各省教育厅（局）发出的函文如下：

　　　径启者：本社以研究社会教育学术，促进社会教育事业为职志，成立以来业经五载，社员人数已达一千五百余人，分布全国各省市，其中服务与籍隶贵市者为数甚多，曾以经费支绌而事业待兴，函请贵局补助常年经费，已蒙赐察，兹因本社自第四届年会以来，各项事业

---

① 《社务报告 请拨常年补助费》，载《社友通讯》，第 5 卷 9 期，1937。
② 《理事会第七次会议记》，载《社友通讯》，第 2 卷 10 期，1934。
③ 《常务理事赵冕报告事务所工作概况》，见《中国社会教育社第二届年会报告》，14 页，无锡，民生印书馆，1933。
④ 《第十一次理事会会议》，载《社友通讯》，第 3 卷 10 期，1935。

均力事扩充，在旧有之实验区内，除积极推广民众基础教育外，并注意于国民经济建设，以全民造产为实验事业之中心，新创之乡村教育实验区，为倡导自力更生教育，正在举办乡村青年训练与普教试验，其他如赞助部颁失学民众补习教育六年计划之实施，赞助各省市举办公民训练，倡导设立中等程度之乡村民众学校，研究民众补充读物之编辑与改良，研究我国文盲之百分比，进行农民生产训练之实验，小学兼办民众学校之实验，及辅导各地社员之服务与进修等，均在次第进行，努力虽常局于一隅，而影响自广被于全国。查本社原有经费，多赖社员常年社费，第以社员多从事教育下层工作，待遇菲薄，社费之收入殊少，遂致社中事业日增而经费益感支绌。素仰贵局倡导社教，奖励学术，不遗余力，用特沥陈经过，重申前请，恳祈优惠有加，准自二十六年度起，慨拨常年补助费，并将是项补助费，列入全市教育经费预算内，俾本社社务，得以进行顺利，至纫公谊。此致
上海市社会教育局局长潘①

从社教社函文中"重申前请，恳祈优惠有加，准自二十六年度起，慨拨常年补助费"等用语上看，之前社教社曾向上海市社会局申请过补助费，或许不止一次。上海市社会局接到公函后，秘书沈寿昌向潘公展局长作出"关于中国社会教育社请拨常年补助费一案，拟请批饬，径向市政府请拨，是否有当"的请示。数日后上海市社会局给社教社如下回复："查本局领支教育文化费，年来以市库支绌，均经遵照市政府令饬，按照原额列支，除原有各社教机关补助费外，因无它款可资增拨，关于贵社请自二十六年度起，加拨常年补助费一节，碍难照办。"②直截了当拒绝了社教社"常年补助费"的请求。抗战期间和战后复员时期，因社员分散各地难以联络、恢复，

① 上海市社会局编：《上海市社会局关于教育日报社、上海新闻社、中国社会教育社呈请申请补助经费的文件》，Q6-18-176，1936—1937，上海市档案馆藏。

② 上海市社会局编：《上海市社会局关于教育日报社、上海新闻社、中国社会教育社呈请申请补助经费的文件》，Q6-18-176，1936—1937，上海市档案馆藏。

教育部、地方政府补助成了社教社收入的主要来源。

为了筹措经费，社教社不遗余力，利用各种渠道来筹款，为扩展实验区事业、建筑该社图书馆，向中华教育文化基金会请求庚款补助费："本社为国内研究社会教育学术之大本营，凡关于中外一切社教文献，自不能不多多搜集，以供参考。近亦函请该会（中华教育文化基金董事会）拨中美庚款补助临时费二分之一。按该会分配款项之规定，对图书馆事业最愿赞助，本社请款，不知是否有望？"①未有资料显示结果如何。

当然，除去筹集经费四处碰壁的蹭蹬，亦有社会各界给予支持的利好消息。如该社为了"恢弘事业，巩固社基起见"，第二届年会第二、三号提案均论及该社社址应在首都建筑，两案合并审查会议就"本社社址应在首都建筑，并应组织建筑筹备委员会，以利进行案"决议，"照审查意见通过"，决定在南京购买固定社址。② 第六次理事会通过"社址建筑委员会"③名单，专门负责"在南京市中山门外购买基地50余亩拟建社所，地价悉由

① 《社务报告 请求庚款补助费》，载《社友通讯》，第3卷9期，1935。

② 第二号提案由教育部社会教育钟灵秀、顾良杰、郭莲峰联合提议，内称："查本社为全国社会教育学术团体，按照中央民众团体组织法之规定，总会所应设立于首都，本社前以首都无相当房屋，为权宜计，暂设总事务所于无锡教育学院，将来自应设立于首都。兹查教育部为集中全国各学术团体于首都，以备政府咨询，暨各学术团体间之互相联络起见，曾经函请市政府划拨相当基地，以为各学术团体建筑会所之用。嗣由市政府介绍汉西门附近石板桥南京中学所有之地皮一块，计六十六亩余，每方丈作价二十二元，每亩计一千百二十元，业已议有定案。本社似应准备一切，先事筹划，资将办法规定如左：1. 组织本社建筑筹备委员会，由大会推定筹备委员会二十三人，计划募捐、购地及建筑设备一切进行事宜。2. 呈请教育部，指拨地基三亩，为本社建筑之用"。第三号提案由江苏省立徐州民教馆提，年会审查委员会将两案合并审查。《决议案》，载《中国社会教育社第二届年会报告》，70～71页，无锡，民生印书馆，1933。

③ 社教社第六次理事会第三次会议议决：公推彭百川、钟灵秀、陈剑修、朱坚白、陈礼江、钮永建、孔令粲、高阳、钱用和、刘季洪、潘公展、黎照寰、袁同礼为委员，由彭百川召集。《承上启下的两次年会》，载《社友通讯》，第2卷3、4期合刊，1933。

各理事临时垫付"。① 因建筑社所需款甚巨，经理事会决议向社会各界募捐，并经第 10 次理事会会议，通过该社二十三年度临时费预算案②，拟定筹款办法③，成立募捐小组主任组长、理事事务所向社会各界募捐，募捐队分区主任及队长名单如下表所示。

表 1-10　社教社社址募捐队分区主任、队长名单一览表（1934）④

分区 明细	分区主任	分区队长
南京区	钮永建	张炯、刘季洪、朱坚白、钟灵秀、钱用和、陈剑修、张钟藩、徐爽、任应培、秦运章
平冀区	李蒸	张伯苓、尹全智、傅葆琛、袁同礼、林宗礼、戚彬如
上海区	潘公展	徐佩璜、刘湛恩、舒新城、邰爽秋、许公鉴
广东区	钟荣光	金曾澄、徐锡龄、崔载阳、郑一华、黄裳
浙江区	马巽	庄泽宣、赵冕、项定荣、陆步青
江苏区	刘平江	陈礼江、高阳、相菊潭、彭百川、俞庆棠、孙枋、钮长耀、赵光涛、赵鸿谦、涂九衢、吴邦伟
山东区	董淮	孔令粲、杨展云、杨效春、吴振宗
安徽区	陈平原	周德之、叶明辉
河南区	齐真如	王公度、郑若谷、王怡柯、陈大白、王次甫

---

① 赵冕：《本社第二年的回顾与第三年的展望》，载《社友通讯》，第 3 卷 2 期，1934。

② 按照理事会临时费预算，"购置社址基地，6000 元，建筑社所，12000 元"。《本社二十三年度临时费预算》，载《社友通讯》，第 3 卷 6 期，1934。

③ 第 10 次理事会会议议决，由陈礼江、孙枋、朱坚白拟定具体筹款办法如下。(1)息借 4500 元，购置地皮 60 亩，并继续设法借款，务求购地增至 100 亩；(2)募捐还借款，募捐不足数时，酌提各省补助费，分期偿还。募捐还款后尚有余数时，即从事建筑会舍及购置设备；(3)募捐方法：A. 请各社员每人负责募捐数元至数十元之责；B. 设法向富有实力者募捐巨款。(4)呈请中央党部及教育部并分函各省市教育厅局，请求常年补助费；(5)募捐组织委员会办理，余由常务理事直接办理。并公推俞庆棠、彭百川、朱坚白、赵冕四人向江苏省教育厅接洽，其余省市教育厅（局）由常务理事办理。《第十次理事会议决案执行状况》，载《社友通讯》，第 3 卷 2 期，1934。

④ 《两次理事会记录 第八次会议》，载《社友通讯》，第 3 卷 4 期，1934。

明细 分区	分区主任	分区队长
陕甘区	刘宰国	杨兴荣、唐得源
晋绥区	薄毓相	王庚身、樊库
桂滇黔区	雷沛鸿	裴邦佐、李邦权、马宗荣、张国廉、云南省教育厅
鄂湘区	罗廷光	周宝善、徐秩民、狄昂人、张宗麟、王义周
赣闽区	程时煃	谢大祉、张永荣、李宗纲、杜佐周、孙贵定
四川区	邵鹤亭	黄道诚、蒋成垄

从表中可见，理事会从社员中遴选中各区域的教育行政、高校知名教授、出版社等名流组建成募捐队伍，以期利用他们的社会影响力来募捐。从《社友通讯》上刊登的"捐款志谢"①和事务所发布的《大会经过》②看，募捐有一定的收效。1935年，社教社还募得模范省山西省绥靖主任阎锡山200元、第12集团军司令徐次宸（名永昌，笔者注）100元的捐款，陈士宏1000元、钮永建与黄梅仙夫妇合捐300元等（如图1-5所示）。

在社会各界的努力下，1934年年底"已购妥五十余亩，尚有三十余亩，正在继续交涉中。上月底我社常务理事俞庆棠、赵步霞二氏亲自前往，再度勘察，预期在本年度内，全部购竣"，并向社友描述美好愿景，称社址所在地"毗临京汤大道，与中央农业实验所东西相望，与总理陵园南北对峙，四望邱陇起伏，风景绝佳，他日社址落成，各社员赴京游览者，可以

---

① 社教社发布"购买社址募捐名单"显示：河南省教育厅（1000元）、梁凯铭（300元）、俞庆棠（142元）、高践四（100元）、陈礼江（100元）、舒新城（100元），余下皆3元、2元不等，共计1905元。《捐款志谢》（未完），载《社友通讯》，第3卷7期，1934。

② "本社经费，因为收入很少，在开支方面虽然十分节省，但仍感非常拮据。加之今年又要购买社址建筑社所，和按月补助洛阳实验区的经费，弄得会计先生时常发急，所以不得不在年会中向社员募捐。各社员看到'认捐签字，几如发现了'无价之宝'，争先恐后的要写。要人出钱原是难乎其难的事，而本社社员为建筑社所之捐款，竟如是之踊跃，竟有捐款达数百元之者，社员关心社务可谓至矣。"《大会经过》，见中国社会教育社编：《中国社会教育社第三届年会报告》，26页，无锡，民生印书馆，1934。

图 1-5　社教社事务所刊登捐款志谢（1935）①

此为藏修息游之所"。② 可惜的是，社款募捐却一波三折，难尽如人意，社教社的设想③终是"空中楼阁"。截至 1935 年 3 月 16 日，"共计收到捐款4392.01元，与预定的二万元相差尚巨"，理事会无奈采取权宜之计，"请建筑委员会积极计划，约工程师划定全部图样，会同常务理事商定后，先就其中建筑一角应用"。④ 但随后出现"当地有人故意阻扰，本社拟定之区域内，尚有二十余亩地未能收买；而未能收买者，适为建筑最适当之处。因此建筑不易进行，现在已请齐兆昌工程师设计，拟俟市政府准予备价征收后，再行开始建筑"⑤。1935 年 11 月，社教社理事会发布社务报告，结

---

① 《捐款志谢》，载《社友通讯》，第 4 卷 4 期，1935。

② 《社务报告　各处社员认捐踊跃》，载《社友通讯》，第 3 卷 5 期，1934。

③ "如果同人热心，合捐五千元，向外募捐五千元，再由中央补助一万元"，详见赵冕：《本社第二年的回顾与第三年的展望》，载《社友通讯》，第 3 卷 2 期，1934。

④ 《第十一次理事会议记》，载《社友通讯》，第 3 卷 10 期，1935。

⑤ 《理事会第十二次会议记》，载《社友通讯》，第 4 卷 4 期，1935。

束社址捐款①。1936年1月，总干事长俞庆棠在第四届年会上报告社务时，专门就捐款数额及支出情况做出了如下说明："各社友及热心社教人士的捐款亦达八千三百九十二元，除陆续还出社基借款四千零三十元外，尚存现款四千三百六十余元，至社地图则尚在计划中。"②1936年10月，第16次理事会会议决定，该社已参加学术团体联合会（由中国科学社等40余家团体组成）会所建筑（报名费150元，一间办公室建筑800元），"本社所购中山门外基地自行兴建社所，暂缓进行，所购基地请钱安涛、高践四二先生计划经营"③。1937年5月，社务报告中有"报名费一百五十元，已于去年十月份汇交。兹因联合会所之建筑工程业已兴工，关于本社预定办公室一间之建筑补助费国币八百元，自接来函催缴后，亦已按数汇寄南京大行宫中国银行收入该户"④。揆之史实，时至1936年5月14日，事务所再次发布《结束捐款启事》⑤，由此可见捐款在此期间仍在断断续续进行中。随着抗战全面爆发，南京沦陷，购置余下亩数不了了之，联合会所连同之前买下的50余亩地皮遭战火涂炭，5059元的地价募款，连同950元的联合会所预定办公室费用，均打了水漂。战后复员时期，1947年第五届理事会会议有理事提案"本社南京地亩生产事宜请推定专人负责进行案"，决议"推请吴福祯、钟灵秀、童润之三先生设计进行"，采取江苏省立教育学院

---

① "从去年十月起，即开始募捐，承各地社员及热心社教同人之努力协助，截至现在止，已收到八千余元。刻以时期太长，拟小作结束。已分函各地募捐主任及队长，请将用余募捐收据等文件，寄回事务所。如尚可继续进行者，亦请函复并示知用余收据之号数，以便彻底清查。"详见《社务报告 结束建筑社所募捐》，载《社友通讯》，第4卷4期，1935。

② 《工作报告 总干事俞庆棠先生社务报告》，见中国社会教育社第四届年会筹备委员会：《中国社会教育社第四届年会纪念册》，101页，广州，培英印务局，1936。

③ 《本社第十六次理事会议记》，载《社友通讯》，第5卷5期，1936。

④ 《社务报告 联合会所兴工建筑》，载《社友通讯》，第5卷11期，1937。

⑤ 启事专门致各区募捐队准暨队长，内称："本社前因建筑社所，发起募捐，所有收到捐款数目及捐款人姓名，迭经本刊发表。兹以时逾一载，亟待办理结束，敬希各区募捐队队长及主任，即将所余捐款收据、募捐发起、办法暨认捐通知书等，一并掷还，以便结束。"《结束捐款启事》，载《社友通讯》，第4卷10、11期合刊，1936。

北京师范大学史学探索丛书

加教育部社会教育司的"2＋1"组合。① 可惜的是，1948年年初，钟灵秀患急症去世，该决议究竟执行到何种程度，不得而知。第五届理事会理事会议还就"谋巩固社基"是否继续筹募基金进行表决，决定以"壹万万元"为目标，推定俞庆棠、刘季洪、刘平江、陈礼江、王公度等人为筹募委员，陈礼江为召集人，组织基金筹募委员会。② 笔者尚未发现后续进展资料。

社教社的经费支出，主要用于事业活动费、支付职员薪金、日常事务及特别支出。如第一年年会召开时，理事会决定："本年年会为我国社会教育界破天荒之第一次，故不得不备有相当之盛典，以引起社会人士之注意。按筹备委员会之预算，最低限度需费三百元。在本社成立伊始，经费正感拮据之时，此宗款项之筹备，深感困难。最后筹备委员会与本社事务所商量，由事务所津贴半数，并商请浙江省教育厅补助半数"，最后年会总支出351.34元，浙江省教育厅补助150元，由事务所支出。③ 1932年中国社教社收支如表1-11所示。

表 1-11　社教社收支对照表（1932）④

收入（元）	科目	备注	支出（元）
80.51	上年度结余	—	—
780.00	社员常年经费	个人社员每人 2 元，团体社员每处 5 元	—
250.00	永久社员经费	—	—
100.00	社员特别捐	高践四先生捐 100 元	—
400.00	教育厅补助费	广西省教育厅补助 400 元	—
14.30	存款利息	—	—
20.00	第一届年会报告	报告售卖所得	—

① 《社务近况》，载《社友通讯》复刊，第 1 卷 2 期，1947。

② 《社务近况》，载《社友通讯》复刊，第 1 卷 2 期，1947。

③ 《年会筹备经过》，见《中国社会教育社第一届年会报告》，3 页，无锡，民生印书馆，1933。

④ 笔者整理于：(1)《一年来经济实况》，载《社友通讯》，第 2 卷第 2、3 期合刊，1933；(2)《大会经过》，见《中国社会教育社第二届年会报告》，14 页，无锡，民生印书馆，1933。

收入（元）	科目	备注	支出（元）
—	俸给	—	349.80
—	文具	—	38.95
—	邮电	—	126.10
—	购置	—	5.70
—	印刷	—	398.48
—	川旅	—	102.85
—	什支	—	27.24
—	支出总计	—	1049.12
—	结存	—	595.69
1644.81	总计		1625.01

由表 1-11 可知，1932 年度中国社教社总收入 1644.81 元中，社员会费（包括个人和团体）共计 1030 元，占总收入的 62.62%。但就社员数 690 人（每人 2 元）和团体社员 25 处（每处 5 元）计算，社员常年经费应为 1505 元，缺口 475 元，佐证社员会费存在不少拖欠问题。教育厅补助 400 元，占总收入的 24.32%。这两项为收入大宗。该年支出为 1049.12 元，印刷以 398.48 元占支出第一位，俸给 349.80 元排第二位，邮电与川旅项占支出榜单第三位、第四位，与社教社该年在杭州举行第一届年会有关。

1933 年社教社借款 3800 元，并争取到政府补助款 1460 元，在该年度收入中，社员常年社费 906.2 元，约占总额不足 12%。该年最大一笔支出为 5059.9 元，为购买社址而用，该年结余 234.04 元。因为与河南省教育厅、洛阳县政府合办的洛阳实验区开办，社教社多了一项固定支出，该年补助实验区 350 元。[①] 当然，因为购买社址，社教社该年的收入与支出的状况不是常态。从 1932 年、1933 年社教社的收支对照表看，社教社成立两年来，尽管经费紧张，但本着量入为出的原则，每年尚有少量结余。值

---

① 《中国社会教育社收支对照表》，载《社友通讯》，3 卷 2 期，1934。

得注意的是，第二届年会经费为 750 元，所需经费概由山东省教育厅供给。有了地方政府的支持，社教社无需再为举办年会埋单。第三届在河南开封举行，河南省教育厅补助了 1000 元；第四届在广东国立中山大学召开，其万元经费预算由广东省政府和中山大学补助，其中"广东省政府拨付 10420 元，中山大学补助 1973 元，总支出 10892.74 元"，年会结束后尚有少数结余。① 从年会经费来源来看，从第二届年会开始召开地政府的补助逐渐增多，从一个侧面反映出中国社会教育社"政学两界的沟通"的努力卓有成效。

表 1-12　社教社二十三年度经常费预算一览表②

科　目		收入门预算	支出门预算	说　明
上年度结余		234.04	—	—
基金		968	—	俞庆棠先生捐助 273 元，永久社员个人 23 人，每一次缴费 25 元，计缴 575 元，团体 2 处，每一处缴费 60 元，计缴 120 元，合计如上数
政府常年补助费		960	—	江苏省教育厅每年 500 元，安徽省教育厅每年 300 元，山东省教育厅每年 100 元，云南省教育厅每年 60 元，合计如上数
社员常年社费 2215 元	个人社员	2030	—	现有个人社员 1015 人（内含永久社员 23 人以利息计），每人每年 2 元，合计如上数
	团体社员	185		现有团体社员 36 处（内含 2 处永久团体社员以利息计），每处每年社费 5 元，合计如上数
社员补交欠费		1611	—	上三个年度社员欠款社费
河南省府补助三届年会余款		114.85	—	—
借款		720.11	—	—

①　《收支报告表》，见中国社会教育社第四届年会筹备委员会：《中国社会教育社第四届年会纪念册》，134 页，广州，培英印务局，1936。

②　详见《本社二十三年度经常费预算》，载《社友通讯》，3 卷 6 期，1934。

科　目		收入门预算	支出门预算	说　明
付存基金		—	968	—
归还上年度临时借款		—	260	上年度因经费不敷，曾由私人垫支
俸给 936 元	总干事	—	0	不支薪
	干事	—	600	每月 50 元，全年合计如上
	助理干事二人	—	324	专任者一人，月支 22 元；兼任者一人，月支以 5 元计，全年如上数
	工友一人	—	12	每月 1 元，合计如上数
办公费 535 元	文具	—	100	纸张 50 元、簿册 10 元、笔墨 10 元、杂件 30 元，全年合计上数
	邮电	—	330	邮票每月 25 元、电报费全年 30 元，合计如上数
	购置	—	105	书橱两架，每架 15 元，合计 30 元，卷宗橱一架 15 元，其他办公零星用具 60 元，合计如上数
印刷费 640 元	社友通讯	—	300	月出一期，平均每期 25 元，全年合计如上数
	第三届年会报告	—	150	照第二届年会报告实支开列
	社员一览	—	60	参照二十二年度社员一览实支开列
	本社概况	—	30	
	什件	—	100	信纸信封刊物包皮以及其他临时印刷品，合计如上数
川旅		—	200	—
什支		—	150	—
事业费 1000 元	洛阳实验区补助费	—	600	每月 50 元，全年合计如上数
	新实验区筹备费	—	400	本年度拟添设安徽黄山、首都孝陵卫宾实验区两处，筹备期间本社工作人员川旅等费，每处以 200 元计，合计如上数

科　目	收入门预算	支出门预算	说　明
世界成人教育协会常年会费	—	33	二镑二先令，合市价如上数
借款利息	—	90	为购买社址借款3800元，周息五厘，除不收息金者外，合计如上数
预备费	—	2011	上三年度未交之社费合计1611元，本年度预计200迟交社费，合计400元，共计如上数，非俟交纳不动支
总计	6823	6823	

表1-12中所列预算，是1934年8月1日至1935年7月31日期间，即第三届年会刚刚举办结束，河南省教育厅补助的1000元会议费，尚有114.85元的结余。该表收入门预算中专门列有"社员补交欠费"，罗列了自该社成立三年来各地社员所欠会费1611元，社刊中经常可见催促各地社员补充会费的告示。

表1-13　社教社二十五年度收支对照表（经常费）①

收入（元）	科　目	支出（元）
47.05	上月份结存	—
442	社员社费	—
771	政府补助费	—
—	薪给	481.5
—	文具	11.29
—	邮电	111.93
—	购置	13.46
—	印刷	187

---

① 《中国社会教育社收支对照表》（经常费），载《社友通讯》，第5卷12期，1937。

收入（元）	科　目	支出（元）
—	什支	44.01
—	事业费（洛阳实验区补助费）	300
—	结存	110.86
1260.05	总计	1260.05

表 1-13 统计的是 1936 年 12 月至 1937 年 5 月期间的收支对照，半年内社教社仅有社员社费（442 元）和政府补助费（771 元）两项收入入账，加上 1936 年 11 月的结存 47.05 元，半年来社会教育共计经费数为 1260.05 元；从支出看，印刷和邮电（共 298.93 元）支出比较突出，事务所干事叶岛予以解释："社友通讯第六卷第一、二合期刊行'对于目前社会教育的意见'专号，原是想带往青岛年会开幕时分发的。现在会期既已展缓，只好改由邮局寄递各地。"①除去薪给，社教社支出洛阳实验区补助费 300 元最为大宗，明显看出此时社教社的事业核心点。

抗战期间，因社员分散各地难以联络，收入项目中"社费"大减，二十六年度（1936 年 7 月—1937 年 7 月）该社经常费收支对照表显示，该年收入 1537.34 元，包括政府补助费（757 元）、借支捐款（700）和上度结余（76.34）及社费（4 元），战前该社的重要经费来源的"社员年费"仅占总收入的 0.26%，可以忽略不计。1938 年 8 月至 12 月，这种情况依旧在持续，1599.80 元总收入中，政府补助费上升至 1200 元，社费仅为 4 元。② 战后复员后，社教社的经费收入中社费份额有所回升，教育部、地方政府补助占主要来源。

---

① 叶岛：《从无锡至桂林：半载以来本社事务所移动之经过》，载《社友通讯》，第 7 卷 1 期，1938。

② 《中国社会教育社经常费收支对照表》（中华民国二十六年度）；《中国社会教育社经常费收支对照表》（中华民国二十七年度八月份至十二月份）；载《社友通讯》，第 7 卷 3 期，1939。

表 1-14　社教社三十五年度经费收支对照表①

收入（元）	科　目	支出（元）
1000000	三十五年度教育部补助费	—
5000000	三十六年度教育部补助费	—
2600000	江苏省政府等补助年会费（迟到）	—
162000	社员社费	—
—	临时工作人员酬金	442700
—	文具	301700
—	纸张印刷	380000
—	邮电	39079
—	旅运	278300
—	什支	335300
—	津贴践四研究所费用半数（1946 年 9 月—1947 年 3 月）	540000
—	垫支本社第五届年会费用	3030100
8762000	合计	5397779
—	结余	3364221
8762000	总计	8762000

表 1-14 是社教社 1946 年 7 月 1 日起至 1947 年 8 月 8 日期间的经费收支对照表，收入栏中教育部 1946、1947 年度的补助费合计为 6000000 元，占总收入的 68.47% 之强。相对抗战期间来讲，社员社费收入有所提升。支出项目中，为践四研究所费用支出 540000 元，"本社为纪念高践四先生毕生从事社会教育之精神与事功起见，特与江苏省立教育学院联合办本所。本所于二十五年九月开始筹备，迄今行将一年，在此期间，以院社两方面均未筹拨充足之经费，既无专人又无专款，因而工作进展甚缓"。为了推进工作，社教社特支出 540000 元经费，奈何物价飞涨，这笔钱对社教

---

① 《社务近况　本社经济现况》，载《社友通讯》复刊，第 1 卷 2 期，1947。

社规划的践四研究所工作计划①所需经费，实属杯水车薪，无济于事。

　　综之，社教社的经费来源经历了社员会费为主，逐渐向政府补助为大宗的过程，期间有四处碰壁的筹款蹭蹬，时时紧盯社员催促社费的尴尬无奈，也有地方政府、国立大学慷慨资助年会费用的欣慰认同。政府补助成为民间学术团体经费主要来源，是否影响其"独立之精神"，一直为学界所质疑。但对于要打造"政教两界合作平台"的社教社来讲，政府补助增多意味着对其事业的认可、理念的认同，这也是社教社数届理事会之所以坚持向教育部、各省市教育厅函请"常年补助费"的原因所在。社教社深谙社会教育作为学制外的教育形式，争取中央、各级政府对其增加投入，发展事业，为其正式进入学制的前提，其策略意义远远大于实际效果。就社教社数年的支出来讲，量入为出，每年或季度、月份收支结算略有结存，但整体经费始终处于支绌困难状况，影响到了社教社的事业开展。

---

　　①　社教社计划开展下列四项工作：第一，进行践四先生一生言行及社教理想之系统研究。第二，出版高践四先生民众教育论文集。材料已搜集抄录齐全，计共二十余万字，拟分为下列七类：(1)民众教育之理论与实施；(2)民众教育与乡村建设；(3)民众教育与教育改造；(4)民众教育与青年训练；(5)民众教育与新县制；(6)江苏省立教育学院之民众教育事业；(7)其他。尚须再作一次审定，只待印刷费有着，即拟付印。第三，集中进行"扫除文盲"之专题研究：此系配合当前之一种迫切需要，而为我国上下一致努力之基本教育主要部分——成人补习基本教育。其中包括体制与办法、语言文字处理、课程与教材、教学方法等方面的问题，进行办法如下：(1)分析"扫除文盲"一问题的内容，列成若干专题。(2)征请各研究员分别担任一专题之研究工作；(3)洽请国立社会教育学院与江苏省立教育学院各实验机构合作，从事扫除文盲之实验；(4)汇集研究实验结果，而作一总评价。第四，与江苏省立教育学院合作进行社会教育各方面之专题研究，此项专题研究工作分列为两大设计，均在积极进行中：(1)社会教育助成社会教育建设设计，分为助成文化建设、助成政治建设、助成经济建设、助成社会教育等四项设计；(2)社会教育运用感觉辅助设计，分为电化教育、艺术教育、科学教育等三项设计。《社务近况　践四社会教育研究所工作简要报告》，载《社友通讯》复刊，第 1 卷 2 期，1947。

三、与国内外学术组织的联系

社教社成立以来，不仅注重与国内各学术团体、政府机关的联络，而且积极主动与国外学术组织、团体取得联系，吸收外籍社员，以期能发挥社教界联络、交通信息的"枢纽"功能，以"与国内外有关之学术团体及教育机关作相当之联络"①为社务工作的方向之一。与国内学术团体联络主要通过邀约学术团体主要负责人加入社教社、邀约出席学术讲演、组织共同协会、参加该团体的学术年会等。与国外的学术组织则通过加入世界性学术团体，如世界成人教育大会，接待国外学术团体、派社员参加国际学术会议，为沟通国内外成人教育的最新信息搭建了桥梁。

（一）与国内政学两界的联络沟通

中国社会教育社与乡村建设学会、中华平民教育促进会、中华职业教育社、中华儿童教育社等主要学术社团的核心人物，为"使机关与团体彼此间能够密切相联络"，积极寻求"共同的蕲向与共同的工作"。② 中国社会教育社作为"全国社教之枢纽"，尽可能吸引更多地域、不同主张、不同派别的社员加入，将乡村建设、中华职业教育社、中国教育改进社等团体的核心人物囊括进来。该社通过理事会理事的遴选，实现社会教育界与政界、其他教育团体的大联盟。以该社1934年第三届理事会组成为例：

---

① 《本社二十一年度社务进展要项》，载《社友通讯》，第 1 卷 4、5 期合刊，1932。

② 孟宪承、高阳：《乡村建设具体方案之讨论》，《教育与民众》，第 6 卷 1 期，1934。

表 1-15　社教社第三届理事会一览表(1934)①

明细职别	人名	现任单位	职务	籍贯	备注
常务理事	俞庆棠	江苏省立教育学院	研究实验部主任兼教授	江苏太仓	总干事
	梁漱溟	山东乡村建设研究院	院长	广西	—
	赵冕	江苏省立教育学院	副教授兼北夏普及民众教育实验区总干事	浙江嘉兴	字步霞
理事	钮永建	国民政府考试院	副院长，前江苏省政府主席	上海	字惕生
	孟宪承	中央政治学校	教授	江苏武进	—
	庄泽宣	国立浙江大学教育研究所	主任兼教授	浙江嘉兴	—
	雷沛鸿	广西省教育厅	厅长	广西南宁	字宾南
	甘豫源	江苏省立教育学院	研究实验部副主任	上海	字导伯
	陈礼江	江苏省立教育学院	教务主任、民众教育系主任兼教授	江西九江	字逸民
	彭百川	教育部社会教育司	第三科科长	江西	—
	董淮	山东省立民众教育馆	馆长	山东邹县	字渭川
	陈剑修	国立中央大学	教务长兼教授	江西遂川	—
	尚仲衣	国立北平大学	教授	河南	—
	高阳	江苏省立教育学院	院长	江苏无锡	字践四
	李蒸	国立北平师范大学	校长	河北乐县	字云亭
候补理事	张炯	教育部社会教育司	司长	湖南常德	字星舫
	傅葆琛	国立北平师范大学	乡村教育实验区主任兼教授	四川成都	字毅生
	刘季洪	江苏省立教育学院	教授	江苏丰县	字寄鸿
	王公度	河南省教育厅第三科	科长	广西	字海涵

---

①　整理自(1)《中国社会教育社社员一览》，见中国社会教育社编：《中国社会教育社第四届年会报告》，无锡，民生印书馆，1936；(2)《两次理事会议记录　第八次会议》，载《社友通讯》，第 3 卷 4 期，1934；等。

明细 职别	人名	现任单位	职务	籍贯	备注
候补理事	邰爽秋	私立大夏大学教育学院	院长	江苏东台	—
	孔令粲	山东省教育厅第一科	主任秘书、科长	山东曲阜	字瀞菴
	朱坚白	江苏省立南京民众教育馆	馆长	江苏盐城	—
	舒新城	中华书局编译所	所长	湖南溆浦	—
	黄炎培	中华职业教育社	董事	上海川沙	字任之
	张一麐	苏州善人桥宣传改进会	董事，前教育总长	江苏吴县	字仲仁
	刘云谷	江苏省立淮安中学	教员	江苏南京	—
	马宗荣	私立大夏大学社会教育系	主任兼图书馆馆长	贵州贵阳	字继华
	孙枋	江苏省立南通民众教育馆	馆长	浙江杭县	字仲威
	江问渔	中华职业教育社	办事处主任	江苏灌云	—
	相菊潭	江苏省民政厅	主任秘书	江苏宝应	—
干事	储志	中国社会教育社	《社友通讯》编辑	江苏	字心斋
候补干事	马承训	中国社会教育社	—	—	—

由表 1-15 可见，中国社会教育社的理事会成员包括大学（包括社会教育师资专门学校和普通大学）教师、教育行政人员、民众教育馆馆长以及国内知名学术团体的负责人，比如乡村建设派的代表人物梁漱溟，就是以中国社会教育社的"常务理事"身份，"跨界"成为社会教育家群体中的重要一员。教育部社会教育司司长张炯、中华书局编译所所长舒新城、中华职业教育社的董事黄炎培、办事处主任江问渔、大夏大学教育学院院长邰爽秋等出现在该社的"候补理事"名单之中，鉴于 1934 年年会在山东济南召开，山东省教育厅主任秘书孔令粲亦被列入候补理事之列。就理事来源来看，江苏省立教育学院的专家学者居核心地位，这和该院作为主要发起人有直接关系，加上其为国内第一所专门社会教育师资培养机构，毕业生多就职于社会教育界，它在社会教育领域影响日益增大，3 名常务理事中有 2 位出自该院，且俞庆棠兼任总干事，除表中现任江苏省立教育学院的理事

及候补理事外，孟宪承、雷沛鸿、傅葆琛、李蒸、刘季洪、马宗荣等人均先后受聘就教于该院。在社务活动及年会中，该院亦拥有相当大的话语权。

梁漱溟为乡村建设派（村治派）的核心人物，但其在杂志上发表数量众多的社会教育论文，将乡村建设理念融汇到社会教育理念中来，而且积极主动参与年会与相关事务，在社会教育界，梁漱溟的影响剧增，尤以第二届年会为突出，梁漱溟在会前即拟定《社会本位的教育系统》和《由乡村建设以复兴民族》两案，前者为大会的主题讲演，后者则为大会的中心提案之一，"所花精神特多"①。梁漱溟的热情，社教社自然如获至宝，1933年8月27日，第二届年会后召开的理事会第六次会议，梁漱溟当选常务理事②，之后连续多年当选常务理事即为明证，他出席的第二届、第四届年会均被理事会委以主席重任。

图1-6 社教社第四届年会主席梁漱溟发言(1936)③

---

① 梁漱溟在开会以前即拟了社会本位的教育系统，和由乡村建设以复兴民族两案，24日因赴青岛经济学会讲演，未能参加开幕典礼，25日连夜从青岛赶来，下车以后，即到会上台讲演。《大会经过》，见中国社会教育社编：《中国社会教育社第二届年会报告》，23页，无锡，民生印书馆，1933。

② 梁漱溟(7票)、赵冕(8票)和俞庆棠(6票)三人当选为常务理事，高践四(4票)、陈礼江(3票)二人为候补常务理事。心斋：《承上启下的两次理事会》，载《社友通讯》，第2卷4、5期合刊，1933。

③ 《中国社会教育社第四届年会 梁漱溟主席致词》，载《教育研究》(广州)第67期，1936。

平民教育促进会中的核心人物，如晏阳初、汤茂如、陈筑山、瞿菊农等人，在中国社教社成立之前与江苏省立教育学院接触颇多，1927年，晏阳初在《平民教育的真义》一文中曾明确认定平民教育即民众教育、全民教育。次年初，俞庆棠为创设民众教育学校，广邀社会各界知名人士来苏参加"民众教育讨论会"，晏阳初、汤茂如、陈筑山欣然前往，晏阳初还做了主题讲演。3月，在平教会的帮助下，中央大学区民众学校设立，俞庆棠兼任校长，特聘请汤茂如担任教务主任，因俞庆棠时任扩充处处长，无暇学校校务管理，汤茂如召集不少平教会社员前来助阵，却不想半年后平教会奉命全体撤回。"由于内部的原因，平教会办了半年，在不很愉快的空气中又退出了"①，之后，平教会与江苏省立教育学院依然保持密切联系，如高践四曾派甘豫源、秦柳芳、周耀平到定县访问学习，晏阳初、瞿菊农也曾应邀到江苏省立教育学院讲学。但很蹊跷的是，社教社成立后，平教会态度却淡漠很多。尽管中国社会教育社第二、第三、第五届年会筹备组皆邀请晏阳初，或作学术讲演，或作主题发言，但晏阳初均以各种借口婉拒②。战后复员之际，晏阳初接到社教社第五届年会筹备委员会出席邀约，仅给予公文式样客套话回复："国家复员建设，急待朝野并力推进，社教工作尤为切要"，并请年会筹备处将"各项讨论决议，并祈于会后详予告知"。③ 中华平民教育促进会核心成员虽没有积极出席中国社会教育社年会，但依然被社教社视为倚重力量。

① 赵冕：《民众教育》，84页，上海，中华书局，1948。

② 如第二届年会，晏阳初、瞿菊农联合致函组委会，称"贵社在济南开会，本应趋前就教，奈以适值敝会前董事长熊夫人纪念日年会会期，未克分身，至以为歉！平汉路碍于河患，车行都有误点，计程亦恐不及会期，除先行电达外，特此专函奉闻，不胜歉仄之至！"《致陈逸民等》《复中国社会教育社五届年会筹备处》，见宋恩荣主编：《晏阳初全集》第3卷，378页，天津，天津教育出版社，2013。

③ 《复中国社会教育社五届年会筹备处》，见宋恩荣主编：《晏阳初全集》第4卷，671页，天津，天津教育出版社，2013。

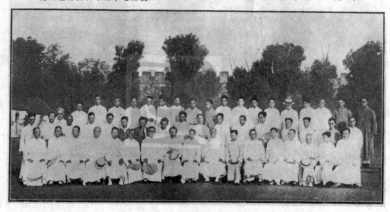

(民廿二年十月廿七日山鄉建研院)
在東村調究)

鄉村工作討論會第一次集會攝影

图 1-7　乡村工作讨论会第一次集会合影 (1933) ①

　　实际上，掌握社教社主要话语权的江苏省立教育学院，也在利用各种机会，加强与乡村建设主干力量的联系，这种努力亦得到以梁漱溟、杨开道、晏阳初、瞿菊农等人的认可，不仅参加在山东、定县举行的第一、第二届乡村工作讨论会，还在无锡举办第三届乡村工作讨论会。1934 年 1 月，中国教育学会假首都国立中央大学举行年会，讨论国内教育问题，本社理事陈礼江、庄泽宣、彭百川、陈剑修等人均出席会议，常务理事赵冕"爰特抽暇晋京，一方面参加该会讨论，同时于便中与各理事面商本社事务"②。1935 年 10 月 10 日，在江苏省立教育学院举行第三届乡村工作讨论会，代表 19 省市的 160 多名代表出席会议，高践四、晏阳初、章元善、许仕廉、陈筑山组成大会主席团，分组会议由俞庆棠、庄泽宣、梁漱溟、陈筑山、许仕廉分别主持。会议讨论问题 70 余件，并推定瞿菊农、杨开道为下届值年。③ 此次在无锡召开的第三届乡村建设工作讨论会，江苏省立教育学院高践四、俞庆棠等人进入乡村讨论会的会议召集层面，一定程度

---

　　① 《乡村工作讨论会第一次集会摄影》，载《农村复兴委员会会报》，第 3 期，1933。

　　② 《社务报告 赵常务理事公毕返锡》，载《社友通讯》，第 2 卷 8 期，1934。

　　③ 储劲：《参加乡村讨论工作会以后》，载《社友通讯》，第 4 卷 4 期，1935。

上说明该院工作被晏阳初、梁漱溟等乡村建设基干所认可，为社教社工作开展赢得更多社会层面的支持。

中华教育改进社的干事长陶行知，作为社教社的社员，曾被第一届理事会列为候补理事。陶行知作为俞庆棠的哥大校友，平教会因内部原因全体撤出江苏省立教育学院后，俞庆棠求助陶行知，在陶行知斡旋下，其得力干将、晓庄师范的同事赵叔愚前来协助俞庆棠建设民众教育院，并担任首任院长，尽管赵叔愚"出师未捷身先死"，"在秋季开学前逝世，但他所带来的一部分晓庄师范精神和办法却渗入民众教育院的'血液'内去了"。① 陶行知作为社教社社员，虽甚少参与社教社活动，但他提倡的"小先生制""老少通"识字课本却对学校式社会教育影响很大，他还专门为"洛阳实验区筹备专号"题写封面（图1-8所示），以示对社教社事业的关注。《社友通讯》4卷10、11期合刊"社员消息"栏目对陶行知作介绍时，将其定位为"陶君致力于社会教育与乡村教育，蜚声内外。近因赴欧出席世界新教育会第七届年会之便，顺道在西粤考察政治、建设、教育事宜。……五月一日本社广东分社，假欧美同学会举行欢迎会，并邀请本省教育界参加，讨论乡村社会教育运动各项问题"②。中华职业教育社的核心人物黄炎培、江问渔作为社教社的候补理事，黄氏担任社教社社址筹款分区主任，在多种场合提倡生计教育、职业补习教育；江问渔更是多次被江苏省立教育学院邀请为学生做讲座、开设《职业补习教育》课程，出席理事会第12次会议，并被理事会公推为第四届年会中心问题委员会成员，与梁漱溟、孟宪承、高践四、陈剑修、俞庆棠、崔载阳一起，审查讨论年会中心问题。③ 1936年1月，理事会第14次会议，江问渔被社员选举为候补理事，与刘季洪、王公度、崔载阳、马宗荣均为三年期，江问渔当选票数排在五人之首。④ 1936年10月25日，第十六次理事会议召开，江问渔与马宗荣、陈剑修、赵冕、

① 赵冕：《民众教育》，84～85页，上海，中华书局，1948。

② 《社员介绍》，载《社友通讯》，第4卷10、11期合刊，1936。

③ 《理事会第十二次会议记》，载《社友通讯》，第4卷4期，1935。

④ 《两次理事会记 第十四次会议》，载《社友通讯》，第4卷8期，1936。

图 1-8　陶行知为《社友通讯》题写专号封面（1934）①

庄泽宣、孟宪承等组成第五届年会中心问题委员会。② 由此可见，江问渔与社教社的关系颇深。

　　考察社教社留下的文献资料可知，社教社在推行各类事务过程中，与平日素有交往的国内学术团体、教育行政部门进行协商是常态。笔者专门统计了1932—1937年之间社教社的收发文件，由此可窥社教社与其他学术团体、组织或机构之间的互动情况与频率变化。如表1-16所示。

---

① 《社友通讯》，第3卷3期，1934。

② 《本社第十六次理事会议记》，载《社友通讯》，第5卷5期，1936。

表 1-16　社教社收发文件一览表(1932—1937)①

类别 件数 (年)	收文						发文				
	呈	批(令)	公函	便函	电	总计	呈	公函	便函	电	总计
1933	0	21	60	299	10	390	7	192	1197	3	1399
1934	4	22	44	337	19	426	18	63	3953	6	4040
1935	13	15	24	390	10	452	15	233	2004	4	2256
1936	5	2	7	103	3	120	9	15	40	2	66

表 1-16 中，从能找到完整数据的 1933 年、1934 年、1935 年来看，三年的收文总量明显变化不大，但就收文单项来看，1933 年的公函比较频繁，1934 年后，公函来文量逐年下降，但发函数量却与日剧增，特别是1934 年发文量达到了 4040 件，1935 年的发文中公函量为 233 件，这表明社教社不断加强与会外的组织机构的交流、联络，换句话讲，社教社以更积极的态度向全国各地辐射影响力。这些统计数据与其他文字资料参照分析，如与政府、教育行政机关联合建立实验区、设立分社等事业一样，都彰显了社教社以江浙为中心，积极提高其全国影响力，社教社不单单以收发文件传达自己的观点，还主动联络各方学术团体、政府机关寻求助力，以便为社会教育发展寻找更好、更多的渠道和助力。

---

①　表格说明：(1)发文中刊登《社友通讯》通告未列入。

(2)1933 年缺少 1 月份收支文件统计；1936 年目前只找到 1～5 月份收发文统计。

(3)说明：1933 年 8 月—12 月发文栏中"呈、公函、便函、电"合计为 1399，但总计中为 1406，估计原表中统计有误；原表中 1933 年 2 月—7 月中发文"便函"总计(206)应为 276；1935 年 9 月—12 月的统计中原表收文总计(106)应为 105，已在表中一一更正。笔者整理自《收发文件统计》(1933 年 2 月—7 月)，载《社友通讯》，第 2 卷 2、3 期合刊，1933；《收发文件统计》(1933 年 8 月—1934 年 2 月)，载《社友通讯》，第 2卷 11、12 期合刊，1934；《收发文件统计》(1934 年 3 月—7 月)，载《社友通讯》，第 3卷 2 期，1934；《收发文件统计》(1934 年 8 月—1935 年 2 月)，载《社友通讯》，第 3卷 8 期，1935；《收发文件统计》(1935 年 3 月—8 月)，载《社友通讯》，第 4 卷 6 期，1936；《收发文件统计》(1935 年 9 月—12 月)，载《社友通讯》，第 4 卷 7 期，1936；《收发文件统计》(1936 年 1 月—5 月)，载《社友通讯》，4 卷 10、11 期合刊，1936。

表 1-17　教育部社会教育司历任司长、各科科长一览表(1928—1949)①

职务科别 明细	姓名	任职期	备注	是否社教社社员
司长	陈剑修	1928 年 4 月 14 日—1930 年 9 月 1 日	1928 年 4 月—12 月为大学院社会教育处	是，理事，第一届监事
	杨廉	1930 年 10 月 29 日—1931 年 1 月 15 日	—	—
	李蒸	1931 年 1 月 15 日—1933 年 1 月 23 日	1932 年兼任国立北平师范大学校长	是，理事，第一届监事
	张炯	1933 年 1 月 23 日—1936 年 7 月 14 日	—	是，候补理事
	陈礼江	1936 年 8 月 12 日—1941 年 5 月 10 日	1941 年 1 月担任筹设国立社会教育学院筹备委员会主任	是，理事，第五届理事会常务理事
	王星舟	1941 年 5 月 13 日—1942 年 6 月 3 日	—	—
	刘季洪	1942 年 8 月 20 日—1944 年 9 月 26 日	兼任中央民众教育馆馆长	是，候补理事，第五届理事会理事
	杨宇康	1945 年 3 月 1 日—1946 年 12 月 21 日	由黄如今代理	—
	黄如今	1946 年 12 月 21 日—1947 年 2 月 9 日	—	—
	英千里	1947 年 2 月 9 日—10 月 22 日	—	是，监事
	但荫荪	1949 年 3 月 7 日—	—	—
第一科	钱天鹤	1928 年 4 月—1929 年 4 月	1928 年 4 月—12 月为大学院社会教育处	—
	钟灵秀	1928 年 4 月—1947 年	1947 年病逝	是
	陈祥春	1947 年 3 月—6 月	—	—
	徐光化	1947 年 6 月—	—	

---

①　整理自《第一次中国教育年鉴》戊编教育杂录，214、219～220 页；《第二次中国教育年鉴》第十五编杂录，1526 页；刘寿林等：《民国职官年表》，39～41、605～611 页，北京，中华书局，1995；中国社会教育社编：《社员一览》，无锡，民生印书馆，1937；《本社现任理监事提名》，载《社友通讯》复刊，第 1 卷 2 期，1947。

明细 职务 科别	姓名	任职期	备注	是否社教社社员
第二科	陈维纶	1928 年 4 月— 1929 年 1 月	1928 年 4 月—12 月为 大学院社会教育处	—
	彭百川	1930 年 1 月— 1934 年 2 月	1934 年 2 月被教育部 任命为昆山县县长	是，候补理事， 第一届候补监事
	厉家祥	1934 年 2 月—9 月	—	—
	徐逸樵	1934 年 9 月— 1937 年 12 月	1937 年冬第十三军 借调	是
	相菊潭	1938 年 10 月— 1941 年 2 月	—	是，候补理事
	徐伯璞	1941 年 2 月—		
第三科	高 与	1928 年 12 月— 1932 年 1 月	1929 年 12 月—1930 年 1 月兼任第二科科长， 1932 年 1 月教育部裁 撤第三科，高去职	
	潘澄候	1940 年 4 月—10 月	—	—
	赵光涛	1940 年 10 月— 1943 年 2 月	—	是，候补理事
	杜维涛	1943 年 2 月— 1947 年 1 月		
	孙硕人	1947 年 1 月—		
司长室	顾良杰	1935 年 7 月—1937 年	1937 年病故	是

　　从表 1-17 可见，南京国民政府成立以来先后共有 11 任社会教育司司长，社教社存续期间有 9 位，其中 5 位为社教社成员，抗战全面爆发前的三任司长李蒸、张炯、陈礼江均为社教社理事会成员、核心成员，其间的第一科、第二科科长钟灵秀、彭百川、徐逸樵、相菊潭均为社教社社员（彭百川、相菊潭还担任候补理事），司长室科长顾良杰亦是社教社热心社员。由此可见社教社与主管社教事业的最高行政机关联络的密切程度，他们积极参与社教社年会、积极递交提案，并负责民众学校课程标准的制定，后文会专门论及，此处不赘。

（二）接待国际考察团及专家

受中国政府邀请，国际联盟教育考察团 1931 年 9 月 30 日抵达上海，先后在上海、南京、天津、北平、河北定县、杭州、苏州、广州等地进行了为期三个月的考察，其考察报告中文版《中国教育之改造》中，对中国学校教育、教育学研究肤浅美国化倾向进行了猛烈抨击：认为中国教育行政长官"竟将美国教育与现代教育制度视同一物。彼等对于中国之旧教育制度，不但认为陈腐，急须改革，并谓其具有罪不容道之性质。故不经任何过渡之措施，即将美国之教授课程与方法，代替中国千百年来之智慧与学识。趋极端者，竟欲目睹中国之美国化而甘心"。他们提出改革方向，"新中国必须振作其本身的力量，并从自身之历史、文献及一切真属固有之国粹中抽出材料，以建造一种新文明，此种文明，非美非欧，而为中国之特产也"。国际联盟教育考察团的报告书贯穿着评中国教育的美国化，力倡教育中国化的文化价值取向，得到了国内教育界的积极回应。出乎意料的是，国际联盟教育考察团对中国的社会教育发展却给予高度评价。[①]

国际联盟教育考察团在华期间，参观考察过的社会教育机关有数十处之多，1931 年 11 月 12 日，该考察团 Carl Heinrich Becker（德）、Pual Langevin（法）在教育部督学王明慎、上海教育界代表胡刚复、陈瀚笙、唐庆诒等陪同下，由沪赴无锡考察教育及实业。"十三日下午三时到院，由高院长暨教授俞庆棠、雷宾南、陈礼江诸先生招待一切。先在院内各处参观一周，旋在大礼堂公开讲演。高院长致介绍辞，先由培氏（即 Carl）演讲，对于本院师生努力民众教育、农事教育所获成绩，颇多赞许，并云中国成人教育，目下方在注意扫除文盲运动，与外国成人教育之办理不同。外国办理成人教育之办法，多不能移用，诸多赖诸君创作与努力，对于民族自决一点，尤宜特别注意。"[②]晚上还专门参加了该院黄巷民众教育实验

---

① 国际联盟教育考察团：《中国教育之改造》，16、20 页，全国经济委员会筹备处，1932。

② 秉：《国际教育联盟考察团到院情形》，载《教育与社会》（无锡），第 37 期，1931。

区、丽新路工人教育实验区的活动。国际联盟教育考察团综合考察定县等的基础上，在报告书中对中国成人教育给予高度评价，"成人教育为中国教育最令人满意之一点。中国成人教育具有二种特色，使人一望而知与欧美成人教育有别。第一、成人教育在中国之整个教育系统中其关系较在他国者为重大，其预算亦因之较在他国者为多。第二、就其性质及其主旨而论，中国成人教育与欧美成人教育大有相同。……于是成人教育亦恒为社会教育之主体"①。由此可见，社会教育中国化程度得到国际教育专家肯定，而与会的中国专家几乎均为社教社成员，国际教育联盟专家的到访，为该社加入世界成人教育大会提供了契机。

图 1-9　国际联盟教育考察团成员与中国教育专家无锡合影(1931)②

---

①　国际联盟教育考察团：《中国教育之改造》，208 页，全国经济委员会筹备处，1932。

②　图 1-9 为国际联盟教育考察团考察参观江苏省立教育学院后与中国专家合影，(从左至右)第一排：陈裕光、王明慎、Carl Heinrich Becker(德)、Pual Langevin(法)、俞庆棠、陈剑修；第二排：高阳、Lu(K. P.)、Tsien(K. P.)、雷沛鸿、陈礼江、唐庆诒、陈瀚笙

资料来源：Susanne Kuss(Hg.)，*Carl Heinrich Becker in China：Reisebriefe des ehemaligen preussichen kultusminidter 1931/32*，Berlin，Berliner China-Studien/Quellen und Dokumente，2004，p. 353. 此资料由德国 GEI 国际教科书研究中心博士候选人李凯一提供。

1934 年 1 月，丹麦社会教育专家马烈克博士抵沪后，总干事俞庆棠亲往欢迎，"于十五日下午由沪来锡，十六日晨在江苏省立教育学院大礼堂开始讲演，计讲演四日，并参观无锡社教机关、游览名胜，至二十日始离锡赴沪"。就演讲效果看，"马氏学识渊博，态度和蔼，每次讲演，观众必济济一堂，虽历数小时之久，而听者并不感觉疲乏也"。[1] 社教社逐渐成了对接国际社会教育专家的学术团体。

图 1-10　丹麦社会教育专家马烈克抵沪情形(1934)[2]

（三）加入世界成协及派员参加国际学术会议

按社教社二十一年度社务进行要项、社务工作第七项有"加入世界成人教育协会"规定，"此次俞总干事赴丹麦考察民众教育时，特便道英国，

---

[1]　讲演时间及讲演题目为：16 日为"格龙维：高等民众学校的鼻祖"；17 日为"丹麦的土地政策"、"丹麦的公共集会"（幻片）；18 日为"丹麦的合作运动"、"丹麦国际民众教育学院"（幻片）；19 日为"各民族的教育态度"，详见《社务报告　招待民教专家马烈克》，载《社友通讯》，第 2 卷 8 期，1934。

[2]　《国内时事》，载《东方杂志》，第 31 卷 4 期，1934。

赴该会接洽一切，当时即已履行正式入会手续"。① 社教社作为国内第一家成人教育学术团体，正式成为国际成人教育学术组织的一员。它以中国成人教育专业学术团体的形象，参与相关国际会议，提交专业议案，承担世界教育大会委托调查文盲的任务，为中国社会教育发展寻求国际经验。

1935 年 3 月，世界教育团体联合会来函，世界教育会议定于本年 8 月 10—17 日在英国牛津召开，"所有各国之全国教育团体机关，均得派遣代表参加"，鉴于"世界教育会议为各国教育家交换意见、互商合作之唯一集会，既可获得各国关于教育之各种最新方法，且可参加讨论各项教育问题，于本国教育前途颇关重要"，第十一次理事会特推定该社社员郑彦棻代表社教社前往参加。② 5 月，社教社聘定郑彦棻、罗廷光二人出席世界教育大会，并编印该社英文概况寄交以便分发，"爰有第十一次理事会议决定，推请本社社员郑彦棻代表本社前往参加。最近又由常务理事商定，加聘罗廷光社员会同郑先生一同代表参加。本社为求各国人士明了本社概况起见，特由事务所编印英文概况暨工作报告，即将寄交本社代表分发各国代表参考"③。8 月世界教育会议如期举行，真正出席的只有罗廷光。罗廷光自陈代表社教社、中国教育学会出席，"我国有唐惜分（教育部代表）、邓植仪（广州中大代表）、程国敩、陈世钟诸君及鄙人五人。鄙人代表中国社会教育社及中国教育学会，出席参加一切集会和活动"④。

会议期间，英国教育部假牛津市政厅主办了"教育成绩展览会"。罗廷光对 8 组分组展览给予介绍，"乡村教育组""成人教育组"分列第四、第五组，尤以后者着墨颇浓。

① 《加入成人教育协会》，载《社友通讯》，第 2 卷 2、3 期合刊，1933。
② 《第十一次理事会议记》，载《社友通讯》，第 3 卷 10 期，1935。
③ 《社务报告 派员出席世界教育会议》，载《社友通讯》，第 3 卷 12 期，1935。
④ 罗廷光：《参加本届世界教育会议的经过及其感想》，载《教育杂志》，第 25 卷 10 号，1935。

（5）成人教育组

（甲）感觉教育部

参加讨论者很多，或讲演电影教育的重要及电影与国际谅解的关系，主张教师应与制片者共同合作；或以为感官教育应包含图表、地图、参观博物馆及公共建筑物等在内。教师应能活用影片，不可胶柱鼓瑟。或报告英国现有教育影片，为数在三千以上，但合用者嫌太少，以后须大家改良。或以为教育影片的要素为事实正确，编配适宜，简短而艺术化。末次会议关于电影教育与成人教育，讨论甚详。又会议期内，映放英、德、法、美各国的教育电影。

（乙）健康教育部

如儿童健康对于民族安危有直接的关系，系学校应与社会合作共谋增进儿童的健康，家长、教师、医生应沆瀣一气，学校卫生视察制度及身体健康所影于精神健康等，皆为本组讨论的问题。

罗廷光对该届会议有颇多感慨，他认为"一国的正式会议决议案，尽管多不胜收，然而见之实施者，曾有几许？这样说一个会议的真正效果，或是不可见的"。这次会议对于决议事项，"便不十分注重，末次代表大会中虽也曾通过好些，但都不过一种原则，如藉教育电影和无线电播播音，以促进国际间谅解；……"。他认为，会议的真正效果在于"彼此教育意念的交换，并从观摩上藉以激发其兴趣，增厚其努力根基，否则，一些死板板的决议案纵多，有什么用？"①很有意思的是，罗廷光以同名在《社友通讯》上发表时，对这一部分内容换了表述方式：

这会议本是友好团体，自由结合起来的，要问有多少决议案，有什么具体结果可以看出来，那是很难说的。决议案不是没有，有的，共不过几条原则，以便各国从事教育的人们参考，然这究不十分重

① 罗廷光：《参加本届世界教育会议的经过及其感想》，载《教育杂志》，第 25 卷 10 号，1935。

要。莫说国际团体决议案无人负责执行，即便一国的正式会议，尽管决议事项多不胜数，还不也等于废纸吗？"议而不决，决而不行，行而不通"，早已成了一般的通式，还谈什么！然而会议的真正价值是有，其价值乃在会员重要意见的交换上，藉此以拓展其眼界，鼓舞其兴趣和增厚其努力。①

在这段表述中，罗廷光本着大会感受，观照国内学术会议，直接指出国内的会议决议案多不胜数，但大多陷于"议而不决，决而不行，行而不通"的形式之中。对比社教社每届年会热衷决议案的数量，在《社友通讯》上大幅刊登每届年会决议案的执行情况，或许，罗廷光如此行文是对社教社等国内学术团体的这种行为的婉转批评。

1935 年 3 月，世界成人教育协会来函调查中国文盲数，请社教社推员协助，该会公推刘季洪、张炯、俞庆棠三人负责答复，俞庆棠为召集人，在俞庆棠的主持下，社教社还专门设计了"文盲调查表"，并设计测定文盲的标准，在全国范围内调查文盲数字。②

依照第六届世界大会决议，1937 年第七届世界教育大会将在日本东京举行。此时中日关系已呈剑拔弩张之势，该会首次在远东举行，如依惯例由政府出面派出代表出席不妥，教育部希望由教育学术团体出面组织代表参加。1937 年 1 月，中国教育学会邀请中国社会教育社、中华儿童教育社、中华职业教育社、中国卫生教育社、中国健康教育社、中国教育电影协会各团体推派代表来教育部开会，社教社公推高践四为代表，第二次会议派陈礼江（顾良杰代）、雷宾南出席。③

　　　第七次世界教育大会，定于本年八月在日本东京举行。前准中国

---

① 罗廷光：《参加本届世界教育会议的经过及其感想》，载《社友通讯》，第 4 卷 4 期，1935。

② 《文盲调查表》，载《社友通讯》，第 5 卷 5 期，1936。

③ 《中国教育学会会友通讯》，第 10 期，1937。

教育学会发起，联合我国各教育学术代表，于一月廿六日下午四时，假教育部举行"中国参加第七届世界教育会议筹备会"，本社公推高践四先生为代表，出席参加。是日会议情形，已详翌日各报，兹从略。第二次筹备会于二月廿八日仍假教育部举行，本社加推雷宾南、陈礼江、李云亭、刘季洪等四位先生为代表，并请雷先生赴京参加。是日出席者计有本社及中国教育学会、中国教育电影协会、中国卫生教育社、中华健康教育研究会、中华职业教育社、中华儿童教育社等七学术团体代表二十四人。决议要项如次：一、将上次谈话会所决定之"中国参加第七次世界教育会议筹备会"名称，改为"中国教育学术团体联合办事处"；二、如伪满参加，我国即不参加；三、联合办事处，设在京市玉珍路中国教育电影协会内。①

1937 年 5 月，社教社接到"中国教育学术团体联合办事处"函文："兹参加第七次世界教育会议提案组第一次会议结果，请各团体于每组拟具提案一至三则，尽六月十五日以前，用中英文各一份提交提案组汇编。关于成人、播音、乡村、社会适应等问题，推由贵社担任。"②社教社第十七次理事会会议"中国参加世界教育会议筹备会，本社已推员加入，关于论文之征集，应如何进行案"，决议"交常务理事办理"。③ 为此，社教社还专门在《社友通讯》上登载通告，向全体社友征集提案。

1937 年 5 月上旬，各学术团体在南京欢宴哥伦比亚大学教授、世界教育学会会长孟禄博士，"席间相谈甚欢，博士甚希我国教育学术团体，正式加入世界教育学会。兹已由中国教育学术团体联合办事处发起，联合参加为正式会员"。社教社报名表于 5 月 10 日寄出，该社理事陈礼江就近（时任教育部社会教育司司长）代表本社一切。④ 6 月，各学术团体推定 17 名

---

① 《社务报告 参加世教会议筹备会》，载《社友通讯》，第 5 卷 9 期，1937。
② 《社务报告 编拟世界教育会议提案》，载《社友通讯》，第 5 卷 11 期，1937。
③ 《本社第十七次理事会议记》，载《社友通讯》，第 5 卷 10 期，1937。
④ 《社务报告 加入世界教育学会》，载《社友通讯》，第 5 卷 11 期，1937。

图 1-11　社教社向社友征集第七次世界教育会议提案（1936）①

代表组成"第七届世界教育会议中国代表团"②，哥大出身的胡适为团长，程其保为秘书，刘湛恩为干事长（三人均为美国哥伦比亚大学博士毕业），社教社社员雷宾南为成员之一。尽管最终因日方筹备委员会允许"伪满洲国代表参加"取消行程，但由此七个教育团体组成的联合办事处却保留下来，并在抗战全面爆发后随迁重庆，并邀集中华图书馆协会等五团体参加，教育学术团体联合办事处通过发行《建国教育》刊物、举办学术讲演、举行联合年会等活动，成为抗战期间各学术团体保留火种的"诺亚方舟"。特别是抗战期间前后举行的四届联合年会，赢得各学术团体的高度评价。如 1938 年 11 月在成都举行的第一届联合年会，大会以"抗战建国中之各种

---

①　《理事会事务所通告》，载《社友通讯》，第 5 卷 5 期，1936。

②　出席代表名单如下：胡适、何炳松、庄泽宣、汪懋祖、廖世承、周鲠生、刘湛恩、高君珊、刘吴卓生、雷宾南、程其保、叶溯中、齐国栋、魏学仁、董任坚、罗廷光、胡叔异。《中国教育学术团体推定出席世教会议代表》，载《申报》，1937-06-03。

教育设施问题"为中心议题，共同商议各种教育问题的战时应对措施。在战火纷飞中，全国教育界代表围坐一起，"无论从团结意义上讲，抑或从学术沟通上说，均为空前的盛会"，彰显了"教育学术界共谋教育力量助成抗战建国伟业的意义"。① 综之，社教社通过积极加强与国内外学术团体联络、沟通，在为自身社团发展寻求助力的同时，宣传了自己，扩大了影响，并从而影响了一部分人士对社会教育的看法，为社会教育事业的发展营造了良性的舆论环境，并寻求了"同声相应"的助力。

① 陈礼江：《祝中国教育学术团体联合年会》，载《教育通讯》，第 1 卷 36 号，1938。

第二章　中国社会教育社的年会分析

社教社以社员大会作为最高权力机关，召开年会是其事业开展的集中表现，也最能体现其"研究社会教育学术，促进社会教育事业"的创设宗旨。自成立以来，共筹备六次年会，成功举办五届。以此为平台，与会者就共同关注的问题及热点进行研讨，制订相应实施方案，打造"全国社教之总枢纽"、政学互动的空间场域。五届年会地点的腾挪，标志着社会教育界联络范围的延展，珠江流域、黄河流域与长江流域连成一体，社教触角深入中原，指向西北、西南。"殊不知全体社员，各处一方，办理社会教育之目的虽然相同，而其方法之巧拙，效率之高低，诚不知相差几许。藉年会之机会，大家聚首一堂，互相攻错。巧者固可自慰而益知勖勉；拙者更可因受刺激而改进。同时从事社教职务者人数虽多，不有巩固之团结，仍难表现偌大之力量。他若国步艰难，需要社教同志共同商讨，共同努力，更是我们举行年会的第一要义。"①社会教育家群体达成一些学术共识的同时，原本的学术分歧并没有彻底消弭。社教社年会这个平台，为社会教育家群体提供了面对面的交流意见机会，就提案进行讨论，各抒己见，争论的背后多暗含不同学术团体之间的博弈。由于理念、利益等种种原因，社会教育家群体潜流涌动，明竞暗争。年会设立中心议案，主题前后相继，在为社会教育发展指出明确指向性的同时，又因于数派专家的"各执一词"而难以达到共同认知，当然，营造热烈的舆论氛围、"引起注意社会教育"的目的如愿以偿。以社教社年会为分析对象，可以清晰展现政学两界的互动以及社会教育界内部的互动与派分，从而把握国民政府时期社会教育发展的基本脉络。

---

① 《编后余谈》，载《社友通讯》，第 4 卷 7 期，1936。

一、中国社会教育社第一届年会

　　1932 年 8 月 24—26 日，中国社教社第一届年会在杭州召开。大会借用浙江省立图书总馆为会场，来自江苏、浙江、湖南等 9 个省市的 89 名代表与会，其中中央及地方党部、教育部代表 7 人，与会代表多来自江（50.56％）、浙（39.34％）一带，占出席社员总数的 90％。会议期间讨论议案 50 余件，较为重要的有"关于社会教育在学制系统上的地位、实施救国教育、乡村建设运动及确定社教方针诸案，均为目前最切要而急待解决的问题"①。该次年会，邀请了中央党部、教育部及地方教育行政机关等行政人员出席，开启"政学两界"沟通的新局面。

（一）出席代表及会议经费

　　1932 年 6 月 11 日，在无锡江苏省立教育学院举行第一次理事会议，决议案中涉及年会的有："（八）确定年会日期及地点案：议决年会期约在八月二十日左右，由常务理事会决定，地址在杭州。（九）年会筹备事宜应如何进行案：推举尚仲衣（主任）、陆殿扬、郑宗海、胡承枢、孟宪承、张任天、陈训慈七人为筹备委员，协同常务理事办理筹备事宜。"②随后，理事会发布通知，通知全体社友，定于 1932 年 8 月 24—26 日在杭州举行第一届年会，"凡我社友，务希准时出席"，宣告年会筹备委员会委员名单，"以杭州市新民路浙江省立民众教育实验学校为该会通讯处，以后关于年会一应通知及接洽事项，统归筹委会办理。其有紧急通告，随时刊登《申报》封面广告栏；均请注意为荷"。③ 为了第一届年会的顺利召开，筹备委员会先后开会两次，确定开会日期和会场，因陈训慈时任浙江省立图书馆馆长，筹委会确定年会借新建成尚未启用的浙江省立图书馆总馆作为会

---

① 《弁言》，见中国社会教育社编：《中国社会教育社第一届年会报告》，1 页，无锡，民生印书馆，1932。

② 大白：《社务发展之前前后后》，载《社友通讯》，第 1 卷 1 期，1932。

③ 《通告》，载《社友通讯》，第 1 卷 1 期，1932。

场，预算出年会所需费用 300 元，为谋社员出席生活便利，筹备委员会协助事务所，为社员申请车舟减免优惠（单程七五折，往返五折）、会议期间火车站接站、备办社员膳宿（借用国立浙江大学文理学院宿舍，社员自备行李用具）。按照理事会委托，筹备委员会对各地社员提案进行整理，"此次各地社员提出的提案极多，其中关于社会教育在学制系统上之地位一案，极为各方所注意；该项大宗提案，现筹备委员会正在从事整理，以便提交第二次理事会审查，交大会讨论"①。年会召开前一天，假浙江省立实验民众教育学校，理事会在杭州展开第二次会议，俞庆棠、甘豫源、刘绍桢、尚仲衣、董淮、赵冕、高践四、李蒸（高代）、雷宾南（俞代）出席，列席者有刘云谷、孙枋、陆殿扬、徐芳田。筹备委员会推举徐芳田报告本届年会筹备详情，与会代表讨论并就年会经费预算、大会日程、推定大会开幕主席团、将"改进我国学制系统确定社会教育地位一案"提交大会讨论，并推孟宪承、高践四出席说明。② 会后，理事会以事务所的名义，还专门对年会筹备委员会工作给予高度肯定："本社第一届年会，经筹备委员会委员尚仲衣、陆殿扬、郑宗海、胡承枢、张任天、陈训慈、孟宪承诸先生积极筹备，故得于二十四日在杭如期举行，开我中国社会教育界空前未有之盛举"③。在后一篇致谢中，筹备委员会由"积极筹备"升至"苦心筹划"，争取到"浙江省教育厅补助经费并设点茶叙，浙江省立社教机关及中华书局暨其代表舒新城先生设宴并赠书籍，特此致谢"。④ 以此为起点，开创了年会筹备委员会协同理事会办理年会的模式。

在众人的努力下，被称为"中国社会教育运动走入一新局面之标志"⑤的第一届年会如期召开。开幕典礼极为隆重，在"全体肃立、唱党歌、向国党旗及总理遗像行最敬礼、主席恭读总理遗嘱、静默"中拉开序幕。第

---

① 《筹备中的本社第一届年会》，载《社友通讯》，第 1 卷 2、3 期合刊，1932。

② 《年会前后的两次理事会议》，载《社友通讯》，第 1 卷 4、5 期合刊，1932。

③ 《本社第一届年会纪略》，载《社友通讯》，第 1 卷 4、5 期合刊，1932。

④ 《致谢》，载《社友通讯》，第 1 卷 4、5 期合刊，1932。

⑤ 李邦权：《中国社会教育社第一届年会的前前后后》，载《教育与民众》，第 4 卷 1 期，1932。

一届年会共有89名社员出席，除江浙两省外，河北、山东、湖南、广东、福建、贵州、江西等省均有社员出席，从出席人数看，地区差异明显，以江浙两省为大宗，除广东、湖南各有两人参加外，其他省份均只有1名社员出席。山东省立民众教育馆馆长董淮乃理事会理事，就社员现任职务看，社会教育服务人员占据第一位，教育行政人员随后。如表2-1所示。

表2-1　社教社第一届年会出席社员现任职务统计表(1932)①

省别 \ 职别(人数)	教育行政人员						社教机关服务人员			大学教授及讲师	编辑所所长	大学学生	小学教员	未详	合计
	校长	社教科长	社教科员	省督学	教育局长	社教视导员	馆长	体育场场长	干事						
江苏	1	4	4	—	1	1	17	—	8	5	—	1	—	3	45
浙江	2	4	2	1	—	1	7	1	14	2	—	—	1	—	35
湖南	—	—	—	—	—	—	—	—	—	1	1	—	—	—	2
广东	—	—	—	—	—	1	—	—	1	—	—	—	—	—	2
安徽	—	—	1	—	—	—	—	—	—	—	—	—	—	—	1
贵州	—	—	—	—	—	—	—	—	1	—	—	—	—	—	1
河北	—	—	—	—	—	—	—	—	1	—	—	—	—	—	1
江西	—	1	—	—	—	—	—	—	—	—	—	—	—	—	1
山东	—	—	—	—	—	—	1	—	—	—	—	—	—	—	1
总计	3	9	7	1	1	3	25	1	24	9	1	1	1	3	89
	24						50								

有意思的是，社教社还专门统计过第一届年会与会社员的学历，大致分为三类，曾受高等教育者，曾受中等教育者及其他，未详单列。各类中

北京师范大学史学探索丛书

---

① 表格说明：(1)校长包括社教师资训练机关校长及普通学校校长；(2)社教科长及科员包括教育厅及教育部社教司的科长及科员；(3)馆长包括省县立民教馆、农教馆馆长及实验区主任；(4)干事包括省县立民教、农教馆主任干事及干事。资料来源：《统计图表》(4)，见中国社会教育社编：《中国社会教育社第一届年会报告》，4页，无锡，民生印书局，1933。

按照学历层次再次划分，第一类"曾受高等教育者"，分为"国内外大学毕业有学位者"与"高等师范毕业""大学肄业"以及"专科毕业"，而"国内外大学毕业有学位者"再细分为博士、硕士和学士，每类别分省份详加统计。

表 2-2　社教社第一届年会出席社员学历统计表(1932)①

项别 人数 省别	曾受高等教育者						曾受中等教育者					其他	未详者	总计
	国内外大学毕业有学位者			高等师范毕业	大学肄业	专科毕业	新制高中		旧制师范	乡村师范	甲种实业学校			
	博士	硕士	学士				高中师范科	高中普通科						
江苏	—	2	6	5	2	14	1	—	2	1	1	3	8	45
浙江	2	—	7	3	3	4	6	1	5	—	1	—	3	35
湖南	—	—	—	2	—	—	—	—	—	—	—	—	—	2
广东	—	—	1	—	—	—	—	—	—	—	—	—	1	2
安徽	—	—	1	—	—	—	—	—	—	—	—	—	—	1
贵州	—	—	1	—	—	—	—	—	—	—	—	—	—	1
河北	—	—	1	—	—	—	—	—	—	—	—	—	—	1
江西	—	1	—	—	—	—	—	—	—	—	—	—	—	1
山东	—	—	1	—	—	—	—	—	—	—	—	—	—	1
总计	2	3	18	10	5	18	7	1	7	1	2	3	12	89

由表 2-2 显示，第一届年会出席社员中具有学士学位与专科毕业并列第一，各占总人数的 20.2%，高等师范毕业次之，占总人数的 11.2%；其次为高中师范科与旧制师范各占 7 人；如果单以师范科来计算(涵盖高师、高中师范科及旧制师范)，则以 24 人的总人数独占鳌头。这个趋势与社会教育从事人员主要来源为各级师范毕业生相符。或者这种统计有"唯学历论"的嫌疑，之后历届年会再无出席社员学历统计项目。必须指出的是，

① 《统计图表》，见中国社会教育社编：《中国社会教育社第一届年会报告》，无锡，民生印书馆，1933。

《大会经过》及会议讨论记载中，均有福建省教育厅代表钟道赞、福建省立民众教育馆馆长张永荣身影出现，但理事会提供的表 1、表 2 均未列入福建代表，原因不得而知。

图 2-1　社教社第一届大会合影（1932）①

图 2-1 是社教社第一届年会大会合影，巍峨壮观的浙江省立图书馆作背景，一行或长衫，或中山装，或西装革履的社员在台阶上一排排长身而立，"与会社员的衣服，都是朴素的居多。在朴素中而尤令人起敬意者，却有两件青布长衫。一件是在汤山农民教育馆馆长孙枋身上，一件是上海农民教育馆馆长张凤山穿着。这两位馆长，是汤山和上海的农民好友，是汤山和上海的农民导师"。除此之外，舒新城的一柄大芭蕉扇也极为醒目，"一则大家都不带扇，二则是芭蕉扇素不上士大夫之手。于是，舒新城的一柄大芭蕉扇，便大为路人侧目了"②。"各方社员，都挟着满腔热忱，不远千里而来，把会场挤得非常热闹。天公也好像是在为我们欢怀，推开了阴霾，显射着光明灿烂的阳光，满座同志，个个亲爱精诚地在讨论着中国

---

① 《大会合影》，见中国社会教育社编：《中国社会教育社第一届年会报告》，无锡，民生印书馆，1933。

② 钱耕莘：《年会拾零》，见中国社会教育社编：《中国社会教育社第一届年会报告》，133～134 页，无锡，民生印书馆，1933。

社会教育的一切设施和改进方法。"①尽管黑白照片历经岁月，已无法清晰辨认出每个人的容颜，但这些逸闻趣事，伴着那种意气风发的精神风貌，依然能穿透岁月，扑面而来。

第一届年会召开之前，正值"本社成立伊始，经费正感拮据之时"②，面对年会筹备委员会给出的 300 元会议预算，"此宗款项之筹措，深感困难"。理事会、年会筹备组商量，"由事务所津贴半数，并商请浙江省教育厅补助半数，接洽结果，颇为圆满，事务进行，亦决顺利"③。浙江省教育厅给予 150 元的会议补助，就会议实际支出看，第一届年会共支出 351.34元。其主要分配如图 2-2 所示。

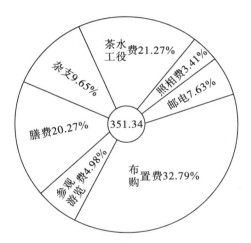

图 2-2　社教社第一届年会经费分配图(1932)④

① 凌以安：《从中国社会教育社第一届年会归来》，见中国社会教育社编：《中国社会教育社第一届年会报告》，121 页，无锡，民生印书馆，1933。

② 收入项下，除社员特别捐外，计收入 260 余元，支出项下共 300 余元。收入以社员缴社费为主，支出则大多数为邮电费、办公费、印刷费等，收支相抵尚不敷数十元。《本社理事会事务所总干事俞庆棠报告》，见中国社会教育社编：《中国社会教育社第一届年会报告》，89 页，无锡，民生印书馆，1933。

③ 《年会筹备经过》，见中国社会教育社编：《中国社会教育社第一届年会报告》，3 页，无锡，民生印书馆，1933。

④ 统计图表，见中国社会教育社编：《中国社会教育社第一届年会报告》，无锡，民生印书馆，1933。

从图 2-2 中可以看出，布置会场费、茶水工役费及膳费分别占了总支出的 32.79％、21.27％ 及 20.27％，三项占了总支出的 74.33％。邮电费占了会议总支出的 7.63％。购置布置费支出 115.2 元，占了最大宗的支出，远远超出原预算的 60 元；参观游览费"因社员大都疲于开会，参与游览者甚少，计是日游览者，仅七八人"，仅支出 17.48 元。① 购置布置费的超额支出，和理事会、年会筹备委员会事先务求"隆重"直接相关。本着"本年年会为我国社会教育界破天荒之第一次，故不得不备有相当之盛典，以引起社会人士之注意"的目的，会场设在浙江省立图书馆总馆二楼。该馆耗资 20 万，新告落成，年会召开时间尚未启用，馆长陈训慈作为年会筹备委员会委员之一，力主将会场设于此地，并与浙江省立民众教育馆一起负责会场布置事宜。"场内布置极为精雅，其中央设主席台，台之两侧，为党政机关代表席及新闻记者席，台前为记录席及会员席。上悬党旗国旗，四壁贴各种标语，颇为壮观。加上各处点缀鲜花多架，益增美感。与会诸人，一入斯场，精神无不为之一振！"② 而浙江省教育厅的 150 元补助费，则开创年会举办省份教育行政机关补助经费的先河。

（二）会议决议

如果说年会讨论为社会教育界内部提供了面对面交流意见的机会，那么，决议案的形成，不仅展示了与会者对具体提案讨论、表达自己学术主张及经验，揭示社会教育界普遍关注的问题，且更充分呈现了学界内部、专家与基层实施机关、政学之间的共识与分歧。诚如前文所言，第一届年会因时间仓促，大会开幕后第一次会议讨论提案时，因提案繁多而类杂，才临时推定俞庆棠、高践四、彭百川、郑宗海、舒新城、马宗荣、赵冕、董渭川、相菊潭、甘豫源、赵季俞、朱坚白、陈训慈 13 人组建审查委员会，分为特别、行政、设施、社务 4 类，将编号提案分组归类，给予通过、

---

① 《年会经费决算》，见中国社会教育社编：《中国社会教育社第一届年会报告》，77 页，无锡，民生印书馆，1933。

② 《年会筹备经过》及《大会经过》，见中国社会教育社编：《中国社会教育社第一届年会报告》，1、9～10 页，无锡，民生印书馆，1933。

修正、合并等意见，历经大会讨论，分 4 类形成了大会决议。从提案人职业和地域看，福建省教育厅代表钟道赞、福建省立民众教育馆馆长张永荣最为踊跃，两人联袂署名提案达 10 件之多；来自浙江私立流通图书馆的陈独醒馆长以 8 件紧随其后；许其仁作为江苏省立淮阴民众教育馆的馆员，为大会贡献了 5 件提案。理事中陈训慈、郑宗海、俞庆棠属于提案积极者。为清晰起见，特列表如下。

表 2-3　社教社第一届年会决议案分类一览表（1932）①

类别 \ 明细	提案名称	提案人	编号	决议结果	职业
特别类	1. 征集关于学制系统上社会教育地位之方案，整理研究，以备政府采行案	钟灵秀、彭百川、顾良杰	1	照审查意见修订通过	社教司科长、科员社教司
	2. 限期普及全国民众学校教育案	钟灵秀、彭百川、顾良杰	2	原则成立，请就经济条件，再订切实可行办法（以上两案合并）	
	3. 呈请教育部订定文字教育强迫法规，通令各省县区限期强迫案	许湘、罗佶、潘志福、胥忠咸	39		见说明 1
	4. 厘订成人应受教育最低标准、举办民智测验，对尚未受相当教育者施以切实补救案	范永祥	3	照审查意见通过	南京市教育局督学

---

① 表格说明：1. 特别类 3 的提案人来源如下：许湘为上海市立新陆师范学校民众教育组职员；罗佶为江苏靖江第四民众教育区农民教育馆馆长；潘志福为江苏农民银行苏州分行行员；胥忠咸为江苏如皋代表。2. 设施类第 6 条议案提案人：吴邦伟为江苏省立浙江公共体场场长兼江苏省教育厅体育督学；袁宗泽为江苏省立镇江体育场指导主任兼中央大学讲师。3. 设施类第 10 条议案提案人：韩觉剑为江苏省立教育学院音乐讲师；方授楚为江苏省立教育学院国文讲师。笔者整理于《决议案全文》，见中国社会教育社编：《中国社会教育社第一届年会报告》，17～76 页，无锡，民生印书馆，1933。

明细类别		提案名称	提案人	编号	决议结果	职业
特别类		5. 本社应请全国各社会教育机关一致实施教育救国案	雷沛鸿、赵冕、俞庆棠	6	照审查报告通过（审查报告为爱国教育改为救国教育，办法重付审查）	三人均就职于江苏省立教育学院
		6. 本社于本年度内注重乡村建设运动案	俞庆棠	7	照原案修正通过（审查意见为照原提案请大会讨论）	江苏省立教育学院教授
		7. 改造社会心理，以谋建设社会新秩序，免致陷溺不反、自召亡国减种案	刘绍桢	48	送交理事会参考，与原第6案合并办理	江苏省立镇江民众教育馆馆长
		8. 请确立社会教育方针案	朱坚白	49	送交理事会参考，并征集各社教机关对于社教方针，共同拟具以资规定	江苏省立南京民众教育馆馆长
行政类		1. 建议各省市分别筹设高中程度之民教师资训练班以应急需案	许其仁	8	审查意见打消，原案成立（审查意见是不必附设）	江苏省立淮阴民众教育馆馆员
		2. 呈请教育部通令各省市，比照督学地位，增设社教指导员，以资督查而利社教案	许其仁	10	照审查意见通过	
		3. 呈请教育部通令各省市县教育行政机关，社教服务人员应请富有社教学识经验或曾受专门训练人才充任案	许其仁	12	两案合并，照审查意见修正通过	
			陈独醒	11		浙江私立流通图书馆馆长
		4. 规定全国一致的社教宣传周案	陈独醒	13	保留	

明细\类别	提案名称	提案人	编号	决议结果	职业
行政类	5. 呈请教育部通令各地教育行政机关，尽量利用各级学校之校舍、设备及师资，以推广民众教育案	钟道赞、张永荣	26	照审查意见通过（审查意见为原提案主文加以修正）	钟为福建省教育厅代表、张为福建省立民众教育馆馆长
	6. 请政府准将各地庙宇悉数扩充设立社会教育机关之用案	钟道赞、张永荣	28	保留	
	7. 请教育部通令全国各级学校应切实施行社会教育案	钟道赞、张永荣	22	本案归并原26案	
	8. 请中央政府通令各地政府，将公园等公共娱乐场所，划隶教育机关管理，俾便实施休闲教育案	钟道赞、张永荣	29	本案毋庸成立	
设施类	1. 促进流动识字教学案	陈独醒	14	照审查意见通过	浙江私立流通图书馆馆长
	2. 倡妇女家事教育案	陈独醒	15	照审查意见通过	
	3. 提倡流通图书馆案	陈独醒	18	照审查意见将提案文修正通过	
	4. 本社应设计并提倡模型标本之制造，以扩充社会教育之教具案	刘云谷	20	照审查意见通过	江苏省立南京民众教育馆馆长
	5. 拟请组织常识画报社，编印画报以利社教案	刘云谷	21	保留	
	6. 社教同人应负提倡社会体育之责任，随时随地于言论文字上多多宣传，于事业进行中常常顾及，以增厚实施社会教育之力量，而谋社会教育整个之进展案	吴邦伟、袁宗泽	22	照原案通过	见说明2

明细 类别	提案名称	提案人	编号	决议结果	职业
设施类	7. 提倡并改良戏剧说书等民间固有艺术，以宏社教效能案	许其仁	23	两案合并，照审查意见修正通过	见前
		钟道赞、张永荣	31		见前
	8. 社会教育之各种实施应注重科学常识之传授案	钟道赞、张永荣	30	照审查意见通过	
	9. 请教育部切实实行注音符号推行办法，供民众教育易于进展案	钟道赞、张永荣	33	审查意见打消，原案成立（审查意见为保留）	
	10. 发展社会美育，促进社教效能案	韩觉剑、方授楚	38	交理事会参考	见说明3
	11. 拟定并实验民众学校课程标准案	许其仁	9	四案合并条例，照审查意见通过	见前
		钟道赞、张永荣	27		见前
		钟道赞、张永荣	35		
		冯国华	40		私立俞塘民众教育馆实验区主任
	12. 呈请教育部设法灌输或鼓励教育留声机片案	郑宗海	41	照审查意见通过（审查意见均为本案成立）	国立浙江大学教育系主任、教授
	13. 请社教机关仿照青年树艺团、青年畜养团等办法，实验推行案	郑宗海	45		
	14. 请社教机关设法组织儿童幸福研究会案	郑宗海	46		
	15. 由本社设法取缔不良出版物案	陈训慈	50	原则通过，交理事会参考（本案提出较晚未付审查）	浙江省立图书馆馆长

明细类别	提案名称	提案人	编号	决议结果	职业
社务类	1. 本社应确定征求社员具体方针案	陈独醒	4	照审查意见通过	见前
	2. 改进本社组织案	陈独醒	5	照审查意见通过	
	3. 请筹设图书室，置备社会教育书籍杂志以供研究之参考案	陈独醒	16	两案合并，照审查意见通过	见前
		俞庆棠	17		
	4. 请本社设立函授学校，以适应各地社教服务人员进修训练之需求案	陆盖	25	照审查意见通过（审查意见为本社无设立函授学校之经济能力）	—
	5. 本社第一届理事会任期应如何规定案	理事会	24	第一届理事任期自第一届年会时起至下届年会时改选	—
	6. 各教育机关所印关于社会教育及乡村教育刊物，应尽量设法交换，以省经费而增效率案	涂闻政	19	照审查意见通过	江西省立乡村师范学校校长
	7. 本社应组织民众读物编辑委员会，积极编辑民众读物案	钟道赞、张永荣	34	两案合并，照审查意见通过	见前
	8. 设立民众读物编辑委员会，搜罗民众读物之教材案	陈柏青	37		浙江省立体育场场长兼教育厅视察员
	9. 各县市组织中国社会教育分会，以资推行社会教育案	陈柏青	36	照审查意见通过	
	10. 拟具本社二十一年度社务进行要项草案，请审定后交本会（理事会）订定具体计划案	理事会	42	年会决议之各项重要工作，由理事会加入，余照原案修正通过	—
	11. 请确定候补理事地位案	理事会	43	隶入修改社章案办理	

明细 类别	提案名称	提案人	编号	决议结果	职业
社务类	12. 请确定本社下届年会地点案	理事会	44	照审查意见通过	—
	13. 本社应酌选国内外对于改造社会运动富有同情之各种专家，及各界领袖聘为名誉社友，借备谋询，以便集中力量推进社教案	刘绍桢	47	交理事会参考	见前
	14. 请修正社章第七条第八条，确定候补理事地位案	理事会	临时	第7条、第8条作相应修改	—
	15. 由大会致谢浙江教育厅、省立社教机关及年会筹备委员会、地方人士热烈欢迎之盛意，并祝浙江社教进展迅猛为全国模范案	理事会	临时	全场一致通过	—

从表2-3中可以看出，地方社会教育机关参与积极性很高，提案提交中，最为活跃的有3处，它们是福建省立民众教育馆、浙江私立流通图书馆、江苏省立淮安民众教育馆。从大会议决情况看，最为活跃并不代表掌握话语权，福建省立民众教育馆馆长联盟福建省教育厅代表钟道赞（钟会后很快调任教育部督学）的10个提案中，有5个提案与他案合并，2案被提案审查会认定为"保留"，1个提案被审定为"毋庸再议"，命运多舛。从提案内容看，大多是呈请教育部如何如何，教育行政内容居多。与之相似，江苏省立淮安民众教育馆馆员许其仁的5个提案中，3个被并案，1个被"保留"。相对之下，来自浙江私立流通图书馆的陈独醒馆长的提案因大

多与图书馆内容相关，仅有 2 个提案并案、1 个"保留"①处理。究其主要原因，一则是地方社会教育机关工作人员的知识精英甚少导致，他们虽积极主动，热情有加，但提案主题大多散漫，针对性不强；二是地方社会教育机关工作人员与由社教界专家组成的提案委员会的认识之间存在着不少的张力，他们日常工作体味到的问题未必能入研究者的视野。有研究者指出："机关职员的参与程度，最能体现社教社的普及程度。他们的反应，能够直观体现知识精英的理论架构是否切合实际。"②就提案结果看，大学教授的提案更容易赢得提案审查会及大会的认可，浙江大学教育系主任、教授郑宗海以 3 个提案"原案通过"最为瞩目。来自教育部社会教育司的钟灵秀等人的"学制系统上社会教育地位案"，理事会核心成员俞庆棠、赵冕、雷宾南的"救国教育案"虽难形成一致意见，但赢得了理事会、与会代表的持续关注，特别是前者，会后理事会专门就全国征集专家，聚焦于该案的修正问题。总干事俞庆棠的另一提案"请本社于本年度内注重宣传建设案"，不仅化为第二届年会"由乡村建设以复兴民族案"，还促成了 1933 年第三届乡村工作讨论会在无锡召开，云集国内乡村建设专家。不难看出，专家学者的身份，使得他们对社会教育发展把脉精准，提案更有的放矢，学术素养及社会声望，是年会决议案中话语权的重要力量来源。

---

① 实践证明，陈独醒这个被保留的提案（规定全国一致的社教宣传周案），具有极强的前瞻性，他的理由如下："在此提倡与促进社教之际，宣传乃十分切要之图；且此项宣传，欲使其同时普及全社会民间，发生一种不可思议之效力，则有由本社订一全国各项社教宣传周，呈请教育部通令各省市教厅，责成各地教育机关举行之必要"。并厘定了以地方、时令及时事三者为准则的施行办法，1 月间为生计教育宣传周；2 月间为农事（蚕桑包括在内）宣传周；3 月间为植树宣传周；4 月间为识字运动宣传周；5 月间为国耻及劳动宣传周；6 月间为卫生宣传周；7 月间为合作事业宣传周；8 月间为读书及图书馆教育宣传周；9 月间为东北亡省宣传周；10 月间为国庆宣传周；11 月间为冬防及保甲宣传周；12 月间为破除迷信宣传周。建议"以上各项宣传周之时日订好之后，由教育部通令各省厅饬知各地教育机关一致举行，并在事前由本社供给或介绍各项有关之宣传材料"。这种设想到了抗战期间得到落实，抗战期间国民政府颁布总理诞辰周期间为社会教育运动扩大宣传周。

② 赵偁：《现代化语境下的民众教育与社会改造：1928—1937 年北平地区民众教育馆研究》，260 页，北京，中国人民大学出版社，2015。

（三）会议反响

作为社教社的第一届年会，其召开的积极意义被广泛认可，无论政府及教育行政机关，还是普通社友，抑或理事会成员，均给予高度肯定。中央党部代表杨栋林、教育部代表彭百川先后训词，浙江省党部代表胡健中、浙江省教育厅代表钱家志、福建省教育厅代表钟道赞、江苏省教育厅代表相菊潭先后发言，纷纷肯定社教社以及年会对全国社会教育发展的重要价值。尤以彭百川的演说最具代表性。

> 研究社会教育的机关，在中国也有不少，惟事业之成功，实有赖于群策群力。今集诸君于一堂，治许多卓见于一炉，将来事业之发扬光大，定可想见。过去教育没有良好的成绩，他的原因，大概可以归纳为下列几项：（一）政界与教育界不合作，政界往往无学识为根据，以致难有贡献；教育界无实行其意见的机会，徒尚空言。在这种情况之下，贵社乃能使之满足，以贵社研究所得，献诸政府，而政府即据依而行，如此可以沟通二者矣。（二）过去学术界往往意见分歧，各成派别，致学术研究之力量减小，而贵社集思广益，治纷歧之学识于一炉，诚佳事也。（三）在过去中国政府，往往不与人民合作，二者恒互相非难，实则在政府因有不顾及人民，人民亦不督促政府，有以致之。此何故与？人民知识之贫乏。……而贵社乃能补此缺憾，提高全民智识。最后希望贵社能从如何能使政府与教育界合作，如何能使人民智识之总和提高等等之方面着想为幸。①

彭百川训词中，将社教社"全国社教之枢纽"定位诠释得极为准确，要沟通教育界与政府之间、学术界之间以及政府与人民之间的关系，实现政学两界、学界内部和官民之间的联络和合作。浙江省教育厅以东道主身份佐给与会代表茶话会之邀。面对教育部的橄榄枝和浙江省教育厅的盛情，

---

① 《教育部代表彭百川训词》，见中国社会教育社编：《中国社会教育社第一届年会报告》，84～85 页，无锡，民生印书馆，1933。

北京师范大学史学探索丛书

理事相菊潭、高践四予以热情回应，相菊潭称"昨日教育部代表谓官厅须与社教机关合作，社教方易于进展，今贵厅已首先接近民众团体，并款以名茶细点，使同人一面佩服，一面感激，深望此种精神推行于全国"。高践四更是详述官厅提倡民众教育之易于收效，盼主席转达厅长，同人热烈盼望陈厅长（陈布雷，笔者注）在浙教厅及在中央多多予以提倡，使民众教育臻于光大之域。① 这种"政教合一"的观点颇具代表性，也奠定了社教界推进社会教育的路径，专家们不仅写下大量理论文章，还将其运用到社会教育实践中去，第三届年会后社教社与河南省教育厅、洛阳市政府合办的洛阳社会教育实验区，便是实验"政教合一"的社会教育实验办法。

地方教育行政机关对年会的互相联络最感兴趣。福建省教育厅代表钟道赞认为："以经济异常拮据，宣传能力薄弱之私人组织团体的第一次年会，而能号召此众多之人士，自不能不视为相当成功，同时亦可证明社会对于社会教育之注意"，他直言："此次参加大会的目的，在希望多与各方面接触，多多交换意见……"他就福建省社会教育现状发展带来四个问题②，请教与会诸位专家，并希望能得到适当解决办法。③ 广西省教育厅社会教育科科员李邦权持相类观点："值兹初秋时节，集多数教育者于一室，相与讨论关于社会教育之问题，交换关于社会教育之意见，此诚为吾国社会教育界未有之盛事！"他认为近年社会教育作为一种新力量，已初步取得一定的地位，社教界不能以此为满足，不仅要进一步使其地位与力量普遍发展、增长，更重要的是，社会教育界本身应有"整个之团结，全体之动员，此实为主要之枢纽。社会教育社组织之始，即尝以此义郑重昭示

① 《大会概况》，见中国社会教育社编：《中国社会教育社第一届年报报告》，15～16页，无锡，民生印书馆，1933。

② 四个问题为：第一，如何拟用各级学校教育尽量推行社会教育问题；第二，推广社会教育机关，是否以相当之经费建筑机关房舍问题；第三，社会教育服务人员应有之态度与观念问题；第四，社会教育之中心目标问题。

③ 钟道赞：《参加社教年会之后》、《各省教育厅代表致词 钟道赞致词》，见中国社会教育社编：《中国社会教育社第一届年会报告》，110、87页，无锡，民生印书馆，1933。

于国人，今后其能集全国之力量，为推进之中心也"①。实际上，他们不仅作为个人社员与会，还代表供职机关共襄盛举，希望借助社教社这个平台，"与各方面接触，多多交换意见"，希望从中汲取他处经验，为日常工作中遇到的实际问题寻求适当解决办法，将年会讨论应用到地方社教工作中，并寻求一种集体认同感，实现全国社教界的大团结，这也正是社教社成立之初社教界精英们所期待的。

社教社事务所总干事俞庆棠深谙与会代表的期望，以个人身份对本届年会提出六点希望。② 如何建立社会教育完整系统，谋求学制中的地位，摆脱其"学校教育是粮食，社会教育是点心"③的现状；如何确定社会教育实施标准，以实际绩效回击"社会教育是假场面，养老机关"④的言论；如何开展以救国教育为目的的社会教育，切实担负起唤起全体民众民族意识的使命；等等。现实中迫切需要解决的问题，都一一出现在第一届年会的决议案中。且不论解决方法是否有效，但从关注现实这一点上，社教社第一届年会的确"言实相符"，赢得各界代表，特别是地方社教机关代表的拥护自是情理之中，会后以地方社教机关为主体的社员不断增多就是佐证。

当然，社教社第一届年会，亦招致了不少参会社友的批评。如事先未成立提案审查组、讨论议案时大会讨论过多、接洽学术讲演计划不够周详、提案无系统、无各地社教概况报告、议案过多、过于关注理论问题等，这些意见的产生，一是因组会经验不足，如提案审查组、分组会议、提前接洽学术讲演、设立中心议案、增加各地社教概况报告等，均为临时增设，在之后的年会中逐一修正；二是地方社会教育行政机关代表与理事会观念不一致所致，特别是"社会教育理论问题"。对于地方工作在第一线的代表，他们更看重实际问题的解决，"惟目前我们所应共同研究，以收

---

① 李邦权：《对于中国社会教育社第一次年会之希望》，见中国社会教育社编：《中国社会教育社第一届年会报告》，91～92页，无锡，民生印书馆，1933。

② 《本社理事会事务所总干事俞庆棠报告》，见中国社会教育社编：《中国社会教育社第一届年会报告》，90～91页，无锡，民生印书馆，1933。

③ 高践四：《三十五年来中国之民众教育》，《教育与民众》，第4卷3期，1932。

④ 刘焕林：《民众人员的苦闷时期》，《山东民众教育月刊》，第5卷3期，1934。

集思广益之效者，为各种切要之实际问题"。他们希望多注重实际问题，"如各地民众学校如何使学生众多、如何能使学生发生求学兴味、如何能使学生继续肄业，各地民教馆如何能吸引民众、如何能使民众获得利益、如何能使陈列室生动而有趣味、如何能使图书馆对于民众增加阅览上便利、如何能使民众愿意参加通俗讲演、如何调查民众生活状况、如何改良戏剧，一切一切都是专门问题，值得我们注意与研究"。钟道赞认为最没有必要的，是各种刊物研究何谓民众、民众教育之对象、意义等理论问题，"我们觉得今后方针，应少说些理论多做点事业，少讨论原理，多研究实际"①。显而易见，地方社教机关代表更希望将年会开成一个工作讨论会。这种观点，与理事会"研究社会教育学术，促进社会教育事业"并重的理念相悖。北平市民众教育馆馆长戚彬如参加第二届年会归来，向北平市社会局报告年会召开情形，坦露心声："因四组起草者之见解不同，经一日半之会议，均为理论之发表"②。有研究者曾指出"中心议案的设置，使讨论重点日渐转向乡村建设及自治问题，理论化倾向日渐严重"是造成基层代表态度疏离、参与年会热情消退的主要原因，与"年会讨论的中心转换有关"。③ 实际上，是地方基层代表与专家们理念差异所致，早在第一届年会就埋下种子，日渐日彰，不可调和，与年会讨论中心转换无太大关系。

年会筹备委员会负责整理社友提案，由此届年会形成定例。"此次各地社员提出的提案极多，其中关于社会教育在学制系统上的地位一案，极为各方所注意，该项大宗提案，现筹备委员会正在从事整理，以便提交第二次理事会审查，交大会讨论。"④该大宗提案的涌现，与理事会第一次会

---

① 钟道赞：《参加社教年会之后》，见中国社会教育社编：《中国社会教育社第一届年会报告》，111 页，无锡，民生印书馆，1933。

② 《民众教育馆馆长关于赴济南参加中国社会教育社第二届年会的报告书及社会局的指令》，J002-003-00092，1933，北京市档案馆藏。

③ 赵倩：《现代化语境下的民众教育与社会改造：1928—1937 年北平地区民众教育馆研究》，288 页，北京，中国人民大学出版社，2015。

④ 《筹备中的本社第一届年会》，载《社友通讯》，第 1 卷 2、3 期合刊，1932。

议决议有直接关系，面对理事提出"拟具改进我国学制系统，确立社会教育地位案"，理事会决议如下："推举孟宪承（召集人）、赵冕、陈礼江、俞庆棠、尚仲衣五人拟具草案，提交下次理事会讨论"。① 会后，理事会向各地社友发出号召，希望研究者出谋划策。召集人孟宪承还专门发文②，为该议题造势。开会前夕，筹备委员会"为谋大会讨论便利起见，故先期提请郑宗海先生整理，分别编定号数，印刷分发"。8 月 24 日年会开幕，第一次会议讨论各方所提案件，分组逐案审查，具列意见，提交次日大会详细讨论。值得注意的是，在第三次会议上，因为社员们对于"关于实施救国教育案办法"（雷沛鸿、赵冕、俞庆棠联袂提案）一案意见分歧较大，长时间讨论后决定"办法重付审查，当即决定陈叔谅、俞庆棠、高践四、甘导伯、刘述尼五人为审查员，由陈叔谅负责召集审查，提交下次会议讨论"。随后的第四次会议上，"社员中又有新提案多件，故会议时间较长，会场空气亦较紧张"，"分别讨论设施、社务各组案件，计通过设施组案件十五件，社务组十三件，新提案、临时动议七件"。③ 原定的"实施救国教育办法"案却没了下文。会议中临时组织提案审查委员会、对分歧大的提案专设审查员以及会议中社员新增提案等，都说明社教社的第一届年会准备得比较仓促。会后社员钟道赞对提案问题专门发表意见：指出提案要有系统，"向来各种会议，事前都没有充分准备，提案亦无一定范围与准的，往往意想所到，任性提出，或意义甚少，不值得大家注意，或过于空泛，无从讨论，甚有只提理由，而无办法者，不特不合提案法则，且失却提案意义，致讨论时徒费时间，无关社务之进行。今后似应事前由社规定范围，或指明中心问题，如教材、组织、行政、经费等等，总使每次年会，能产生一种合理而适用方案，俾各地能参考试办，共图事业之前进。最忌

---

① 大白：《社务进展之前前后后》，载《社友通讯》，第 1 卷 1 期，1932。

② 孟宪承：《〈改进学制系统确立社会教育地位案〉分析和意见》，载《社友通讯》，第 1 卷 2、3 期合刊。

③ 《大会概况》，见中国社会教育社编：《中国社会教育社第一届年会报告》，12～13 页，无锡，民生印书馆，1932。

每次会议临时提案很多，而所提之案，又多属锦上添花，事实上徒然多组织各个无能的委员会而已"。① 言辞犀利，直面年会提案所存在的弊端。

社教社对于年会决议案的执行，有个渐进的过程。第一届年会第四次会议通过由雷沛鸿、赵冕、俞庆棠提案，陈训慈、俞庆棠、高践四、甘豫源、刘绍桢修订的"本社应请全国社会教育机关一致实施救国教育案"。8月26日召开的理事会第三次决定，将此案与"本社于本年度内注重乡村建设运动案"作"通告全体社员"，以求决议案能落到实处。10月，事务所向全体社员发出两份通告，通告一称"查本社第一届年会，关于'本社于本年度内，注重乡村建设'一案，经决议办法四项，其第二项：'本社全体社员，应于本年度内，努力于乡村建设运动'，由理事会第三次会议决议：'通告全体社员'。兹除将全案登入年会会刊外，敬希一致起来，努力进行"。并交付团体社员江苏省立教育学院负责联络事宜。通告二则要全体社员执行大会决议案，② 第一届年会由雷沛鸿、俞庆棠与赵冕等人联合提出《本社应请全国各社会教育机关一致实施救国教育案》特别议案，号召各社教机关要灌输救国教育精神，并确定救国教育的目标与方法。经大会审查、修订案通过，并递交教育部。教育部几乎全文采纳，以《社会教育机关实施救国教育方案》为名颁布，要求各省市教育厅局转饬遵行。③ 通过这些活动，社教社的影响力日渐扩大。

二、中国社会教育社第二届年会

鉴于第一届年会因仓促产生的问题，1933年3月18—19日，理事会第四次会议及早规划，会议议决第二届年会中心议案，提前约请五组专家分别起草提案，并公推出年会筹备委员会正副主任（公推孔子后裔孔令燦

---

① 钟道赞：《参加社教年会之后》，见中国社会教育社编：《中国社会教育社第一届年会报告》，110~111页，无锡，民生印书馆，1933。

② 《通告》，载《社友通讯》，第1卷4、5期合刊，1932。

③ 《社会教育机关实施救国教育方案》，载《教育与民众》，第4卷3期，1932。

担任第二届年会筹备委员会主任，董渭川为副主任）。筹备委员会正副主任由理事会聘任。① 与第一届年会最大的不同，是推定山东省教育厅主任孔令粲为筹备主任，专家董渭川（其本身亦为地方社会教育机关长官）为副主任，而且筹备委员会由正副主任来组建。这种"教育行政＋专家"的组合效果明显，他们随即将山东省教育厅第三科科长（主管社会教育）杨展云拉入主任组，并组建了行政长官、社会名流、地方社会教育机关长官为主体的 38 人规模②的委员队伍。汲取第一届年会教训，理事会根据社教社1933 年度工作中心"乡村教育"，确定第二届年会以"由乡村建设以复兴民族为主旨"，并推定五组起草提案。③ 从该次会议开始，社教社每届年会皆提前给定中心议题，一改第一届年会漫无边际的漫谈的"神仙会"状态。"以议题论，这次有中心了，而且是全国注目的中心，为这中心问题，大家曾花费了一天的工夫来讨论，既不感到厌倦，却犹以为未足，这是在认识上也有真进步了。"④与会代表给予高度评价。

（一）出席代表及会议经费

在年会筹备组的大力推进下，8 月 24—26 日，社教社第二届年会在山东济南召开，会址设在山东省立民众教育馆。从出席人数看，第二届年会与会代表人数明显增多，有个人社员 116 名、团体社员 15 处代表出席，山东代表最为积极。从参与地域看，增加了广西、陕西、河南、山西等地代表。而且，山东省教育厅承担了年会所需的所有经费。正因如此，理事会事务所满含激情，为第二届年会报告写下这样的卷首语："一转瞬间，我

---

① 《第四次理事会议》，载《社友通讯》，第 1 卷 10 期，1933。

② 年会筹备委员会组成如下。主任：孔令粲、杨展云、董渭川。委员：王献唐、王献久、尚逊三、郁瘦梅、石琚辰、张占陆、田伯英、吕寿鹏、周炎光、吴级宸、屈凌汉、萧迪忱、董汰生、孔凡均、张子余、阎哲吾、孔文振、王洁吾、俞汝朋、陈万敏、于式谟、乔志恂、刘漪清、尹延杰、樊月培、束百明、李子寿、桂少良、刘百清、赵继武、王溣洲、李墨林、姚鲁生、贾克威、李宪章、范云史、翟汝云、王炬。《大会经过》，见中国社会教育社编：《中国社会教育社第二届年会报告》，7 页，无锡，民生印书馆，1933。

③ 《第四次理事会议》，载《社友通讯》，第 1 卷 10 期，1933。

④ 渭川：《第二届年会之回溯》，载《社友通讯》，第 2 卷 4、5 期合刊，1933。

们又在济南举行二届年会了。大明湖与西子湖、千佛山与保俶塔，虽然遥遥相映，而本社的年会已大有进步了。"① 该次年会，本着"本社唯一之目的，在鼓起社会教育的热烈运动"，理事会会前专门函请各省教育行政机关参加："这次年会除呈请中央党部、教育部派员指导，函请山东省党政机关参加外，并由理事会函请各省市教育厅局派员参加。以期学术界与行政界彼此可以沟通，而使全国社会教育有长足的进展"。② 由此，与会社员的省别、职务来源，与第一届年会相比有着不小的变化。

表 2-4　社教社第二届年会出席社员职务统计表(1933)③

| 职别／人数／省别 | 教育行政人员 | | | | | | 社教机关服务人员 | | | 大学教员 | 中小学教员 | 大学学生 | 其他 | 合计 |
	主任人员	科长	科员	校长	秘书	督学及指导员	馆长	干事	职工学校教员					
山东	1	4	3	2	1	1	19	13	—	1	3	1	2	51
江苏	—	—	1	4	—	—	9	6	1	2	1	—	2	26
河北	—	2	1	1	—	—	4	4	—	—	—	—	—	12
浙江	—	—	—	1	—	—	2	1	—	—	1	—	—	5
广东	—	1	2	—	—	—	—	2	—	—	—	—	—	5
江西	—	1	—	—	—	—	1	1	—	1	—	—	1	5
广西	—	—	—	—	—	—	1	1	—	1	—	—	1	4

① 《卷首语》，见中国社会教育社编：《中国社会教育社第二届年会报告》，1 页，无锡，民生印书馆，1933。

② 《大会经过 函请厅局参加》，见《中国社会教育社第二届年会报告》，9 页，无锡，民生印书馆，1933。

③ 表格说明：1. 校长包括学院院长及其他学校校长；2. 科长科员包括教育部、厅局科长及科员；3. 馆长包括省县立民众、农民教育馆，图书馆馆长，实验区主任，体育场长；4. 干事包括社教机关及学术机关团体主任及干事。详见：《本社第二届年会出席社员职务统计表》，见中国社会教育社编：《中国社会教育社第二届年会报告》，无锡，民生印书馆，1933。

续表

职别 人数 省别	教育行政人员						社教机关服务人员			大学教员	中小学教员	大学学生	其他	合计
	主任人员	科长	科员	校长	秘书	督学及指导员	馆长	干事	职工学校教员					
安徽	—	—	—	—	—	—	2	2	—	—	—	—	—	4
福建	—	—	1	—	—	—	1	—	—	—	—	—	—	2
河南	—	—	—	—	—	1	—	—	—	—	—	—	—	1
陕西	—	—	—	—	—	—	1	—	—	—	—	—	—	1
总计	1	8	8	8	1	3	39	30	1	6	4	1	6	116
	29						70							

表 2-5　社教社第二届年会出席社员职务省别一览表(1933)①

省别	明细 人数	姓名	籍贯	职　　务	性别	次章
山东 (64)	1	商拙亭	山东	山东临淄民众教育馆 馆长	男	—
	2	王景荣	山东	山东黄县民众教育馆 馆长	男	—
	3	周效思	山东	山东曹县民众教育馆 馆长	男	—
	4	徐景尧	山东	山东德县民众教育馆 馆长	男	—
	5	李华村	山东	山东商河民众教育馆 馆长	男	—
	6	刘德芳	山东	山东安邱民众教育馆 馆长	男	桂五
	7	张毓榕	山东	山东省桓台民众教育馆 馆长	男	葛初
	8	刘可殿	山东	山东淄川民众教育馆 馆长	男	—
	9	蒋耀南	山东	山东滨县民众教育馆 馆长	男	炳阳
	10	杜升堂	山东	山东惠民县民众教育馆 馆长	男	希圣

① 表格说明：原文是以签到先后为序，笔者为了与表 2-4 对比，按照出席社员工作单位的省别人数多寡排序，各省内按照签到先后为序。笔者整理自：《出席社员一览》，见中国社会教育社编：《中国社会教育社第二届年会报告》，1～5 页，无锡，民生印书馆，1933。

省别	明细人数	姓名	籍贯	职　　务	性别	次章
山东（64）	11	赵奇勋	山东	山东济宁民众教育馆　馆长	男	伟绩
	12	张乐善	山东	山东益都民众教育馆　馆长	男	子元
	13	王文治	山东	山东齐东民众教育馆　馆长	男	雨青
	14	刘益生	山东	山东沂水县民众教育馆　馆长	男	—
	15	王清泽	山东	山东平度民众教育馆　馆长	男	一彭
	16	李文波	山东	山东禹城民众教育馆　馆长	男	子清
	17	董　淮	山东	山东省立民众教育馆　馆长	男	渭川
	18	张子余	山东	山东省立民众教育馆　讲演员	男	—
	19	吴　陞	山东	山东省立民众教育馆推广部　主任	男	—
	20	屈凌汉	河北	山东省立民众教育馆实验部　主任	男	—
	21	萧迪忱	江西	山东省立民众教育馆实验部研究股　主任	男	—
	22	樊桂森	江苏	山东省立民众教育馆实验区　总干事	男	月培
	23	孔凡均	山东	山东省立民众教育馆　职员	女	—
	24	范永祥	江苏	山东省立民众教育馆　职员	男	云史
	25	刘漪清	山东	山东省立民众教育馆十六里河实验区	男	—
	26	王洁吾	安徽	山东省立民众教育馆民教训练班　主任	男	—
	27	董汰生	山东	山东省立民众教育馆实验部编辑股　干事	男	—
	28	阎哲吾	江苏	山东省立民众教育馆　化装讲演指导员	男	—
	29	贾克威	山东	山东省立民众教育馆推广部　助理干事	男	—
	30	束景昭	山东	山东省立民众教育馆实验区　干事	男	百明
	31	陈万敏	山东	山东省立民众教育馆　职员	男	电如
	32	桂聿骥	山东	山东省立民众教育馆　会计	男	少良
	33	于圣言	山东	山东省立民众教育馆联合会　主编	男	—
	34	乔志恂	山东	山东省立民众教育馆联合会　编辑	男	铭九
	35	刘福源	山东	山东省立民众教育馆　职员	男	百清
	36	王　炬	山东	山东省立民众教育馆推广部　干事	男	—
	37	石杰民	安徽	山东省立民众教育馆　职员	女	—

省别 明细人数	姓名	籍贯	职 务	性别	次章
38	翟汝云	江苏	山东省立民众教育馆 职员	女	一
39	俞汝朋	河北	山东省立民众教育馆实验部 干事	男	一
40	孔令粲	山东	山东省教育厅 主任秘书兼科长	男	瀞菴
41	周炎光	河南	山东省教育厅 指导员	男	一
42	杨展云	山东	山东省教育厅 科长	男	鹏飞
43	郁瘦梅	江苏	山东省教育厅 科员	男	一
44	游令基	山东	山东省教育厅 科员	男	德普
45	王献玖	山东	山东省教育厅 秘书	男	一
46	夏炳亚	江苏	山东临清县党部 常委	男	一
47	张鸿渐	山东	山东济南市教育局 局长	男	占陆
48	张安禔	山东	山东济南市教育局 督学	男	祜君
49	吕鹏龄	山东	山东济南市教育局 科长	男	寿彭
50	田世骏	河北	山东济南市教育局 科长	男	一
51	何守先	福建	山东济南市教育局 科员	男	剑秋
52	王湘岑	山东	山东济南市教育局 科员	男	一
53	朱坤刚	山东	山东临邑县政府第五科 科长	男	次乾
54	王启商	山东	山东历城县政府第四科 科员	男	修皓
55	郑 锐	山东	胶济铁路济南车站 职员	男	一
56	党毓孝	山东	山东历城县教育会 常务委员	男	景曾
57	尚树梅	山东	山东省民众体育场 场长	男	一
58	赵文涛	山东	山东省立实验民众学校 校长	男	一
59	曹会森	山东	山东历城县第十四小学 校长	男	梅村
60	孔文振	山东	山东省立女中 教员	女	一
61	苏兆华	山东	山东历城县第九小学 教员	男	子荣
62	王献唐	山东	山东省立图书馆 馆长	男	一
63	梁漱溟	山东	山东乡村建设研究院 院长	男	一
64	杨效春	山东	山东乡村建设研究院 导师	男	一

山东（64）

省别	明细人数	姓名	籍贯	职　　务	性别	次章
江苏 (25)	65	俞庆棠	江苏	江苏省立教育学院 教授兼社教社常务理事、总干事	女	凤岐
	66	赵冕	浙江	江苏省立教育学院 副教授兼社教社常务理事	男	步霞
	67	储志	江苏	中国社会教育社 干事	男	心斋
	68	高阳	江苏	江苏省立教育学院 院长兼社教社理事	男	践四
	69	陈礼江	江西	江苏省立教育学院 教授兼教务长、社教社理事	男	逸民
	70	杨翼心	山东	江苏省立教育学院 学员	男	—
	71	孙枋	浙江	江苏省立汤山民众教育馆 馆长	—	—
	72	谢巾梓	江苏	江苏吴县甪直民众教育馆 馆长	女	—
	73	芮麟	江苏	江苏无锡县民众教育馆 馆长	男	子玉
	74	周兴	江苏	江苏溧阳县民众教育馆 馆长	—	—
	75	徐朗秋	江苏	首都实验民众教育馆 馆长	男	—
	76	吴锡麟	江苏	江苏太仓县民众教育馆 馆长	男	—
	77	张一骏	江苏	江苏吴县实验民众教育馆 馆长	男	—
	78	赵光涛	江苏	江苏徐州省立民众教育馆 馆长	男	—
	79	刘之常	江苏	江苏省立镇江民众教育馆展览部 主任	男	—
	80	李达	江苏	江苏昆山县第二区农民教育馆 馆长	男	君达
	81	王季昭	江苏	江苏苏州振华女学 教员	女	—
	82	彭百川	江西	教育部社会教育司 科长	男	—
	83	陈博明	江苏	军委会政训处	男	—
	84	秦运章	江苏	铁道部直辖浦镇职工学校 校长	男	柳方
	85	施淑英	江苏	铁道部直辖浦镇职工学校 教员	女	曼君
	86	王瑞岐	江苏	江苏浦镇津浦路职工学校 教员	男	弈亭
	87	庞寿峰	江苏	铁道部徐州职工识字学校 校长	男	岳之
	88	潘志福	江苏	江苏省农民银行苏州分行 行员	男	—
	89	陈子波	江苏	江苏省立苏州图书馆 编辑主任	男	—

省别	明细人数	姓名	籍贯	职 务	性别	次章
河北（9）	90	赵占群	河北	中华平民教育促进会 干事	男	冀良
	91	梁兆礼	河北	河北省立保定民众教育馆 馆长	男	筱南
	92	陈国贵	河北	河北城市民众教育馆 馆长	男	重权
	93	杨景荫	河北	河北省立实验民众教育馆 馆长	男	—
	94	李一非	河北	河北省立实验民众教育馆 秘书	男	仲九
	95	戚彬如	河北	北平市民众教育馆 馆长	男	—
	96	尹全智	河北	河北民众教育实验学校 校长	男	—
	97	张鹤浦	河北	河北省教育厅 科员	男	竹淡
	98	张 渲	河北	河北省教育厅 科长	男	绥青
浙江（4）	99	陈柏青	浙江	浙江省教育厅 视察员兼体育场长	—	—
	100	马 巽	浙江	浙江省自治专修学校 校长	男	巽伯
	101	邰爽秋	江苏	大夏大学教育学院 院长	男	—
	102	王文莱	浙江	浙江省立图书馆阅览组 组员	男	—
广东（5）	103	雷鸿堃	广东	广东省教育厅 厅长	男	友云
	104	何绍奂	广东	广东省教育厅 职员	男	
	105	梁子实	广东	广东省教育厅 职员	男	
	106	谭景裕	广东	广东省立简易民众教育馆 职员	男	
	107	雷华强	广东	广东省立民众教育馆 职员	男	
安徽（2）	108	周德之	安徽	安徽省立第三民众教育馆 馆长	男	
	109	陈东原	安徽	安徽省立图书馆 馆长	男	
江西（2）	110	饶铎鸣	江西	江西省立民众教育馆 馆长	男	起亭
	111	蔡义林	江西	—	女	
广西（2）	112	雷荣甲	广西	广西建设厅 科长	男	少昆
	113	李超民	广西	广西省立民众教育馆 主任	男	
湖北（1）	114	唐现之	广西	湖北教育学院 教授	男	
福建（1）	115	张永荣	福建	福建省立民众教育馆 馆长	男	
陕西（1）	116	刘宰国	陕西	陕西省立第一民众教育馆 馆长	男	—

表 2-5 作为与会代表签到表，上有籍贯、职务单位、性别、次章等明确信息，与社教社留下的史料相合。由此，对比表 2-4 与表 2-5，发现学界最常引用的表 2-4 存在重大错误，出席社员职务所在省别除广东(5)、陕西(1)两省总数符合外，其他各省都存在错误，山东省(51)应为 64 人、江苏(26)应为 25 人、河北(12)应为 9 人、浙江(5)应为 4 人、江西(5)应为 2人、广西(4)应为 2 人、安徽(4)应为 2 人、福建(2)应为 1 人，河南根本没有社员代表出席。推测原因，应是工作人员统计时将出席社员籍贯与职务所在地混淆所致，这一点，可与第二届年会报告书中《本社第二届年会出席社员籍贯比较图》相参照。以讹传讹之下，理事会发出"这次年会，从人数方面讲，到会的社员多过去年的五分之二；从地域上讲，远至粤、桂、闽、赣、陕、豫、晋、皖等省社员，亦踊跃前来"[①]。而且，该届年会山东代表比率极高，约占总数的 55.2％，其中，山东省立民众教育馆得举办会址之便，竟有 23 人参加，甚至包括会计、职员等；除去省立民众教育馆馆长董淮外，有 16 个县立民众教育馆馆长出席；而山东省各级教育行政机关职员有 13 人(其中省教育厅 6 人，市教育局 6 人)，这是非常态的，相应也就没有了统计学意义。有学者指出"山东地区与会人数较多无疑与梁漱溟及其主导的乡村建设研究院紧密相关"[②]，有望文生义之虞，臆断此时梁氏及其乡村建设研究院在山东省内社会教育界的影响(该院只有两名代表出席)，没有细究出席代表的职务来源单位。第三届年会在河南召开，河南出席社员人数从第二届的 0 人飙升至 74 人，而山东省则下降为 8 人[③]；第四届年会同样如此，会议在广州国立中山大学召开，虽无详细统计数据，但广东出席代表数量急遽上升毋庸置疑。如果研究者将出席社员总人数变化作为社教社影响日大的唯一史料支撑，结论难免有失偏颇。

---

① 《卷首语》，见中国社会教育社编：《中国社会教育社第二届年会报告》，1 页，无锡，民生印书馆，1933。

② 赵倩：《现代化语境下的民众教育与社会改造：1928—1937 年北平地区民众教育馆研究》，258 页，北京，中国人民大学出版社，2015。

③ 《本社第三届年会出席社员职务统计表》，见中国社会教育社编：《中国社会教育社第三届年会报告》，插页，无锡，民生印书馆，1934。

图 2-3　社教社第二届年会大会合影(1933)①

在年会筹备理事会筹备下，1933 年 8 月 23 日上午7:30，第二届年会举行了隆重开幕典礼。主席团宣布开会后，"全体肃立、唱党歌、向国旗党旗及总理遗像行最高礼、静默、主席致开幕词"后，接下来"在会场前摄影，然后陆续走进庄严整洁的大礼堂，晨间的阳光，从玻璃窗中射进来，使每个人显得更朝气蓬勃"②，常务理事赵冕报告社务，年会筹备主任报告，中央党部代表、教育部代表训词，党政机关代表致辞。其中，尤以山东省教育厅长何思源"十欢迎"最具深度，也最为煽情。

何思源以东道主的身份，发布欢迎词："中国社会教育社第二届年会，本日开会于济南，各地教育专家，联翩莅止，南粤北蓟，济济一堂。思源忝为地主，丁兹盛会，欣幸之余，谨略贡所怀，用伸欢祝！"他列出十大欢迎理由，社教社的联络各派各界、目标、年会中心议题、社会教育在学制中地位的理论研究、内容等都被一一提及，特别是社教社的联络、目标被从各个角度提及，反复强调。如第一欢迎理由便是社教社能"泯除畛域，不分派别，团结合作，为当世楷模"，接着在第六、第九再次细化：

　　环顾教育发达之国家，其国内教育团体亦独多，互助共挽，易至普及。吾国自中华教育改进社中衰以来，只中华职业教育社及中华平民教育促进会，华岱并峙，渐感寡助。近五年来，中华儿童教育社发起于宁，贵社继之，复成立于锡。教育壁垒，彩焕一新。且能合作共济，说论时出，为行政当局之诤友，树社会事业之风声。此应欢迎者六。

①　《大会合影》，见中国社会教育社编：《中国社会教育社第二届年会报告》，插页，无锡，民生印书馆，1933。

②　《开幕情形》，见中国社会教育社编：《中国社会教育社第二届年会报告》，11页，无锡，民生印书馆，1934。

......

乡村建设与民众教育，为现代中国新事业之两大动向，亦即为民族复兴之要图。各地之民教实验区，村治学院，及研究乡村建设等机关，如雨后春笋，蓬勃连绵，各具有特殊之意向。贵社乃合而一之，救国良谟，相得益彰。此应欢迎者九。

何思源对社教社联合各学术团体、教育行政机关做法高度肯定，认为在国民意志消沉之际，社会教育以"培养民族意识、恢复民族道德，使民族精神日益向上，以赴当前之国难"的目标最切实用，而此次年会社教社以"由乡村建设以复兴民族"为中心议案，正在社会教育目标的具体践行，定能"宏献展布，大厦共擎"。① 作为东道主，何思源欢迎词中或许有几分

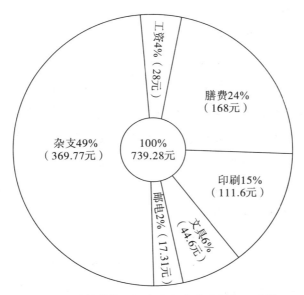

图 2-4　社教社第二届年会经费分配图(1933)②

① 《大会经过 山东省教育厅长何思源致欢迎词》，见中国社会教育社编：《中国社会教育社第二届年会报告》，16～18 页，无锡，民生印书馆，1933。

② 《本社第二届年会经费分配图》，见中国社会教育社编：《中国社会教育社第二届年会报告》，插图，无锡，民生印书馆，1933。原表格中总计为 757.28 元，实际总计为 739.28 元，笔者已在表中做了修订。

客套致词，但其对社教社年会在济南召开的态度是十分积极的，这一点，从全额资助年会费用可见一斑。

与第一届年会相比，本届年会共耗资 757.28 元，年会费用增长了 400 余元。年会在山东省立民众教育馆大礼堂（原为山东贡院）召开，庄严肃穆，社会教育氛围浓厚，省去了大笔布置费。在支出项中，杂支成了年会的最大支出项。山东省教育厅完全供给年会费用，对于经费支绌的社教社无疑是"久旱逢甘霖"。10 月 10 日，在会议闭幕将近两个月后，理事会事务所专门刊登致谢声明："本社本年年会，承蒙筹备委员会委员孔瀞菴、杨鹏飞、董渭川等诸位先生苦心筹划，又承山东省政府设宴招待，山东省教育厅补助七百余元费用以及其他各省教育机关团体派员参加指教。特此致谢"。① 山东省全额补助的做法，为之后的河南省教育厅、广东省教育厅及国立中山大学所仿效，社教社的第三届、第四届年会再无经费之虞。

（二）中心议题的论战

鉴于第一届年会提案不集中等问题，1933 年 3 月 18—19 日，中国社教社理事会第四次会议专门规定讨论中心，"本社因求大会提案略有系统，以及会议结果比较圆满起见，在举行第四次理事会会议的时候，就规定本年年会的讨论中心——由乡村建设以复兴民族为要旨。除通知全体社员作为提案参考外，并由理事会推定专员，负责起草几个具体提案。所以这次年会的提案，虽有四五十件之多，可是其主旨很少出于这个范围"。② 为照顾各派观点，集思广益，作了如下安排：

> 由乡村建设以复兴民族为要旨，分下列五组起草提案：
> 第一组：梁漱溟先生（召集人），董淮先生，杨效春先生；
> 第二组：由理事会函请中华平民教育促进会担任；
> 第三组：孟宪承先生（召集人），尚仲衣先生，郑宗海先生；

① 《致谢》，载《社友通讯》，第 2 卷 4、5 期，1933。
② 《大会经过》，见中国社会教育社编：《中国社会教育社第二届年会报告》，7 页，无锡，民生印书馆，1933。

第四组：庄泽宣先生（召集人），古楳先生，崔载阳先生；

第五组：高践四先生（召集人），陈礼江先生，赵步霞先生。

以上各组提案起草后，汇送常务理事；另由常务理事根据各组提案，草拟具体方案，一并提交下次理事会讨论。①

不难看出，这五组成员选取，是以地缘和学缘为选派原则：第一组中三名成员为山东区域，梁漱溟、杨效春为山东乡村建设研究院核心，董淮作为理事兼第二届年会筹备委员会副主任，亦被列入其中；第二组是河北定县以晏阳初为核心的中华平民教育促进会；第三组是浙江区域，孟、尚、郑三人是浙江省社教界的领军人物，尚与郑不仅为哥大师范学院校友，知识结构相似，而且孟氏、尚氏先后职掌浙江省立实验民众教育学校，孟氏与郑氏曾在国立浙江大学教育系共事，关系密切；第四组三人均长期就职国立中山大学教育系，为广东地区的社教代表；第五组三人均就职于江苏省立教育学院，此时，常务理事俞庆棠正在丹麦等地考察成人教育，由陈礼江代行其常务理事及总干事之职。很明显，理事会如此安排，是遵循该会联络沟通各学术团体的一贯风格。

会后事务所分别通知各组召集人尽快进行，最后结果是："一、四、五各组先后缴到提案，中华平民教育促进会盛意协助，第二组提案亦如期寄到，惟第三组因人事纷易，不易召集，未能及时起草。"有趣的是，第一组、五组提案名单有变，第一提案起草者只有梁漱溟一人，解释是"第一组由梁漱溟先生于旅途中起草，不及征得董杨二先生同意，故只列梁先生一人"；而第五组增加俞庆棠，"适俞庆棠先生自海外考察成人教育归来，遂亦参加讨论，故加列俞先生"。揆之史实，第一组另外两个成员，董渭川时为山东省立民众教育馆馆长，亦为此次年会筹备组主任之一，而杨效春就职于山东乡村建设研究院，与梁漱溟同处一个学院。从3月份拿到起草提案通知，到8月下旬年会的召开，其间有将近5个月的间隔，相较第五组添加提案人选的做法，第一组给出"不及征得董杨二先生同意"的解

---

① 《第四次理事会议》，载《社友通讯》，第 1 卷 10 期，1933。

释，不免有牵强敷衍之感。在年会讨论环节，梁漱溟向大会报告后，杨效春还专门向其请教"何谓新社会组织机构，希望梁先生予以指明"。[①] 由此观之，或许组员之间理念有别是更真实所在。同样令人玩味的是，第二组平教会的提案，该会虽"盛意协助"，以唯一的学术团体的名义的提案"如期寄到"，但却无一人参会（前后历届均有代表参会）。有研究者推测是因为1933年7月，即社教社年会召开前的一月，平教会与"邹平村治派竞争第一次全国乡村工作讨论会主办权失利，而本届年会又恰好为梁漱溟所主宰有关"[②]。从社教社事务所记录看，梁漱溟的确非常活跃，年会前夕，为中心问题一案特来无锡，"梁君为本社第二届年会讨论中心'由乡村建设以复兴民族'一案，日前特来锡一次，要同高践四、赵步霞、孟宪承诸先生详加商讨。由梁先生担任起草之一组提案，当即拟就交与事务所，以备提交二届年会讨论"[③]。其积极态度，由此可见一斑。

揆之史料，第三组的人事变更，主要是组员尚仲衣的职务变动。有研究者指出孟氏1933年离职浙江大学转而办理民众实验学校，史实并非如此[④]。《中央政治学校校刊》第62期上刊登声明："教育系系主任汪典存先生因病请假，遗职由本校大学部教育系教授孟宪承先生暂代"[⑤]，该刊出版于1933年9月1日，可见在此之前孟宪承已由国立浙江大学教育系教授转

---

① 《提案原委》，见中国社会教育社编：《中国社会教育社第二届年会报告》，79、97页，无锡，民生印书馆，1933。

② 曹天忠：《中国社会教育社与乡村教育派分的互动》，载《中山大学学报（社会科学版）》，2006（4）。

③ 《社员消息》，载《社友通讯》，第2卷2、3期合刊，1933。

④ 赵倩认为："所谓人事变更，指的是孟宪承与尚仲衣。孟、郑本任职浙江大学，1933年，孟宪承离职，转而办理民众实验学校"（赵倩：《现代化语境下的民众教育与社会改造：1928—1937年北平地区民众教育馆研究》，265页），实际上，孟宪承是1930年被任命为首届浙江省立实验民众教育学校校长，时任国立浙江大学文理学院教授，转而担任该校校长，而不是1933年。陈布雷：《议案：拟请任命孟宪承为省立民众教育实验学校校长请公决案》（省政府委员会第三一六次会议），载《浙江教育行政周刊》，第41期，1930；陈布雷：《浙省创立民众教育实验学校之旨趣》，载《民众教育季刊》，第1卷1期，1930。

⑤ 《校闻：大学部系主任稍有变动》，载《中央政治学校校刊》，第62期，1933。

聘中央政治学校大学部教育系教授。孟氏与尚氏渊源颇深，"孟校长自奉到委任状后，即开始向各方物色专家，担任本校各种职务，除由校长自兼实验部主任外，先后聘定美国哥伦比亚大学教育学博士尚仲衣先生为指导部主任，……浙江大学教育系主任郑晓沧先生为教育学原理特约讲师"。①一年之后，在孟宪承的大力推荐下，尚仲衣"升擢校长，连任两年"。1933年夏，因教育厅长官的变动，做事较为"迂腐"但深得学生拥戴②的尚仲衣被撤换，由林本末继任，由此引发该校学生"换尚拒林"的学潮，长达四月之久。处于此学潮中心的尚仲衣自然没有余力兼顾起草议案，而一直施以援手的孟宪承、郑宗海亦随之情绪波动，加之孟氏代理系主任事务繁忙，第三组不仅放弃提案起草，第二届年会，作为理事的三人，均未出席。

理事会虽有"由常务理事，根据各组提案草拟具体方案"的决议规定，但常务理事接到一、二、四、五组提案后，"深感各案自成系统，归并不特不易，且亦无益"，不得已之下，只能采取各组派代表轮流发言，"一、二、四、五各组本宜依次付议，但细察各案，第四组与第一组关系较密，似宜连续讨论"，由此，理事会做了如下安排："每组讨论时间以一时半为限，上午讨论一四两组，下午讨论二五两组"。③ 从该社记录整理的会议《讨论经过》看，不论是"关于理论方面"，抑或"关于方法方面"，与会代表

---

① 《浙江省立民众教育实验学校纪事》，载《民众教育季刊》，第 1 卷 1 期，1930。

② 据该校毕业生回忆："在先生任内，校内一切的设施，都使全校的员生感到异常的亲近和拥护，一般学校当局，最喜欢订规程，制章则，把学校看作官僚机关，先生是最反对，仅仅公布了八大标语和一支校歌，用以代表全校的团结精神和紧张活泼的工作态度。体育和歌咏是很注重的，每逢一次集会时，临后总有一支校歌雄壮地被全体吼出来。"尚仲衣还鼓励学生要有严正的追求真理的治学精神，对于歪曲的理论，当作无情的批判。"记得有一次，以何日平为笔名的陶行知先生，所发表普教问题的文章，曾猛烈地，施以反驳，结果终得陶先生的佩服；又有一次，提倡土布救国的邰爽秋先生，来杭讲演，也领导着我们和他做理论上的雄辩，差不多使邰先生下不来台，但你却说，真理是需要辩论的，越辩将越是明显。"周莹：《悼民教先进尚仲衣先生》，载《社教通讯》(杭州)，第 5 期，1939。

③ 《提案原委》，见中国社会教育社编：《中国社会教育社第二届年会报告》，79页，无锡，民生印书馆，1933。

召开的 13 个讨论问题，全部与梁漱溟报告有关，甚至对第四组提案的讨伐与否定，亦是从对梁氏观点认同的角度进行。第二、五组提案，均未涉及。围绕梁氏观点，与会代表的分歧充分展露。

由梁漱溟起草的第一组提案，实际上是借年会中心议题的壳，重申其乡村建设主张。梁漱溟从"民族复兴问题""民族复兴之途径"和"乡村建设要点"三个方面展开，认为近代中国社会衰败的根源是中国文化的崩溃，"民族复兴有待于文化之重新建造"。他祭出"文化改造"大纛，用文化建造来实现社会组织的重构，复兴民族。对此，他专门做出如下解释：所谓乡村建设，"乃从乡村中寻求解决中国政治问题、经济问题、以及其他一切社会问题之端倪。由此端倪之寻得，即新社会组织结构之发现"，"新社会组织结构之开展，以迄于完成，即文化建造成功，亦即民族复兴"，而乡村工作的开展，是大力发展乡农学校这个简易组织，"由此组织由外间最易灌输新知识，新方法或供给各种资料于乡村"，"由此组织而乡村内部最易引起多数人之力量，以渐形成一团体"。① 梁漱溟开出的药方，是将文化改造作为乡村建设与民族复兴的关键。

梁漱溟提到的新社会组织和文化改造备受代表关注。借助秦运章、张永荣、杨效春等与会代表提问，梁进一步阐明他的乡村建设主张，如"新社会与新文化，两者并无分别，我们想做到的社会，是个人本位与社会本位之间的社会"。梁漱溟的回答遭到安徽省立图书馆馆长陈东原、大夏大学教育学院院长邰爽秋等的质疑，陈东原称："本席对梁案有疑问，最大怀疑，就是由乡村建设是否可以复兴民族，对梁案乡村建设要点中第一点民族自救运动最后觉悟，认为很对；但对于第二点则有疑问！因为乡村系受外力压迫而破坏，病源并不在乡村本身；而原案所称外间，究何所指？又所称简易可行，亦有疑问！"梁漱溟给予如下回答：

> 本席先声明：推翻原案，不知主席是否允许？对陈先生质问，且

---

① 《"由乡村建设以复兴民族案"原委及讨论经过》，见中国社会教育社编：《中国社会教育社第二届年会报告》，80～81 页，无锡，民生印书馆，1933。

先解答三点：一，乡村受国际侵略而破坏，经济问题是致命伤，已不消说。但社会与病人是否相同，颇有疑问！我所提倡的乡村建设，就是要恢复整个民族的生命力量。二，帝国主义不成为革命的对象，因为还有外交后门可走，中国人数十年受帝国主义侵略，好像吃鸦片，上了瘾，非先养成体力不可。三，关于乡村组织由外间灌输知识方法一点，所指外间，系认乡村以外皆为外间，无论何人或何团体，凡对乡村有好意者，如本会及许多教育家，皆为供给乡村组织知识方法的外间，就是要乡村与世界沟通。至于简易可行一点，颇能解答；惟有把四个字联缀起来，决不能拆开。①

梁漱溟与邰爽秋的交锋，集中在民族复兴中的城市与乡村的地位问题、改造民族社会的途径问题以及新生产技术的引进三个方面。针对邰爽秋"解决整个经济问题，城市问题必须与乡村问题同时解决"的主张，梁漱溟反唇以对，认为城市本身没有生产，故不能独立，"须知县城为乡村行政的中心，而都市大埠，也只是乡村的商业或教育的中心罢了"。邰爽秋希望唤起各方力量去达到民族社会改造，梁漱溟以"我有一种意识，觉得社会运动自然会发生转变，我们做事要有勇气，不要东瞻西顾，只要干去，就可与希望接近，如天命未注定中华民族减亡，则我认为乡村建设，是复兴民族最经济最简便之路径"回答；至于新生产技术引进，邰爽秋两次提问，并反复强调保持旧有生产技术的重要性，第一次梁漱溟以讨论范围为由拒绝，第二次简单作答，② 潜台词是邰爽秋误解或误读了他的本意。两人交锋中，梁漱溟明显占上风，他将"邰先生的话本人是承认的""邰先

---

① 《"由乡村建设以复兴民族案"原委及讨论经过》，见中国社会教育社编：《中国社会教育社第二届年会报告》，92～94 页，无锡，民生印书馆，1933。

② "邰先生所问已涉及方法范围，本席暂不解答，因为主席已宣布先讨论理论原则，然后在讨论方法步骤"，"我所谓的资本，乃中国本身生息长养辗转而来者；我所谓的引进新的生产技术系为培养新组织之资料而非办工厂等"，《"由乡村建设以复兴民族案"原委及讨论经过》，见中国社会教育社编：《中国社会教育社第二届年会报告》，第 92～95 页，无锡，民生印书馆，1933。

生意见与我相符"等作为过渡，但话锋一转，便是"不过""但是"等转折词语，抛出自己的看法。

"未涉及"的第二组提案，由中华平民教育促进会拟定，是定县改革的翻版。提案阐述了县政改革的理念，"中国的一个县份，实在不仅是行政区域的单位，而且是一个社会生活的单位"，强调以县为单位进行乡村实验最为适当，提出拟将县一级个别实验逐层推广至全省乃至全国，要对时间、人才、经济等每个工作细节都给予严格规定和设计，设计了一个政治、经济、教育"三位一体"、分工合作的乡村建设整体计划。这个计划中，教育被视为乡村建设的原动力，用"四大教育"解决乡村社会中"愚、贫、弱、私"问题。"要用教育的力量，把建设的智识的能力，乃至于建设的精神，灌输给农民，而建设事业才能永久，才能真正上轨道，而达到从事乡村工作的最后目标。"[1]尽管晏阳初等平教会骨干并未出席，但第二组提案却切实体现了他们对会议中心议题的解读。

第五组提案，是江苏省立教育学院的核心人物所拟定，他们认为戊戌变法以来，"一切革新运动只不过为上层运动，与下层民众无与。基础不固，建设无成，岁月迁延，而民族日即于危亡，今后必须使下层的大多数民众觉醒，左右政权，献其心力，而后民族复兴可致"[2]，而要使"以乡民为主"的下层民众觉醒，便是用教育力量，推进乡村，组织民众，从而实现政治、经济、文化等方面的乡村建设。他们主张以 100 至 500 户为合适的乡村实验范围，由特设的、治成年教育儿童教育于一炉的全民教育机关或文化机关为实施中心机关，采用"政教合一"的方式进行。在提案中，乡村建设的工作经费和职员待遇被专门提出，强调不能为了乡村建设而增加人民负担，地方财政(减省军政费、免除浪费、整齐税收)是最佳来源，提高现有工作人员待遇，给予相当的生活保障。很明显，第五组提案人与梁

---

① 《"由乡村建设以复兴民族案"原委及讨论经过 第二组提案》，见中国社会教育社编：《中国社会教育社第二届年会报告》，82～83 页，无锡，民生印书馆，1933。
② 《"由乡村建设以复兴民族案"原委及讨论经过 第五组提案》，见中国社会教育社编：《中国社会教育社第二届年会报告》，89～91 页，无锡，民生印书馆，1933。

漱溟的第一组提案"乡村建设实为复兴民族的重要途径"如出一辙，虽两者推进机关不同。俞庆棠、赵冕等人作为社教社理事会的核心力量，自然为中心议题合理性来引经据典，梁漱溟作为国内乡村建设界翘楚，他对中心议题的解读必然赢得了俞庆棠等人的高度认同。第一届理事会成立时，梁漱溟仅以 15 票忝列候补理事，第一次理事会梁漱溟由候补理事转为理事，会上讨论时将第一组、四组合为同组讨论，因庄泽宣等人缺席，加上年会在山东济南召开，实际上成了梁漱溟专场。正是通过第二届年会，梁漱溟成为三大常务理事之一，正式进入社教社理事会核心。

实际上，与讨论中激烈的话语权争锋相较，梁漱溟最为在意的，是第四组提案。庄泽宣、崔载阳及古楳均来自国立中山大学，就大会中心提案给出 10 条意见，言简意赅，但态度明确，"现在谈不上建设，更谈不上复兴""目前只希望能防止乡村更大的崩溃"，他们反对国家过分干预基层，以"县"为基本衡量区域，"县以上的政治机关都要'与民休息'，把积极的施政变成消极的监察"，"县以下的设施完全交托本地的热心为公的人取办，任何名称皆可。上级机关只负监察好坏的责任，不可强制划一的去硬做"。三人在提案中专门提到山东乡村建设研究院，"为养成上项人才起见，不妨设立如邹平一类的训练及研究机关，但仍以砥砺人格适应问题为主。在没有相当人才以前，万不可轻举妄动，徒自劳民伤财"①。不难看出，庄泽宣等三人从"防止乡村崩溃论"而否定乡村建设，与梁漱溟分庭抗礼。

与第一组提案相比，与梁漱溟观点针锋相对的第四组提案遭遇山东代表围攻。济南市教育局王湘岑认为"第四组内容主张停止乡村一切建设，只注意消极方面的政治，与本案宗旨不合"，直接向大会建议"为节省时间计，对第四组提案拟请打消"；山东省教育厅郁瘦梅同声相和，主张对第

---

① 《"由乡村建设以复兴民族案"原委及讨论经过》，见中国社会教育社编：《中国社会教育社第二届年会报告》，80～81 页，无锡，民生印书馆，1933。

四组提案不必讨论①，目前史料所及，未发现年会期间第一组与第四组之间的互动，但从会后梁氏隔空对阵②的架势，孟宪承、高践四发文为两派调和，该提案对与会代表具有较大冲击力。

实际上，理事会对会议中论争激烈已有一定心理准备。年会召开前，常务理事已"深觉各案自成系统，归并不特不易，且亦无益"③。各学术团体从各自理论出发点和逻辑体系构建的提案，因学术理路不同而呈现"各成系统，甚有互相抵触者"④状态，尤以第一、四组表现最为明显，会上各派代表唇枪舌剑，虽形成"由乡村建设以复兴民族为今后社会教育要旨""四组原案，各地同志可于实施时，按照当地情形酌量采用之"等决议案⑤，

① 郁瘦梅主要针对提案中第三（第一先决条件是减轻乡民的负担）、第四（一切苛捐杂税必须彻底清除）发起攻击，随后王湘岑亦给予助攻："盖第四组第三项第四项两个问题，在从事民教工作的同人多已想到，但事实上有许多民教事业反而增加了人民负担。现在农村破产，民众现状已不能维持，实不堪再增税捐，我们从事乡村建设，当然不能增加人民负担"，实际上将第四组的提案具体化而已，估计是难以找到合适的批评地方，便虚晃一枪，"至于减轻人民负担，则涉及政治范围，我们实无此种力量"，草草鸣金收兵。《"由乡村建设以复兴民族案"原委及讨论经过》，见中国社会教育社编：《中国社会教育社第二届年会报告》，92页，无锡，民生印书馆，1933。

② 会后，梁漱溟专门撰写《建设与崩溃——为乡村建设问题答庄崔古三先生》一文，对提案中所列的10条问题一一予以辩驳，并强调要防止乡村的崩溃，"非谈到乡村建设不可，抑且非大谈而特谈不可"。梁漱溟：《建设与崩溃——为乡村建设问题答庄崔古三先生》，载《乡村建设》，第3卷6期，1933。

③ 《"由乡村建设以复兴民族案"原委及讨论经过 提案原委》，见中国社会教育社编：《中国社会教育社第二届年会报告》，79页，无锡，民生印书馆，1933。

④ 《卷首语》，见中国社会教育社编：《中国社会教育社第二届年会报告》，1页，无锡，民生印书馆，1933。

⑤ 大会对该决议案专门做了如下说明："本社此次大会，同人虽难于本案所包各项具体问题，尚未得归一意见，但一致认为'由乡村建设以复兴民族'实今后社会教育之根本要旨。过去一切革新运动，所以未见成功者，盖以过去一切，始无外一种上层运动，而于下层民众无与。今后必须使大多数民众觉醒，献其心力，而后建设可期，民族复兴可致。而中国大多数的民众，固在乡村，此其一。中国旧日社会之组织结构，迄于今日，既已崩溃，而新者未立，一切政治、经济、社会等问题，俱悬而未决，所谓革新运动之中心工作，实应为解决各种问题创建吾民族社会新组织结构之工作。而此问题之解决，新组织结构之建设，必肇端于乡村，此其二。总前后两义言之，民族复兴端赖社会教育，而社会教育端在以乡村建设为内容，夫然后可以完成其复兴民族之功。"《决议案 特别类 一、由乡村建设以复兴民族案》，见中国社会教育社编：《中国社会教育社第二届年会报告》，27～28页，无锡，民生印书馆，1933。

但极为笼统，分歧难以消融。为此，理事会委托庄泽宣、江问渔、高践四、孟宪承、雷沛鸿、梁漱溟6名社员，并邀请中华平民教育促进会的晏阳初，组成"乡村建设具体方案编制委员会"，推定梁漱溟主持进行，起草具体方案，交由下届年会继续讨论。

理事会为了调和山东乡村建设派与中山大学派"建设"之争，专门在《社友通讯》《教育与民众》上组织文章，为两派调和。"本社本届年会之讨论中心，为'由乡村建设以复兴民族'，关于本案的提案，当时计收到四组。其中庄泽宣、崔载阳、古楳三先生所拟的一组，从表面看来，似与其他三组之含义，略有不同"，该刊邀请一些人士，对该问题进行讨论。① 社友唐现之是其中一个代表。

日前接到步霞兄来信，说是《社友通讯》拟出一年会专号，叫我写点东西。……我匆匆忙忙从广西赶到济南，已是八月廿四日下午七时了。当时没有见到一个社友。开会的情形如何我完全不知道。次日早上，见到步霞兄，他说："你来得正好，今天要讨论'由乡村建设以复兴民族案'，而广东一组的人——庄、崔、古三人一个都没有来，你可以代表他们发发言，因为你们都是在一气的。免得只有梁先生一个人说话，而没有对手。"他说了这一些话，我完全莫名其妙，我便问同我一同闲走着的效春兄，他才告知我是一回什么事。摇铃开会了，梁先生演讲他对这案的意见，我一面听，一面在席上看各组对于本案的意见。……我仔细看了一看，觉得他们三人的意见，与梁先生的主张并没有互相抵触之处。在表面看来，一方主张"建设"，一方不赞同"建设"，似乎是互相水火，绝不相容的。其实他们双方的见解都是一致的，我看不出他们双方的冲突。不过所差者，亦有两点：第一点是各人所讲的"建设"不同，试看庄、崔、古三人的提案中在建设二字外加了一个括弧便知道了。他们所不赞同的是年来这种时髦的建设，而不是不赞同梁先生所说的建设。他们在第八条上明明主张设立如邹平

---

① 《编后语》，载《社友通讯》，第 2 卷 4、5 期合刊，1933。

一类的机关。第二点是梁先生的见解深一层，认为只有消极的办法不是一个办法，须得有积极的建设，以"开动其生发进步之机，使地方向荣，农村兴起"。他所主张的乡村建设，决不是卤莽灭裂，生吞活剥，扰乱地方，破坏生活的办法。①

唐现之为了缓和矛盾，拉来胡适的观点②为庄、崔、古三人"不建设论"背书：认为这一种的见解，不仅为庄、崔、古三人及胡适之先生具有，且会成了一种普遍的见解。很有趣的是，唐氏自称在济南开了三天年会，却三缄其口，未作任何发言。

董渭川借为下届年会提意见的方式，婉转地讲出自己对大会中"琐屑的争辩"不认同："我以为凡是有关学术研究的议题，不适于集百余人于一堂的大会讨论，尤不适于用复议举手等等的方式来解决，因为根据经验，对于某一研究题目，发言的总只是一部分人，或者某某几个人，其余的人容易感到沉闷寡趣；而且人数众多的会场中，往往因有人中途提出了一点不相干的意见，遂横生枝节，愈讨论愈迂远，结果用在本题上的光阴，反倒有限。甚或仓促决定，缺乏深远的考虑。因此，我主张在下次年会中，少开全体大会，多开分组讨论会；组之人数不必平均，可依各个会员之兴趣自由加入。"如此，"大会只听各组的结果，纵有修正也只就原则和方法之荦荦大者提出，不作琐屑的争辩"③。1934年理事会第10次会议上，理事庄泽宣提请辞职，理事会决议："恳切慰留"④。时值第三届年会召开前夕，已确定以"由乡村建设以复兴民族实施要点"为中心议题，此时庄泽宣辞职，恐怕有某种情绪蕴藏其中。很有意思的是，1935年，年会过去两年有余，古楳以《卅五年的回忆》形式，对梁漱溟予以隔空回应："大家要复

---

① 唐现之：《由"谈不到建设"到谈到建设》，载《社友通讯》，第2卷4、5期合刊，1933。

② 胡适之：《从农村救济谈到无为的政治》，载《独立评论》，第49号，1933。

③ 董渭川：《第二届年会之回溯》，载《社友通讯》，第2卷4、5期合刊，1933。

④ 《第十次理事会议记》，载《社友通讯》，第3卷5期，1934。

兴民族，决不是承认或否认一个拟定的提案就能达到的，尤非多数人决议通过后就能实现的，总要看一切必要的根据与条件，以及彼此的联锁的关系。不然，中国问题早已经过多少提案，多少决议，何以至今还不能解决？"①看似风轻云淡，但态度明确，坚守之前的学术立场。此时古楳已由国立中山大学转任江苏省立教育学院副教授，而该书亦由该院代售，"销路颇佳"。② 甚至到了 1947 年，古楳借该社召开第五届年会契机，再次谈起第二届年会："我们回想到本社第二届年会讨论'由乡村建设以复兴民族'的中心问题，大家何等热烈！何等兴奋！然而到了今日乡村还没有建设起来，民族也还没有真正复兴起来，这是什么缘故？我们似乎值得事后加以检讨的"③。指出不能发表一些感想或讨论后发表一篇宣言了事，而应该通过现实，仔细分析，探讨各方面的关系，找到问题的关键所在，才能策励大家向确定目标前进，唯有如此，社会教育才有力量。

综之，从第二届年会中心提案的讨论中，我们可以看到社会教育家群体中派分明显，互不妥协，为争夺社教社或者社会教育界的话语权不懈余力。而围绕该社第二届年会"由乡村建设以复兴民族案"的中心议案的论争，可以清楚看到社会教育家群体内部的分歧与离心力所在。

（三）会议反响

自第二届年会起，开始注重提案形成的决议执行，会后事务所通知各地社员根据情况践行。揆之史实，大多参会社员返回社会教育一线后，结合本地实际，对大会决议身体力行。如北平市第一民众教育馆馆长戚彬如返平后，受年会中心议题"由乡村建设复兴民族"触动，认为"都市人民均为流动性，甚难普遍"，着手在"北郊南苑附近，择定一村，作为试验村"④，12 月底，该馆附设的青龙桥乡村实验区成立，将乡村建设作为该

---

① 古楳：《卅五年的回忆》，199 页，无锡，民生印书馆，1935。

② 《社员消息 古楳》，载《社友通讯》，3 卷 8 期，1935。

③ 古楳：《对于本社第五届年会的期望》，载《社友通讯》复刊，第 1 卷 1 期，1947。

④ 《戚彬如畅谈北平民众教育计划》，载《北平晨报》，1933-09-07。

馆重点工作之一，开始推行乡村社会教育。① 此外，社教社还将一些重要决议案专函呈文教育部，请其通令全国，以期能在全国范围内对社会教育发展形成影响。"惟本社系一学术团体，实施推行，固为本社职责，提倡策励，须赖教育行政机关主持。故本社除将性质比较普通之各案，一并呈请外，其余如'由乡村建设以复兴民族之实施要点''民众学校之课程标准'等，均拟专案呈请教育部采择施行。至由本社社员直接实行之各案，悉已分别通知，开始实行。各种委员会亦已组织就绪。"② 社教社将大会决议以公函方式请各省市教育厅局"采择办理"，如"请各省市划区分期成立民众教育机关确定实施计划案"以 255 号公函、"请全国社会教育机关注重国际常识之灌输，俾一般民众周知国际情况案"以 267 号公函等，分呈各省市教育厅。揆之史料，前者有广西省教育厅厅长雷沛鸿、河南省教育厅厅长齐真如、河北省教育厅厅长陈宝泉及山西省教育厅、湖南省教育厅等五家给予回复，后者仅有河南、河北两家复函。从回复内容看，大多含糊其辞，态度模糊，环顾左右而言他者大有所在，以 255 号公函为例，广西省教育厅回复如下所示：

> 贵社第二五五号函，以本年八月在济南举行第二届年会，决议请各省市划区分期成立民众教育机关确定实施计划一案，请采择办理等由。准此，查划区分期实施民众教育，鄙省已有整个计划。鄙省教育同人，认民众教育与义务教育有同等重要，均为国民基础教育之一部分，经制定《广西普及国民基础教育之五年计划大纲》，提出省府会议通过，颁行在案。规定以广西国民基础教育研究院为研究设计及训练人才之中枢机关；以省立民众教育馆为实验民教之实施并负责规划及辅导省内各县施行民众教育之机关，业经成立，已见相当之效果。以县立民众教育馆为负责实施及指导各该县一切民众教育之机关，由本

---

① 《北平市第一社会教育区民众教育馆乡村实验区暂行组织规程及组织系统表》，J002-003-00091，1933，北京市档案馆藏。

② 《社务报告 呈请推行决议案》，载《社友通讯》，第 3 卷 5 期，1934。

厅制定广西各县市普设民众教育馆办法大纲，颁发各县，限期成立。现已成立者，计有四十余所。以国立基础学校为设施义务教育及民众教育之基本单位，规定分期筹设程序，颁行各县遵办，此其设施机关之系统也。在二十二年度，各地施政准则中，规定各县须依地方交通人口习惯等情形，及学龄儿童通学之可能，划分设立国民基础学校之学区，并限于本年度绘制教育地图完竣，以为将来规划实施普及国民基础教育及划定试验区之根据，以便着手筹备，同时设立广西普及国民基础教育研究院，以立学术研究之中枢，为实施人才之准备。二十三年度开始，于划定之试验区着手试办，限于两年内工作完成。其余各县为推广区，分三期进行，每期推广三分之一，至二十八年七月，此种国民基础教育，预期可以全省普及，此其进行之程序也。广西僻处边陲，经济文化一切落后，同人等材力棉薄，时虞陨越，兹谨略陈广西实施民众教育之梗概，并附送《广西普及国民基础教育之五年计划大纲》一份，尚希不我遐弃，时赐教言。俾有遵循，曷胜盼祷。此致

中国社会教育社

厅长雷沛鸿①

很有意思的是，不同于其他教育厅的公文化程式，雷厅长借此机会对广西省普及基础教育五年计划内容作了介绍，以期能"嘤嘤其友"，社教社将各教育厅复函均刊登在社刊《社友通讯》上，无疑是对广西省教育厅的改革的一种推广。广西省教育厅如此行文复函，应与雷氏本人为社教专家、社教社核心社员有直接关系。河北省教育厅厅长陈宝泉作为教育界资深行政官员，复函称该厅之前曾拟具各种相关办法分呈省部及各县遵办，并随

函附送了该省一系列文件①，以示推广。

湖南省教育厅厅长朱经农复函与陈宝泉相似，称该省亦在筹设省立农民教育馆附设实验区并拟具有实施计划，积极进行在案；山西省教育厅以"本省各项民众教育机关，正在积极筹划设立中，只以经费支绌，进行较缓。对于贵社决议案，自当参照地方实际情形计划实施办法，以竟民众教育之全功"②作为复函，客气中透着疏离。在这四家省教育行政机构中，唯有河南省教育厅态度最为干脆直接，"除照办外，相应函覆"③。齐厅长的爽快亦为下届年会在河南举办做了良好铺垫。不难看出，社教社的决议以公函名义对各省教育厅局的影响微乎其微，催促该社更多的是寻求教育部、国民政府转饬各省市施行的政治力量。

北平市民众教育馆馆长戚彬如作为基层代表，他对年会的感受颇具代表性："该会此次提案 80 余件，分为特别组、行政组、设施组及社务组。分别审查。经审查结果，除归并保留者外，提请大会讨论者仅 49 案。其理事会方面预先订制之提案为'由乡村建设以复兴民族'为此次大会讨论之中心问题。此提案分五组起草。……又因四组起草者之见解不同，经一日半之会议，均为理论之发表。最后决议一原则为：一、认乡村建设为复兴民族之肇端，二、由理事会制订具体实施方案，提交下次年会讨论。"在这篇向社会局蔡局长报告中，戚彬如对中心问题给予"四组起草人之见解不同""仅为理论之发表"的评价，表达了自己对年会的不满态度。在报告中，戚彬如总结该次年会的主要意义："第一，因教育部社会教育司第二科科长彭百川，欲了解各省市之社会教育状况，而加以指导；第二，因各省市社

---

① 文件计有：《河北省省县划分民众教育区办法》《河北省各县设立民众教育馆办法》《河北省各县民众教育馆各项事业施行细则》《河北省各县推行民众学校实施方案》，详见《本社第二届年会决议案之应声　河北省教育厅覆函》，载《社友通讯》，第 2 卷 7 期，1934。

② 《本社第二届年会决议案之应声　山西省教育厅覆函》，载《社友通讯》，第 2 卷 7 期，1934。

③ 《本社第二届年会决议案之应声　河南省教育厅覆函》，载《社友通讯》，第 2 卷 7 期，1934。

会教育之进展未能一致，于此机会中，互相交换经验，以期整个改进；第三，因该社经费困难，欲求各省市教育机关加以援助"①，对年会促进各地社员之间、社员与教育行政之间的联络给予高度肯定。这一点，对于各地社会教育基层工作者尤为重要。

与会代表对年会召开形式亦有一些批评的声音，社员许公鉴认为："凡一种大的会议，集数十或数百人于一堂，对于问题的解决，可以征得各方面的意见，采择众思之所长，比较能得善妥的结果，这是一般人所企望的。但是人多言杂，徒事聚讼，粗浮讨论，不细研究，往往对于问题的解决，不能得到适当的办法，并且每于开会时闹得轰轰烈烈，到闭幕后，就存之卷宗，不问不理，因此于实际不发生丝毫影响。这种会议等于不议，化了很多人的光阴，费去不少的金钱，殊不值得。这也是一般人对于通常大的会议所有的观感。……中国社会教育社系国内学术团体之一，成立以来，已开年会两次，溯诸过去情形，这种情形当然也在所难免。"②这种声音，在社教社第三届年会时更为炽热。一般来讲，"坐而论道"为知识分子云集的学术团体痼疾，社教社作为其中之一，社员能在其社刊上发出这种声音，从另外一个侧面说明，社教社的自觉反思的能力逐渐提升。

三、中国社会教育社第三届年会

1934年8月15—20日，第三届年会在河南开封召开，来自全国14个省市的147名代表出席会议，"计到社员及中央代表各省市教育局各机关团体代表，约二百余人。在会期三天以内，各到会人员交换实施社教意见，讨论推行社教问题，报告社教实验心得，宣读社教论文，跻跻跄跄，颇极一时之盛"③。该次年会承续上届年会，以"由乡村建设以复兴民族之设施

① 《民众教育馆馆长关于赴济南参加中国社会教育社第二届年会的报告书记社会局的指令》，J002-003-00092，1933，北京市档案馆藏。

② 许公鉴：《如何增进年会的效力》，载《社友通讯》，第3卷2期，1934。

③ 心斋：《本社第三届年会志略》，载《社教通讯》，第3卷4期，1934。

要点案"为中心议案，讨论围绕孟宪承、高践四合撰的方案展开，主要涉及三个方面：(1)社会教育工作应重乡村教育；(2)实施社会教育的目的是要培养现代国民所需的基本能力，尤其是生产和组织方面；(3)社会教育自身力量的运用。年会通过以这三点为核心的"由乡村建设以复兴民众之设施要点"决议案。会后，理事会将整理后的决议案呈交教育部，请求教育部通令各省市切实执行。

（一）出席代表及会议决议

据社教社事务所统计，出席第三届年会个人社员共有来自 14 个省市的 147 名社员，其中河南省以东道主之便以 74 名独占鳌头，江苏省 28 名排第二，河北省(12)、浙江省(5)、湖北省(4)、湖南省(4)出席代表与第二届年会变化不大。不少出席代表兼具教育行政长官的双重身份，是社教社努力所追求的效果："本社虽揭橥'研究社会教育学术，促进社会教育事业'二大宗旨，可是究系学术团体，只能尽提倡设计之责，至大规模的推行，则须得行政机关之主持。所以本社每次举行年会，均函请各省教育厅局派员参加。一则学术界与行政界可藉此互通生气，再则各代表于讨论提案时可当面贡献意见，讨论结果，各代表据实际情形向各地推行时也比较便利。这次年会，到有十余省市代表，各人均贡献了许多具体材料。边疆各省如甘肃、青海、新疆等处，虽因时间关系，未能派员参加，但亦来函表示不克参加大会之歉忱，且允负责推行决议各案"[1]。第三届年会出席社员职务如表 2-6 所示。

① 《大会经过》，见中国社会教育社：《中国社会教育社第三届年会报告》，7 页，无锡，民生印书馆，1934。

表 2-6 社教社第三届年会出席社员职务统计表(1934)①

省别 \ 职别·人数	教育行政人员						社教机关服务人员			大学教员	中学教员	小学教员	大学学生	其他	合计
	主任人员	司长	科长	科员	校长	督学	馆长	干事	民校校长及教员						
江苏	—	—	—	—	1	—	5	9	4	3	2	—	2	2	28
安徽	—	—	—	—	—	—	1	—	—	—	—	—	—	—	1
浙江	—	—	—	—	—	—	1	1	—	3	—	—	—	—	5
江西	—	—	—	—	—	—	—	—	1	1	—	—	—	—	2
湖南	—	1	—	—	—	—	2	1	—	—	—	—	—	—	4
湖北	—	—	—	—	—	—	—	1	1	1	—	—	—	—	4
贵州	—	—	—	—	—	—	—	1	—	—	—	—	—	—	1
广东	—	—	—	—	—	—	—	—	—	—	2	—	—	—	2
山东	—	—	1	—	—	—	4	2	—	1	—	—	—	—	8
河北	1	—	1	1	1	—	4	4	—	—	—	—	—	—	12
山西	—	—	—	—	1	—	—	—	—	—	—	—	—	1	2
河南	2	—	2	6	10	2	7	13	10	3	12	3	—	4	74
陕西	—	—	—	—	1	—	1	—	—	—	—	—	—	—	2
上海	—	—	—	—	—	—	1	—	—	—	—	—	—	1	2
总计	3	1	4	7	14	2	26	32	16	14	15	3	2	8	147
	31						74								

从表中显示可见：社教机关服务人员为74人，占总人数的50.34%，为来源最大宗，其次为教育行政人员(31人)，占总人数的21.09%。当然，这组数字要结合代表省份来源作评估，河南省作为东道主，其教育行政人

① 表格说明：(1)校长包括学院及其他学校校长；(2)科长及科员包括教育部、厅局科长及科员；(3)馆长包括省县立民众教育馆、图书馆馆长、实验区主任；(4)干事包括社教机关及学术团体主任及干事。《本社第三届年会出席社员职务统计表》，见中国社会教育社编：《中国社会教育社第三届年会报告》，无锡，民生印书馆，1934。

员为 22 人，几乎占总体教育行政人员的 70.97％，安徽、浙江、江西、湖北、贵州、广东、上海均无教育行政人员参加，除河南、河北外，其他如江苏、湖南等 5 省份均只有 1 人，也就是说，教育行政人员的出席人数并不如社教社期望的乐观。

第三届年会开会地点为河南省立初级中学①，食宿均在该校，膳食由年会筹备会供给。筹备委员蔡溪衡专门拟定 8 条标语：用语直白、口号式的判断句标语，"到处张贴，于是大家眼睛看的，口里说的，手里写的，都是社会教育，俨然成功了一个社会教育的世界"，会场随处可见标语，河南各报社亦大力襄助，"各报纸除每日刊登本社新闻外，有的还以此事特出专刊，有的刊登欢迎词，表示欢迎本社各社员，有的发表论评，勉励我们，有的搜集零星资料，以供我们参考"②，共同营造了浓厚的社会教育舆论环境。按照大会日程安排，8 月 17 日上午 7 时半，由国立北平师范大学校长李蒸担任主席，年会举行了隆重庄严的开幕典礼，其顺序如下：

(1)奏乐开幕

(2)唱党歌

(3)向党国旗及总理遗像行三鞠躬礼

(4)主席恭读总理遗嘱

(5)静默

(6)主席致开幕词

---

① 第三届年会筹备委员会第一次会议曾议定"会场及会员宿舍在河南大学"(6月14日开会，地址在河南大学，王海涵、郑竹虚等 8 人出席)。之后筹备会未再讨论会场问题，开会时却改定省立初级中学，背后原因有待进一步考察。

② 标语如下：(1)由乡村建设以复兴民族；(2)社会教育是乡村建设的唯一办法；(3)乡村建设是社会教育的康庄大道；(4)社会教育负有创造新教育的责任；(5)社会教育负有建设新社会的使命；(6)社会教育要注意中国新生产技能之引进；(7)社会教育要注意民众组织力量的培养；(8)惟有社会教育才能完成国民革命。《大会经过》，见中国社会教育社编：《中国社会教育社第三届年会报告》，25～26 页，无锡，民生印书馆，1934。

北京师范大学史学探索丛书

（7）理事会工作报告

（8）年会筹备委员会报告

（9）中央党部代表训词

（10）教育部代表训词

（11）河南党政机关代表训词

（12）来宾演说

（13）社员演说

（14）摄影

（15）奏乐礼成

从上面所列仪式顺序可见，社教社年会开幕典礼严格遵循国民政府的统一部署，特别强化仪式程序与仪规，借以显示开幕仪式的庄严性和隆重性。社教社事务所专门指出："仪式隆重，足以增加大会声势，更可以坚定社教同志之信仰，所以本社每次年会开幕典礼，都很庄严"①。在开幕典礼的集体仪式中，党歌、党国旗、总理遗像和总理遗嘱作为独特的文化符号将国民党政治符号的渲染扩展到最大化，加上会场四周的标语，参与者自然浸润在开幕典礼所表征的"政教合一"氛围之中，在仪式的作用下，原本抽象的概念因特定的情景而具体化、神圣化，社会教育被赋予了特定意义，成为引导、强化与会代表集体记忆的重要载体，向代表传达其蕴含的精神意义。美国社会学家大卫·科泽认为："人民需要为他们自己构建一种社会认同，以及表达出和他人的一致感，集体仪式为达成这些目的提供了重要的方式"②。集体仪式不仅建构了与会代表的观念，并通过设置一定的环境，让参与者都成为集体记忆的"亲历者"，令这些观念和理解深入人心，并内化为社会教育实践工作的内驱力。如年会期间社员积极踊跃捐助

---

① 《大会经过》，见中国社会教育社编：《中国社会教育社第三届年会报告》，12页，无锡，民生印书馆，1934。

② ［美］大卫·科泽：《仪式、政治与权力》，王海洲译，87页，南京，江苏人民出版社，2015。

社费的情形，与其说是对社务的热情，倒不如说是年会的开幕典礼的集体仪式的渲染作用。

图 2-5　社教社第三届年会大会合影（1934）①

图 2-5 这张老照片中，保留了社教社第三届年会代表的精神风貌。与第一届依台阶而立、第二届年会坐立参差交错的布局相比，此次合影更具有大会的恢宏气势，其背后既有第三届年会筹备委员会的精心筹备，更有社教社日渐从容的成长。这次大会女性代表明显增多，据大会统计约占总出席人数的 12%，与国内其他学术团体合影有很大不同，或许与社教社总干事俞庆棠为女性有一定关系。很有意思的是，合影时女性代表集中在第一排左手位置，不与男性代表杂处，以此可窥 20 世纪 30 年代的知识女性在学术团体的微妙位置。

年会的中心环节是讨论提案，并最终形成会议决议案。为集中力量，理事会规定每次年会除规定中心议案外，其余各提案须以中心提案为标准。年会的决议案的形成显示了学界内部、政学两界的共识和分歧，如果说中心议案代表专家学者等知识精英的焦点关注，那么其他议案更大意义上是基层社教工作人员和教育行政人员的喜好倾向和普遍关注。四类议案的类别多寡和执行落实，很大程度上揭示了社会教育界普遍关注与焦点关注之间的张力。

---

① 《中国社会教育社第三届年会在开封举行》，载《河南政治》，第 4 卷 8 期，1934。

表 2-7　社教社第三届年会决议案一览(1934)①

类别	明细	议案主文	议决情形	提案人
特别类	1	由乡村建设以复兴民族之实施要点案(中心议案)	原案交理事会参照大会会员贡献之意见，再行整理后，呈请教育部通令各省市县，并由本社函知各社员，照此要点实施进行	—
	2	请由本社拟具华北各省救国教育办法，呈请中央采择施行案	通过，原办法交理事会参考	尹全智 崔以宽 张震云
	3	呈请教育部转咨各省市政府，通令凡省立乡村民众教育机关区域内之乡村政权，完全交由该机关主持领导案	交理事会斟酌办理	山东省立民众教育馆
	4	由本社函请上海各银行投资乡村，借谋乡村之复苏案	通过	谢大祉
行政类	1	呈请教育部规定民众教育为师范学校必修科目案	通过	陈国贵
	2	建议全国各教育行政机关一致注重乡村社会教育案	交理事会于整理中心提案时参考	谢大祉

① 表格说明：(1)设施类 1。该议案由三个提案合并而成，即高维昌为一组(主文：积极提倡教育电影以期增进社会教育效率案)；教育部社会教育司为主的张炯、高维昌、顾良杰、陈剑修、钟灵秀、郭连峰、彭百川为一组(主文：拟由本社与中国教育电影协会通力合作实施电影教育案)；福建省立民众教育馆馆长谢大祉为一组(主文：积极利用电影教育以增进社教效益案)。(2)设施类 3。该提案由沈世祺、丁明德(本社应请全国各社会教育机关一致实施新生活运动案)和吴县用直民众教育馆谢巾粹(请通函各省市教育厅局转令所属各社教机关组织民众新生活表率队，劝导民众实行新生活案)两案合并而成。(3)设施类 8。北平市第一社会教育区民众教育馆所提该案与"民众学校课程标准案"合并。(4)社务类 1。该提案由庄泽宣提议，赵冕、陈礼江、傅葆琛、高阳连署。笔者整理自心斋：《本社第三届年会志略》，载《社友通讯》，第 3 卷 4 期，1934；中国社会教育社编：《中国社会教育社第三届年会报告》，29～59 页，无锡，民生印书馆，1934。

明细类别		议案主文	议决情形	提案人
行政类	3	由本社拟定社会教育人才训练机关课程标准案	交理事会处理	沈世祺 丁明德
	4	呈请教育部将已规定社教经费应占成分，再令各省市县切实执行，以利事实进行案	交理事会修正后再呈教育部办理	吴锡麟
	5	由本社建议各民教机关，交换工作人员以便观摩案	修正办法通过	山东省立民众教育馆
	6	各省立民众教育馆应切实推行指导工作案	由本社参照各省民教馆现行辅导制度，拟具办法呈请教育部采择施行	沈世祺 丁明德
	7	各省市社会教育之视导，应由专人负责案	根据第一届年会决议案，重行呈请教育部	杨宝恒 杨翼心
	8	由本社呈请教育部，通令各省市社会教育机关与乡村教育机关，切实联络，以推进乡村之社会教育案	照原案通过	乔志恂
	9	请本社拟定社教机关与其他机关联络合作之办法案	交理事会于整理中心提案时参考	河南省立实验民众学校
	10	再呈请教育部明令公布社会教育之系统案	俟邹平等处实验有成效时，再行呈请教育部办理	—
	11	请建议教育部明定社会教育机关人员养老金恤金办法案	由本社建议教育部，请比照学校教职员之原定办法，明定社会教育机关人员之养老金与恤金办法，通令各省市教育厅局遵照办理，原案办法二、三、四各项，抄送理事会参考	郑晓沧 陆殿扬 陈训慈 陆祖鼎 胡承枢 林 本 赵季俞
	12	呈请教育部令国立北平师范大学添设社会教育系以推进社会教育案	照原案通过	高 阳 刘季洪 俞庆棠 王公度

类别	明细	议案主文	议决情形	提案人
设施类	1	积极提倡教育电影，以期增进社会教育效率案	照审查案修正通过	见说明(1)
	2	呈请教育部通令各省教育厅局，饬知各地社教机关嗣后设施体育运动应尽先代以劳作国术及乡土游戏，俾养成民众对体育运动之兴趣，以恢复民族固有之精神，并以减少无益之消费案	由本社函请各省市社教机关斟酌办理	蔡衡溪
	3	由本社通函全体社员在实施民教时，尽力推行新生活运动案	修正通过，办法交理事会拟定	见说明(2)
	4	拟请筹设各省流通图书馆，以普及乡村教育为乡村建设之基础案	修正办法通过	陈涛
	5	积极进行合作事业案	修正办法通过	谢大祉
	6	积极提倡或改良乡村纺织副业，借增农民生产案	通过	谢大祉
	7	用本社名义呈请行政院，通令各省省政府，筹设新式农具制造所，并力于推行，借宏农业案	通过	谢大祉
	8	呈请教育部改定民众学校课程标准，增订关于职业指导，生计训练等材料案	与"民众学校课程标准案"合并，交由理事会组织委员会研究，俟有结果，再行呈请教育部采择实行	见说明(3)
	9	民教之宣传与训练，应酌量采用戏剧表演形式案	修正通过	李一非 吕渭滨 陈国贵
社务类	1	明夏变通年会办法，征性质相同学术机关，合办暑期讲习会案	修正通过	见说明(4)
	2	由社编印乡村建设刊物，以供有志于乡村建设者之参考案	交本社刊物编辑委员会酌量办理	谢大祉
	3	请由本社联络南京市政府与安徽省政府协商开办南京及黄山二实验区案	通过	理事会

类别 \ 明细		议案主文	议决情形	提案人
临时动议	1	本社本届年会承河南省党部省政府及省立社教机关殷勤招待，更承年会筹备委员尽力援助，予以种种便利，大会全体会员应竭诚表示感谢案	一致通过	钮永建 孟宪承 高　阳 屈凌汉 赵　冕 崔载阳 赵光涛 杨效春 张植安 胡耐秋
	2	本社下届年会地址应如何规定案	就广东河北广西陕西四处交理事会酌定	—
	3	请本社从事社教事业的社友，注意民族复兴的目标，将实施概况，于下届年会前用书面报告理事会，整理提交大会案	通过	刘宰国
	4	请由本社选聘社教专家，编译社会教育实施丛书，并组织社会教育学术研究部，以备各地工作人员之质疑，而利社教之进行案	这四案（4—7）交到较迟，未付审查，一并交理事会酌量办理	
	5	积极筹设西安民教实验区，以普及西北民教，推进西北文化，巩固西北国防案		
	6	请由本社决定具体方案，训练全体民众的团体意识，以复兴民族挽救危亡案		
	7	呈请教育部促进西京文化博物馆积极实现，以便搜集西北文化材料，复兴民族固有精神案		

　　由表 2-7 显示，延续第一届年会惯例，与会代表们 42 个提案（临时议案未计入）经过年会提案审查委员会审查、合并，分门别类列入特别类、行政类、设施类、社务类，数量比为 4：14：18：4，其中行政类有 2 个、

设施类有 9 个，共 11 个被列入"不成立"或"缓议与保留"之列。① 从内容看，社会教育实施重点、方法、经费、人才培养、人员待遇等，这些议题具有延续性，持续受到与会代表的关注。提案人来源比较集中，除去理事会成员外，最为活跃的基层社会教育机关有 2 处，陕西省第一民众教育馆的谢大祉、福建省立民众教育馆馆长刘宰国。谢大祉递交提案达 7 件之多，主要集中讨论乡村问题，比如合作事业，加强国内教育、农业、农村经济以及其他各机关团体学校密切联络合作；函请上海各银行投资乡村，以助乡村经济复苏；积极提倡、改良乡村纺织副业，借增农民生产，并通令各省省政府筹设新式农具制造所，并大力推行，编印乡村建设刊物，供有志于乡村建设者参考等。相对于谢大祉提案大部分获得"通过"，刘宰国更多的是临时动议，除集中促进西北地区社会教育发展外，其他提案多散漫无章，没有充分的准备，热情大于技巧。

值得注意的是，设施类提案 3 将社会教育开展与新生活运动结合起来。1934 年 2 月 19 日，蒋介石在南昌行营礼堂的总理纪念周上作了《新生活运动之要义》，希望民众将传统的"礼义廉耻"结合到日常的衣食住行中，从而达到"改革社会，复兴一个民族和国家"。作为一场由政府主导的社会改良运动，被"以教育改造达社会改造"的社会教育界人士敏锐意识到契合点并迅速提出相应提案。沈世祺、丁明德"本社应请全国社会教育机关一致

---

① 分布如下：一、行政类有 2 个，即：(1)河北省立城市民众教育馆提"请教育部从早订颁社教服务人员待遇办法案"；(2)陕西社员杨兴荣提"用大会名义，呈请教育部通令全国，凡在民教机关服务人员，倘有舞弊营私、偷款自肥等情，应予以最严厉之处罚；并订颁惩奖办法，以资考核案"。二、设施类有 9 个，(1)北平市第一社会教育区民众教育馆提"组织全国民众教育通讯社，用以沟通民教情报案"；(2)李一非、吕渭滨、陈国贵提"巡回民众教育馆应倡组试办案"；(3)李一非、吕渭滨、陈国贵提"师范及中学课程应增加戏剧科目以宏民教实力案"；(4)古剑尘提"师范及中等学校课程应增加戏剧及电影科目以宏民教实力案"；(5)古剑尘提"巡回民众教育馆急应创办案"；(6)乔作栋提"请扩充家庭职业以杜外货而重民生案"；(7)沈世祺、丁明德提"中小学应兼办民教事业案"；(8)祝纪年提"建议教育部创设成人学校以推广社会教育案"；(9)王泊生提"新中国戏剧教育设施方案"。中国社会教育社编：《中国社会教育社第三届年会报告》，42、54 页，无锡，民生印书馆，1934。

实施新生活运动案"中宣称新生活运动为增进全民生活向上发展的一种革命运动，与民众教育的目标一致、内容相互联系，认为"新生活运动为具体而微之民众教育"，并征引杜威"教育即生活"，说明"新生活运动与民众教育，不仅具有天然实质之关联，实为相互并容之一体。如二者相互并进，达成一片，则成效自日益显著矣。故今后之中国社会教育，应注意于新生活运动之实施，而由全国各社会教育机关以各种方法努力推行之"。相对沈、丁二人"由大会推举五人，起草实施办法，交理事会通过后，请全国各社教机关实行"的高调，谢巾粹提案低调不少，他的"请通函各省市教育厅局转令所属各社教机关组织民众新生活表率队，劝导民众实行新生活案"，其理由如下：

> 自蒋委员长提倡新生活运动于南昌，一时全国风从，纷纷组织团体，积极进行。亘以我国民气颓靡，习惯腐化，非此不足以挽救阽危之国势也。我社教工作人员有启迪民智、领导群伦之责，对此救亡图存之工作，似应群策群力，共谋进展。查首都新生活运动促进会，有限令各机关学校社团及各界民众分别组织新生活表率队之办法，藉以领导民众同趋于救国之一途。本馆除联合地方机关团体组织新生活运动促进外，复有新生活少年团之组织，彼此切磨，亦合自励励人之意。由此小组织，更可以施行其他各方面教育，裨益民众，诚非浅鲜。拟请通函各省市教育厅局转令各社教机关，乘机组织进行。至少年团之命名，只不过教育对象之区分，各地尽可酌量办理。①

从文中理由可见，谢巾粹设计不另起炉灶，而寄希望于在现有新生活运动组织框架下寻求社教机关的发展空间。而且，相对沈、丁二人的笼统"相互并容"说，谢巾粹以该馆新生活少年团援例，认为这种组织既符合首都新生活运动会对各界组织新生活表率队的规定，又具有较强的操作性，

---

① 中国社会教育社编：《中国社会教育社第三届年会报告》，48～49 页，无锡，民生印书馆，1934。

具有推展的可行性和可能性。年会提案审查会将两案合并提交大会，经过大会讨论，修正并最终形成"由本社通函全体社员在实施民教时，尽力推行新生活运动案"决议。三者对比来看，后者既摒弃了第一种社教社通函全国各社会教育机关，亦没有采纳该社通函各省市教育厅局的建议，而选择通函全体社员，其范围、对象及受众都大大缩小。从一个层面也说明了作为一个民间学术团体，社教社提议落地的困难程度及尴尬境地，这种局面，更刺激社教社向"政教合一"的功能倾斜，"本社社员都是在社教里头工作的人，平时或没有多少机会，能够与政府常常接近。我们只有希望中央最高当局顾念民族的危机和我们为民族努力的诚意，能够注意到我们的事业，而常常予以同情与指导"①。该届年会前，社教社与河南省教育厅、洛阳县政府合办洛阳社会教育实验区，实验"政教合一"的社会教育运行方式即为明证。

（二）"偷换了中心"的中心议案

该届年会中心议案是第二届年会的延续。1934 年 3 月 15 日，第七次理事会议决定第三届年会地点定为开封（以南宁为候补），并决议"由乡村建设以复兴民族之具体实施办法"为第三届年会讨论中心，督促梁漱溟主持的"乡村建设具体方案编制委员会"尽快给出具体方案。"因主持人梁漱溟先生患病"，为促进度，公推高践四、孟宪承协助主持乡村建设具体方案编制委员会。② 据事务所记载，梁漱溟递交数条意见，孟宪承、高践四二人合作撰写了详细的报告书。第八次理事会议将其合并为"由乡村建设以复兴民族之实施要点"③，提交大会讨论。

实际上，这个"实施要点"产生并非事务所所言轻松。孟宪承、高阳自述由"协助主持"到"全力承担"的心路历程："两月以前，梁先生已将所草意见，分示同人，通信商榷。后来，梁先生因为事忙，又将继续的工作，

① 《大会经过 总干事俞庆棠致闭幕词》，见中国社会教育社编：《中国社会教育社第三届年会报告》，25 页，无锡，民生印书馆，1934。

② 《理事会第七次会议纪要》，载《社友通讯》，第 2 卷 10 期，1934。

③ 《第七次理事会议决案执行状况》，载《社友通讯》，第 3 卷 2 期，1934。

委托了我们。我们以自己能力的限制，只有于梁先生的原文以外，根据同人所已表示的意见，综合整理，做成这个报告。请求理事会审择以后，再提供大会的讨论"。孟、高二人在撰写如上"引子"后，将"'乡村建设具体方案'的先决条件"作为报告第一部分，开篇便表明自己对乡村建设工作的见解：

> 乡村建设的工作，概括地说，有三个方面：一是生产的发展，二是社会组织的改进，三是以培养民众的生产力组织力为目的的教育的普及。假定有一最高的力量，在中国的乡村，普遍推行这三部分重大的工作，则于每部分所需的经费、机关、和人才，所应采取的目标和方法，以及各部分工作的相互的联络，应该先有一整个的计划或方案，而这种计划，也几乎就是一整个的社会计划了。可是在事实上，这时从事乡村建设的工作的，还不过是分散着的若干机关和团体，他们并不代表社会的整个的力量，没有整个的力量，怎样能够执行整个的计划呢，——这是讨论乡村建设方案中的一个先决问题。①

以此做铺垫，徐徐引出第二届年会中心议题分歧最大的梁漱溟、庄泽宣的观点："以上是两位起草委员的意见，我们自己也十分赞同。至于'防止崩溃'论和'建设'论，我们认为在根本上并没有什么不调和，只有把现阶段的世界经济制度下中国乡村的崩溃，也看作历史的必然，而且预期着这必然，以促崩溃为建设的条件者，才与'建设'论根本相矛盾。否则要防止更大的崩溃，便非急急在建设上劳力不行。所以我们想，庄先生的这一部分的意见，是可以合并于建设问题来讨论的。"极力从两派中"异中求同"，给彼此一个回旋余地。

对分歧最大的两派做了调和外，孟、高二人提出"我们现在郑重地将梁先生的建议，提请理事会先行加以研究。我们所负疚的，是经过了很多考虑以后，方案起草的任务，并没有能够完成"。接下来话锋一转，抛出

---

① 孟宪承、高阳：《乡村建设具体方案之讨论 第一篇》，载《教育与民众》，第 6 卷 1 期，1934。

他们对乡村建设具体方案的真实看法："就本社自身的范围说，本社所倡导的社会教育，今后应如何趋重于乡村，乡村的社会教育应采何种的原则，尤其紧要的，乡村社会教育的工作，应如何先充实自己的力量。这些问题，我们还是应该觅取其可能的解答。"①与社教社第三届年会报告中刊登的《由乡村建设以复兴民族之设施要点》中所列三点内容②比对，理事会仅将孟、高二人的"引子"删去，删去各点内容的解说性的内容，改动个别字句表述，基干内容全部保留。由此，原本"由乡村建设以复兴民族实施要点"被悄然转化，变成了"社教社倡导的"与"乡村的"社会教育应如何实施的内容。

孟、高二人为什么要在讨论"乡村建设具体方案"前加"先决条件"？二人"郑重"上交"理事会先行研究"的梁漱溟建议又涵盖哪些内容？二者之间是否有出入？这些问题，与第二届年会未曾平息的论争是否存在直接关系？

或许是因为第二届年会争论激烈，对于这次起草，梁漱溟一改之前的独行风格，提前两个月将意见"分示同人，通信商榷"。"今春漱溟患病，复经理事会第七次会议指定高阳孟宪承二君协助进行，同时理事会有决议，第三届年会以'由乡村建设复兴民族之具体实施办法'为讨论中心。比者漱病大体已愈，高孟两先生督促进行，以应年会需要。顾七委员散处南北，各负职责，聚首而商殆不可能。即用通信方法，往返千里，亦甚需时日。眼前距年会不过两月，能否圆满交卷，良未敢知。今先由漱溟提出下列意见，分函同受委托之诸君，征求教答，为初步之会商。"梁漱溟提出五点编制意见：

---

① 孟宪承、高阳：《乡村建设具体方案之讨论 第一篇》，载《教育与民众》，第 6 卷 1 期，1934。

② 在年会报告中，中心议案由下列三点组成。第一点，社会教育的趋重于乡村建设：(1)经费的增加和支配；(2)机关的设置；(3)人才的训练。第二点，实施社会教育的几个原则：(1)目的；(2)内容；(3)方法。第三点，社会教育自身力量的运用：(1)准对着整个民族；(2)认定中心工作；(3)分工合作；(4)扩大组织。《由乡村建设以复兴民众之设施要点》，见中国社会教育社编：《中国社会教育社第三届年会报告》，插页，无锡，民生印书馆，1934。

一、吾人编制此方案之先，必须问明：实行此方案者为谁？或：为谁而编制，为政府乎？为本社乎？假使不确定实行之主力为谁，则此方案即无从编制。

二、不但实施之主力必须确定，更且必须确知实施之对象（意指中国乡村乃至全个社会）为如何？例如人口情形为何如？土地情形为何如？其他经济情形为何如？一切的一切，若不确知，此方案亦无从编制。

三、吾人在前列第二问题上，固无确实材料，可为编制方案之凭借，即进行调查，亦不大易得！以今国际国内政治经济情形势，瞬息万变，迨调查有得之时，或已剧变不同也。

四、吾人在前列第一问题上，未承大会及理事会之明白指示，据漱个人推测，或为政府乎？但不免又有几个疑难点：现在有稳定而统一之政府乎？假令不稳定不统一又何能负荷此使命？而瞻望前途，正未敢知稳定统一之把握果何在。若曰：姑假定其有望，而编制方案，则此方案乃愚一大可疑之假定于前，而民族复兴与否，亦在不可知之数矣，岂非笑话？再则于政府力量有疑问之外，尚有政府意志是否在此之问题。假令有稳定统一之政府，而无意于乡村建设，则奈何？且天下事主观意志每每不足恃，政府未必有意为苛捐杂税，而苛捐杂税卒不止；政府未必有意为乡村建设，而乡村建设之功卒不见。故吾人不但需要一稳定统一的力量，而且需要此力量在客观上必出于乡村建设之一途。——此如何可得？

五、若此方案为本社所编制，或为一般有志乡村建设之团体机关等而编制，则疑问更多！如此东一处西一处零散的工作，果足以完成乡村建设、复兴民族乎？假定联络进行而不零散，则对政府为如何态度？分开两不相干断不可能；不相合必相冲突，相合自无问题，但方案恐将赖政府以施行，又无所谓为社会团体而编制的方案。相冲突而我们失败，则乡村建设复谁去谈？相冲突而我们胜利，则取而代之，我们即是政府，亦无所谓为社会团体而编制的方案。故推论结果：复兴民族之乡村建设，必有赖于政权；而方案之编制，不能不以"稳定统一的客观上必出于乡村建设一途的政府"为前提，如是，又归回到前面的问题。——此如何可得？

梁漱溟认为以上五点，皆为编制"由乡村建设以复兴民族"一题应有分析推论，为谁编制、对象是谁，稳定统一政府以及政府与乡村建设团体之间的关系都是前提条件。显而易见，梁漱溟对第三届年会的中心议题持不同意见。"此时欲一面按定一乡村建设之主力，一面把握一实施建设之对象，更保留一从容之时间以事建设，实为错误观念，理不可得。"他认为乡村建设在一定意义上，本来是中国社会转变中必然的过程，"殆为历史进程之出于天者，非可制定方案而人为设施"，即便本着以史鉴今制定方案，"但此类方案以客观事实之分析推究为主，而主观上安排从之，又必为如何产生'一个能为乡村建设之力量'之方案，而非实施乡村建设之方案"①。由此，梁漱溟向理事会提出，应该先讨论"乡村建设力量方案"，乡村建设方案留待下届年会讨论。"本社第三届年会，讨论'由乡村建设复兴民族具体实施方案'一题时，应先从客观形势上讨论是否将有'乡村建设之能动的力量'之产生，果有此形势再从而安排一促其产生之方案。至于乡村建设实施方案当在此方案之后，不妨留待下届年会讨论之。"②很有意思的是，这一建议的提出，与庄泽宣第二届年会中"在讨论乡村建设方案之前，应先讨论是否将有一'乡村建设之能动的力量之产生'"观点如出一辙，庄氏认为这个问题应给予"比较长期的研究"，对年会中心议题"由乡村建设以复兴民族"提出质疑。这次梁漱溟旧事重提，核心依然是稳定唯一的政府与乡建团体的关系问题，梁漱溟屡次强调他的观点，"我现在主张政教合一，但不主张用国家权力来干涉个人思想行为"③。作为掌控话语权的江苏

---

① 梁漱溟：《乡村建设具体方案之讨论 第二篇》，载《教育与民众》第6卷1期，1934。

② 梁漱溟：《乡村建设具体方案之讨论 第二篇》，载《教育与民众》，第6卷1期，1934。

③ 梁漱溟：《政教合一》，载《社友通讯》，第3卷10期，1935。

省立教育学院教授们，他们正积极谋求依赖国民政府的行政力的"政教合一"，梁漱溟这种论调自然难得到理事会的认可，扞格难入，双方对于"政教合一"内在理解存在严重分歧。

面对常务理事梁漱溟借口事忙，不再参与，常务理事、总干事俞庆棠只能奋起担当，她虽不在编制委员会之列，但以"乡村建设具体方案之讨论第三篇"的名义，发表自己的看法，声援江苏省立教育学院的社教社骨干。她认为在国难严重之际，为民族解放、国家独立计，社会教育"欲求民众参加改造社会之运动，必增进民众之智能与组织，吾国大多数民众在乡村，民教事业应趋重于乡村"，如此的逻辑推演，社会教育和乡村建设扯上了关系，而由乡村建设以复兴民众具体策略则演变为原则、方法等探讨，提出民众应自觉自动而达自立自治目的、社会教育要从民众实际生活出发、尽量应用科学和组织民众，使发生改造生活、改造社会的力量，这些提议与孟宪承、高阳同出一辙。她认为"在现时世界经济狂暴制度下，中国乡村必然的更受威胁，更趋破坏，惟有以破坏此破坏力者，达根本之建设"，俞庆棠在文末发出号召，"凡吾社教同志，在任何环境中实施民教，勿以解决局部问题为满意，须以影响于整个民族问题为前提。1. 办理乡村民教事业，功效虽似迟缓，力量虽似微薄，然倘能各处同时举办，所举办者又能切实联络，有严密之组织，具复兴民族之坚强意志，即能逐渐造成舆论，发生力量，实现合于民意，有裨民族之社会政策与经济组织。2. 凡我同人，对于民教本身之理论，应有研究，方法应有创造；非特造成民教学术，且树立改造全国学制之基础，做复兴民族治本之计。3. 凡吾同人，对于国内国际严重问题，应具锐敏之眼光加以观察与研究，应足以领导民众，培植实力，建设乡村，扩大组织，以图民族之解放"①。俞庆棠的同声相应表明了社教社理事会的立场。

面对理事会对中心议题的坚持，梁漱溟除以事情繁忙为由婉拒出席，并在年会开幕前，在《大公报》上发表《乡村建设与社会教育》一文，自称

① 俞庆棠：《乡村建设具体方案之讨论 第三篇》，载《教育与民众》，第6卷1期，1934。

"一则为对该社此次集会表示欢迎，一则为一般读者作一点介绍"。他铺陈了民众教育、社会教育、社会教育社的前世今生："民众教育是中国教育界的一个新潮流，这种运动已有七八年的历史，一天一天正在扩大，而旧有的学校教育同时亦呼喊着要接近社会以改进社会，像是响应这潮流一致同趋的样子。通常都将民众教育归属社会教育范围，而认后一倾向为学校教育与社会教育之融合。中国社会教育社就是应着这个潮流产生的，不过两三年间便有了近千数的社员，差不多各省市社教工作人员都参加，他算得国内几个较大学术团体之一。虽不如其他学术团体年历之深，但或更有声势，因他一面又近似一个社会运动的团体。"①在简单介绍后，就抛出他的社会教育与乡村建设合流的理论：

> 我现在要说的是：这种社会教育运动与我们乡村建设运动有汇合的趋势。这可以事实来证明。例如该社上届年会曾以"由乡村建设复兴民族案"为讨论中心，经大会讨论后，且有社会教育应以乡村建设为要旨，及成立"乡村建设具体方案编制委员会"提供方案，准备下届年会讨论之决议。所以此次开封之会即将以此乡村建设具体方案为讨论中心题目。又如定县平教工作为社会教育之先进，原初作识字运动，今则完全是乡村建设。去年夏间在邹平开的乡村工作讨论会，来参加的以教育机关或团体为最多，定县平教会、上海中华职业教育社、无锡江苏教育学院，皆其主要分子。平常来邹平参观乡村建设的人亦以教育界人为多，所谓社会教育将汇归乡村建设于此可征。

> 不但社会教育将汇归于乡村建设，乡村建设之所归趋，亦终不能外乎社会教育。我们的乡村建设原本不是从教育工作转变来的，其来历为乡村自治运动、乡村自卫运动、农民运动等之扩充变化。我们的同志原都不是教育家，或凤有志于教育者。忆民国十九年夏间，我们率领河南村治学院学生到北平参观旅行，有一次在公园招待席上李云亭先生（蒸）演说，说我们的村治运动自他看来便是民众教育。李先生

---

① 梁漱溟：《乡村建设与社会教育》，载《大公报》，1934-08-12。

本是民众教育家，当时正努力民众教育，我颇以为他的话是一种交际上的辞令。四五年来乃渐渐认识他的话是当真的。我们原初虽不想办教育，但往前探求我们的途径，到今日来已不觉走上社会教育一条路。试看我们推进乡村建设的机关，同时亦即为乡村组织的"乡农学校"、"乡学"、"村学"，不是个例证么。好像两道河流，上游不是一个源头，而下游则彼此汇合为一流了。因此，内政部召开第二届内政会议研讨地方自治问题，一面固邀我们去参酌意见，而同时亦邀上定县和无锡的工作同人。教育部成立民众教育委员会，定县无锡两处同人自都被邀参加，而亦邀请到我们。诸如此类的事甚多，盖在旁人早已一例看待，不加分别了。这两者汇合一流已摆在眼前的事实，可无须多说。寻其所以然，盖皆为中国社会问题所规定，有不期然而然者。①

梁漱溟认为正是中国社会问题所在，内在规定了乡村建设和社会教育合流。社会教育是乡村建设的途径和方法，而乡村建设作为"吾民族社会重建一新组织构造之运动"，是社会教育发展趋势，"我们为方法的探求不得不归到教育，教育家为方向的探求不能不归到乡村建设，宜乎其有此合流也"，"乡村建设与社会教育，是一而二，二而一"。他回忆社教社第二届年会时，"同年八月前，济南也有过一次盛会，即'全国社会教育社年会'。这本应是一个教育团体的集会，然而我们乡村建设研究院亦被邀请参加，并且这一个大会，竟以乡村建设做讨论的题目。……可以看出现在的社会教育与我们的乡村建设是怎样的不分"②。他借两者合流说，表明乡村建设在现今中国的重要性，而话语中"我们的乡村建设"彰显了邹平的正宗地位，他作为政学两界公认的乡村建设的灵魂人物，在社会教育界具有天然话语权。

第三届年会，或许是少了梁漱溟等"异议分子"，大会讨论顺利、波澜

---

① 梁漱溟：《乡村建设与社会教育》，载《大公报》，1934-08-12。

② 梁漱溟：《社会教育与乡村建设之合流》，载《乡村建设》（旬刊），第4卷9期，1934。

不惊，《社友通讯》上刊登了一系列高度评价文字，诸如"本社第三届年会，集全国二十余省市社教同志及机关团体代表，精心讨论，计决议要案四十余件，会后已由事务所分布执行。……总之此次年会通过各案，现已分别进行，可以预期相当结果"①。"此次年会，空气之紧张，精神之贯注，筹备委员会筹备之周到，开封各机关欢迎之热烈，会议结果之圆满，为国内学术团体会议所罕有。"②社教社向中央民众运动指导委员会呈文注意电影教育和实物教学等，得到该委员会的嘉奖："呈件均悉。查所呈决议案，尚注意实际，深堪嘉许。"③该届年会通过的《由乡村建设以复兴民族之实施要点案》上报教育部后，教育部给予认可，"检发《该社议决之乡村建设以复兴民族之实施要点案》，训令各省市教育厅局注意采行"④。训令下发后，广东省教育厅态度积极，不仅"随令检发"，还要求粤省省立民众教育馆、省立社会教育实验区，"注意采行为要"。⑤

（三）会议新增日程

与前两届会议最大的不同，是本届年会增加了宣读论文和报告心得环节，前者是一偿第二届年会夙愿，后者则是本着该社宗旨而特别增设。据年会报告显示："去年年会，通知到会宣读论文，虽有庄泽宣、许公鉴二社友，惜于开会时因种种原因，未能到会宣读。今年特地重订征求论文及报告办法，广为征求。结果应征者有庄泽宣、孙仲威、李一非及广西省立民众教育馆。大会时，除庄、孙、李三社友均亲自出席外，广西省立民众教育馆亦派该馆展览部主任胡耐秋女士北来参加。四篇论文各有独到之处。"第三届年会新增的报告心得日程，是为了社会教育理论界与实践之间的沟通。"现在教育界，往往形成两个阵线：一个阵线是高唱理论，只谈学理的根据，不顾实际需要如何，一个阵线是只顾在下层蛮干，不重有所

---

① 《社务报告 呈请推行决议案》，载《社友通讯》，第 3 卷 5 期，1934。

② 心斋：《本社第三届年会志略》，载《社友通讯》，第 3 卷 4 期，1934。

③ 《社务报告 中央嘉奖年会决议案》，载《社友通讯》，第 3 卷 6 期，1934。

④ 尤蔚祖：《一年来民众教育之重要集会》，载《教育与民众》，第 6 卷 8 期，1935。

⑤ 《令发中国社会教育社年会决议形成建设实施要点》，载《广东教育厅旬刊教育》，第 1 卷 1 期，1935。

谓学术的研究。二者固然各有所长，同时都很需要，但各自分裂，却不免各有所偏，以致弊端丛生。本社为了消除这些弊端起见，本年年会，特由事务所先期函请各地社会教育实验机关派员出席报告实验心得，以供大会参考。"①发言(报告)题目及发言人单位如表 2-8 所示。

表 2-8　社教社第三届宣读论文及报告发言一览表(1934)②

类别 \ 汇报人	明细	题　　目	单　　位
主题论文	庄泽宣	从谚语格言分析观察中国民族性	浙江大学教授
	孙　枋	南京汤山二百四十九农家经济调查	南京汤山省立民众教育馆馆长
	胡耐秋	教育如何才能大众化	广西省立民众教育馆展览部主任
	李一非	巡回民众教育馆	河南中原民众教育馆
实验报告	高　阳	江苏省立教育学院实验报告	江苏省立教育学院
	杨效春	山东乡村建设研究院报告	山东乡村建设研究院
	姚石庵	中华平民教育促进会报告	中华平民教育促进会
	李腾仙	镇平县地方建设促进委员会报告	镇平县地方建设促进委员会
	屈凌汉	山东省立民众教育实验区报告	山东省立民众教育实验区
	李步青	河南省立教育实验区报告	河南省立教育实验区

表 2-8 显示，社员庄泽宣、孙仲威、李一非及广西省立民众教育馆(展览部主任胡耐秋)宣读论文，从社会教育的凭借物、经济基础以及事业等方面予以展开。这四篇文章，与中心议题有着或明或暗的联系。实验报告部分邀请了无锡、邹平、定县以及镇平、山东及河南省立教育实验区的代表，向与会代表介绍各自事业。从邀请代表及发言人看，其背后大多有重要学术社团来作理论支撑，本身便是理论与实践相结合的典范，以期给各地社友一个解决社会教育界理论与实践"各自分裂"，"各有所偏"引发弊端

①　《大会经过》，见中国社会教育社编：《中国社会教育社第三届年会报告》，6～7 页，无锡，民生印书馆，1934。

②　中国社会教育社：《中国社会教育社第三届年会报告》，61～102 页，无锡，民生印书馆，1934。

的范例。

四、中国社会教育社第四届年会

第三届年会闭幕之时，有广西、山西、广东和河北四省代表希望举办下届年会。10 月 28 日，理事会第 10 次会议就"下届年会地点日期案"决议，将于 1936 年 1 月在广州召开。一是因国立中山大学教育研究所主任崔载阳恳切陈词，二因社教社本身，"即就社教社来说，亦可以表示社的发展有普遍全国的趋势"①。1935 年 8 月 11 日，理事会第 12 次会议，决议第四届年会以"助成地方自治并促兴社会生产"为讨论中心，确定五日会期，推定邹鲁、陈济棠等为名誉委员，萧冠英、崔载阳为委员的第四届年会筹备委员会，就国立中山大学补助该社第四届年会出席社员川资四千元拟订分配方案，并公推梁漱溟、孟宪承、高阳、陈剑修、俞庆棠、江问渔、崔载阳组成第四届年会中心问题委员会，陈剑修担任召集人。② 1935 年 10 月 4 日，理事会专门发布《中国社会教育社通告》，就第四次年会具体事宜（如时间、地点、筹备委员会、公布中心议题、会务）等向社友和社会各界做了说明，理事会还专门发布了社友川资补助办法。③ 第四届年会于 1936 年 1 月 18—22 日在广州召开，会址设在国立中山大学内，这次年会的召开，将社会教育浪潮推广至珠江流域。

（一）大会筹备与出席社员

年会筹备委员会为年会召开作了细致周到的准备工作。在萧冠英、崔载阳运筹下，国立中山大学校长邹鲁、广东省第一集团军司令陈济棠等 14 位名誉筹备委员及囊括国立中山大学主要行政机构负责人、知名教授在内的 15 位筹备委员全部到位，并设立文书、事务、编辑和交际四部，各部干

---

① 方惇颐：《中国社会教育社第四届年会之前前后后》，载《教育研究》，第 67 期，1936。

② 《理事会第十二次会议》，载《社友通讯》，第 4 卷 4 期，1935。

③ 《中国社会教育社通告》，载《社友通讯》，第 4 卷 1、2、3 期合刊，1935。

事 95 人、共计 124 人的庞大职员队伍。筹备委员会于 1935 年 10 月 31 日、11 月 11 日、12 月 7 日及次年 1 月 8 日前后召开四次会议，具体规划年会各项事宜，第二次筹备会议通过年会预算草案并呈请政府拨款，各部按照会议日程列出详细的工作计划；社教社事务所为方便北方各省社员赴粤参会，专门在上海组织招待处，"上海为北方各省社员赴粤必经之路，惟以五方杂处，人事纷纭，陌生客抵此，往往不能应付裕如。本社特在上海组织招待处，招待或引导过沪各社员"，并专门在社刊上发布招待办法①，这些均为年会顺利召开作了坚实铺垫。

表 2-9　社教社第四届年会经费预算表(1935)②

项　　目		经费预算数目（粤法币）	备　　注
旅费补助费		5200	以国币 4000 元加三计合支如上款
膳食费		2400	每日三餐，每人每日约 8 毛，到会社员约 300 人，每日共需 240 元，以 10 日计合支如上数。
筹委会办公费	纸张费	200	—
	文具费	100	—
	邮电费	100	—
	印刷费	500	印刷年会手册、会场日刊、提案、会员证、记者证、住宿证及其他印刷
	杂支费	50	—
招待费	参观游览费	500	计团体游览一次，舟车费约 200 元；团体参观一次，舟车费约 200 元及迎接舟车费 100 元
	宿舍用具	1000	宿舍内各种设备
	临时雇用工人工具	120	会员寄宿舍须雇用临时工人约 30 余名
布置费		50	大会会场各处布置
活支费		200	—
共计		10420	—

① 《社务报告 组织上海招待处》，载《社友通讯》，第 4 卷 6 期，1935。
② 《筹备概况》，见中国社会教育社第四届年会筹备委员会编：《中国社会教育社第四届年会纪念册》，4 页，广州，培英印务局，1936。

从表 2-9 可知，筹备委员会预算年会支出高达 10420 元（粤法币），呈请国立中山大学校长邹鲁，请其转请西南政务委员会拨发。"查预算总额合共壹万零肆百贰拾元，此款系属临时用费，大学预算内未有计列，理合检同大会预算表乙份，备文送请，查照转请西南政务委员会核给，以利会务，实为公便。"①西南政务委员会给予批示，此项款项顺利解决。据第四届年会筹备会在会后给出《收支报告表》，收入共 10973.05 元，其中广东省政府拨付 10420 元、中山大学补助 250 元，会后变卖宿舍用具 303.05 元；共支出 10892.74 元，其中补助社员来粤川资 5108 元，社员膳食费 935.5元，文具及印刷费 1290.44 元等，尚余 40.31 元。② 对于此，主席梁漱溟在代表理事会开幕词中专门致谢，"本届年会，承蒙中山大学代为周密的筹备及补助，复得广东省政府热心的补助，才有今天这样的盛况，是我们非常感激"③。如前文所讲，经费问题，始终是困扰社教社发展的一大障碍，广东省政府如此资助，对社教社顺利举办年会绝对是雪中送炭。

理事会非常重视中山大学给予参会社友的 4000 元川资补助，理事会第 12 次会议事务所专门提出"国立中山大学补助本社第四届年会川资四千元，请规定分配办法案"，决议如下："除提出事务所专任干事一人出席年会全部川资外，全数补助社员川资，公推高践四（召集人）、孙仲威、朱坚白三先生依照下列要点，草拟具体办法，交事务所决定施行：1. 除广州外，其他各地出席社友一律予以补助，分四级支配；2. 估计路费之多寡，拟定各级之比率，以为分配补助费之根据"④。《国立中山大学日报》第 2036 期刊登了补助办法，按照各省市至广州旅费约数而将省份划分为四个等

① 《函中山大学邹校长检送大会预算表请转请西南政委核给以利会务由》，见《中国社会教育社第四届年会关于举办年会等情的文件》，020-007-111，1936，广东省档案馆藏。

② 《收支报告表》，见中国社会教育社第四届年会筹备委员会编：《中国社会教育社第四届年会纪念册》，134 页，广州，培英印务局，1936。

③ 《讲演词 主席梁漱溟先生开幕词》，见中国社会教育社第四届年会筹备委员会编：《中国社会教育社第四届年会纪念册》，89 页，广州，培英印务局，1936。

④ 《理事会第十二次会议记》，载《社友通讯》，第 4 卷 4 期，1935。

级，按照等级来分配个人社员或团体社员的川资补助①，从档案材料看，这4000元川资拨付并不顺畅，理事会再三发函，直至会议召开前夕（1935年12月14日），方得以由筹备委员会萧冠英、崔载阳代领，"由本会备函领出，仍请大学会计部暂予保存"②。从《收支报告表》看，补助社员来粤川资最终超出4000元的预算，补助5108元，"言必信，行必果"，为社教社与广东省教育厅、国立中山大学合办实验区做了很好铺垫。

年会筹备组起草一系列函文，派交际部干事前去接洽邀请第一集团军总部陈司令、广东省政府林主席、广州市刘市长、广东省党部、广州市党部等代表出席年会参观公宴，以中山大学校长邹鲁名义邀请社教社主要社员届时莅临年会；为便于社会各界旁听，特在会场楼上设旁听席200个，凡有机关团体或学校公函介绍者，均可领旁听证到会旁听；函广州市播音台"拟派播音，以广宣传"，"俾社会人士明了本会旨趣，而收实效"，专门安排会议期间出席社员参观学校、函各报馆会议期间出专刊事宜、向广州

---

① 补助方法如下：一、本社第四届年会各省市出席社员，除广州外，一律予以补助。二、补助费以国立中山大学捐赠之四千元金额，除去本社专任干事一人出席年会来往川资后，分配之。三、补助费分四级，参照各省市至广州旅费之约数订之，各级包括之地点如左：第一级：北平、河北、山西、绥远、山西、四川、贵州、云南、其他边远各地及国外；第二级：山东、河南、江西、湖南、湖北、安徽、青岛；第三级：上海、江苏、浙江、广西、南京；第四级：广东、福建、香港。四、各级每社员补助费之比例为：第一级5.5，第二级4，第三级2.5，第四级1。其实数于报名截止后，由事务所根据报名人数算定通告。五、本社之补助，以在规定期间直接向本社报名并亲自到会者为限。过期报名或不报名人数算定通告。六、报名而不到会者，其应得之补助费，交由理事会另行支配用途。七、团体社员出席代表致补助额与个人同，由该团体正式通知规定之代表人（以每团体一人为限）领取。一人如代表两个或两个以上团体，补助费仍以一社员计算。代表人如系个人社员而领有个人补助费者，不得再领团体补助费。八、补助费由事务所会同年会筹备委员会，于大会期间分发之。《校闻中国社会教育社第四届年会要讯：出席社员川资补助办法》，载《国立中山大学日报》，第2036期，1935-10-26。

② 《照案函国立中山大学邹校长附具领据请照拨补助本社出席年会社员川资国币四千元仍请饬知会计部暂予保存由》，见《中国社会教育社第四届年会关于举办年会等情的文件》，020-007-111，1936，广东省档案馆藏。

市长途汽车同业公会附送年会会员职员证章式样，请各长途汽车公司分发售票人存根，以便"半价购票"；函文广州市长，借派银乐队，以便开幕礼上能"克襄盛典"；函文广东宪兵司令部、广东省会公安局，"请派队警维持本年内会场秩序"。① 不想年会即将举行，广州市发生学潮，广州省宪兵司令部宣布实行戒严，戒严期间所有集会结社事宜需请广州市戒严司令部核准。为出席社员便利计，1月16日，筹备会专门函文广州戒严司令部司令缪培南，称大会将于即日开幕，"会员职员约三百余人，皆国内教育专家，来集一堂，会商社教问题，冀收良好结果。惟此会大会会务繁浩，会员职员往来频多，应请予以出入自由之便，以利行为。为此，检同本年会会员职员证章式样十纸，随函附送"。缪司令接到请示函后，当日即转饬广东省会公安局局长何荦，"核准予以出入自由，以利进行"②。为方便社员开会便利，国立中山大学专门将社员宿舍安排在校内教职员宿舍（图2-6）。在筹备委员会的精心准备下，第四届年会如期在中山大学召开。

图2-6　国立中山大学为社教社第四届年会出席社员提供的宿舍（1936）③

---

① 《重要公牍 公函》，见中国社会教育社第四届年会筹备委员会编：《中国社会教育社第四届年会纪念册》，9～24页，广州，培英印务局，1936。

② 《函广东省会公案局、宪兵司令部广州戒严司令附送本会证章予以出入自由之便利由函广东宪兵司令部》，见《中国社会教育社第四届年会关于举办年会等情的文件》，020-007-111，1936，广东省档案馆藏。

③ 《中山大学教职员宿舍》，载《社友通讯》，第4卷7期，1936。

年会筹备委员会非常注重会议氛围的营造。社友方惇颐用白描式样的笔触，呈现了即将召开社教社第四届年会的国立中山大学校园景色："本届年会的会址定在广州文明路中大旧校，在开会的前几天，我们在文明路上便可看见一条橙色布条高高地横在马路当中，上书'中国社会教育社第四届年会，会场：国立中大大学，会期：一月十八日至二十二日'等字样。中大正门前悬着'中国社会教育社第四届年会开幕典礼'的鲜花匾额。由正门进去，经一个宽敞的操场，便到了大会的会场，这是中大礼堂，中山先生当年曾在此讲演三民主义。礼堂面前，两排鲜花，顶上的钟楼有国旗凌空飘扬，两旁伴以万国旗，极为壮观。会场正中悬中山先生遗像，其上挂着党旗和国旗。主席台之两侧为来宾席及筹备委员席，台下为记录席，后面则为社员席，楼上为新闻记者及旁听席。此外筹备委员会又制定了十五条大会标语，到处张贴，社教空气布满全校"。1月18日，在"在纪念中山先生的学府，中山先生宣讲三民主义的地方"，"八时三十分，主席梁漱溟先生就位。我们的年会就在鼓乐齐奏之下开幕了"。在完成"唱党歌、向党旗国旗及总理遗像行三鞠躬礼、主席宣读总理遗嘱、主席致开幕词、理事会工作报告……"[1]等议程后摄影，在庄严肃穆的大礼堂前，"总理昔日讲演三民主义及本党第一次全国代表大会开会之所"，与会代表400余人，熙熙攘攘，给人一种"于斯为盛"的感觉。下图为年会开幕合影。

图 2-7　社教社第四届年会开幕合影（1936）

从数字统计上看，第四届年会与会代表远超前三届年会。很有意思的是，有两组不同的统计数字，第一组由社教社事务所统计：该届年会各省市教育厅局代表、其他来宾及社友共有400余人出席[2]；第二组来自筹备

---

① 　方惇颐：《本社第四届年会之前前后后》，载《社友通讯》，第 4 卷 9 期，1936。

② 　方惇颐：《本社第四届年会之前前后后》，载《社友通讯》，第 4 卷 9 期，1936。

组结束会议时的统计：本届年会人员计会员 221 人（其中男会员 184 人，女会员 37 人），职员 124 人（内含名誉筹备委员 14 人，筹备委员 15 人，各部干事共 95 人），合计会员职员 345 名。[①] 这两组数字之间的差别所在，只不过第一组计算了其他来宾。具体到与会社员省份来源，据筹备组主任萧冠英的报告称，其中广州 99 人，江苏 41 人，广西 10 人、湖南 9 人，作为上次东道主的河南代表为 7 人。[②] 延续前三届年会时举办地域社员占多数的局面，引发参会社员"作民"的猛烈抨击[③]。北平市第一民众教育馆馆长戚彬如递交了提案，但没有作为个人社员参加，原因便是"地点在广州，路途较远，用费颇多"[④]。而作为参加年会最为踊跃的陕西省立民众教育馆馆长刘宰国，此届年会作为个人社员及陕西省教育厅代表参会，竟出现"远道赴会，中途病故"的意外事件，陕西省教育厅专电会议筹备组"以期限迫促，不及改派代表"。[⑤] 资料彼此印证，可知该届年会地点放在广州，是更大程度上照顾社教社高层"社的发展有普遍全国的趋势"的雄心大略，不利于普通社员的参会，来自社会教育第一线工作人员的普遍缺失，使得社教社年会成为一个知识精英聚合体。实际上，兼顾了实践，学术氛围便稀薄，反之亦然，这个问题普遍存在于相类学术社团中，延缓至今。

（二）中心议案的论争

该届大会中心议案为"助成地方自治，促兴社会生产"，围绕乡村社会

---

① 《结束会议纪事录》，见中国社会教育社第四届年会筹备委员会编：《中国社会教育社第四届年会纪念册》，8 页，广州，培英印务局，1936。

② 该组籍贯统计数字为年会第一天统计所得，该天与会社员总数为 182 人，筹备委员会主任萧冠英称"八时半以后来筹备委员会报到的，仍是络绎不绝，预计当会超过二百人以上"，此数字大体能反映出各个省份社员的参与情况。《八、工作报告 筹备委员会主任萧冠英先生筹备经过报告》，见中国社会教育社第四届年会筹备委员会编：《中国社会教育社第四届年会纪念册》，103 页，广州，培英印务局，1936。

③ 作民：《中国社会教育社的第四届年会》，载《中国农村》，第 2 卷 3 期，1936。

④ 《第一社教区民众教育馆关于举行赈灾宣传周组织母亲会的呈文及社会局的指令》，J002-003-00345，1936，北京市档案馆藏。

⑤ 《电复陕西教育厅慰唁该省代表中途病故议案当检寄全份由》，见《中国社会教育社第四届年会关于举办年会等情的文件》，020-007-111，1936，广东省档案馆藏。

组织结构建造和为解决民众生计发展经济两个问题展开，会议分为上、中、下编分时段讨论，主题依次为助成地方自治、促进社会生产和本社应有之行动。总体来说，与会者对上编意见分歧较大，集中体现在政教关系和如何对待现有政府问题上。这次会议，梁漱溟又一次成为会议讨论的焦点人物。

按照惯例，理事会决定"助成地方自治并促兴社会生产"为中心议案后，成立了"中心问题委员会"，推定梁漱溟、高阳、俞庆棠、孟宪承、陈剑修、崔载阳、江问渔七人组成，负责编制讨论纲要，"自本届中心问题决定以后，即广征社友意见，由委员会荟萃辑要，根据单元法编成手册，以作参考"。1936 年 1 月 17 日，理事会第 13 次会议上公推梁漱溟审查"社会教育助成地方自治并促兴社会生产案讨论纲要"案并报告大会讨论。① 会上，梁漱溟代表中心问题委员会报告编制纲要的经过，"为大家讨论方便起见，个人愿意再贡献两点意见"：

> 第一，我们先要把问题的本身考究，不要从社教立场说话，否则很容易变成主观的，演绎的，深恐说了许多空话，仅在名词上化了许多疏散的讨论而已。中国办了三十多年的地方自治，现在还没有成功的主要原因，里面的困难究在何处，我们一定要分析清楚，然后才能把这个问题了解，了解以后，再从社教立场来发抒己见。

> 第二，如果照了方才所说的办法去讨论，则我们所感受困难的，就是我们并非自治专家或经济专家。如果欲把自治、生产等问题辨查清楚，一定需要这两方面的专才。所谓生产，是一个很宽泛的名词，因为名词愈宽，就需要更广博的知识。我们在社教方面尚不能成为专家，那里还能再兼一项专家。因此我们对这个问题的讨论，深恐不易找到尽力的所在。但因中国今日所遇到的问题，关于追问道根本的，特别的多，我们虽非地方自治的专家或经济专家，却也无法避免此多

① 《两次理事会议记 第十三次会议》，载《社友通讯》，第 4 卷 8 期，1936。

方面的讨论。①

梁漱溟给出两条具体建议后，率先发言，身体力行，将两条具体建议作为指南，就讨论纲要中未涉及的"三十年来中国地方自治未能成功的实际原因"提出自己的看法，并将失败原因归结为"抄袭外国自治办法、未从经济方面着眼、不了解中国过去的历史"三个方面。梁漱溟又一次以风云人物的态势，重新掌控年会中心议题的话语霸权。但不同于第二届年会一边倒的局面，梁漱溟的发言并没有成为之后讨论的风向标。与会代表多从自身经验出发，更倾向"站在社教立场"来看待问题，中心议题集中在政教关系以及如何对待现有政府两个问题上，大致分成助成派、取代派和合一派三种代表性观点，第一派支持者最多。

助成派核心在于"助成"，主张在现有政府管理模式下，利用社会教育手段促成乡村自治实现，有李蒸、杨翼心、李一非、顾良杰、钟灵秀、周葆儒、高炳泰、陈一、孙有良等20多位拥趸。张植安认为："我们研究社教助成地方自治之工作，主要是在助成两字。"②以董渭川、屈凌汉等为首的声称"自治与生产，在社会上更有专业，吾人似宜着眼于助成或促兴方法，而不必致全力于自治或生产本身"，认为要完成本会年会中心议题使命，"须政府各机关团体与各专家之共同努力，社会教育者于此亦有无可诿卸之任务"，提出各级学校推广教育工作、协助训练乡村小学教师等对策；李蒸、杨翼心、钟灵秀随即给出了组织民众训练民众的具体意见。显而易见，此派学者大多具有一定的行政职务，在论及政教两界的关系时，强调的是"合作"，要将"军事、政治、经济与教育四者打成一片"，密切合作，社会教育应注重"对于政府各机关团体、各种事业专家与有组织之民众间

---

① 《中心问题讨论经过　梁漱溟先生报告编制讨论纲要之经过》，见中国社会教育社第四届年会筹备委员会编：《中国社会教育社第四届年会纪念册》，39页，广州，培英印务局，1936。

② 《大会讨论中心问题的经过》，见中国社会教育社第四届年会筹备委员会编：《中国社会教育社第四届年会纪念册》，41页，广州，培英印务局，1936。

之一切沟通介绍与辅导工作"。这种观点较符合体制内知识分子的习惯。

取代派则建议用一个新的社会组织或自治机关取代原有的政府管理模式，重新整合原有政治、经济、教育各部分内容，此派以梁漱溟、姚石庵、朱懋澄为代表。很有意思的是，三人内部观点各有差异，各自代表所在团体发声，朱懋澄为中华民生改进社名誉总干事，倡导用"劳工新村制度"来作为新的自治机关，"其办法：先在改良平民之住宅及其环境，再由此而作积极社会改良之运动，根据友爱、互助、合作、整洁、节约等原则，改良劳工生活，推行劳工教育，施行自治，以及培养生产技能和效力，相互推进，相与有成，而造成一种新的社会秩序，建设一个健全新的社会"；姚石庵作为中华平民促进会代表，"吾国民族力量不足，自治智能薄弱，生产技能窳陋，自应以培养民众自治力，增高生产力，以发挥民族伟大力量为目标"，主张以平民学校为中心，有组织、有计划、有连锁地对全体民众进行自治训练。① 取代派中，以梁漱溟影响最大。

合一派的核心观点是施行"政教合一"制度，以彭百川、董渭川、屈凌汉、崔载阳、黄仲诚、林本、王越、程宗宣、蔡衡溪、雷沛鸿等为支持派。彭百川（时任江苏省江宁县县长）认为："本社站在社会教育的立场，去助成地方自治，第一步须促成'政教合一'制的设施，然后社教可赖政治的力量以发展，社教发展，地方自治的设施，就可以藉社教推行的利器，而树立坚强的基础。社会教育实施的材料，也随应变更他的动向，把'地方自治'为取用的源泉"；程宗宣（时任江西省立民众教育馆馆长）认为要将"政教合一""学校为社会之中心"口号落到实处，方法即是"务使每一自治单位有一小学校，即以之为地方自治之中心机关，学校教职员即兼任地方自治人员，为地方自治之中坚分子，藉收'政教合一'之效"；蔡衡溪（时任河南省教育厅编辑室主任）主张"社会教育工作人员要能实地参加地方自治组织以内，予以切实合理之辅导；社会教育机关要联络各地党部，予民众

---

① 《中心问题讨论纲要》，见中国社会教育社第四届年会筹备委员会编：《中国社会教育社第四届年会纪念册》，52～53 页，广州，培英印务局，1936。

以四权运用之训练"。① 翻检史料，未发现雷沛鸿参与中心问题谈论，但该年年会理事会邀请了其作大会工作报告，在报告的40分钟时间中，雷沛鸿简要汇报广西普及国民基础教育研究院研究实验部工作，特别就国民基础教育的组织问题进行说明，"我们的办法，是'一人三长，一校三用'"，"一人三长"，即村长兼基础学校校长、民团后备队队长，而基础学校既为村坊公所，亦为民团后备队队部构成了"一校三用"，"现在又加上保健事业和经济建设事业，共有五种事业"，国民基础教育不是单独的义务教育、学校教育、社会教育或民众教育，"它是合此数种为一整体，它有一种整体性"，而国民基础教育的整体性，就赋予了普及教育、创造新国民的使命，为了达成这个目的，"我们认定教育不能与政治经济军事文化等分开，故在组织上须打成一片"。② 显而易见，雷沛鸿在"政教合一"方面走得更远，在广西展开了轰轰烈烈的六年实验。诚如俞庆棠所宣称："从社友在组织上制度上的努力说，广西的国民基础教育，山东的乡村建设，其他各

图 2-8　社教社第四届年会会议现场掠影（1936）③

　　① 《中心问题讨论纲要》，见中国社会教育社第四届年会筹备委员会编：《中国社会教育社第四届年会纪念册》，54～55页，广州，培英印务局，1936。

　　② 杨汝熊、王璋合记：《雷宾南先生广西普及国民基础教育研究实验报告》，见中国社会教育社第四届年会筹备委员会编：《中国社会教育社第四届年会纪念册》，105页，广州，培英印务局，1936。

　　③ 中国社会教育社第四届年会筹备委员会编：《中国社会教育社第四届年会纪念册》，广州，培英印务局，1936。

地各处民教学术的研究等，在在都表示我们努力的程度。"①

　　针对各派的分歧，国民党元老、时任考试院副院长钮永建在随后大会演讲中作了回应，"不过自治还有一要件，兄弟觉得一国人民不能无政府，一切均要用国家的政府管理，人民更需政府管理，种种事情无政府便不能成功，如我们这次年会讨论时一部分社友还客气，这是不能成功的，我们要由管理到自治，无管理决不会到自治的，故办理地方自治要推进政府政治，然后自治才能成功，要二者互相促成，所以社教同人，要想法促进政府力量，助成地方自治，正面与反面均可"②。长官一席话明显倾向于"促成派"，实际上，这种"促成派"理念主导了之后中国社教社的舆论方向。

　　很有意思的是，本届中心议案讨论中，以王越为首的国立中山大学教授们与梁漱溟频频交锋，意见相左，颇有几分延续第二届年会中山大学教授们与梁漱溟论争的架势，只不过由隔空掐架变为正面交锋。当梁漱溟率先给出中国自治不成功的三大原因，指出经济仅是原因之一，王越回应"考过去自治的所以失败，主要是在经济方面，所以现在应先注意经济方面的解决，就是要解决人民的生计问题，不然，人民谋生不暇，遑论自治"。面对王越的挑战，梁漱溟利用大会主席的身份，在宣布"现在的讨论应从社会方面讲，不必从地方自治本身讲，兹既无其他意见发表，乙项可暂告结束，请集中讨论丙项"，社员张植安、王春元按照要求发言后，梁漱溟却话锋一转，"本席前曾陈述，中国自治失败的原因主要约有三点，兹再补充一下……"，补充内容依然围绕三大原因展开，并就王越发言进行针对性回应："前有几位社友说的不错：中国的政治经济问题没有解决以前，没有地方自治可讲。这话我想修正一下：就是中国的大局问题未解决以前，就无从谈自治，但是要等到大局问题解决了，才谈自治，那也不对。……这三点中第一第二两点，我们邹平所实验的'乡学'就是走的这条

---

　　① 《总干事俞庆棠先生社务报告》，见中国社会教育社第四届年会筹备委员会编：《中国社会教育社第四届年会纪念册》，100 页，广州，培英印务局，1936。

　　② 《考试院副院长钮惕生先生讲演词》，见中国社会教育社第四届年会筹备委员会编：《中国社会教育社第四届年会纪念册》，97 页，广州，培英印务局，1936。

路。至如邹平的乡村运动，就是走的第三点的路。"梁漱溟的强势，遭遇到王越的强硬反击：

> 刚才听了梁先生的话，本席有一点感想，我觉得梁先生刚才所说的第一第二两点，是有矛盾的地方，第一点说要恢复中国旧有的伦理精神，而中国伦理精神的中心点是在以对方为重。我们知道中国几千来都是封建社会，这种社会是"三纲五常"的社会，是上对下的，不是平等的，不是以对方为重的，要把这种精神恢复，就等于恢复封建社会。我以为这种恢复实在不需要。第二点说把近代的生产技术引到中国来，这句话就和刚才说的冲突，有近代的生产技术于是发生产业革命，跟着造成近代的资本主义社会。因为生产决定于生产关系，生产关系又造成社会的形态，现在要把近代的生产技术引进中国来，自然是造成资本主义的社会，而又说是恢复封建文明的社会，这岂不是矛盾？

面对王越的"上纲上线"，梁漱溟采取虚晃一枪，用太极方式避开锋芒，以时间有限难以说明为借口，"社友如果有疑问，我可用书面答复，或请大家参考我曾发表的谈话，或作个别的谈话也可以"①。从史料看，梁漱溟如此应对后，王越再无就中心议题发表个人见解。但从现存的第二届、第三届及第四届年会交锋看，以国立中山大学为基地的社会教育团队，对梁漱溟高调介入社教社的权力中心，并强势贩卖、推介其乡建理念，很大程度上持保留态度。

众说纷纭中，大会主席梁漱溟深感就中心议案达成统一意见的不易，并将之归因为社员们"仓促间从四方八面来的人，不易接头，所以不易一致"，鉴于"本社对此案虽然不能不结束，但很难有成功的结果"，建议由理事会设法完成该案。该建议得到俞庆棠、李一非、王义周等人复议，经

---

① 《大会讨论中心问题的经过》，见中国社会教育社第四届年会筹备委员会编：《中国社会教育社第四届年会纪念册》，39～42页，广州，培英印务局，1936。

过大会投票，以 54 票(共 86 人参与投票)大多数赞同，通过将中心议题"交由中心问题委员会办理"。与第三届年会中心议案命运相同，未能在年会期间形成共识。

实际上，中心问题难以集中意见，在确定中心问题之时已显现端倪。1935 年 3 月 17 日理事会第 11 次会议召开时，理事会就"请规定第四届年会日程及讨论范围案"决议如下："日期以三日至七日为度；讨论范围暂拟如下：(一)政教合一问题；(二)社教机关如何促进与生产问题；(三)培养民族意识之教材教法问题"，上述问题递交由刘季洪、赵步霞、张星舫为委员，刘季洪为召集人的审查委员会审查后决定。① 同期的《社友通讯》编辑在讨论范围"现已递交由审查委员会审查，将来在此三案中决定一、二，或将三案齐付讨论，尚未确定"情况下，"现在先将本社常务理事梁漱溟先生的《政教合一》一文，转载于此，以为本社第四届年会中心问题开始讨论的先声"。② 第 11 次理事会由梁漱溟、彭百川主持议席，有此"编辑余谈"不足为奇。但就理事会第 12 次会议公布中心问题看，第一、第三个问题均被舍弃，有此可窥刘季洪等审查委员会对梁漱溟"政教合一"理论并不认同。

（三）对第四届年会的批判

有研究者指出："社教社年会地点的确定及轮值，是乡教事业本身空间联系和扩展辐射的表征。"③第四届年会在国立中山大学举行，主席团由钮永建、邹鲁、金曾澄、黄麟书、梁漱溟、萧冠英、雷沛鸿、崔载阳、钟荣光、俞庆棠、董渭川 11 人组成，从来源上看，梁、董二人来自黄河流域，钮、俞二人属长江流域，其他都属珠江流域，其中尤以会议召开地广州人为大多数，特别是国立中山大学。主席团推请梁漱溟担任主席，总干事俞庆棠、年会筹备会主任萧冠英、教育部代表黄麟书、中大校长邹鲁等人相互致辞后，由广西代表雷沛鸿、山东代表梁漱溟和江苏代表刘平江，

---

① 《第十一次理事会议记》，载《社友通讯》，第 3 卷 10 期，1935。

② 《编后余谈》，载《社友通讯》，第 3 卷 10 期，1935。

③ 曹天忠：《中国社会教育社与乡村教育派分的互动》，载《中山大学学报（社会科学版）》，2006(4)。

分别宣读论文集教育实验报告，"代表华北华中华南各部"①。中国社教社四次年会地点的腾挪，标志着社会教育界联络范围的延展，珠江流域、黄河流域与长江流域连成一体，社教社触角深入中原，指向西北、西南。

从现存史料看，社教社的社刊《社友通讯》以及同仁刊物，如《教育与民众》《山东民众教育月刊》等几乎是一边倒的对第四届年会的盛赞，但中国农村经济研究会会刊《中国农村》上刊登的一篇署名"作民"②的文章，从出席社员分析、年会讨论氛围、实验成绩和目前重要问题四个方面，对第四届年会给予猛烈批判。针对与会社员分歧较大的年会讨论氛围，作民以旁观者的冷峻，给出自己的会议感受："这次外来社员数和本地出席社员数的相差所以如此悬殊，至要原因是会议地点太不适中，偏在最南面的广州；以致于一般远道社员，困于经济和时间，尤其是参加实际工作，真正接近民众的下层工作人员能够出席的，实占少数中的少数。而超过出席人数半数以上的广州社员，又有十分之九是新社员，他们大多很少做过实际工作，不能提出实际问题。同时又因为语言隔膜，所以大多默然静听，不发一言。于是各地的领袖们，高级职员们，即各处的理论家们，便变成会场的主要成份。而且有些理论家竟利用他的地位和身份，来操纵一切；甚至明目张胆地在会场上用种种办法来限制别人，自己偏偏不受那些制限的束缚。就这样轻轻地把那些极少数极少数的下层工作人员，想发表一点意见的权利，也被剥夺了。"在行文中，用写意笔法将"有些理论家"的种种知行不一的行径一一列出，并将矛头直指大会主席梁漱溟："别人虽然都要受上述会场规则的限制（每人每次发言不得超过两分钟，同一问题发言不得超过三次，笔者注），而我们的梁漱溟先生却可以例外。所以有人说这并不是会议，不过是给一二人来宣布他的'开倒车的歪曲理论'罢了！我虽

---

① 《各日开会情形》，见中国社会教育社第四次年会筹备委员会编：《中国社会教育社第四届年会纪念册》，35～36页，广州，培英印务局，1936；《大会经过》，见中国社会教育社第四届年会筹备委员会编：《中国社会教育社第四届年会纪念册》，12页，广州，培英印务局，1936。

② 作者为江苏宜兴实验农民教育馆馆长吴培元，字作民，江苏宜兴人。见中国社会教育社编：《中国社会教育社社员一览》，13页，无锡，民生印书馆，1937。

然不愿相信这话，可是事实已经像铁一般的放在这儿了。"①不难看出，作民对参会社员多为广东籍有很大看法，前三届年会广州社员数目甚少，这次参会的大多是新加入的②，难免落人口实。实际上，这种出席人数多寡与会址交通距离的关系，在其他学术会议上也极为普遍，晏阳初曾对参加乡村工作会议代表省区分布作过细致观察："必定是离开会地址较近的，则出席的多，远的就更少些"③。据第四届年会筹备会统计④，作民所指出半数以上为广州社员应是将职员计算其中。作民笔下"地点不适中"的广州，在社员蔡衡溪看来，却是充满了期待："我们的年会，得能从三届年会举行所在地之'黄沙遍地''荒凉不毛'的开封，移到将来中国文化中心所在地之广州举行四届年会，一定象征着这次年会，更有奇特的与新颖的发展！"⑤第四届年会筹备会副主任崔载阳曾专门在《社友通讯》撰文《欢迎社友到广州来》，认为社教社年会在广州召开，无论对社教社抑或国家都意义重大："从本社讲，这届年会充分表示出本社生命之继续不断的扩大。从长江流域，黄河流域，沛然的扩大到珠江流域，我们要庆祝"；更进一步，"从国家讲，这届年会确实表明我国无论南方北方，他们的文化教育始终

① 作民：《中国社会教育社的第四届年会》，载《中国农村》，第 2 卷 3 期，1936。

② 第四届年会召开前夕，即 1 月 17 日、19 日理事会第 13 次、14 次会议先后通过新社员 248 名，90％以上为广州社员，其中第 13 次会议一次性通过 200 名，包括萧冠英、黄麟书、黄敬思等年会筹备会核心成员，《两次理事会议记》，载《社友通讯》，第 4 卷 8 期，1936。

③ 晏阳初：《关于出席乡村建设学会会议等经过情形的报告》，见宋恩荣主编：《晏阳初全集》（第一卷），377 页，长沙，湖南教育出版社，1992。

④ "本年年会人员，计会员 221 人，内男会员 184 人，女会员 37 人，志云 124 人，内名誉筹备委员会 14 人，筹备委员会 15 人，各部干事共 95 人，合计会员职员 345 名。"《会议录：中国社会教育社第四届年会筹备委员会结束》，载《国立中山大学日刊》，第 2115 期，1936-02-12。

⑤ 蔡衡溪：《吾所望于本社第四届年会者》，载《社友通讯》，第 4 卷 7 期，1935；方惇颐亦表达了广东社员们的心情："作者忝列本社社员，向来僻处南方，这次无须舟车之劳，而能参加这个轰动一时的盛会，瞻仰许多崇高伟大的学者，接近到许多埋头苦干的勇将，亲聆到各种鞭辟入微的说论与切实宝贵的经验，那当然觉得是无上的光荣！"方惇颐：《第四届年会之前前后后》，载《社友通讯》，第 4 卷 9 期，1936。

都是一有机的大整体，不可分离的统一体，我们正在创造历史"。但就广州来讲，自从 1921 年全国教育大会召开后，因种种关系，直至 1936 年再无机会举行全国性质的教育会议，"说到南方人，那就无一不认这届年会是一次非常难能可贵的机会"①。社教社年会地点的选择，被提升到国家南北文化统一的高度。总干事俞庆棠在年会召开期间，亦积极回应崔载阳观点，将之作为社教社事业拓展的有力佐证。

作民对社教社的会议日程中的"工作报告"的非议，将该次年会工作报告直接冠以"东抄西录的实验成绩"，特别对梁漱溟的邹平试验予以犀利批判：

> 原来社教社在每次开会的时候，总有若干机关，要发表他们伟大的工作报告。但是试一审阅这些报告的内容怎样？不客气地说，都是东抄西录，除了换几个人名和地名以外，差不多是千篇一律，而且除了给人家拿回去，填塞图书馆和装潢书架以外，我是再也找不出他们真正的成绩是在那里？另一种表现实验成绩的方法，便是口头报告。……，这些实验报告，不是说得天花乱坠，使听者不敢置信，便是老生常谈，提不出目前的迫切任务和实际困难。所以每使听者生厌，甚至庸俗到令人恼怒。各地年来实验的成绩究竟在那儿？只有使我感到茫茫然了。
>
> 至于为全国社教理论中心的邹平乡村建设，究竟做得怎么样呢？虽然辛苦了梁漱溟先生大半天，但是我们所听到的，除了"这些暂不报告"，那些"尚没有多大用心去做"等等之外；最后梁先生自己认为可以报告和值得报告的，便是"邹平的青年义务训练"。他说："这种训练，我事后听说大概还不错"。接着报告邹平的实验农民自卫训练，他说自卫训练所以"可见成效"，是靠政治力量和"要那些较有产的人先来受训"。够了够了，依靠政治力量，为有产的人办自卫，增厚有产者的势力。这样的训练，这样的成效，怎能叫我们不佩服得五体投地哩！

---

① 崔载阳：《欢迎社友到广州来》，载《社友通讯》，第 4 卷 7 期，1936。

作民认为，时下中国正处于存亡生死关头，参加救亡运动、从事救亡工作是每个中国人的最重大任务，然而"素以复兴民族为己任的中国社会教育社"，在这次会议上对于这一使命作出的努力，"说来实在使我们做社员的惭愧万分"。在五天的会议期间，"除去听到了雷宾南俞庆棠先生的国难愈加紧迫，本社的责任愈加重大这些门面话外，我们再听不到有人讨论救亡问题。虽然华北民众已在敌人炮火之下，身受着亡国的惨祸，可是安坐在华南会场中的我们的社员，都是仍在那里从容不迫地大谈其'助成地方自治，促兴社会生产'哩"。作者认为在"中国已经亡了一半"情势下，社教社"反而离开了抗敌救亡来讨论那些缓不济急的'地方自治'和'社会生产'问题，藉以缓和空气，转移目标，这实在是件莫大的罪恶！……所以这个时候还高谈什么'伦理救国'和'科学救国'的大人先生，最好还是留着等到国亡之后，再替殷汝耕之流去助成'防共自治'，并替某国人去促兴'棉毛生产'吧！"①言语行文中，将学术团体的年会主题、讨论内容无限政治化，梁漱溟及其代表的乡村建设成了作者开炮的靶子。

表 2-10　社教社第四届年会工作报告一览表 (1936) ②

次序	报告内容	报告人	社会职务
甲	社务报告	俞庆棠	江苏省立教育学院教授、社教社总干事
乙	第四届年会筹备经过报告	萧冠英	国立中山大学教授、院长
丙	广西普及国民基础教育研究院研究实验报告	雷沛鸿	广西省教育厅厅长
丁	山东乡村建设研究院研究实验报告	梁漱溟	山东乡村建设研究院院长、社教社常务理事
戊	江苏省立教育学院研究实验报告	刘平江	江苏省立教育学院教授
己	河南镇平县自治工作报告	李腾仙	镇平建设委员会委员
庚	武昌青山实验区工作概况报告	张植安	——

①　作民：《中国社会教育社的第四届年会》，载《中国农村》，第 2 卷 3 期，1936。

②　《工作报告》，见中国社会教育社第四届年会筹备委员会编：《中国社会教育社第四届年会纪念册》，99～111 页，广州，培英印务局，1936。

表 2-10 中显示第四届年会的所有工作报告情形。作民批判的"会议地点太不适中"的广州，社教社总干事俞庆棠却将之看作该社影响的重要表征，"由长江流域而黄河流域而珠江流域，有普遍全国的趋势"。对于工作报告，俞庆棠认为社员"平日天各一方，只有年会才有互相见面的机会，互相报告民教的得失和经验"，这种事业上的讨论，正表现了社员们在民族生死关头的风雨同舟："我们感觉到只有在教育民众，组织民众，训练民众上努力的这个基本工作，才能够产生各省各地抵抗敌人的生力军"①。对于参会社员来讲，他们还是比较认同中心议题，对年会集体智慧的力量充满期盼："盼望本届年会对于本题之讨论，不必希望过奢而冀于仓促之间议定一具体之设施方案。愚见只望于年会中各同志多多交换意见，整理若干原则，由大会推选若干同志组织实施方案研究编制委员会，依据原则，本照中国实际情形，作切实之研究，然后编为方案，建议中央令颁各省，以谋整个更敏速之实施，始能切合实际而易收实效。"②"本社在广州举行第四届年会，便以这个问题为讨论中心，各地社友莫不热诚盼望具体方案能够早日产生，作各地实施的准绳，使我国的地方自治与生产事业，同放异样的光彩。"③从筹备委员会拟定的年会标语看，"社会教育是民族自救的教育""社会教育的使命在复兴民族""建设乡村引发工业发扬文化复兴民族""努力社会教育就是促进三民主义的实现"，民族危亡被凸显，作为一个知识分子自发的民间学术团体，"天下兴亡，匹夫有责"，作民对之"领导民众参加抗战救亡"的要求，属于情理之中。

那么，作民写出如此一篇针对社教社第四届年会、针对梁漱溟的战斗檄文，意欲何为？作者作为江苏省宜兴实验农民教育馆馆长，对中国农村情况比较熟悉，从发表的杂志《中国农村》看，应该是"中国社会史论战"中

① 《总干事俞庆棠先生社务报告》，见中国社会教育社第四届年会筹备委员会编：《中国社会教育社第四届年会纪念册》，100～101 页，广州，培英印务局，1936。

② 方惇颐：《吾所望于本社第四届年会者》，载《社友通讯》，第 4 卷 7 期，1936。

③ 桐庸：《以民众教育助成地方自治促兴社会生产的我见》，载《社友通讯》，第 4 卷 8 期，1936。

的左翼学者中的重要一员。千家驹作为《中国农村》主编，与李紫翔合作，编辑出版了《中国乡村建设批判》及《乡村建设实验》(1—3辑)，这篇文章延续了千家驹对于梁漱溟的一贯批判文风。[①] 了解这个历史背景，方才公允、理性地去看待作民的这篇檄文，"借他人酒杯浇自己块垒"，一定程度上社教社第四届年会因梁漱溟的高调参与而背锅而已。当然，作民作为社教社社员，他提出会议地点偏远、广东新加入社员参会多也是不争事实。

五、中国社会教育社第五届年会

社教社第五届年会有两次筹备，落到实处是1947年。第五届年会原定于1937年8月在青岛举行[②]，因抗战全面爆发，社教社随江苏省立教育学院迁往广西，五届年会因此无限延期。抗战胜利后，1947年3月，中断了10年之久的社教社第五届年会召开，大会以"社会教育与新中国之建设"（常务理事陈礼江，理事董渭川、古楳负责起草）为中心议题，参会人数300有余。为清晰起见，行文中分别以青岛年会、苏州年会来加以区分。

（一）功败垂成的青岛年会

1937年3月28日，假江苏省立教育学院，第17次理事会召开，主题是讨论第五届年会，理事会理事董渭川（主席）、孟宪承、雷宾南、高践四、赵冕、俞庆棠、甘豫源出席，而陈礼江（甘代）、彭百川（赵代）、马宗

---

① 如："梁先生的'新治道'，表面上看来好似尽善尽美，仿佛真可以令学众一踏而入'自由平等博爱之王国'，但说穿了却也不过是孔老夫子'民可使由之，不可使知之'的老把戏；梁先生的乡学与村学，虽然披上了一件美丽的外衣，挂上了'组织农民，教育农民'的新招牌，戳破了说，却也不过是现存秩序之巧妙的设计者而已"。千家驹：《中国的歧路——评邹平乡村建设运动兼论中国工业化问题》，《益世报·农村周刊》，第57期，1935。

② 理事会决定8月8日至12日在青岛举行第五届年会，并推定社员雷法章、杨展云、董渭川等为筹备委员，召集大会通知书已由该会理事会事务所发出。该届年会拟行讨论中心议题有3个，分别为"民众生产教育具体办法""民众教育之范围"及"中国社会教育制度及政策"。《民教情报（四）：中国社会教育社将在青岛举行第五届年会》，载《今日之民教》第6期，1937。

荣(高代)、崔载阳(俞代)、邰爽秋(俞代)、陈剑修(甘代)、李蒸(甘代)、江问渔(俞代)分别委托与会理事作为各自代表，会议就召集第五届年会形成如下议决案。

表 2-11　社教社第十七次理事会议关于青岛年会决议一览表(1937)①

明细序号	提　案	决　议
二	本社第五届年会应否与其他教育学术团体联合举行案	与第五案合并讨论
五	确定第五届年会日期地点案	以青岛和北平二处决定之
六	请推定第五届年会筹备委员案	公推董渭川、高践四协同常务理事担任年会筹备会会委员
七	请筹划第五届年会筹备经费案	并入第六案，请董、高两理事接洽
八	第五届年会中心讨论问题，前经通函各理事征集，请推定人员克日编制简明纲要，并作最后整理案	请赵步霞孟宪承雷宾南三位先生负责编制，并作最后整理，仍请赵步霞先生召集 关于中心问题之范围：(1)根据陈礼江、马宗荣两先生之提案，综合为"中国社会教育制度及政策问题"；(2)民众生产教育具体办法；(3)民众教育的范围；(4)其他 关于中心问题讨论的方式：由中心问题委员在每个大问题下酌立分题，并请对此问题负有研究之社友莅会作简要讲演
九	第五届年会论文应如何征集案	除向全体社友普遍征集外，并特约专任提出，限于六月十五日以前送交事务所，以便转交年会筹备委员会论文组审查后，提出大会审查之

社教社第十七次理事会议共讨论十二个问题，有关青岛年会主题占了50%，如表 2-11 所示，事无巨细。从理事会理事出席情况看，仅有 7 名理事出席，为了达到理事出席法定人数，其他缺席的 8 名理事则分别委托在

---

① 《本社第十七次理事会议记》，载《社友通讯》，第 5 卷 10 期，1937。

场理事代理，俞庆棠一人代表了崔载阳、邰爽秋和江问渔，甘豫源亦代表了三人。缺席的彭百川、马宗荣也分别委托了江苏省立教育学院的赵冕、高践四。如此一来，除去主席董渭川为山东省立民众教育馆馆长，孟宪承（时任国立浙江大学教授）及雷宾南（时任广西教育厅厅长）以外，其余表决权均为江苏省立教育学院教授所有，尚且不论孟、雷曾在该院工作数年。一定程度上，社教社与江苏省立教育学院几乎是"二而一"关系。

耐人寻味的是，此次年会重回山东召开，梁漱溟作为常务理事之一、山东乡村建设研究院院长，理应展示东道主的热情和积极态度，但社教社第17次理事会却不见梁漱溟的踪影。或许，这次理事会会议，连同之后的第五届年会中心问题委员会给予的大会主要议题，透露出一种意味深长的端倪，梁漱溟与社教社渐行渐远。

图 2-9　社教社第五届年会(青岛)通告(1937)①

图 2-9 向社友通告青岛年会的筹备情形。理事会称"本届年会之中心讨论问题，经决定不以一个为限。前由事务所征询全体理事，已收到'民众生产教育具体办法''民众教育的范围''中国社会教育制度及政策'等问题，并已推定孟宪承、雷宾南、赵步霞诸先生负责编制讨论纲要"，组成第五

---

① 《中国社会教育社通告一》，载《社友通讯》，第 5 卷 11 期，1937。

届年会中心问题委员会。① 实际上，早在 1937 年 4 月 12 日，社教社理事会决定第五届年会的时间、地点，并向社友征集论文。5 月 15 日，理事会在《社友通讯》发布通告，推定青岛市教育局局长雷法章担任筹备委员会主任，公布社教社第五届年会筹备委员会名单②，开始筹备社教社第五届年会。从名单组成看，延续了社教社第二届年会筹备委员会以教育行政人员为主的风格，山东省教育厅厅长何思源第二次出任筹备委员会荣誉会员，而山东省教育厅秘书主任孔令粲、山东教育厅第三科科长杨鹏飞、山东省立民众教育馆馆长董渭川作为第二届年会筹备委员会的核心成员再次出现在筹备委员会名单中。这样的人员构成，对年会筹备工作驾轻就熟。6 月 12 日，理事会事务所发布《紧要启示》，称为"便利远道出席起见"，特将年会日期由 8 月的 8—12 日改为 15—19 日。③

从事务所为社员提供的"赴青舟车价目表"看，无论水路（从上海至青岛），抑或火车（由南京至青岛），旅程时间均超过了 30 小时，尽管舟船价格可以优惠（船票单程七折，双程八折；车票单程七五折，双程五折），但价格依然不菲，更何况大部分社员还需要辗转到上海、南京。尽管社员顾颉刚 1936 年 7 月与友人通信中曾言："青岛交通便利，为他处所不及"④，

---

① 《通告一》；《通告二：征集第五届年会论文》，载《社友通讯》，第 5 卷 10 期，1937。

② 筹备委员会名单由三部分组成。(1)筹备委员会名誉委员：沈成章（时任青岛市市长），何仙槎（时任山东省教育厅厅长），林济青（时任国立中山大学校长）；(2)筹备委员：雷法章（时任青岛市教育局局长）、周斅夫（时任青岛市社会局局长）、袁道冲（时任青岛市自治委员会委员长）、杨吉孚（时任青岛市招待处总干事）、孔令粲（时任山东省教育厅秘书主任）、杨鹏飞（时任山东教育厅第三科科长）、曾昭常（时任青岛市教育局第三科科长）、许筱山（时任青岛市教育局第一科科长）、苟云书（时任青岛市立民众教育馆馆长）、董渭川（时任山东省立民众教育馆馆长）、杨希文（时任山东第二民教辅导区主任）、吴振宗（时任青岛市教育局科员）、芮子玉（时任青岛市教育局科员）；(3)筹备主任：雷法章。《中国社会教育社第五届年会筹备委员会名单》，载《社友通讯》，第 5 卷 11 期，1937。

③ 《紧要启示》，载《社友通讯》，第 5 卷 11 期，1937。

④ 顾颉刚：《致闻宥》，见《顾颉刚书信集》卷 3，54 页，北京，中华书局，2011。

图 2-10　社教社事务所提供的赴青岛舟车价目表(1937)①

但从社教社专门调整会期举措看，第五届年会选在青岛召开，对内地社员出行是个不小挑战。

6月15日，第五届年会中心问题委员会发布决议案，决定四个主要议题并指定相应"主领讨论"人选，梁漱溟、陈礼江、马宗荣和高践四分别负责社会教育制度、社会教育政策、社会教育范围和社会教育实施四个基本问题。并规定："3. 每题由主领人先在大会说明问题之性质及内容，各以一小时为限。说明后，组织分组讨论会讨论之；4. 分组讨论会，如遇专门问题，得另设小组研究之；5. 分组讨论会讨论之结果，由主领人于大会报告之。"②可以看出，梁漱溟自第二届年会以来作为中心议题的起草人、主持人，第五届年会悄然变为第一组主领讨论人，除高践四与之资历相当，陈礼江、马宗荣难以望其项背，再次证明梁氏在社教社影响有所下降。在更为严峻的民族危亡关头，社教社中心议题为什么一改之前相承相

---

① 《赴青舟车价目表》，载《社友通讯》，第 5 卷 11 期，1937。

② 该决议案以孟宪承、雷沛鸿、赵冕三人联合作出，详见：《本社第五届年会中心问题委员会决议案》，载《社友通讯》，第 5 卷 12 期，1937。

继的主题，转为聚焦社会教育基本理论和实践问题，有待进一步深入研究。

为了让社友更多了解第五届年会召开地青岛的风土人貌，《社友通讯》专门刊登青岛市教育局芮麟《关于青岛》文章，"献给莅青出席本届年会的社友们"，文中称"青岛以环境特殊，为适应国家当前需要计，所办教育，完全是国防教育，这一点，在民众教育方面，尤其显著。精神国防，注重中小学生和社会民众爱国心的培养及民族意识的激发；武力国防，注重小学生和社会民众的普遍体育训练及普通军事训练"；认为青岛教育真正实现了政教合一。并在文末对社友发出热烈邀请："本社五届年会，恰于避暑胜地的青岛、黄金时代的青岛夏季举行，希望每一位社友，都能抓住这一个绝好机会，联袂北上，见一见这个东方瑞士，现世桃源，典型都市！"①为第五届年会召开造势。事务所也刊发《年会筹备近讯》，称"各项筹备工作，业已大致就绪"②。社员提案、选票、出席人数及派人出席的各省市教育厅局统计，均已就绪。

与第五届年会紧锣密鼓筹办同时，是全国局势的日益紧张。7月28日，理事会事务所在《申报》刊登《紧急通告》，告知全体社员："本社原定八月十五日起，在青岛举行第五届年会。现由事务所与年会筹备委员会商定，展缓举行"③。随后，8月中旬出版的《社友通讯》也刊登这则紧急启示，告知全体社员，"俟日期确定后，再行通告各社员。除将紧要通告刊登申新两报外，特此奉闻"④。尽管事务所未申明原因"展缓举行"第五届年

---

① 芮麟：《关于青岛——献给莅青出席本届年会的社友们》，载《社友通讯》，第5卷12期，1937。

② 关于社员提案，计共收到31件，经整理后已交年会筹委会编入年会手册；社员选举票已收到438票；报名参加年会的社友总计270余人；上海市教育局、南京市教育局、河南省教育厅、绥远省教育厅、浙江省教育厅、江苏省教育厅、湖南省教育厅、广东省教育厅及甘肃省政府等处函复将推派代表参加年会。《年会筹备近讯》，载《社友通讯》，第6卷1、2期合刊，1937。

③ 中国社会教育社理事会事务所：《紧急通告》，载《申报》，1937-07-28。

④ 《紧急启示》，载《社友通讯》，第6卷1、2期合刊，1937。

会，并给出"后会有期"的期待①，但此时平津两地已沦陷，人心惶惶，嗣后江苏省立教育学院内迁，青岛年会再无后续，功败垂成。

（二）战后复员的苏州年会

抗战复员，社教社跟随国立社会教育学院回迁苏州，事务所暂设院内。1947年2月，复员后第四次理事会会议召开，有鉴于"战后复员以还，国家建设，人人有责，本社亦不敢后人。惟各社员以迁徙关系，居处或有不明，则精神无从联系，为齐一步骤，振奋精神，协助国家建设起见"，定于3月29—31日召开第五届年会，地址在苏州，以"社会教育与新中国之建设"作为讨论的中心问题，指定陈礼江、董渭川、古楳负责讨论大纲的起草。理事会聘请委员11人，组成了"中国社会教育社第五届年会筹备委员会"②。常务理事、国立社会教育学院院长陈礼江担任主任委员，年会经费由国立社会教育学院资助。遵照以往年会惯例，年会筹备委员会列出苏州年会的议事日程，如下表所示。

北京师范大学史学探索丛书

---

① 从社教社之后的记录中，可以看到事务所做好了择机召开年会的准备，如内迁过程中将第五届年会的选举票作为社内主要资料打包携带。"社中原带出文件一木箱，因感移动上很不便利，商准俞总干事及理事高践四先生"，将社中资料中一部分打包寄往昆明社友处代为保存，"计寄出文件十三包，重要者如二十四、二十五两年度报销账，及购买社所基地单据；社友通讯全一份，第五届年会选举票全部（未开票），历届年会报告全一份……"第五届年会选举票赫然与报销款、购买社所基地单据等相提并论，可见事务所对年会择机召开依然抱有几分希冀。叶岛：《从无锡到桂林——半载以来本社事务所移动之经过》，载《社友通讯》，第7卷1期，1938。

② 中国社会教育社第五届筹备委员会委员名单如下：陈礼江（国立社会教育学院院长）、陈友瑞（国立社会教育学院秘书）、董渭川（国立社会教育学院教授）、马祖武（国立社会教育学院教授兼附属实验民众学校校长）、甘豫源（国立社会教育学院教授兼推广委员会主任委员）、金祖琪（国立社会教育学院讲师）、顾岳中（国立社会教育学院教授）、古楳（国立社会教育学院教授兼研究部主任）、许公鉴（国立社会教育学院训导主任）、张国桢（国立社会教育学院教授）、韩天眷（国立社会教育学院教授）。

表 2-12　社教社第五届年会(苏州)议事日程表(1947)①

议程 时间 日期	上午		下午		
	9:00—10:30	11:00—12:00	2:00—3:50	4:00—5:30	6:00
3月29日(周六)	开幕式	预备会议	分组审查	学术讲演	欢迎会
3月30日(周日)	宣读论文	分组审查	大会	学术讲演	晚会
3月31日(周一)	大会及闭幕式 (10:00结束)	游览	游览	学术讲演	—

从表中可见，大会议事日程中，每天下午第二时段都安排了学术讲演，第二天安排了晚会，专门为参会社员举行戏剧晚会、音乐演奏会及电影放映，大会闭幕后还专门列出游览日程。与前四次会议日程相比，社员讨论、交流时间比较紧张，有仓促之嫌。

陈礼江、董渭川、古楳"数度商讨"，拟定的"社会教育与新中国之建设"讨论大纲包括两部分内容，一为"新中国建设纲领"："我们认定要想社会教育协助新中国的建设，必须假定有建设新中国的可能"，拟定包含政治、国防、经济、社会、教育文化五个建设方面，下分设子项目。在此基础上给出第二部分内容"社会教育切实配合建设纲领"，从社教工作、推行社教的机构、推行社教的人员和推行社教的经费四个方面予以落实。单就社教工作来看，"我们认为新中国既有建设的可能，社会教育就应该按照各地建设的需要，决定着手的先后，并按照各地建设的情形，决定工作的重心"，拟定各种社教工作。为了达成以上"辅助建设"之责，设计出灵活、有力量的社教工作机构，希望能"普遍设立充实健全的县立民教馆，以此为配合县单位建设的中心机构，负联络、设计、辅导全县各种建设之责"，而县以下的，则以中心学校和国民学校来负责推行，县立民众教育馆、师范学校供给办法及材料，并辅导其工作进行。② 理事会将该讨论大纲提交

---

① 　本社第五届年会筹备处：《中国社会教育社简史》，载《社友通讯》复刊，第1卷1期，1947。

② 　《本社第五届年会讨论中心问题〈社会教育与新中国之建设〉讨论大纲》，载《社友通讯》复刊，第1卷1期，1947。

年会，以备与会社员讨论。

值得注意的是，这次中心问题的讨论大纲，只列举了问题的要领，有别于以往年会中心议案，没有主文理由办法可供与会社员进行表决（赞同、否决或修正）。拟定人希望与会社员"依要领条目，顺序发言"。针对陈、董、古三人拟定的讨论大纲，理事甘豫源认为"这篇言简意赅的大纲，几包罗新中国建设的全部和社会教育的全部。要逐点详加讨论，决议具体的办法，恐怕这一届年会要名副其实，整年开会"。甘豫源结合大会日程，对中心问题讨论方法给出建议，认为在讨论的程序、审查委员的策略、讨论方式上要有所注意，"凡学术性的研讨，意见无论属于正反任何一面，一并记录，不必用多少表决"，"学术的研讨，不付表决也不能认为无结果，搜集了许多不同的意见，尽砌磋琢磨的能事，便是很圆满的结果"；时间有限还可以利用书面意见来弥补等。① 甘豫源的建议，赢得与会代表的一致同意。从社教社苏州年会形成的决议案看，中心问题"社会教育与新中国之建设"讨论提纲中大部分内容被包含进来，但话语表述的方式却发生巨大变化，更为贴切社会教育的"社会形象"，"中国自抗战胜利后，已进入复员建设之阶段。宪法业已公布，民主政治逐步实施以建设新中国。惟国家之宪法，尤赖于人民文化水准之提高；生活之改进，必须人民生活充裕，智识程度能了解自身及国家社会之问题，方能达于全民政治之域。如何提高人民智识水准，改善其生活，又非教育不为功。社会教育既以一般民众为对象，今后之责任，当更千百倍于往昔。爰乘本社第五届年会开会之时，提出'社会教育与新中国之建设'为中心问题，拟定今后实施社会教育的根据，以为本社同仁共同努力之鹄的，以期对建设国家尽最大贡献"。在这种话语体系下，"新中国建设纲领"变成了"今后实施社会教育的根据"，第二部分内容"社会教育切实配合建设纲领"则摇身一变，成为"今后实施社会教育的办法"，内中"社教工作"由原来的 19 条变为 22 条。为清晰起见，笔者列出两者表述变化表。

① 甘导伯：《本年年会中心问题讨论方法私议》，载《社友通讯》复刊，第 1 卷 1 期，1947。

表 2-13　社教社第五届年会(苏州)中心问题讨论大纲与决议案比较表(1947)①

序号	中心问题讨论大纲	序号	中心问题讨论大纲
1	依据建设需要，大量制造电化教育的器材，积极推行电化教育	4	依据建设需要，大量制造电化教育的器材，积极推行电化教育
2	大量编印通俗读物，俾识字的民众能由文字上的了解而领导实行	5	大量编印通俗读物，俾识字的民众能由文字上的了解而领导实行
3	在农村中，尽量通过各种建设性的组织(如合作社等)，教导文盲从实践中获得教育	1	在农村积极推行识字教育，尽量通过建设性的组织(如合作社等)教导失学民众，从实践中获得教育
4	在人口集中，工业比较发达的区域，大量设立成人班，推行建设教育	2	在人口集中、工业比较发达的区域，大量设立技术补习学校及民众学校，推行职业补习教育
5	在边疆各地，尽量依据各民族的生活习惯，实施流动教育或巡回施教，以提高文化水准	3	在边疆各地，尽量依据各宗族的生活习惯，并应沟通各宗族的语言、文字，实施流动教学或巡回施教，以提高文化水准及加强各宗族间的团结
6	成立县单位建设需要的展览室，科学实验站，巡回文库，使民众获得工作的参考	8	成立县单位建设需要的展览室，科学实验站，巡回文库，使民众获得工作的参考
7	根据各地建设计划及进展的程度，编印各级民众课本，以适应民众的需要	6	根据各地建设计划及进展的程度，编印各级民众课本，以适应民众的需要
8	编印促进建设的民众剧本及歌曲，以供各地民众的欣赏和表演	7	编印促进建设的民众剧本及歌曲，以供各地民众的欣赏，并指导其表演
9	普遍辅导各地成立各种民众组织与团体，行使民权，以奠定自治的基础	9	普遍辅导各地成立各种民众组织与团体，行使民权，以奠定自治的基础

① 整理自《〈社会教育与新中国之建设〉讨论大纲》，载《社友通讯》复刊，第 1 卷 1 期，1947；《本社第五届决议案》，载《社友通讯》复刊，第 1 卷 2 期，1947。

序号	中心问题讨论大纲	序号	中心问题讨论大纲
10	指导民众参加各种选举活动，以培养民主的习惯和精神	10	指导民众参加各种选举活动，运用四权，以培养民主的习惯和精神
11	根据实验的结果，宣传改良饮食的方法，以促进民众的健康	11	根据实验的结果，宣传改良饮食的方法，以促进民众的健康
12	提倡各种锻炼身体的组织，并时常举行比赛，以发展国民的体育	12	提倡各种锻炼身体的组织，并时常举行比赛，以发展国民的体育
13	推行兵役教育，使民众了解兵役的要义和施行的条件	13	向政府建议工厂实行八小时工作制，以改善工人生活，俾使工人有受教育的机会
14	协助民众实行二五减租，以减轻佃农的负担，恢复生产的力量	14	向政府建议实行二五减租，以减轻佃农的负担，恢复生产的力量
15	协助政府推行民生主义的土地政策，以实现耕者有其田	15	协助政府推行民生主义的土地政策，以实现耕者有其田
16	切实办理农业推广的工作，以促进农业生产	16	切实办理农业推广的工作，以促进农业生产
17	指导各地民众运用各种新式的生产工具和技术，以促进各种工业的发达	17	指导各地民众运用各种新式的生产工具和技术，以促进各种工业的发达
18	依照各地的情形，组织妇女会，切实推行家庭教育，以转移社会的重心	19	根据各地的情形，鼓励妇女切实推行家庭教育，并参加社会建设工作
19	根据实际的需要，组织和辅导各种合作社，积极展开业务，期能成为社会活动的中心	18	根据实际的需要，组织和辅导各种合作社，积极展开业务，期能成为社会活动的中心
20	—	20	利用民众的余暇，实施各种有教育意义的活动
21	—	21	推行新生活
22	—	22	其他

北京师范大学史学探索丛书

从表 2-13 可见，讨论提纲中原 1、2 条，到决议案中调整到 4、5 位置，而原本 3、4、5 上调到前三，话语表述明显凸显了社会教育的作用，如在农村地区利用合作社，"教导文盲"改为"教导失学民众"，在人口集中、工业比较发达地区"大量设立成人班，推行建设教育"变为"大量设立技术补习学校及民众学校，推行职业补习教育"。在决议案中，删去了原讨论提纲中第 13 条推行兵役教育，原 14 条中"协助民众实行二五减租"，变为"向政府建议实行二五减租"等，更为符合学术团体的"献言献策"的定位。特别值得注意的是，中心问题讨论提纲中关于边疆各地的表述，决议案中将讨论提纲中的"各民族"变为"各宗族"，增加"应沟通各宗族的语言、文字"，更在目标中加入"加强各宗族间的团结"。那么，社教社决议案为什么要作如此改动？社会教育与边疆工作是如何扯上了关系？

聚焦社教社第五届苏州年会资料，顾颉刚作为一个关键线索浮出水面。"本年三月间，本社假苏州国立社会教育学院举行第五届年会。出席有中央教育部代表顾颉刚，江苏省府代表刘虚舟……"①与《国立社会教育学院概况》中②相互参照，顾颉刚作为社教社社员，是以该院教授兼教育部代表双重身份，全程参与了苏州年会。顾颉刚作为"中华民族是一个"理念的提出者③，作为教育部边疆教育委员会委员、边疆语文编译委员会主持者及边疆研究的学术团体——禹贡学会复员后的首任理事长，"从九一八事变至今（1947 年，笔者注）16 年间，'民众教育'和'边疆工作'两件大事永远占据了他的心"④。这一点，从 1946 年顾颉刚两次举措可见一斑。其

---

① 《本社第五届年会决议案》，载《社友通讯》复刊，第 1 卷 2 期，1947。

② 据书中《现任教师》中显示：顾颉刚，57 岁，籍贯江苏省吴县，国立北京大学哲学系毕业，曾任私立厦门大学、国立中山大学、私立燕京大学、国立云南大学、私立齐鲁大学、中央大学、复旦大学等校教授，1946 年 8 月到校任职。《国立社会教育学院概况》，137 页，苏州，国立社会教育学院校长室编印，1948。

③ 顾颉刚认为："在我们中国的历史里，只有民族的伟大胸怀而没有种族的狭隘观念！我们只有一个中华民族，而且久已有了这个中华民族！我们从以后要绝对郑重使用'民族'二字，我们对内没有什么民族之分，对外只有一个中华民族。"顾颉刚：《续论中华民族是一个》，载《益世报·边疆（副刊）》，1939-05-29。

④ 顾颉刚：《顾颉刚书信集》卷 3，57 页，北京，中华书局，2011。

一是 1946 年春顾颉刚向国民政府参议会递交《切实推进边政案》(草稿)，批评以前政府强迫边疆民众进入学校读书的错误做法，主张按照边民愿意接受现代化的社会教育的特点，采用电影、广播、图画、演剧等社会教育手段诱其改变，设立训练班训练商人，使其充分认识国家现状及自身责任，奖励并保存边疆善良风俗等①；其二是同年 12 月在教育部边疆教育委员会第六届会议上，顾颉刚作为提案审查组成员，他极力主张"推行边教，先须从社会教育做起"②。而在顾颉刚边疆教育理念中，他认为边疆教育作为调整政治、宗教关系和促进民族团结的一种工具，可以走"用旧瓶子装新酒，要充分利用固有的语言文字和信仰习惯，赋予一种新的意义，以灌输新的知识，新的能力"③的道路，弄清楚这些背景，就会明白中国社会教育社第五届年会决议案中为什么关注边疆教育，为什么会增加"应沟通各宗族的语言、文字"，在目标中加入"加强各宗族间的团结"的原因所在。

由此可见，中心问题"社会教育与新中国之建设"讨论稿中"各民族"到决议案中"各宗族"的表述变化，与顾颉刚有直接关系，换句话讲，从一个侧面表明了顾颉刚等社教社同仁对蒋介石"宗族论"④的不反对甚至认可态度。实际上，这个细节资料对近些年学界关于顾颉刚"中华民族"概念与蒋介石"宗族论"中华民族理念之间的纠葛、蒋介石"宗族论"破产时间提出了

---

① 顾颉刚：《宝树园文存》卷 4，边疆与民族编，317～318 页，北京，中华书局，2010。

② 《边教会议昨晨隆重揭幕》，载《申报》，1946-12-27。

③ 顾颉刚：《边疆教育与边疆文化》，载《甘肃民国日报 元旦特刊》，1937-12-29。

④ 1942 年 8 月，蒋介石发表《中华民族整个共同的责任》，比较集中、简洁阐述了"宗族论"，明确表明中国各民族并非为血统有别的异种族存在，而本是一个种族和一个体系的分支，是同一血统的大小宗支。他认为只有一个中华民族，而其中各单位最确当的名称，便是宗族。在书中，他援引孙中山 1924 年关于民族主义的讲演中所使用的"宗族"概念及其"用宗族为单位，改良其中的组织，再联合成国族，比较外国用个人为单位当然容易联络得多"的思想，认为中华民族是宗族集合而成，而宗族又由许多家族合成。1943 年出版的《中国之命运》一书中，更从中国历史的角度，来说明中华民族的成长与发达："就民族成长的历史来说：我们中华民族是多数宗族融合而成的。融合于中华民族的宗族，历代都有增加，但融合的动力是文化而不是武力，融合的方法是同化而不是征服。"蒋介石：《中国之命运》，2～5 页，重庆，中正书局，1943。

挑战。

随着近年来对民族问题研究热潮的出现，顾颉刚的中华民族观念备受关注①，关于顾颉刚与蒋介石两人对"中华民族"观念是否一致性的争论再次激烈起来。黄兴涛指出："长期以来，学术界较多关注顾颉刚与蒋介石思想的同一性方面，乃至怀疑其有可能被蒋'御用'，反而忽略当时两人彼此之间思想的差距，这其中恐怕存在失察之处。"并援引 1947 年 7 月出版的《中英对照中华民国宪法》中对"中华民国各民族一律平等"的"民族"翻译资料，认为："不知这一将中华民国各民族（包括汉族）译成'races'（种族或种族的扩大）的翻译，究竟达成了谁的心愿？显然不完全是蒋介石的，似乎也不全合孙科的主张，倒是比较符合顾颉刚和谢康等人的认知。"对于学界认为顾颉刚"种族说""部族说"与蒋介石高度一致性的言论，黄兴涛连同汪少伦的"支族说"等，一并体现在国统区知识分子的共同关切中，"成为那一时代应对时局、寻找民族和国家出路的不容忽视的民族文化思潮之一"；"较为典型地反映了抗战时期思潮的强势流向和许多国人的情感趋势"。②杨思机认为："有关'民族'概念的思想论争由观念纠纷进而影响到政治制度设计，逐渐表现为国共两党的意识形态斗争。……国民党一方面力主中华民族是一个，希望通过边疆教育，化特殊于一般，融歧义于大同；另一方面先下令禁止滥用'少数民族'名词，直接将其改称'边疆民族'，寓意只

---

①　代表性的论文、著作有黄兴涛：《民族自觉与符号认同："中华民族"观念萌生与确立的历史考察》[《中国社会科学评论》（香港），2002(2)]、《现代中华民族观念形成的历史考察——兼论辛亥革命与中华民族认同之关系》[《浙江社会科学》，2002(1)]、《重塑中华：近代中国"中华民族"观念研究》（北京师范大学出版社，2017）；周文玖：《从"一个"到"多元一体"——关于中国民族理论发展的史学史考察》[《北京大学学报》（哲学社会科学版），2007(4)]；杨思机：《指称与实体：中国"少数民族"的生成与演变（1905—1949）》（中山大学博士学位论文，2010）；桑兵等：《近代中国的知识与制度转型》（经济科学出版社，2013）；孙喆、王江：《边疆、民族、国家：〈禹贡〉半月刊与 20世纪 30—40 年代的中国边疆研究》（中国人民大学出版社，2013）等。

②　黄兴涛：《重塑中华：近代中国"中华民族"观念研究》，305、312、292 页，北京，北京师范大学出版社，2017。

是同一个中华民族生活在边疆地区者，甚至以'宗族'代'民族'。"①在黄兴涛看来，蒋介石"宗族论"是一种新的"文化自觉"："他显然并不完全满意于像顾颉刚等人那样将'种族'与'民族'加以简单对立性区分、而把血统因素完全留给'种族'的做法。在他看来，顾颉刚等人的看法尚停留在他1929年发表《三民主义纲要》时的含混认知水平"，"应当说，蒋介石对现代西方民族概念的核心内涵并非一无知晓。对他来说，只简单强调'种族'与'民族'的区别，而看不到或不愿强调两者之间关于血缘及血缘意识等多方面的密切联系，这在当时那种特殊的中国国情之下，对于'中华民族是一个'的整体认同恐怕并无益处，甚至倒还可能有点'别生枝节'的书呆之气也未可知"。黄兴涛认为，这种"书呆之气"的"宗族论"经《中央日报》等主流舆论吹捧、广泛张扬，一度几乎占据"国民党和国统区舆论的主导地位"的局面到了1946年年底召开的"制宪国民大会"时告一段落，"制宪国大期间，蒋介石因此一反常态，被迫接受了国族之下存在各'民族'的事实"，不得不暂时收起了他那套'中华民族一元论'的宗族说"，1947年元旦公布《中华民国宪法》中有关民族问题的条款，蒋介石"宗族论"倾向没有得到体现，以此为标识，蒋介石以"宗族论"为基础的"中华民族"观基本上失败。"以往，学界同人过于夸大了蒋介石'宗族'说的影响，实际上它在政治思想家的公然传播和绝对主导地位，也就只有不过三四年而已。"②黄兴涛对顾颉刚与蒋介石在"中华民族"概念差异性以及蒋的"宗族论"的研究，在近年来学界颇具代表、主流性。实际上，作为社员大多为体制内知识分子，一直呼吁"政教合一"，非常重视与政府、行政部门舆论保持一致的社教社，其

北京师范大学史学探索丛书

---

① 杨思机：《指称与实体：中国"少数民族"的生成与演变（1905—1949）》，155～168，中山大学，博士学位论文，2010。

② 黄兴涛：《重塑中华：近代中国"中华民族"观念研究》，305～328页，北京，北京师范大学出版社，2017。

第五届苏州年会经过多方意见征询决定的①、中心问题决议案所展现出来的"宗族"表述，以及稍后顾氏《我为什么要写中华民族是一个》一文，均具有明显的指向性，国宪大会后"宗族"说依然有相当多的拥趸，其中不乏顾颉刚、钮永建等知名人士。这些隐藏在学术团体年会决议案后史料的浮出，不能不引起研究者的注意。

从时间节点看，社教社第五届苏州年会是 1947 年 3 月底召开，决议案随后公布于世，此时《中华民国宪法》已颁布将近 4 个月。同年 4 月 10 日出版的《西北通讯》（南京），顾颉刚的《我为什么要写中华民族是一个》一文被排在"专论"栏目第一篇，在文中，顾颉刚回顾了 1930 年以来四次切实感受，受"时局的压迫和环境的引导"，使他的研究领域从高文典册"轶出"而去关注边疆教育和现实社会。他认为完全出于时代的压迫和环境的引导："我想帝国主义者为要达到他们瓜分我们土地的大欲望，造出这种分化我们的荒谬理论来，我们的智识分子被他们迷蒙了心，又替他们散布这种荒谬的种子到各处去，若不急急创设一种理论把这种谬说挡住，竟让它渐渐深入民间，那么我们的国土和人民便会随处携贰了，数千年来受了多少痛苦而抟合而成的民族便会随时毁灭了！这怎么好？旅行中颇有闲暇，就在车厢之中，马背之上，结构成一套理论，到云南后，趁着朋友们逼我写文，就写出了《中国本部一名亟应废弃》和《中华民族是一个》两篇东西。我想用这两篇文章造成我们民族的心理建设。"②实际上，这篇文章完稿于 1939 年 5 月 2 日，为何选在 1947 年 4 月发表笔者不得而知，但客观上与社教社第五届苏州年会中心问题决议案相关内容形成呼应，却是不争事实。换句话讲，顾颉刚作为体制内的知识分子，他的"中华民族"概念与蒋介石的一致性与否，都无损顾颉刚学术成就，是否爱惜羽毛争辩，更多体

---

① 据该社理事会事务所称："中心问题讨论大纲，交由理事会将审查修正通过纲领印发社员及全国各大社教机关，征求意见后，整理决定。爰将最近由理事会参照台湾省教育厅等提供意见，修正之中心问题'社会教育与新中国之建设'全文"。《本社第五届年会决议案》，载《社友通讯》复刊，第 1 卷 2 期，1947。

② 顾颉刚：《我为什么要写中华民族是一个》，载《西北通讯》，第 2 期，1947。

现的是今天学者的一种情愫，"殊不知古人已往，炫之何益，古人已死，无口自鸣。吾人读史，当细心体察古人用意，而勿为卤莽疾遽之判断，庶几能得其真。得其真，无益于古人，失其真，亦无损于古人，所损所益，皆在今后。如之何可不慎哉！"[①]余家菊针对时人对儒家批判的反思，依然有很强的现实意义。

苏州年会推请钮永建等9人为主席团，成立了中心问题、行政及事业设施三组审查委员会，除就中心问题达成统一意见外，还就行政、事实设施两个方面10个分类、41个议案作出决议，其中行政方面24个决议案（制度类2、人才训练类3、待遇类1、经费类3、其他15）和事业设施方面17个（教材书刊类6、戏剧类2、图书馆类4、民众补习教育类1、其他4），该届年会共形成决议案42个。社会教育制度制定、民众学校新体制、人才训练、待遇等问题依然延续了战前的关注热点，由此可见，社会教育的核心问题一直没有得到真正有效解决。为清晰起见，特列表如下。

表 2-14　社教社第五届年会（苏州）决议案一览表（1947）[②]

类别 / 属别 明细		提案名称	审查意见	决议	提案人
中心问题		社会教育与新中国之建设	修正通过	详见前文	陈礼江、董渭川、古楳负责起草讨论提纲
行政方面	制度	1. 拟请制定社会教育制度，呈请教育部采择案	通过	由本社推定人员，详加研究，制定社会教育草案，提请理事会通过后执行	原3、13、16案合并，余绪胜、李家骧、王倘
		2. 确定民众学校新体制案	通过	请本社指定人员，精详研究，提出具体方案，建议教育部施行	原5号案，张彭年

---

① 余家菊：《中国教育史要》，142页，沈阳，长城书局，1929。

② 《本社第五届年会决议案》，载《社友通讯》复刊，第1卷2期，1947。

北京师范大学史学探索丛书

类别属别明细	提案名称	审查意见	决议	提案人
行政方面 · 人才训练	1. 建议中央从速制定社会教育法公布施行案	修正通过	由大会通过本案后，速电呈教育部根据宪法第163条之规定，重拟"社会教育法"呈行政院转咨立法院审议后，转呈国民政府公布施行	原19案，甘豫源等提
	2. 建议教育部培养社会教育人才案	合并修正通过	见注释①	原6、11、12、14、28案合并，本社、浙江省社教会、李家骧、王倘、曾一之等
	3. 各级社会教育行政人员应用专门人才案	修订通过	建议教育部施行	原17号案，王倘
行政方面 · 待遇	1. 提高社会教育人员地位并改善社会教育之待遇案	合并修正	见注释②	原第8、9、18、24、26、34、35案合并，金祖琪、瞿祐、河南省立开封民教馆、古楳、孙月平

① (1)扩充国立社会教育学院江苏省立教育学院系科，并增加名额，培养社会教育高级人才。(2)与现有各国立师范学院及大学、师范学院，增设社会教育系、图书馆学系博物馆学系，或于教育学系设社会教育组，或增设社会教育专修科，培养社会教育高级人才。(3)令饬各省市教育厅局设立省市立社会教育师范学校，培养社会教育中级人才。(4)社教之工作人员。(5)令饬国立社会教育学院、各师范学校及各省高级社教机关，办理社会教育函授部，并令各省市教育厅局，转令各社会教育工作人员，必须加入函授部从事进修，列为考成之一部。

② (1)应确定省市立社会教育机关，与省市县立中等学校之地位完全相等。(2)省市县立社会教育工作人员任用之资格，应比照省市县立中等学校教员任用资格，加以修正，并尽先任用曾受社教专门训练之人员。(3)省市县立社会教育工作机关人员之薪给标准，应一律比照省市县立中等学校教员待遇标准支给，并由本社推进人员起草待遇标准，建议教育部施行。(4)社会教育工作人员一经任用，应予以保障，如无重大过失，不得任意更动，并比照公务员考绩标准，实行年功加俸。

类别 明细 属别		提案名称	审查意见	决议	提案人
行政方面	经费	1. 应如何充实社会教育经费，使能提高工作效率案	合并修正	见注释①	原 17、22、25、33 案，蒋镜寰、蔡懋贞、河南省立开封民教馆、庄志华、曾一之、孙月平
		2. 建议政府在日本赔偿战时文物损失费项下，至少以 20％抵偿全国公私立社教机关损失案	原案通过	由本会建议行政院，请在日本赔偿我国战时文物损失费项下核发 20％以上经费，筹配各地社教机关，以资早日恢复旧观	原 10 案，浙江省社会教育研究会
		3. 利用国际文化经费，购置大宗电教器材、科学仪器及各种图书刊物，以利社会教育之推行案	原案通过	(1)建议政府处理美国在华剩余物资之所得，拨充推广社会教育经费。(2)利用联合国教育文化科学组织经费，请求大量核发为推广社会教育设施之用。(3)用本社名义，向联合国家公私立团体捐募经费等，为扩充社教事业设施之用	原 2 号案，程时煐

---

① (1)请教育部于审核各省市教育经费预算时严格执行社教经费应占教育经费 20％，新增教育经费应占 30％办理社会教育之规定。(2)社会教育机关事业费，应一律比照各该机关之办公费四倍列支。(3)由大会呈请政府令饬各省市教育行政机关，拨给社会教育实施机关，若干公共荒地、荒山，充分利用，以供生产为社教机关经费之用。(4)没收逆产中划拨一部分充作社教经费。(5)各省市县政府，每年应拨社教机关一次补助金；或由当地银行贷予一次巨额周转金，而由政府担保，促使建立业务有关之生产事业，或民众福利有关之事业(以达到以事业养事业之目的)。(6)请教育部在行总结束时，争取物资配拨社教机关。

类别属别	明细别	提案名称	审查意见	决议	提案人
行政方面	其他	1. 呈请教育部转请各省政府，应依照各专员公署地区设立民众教育馆一所，以建立社教机构而谋社教效率之发展案	通过	—	原4号案，周方楠
		2. 请用年会名义建议教育部，所有社教机关一律称馆，以资划一而利发展案	照审查意见通过	照审查意见送交理事会拟定社会教育制度时参考	原20号案，张彭年
		3. 组织欧美社会教育考察团案	原案通过	(1)由大会推选代表10至15人，组织欧美社会教育考察团，出国考察。(2)考察项目分社教行政及民众教育、补习教育、科学教育、图书教育、体育教育等。(3)考察内容着重各种最新设施方法。(4)考察所得由代表草成书面报告在各大教育杂志发表，并建议教育部采择施行。(5)考察经费呈请教育部拨补。(6)考察时间，暂定为三个月，自1947年9月起程	原21号案，张彭年

类别属别	明细别	提案名称	审查意见	决议	提案人
行政方面	其他	4. 呈请教育部遴选对于社会教育确有研究及经验之人才，组织国内外社教考察团案	原案通过	(1)请教育部遴选对于社教确有研究及经验之人才，组织欧美社教考察团，考察人员回国后，在社教方面至少服务 5 年。(2)请教育社会两部，会同派员组织国内社教考察团，分赴边远省份及地区考察社教。(3)上述考察团归来后必须汇报社教考察报告，将来印成专册，或在全国性刊物上发表，以供研究，或服务社教者之参考	原22号案，陈礼江等
		5. 呈请教育部通令各省市，从速复员各社教机关，筹设社教新机构，并保障社教经费案	原案通过	(1)请教育部编印调查表格，通令各省市详填战前战后之社教事业以资对照而利考核。(2)请教育部通令各省市呈报胜利后之社教新事业，并择优予以鼓励。(3)呈请教育部增拨各省市县社教复员经费，俾被敌伪摧毁之社教机关，得从速复兴。(4)各省市县社教机关之房屋、地产，尚有被军政机关占用者，请教育部调查清楚，咨请军政当局令饬迁让	原27号案，陈礼江等
		6. 请建议教育部筹组全国社会教育委员会，积极推行全国社会教育案	原案通过	兹为期于最短期间迅速扫除文盲，并普及公民教育起见，拟请由本社建议教育部，设立一临时性之行政机构(社会教育委员会)，专办扫除文盲及实施公民教育事宜。该委员会罗集民众团体、社会教育团体及政府有关部会代表，制订行宪建国之社会教育实施方案而实施	原 30 号，俞庆棠

类别属别	明细	提案名称	审查意见	决议	提案人
行政方面	其他	7. 联合有关社会教育工作团体，组建中国社会教育团体联合会案	原案通过	拟请本社联络全国有关社会教育工作团体，如中华平民教育促进会、中国乡村建设学会、生活教育社、中国民生教育促进会、电影教育协会等，组织中国社会教育团体联合会，以期集中意志，集中力量，使社教工作作更有效之展开	原 31 号案，赵冕
		8. 请以本社名义欢迎远东基本教育会议代表，并邀请参观本社基教事业	原案通过	(1)由本社撰拟欢迎辞，在各大报纸登载，并译成西文，送交基教会议。(2)凡有关基教设施之社员事业，均可向本社申请报名，欢迎出席代表前往参观。(3)由本社设法与远东各国社教学术团体交换专家及材料	原32号案，俞庆棠
		9. 请用年会名义建议教育部改定孔诞及教师节案	修正	照审查意见原办法修改为请大会推定专家审查会，送交理事会办理	原36号案，曾一之
		10. 呈请教育部关于联合国教育科学文化组织中国委员会筹办事宜，本会应得参加为负责筹委之一案	原案通过	由本社理事会呈请教育部核办	原38号案，汪长炳
		11. 中心学校及国民学校应积极推行失学民众补习教育案	修正	呈请教育部令全国各中心国民学校，切实民教部，失学民众补习教育之推行，各级督学应切实辅导并考核，并以失学民众补习教育之推行成绩，作为各校办理优良之考核标准	原39号案，古楳等

类别 属别	明细	提案名称	审查意见	决议	提案人
行政方面	其他	12. 建议教育部令各省市于重要县市增设博物馆案	原案通过	(1)各省重要市县应就地方情形，设立各种专门博物馆。(2)经费由各省市县列入社会教育经费下支给之，并得呈请中央予以补助	原40号案，金维坚
		13. 呈请教育部于各省重要都市，增设国立博物馆，并补助原有机构经费以求充实案	原案通过	(1)请教育部就各省市重要都市，增设国立博物馆。(2)各省市原已有博物馆设立者，应由中央视其设施情形，尽量指拨专款，扶助其发展	原41号案，金维坚
		14. 请中央奖励各种文物捐献归公之风尚，以利博物馆事业案	原案通过	(1)鼓吹收藏家将所藏文物捐献归各地博物馆之风尚。(2)由中央仿照捐资兴学办法，予以特殊之奖励	原42号案，金维坚
		15. 建议教育部从速恢复国立中央民众教育馆案	原案通过	—	临时动议
事业设施方面	教材书刊	1. 请本社编印社会教育辅导丛书案	原案通过	(1)由本社组织一辅导丛书编辑委员会，拟定各部门应行提供之题材，列为子目，除由本社社员编辑外，可再特约全国社教机关之辅导部工作人员负责分任编辑。(2)向已经编有社教辅导刊物及丛书之社教机关协商，无论已出版及出版者，此后由本社审定发行，仍将原著作人或编辑机关予以保留，并酌给著作人以相当之稿费。(3)呈请教育部拨款补助，除赠送各社教机关以供参考外，得定价发售	原1号案，浙江省立图书馆

类别 属别	明细	提案名称	审查意见	决议	提案人
事业设施方面	教材书刊	2. 全国各级社教机关出版社刊物应相互赠送案	保留	照审查意见原案拟保留	原2号案，浙江省立图书馆
		3. 从速编印民众读物以利推行社会教育案	合并修正	(1)由政府设法鼓励各大书局分类编辑、印行各种民众读物，由教育部令各师范学院或各级社教机关编辑、印行，并按实际情形补助其经费之全部或一部，协助私人组织之民众读物社编印。(2)由国立编译馆与本社合作聘请专家编辑、印行并由教育部令准各书局翻印，以广流行。(3)编印民众读物应注重地方性，以适应地方需要	原3、17号合并，王义周、古楳等
		4. 创刊"中国社会教育"，专载社会教育研究、论文、政策计划、方法消息，以促进社教之发展案	原则通过	照审查意见原则通过，详细办法由理事会拟定	原4号案，汤成沅
		5. 拟请教育部修订或开放成人班课本及妇女班课本以宏民校教学效能案	合并讨论	(1)请教育部修订现有课本，并编订高级班课本。(2)请教育部准各书局自行编辑，送部审核采用。(3)请教育部公开征求民校课本	原16号案，俞翰屏等
		6. 请各社友供给材料，完成社会教育全书之编辑案	—	照审查意见，由本社理事会办理	原27号案，古楳等

类别\属别	明细	提案名称	审查意见	决议	提案人
事业设施方面	戏剧	1. 拟请政府令中等以上学校加强戏剧活动，推行社会教育案	通过	(1)由各中等以上学校，延聘戏剧活动指导员。(2)戏剧活动，应列为主要课外活动之一	原22案，古剑尘
		2. 转请中央暨各省市县尽速设立公立戏剧场，以宏社教功效案	修正通过	(1)请教育部于首都所在地拨款觅地经筑国立中央剧场，由教育部管理之。(2)请教育部通令各省市县教育厅局科，于该省会市县本地拨款筹设省市县立剧场，由各该厅局科管理之	原25案，古剑尘
	图书馆	1. 本社应设置社教专门图书馆一所，以利研究工作案	通过	由本社理事会产生一专管委员会筹备进行	原20号案，徐家麟
		2. 尽量搜集我国已著录与未著录之民间文化史料，以利研究案	通过	由本社理事会拟具办法，联合有关机关团体共同举办之	原21号案，徐家麟
		3. 与各学术团体取得密切联络以利工作案	修正通过	除参加学术团体联合会外，必要时并得由理事会与各学术团体分别组织联合委员会	原18号案，钱亚新等
		4. 全国各级图书馆应广为收藏新旧民众读物案	修正通过	由本社理事会呈请教育部拟定实施办法，令行全国图书馆切实遵守，并函请中华图书馆协会协助办理	原19号案，汪长炳等
	民众补习教育	1. 扫除文盲应采用有效办法以期成效速著案	合并修正	各案合并讨论，案由与办法依照第5案通过，余供理事会参考	原5、11、12、24号案，程时煌、瞿祜、李洪、曾一之、河南省立开封民教馆

类别属别	明细	提案名称	审查意见	决议	提案人
事业设施方面	其他	见注释①	保留	照审查意见以上4案保留	原14、7、8、9号案，方辰、王倘、李家骥等

从表2-14中可知，该会年会提案提交，依然延续前四届年会专家学者、学术机构占据明显优势的传统，而这些专家学者中，王倘（时任国立浙江大学教授）以递交5个提案独占鳌头，古楳以4个紧随其后（未计算他参与中心问题提案），新晋常务理事、浙江省教育厅秘书兼杭州市民众教育馆馆长、浙江省社会教育研究会负责人张彭年贡献了3个提案，浙江省立西湖博物馆馆长金维坚也表现积极；学术机构中河南开封省立民众教育馆、浙江省立图书馆、浙江省社会教育研究会都非常活跃，后两个是社教社的团体社员。从提案人工作单位来源看，国立社会教育学院最为集中，除古楳外，院长陈礼江、图书博物馆系主任汪长炳、社会教育艺术系戏剧组主任古剑尘也就自己专业所长提交提案。教育行政机关中，上海市教育局局长孙月平也积极提交提案，建言献策，不同于专家学者，他的提案大多被并案处理。

就提案内容看，强调或建议社教社以及年会在社会教育行政、事业开展中的主动性、自主性的倾向明显，注重社教社自身的建设。如行政方面经费类决议案中第2号，专门凸显"由本会向行政院建议"、其他第2号中"用年会名义建议教育部所有社教机关一律称馆"、第3号中"由本会遴选"10～15人组成欧美社会教育考察团、第7号通过了社教社联合有关社会教育工作团体组建中国社会教育团体联合会、8号"以本社名义"欢迎远东基

---

① （1）呈请教育部拨给专款，作为成人心理研究实验经费案。（2）社会教育应恢复战前研究实施工作案。（3）目前农村社会经济，应大规模调查，以明战后实况案。（4）制定大学生回乡服务办法，令各省市教育局切实遵行案。

本教育会议代表并邀其参观相关事业，9号则用年会名义建议教育部改定孔子诞辰日及教师节、第15号"建议教育部从速恢复国立中央民众教育馆案"①等。事业设施方面图书馆类则通过了社教社设专门图书馆、编辑并审定民众读物、社教丛书等事业。凡此等等，都向社友及社会各界传递社教社急于恢复工作、续写战前繁盛局面，为顺利将战时社会教育的重点工作转向复员建国的迫切心情。

这些提案的出发点，是着眼于当时社教社社员散落各地、团体社员大幅减少、经费无着的现实窘况的。虽第五届苏州年会有300余名社员出席，但从1947年9月参与总登记社员名单看，其能联系到的社员不足400名，时常变化的通讯地址表明社员工作单位流动较大；而团体社员由战前的37个减至9个，仅有上海市立实验民众学校、上海市立社会教育人员训练班同学会、江西省教育厅、江苏省立教育学院、江苏省立苏州图书馆、江苏省立镇江民教馆、浙江省社会教育研究会、浙江省立图书馆、国立社会教育学院9家团体社员参与总登记，且前两个单位实际上是合二为一的，负责人均为俞庆棠。②苏州年会召开前夕，为尽快与失联社友恢复联系，社教社常务理事俞庆棠、陈礼江曾联衔名义向各地教育厅局发公函，请代为通知散布各地社友，从现存档案看，效果难尽如人意，如北平市作为战前社教较为繁荣地域，教育局接到公函后竟回复"查本局并无该社社友"。③鉴于战后"本社社员以迁徙关系，居期或有未明，精神遂无从联系，影响本社社务与社教事业之推进者甚大。兹为齐一步骤，振奋精神，藉以声气

---

① 国立中央民众教育馆的裁撤曾引起社教社多名骨干人物关注，认为其不仅仅是一个国立机构的恢复与否，而是政府战后对待社会教育的态度。社教社第五届苏州年会以"临时动议"方式提出，并得到全体社员的"原案通过"决议结果，自我危机感认同达到一致。《四川省立青木关民众教育馆馆长卸接任交接清册》，107-01-1303，1947—1948；《四川省教育厅签送省立青木关民众教育馆职雇员工役领生活费补助名册》，059-01-1972，1946—1948；四川省档案馆藏。

② 《社友动态 团体社员》，载《社友通讯》复刊，第1卷2期，1947。

③ 《中国社会教育社送该社第五届年会决案及调查该社社友服务地点的公函以及中华教育改进社第一次常年大会决议案和中国社会建设协会北平分会章程》，J004-004-00238，1947—1948，北京市档案馆藏。

应求，促进社教事业起见"，第五届理事会第二次会议决定拟定社员登记表格，交由事务所举办社员总登记，"截至本年六月底止，计共收到社员总登记表三百十二份。经查尚有大部分社员，以胜利复员后工作地点移动甚大，已与本社失却联系，致未能如期举行登记"。① 从事务所专门发布"社员总登记延缓限期"通告②举措看，社教社意在短期恢复战前千人社员规模，有不小难度。

表 2-15　社教社第五届年会(苏州)经费收支对照表(1947)③

收入(元)	摘　　要	支出(元)
4140000	由本社暂借款(此款除 2600000 已由江苏省政府等补助归还外，其余 1540000 由本社支用，内包括在苏州经收社费等)	—
3250000	由教育部暨各省市补助	—
2319000	年会费收入	—
1500000	游览费收入	—
—	文具	1542800
—	邮电	106900
—	印刷(社友通讯等)	813600
—	广告	710700
—	招待费用(茶水餐点车费)	4823900
—	游览车费用	1578000

① 《社务近况　举行社员总登记》，载《社友通讯》复刊，第 1 卷 2 期，1947。

② 启事称：本社此次举办社员总登记，原限期为本年六月底截止。惟查大部分社员于胜利复员后，以工作地点移动甚大，已与本社失却联系，致未能如期履行总登记手续。迄目前为止，仍由不少社员陆续来函索取总登记表，并请求延期登记日期。爰经本社决定，依照事实需要，应予延缓期限，特此奉告，并盼即转台端所知尚未登记之各社员，迅来办理总登记手续，总登记表，函索即寄。《社员总登记延缓限期》，载《社友通讯》复刊，第 1 卷 2 期，1947。

③ 《社务近况　本社第五届年会经费收支情形》，载《社友通讯》复刊，第 1 卷 2 期，1947。

收入（元）	摘　　要	支出（元）
—	购置	33000
—	出差费用	233500
—	团体照	108000
—	杂支	820500
11209000	合计	10650900
—	结余	558100
11209000	总计	11209000

　　从表 2-15 看，第五届年会的经费中，来自江苏省、教育部暨各省市的补助总额为 5916000，占总收入的 52.78%，余下部分则由社教社自身垫支、年会费、游览费收入等构成，与第二届以来举办地教育行政部门、主办方大包大揽经费状况形成很大反差，更遑论第五届苏州年会社教社采取暂借款来应对的狼狈。第五届理事会第一次会议就"本社事业费应如何筹集以便发展社务"问题进行专门讨论，决议"由总干事商承常务理事详拟各种事业计划，编制预算，分请政府及社会团体补助或捐募"，并拟定了 5000 万元的目标。[①] 笔者尚未查到相关进展史料，但这种"寻米下锅"的支绌局面，与战后社友难以联系及社会教育地位大幅下降有直接关系。

　　年会期间，通过了中国社会教育社社章修正案，理事会中理事名额变为 21 人，候补理事 10 人。除设有理事会外，最大的变化是增设监事会。监事选举与理事选举程序相同，均为"由全体社员于常年大会期间前，用双记名法通讯选举，密封送理事会汇齐，于常年大会时开票"。社章第 7 条规定：本社以社员大会为最高权力机关。社员大会闭会期间，由理事会、监事会负责处理本社一切事务，其职权如下：

---

① 《社务近况》，载《社友通讯》复刊，第 1 卷 2 期，1947。

一、理事会：

甲、对外代表本社，对内综理社务。

乙、草拟本社社务进行计划。

丙、编造本社预算决算。

丁、筹划并保管本社经费。

戊、通过社员入社。

己、召集社员大会。

庚、执行大会决议案。

二、监事会：

甲、审核社员资格。

乙、审核本社预算决算。

丙、督促大会决议案之执行及社务之推进。

丁、复审本社刊物。①

按照理事会推荐，事务所拟定出现任（第五届）理事暨候补理事提名、现任（首届）监事暨候补监事提名名单，第五届年会通过了理事会名单，推选出陈礼江、俞庆棠、童润之三人担任常务理事，顾岳中担任总干事。

表 2-16　社教社第五届理事会、监事会成员提名表（1947）②

类别\明细		提名人选	工作单位	职务/职称
理事会题名	理事	俞庆棠	常务理事	上海市立民众学校	校长
		陈礼江		国立社会教育学院（苏州）	院长
		童润之		江苏省立教育学院（无锡）	院长

① 《中国社会教育社社章》，载《社友通讯》复刊，第 1 卷 2 期，1947。

② 表格说明：（1）本社监事选举，甫经事务所办理藏事，监事会未及成立，本期《社友通讯》已先出版。（2）常务理事尚空缺，需由监事会推选。（3）监事中尚缺一名额定提名，将由监事会推选。根据《现任（第五届）理事暨候补理事提名》《新任（首届）监事暨候补监事提名》及《社友动态》（《社友通讯》复刊，第 1 卷 2 期）等整理而成。

明细 类别		提名人选	工作单位	职务/职称
理事会题名	理事	董渭川	国立社会教育学院	教授
		赵 冕	国立中央大学（南京）	教授
		古 楳	国立社会教育学院	教授兼研究部主任
		孟宪承	国立浙江大学（杭州）	教授
		刘季洪	国立西北大学（西安）	校长
		孙月平	上海市教育局	局长
		梁漱溟	重庆北碚私立勉仁中学	—
		雷沛鸿	广西南宁公立西昌学院	院长
		庄泽宣	国立浙江大学	教授
		舒新城	上海中华书局编辑所	所长
		甘导伯	国立社会教育学院	教授兼推广委员会主任委员
		钟灵秀	教育部社会教育司	科长
		江问渔	中华工商专科学校	教授、国民参议员
		黄炎培	中华职业教育社	社长
		崔载阳	国立中山大学研究院	院长
		王公度	河南省教育厅	厅长
		张彭年	浙江省教育厅兼职杭州民众教育馆	教育厅秘书兼馆长
		蒋复璁	国立中央图书馆	馆长
	候补理事	邰爽秋	真如上海市立民生教育实验区	主任
		钮长耀	镇江江苏省社会处	处长
		陆 盖	镇江江苏省社会处	视导
		朱若溪	教育部	督学
		姜 和	教育部	督学
		陈友端	国立社会教育学院	秘书
	监事	钮永建	国民政府委员	—
		顾毓琇	上海市教育局	局长
		李 蒸	南京三民主义青年团中央团部	副书记长

明细 类别		提名人选	工作单位	职务/职称
理 事 会 题 名	监事	刘平江	镇江江苏省参议会	秘书长
		英千里	教育部社会教育司	司长
		陈剑修	国立广西大学	校长
	候 补 监 事	彭百川	国立中山大学	教授兼主任秘书长及附中校长
		傅葆琛	成都华西大学	教授
		郑宗海	国立浙江大学	教授

　　从表 2-16 中可见,理事会按照修订后的社章规定,设理事 21 名,但候补理事尚有 4 名空额。从理事会委员来源看,高校教授依然占主体地位,与前四届相比,最大的变化是国立社会教育学院取代江苏省立教育学院,成为最大的来源单位。监事会基本由政府官员、教育行政长官组成,就推举名单看,钮永建、李蒸、陈剑修、郑宗海等人均为社教中人,前四届频频出现在理事会名单中,英千里作为教育部社会教育司长,因职掌关系进入监事会提名中。该届理事会提名名单中,梁漱溟不再担任常务理事,由陈礼江接替,俞庆棠以上海市立民众学校校长身份留任常务理事,童润之以江苏省立教育学院院长身份亦被推选其中。虽江问渔是以上海中华工商专科学校教授身份,但他与黄炎培,依然被归为职业教育界的代表。嗣后第五届理事会第二次会议决定:"本社监事之推选,遵章采用通讯选举法,即交事务所办理从速办理"。5 月份,事务所事情办理完毕,钮永建(257 票)、顾毓琇(228 票)、李蒸(193 票)、刘平江(182 票)、英千里(168 票)、陈剑修(151 票)当选监事,彭百川(127 票)、傅葆琛(118 票)、郑宗海(77 票)当选为候补监事。事务所将此项结果已分别通知各当选监事及候补监事。"一俟监事会定期组织成立后,即可着手进行一切工作。"[①]至此,社教社从程序上更为完善。

---

① 《社务近况》,载《社友通讯》复刊,第 1 卷 2 期,1947。

（三）社教社话语权的变更

尽管第五届理事会第一次会议决议事务所迁返无锡原址①，事务所专门公函告知各地教育厅局②，但总干事由国立社会教育学院教授顾岳中兼任，三个常务理事中童润之③无论资历、社会声望，都远远低于俞庆棠、陈礼江，档案资料中社教社常务理事署名顺序依次为"俞庆棠、陈礼江、童润之"。实际上，早在1933年3月，因俞庆棠赴丹麦考察民教期间，陈礼江就曾代其履行常务理事、总干事职务。④ 战后复员，俞庆棠兼任上海市教育局社会教育处处长兼上海市立民众学校校长，大部分精力倾注在行政事务及办学中，社教社话语权明显向国立社会教育学院院长陈礼江倾斜。这一点，从年会后理事会对议决案施行意见可见一斑，如年会决议有"由本社推定人员详加研究制定社会教育制度草案，提经理事会通过后执行"及"民众学校新体制案"，理事会第二次会议均"推请董渭川童润之顾岳中三先生研究制定"，均推选童润之为召集人，但揆之史实，童润之担任召集人更多意义上是职务行为，在社教社这个专业学术团体中的话语权微乎其微。社教社第五届苏州年会筹备委员会成员组成、产生的理事会、监事会，中心问题讨论提纲起草、大会召开以及随后的理事会会议等，都在向世人传递一个信息，社教社话语权的掌控已由战前的江苏省立教育学院，悄然转至国立社会教育学院。这与该院在抗战期间在社会教育界声名鹊起、战后云集社教界骨干人物有直接关系。

1941年8月正式成立的国立社会教育学院，是第一所教育部直属的社会

---

① 1947年5月12日，事务所由苏州国立社会教育学院迁回无锡社桥，借用"江苏省立教育学院总办公厅后进二楼一大间为办公室，每日上下午照常办公"。《社务近况 本社迁返无锡原址》，载《社友通讯》复刊，第1卷2期，1947。

② 《中国社会教育社送该社第五届年会决议案及调查该社社友服务地点的公函等》，J004-004-00238，1947—1948，藏于北京市档案馆；《社会教育社关于募捐义演来往文件》，Q6-5-764，1947，上海市档案馆藏。

③ 童润之1934年入职江苏省立教育学院，担任该院农事教育系主任。《社员消息》，载《社友通讯》，第3卷2期，1934。

④ 《第四次理事会议》，载《社友通讯》，第1卷10期，1933。

教育专门人才培养机构。据首任院长陈礼江回忆："1939 年，教育部拟定第二期战时行政计划教育部分，于丙项第三条有'筹设国立社会教育学院培养社会教育高级人才并训练社会教育干部人员'之拟议，经呈奉行政院九月二日吕字第九九六号训令核准施行，旋教育部拟定第二期战时行政计划教育部分实施方案，乃规定于二十八年四月设立国立社会教育学院筹备处。嗣后国防最高委员会审查，改为'于民国二十九年度内筹设国立社会教育学院先设筹备处'。"①1941 年 1 月，教育部派陈礼江、吴俊升、刘季洪、邵鹤亭、高践四、相菊潭、钱云阶、马宗荣、王星舟 9 人组成该院筹备委员会，并指定陈礼江为主任委员，假四川璧山原县立中学、女子中学和职业学校三校校舍作为临时院舍，拟定该院组织大纲，8 月 1 日教育部聘陈礼江为院长，原江苏省立教育学院的高年级学生及大部分教职员并入，9 月 1 日正式开学，报到学生 270 余人，教职员 40 余人，开设有 3 个学系 2 个专修科。

图 2-11　国立社会教育学院院训院徽②

该院以"人生以服务为目的，社会因教育而光明"为校训，院徽为一把熊熊燃烧、散发着光芒的火炬，极具象征意义，院歌③更是散发着一种革

---

①　《国立社会教育概况》，1 页，重庆，商务印书馆，1948。

②　《国立社会教育概况》，封一，国立社会教育学院院长室自刊，1948。

③　院歌由院长陈礼江作词，歌词为："社会因教育而光明，民族因教育而复兴，我们正肩荷着教育民众促进社会改造的重任！我们正肩荷着唤起民众实行三民主义的重任！"

命浪漫色彩。为了凸显社会教育专门院校特色，该院行政组织除比照一般大学于院长之下分设教务、训导、总务三处外，另设研究部、推广委员会及学生实习委员会，用以推进社会教育学术研究工作、发展推广事业及指导学生实习，截至 1947 年，该院已扩展为 6 系 1 个专修科的系科规模。

表 2-17　国立社会教育学院各系科设置一览表（1947）[1]

层次	系别 明细	设立主旨	系主任	师资力量（人）	学生规模（人）	毕业人数（人）	备注
学系	社会教育行政	培养社会教育行政及社会教育实际工作人员	杜佐周	18	169	188	1941 年建系
	社会事业行政	培养社会教育事业之专门人才	刘及辰	10	177	151	1941 年建系
	图书博物馆	培养图、博事业之专门人才	汪长炳	11	90	62	1941 年建系
	新闻学	培养新闻事业之专门人才，以期新闻事业为推行社会教育之重要工具	马荫良	8	88	—	1945 年建系
	电化教育	培养电化教育之专门人才	汪畏之	12	38	—	1946 年建系
	社会艺术教育	造就社会艺术教育之专门人才	应尚能	20	69	—	1947 年建系
专修科	国语	造就高级国语师资	萧家霖	8	38	22	1944 年开设
	电化教育	培养电化教育之专门人才	汪畏之	—	22	64	1946 年停招
	社会艺术教育	造就社会艺术教育之专门人才	应尚能	—	—	80	1947 年停招
总计				87	691	567	

由表 2-17 显示，自 1941 年 9 月创立以来，系科在不断发展壮大，从 3 学系增至 6 学系，师资队伍由 40 余人增至 87 人，其中教授 49 人，占总比

① 整理自《国立社会教育学院概况》，6～11 页，国立社会教育学院院长室自刊，1948。

北京师范大学史学探索丛书

例的 56.3％，战前曾供职于江苏省立教育学院的陈礼江、甘豫源、古楳、古剑尘等均转任该院。作为"全国培养社会教育人才研究社会教育学术之最高学府"，国立社会教育学院招收公私立高级中学或同等学校毕业生通过入学考试者；并招收师范学院或大学其他院系合格转学生，还招收了海外留学生，学生来源多元。就该院 1947 年第二学期在读学生的籍贯统计数据看，全院共有学生 695 人（其中男生 510 人，女生 185 人），四年制本科生 593 人，专修科学生 102 人。[①] 很有意思的是，在读学生籍贯有两个集中的省份，江苏籍的学生以 177 人、四川籍的 124 人分别占据第一、第二位，这种分布与该院抗战期间院址处在四川璧山、战后随中央政府迁回江苏有直接关系。

该学院除招收本科生、专修科学生外，研究部招收研究生，"其资格为公立或已立案之大学毕业生，研究期限为一年，期满经考核及格，由本学院给予证明书"；学院学生一律享受甲种公费生待遇，在学期间学院免费提供膳宿、制服及一部分零用费，学院制定《学生具领膳费及办理膳食办法》及《学生伙食团轮流服务办法》，采用"伙食团"[②]方式，轮流自助服务，以培养学生动手能力和服务精神。各省市政府对于该院本籍学生，大多设有专门奖学金或补助费等。

在 1941—1947 年期间，国立社会教育学院共有毕业生 567 人，其中男生 395 人、女生 172 人，女生占总比例的 30.3％，与战前江苏省立教育学

---

① 《国立社会教育学院概况》，附录，国立社会教育学院院长室自刊，1948。

② 校方规定本院学生伙食，必须参加伙食团，所用器具，除锅灶外，概行自理，该团由全体学生轮流组织膳委负责办理，每届膳委服务半月或一月，规定"膳委会设执行委员会及监察委员会，执行委员会由五人至九人组织之，设主席及副主席各一人，其余诸人，分任会计、出纳、人事、采买、保管等职务。监察委员会人数与执委会同，设主席副主席各一人，其余诸人分任稽核、监察、调查等职务。为各同学服务均等起见，凡已任膳委会之同学，在全体同学未普遍轮及前，不担任第二次之膳委，凡担任主席的同学，不得担任第二次之主席；学生服务膳委会，统于注册时至训导处抽签排定名次，分届轮流服务，并将抽定之名次公布，同时存训导处、总务处及膳委会备查。种种细微而具体的规定，既保障了伙食团的井然有序，又锻炼了学生的服务精神。"《国立社会教育学院概况》，102～104 页，国立社会教育学院院长室自刊，1948。

院 17%(1934 年)相比有了很大增长；六个学系中，以社会教育行政学系毕业生 188 人排在首位，其次为社会事业行政学系（该系 1946 年有礼俗行政组 20 名毕业生计入其中）。该院在 1941—1947 年期间 6 年共有毕业生 563 人①，"分布在中央及全国各地社教机关工作，以本院同学素具有'人生以服务为目的，社会因教育而光明'之信念，故服务成绩，颇为社会人士所称道"②。当然，由于回迁苏州等原因造成学生大量流失③，1947 年该院毕业生大幅锐减，仅有 7 名毕业生，分布在社会教育行政学系（1 人）、社会事业行政学系（4 人）、图书博物馆学系（2 人）。但是，抗战期间国立社会教育学院培养社会教育师资的中心地位，为其战后取得社会教育家话语霸权做了坚实铺垫。

北京师范大学史学探索丛书

---

① 《国立社会教育学院概况》一书附录所列七年毕业生总数为 567 人，除去 1947 年毕业生 7 人外，6 年毕业生总数应该为 560 人。但此处该院院长陈礼江撰文称"历届毕业生，共计已达五百六十三人"，两者有所出入，照实录入。详见：《国立社会教育学院概况》，附录，国立社会教育学院院长室自刊，1948。

② 陈礼江：《创建六年之国立社会教育学院》，载《读书通讯》（半月刊），第 137 期，1947。

③ 1946 年 5 月，国立社会教育学院内迁在即，经教育部批准，所有不能随该院迁移的学生可以转学，仅转入四川省立教育学院的就有 10 名学生，均为四川籍贯。《关于寄送国立社会教育学院转入四川省立教育学院学生名单的公函》，0122-0005-00063，1946，重庆市档案馆藏。

第三章　中国社会教育社合办的实验区

社会教育作为一项实践性很强的事业，各派提倡者不仅进行理论建构，更身体力行，将理论放在实践中予以验证。"于是民众教育界的人都说要从实验中找到办法来，实验遂成为民众教育的探险灯。……几年来实验遂成为民众教育界的一个口头禅，动一动就说要实验，动一动就说要用科学的方法找出经济而合宜的途径来。在实施之前要有一番实验，这成为民众教育界的一个重要思想。民教的实验机关因之林立，几乎无机关不以实验名，几乎无机关不以实验标榜，几乎无机关不刊实验报告。"①面对学界划区实验的热潮，为了推进实验事业，1933 年 5 月，社教社理事会第四次会议，高践四提出"筹办民众教育实验区案"，社教社第二届年会通过决议"如何谋研究实验事业之分工合作案"②，会后，第六次理事会议上决定组织"中国社会教育社研究实验事业协进委员会"，并函请中华平民教育促进会参加③，推

---

① 郑一华：《几年来民众教育中的矛盾现象》，载《教育与民众》第 5 卷 8 期，1934。

② 许公鉴提案，认为社教社应订定中国社教研究实验事业总计划，支配各地社友分别研究实验，分工合作，按期进行，改变之前向无联络、各就所好、各行其是的局面，大会通过"组织中国社会教育社研究实验事业协进会，委员人选及详细办法，交由理事会斟酌办理"决议。许公鉴：《如何谋研究实验事业之分工合作案》，《决议案》，见中国社会教育社编：《中国社会教育社第二届年会报告》，68 页，无锡，民生印书馆，1933。

③ 高阳按照理事会安排，专函晏阳初，邀请中华平民教育促进会加入"研究实验事业协进委员会"。11 月 11 日，晏阳初回复高践四，欣然应邀入会，并提出通信联络各地的建议。"践四先生有道：敬复者：奉读大函，敬悉一是。中国社教社组织研究实验协进委员会，邀约敝会参加，欣兴良深。惟弟意同仁散处各省，召集不易，如用通信商讨阐明，以为如何？承赐表格，谨择其简要者填写奉上。敝会在定各部分工作，正在研究实验之中，较为复杂，原寄表格难于填写。另由邮寄奉最近敝会工作简要小册数本，即请察收转致为幸！专此奉复，顺颂　大安　弟晏阳初拜启"《复高阳》，见宋恩荣主编：《晏阳初全集》第 4 卷，书信卷（1916—1989），376 页，天津，天津教育出版社，2013。

定高阳负责主持进行。① 以此为标识，社教社高调介入教育实验事业。与政府、教育机构合作，先后开办洛阳实验区、广州花县实验区，前者是社教社与河南省教育厅、洛阳县政府的合作实验"以村为单位"社会教育实验，后者是与国立中山大学、广州省教育厅合作"以县为单位"实验，各有特色，颇有影响，值得学界深入研究。

一、洛阳实验区

洛阳实验区开办是在国民政府建设洛阳行都的背景下进行的。一·二八事变后，中日之间剑拔弩张，一旦战事突起，水陆空便利、临近上海的国民政府所在地南京便危如累卵，为免城下之盟的威胁，在行政院院长汪精卫等人的动议下，国民政府分批移驻洛阳办公。1931 年 3 月，在洛阳召开国民党四届二中全会通过了"以洛阳为行都、西京为陪都"决议②，以此为契机，在之后的较长一段时间内(直至 1935 年 10 月蒋介石策定四川为对日抗战根据地)，西北和中原地区成为国民政府建设内地的重点区域，"开发西北""建设中原"呼声此起彼伏，响彻全国，"开发西北，复兴中原，为救中国之新路，而运用社会教育之方法，从下层基础着手，又为开发复兴之最佳法宝"③。社会教育界也摩拳擦掌，以实际行动投身其中。"钮惕生先生为本社社员之一，对于社会教育信仰挺深，而提倡亦复不遗余力。自从国都迁移至洛阳以后，钮先生因考试院职务关系，乃对于河南陕西一带的社会情况，有了充分考察的机会，他感觉到这些地方对于社会教育的需

---

① 理事会公推高践四、彭百川、屈凌汉、尹全智、杨效春、江恒源、周德之、张永荣、马祖武、雷沛鸿、罗廷光、相菊潭、雷鸿堃、王公度、刘宰国等参与组织中国社会教育社召开实验事业协进委员会。《承上启下的两次理事会》，载《社友通讯》，第 2 卷 4、5 期合刊，1933。

② 《确定行都与陪都地点案》，见荣孟源主编：《中国国民党历次代表大会及中央全会资料》下册，156 页，北京，光明日报出版社，1985。

③ 陈大白：《在开发中原社教的征途上》，载《社友通讯》，第 2 卷 2、3 期合刊，1933。

要是万分的迫切"①。在理事会议上，钮永建不懈余力予以推动，"我回想办理洛阳实验区的动机，还是去年三月理事会中钮惕生先生提议的，同年八月济南年会又通过一个应该设立的议案"②。而客观上，"以民众教育来建设乡村，以乡村建设来复兴民族，为现代社会思想之主潮。洛阳实验区系中国社会教育社河南省教育厅洛阳县政府合力倡导，亦即此种思潮之产儿"③。由此可见，"以社会教育来开发中原"，成为社教社与河南教育行政机关合办洛阳实验区的目标。

（一）实验顶层设计

为倡导并研究中原及西北社会教育问题，社教社与河南省教育厅、洛阳县政府合办洛阳实验区，该区设董事会，由三机关各派代表 1 人、合设机关会聘专家 4~6 人及当地人士 2~4 人组成，合设机关代表为常务理事，理事会负责聘任总指导员、审核年度计划报告和预算决算、指导并协助解决总指导员提出的困难问题。该区总办事机关为指导处，总指导员兼任董事会秘书。按照合办洛阳实验区办法规定，社教社负责指导"实验区之设计事项"。揆之史实，该实验区设计方案、计划等均由社教社操刀，"公推钮永建、赵光涛、王海涵、高阳、陈大白五人组织设计委员会，并推定钮永建召集，余二人于必要时由常务理事推定补充"④。设计者很清醒地认识

---

①　杨汝熊：《勘察本社洛阳民众教育实验区区址经过》，载《社友通讯》，第 2 卷 1期，1933。

②　俞庆棠：《到洛阳去》，载《社友通讯》，第 2 卷 11、12 期合刊，1934。

③　陈大白：《洛阳实验区第一年》，载《社友通讯》，第 4 卷 1、2、3 期合刊，1935。

④　实验区的顶层设计，早在 1933 年 8 月就开始进行。以"民众教育培植国民力量、树立自治基础、唤起民族意识、复兴中华民族、增加农业生产、改善经济组织、促进乡村建设、充实人民生活"为目标，制定了 13 条原则，如教养卫合一、自治区民众教育与区农业指导合一、以区为单位由下而上由小而大、做学教合一、改进生产能力实行经济合作、训练民团寓兵于农、以全区为学校以全区民众为学生以乡村建设为课程等；社教社第二届年会期间，江苏省立徐州民众教育馆赵光涛提交"积极筹办洛阳民众教育实验区案"，大会决议由理事会推 5~7 人组织设计委员会，计划一切创办事宜，并募集捐款作为开办费用。会后，理事会推定钮永建等 5 人为设计委员从事实验区设计工作。《社教社筹建民教实验区》，载《民众教育季刊》，第 2 卷 1 期，1933；《社教社民教实验区计划纲要草案中之分年计划》，载《民众教育季刊》，第 2 卷 1 期，1933；陈大白：《筹备前期之洛阳实验区》，载《社友通讯》，第 2 卷 11、12 期合刊，1934。

到社教社作为学术团体的利弊，在方案设计时强调行政背后的力量，"因为我们感觉到社会教育事业的实施，本身力量太薄，是非与行政方面联络进行不可的"①。"本区系中国社会教育社河南省教育厅与洛阳县政府所合办，在本质上已有政治助力，在实际上亦感着迫切需要，所以政教合一，即为我们事业建设之路线"②。以"政教合一"理念为旨归，由社教社主持、包括教育、经济、政治全方面的、逐年扩展实验单位的顶层设计徐徐展开。

十、本区选洛阳县中适当之自治区为区域，先就一村实验，逐年扩充至全区；凡划入本区范围之村庄，其教育机关统由指导处管理。

十一、本区区域内人民自治能力增高至相当程度时，经合设机关之同意，应赋予施行自治之机会，并实行政教养之合一，仍由指导处指导之。

十二、本区经费由合设机关商酌分任之。③

指导处是洛阳实验区的核心机构，按照拟定的计划大纲的实验要点规定，"由教育方法组织民众、培养民力，以促成自治，复兴民族"为目标，以全区人民为学生（强调成年人之教育），采取做学教合一致原则，致力于人民精神生活之向上及合作农业自卫自治识字读书诸端。为了实验的有序开展，设计方案专门拟定一个以六年为期的逐年进程：

第一年　一、举行简易社会调查，以明全区概况；二、选定具有代表性之一村，以全力从事村单位之实验。

---

① 杨汝熊：《勘察本社洛阳民众教育实验区区址经过》，载《社友通讯》，第 2 卷 1 期，1933。

② 陈大白：《洛阳实验区第一年》，载《社友通讯》，第 4 卷 1、2、3 期合刊，1935。

③ 《河南省教育厅中国社会教育社洛阳县政府合设洛阳实验区办法》，载《社友通讯》，第 2 卷 11、12 期合刊，1934。

第二年　一、根据代表村实验之经验，拟定村单位设施之办法，推广之临近村庄七八处（约当全区村数十分之一）。二、于必要时，亦得从事超出规定村数之工作，如自卫等是。以后各年如是。

第三年　一、推广至约二十村（约当全区村数四分之一）；二、开始实验各项联村工作。

第四年　一、推广至约四十村（约当全区村数二分之一）；二、准备区单位实验之办法。

第五年　一、推广至全区各村落，为区单位之实验；二、准备试行区自治。

第六年　一、试行区自治；二、实验计划告一段落。①

三机关会衔聘定钮永建等组成董事会，董事会董事分常务、专家、地方三类，按照合办实验区办法，常务董事由合办单位组成，社教社总干事俞庆棠、河南省教育厅厅长齐真如、洛阳县县长王次甫分列其中，采用值年常务理事制。专家理事由钮永建、赵冕、赵光涛及宋香舟组成；地方董事则由河南省及洛阳县教育行政官员、大学教授组成，董事会聘请考试院铨叙部职员河南省立中原社会教育部部长陈大白为总指导员。为清晰起见，特列表3-1。

表 3-1　洛阳实验区董事会董事一览表（1934）②

职别＼明细	姓名	现任职务
常务董事	俞庆棠	江苏省立教育学院实验部主任兼教授、社教社常务理事兼总干事
	齐真如	河南省教育厅厅长
	王次甫	河南省第十区监察专员兼洛阳县县长

①　《河南省教育厅中国社会教育社洛阳县政府合设洛阳实验区计划大纲》，载《社友通讯》，第 2 卷 11、12 期合刊，1934。

②　《洛阳实验区董事会董事一览》，载《社友通讯》，第 2 卷 11、12 期合刊，1934。

职别 \ 明细	姓名	现任职务
专家董事	钮永建	国民政府考试院副院长、社教社理事
	赵步霞	江苏省立教育学院副教授兼北夏实验区总干事、社教社常务理事
	赵光涛	江苏省立徐州民众教育馆馆长
	宋香舟	考试院铨叙部甄核司司长
地方董事	郑若谷	河南大学文学院院长
	王海涵	河南省教育厅第三科科长
	郭芳五	行都孤儿院院长
	王维藩	洛阳县教育局局长

　　随着洛阳实验区实验的进展以及相关单位的主事变化，1935年董事会组成进行了调整，增设名誉董事(戴传贤，时任国民政府考试院院长；张继，时任中央党部监察委员；陈立夫，时任中央党部执行委员；刘峙，时任河南省政府主席)，为洛阳实验区的事业发展"拉大旗"；常务董事中齐真如、王次甫被李敬齐(时任河南省教育厅厅长)、盛士恒(时任河南省第十区监察专员兼洛阳县县长)所替代。专家董事增至7位，补充了郑若谷(时任河南省教育厅秘书主任)、王怡柯(时任山东邹平县县长)和李步青(时任河南省立开封实验区主任)；地方董事中祝绍周(时任中央军官学校洛阳分校主任)替代了郑若谷，增加尤少铭(时任洛阳财务委员会委员长)、陈化堂(时任河洛图书部主任)，共同组成了6人组地方董事。① 从调整后的董事会组成看，常务理事三人中，只有社教社俞庆棠没有变动，河南省教育厅、洛阳县政府是职务行为，进一步说明社教社主导洛阳实验区的历史存在；专家理事和地方理事中洛阳本土的力量在增加，从侧面说明实验区事业正向驻地纵深处推进。

---

① 《洛阳实验区董事一览(一)(二)(三)》，载《社友通讯》，第4卷1、2、3期合刊，1935。

图 3-1　洛阳实验区董事会第一次会议合影(1934)①

1934 年 4 月 3 日，董事会第一次会议在洛阳中原社会教育馆召开，确定了实验区正式名称("中国社会教育社河南省教育厅洛阳县政府合设洛阳实验区"②)，经费三方负担的办法：开办费 450 元(分筹措和赠送两种来源，前者由钮永建、王次甫各 100 元，齐真如 150 元；后者 100 元由俞庆棠、赵光涛两人负责征集)，经费每月 350 元(教育厅 150 元、县政府 100元、社教社 100 元)，其中社教社负担经常费 100 元中钮永建个人负担 50元。③"洛阳实验区是一点基金也没有的，要全凭大家一点诚意才能进行，于是钮先生个人先来认捐，中国社会教育社当然也认捐，从而河南教育厅、洛阳县政府，都愿凑钱来办理。"与会其他代表就开办设备自行捐

---

①　俞庆棠：《到洛阳去》，载《社友通讯》，第 2 卷 11、12 期合刊，1934。

②　实验区筹备主任陈大白专门向社教社呈请为实验区发图记一颗："该主任为慎重起见，特呈请颁发图记一颗，随由本社拟定样式呈请中央民众运动指导委员会准备。顷已刻就本质图记一颗，文曰'中国社会教育社河南省教育厅洛阳县政府合设洛阳实验区图记'，业经颁发应用，并令将启用日期呈报备查"。《社务报告　颁发洛阳实验区图记》，载《社友通讯》，第 3 卷 1 期，1934。

③　《理事会第一次会议经过》，载《社友通讯》，第 2 卷 11、12 期合刊，1934。

助。① 与定县、邹平乡村建设实验区以及中华职业教育社的徐公桥乡村实验区等相比，经费困难一直如影随形地伴随着洛阳实验区的事业。为扩展实验区事业，社教社还曾请求过庚款补助费，"本社洛阳实验区，成立以来，已逾一载，所有实验事业，悉依政教合一之原则，用政治力量与教育方法，以组织民众，培养民力，年来成绩殊有可观。然而实验事业每多为经费问题所牵制，不能顺利进行。近更欲推行强迫征学制建立新教育系统，试办政教合一制等巨大工作，势必有充足之经济助力，不克济事。本社乃援学术机关之例，函请中华教育文化基金董事会补助。若蒙既允，该区实验事业定有惊人之成就"②。

图 3-2　洛阳实验区徽章样式(1934)③

董事会第一次会议通过了合设洛阳实验区第一年计划大纲，实验以村为单位教养卫合一的新组织、村单位做学教合一的新方法、村单位民众教育新系统及村单位乡村建设的新事业，从政治、教育和经济方面推进事业。董事会第一次会议修正通过了《洛阳实验区筹备处计划大纲》《洛阳实

① 临时设备各费或由各热心人捐募，或自行捐助。如江苏省立教育学院捐助了科学仪器17件、农村工艺品14件、动物标本10件、病虫害标本46盒；赵光涛捐助脚踏车一辆、油印机一架；郭芳五捐助椅子15把；专员公署捐助电话机一架、方桌4张；王海涵捐助小算盘40把、大算盘1把等。赵光涛：《会议席上印象记》，载《社友通讯》，第2卷11、12期合刊，1934。

② 《社务报告　请求庚款补助费》，载《社友通讯》，第3卷9期，1935。

③ 《洛阳实验区徽章》，《社友通讯》，第3卷3期，1934。

验区筹备处组织大纲》，聘请陈大白为筹备处主任。会后，按照筹备处计划大纲，筹备处聘定黄理斋、沙居易、金绍武为工作人员，以"筹备方针"①为指导，洛阳实验区筹备工作正式展开。为"集思广益，以求事业进展较为完善"起见，特聘请当地热心人士叶振钧等13人组成合办洛阳实验区设计委员会(委员均为义务职)，分教育、卫生、农林、水利、村政、道路与社会调查七方面，5月20日举行第一次会议，公推罗稻仙、尤绍铭、陈大白三人为常务委员。

表3-2　洛阳实验区设计委员会履历表(1934)②

职别＼明细	姓名	籍贯	履历
农林设计委员	叶振钧	河南	河南省立第四农林局局长
	陶瑶阶	河南	河南省立洛阳蚕桑学校校长
水利设计委员	王　强	浙江	河南省立第三水利局局长
教育设计委员	罗稻仙	湖南	洛阳县政府第四科科长
	李呈符	河北	河南省立洛阳师范学校校长
	薛粹甫	河南	洛阳县立师范学校校长
	陈钦周	河南	洛阳教育局社会教育科主任
卫生设计委员	刘一鹏	山东	洛阳中大医院院长
村政设计委员	尤绍铭	河南	洛阳财务委员会委员长
	郭子彬	河南	洛阳县第三区区长
	吕冰如	河南	吕庙实验村联保办事处主任
调查设计委员	黄子龙	湖南	河南省第十区社会调查员

从表3-2看，洛阳实验区设计委员会委员囊括了相关领域的行政长官，

---

① (1)实施初步教育，奠定村单位实验之基础。(2)精密调查代表农村，编制村单位实验之计划。(3)组织民众领袖份子，建立村单位实验之组织。(4)联络政教热心人士，协助村单位实验之发展。《洛阳实验区筹备处计划大纲》，载《社友通讯》，第3卷3期，1934。

② 整理自《洛阳实验区近讯　组织设计委员会》，载《社友通讯》，第3卷1期，1934。

这样的委员构成保证了工作计划的可操作性，亦有利于推行实验过程的战线联合。① 为了推进教育改革，随后设立了学务委员会。"洛邑政教各界亦愿热心赞助，现组织设计委员会与学务委员会，为联络外界之枢纽"，奈何"乡村传统观念极深，欲作新的教育实验，一时颇难得社会人士之谅解"。② 实际上，这也是董事会第一次会议时代们的共识，在"封建社会潜势力量大"③的中原，如何将旧势力合理利用为建设新力量是个颇为棘手的问题。为了"组织农民，推动社会"，洛阳实验区创设乡民公社，成员由年长德硕的村民、地方领袖和指导人员三部分组成，主要集中在合作社、诊疗所、书报处和娱乐部四方面事业，并在实验村组织学董会，后将全村保甲长悉数纳入，政治组织兼学务组织之责，地方领袖以德劝业，以法相持，以期村民怀德畏威，配合实验区各项事业。至此，洛阳实验区涵括董事会、设计委员会、学务委员会和乡民公社、学董会等自上而下的整体框架搭建起来，1934 年 8 月 22 日，洛阳实验区在吕庙实验村隆重开幕，各机关代表及民众约 3000 余人参加仪式，"为洛阳乡村中仅见之集会"，"村中男女老幼皆参加，跻跻跄跄，颇极一时之盛"。④

北京师范大学史学探索丛书

① "乡村建设是整个的，社会事业是多方面的，以民教机关少许之经济与人才，断难负此重任。所以我们主张民教机关应该与党、政、军、民事、金融、教育与合作等机关联合战线，通力合作，共谋整个乡村之建设。因为在彼为推广设施，在此为研究实验，相互为用，相得益彰，实施既经济而效率则甚大。"陈大白：《洛阳实验区第二年》，载《社友通讯》，第 5 卷 1、2、3 期合刊，1936。

② 《洛阳实验区近讯 工作报告心得及困难》，载《社友通讯》，第 3 卷 1 期，1934。

③ 按照洛阳实验区主持人陈大白的调查，他认为："中原社会还留滞于十七世纪的封建社会，凡社会组织、社会经济、社会文化习惯等与沿海诸省多所不同，因之社会教育之实施方法，亦因地制宜，吻合社会之实际需要。……中原社会还滞留在于十七世纪的封建社会，尚未受到帝国主义之侵略，所以这是中国纯粹的农村之本色。不过在此封建社会中，旧礼教旧势力的确是很大，民教事业之推动，是很感困难。我们从事社教者如何借旧势力来建设新力量，这是个很重要的问题。"陈大白：《在开发中原社教的征途上》，载《社友通讯》，第 2 卷 2、3 期合刊，1933。

④ 《洛阳实验区近讯 开幕典礼》，载《社友通讯》，第 3 卷 4 期，1934。

图 3-3　洛阳实验区开幕情形（1934）①

　　图 3-3 为洛阳实验区开幕典礼主席台合影，照片第一排右三为董事钮永建。实际上，从社员提案到正式筹备期间，社教社充分发挥指导设计之责，派骨干社员亲往主持筹备事宜，通过年会提案、派员勘址、组建董事会、捐助经费、讨论计划大纲等将实验区一点点落到实处，社员韩天眷专门设计了实验区徽章，社刊《社友通讯》（第 3 卷 1 期）开始为"本社洛阳实验区"开辟专栏，第 3 卷 3 期更推出"洛阳实验区筹备专号"，请来陶行知题写专号名称，之后更推出"洛阳实验区第一年实验专号"（刘峙题，1935）、"洛阳实验区第二年实验专号"（钮永建题，1936），营造舆论。"在这三个月筹备期里，我们经历了千辛万苦，费尽了许多心血，从空无一物到略具规模，由思考设计进而筹措创立，无论在教育、政治、经济各方面，都算是略具规模，足为将来事业实验之基础"。② 很明显，洛阳实验区名义上虽为与河南省教育厅、洛阳县政府合办，实际上是社教社主办的、试验政教合一的社会教育实验区。1940 年，三机关合约期满，经董事会决议洛阳实验区为时 6 年的"政教合一"实验事业，办理结束。

　　（二）主要实验事业

　　洛阳实验区从 1934 年创立，至 1940 年结束，其主要实验事业集中在教育、经济、政治方面，均围绕相关主题实验而展开。教育方面以民众基

---

　　①　《中国社会教育社洛阳实验区开幕典礼》，载《教育与民众》，第 6 卷 10 期，1935。

　　②　陈大白：《写在前面》，载《社友通讯》，第 3 卷 3 期，1934。

础学校为中心，以强迫征学制实验、传习导生制实验作为方法，来实验基础教育普及的乡村教育模式；经济方面以合作为中心，军农合一和全民造产作为途径，来进行乡村经济建设实验。而"政治实验是本区实验事业之终极目标，因为我们既以教育方法来组训民众，以经济建设来培养民力，民智既开通，民力既充实，然后从事政治建设，方足以云完成地方自治"①。作为社教社设计倡导、由教育工作者推进的洛阳实验区的政治实验，依着自然程序，由村政辅导制、政务辅导与保教合一制三个阶段联合组成："村政辅导、政务辅导与保教合一——由教育辅导进而督导政务，终至保教合一，建立保教养卫之新政治机构。在第一阶段我们是实行村务辅导制，以政治为主，以教育为辅，以教育力量来充实政治内容，以补政治之不逮。因为在现实社会中，教育是政治附属物，我们站在教育学术团体的立场，初步实验事业仅尽辅导之能事；待辅导事业著有成效，教育在社会建设中已有相当地位，然后即进至第三阶段，教育力量来督导政治之发展"②。实际上，实验区教育、经济、政治方面的主要事业，是联合推进，彼此融合，笔者为了叙述方便，将其分别加以梳理呈现。

1. 普及乡村基础教育实验

按照实验顶层设计，社教社在进行顶层设计时，以教育辅导政治，普及乡村基础教育提高乡村文化。本着"学校与社教打成一片、从经济设施普及教育和教育组织连锁一贯"理论根据③，为了"使政治与教育合一，完成管教养卫之各种建设"，实验区以乡村学校作为辅导村政建设动力、改造乡村社会的中心，纳儿童、青年及成人于一体，进行军事、精神、知识和职业四种训练，实验政治、经济、文化三种事业建设。"我们既然认为已往学校制度，将整个教育割裂得支离破碎之不当，所以确定学龄儿童之

---

① 中国社会教育社：《洛阳实验区之政治实验心得》，载《建国教育》，第2卷1期，1940。

② 中国社会教育社：《洛阳实验区之政治实验心得》，载《建国教育》，第2卷1期，1940。

③ 陈大白、邢广益：《洛阳实验区之新教育实验》，载《民众教育月刊》，第5卷1期，1936。

义务教育，年长失学儿童之短期义务教育，及年长失学之补习教育，均为基础教育，而将小学校、短期小学校及民众学校，打成一片，组成一个整个的、全民的、民众基础学校，而纳全村农民于一个基础学校内教育之的实验。"①也就是说，实验区以民众基础学校为普及教育的中心，为乡村建设的基本组织，从民众基础学校推进民众基础教育事业，在严格训练中推进民众基础智识，训练其生产技能，从而完成乡村建设，复兴中华民族。为此，社教社常务理事赵冕拟定乡村基础学校组织系统，如图 3-4 所示。

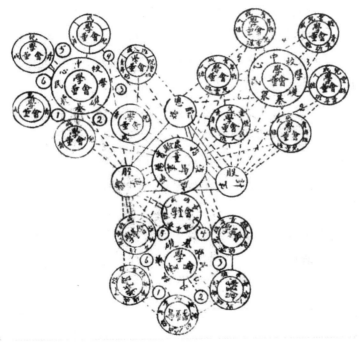

图 3-4　洛阳实验区民众基础学校组织系统图(1934)②

如图 3-4 所示，实验区每村设一所民众基础学校，主张"三位一体"构成整个教育学制，创立民众本位的教育学制。基础教育办理全村民众普及

　　①　沙居易：《普及乡村基础教育的实验》，载《社友通讯》，第 4 卷 1、2、3 期合刊，1935。

　　②　陈大白、邢广益：《洛阳实验区之新教育实验》，载《民众教育月刊》，第 5 卷 1 期，1936。

教育事业。基础教育包括初级儿童班、青年班和成人班，施行强迫征学制；高级儿童班、职业教育属于继续教育，民众基础学校设立基础教育阶段的三种班级，中心民众基础学校涵盖基础教育和继续教育。民众基础学校设有学董会，由全村保甲长及地方领袖担任学董会成员。区内村庄选一适当村落设置一所中心民众基础学校，增设高级儿童班和职业班，前者招收各村初级小学毕业生，以训练其服务乡村兴趣与能力为旨归开设课程，后者招收青年班、成人班，培植其生产智识和技能。中心民众基础学校负责视察、辅导各村民众基础学校，隶属于区指导处，指导员负责设计指导与材料供给。在普及民众基础教育方案中，吕庙实验村中心民众基础学校第一年度实际内设儿童部（6～10足岁）、青年部（10～16足岁）和成人部（16～40足岁），每一部又分男女两个班，结合学生已有经验、需要智能而分部设置相应课程。青年部、成人部同样面临招生、留生难的问题。为了将此民众基础学校学制系统落到实处，实验区采用了征学制、导生传习制两种实验办法，动用政治力量强迫入学，并配合儿童部小学生的传习生作用，突破了招生难、留生难、女子教育难三大难题，保证民众基础学校顺利运行。

实验区筹备期间，事务所曾对吕庙实验村进行精密的村情调查①，为民众基础学校实验提供了坚定依据。调查者对在村的 557 人进行教育程度

---

① 吕庙村地处洛阳县城东北约 15 里（1 里等于 500 米），距本区区公所平乐村约 7 公里（1 公里等于 1000 米），本村依据保甲制度编制，隶属第三区 65 保，联保办事处设在该村，132 户村民分属于 12 甲，50.75％属于自耕农，佃农兼自耕农占总户数的 28.03％，地主仅 4 家，占总户数的 1.52％，本村土地系黏质壤土，多属坡田，灌溉不便。盈亏户数为 73 户，占总户数的 55.31％，盈余 49 户，占总比例的 39.12％，盈亏相抵的 12 户。全村人口总数 755 人（其中 13～18 岁人数为 85 人，占总人口总比例的 11.25％；19～39 岁人数为 269 人，占总人口比例的 35.63％），务农为 50.99％，做笔、赶轿车为该村农户特种副业（做笔 26 人，赶轿车 15 人），妇女占总人口比例的 61.45％。该实验村设有县立第 22 小学和县立女子短期小学各一所，学生 70 余人（男生 40 余人，女生 30 余人），民风朴实，女子多缠足，村媪多诵读佛经，附近有西吕庙、大杨树等 10 个村庄。沙居易、金绍武：《洛阳实验区吕庙实验村之农户调查》，载《社友通讯》，第 3 卷 3 期，1934。

图 3-5 洛阳实验区吕庙实验村民众基础学校开学典礼(1934)①

的统计：全村共有 111 名学龄儿童，其中 67 名在学校学习，失学儿童占学龄儿童总数约 40％；成年失学者人数最多，占统计总人数比例的 58.17％；而已受教育者 222 人中女子仅 16 人，仅占女子总数的 4.18％，男女性别之间存在巨大差异。② 有鉴于此，1934 年 8 月 15 日，洛阳实验区董事会第二次会议决议在吕庙村试办征学制，以期普及民众基础教育。③

3. 强迫征学制办法经政府批准后令饬本府联保主任及保甲长协同办理

4. 凡年在六足岁以上十八足岁以下之儿童及青年来学之责应责其父母或法律上之保护人

5. 凡处户主地位之农民如有逃学等情应责成其甲长

① 黄理斋：《筹备后期之洛阳实验区》，载《社友通讯》，第 3 卷 3 期，1934。

② 沙居易、金绍武：《洛阳实验区吕庙实验村之农户调查》，载《社友通讯》，第 3 卷 3 期，1934。

③ 《洛阳实验区近况 董事会议》，载《社友通讯》，第 3 卷 4 期，1934。

6. 学生有事故不得来学者必须依请假手续请假

7. 凡未经准假三日不到者则予以书面警告

8. 连续一周不到者则科以文盲捐一角至二角或代以公共劳役一日

9. 连续两周不到者则科以文盲捐五角至壹元或代以公共劳役三日至四日

10. 连续一月而竟抗令不受征者呈请县政府予以相当惩处

11. 凡学月学期统计未缺席及成绩优良者，由学校酌给奖品，修业期内未曾缺席者及成绩优良者，由校呈请县政府酌给奖品

12. 于学月及学期缺席较多者由校公布予以名誉惩处

13. 民众基础学校学生学费一律免除

14. 除初级高级学生书籍用品由学生自备外，其余概由学校供给

15. 凡基础学校毕业者，呈请县政府发给毕业证书及公民证书①

征学制为董事钮永建所创设，仿效征工征兵办法，以最经济的人力物力，运用地方政府力量，要求辖区内不同年龄段的村民接受青年教育、成年教育，普及民众基础教育，谋基础教育之普及。"国家应办的事，即教育上应办的事，政治上的应办的事，以教育方法出之；而教育上所办的事，必合政治上的需要，此即政教合一。"②征学制是钮氏政教合一理念的具体外化。"此制自洛阳实验区实验以来，业已两月，以立论之扼要，方法之切实，颇堪引起国人注视，教育同仁时以近况见询。"③图 3-6 为洛阳吕庙实验村试行征学制前后民众基础学校成人部出席情况。

---

① 《洛阳实验区吕庙实验村强迫征学办法》，载《中华教育界》，第 22 卷 7 期，1935。

② 桐庸：《以民众教育助成地方自治促兴社会生产的我见》，载《社友通讯》，第 4 卷 8 期，1936。

③ 陈大白：《征学制实验之发端》，载《社友通讯》，第 3 卷 7 期，1935。

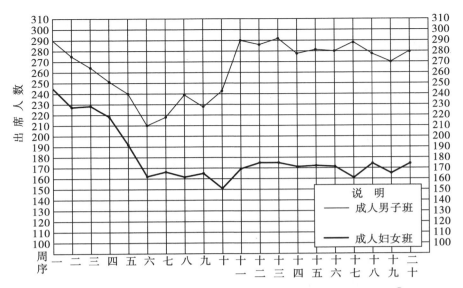

图 3-6　吕庙实验村民众基础学校成人部逐周出席统计图(1935)①

如图 3-6 所示，吕庙实验村第 1—20 周的民众基础学校成人部学生逐周出席情况：男子班从第 1—6 周一直呈现直线下降情况，第 6—8 周出席人数有所回升，第 9 周稍降，第 11 周陡然恢复到开学时盛况，嗣后直至学期末第 20 周变化不大；具体到女子班，从第 1—10 周，基本呈现持续下降局势，第 10 周为谷底，第 11—20 周回升并大体维持稳定状态。很明显，无论男子班抑或女子班，第 10 周均具有拐点意义，因为该周吕庙实验村开始实行征学制。作为负有家庭责任的成年人，大多终日劳作，缺席或流失情况最易发生，各处民众学校留生问题普遍存在。但吕庙实验村征学制试行以来，逐周出席人数数据证明了征学制的有效性。

当然，必须看到，征学制对女子班逐周出席人数的影响远远小于男子班。据统计：吕庙实验区应征人数为 469 人，其中失学成人组 297 人（男61 人，女 236 人），实征 90 人（男 59 人，女 31 人）。"在征学的对象里，绝对的文盲，成年妇女占最大多数。对于她们，方法又不能用得太生硬，

---

① 沙居易：《普及乡村基础教育的实验》，载《社友通讯》，第 4 卷 1、2、3 期合刊，1935。

随便了些，就永远没法将教育普及到她们。"①为救此弊，实验区采用导生传习制实验，训练在学的儿童担任导生，用传习方法来普及成年女子教育。

实验区的导生制组织采取军队大队编制形式，将全校儿童组学生组成一个大队，下分三中队12小队：儿童高级班为第一中队，内分3个小队；儿童初级班组成第二中队，内分6个小队；女子班为第三中队，内分3个小队；各队均设有队长一名，各司其责②，各组组长组成法纪会议，负责各队队员违警记录和惩处核定，负责维持团体秩序，养成社会制裁力量。遴选高级班优秀学生，按照其兴趣所近，担任国语、算术、社会常识和自然常识各科导生，负责各队各科教学责任。每小队的各科导生，组成教学评议会，各小队导生组成教学研究研讨会，研究各科教学法，并负责实施教学上的实际问题。其组织系统如图3-7所示。

导生制下的教学方式，迥异于普通教学方式。如国语学习，普通队员学习，国语导生负责教学，大队长指导教学，司教学视察记录；而算术、常识导生，则在准备算术教学、常识教学，阅读教学参考书及教学法，准备教学挂图、标本仪器等。中队长负责提醒算术、常识导生准备教学和课程要点、教学方法；小队长则一边学习国语，一边负责上下课口令及维持秩序。同一时间内，各个成员各有等级，各有专职，各有活动领域，各有活动方式，而各员的活动，又有机统一、互相连锁。如表3-3所示。

① 沙居易：《普及乡村基础教育的实验》，载《社友通讯》，第4卷1、2、3期合刊，1935。

② 大队长为全队最高领袖，在教学与管理上，都站在最重要位置。主要职责为：大队集合时司令、晨操升旗司令，精神讲话、新闻报告、视导教学、主席法纪会议、设计社务服务及教学研讨会主席等；中队长为全中队最高领袖，司点名、整洁监导、指导教学准备、参与法纪会议、维持秩序、视导教学、视导整洁检查、轮值新闻报告；大队长缺席时，得临时代理之。小队长为全小队领袖，也是基本干员。司整洁检查、纪录训练、违警纪录；导生上课时，司准备指导、复习指导，并为上下课时司令，各种活动均由小队长维持秩序，且参加法纪会议，执行惩处。

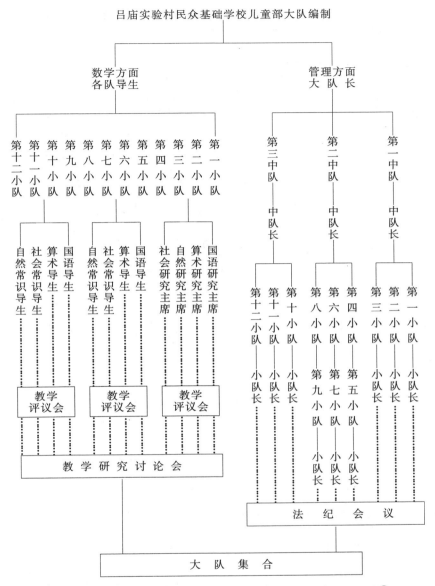

图 3-7　吕庙实验村中心民众基础学校导生制组织系统图(1934)①

①　沙居易:《普及乡村基础教育的实验》,载《社友通讯》,第 4 卷 1、2、3 期合刊,1935。

表 3-3　吕庙实验村中心民众基础学校儿童部队员逐日生活表(1934)①

时间 \ 明细	号令	时间(分钟)	国语导生	算术导生	常识导生	普通队员	小队长	中队长	大队长	导师
5:40	吹哨	—	温课				温课　纪律训练			—
5:40—6:00	吹哨	20	晨操　升旗典礼				点名		司令	—
6:00—6:20	吹哨	20	整洁活动				监导		检查	—
6:30—6:35	吹哨	5	整队放学　个人整洁检查				视导整洁检查			
7:40—7:55	吹哨	15	大队集合　精神训话				点名		精神讲话	—
8:00—8:45	吹哨	45	学习国语		准备国语	指导准备国语	学习国语			授国语
8:50—9:20	摇铃	30	教授国语	准备算术教学	准备常识教学	学习国语	指导纪律训练	指导准备常识教学	视导国语教学	轮回视导
9:30—10:10	摇铃	40	常识研究			常识准备	指导纪律训练	常识研究主席		指导常识研究
10:15—10:30	吹哨	15	怡情活动						指导	—
10:40—11:20	摇铃	40	整理教学报告	算术教学研究	常识教学	常识学习	指导纪律训练	指导算术教学研究	视导常识教学	—
11:25—11:55	吹哨	30	自由活动				法纪会议	主席法纪会议	监导法纪会议	
12:00	吹哨	—	整队放学				监队		司令	
14:00—14:20	吹哨	20	集合点名　新闻报告				点名		报告新闻	—
14:30—15:20	摇铃	50	学习算术			指导准备教学	学习算术			授算术
15:30—16:10	摇铃	40	准备国语教学	教学算术	整理教学报告	学习算术	指导纪律训练	视导算术教学	指导国语准备	—

① 沙居易：《普及乡村基础教育的实验》，载《社友通讯》，第 4 卷 1、2、3 期合刊，1935。

时间＼明细 时间	号令	时间（分钟）	国语导生	算术导生	常识导生	普通队员	小队长	中队长	大队长	导师
16：20—17：00	摇铃	40	个别阅读			传习报告	指导纪律训练	传习报告记录		—
17：10—17：40	摇铃	30	教学研究讨论会			自由阅读	指导自由阅读	讨论会主席团		列席讨论会
18：00—18：50	吹哨	50	传习活动及社会服务				指导			—
19：00—19：30	吹哨	30	康乐活动				指导			—
19：30	吹哨	—	整队放学				监队	司令		—

从表 3-3 可知，吕庙实验村中心民众基础学校儿童部队员逐日生活，是围绕教育部部定学程，配合实验区增设整洁活动、怡情活动、传习活动及社会服务和康乐活动，有秩序、规律、定时进行。从每月一次的测验成绩看，3—4 月初试验导生制时，60 分以下不及格人数尚多，6—7 月 80 分以上逐渐增加，不及格人数减少，整体来看，中上等较多，符合常态分配曲线。实验区非常注重实验的推广性："学程内容与普通小学完全相同，且采取教育部所审定的教科书，以冀在学习过程上，能与一般小学进度齐一，且试验有效，可同样的推行他处。"①

与导生试验相配合的，是传习试验，已接受导生试验的校内学生在各队队长带领下，有组织、有秩序对校外民众进行传递教学，将教育送上门去，主要对象是征学制下难以协调的成年妇女和青年女子。吕庙实验区导生试验中由初级班 2～4 年级小学生担任传导生（男童 41 人，女童 43 人，女童中含有青年班 9 人），试验初期按照生活表在学校进行传习，后因传习对象无闲暇调整到晚上。

---

① 沙居易：《普及乡村基础教育的实验》，载《社友通讯》，第 4 卷 1、2、3 期合刊，1935。

表 3-4　吕庙实验村中心民众基础学校传习生与学众关系表(1934)①

项目 \ 关系	祖母	伯母	母亲	叔母	姐姐	妹妹	嫂子	女仆	父亲	哥哥	弟弟	总计
男童传习学众数	1		22	2	8	3	1	1	1	1	1	41
女童传习学众数	6	2	37	4	5	5	2	—	—	—	5	66
总计	7	2	59	6	13	8	3	1	1	1	6	107
百分率	1.3%	1.7%	57%	5.4%	12%	7.4%	2.7%	0.9%	0.9%	0.9%	5.4%	100%

由表 3-4 可知，无论男童、女童传习生，与学员关系中，以母子(女)最为集中，占总比例的 57%，姐妹关系占总比例的 19.4%，三者加起来占总数的 76.4%；男性关系(父亲、兄、弟)最少，因他们基本已被征学到民众基础学校。从传习生的学员年龄看，20～40 岁的女性占了总比例的58.8%，是征学制最不易征入的成年失学妇女，传习生甚至还动员 7 位祖母来作学员(最大者 73 岁，其余 6 位 60 多岁)，正是由于导生传习制度的实验，吕庙村 99 名女子学员由此得到补习教育的机会，由此可见导生传习制度的动员力量及对征学制的裨益作用。

第一年度征学制在吕庙实验村首战告捷，实验区气势如虹，征学制与传习制"双剑合璧"，第二年度实验推至 15 个村。为了有效推进民众基础学校系统，指导处运用政治力量，将各村村学加以切实整顿，合塾设校，并进行师资训练、保甲长训练，集中人力物力组织学董会，在其他 15 个村中各设立一所民众基础学校。"经费就地筹措，教师由区介绍，并施行征学办法，使各村无不学之人，并由本区指导校务设施，示范教学，三月举行会考，两周举行集团训练，选派高级导生分布传习，协助教学。总之，各村学校在基础教育制度严密组织之下，日新月异，迈步前行，以希普及基

①　沙居易：《普及乡村基础教育的实验》，载《社友通讯》，第 4 卷 1、2、3 期合刊，1935。

础教育。"①1935 年 10 月 20 日，施教区成人班举行联合开学典礼，征学制在各村正式推行，每村成人班每周出席人数如图 3-8 所示。

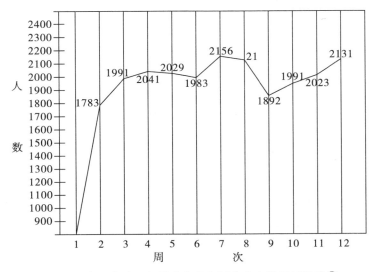

图 3-8　洛阳实验区各村成人班每周出席人数图(1936)②

　　图 3-8 显示，各村开学第一周人数最少，之后急剧增加。试行之初，民众视征学制为具文，面对这样的情况，指导处一方面派成员每晚赴各村轮流视察辅导，另一方面请保甲长严格执行洛阳县颁布的实验区惩戒规程③，强迫成人班学员不能无故缺席。到 12 周各村成人班结课时，人数竟然达到峰值。全区曾在第 10 周统一举行测试，有 293 人参加，成绩优良者占多数，"这不能不归功于征学制的运用，使他们到校整齐，学习程度自然划一了"④。与征学制相配套，导生传习制亦推行至区内其他 15 个村庄。1948 年，陈大白专门撰文，将洛阳实验区吕庙村试验与无锡黄巷试验并

　　①　陈大白：《洛阳实验区第二年》，载《社友通讯》，第 5 卷 1、2、3 期合刊，1936。

　　②　金绍武：《民众基础教育之普及实验》，载《社友通讯》，第 5 卷 1、2、3 期合刊，1936。

　　③　按照规定，学员一次无故不到，罚站听 1 小时；两次无故不到者罚灯油一斤，三次无故不到者罚煤炭 100 斤，四次罚送区署转送县署，罚劳工 7 日。

　　④　金绍武：《民众基础教育之普及实验》，载《社友通讯》，第 5 卷 1、2、3 期合刊，1936。

列，作为国内"村单位实验"代表，"吕庙村系北方农村的代表村，洛阳实验区以教育为本位，实验基本教育制，强迫征学制，与传习导生制，以闪击方法，一年内完成村单位教育之实验"①。基础教育制度实验除考察学习成绩外，儿童部学生注重举行集团训练，培养儿童集团意识和行动纪律，使得他们在协助教师教学、促进成人补习教育，交织普及教育网络的同时，为将来培养"推动乡村，建设乡村"的中坚力量，使得民众基础学校成为改造乡村的中心机构。

2. 以合作社为中心的乡村经济建设实验

农村合作社作为复兴农村经济、组织并训练农民的工具，在社教社实验区顶层设计中颇有分量。"年来合作事业经社会人士积极倡导以后，业有显著之发展。近且注意普及，深入国脉所寄托之农村，藉以巩固农村经济组织，充裕农民生计，此实为复兴农村之基础工作。本区既具实验之旨趣，重荷建设农村之责任，故于第一年度实验事业计划内，对合作事业，即列为重要事业设施之一。"②实验区运用政治力量，以合作社为中心，进行农村合作事业训练与指导。第一年度以辅导合作为主，以实验区内已有5所合作社为对象，作为以保甲为中心的乡村村政建设实验一环来推进。"调剂农村金融，复兴农村经济，合作社之组织，极感重要。在洛阳现有农村合作社委员会驻洛阳办事处，专司其事，但以事多人少，各方面兼顾不到。所以本区合作社之经营与发展，仍归我们辅导进行"③。实验区以此

---

① 陈大白：《乡村社会教育之实验研究》，载《教育杂志》，第33卷11期，1948。

② 王怀良：《农村合作事业之训练与指导》，载《社友通讯》，第5卷1、2、3期合刊，1936。

③ 这5所合作社性质均为无限责任，其中3所是信用兼营（吕庙实验村的兼营毛笔产销、小王村合作社与东马村合作社均兼营棉花运销），大王村和董村均为信用合作社，社员数最多33人，最少22人，股数25～99不等，股金32～198元不等，5处共有社员132人，92人为自耕农，23人为佃农；5处合作社共有214股数，股金396元，从开展业务看均为借款（大王村的395元，小王村的470元、东马村的为640元），3村共有85户借款；从借款用途看，多用于生产方面，如有32户买农具，19户买肥料，14户买牲畜，凿井者为6户；亦有6户用于还高利贷，8户其他用途。黄理斋：《保甲中心之村政建设实验》，载《社友通讯》，第4卷1、2、3期合刊，1935。

为据，认为合作社对农村金融流通方面给予很大方便，遂决定第二年度加强合作社经营人才的培养，在实验区推广合作社建设。

图 3-9 中显示，实验区所作广告中称“本区为提倡农村副业，改进笔业产销起见，特于吕庙实验村组织毛笔产销合作社”，宣布了毛笔产销合作社的组织方。该广告刊登在社教社刊物《社友通讯》版面，与其说是为该毛笔产销合作社广而告之，倒不如说是向社友们分享、介绍本社实验区事业进展。

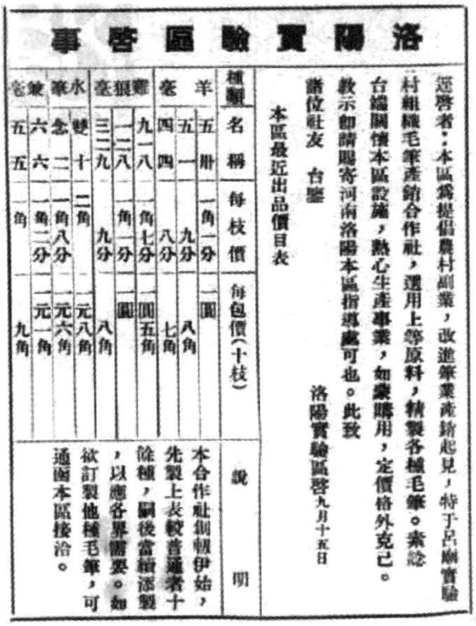

洛陽實驗區啓事

逕啓者：本區爲提倡農村副業，改進筆業產銷起見，特于呂廟實驗村組織毛筆產銷合作社，選用上等原料，精製各種毛筆。素諗台端關懷本區設施，熱心生產事業，如蒙購用，定價格外克己。教示卽請賜寄河南洛陽本區指導處可也。此致

諸位社友 台鑒

洛陽實驗區啓 九月十五日

本區最近出品價目表

種類	名稱	每枝價	每包價(十枝)
羊毫	五冊	一角一分	一圓
	五一	九分	八角
	四四	八分	七角
鄉狼毫	九一八	一角七分	一圓五角
	一二八	一角一分	一圓
	三二九	九分	八角
水筆	雙十	二角	一元八角
	念二	一角八分	一元六角
兼毫	六六	一角二分	一元一角
	五五	一角	九角

說明：本合作社創辦伊始，先製上表較普通者十餘種，嗣後當繼續添製，以應各界需要。如欲訂製他種毛筆，可通函本區接洽。

图 3-9　洛阳实验区指导处为吕庙实验村合作社所作广告书影(1935)①

征集受训社员，举办合作讲习班，进行合作人才训练，是第二年度洛阳实验区乡村经济建设实验的事业核心。合作讲习班由洛阳实验区联合洛阳农村合作办事处办理，采取征集学员办法，要求已成立合作社的村庄，派理监事来区受训，未设立合作社村庄，由保甲长选派二人受训，受训后负责筹设该村合作社。训练班讲授科目包括合作概论、合作条例、合作簿记、供给合作、信用合作、运销合作、利用合作，实验区指导员担任前三科讲授任务，其余则由洛阳农村合作办事处派工作人员兼任。每逢周一、

① 《洛阳实验区启事》，载《社友通讯》，第 4 卷 1、2、3 期合刊，1935。

四下午来区集中上课，最终考试成绩由各科测试与出席次数综合而成。实验区以10天为限（1935年10月14日至10月23日），合作讲习班共征集到学员（听讲人）32人，远远低于应征集数51人，学员资历情况如表3-5所示。

表3-5 洛阳实验区合作讲习班学员资历分析表(1935)①

资历分析项别＼名称	吕庙实验村合作社	董村合作社	孔家寨合作社	大里王合作社	小王村合作社	东马村合作社	左坡村	刘家坡村	西吕庙村	马沟村	搅驾沟村	解坡村	田村	朱家村	概况统计
推定方式	理事长	理事长	监事长	理事长及保长	理事长及保长	监事长及保长	保长	保长	保长	保长	保长	保长	甲长及自然领袖	甲长	见说明(3)
人数	2(4)	4(4)	1(3)	2(4)	4(4)	1(3)	4(4)	3(3)	2(3)	4(4)	3(3)	1(2)	5(7)	2(3)	38(49)
本村地位	理事及社员	理事经理及社员	理监长兼事务	理事长及保长	理事长及保长	理事长	甲长及笃善公民	笃善公民	甲长	笃善公民	甲长及笃善公民	自然领袖	甲长及自然领袖	笃善公民	—
知识能力	1	2	2	2	1	2	1	1	2	1	1	2	2	2	—
职业	农	农	农	农	农	农	农	农	农	农	农	农	农*	农*	
年龄差	37～43	33～57	44	26～38	41～45	57	31～59	44～47	30～37	26～39	41～53	53	27～65	18～24	
耕作（亩）	50	13～32	13	35	30～60	56			30～75				6～45		
家庭人数	6～8	5～20	4	4	4～5	4～7			11～14				7～25		

① 表格说明：(1)表中知识能力一栏中：1为粗通文意及略识文字，2为略识文字。(2)职业一栏中"＊"代表务农兼做笔。(3)推定方式有拟定和商定两种，有合作社者均为拟定；无社的各村均为商定。详见王怀良：《农村合作事业之训练与指导》，载《社友通讯》，第5卷1、2、3期刊，1936。

由表 3-5 可知，各村在推定学员方式上或拟定或商定，尚未发现选举法。从人数差异看推定方式，有合作社者 6 个村庄均采取拟定方式，只有 2 个村庄征集数与实际数相符，而由保甲长及自然领袖商定者差距较小，由此可见乡村中政治领袖的保甲长比经济组织领袖更有影响。从资历看，除 2 名学员为笃善公民外，其他学员均有政治或经济上的社会公职，在乡村中有一定影响。职业均为农民，其中有 2 个村庄学员兼做副业，学员年龄与耕作亩数差异悬殊。由此可见，年龄、财产不是被推选的主要考虑因素，笃善公民等人品评价和社会公职更为乡村社会所看重。

按照合作讲习班宗旨，10 村尚未成立合作社的受训学员，期满后负有组织该村合作社的责任。但在实际运作中，在农村中指导农民成立合作社殊为不易，"指导农民组织合作社，在今日农村中殊属不易，盖负有保甲责任者，不愿再事多此麻烦；可以维持生活者，不感组织合作社之需要；生活不易维持者，似又不乐于组织合作社"，实验区在训练班结束后，于各村指导组织时，一筹莫展，"简直无从发动，无已，只有尽力对合作讲习班各村听讲人员，勤下鼓励工夫，促其奋起，并勉其向村中友好说明合作社之真义，俾协助发起。一面嘱托各村基校教师，对村众相机提示合作社之重要及利益；一面再躬访各村之保长，阐述合作要旨，并晓以大义，请其督率各甲甲长负责发起"。[①] 在保甲长、各村民众基础学校教师、讲习班学员合力下，10 村共成立 7 处合作社，主要情况如表 3-6 所示。

---

① 王怀良：《农村合作事业之训练与指导》，载《社友通讯》，第 5 卷 1、2、3 期合刊，1936。

表 3-6　洛阳实验区新成立合作社情况一览表（1936）①

村社名\项别	搅驾沟解坡村合作社	马沟村合作社	西昌庙村合作社	西马村刘家沟莫家沟合作社	左坡村合作社	朱家村合作社	田村合作社
性质	信用兼供给					信用	
村数	2	1	1	3	1	1	1
甲数	7	12	7	11	5	3	4
社员数	30	32	28	33	22	21	20
社股	24	32	30	33	24	27	25
原定成立日期	12月3日	11月30日	12月6日	12月10日	12月10日	12月11日	未定
实际成立日期	12月13日	12月3日	12月13日	12月12日	12月14日	12月11日	12月7日
改期原因	因发起人送壮丁到区与社员亦不多之故	因就合作办事处指导员来乡出席之故	因发起人送草外出而社员亦不足之故	因修筑公路	因修筑公路及人数不足	未变	与第一次合并

　　表 3-6 中显示，7 处合作社中有两处是村庄合设，莫家沟作为 10 村之外的临近村庄亦申请加入。从性质上看，大多数为信用兼供给合作社，村数、甲数与社员、社股之间没有直接关系。7 处合作社开幕时间仅有一处如期进行，而观察改期原因，一则因社员人数不足，再则因发起人公务冲突而推迟，信仰不足、重视不够是普遍现象。

　　1940 年，陈大白曾专门谈及实验区的乡村经济实验，认为既然以教育建设来普及基础教育，为谋培养民力，更应该从民众实际生活中，择取其生活核心而谋所以充实发展，由此在普及基础教育外，致力于人民经济建设，以谋发展国民生计，扶植社会生存。"其时实验过程形成三个阶段，由合作中心之经济建设演变到军民合一，养卫兼施，最后发展到全民造产，完成国民经济建设。"②经济实验并不是社教社的专长。实际上，作为

---

　　①　笔者整理自王怀良：《农村合作事业之训练与指导》，载《社友通讯》，第 5 卷 1、2、3 期合刊，1936。

　　②　陈大白：《洛阳实验区事业实验记》，3 页，中原印刷所，1940。

变革社会的一种理念，近代中国合作经济思潮汹涌澎湃，挟西方近代合作思想东渐之威，力图涤荡乡村基层社会所滋生的种种恶源，诸如乡村精英痞化、资金偏执集中、乡村金融空洞化、土地兼并、土地荒漠等，加上兵患土匪天灾，农村经济破产舆论日炙。而具体到洛阳实验区，饱受土匪兵患之痛，1933年施行传统保甲制，民风保守，农民对合作运动没有信仰。洛阳实验区通过合作辅导，联合开办合作讲习班，向保甲长灌输合作常识，是想重新塑造一个受过新式教育、对新政权的经济改革具向心力的新式地方精英阶层，或者是借对旧有乡村领袖、固有自然领袖加以改造，注入新理念，以此为把手，重建乡村社会。"合作运动的实质，就是在平等相互前提下，谋求生产者和消费者达到某种直接或间接的结合，以尽可能减少原料、产品在生产、流通、交换、消费时的中介环节，废除中间人的盘剥，维护生产者与消费者利益，同时在此过程中培养民众的自治力和组织力，最终免除社会上的种种贫困与罪恶，使人类进入到所谓的'大同境界'。"①质言之，合作社主要在于物品的流通，诸如生产、消费、运销、利用、购买等，但较之实际，洛阳实验区内12处合作社，性质上均为信用合作社，其他业务仅为兼营，这种信用合作社"特为发展"的结构性缺陷，在全国范围内普遍存在，如"合作之楷模"江苏省每县单信用合作社数量多在60个以上②，引发时人不少热议。"除以合作社名义，向农行贷款，分发于社员外，几无他事业"，"徒利用合作之名，而阴谋自利者，则比比皆是也。失合作之本旨，其于社会于民众，恐无大裨益，而多危害焉"。③ 合作经济制度必须与相应的社会环境结合，才能展现它的效率和民主平等价值，现代化的合作经济只有在现代契约性社会取代传统依附性社会的过程中才能得到健康发展，农民才能跳出以家族为核心的"礼俗文化""臣民文

---

① 赵泉民：《政府·合作社·乡村社会——国民政府农村合作运动研究》，43页，上海，上海社会科学院出版社，2007。

② 《各省信用合作社分布状况表》江苏栏，见《申报年鉴》，第1078页，申报年鉴社，1936。

③ 王志华：《推进江苏合作事业之意见》，载《中央日报》副刊，《大道》，1930-05-27。

化"羁绊，习得普遍理性的公民意识，而合作社有效运作的社会应该是充分享有地方自治的社会，一盘散沙的农民即便用保甲制度联结成片，只是完成形式上的联合。实验区及各地的社会精英们希望通过提倡、辅导合作，培养民众自治和组织力，从而达到地方自治的目标，这种因果颠倒的设计，内在地规定了以合作社为中心的乡村社会经济建设实验的命运。

3. 以保甲为中心的村政建设实验

鉴于洛阳县已于1933年实施保甲制度，社教社在进行顶层设计时，强调利用固有的民众组织，让保甲制度发挥新的功能，严密组织，促成地方自治。以保甲为中心的村政建设实验，分为三个单元：第一单元为民众领袖训练；第二单元为事业推广，由已受训民众领袖督导进行；第三单元为实际的村政建设，推进教育、交通、卫生和经济四个方面的事业，前两个单元为第三单元的事业建设基础。

第一单元的民众领袖训练，分政治、教育和自卫训练三个方面，分别对应保甲长训练、师资训练和壮丁训练。他们作为各自领域的领袖人物，知识程度相对较高，在乡村中有相当地位，加以训练，再由其教化普通乡民，以期收事半功倍之效。实验区对各类民众领袖进行详细调查，对其地域分布、年龄、文化程度等进行分析，分别拟定训练目标，采取强迫受训的方法来进行民众领袖训练。揆之史实，"我们认为乡村学校是乡村社会建设之中心，乡村教师是乡村社会里的灵魂。有了好教师即有好学校和好学生，有了好学校方能建设好的乡村"，实验区以民众基础学校为乡村建设的中心，民众基础学校的有效与否，与乡村教师之品性与职能直接相关，该区乡村教师多由塾师出任，师资训练变为了塾师训练。"洛阳乡村教育素称幼稚，原有塾师，大都头脑冬烘，常识缺乏，实难克尽厥职，……根据社会实际情形，不得不就原有师资，加以训练，充实其基本知识，改良其教育方法，或可为推行基础教育之一员。兹者教育部通令各省区于今夏设立塾师训练班，本区可云已得风气之先矣。"①领先教育部一

① 因为实行强迫方式，全区98名保甲长、推广区塾师25人全部参加，临近地区27名塾师慕名而来，壮丁训练更扩展至四联保、26个村庄的1659名壮丁。黄理斋：《保甲中心之村政建设实验》，载《社友通讯》，第3卷3期，1935。

年左右的塾师训练班，成为第一单元民众领袖训练中最具特色实验。

塾师训练班于 1934 年 11 月 1 日举行开学典礼，训练限期为半年，推广区的 25 名塾师全部入学受训，随后临近区 27 名塾师也加入进来。训练课程注重充实基本知识和培养乡村建设能力，科目为教育概论、社会常识、自然常识和算术等。1935 年春实验区实施"合塾设校"，曾将塾师加以甄别，淘汰 18 名成绩恶劣者。1935 年 5 月 1 日该班结业，毕业考试中 34 人及格，结合进修平日成绩，准予 30 人毕业，由洛阳县政府发给毕业证书，准予永远持教，其中 14 人在实验区谋得教职。

表 3-7　洛阳实验区推广实验区教师生活表(1935)①

时间＼明细	项目	时长（分钟）	备注
4:30	起床	10	—
4:40—5:00	早操	20	—
5:10—5:20	整洁检查	10	—
5:20—6:00	准备教材	40	—
6:10—6:50	早膳	40	—
7:00—11:00	教学与辅导	240	—
11:10—11:50	批改作业	40	—
12:00—13:30	午膳　休息	—	
13:40—14:30	书法练习	50	大小字各一张
14:40—15:30	教学或辅导	50	—
15:40—16:30	校外传习视导	50	
16:40—18:30	社会服务	110	辅导保甲会议、协助人事登记及其他社会工作
18:40—19:00	怡情活动	20	
19:00—19:30	晚膳	30	

① 黄理斋：《保甲中心之村政建设实验》，载《社友通讯》，第 4 卷 1、2、3 期合刊，1935。

时间 \ 明细	项目	时长（分钟）	备注
19:40—20:30	进修	50	每周作论文一篇，工作报告一篇，交本区批阅，以资考成
20:30—20:50	日记	20	—
20:50—21:00	次日工作计划	10	—
21:10	休息	—	—

由表3-7可知，受训后教师生活有固定时间表，这种制度安排与实验区导生制度军事大队制相匹配，时间较长，各种学务改进、社会服务等，均须按照实验区详细办法统制执行，工作繁重，但待遇却不高。据统计，全区31名教师中，年薪最多者为100元，最低者40元，平均数为60.1元，有18人低于平均数，生活清苦程度可想而知。

在第一年度壮丁训练基础上，实验区第二年度开设了军农训练班，以"训练乡农自卫能力，熟练乡民生活技能，以期军农合一，自卫卫国、自养养群"为宗旨，征集施教区内16～35岁品行端正、体魄健全、有相当教

图3-10　洛阳实验区军民训练班叙餐场景（1935）①

① 邢广益：《非常时期军农训练之实验》，载《社友通讯》，第5卷1、2、3期合刊，1936。

育程度的乡村青年男子(实际上仍为壮丁),限令每甲征送两名,甄别考试后入班受训,期限为四周,科目分为军训术科、军事学科、农业指导、精神讲话、会谈、唱歌、保甲,住宿、书籍及制服由实验区供给,膳食被褥自备。本班修业完毕后须组织军农团,除规定各项工作外,每月集合会操一次。洛阳实验区军农训练班由第三区署协助办理,将壮丁自卫训练纳入组织民众、推进乡村建设之中。在各村保甲长协助下,施教区86甲应征壮丁172人,实到154人,经甄别实验后,录取48名,包括保甲长(3人)、合作社社员(8人)、差社管事(4人)、神社管事(13人)、保甲长建合作社理监事(1人)、差社管事兼合作社社员(3人)、差社兼神社管事(3人)及其他(13人)。军农训练班于1936年3月12日正式开班,军事教官由河南省第十区行政监察专员公署委派,兼职不兼薪,其他教官由指导处工作人员、保甲长等兼任,均为义务职。为了保证训练效果,实验区为军农训练班学员制定了整齐划一的、军事化的生活课程表。如表3-8所示。

表 3-8　洛阳实验区军农训练班生活课程表(1936)①

生活及课程 / 时间 \ 星期	星期一	星期二	星期三	星期四	星期五	星期六	星期日
上午 5:00	起床内务						纪念周
5:30—6:30	早操						
6:40	早饭						
7:20—8:10	升旗术科						
8:20—9:10	术科						
9:20—10:10	农村副业	水利气象	土壤肥料	农村副业	水利气象	土壤肥料	
10:20—11:10	科学						
11:20—12:00	唱歌	国术	唱歌	国术	唱歌	国术	
12:00	午饭及休息						

① 邢广益:《非常时期军农训练之实验》,载《教育与民众》,第7卷9期,1936。

生活及课程 ＼ 星期 ＼ 时间	星期一	星期二	星期三	星期四	星期五	星期六	星期日
下 午 13:00—14:00	科学						休 假
14:10—15:00	棉麦 概要	合作 概论	农业 病虫害	合作 概论	棉麦 概要	造林 常识	
15:10—16:00							
16:10—17:00	降旗术科						
17:10—18:00	术科						
18:10	晚饭						
19:00—19:30	科学						
19:40—20:30	公民训练	保甲	公民训练	保甲	公民训练	保甲	
20:40—21:00	谈话（唱党歌、呼口号、训话等）						
21:00	就寝						

表 3-8 中显示，军农训练班 5:00 起床，21:00 就寝，每个时间点都框定明确的生活、课程内容，以期能在最短时间内改善乡民的散漫作风，培养出高度的集体意识。在生活课程安排中，实验区非常注重集体仪式，如早操、升降国旗，就寝前谈话时间固定安排唱党歌、呼口号①，周日上午为固定的纪念周活动，甚至吃饭都分组集体进行。除生活课程外，实验区还为军农训练班安排了夜间射击和紧急集合、修筑道路和种树等社会活动，训练班结束后，并组成集团组织。"军农训练班的目标，不仅在使学生能够得着最低限度的军事训练和农事知能，我们最大的希望是如何的使这班受过训练的学员，能够成为一个永久的团体，并能在地方上发生作用。这点，我们认为最重要的一点，无时不把这一层意见，向同学提

① 实验区专门拟定 10 条口号：(1)我们要自卫卫国！(2)我们要自养养群！(3)实行军农合一！(4)民众武装起来！(5)我们暂为政府后盾！(6)大家精诚团结！(7)恢复中国领土！(8)复兴中华民族！(9)三民主义万岁！(10)中华民国万岁！这些口号将家国责任、民族复兴与军民训练对接起来。

示。"①对村民中少数分子给予专门训练的民众领袖训练，去执行政务督导，改进乡村建设的整体事业，政务辅导主要是推广征学和学务辅导，甄别教员②，由吕庙实验村中心民众基础学校青年班学生在传习时间协助各村教学，采取月考、会考测试，考察各民众基础学校学生的教学进步情况，核心在于乡村学校教师地位变化，使其不仅从事学校教育，并负有督导下层政治工作之责，乡村学校教师是改造乡村社会的灵魂。第三阶段力倡政教合一的教育，构建保教合一制度，以普及保教训练，建立三位一体的中心组织③，健全县政下层政治机构。这些事业的开展，都构成了以保甲为中心的乡村村政建设实验的具体内容。

洛阳实验区第三年，以全民造产作为中心实验，并指定筱王村为造产实验地点中心，作村单位全民造产专精实验，"全民造产之实际经营，其第一步骤须将原有经济情形与生产手段，予以适当之调整，运用政治力量，施行教育方法，使成造产经营之有机的组织"，根据以往实验经验，成立筱王村造产协会，由村民自动组织，协谋发展负责筱王实验村内生产、消费、分配、运销等经济行为，"务使其组织之机构，极为灵活完整，其事业之发展，亦能日臻昌盛，俾适合个别之图存，与便利国防经济之供备"。④ 揆之史实，全民造产中心实验的主要事业为造产训练班，以"(1)训练乡村青年，授以生产技能，俾成为农村自力更生之中心；(2)介绍乡村青年以教育学术，俾成为乡土教育建设之领袖"为目标，以"造就本区强迫造产干部人才及训练民众基础学校师资"为总宗旨，招收本区施教区域内16岁以上青年，要求完全小学毕业或具有同等学力者，规定各甲保送合格

① 邢广益：《非常时期军农训练之实验》，载《社友通讯》，第 5 卷 1、2、3 期合刊，1936。

② 除去吕庙实验区，推广区内皆为私塾，设施简陋，陈腐保守，实验区利用旧历年，利用受训保甲长组成的学务会，将推广区中 14 村的 25 所私塾，归并为 14 校，并借此甄别塾师，将已强迫受训的不合格塾师清退，后委派合格毕业生前来任教。

③ 在具体实施中，即以联保为下级行政单位，凡联保内的民众学校校长、乡村小学校长与壮丁队队长均由联保主任兼任，以统一行政职权，增进行政效力。

④ 钮永建：《村单位强迫造产之中心组织》，载《社友通讯》，第 5 卷 4 期，1936。

学员，予以两年的训练，毕业后服务乡村全民造产事业。该班课程日程表如表 3-9 所示。

表 3-9　洛阳实验区全民造产训练班课程日程表 (1936) ①

钟点及提醒方式 时间		星期	周一	周二	周三	周四	周五	周六
6:00	—	—	温课					
6:20—6:50	30		升旗晨操及童子军教练					
6:50—7:05	15	吹哨	整洁活动					
7:05—7:15	10		整队放学　整洁检查					
8:20—8:35	15	吹哨	集合点名　法纪会议　精神训练					
8:40—9:30	50	摇铃	纪念周	国语				
9:40—10:30	50	报告	园艺	合作	作物	算学	作物	算学
10:30—11:00	30	报告	书法					
11:00—11:10	10	吹哨	怡情活动					
11:10—12:00	50	报告	作物	算学	园艺	合作	园艺	合作
12:00	—	吹哨	整队放学					
13:30—13:40	10	吹哨	集合点名　新闻报告					
13:40—14:10	30	报告	卫生	日记	卫生	日记	卫生	日记
14:20—15:10	50	报告	史地阅读	自然研究	国语阅读	史地阅读	自然研究	国语阅读
15:10—16:00	50	报告	农工活动					
16:00—16:50	50		社务服务					
17:00—18:30	90	吹哨	康乐活动					
18:30			降旗及整队放学					

从表 3-9 可见，造产训练班依旧采取军事化管理，每日 6:00 开始温课，然后是隆重的升旗仪式、晨操练习等，18:30 举行降旗后整队放学。该班课程分为 5 个板块，基本学程、康乐、造产、教育学程及实习，其中

---

① 《洛阳实验区近讯　实施造产训练》，载《社友通讯》，第 5 卷 4 期，1936。

造产学程所占比重最高，四个学期学分分别为 10：10：13：13，基本学程第一、二学期均为 12 学分，后两个学期则降为 5 学分。实习学分分别为 4：4：6：6，强调从做上学，以便能获得实用知能，如农田实习、造产制造等，促进生产互助等合作社组织等。该班学生两年受训期结业后，由洛阳县政府分发在实验区各村服务。对于 16 岁以上的青年学员来讲，每天早、中、晚三次整队放学或许更多的是训练他们的集体精神。对于实验区的青年妇女的造产实验，则组建了"庆棠学团"，造产指导的同时，还予以其工艺学习、烹饪方法、洒扫整洁、家事和儿童保养等知识技能训练。

当然，洛阳实验区作为社教社的实验田，作为一个新兴的学术团体的"社教合一"社教实验，在"实验区实验乡实验村等名词成了时髦的口号"的乡村建设运动中，其风光远不及河北定县和山东邹平实验事业，"中外人士前往该两县参观者，络绎不绝，可是洛阳实验区自创设以来，社会上知者尚少，就是报纸上偶见登载些该区的消息，也还没有特别引起人们的注意"。① 该记者是因为部队修筑孟洛公路、驻扎在紧邻实验区的洛阳东关外唐寺，才"近水楼台"予以考察。从这篇考察记来看，洛阳实验区在当时的影响，更多的是在社会教育学界和社教行政层面，我们不能因为《社友通讯》长篇累牍刊登洛阳实验区事业，或其他社教刊物对其多有关注，就臆

图 3-11　洛阳实验区指导处新旧职员合影(1935)②

　　①　贾极愚：《洛阳实验区视察记》，载《政治旬刊》，第 1 卷 14 期，1936。
　　②　陈大白：《洛阳实验区第一年》，载《社友通讯》，第 4 卷 1、2、3 期合刊，1935。

断洛阳实验区对时人影响如何重大，不能因为研究一个历史存在就无限凸显它当时的社会影响。

实际上，这种看似轰轰烈烈背后，是社教社理事会执着推进社会教育实验的情怀，是实验区指导处职员的寂寞坚守，特别是后者。每月 400 元的经费，漫天黄沙、兵匪混杂的北方环境，对于这群平均年龄不足 35 岁、受过民众教育专业训练、多来自山清水秀的江南之地的翩翩青年，挑战可想而知。"江苏省立教育学院是培植社教人员之专业机关，英才辈出，蜚声国内，本区指导员多取供于此，并经中国社会教育社郑重介绍，故工作人员均品学兼优，英气勃勃，足为事业推动之大动力。"① 社教社常务理事梁漱溟、理事江问渔在《乡村建设实验》(第 3 卷)中专门提及洛阳实验区条件艰苦，对指导处职员们的"此种清苦生活，诚堪敬佩"②。社教社总干事俞庆棠担任洛阳实验区的常务董事，当她受邀前去考察实验区选址时，面临着种种实际困难，"中原有肯干苦干的人才，中原有好学深思的人才，中原有以事业为前提的人才，中原值得我们大家钦敬！'到洛阳去'这一刺激，把我激成了一个有生气的积极的向前奋斗的人了"。③ 社教社常务理事赵冕考察洛阳实验区事业，"甚为满意"，"经过各村，胥受热烈欢迎，村民男女老幼，农工商学，每村恒聚数百人，秩序井然。视察之后，颇受感

---

① 陈大白：《洛阳实验区事业实验记》，164 页，中原印刷所，1940。

② 江问渔、梁漱溟：《乡村建设实验》第 3 卷，405 页，上海，中华书局，1937。

③ "家里有病人，自己在到洛阳去五天以前发热了三天，自己学校里的成绩展览会，都没有参加，个人经济也有一些困难，筹这项旅费，也是一个小小的问题。精神是十二分的颓丧，受了环境的刺激，一个人死气沉沉，只有躯壳没有灵魂似的；做事的时候，不是没精打采，就是大发脾气。我想旁的事情都不打紧，我现在这个样子，就是去了，误事有余，成事不足，我对于社不去的贡献，比去的贡献要大，我决计不去。然而日子一天近似一天了，电报快信雪片似的来催，还是大家都有的理由，都不肯去！唉！本社事务所没有人代表出席，说得出么？八月十七到十九的年会在开封开会，现在一个人都不去，夏天拥了许多人去，说得过去吗？呀！我真是焦急万分了，果然这样困难么？我没有法，只有硬着头皮，咬紧牙关，匆匆忙忙的乘坐三月二十九无锡的半夜车，呜呜的去了"，俞庆棠：《到洛阳去》，载《社友通讯》，第 2 卷 11、12 期合刊，1934。

动，深信该地民众已有相当组织，并能将教育与社会生活打成一片。足征该区任事者苦心孤诣，谆谆教诲之切。该区诸位先生多埋头苦干，其服务精神，实堪钦佩"①；"各指导员颇能努力工作，不特能吃苦耐劳，有时还捐薪充作事业费，此种情形，甚堪钦佩。惟以经费特别困难，一时尚难扩充"②。实验区职员们对该实验区的付出，指导处主任陈大白的回忆颇具代表性："在此六年中，我们为了学术，不知绞了几许脑汁，创制了几种中心实验；我们为了事业，不知流了几许血汗，来推行工作，以砥于完成；我们的经费虽少，但是我们本着以最少金钱办理最大事业之原则，在极度紧缩中展开预定之事业；还有我们的人员也是不多，可是大家兴趣浓厚，献身事业，虽戕身亦在所不惜。尤其是在抗战军兴后，华北战事失利，敌我仅一河之隔，对岸枪战，敌机肆虐，各乡村横遭蹂躏，但是我们依然态度镇静，埋头苦干，不以威胁而稍馁其气，在实验事业尚虽不能尽如大众之所企，但是切实施行，于地方建设与社教学术，不无稍有贡献。"③或许，正是社员们的坚守和认真，才使得以洛阳实验区为代表的社教社事业，无论在高歌猛进的顺境中，抑或在艰难困苦中，呈现一直向前的姿态。

洛阳实验区作为社教社的实验标本，作为一个完整完成六年周期的"政教合一"实验，作为"目前已知社教社推行过程中，获得较为系统、成熟的'政教合一'的做法和经验"④，其政治和经济方面，紧随国民政府保甲运动、合作运动的节奏而行，"教育实验是我们实验工作之中心事业，因为我们认为教育建设是各种建设之基础，以教育机构来建设社会新秩序，以教育方法来发展社会新事业，如是社会基础为最巩固，事业效能亦最普遍"，"实验范围虽拘于中原一隅，办法虽不敢云尽善尽美，但在整个教育学术界，不无有相当之贡献"。⑤ 征学制作为洛阳实验区"政教合一"最突出

① 《社务报告 赵常务理事西北归来》，载《社友通讯》，第 3 卷 10 期，1935。

② 《理事会第十二次会议记》，载《社友通讯》，第 4 卷 4 期，1935。

③ 陈大白：《洛阳实验区事业实验记》前言，1 页，中原印刷所，1940。

④ 曹天忠：《中国社会教育社述论——以年会（1932—1936）为中心》，《民国档案》，2006(2)。

⑤ 陈大白：《洛阳实验区事业实验记》，5 页，中原印刷所，1940。

的实验方法之一，"(1)增进教育行政效率；(2)适应国家迫切需要；(3)经济的人力物力；(4)统制的政治力量；(5)基础的大众训练"①，对解决当时民众学校招生难、留生难两大难题具有很强针对性，"我们施行强迫征学制以后，除年长妇女外，均已应征入学，一纸令出，全村景从，较之曩者劝导招揽，成效显著多矣"②。"强迫征学制之实验，在普及教育学术之巨澜中，不啻掷一巨弹，各省市因之多组织采行。"③1936年，洛阳实验区事业实验刚满一年，社教社总干事俞庆棠在讲演时，对强迫征学制实验效果信心满满："试行以来，颇有成效。关心民众教育者，多已加以注意。国内已有几处，参照施行，此制如能逐渐推行，对于普及教育问题，当可有所贡献"④。揆之史实，广西、福建、山东、湖北、湖南、上海、南京等省市先后颁布法令，实施强迫教育，1937年教育部颁布《实施成年民众补习教育六年计划》方案中，关于征集失学成年民众即采取强迫征学办法："在民众学校已足容纳当地失学民众成年民众之地方，凡身体健全，在十六岁以上四十五岁以下之失学成年民众，应由当地办理成年民众补习教育机关，依其年龄及家庭状况督令入民众学校。凡应入学而不入学者，应对其家长保护人雇主或其本人予以一定期限必须就学制书面劝告；其不受劝告者得将姓名榜示示警，其仍不遵守者，得由县市教育行政机关请由县政府处理，以一元以上五元以下之罚金，仍限期责令入学"。1939年，教育部颁布《战时失学民众教育实施要点》中第2条："如有事实上之需要，应即实施强迫教育，利用行政力量和保甲组织，强迫民众入学，以收速效"；《修订民众学校规程》第6条中亦有"凡超过义务教育年龄(十二足岁)之失学民众，应由办理失学民众补习教育机关，依各省市失学民众强迫入学办法之规定，分期督令入民众学校"。⑤ 强迫征学制进入了中央社教政策的框

---

① 陈大白、邢广益：《洛阳实验区之新教育实验》，载《民众教育月刊》，第5卷1期，1935。

② 陈大白：《洛阳实验区事业实验记》，25～26页，洛阳实验区自刊，1940。

③ 陈大白：《洛阳实验区事业实验记》，27页，洛阳实验区自刊，1940。

④ 俞庆棠：《中国民众教育之演进》，载《民众教育月刊》，第1卷4期，1936。

⑤ 《民众教育法规汇编》，14～18页，上海，中华书局，1948。

架中。

1940 年《教育通讯》(汉口,周刊)"教育消息"栏刊发"洛阳通讯",向社会各界宣布洛阳实验区实验完成:"洛阳实验区系中国社会教育社俞庆棠、陈礼江、赵步霞等发起,联络河南省教育厅洛阳县政府协作办理,由陈大白主持其事。自开创以来,业已六载,事业实验颇著成绩。……从事单元实验,于乡建学术,殊多贡献。现该区以合约期满,业于今夏妥办结束,其事业实验经过与心得,撰有洛阳实验区事业实验记一书,凡十万言,业已出版问世云。"①通讯中的《洛阳实验区事业实验记》一书,由主持人陈大白撰写,分洛阳实验区的教育实验、政治实验、经济实验以及抗战时期的动员实验等 6 章内容,满蘸激情与自豪,向大后方社教界人士介绍他为之奋斗 6 年之久的洛阳实验区。"大白谬承诸董事之推爱,承乏主持其事,自开创以迄完成,始终参与此役,关于事业实验始末,经历较多因之亦较稔,今春赵董事步霞来示嘱撰本区六年来事业实验报告,大白亦以数年惨淡经营之事业,似亦不可无记载,而撰述之责,万难容辞。爰即追溯往事,整理旧稿,费时两月,得十万余言,名之曰洛阳实验区事业实验记,谋以报导实验结果,聊资社教同人参考而已!"该书开篇两页是时任中央监察委员、河南省教育厅厅长、书法家鲁荡平题写的大字:"以社教学术为中心,普及政治经济之实验,六年工作成绩斐然,此册不仅为社会教育之南针,实为中国教育史上放一异彩也。"②鲁荡平高度肯定了洛阳实验区的事业实验。同年,《建国教育》上刊登有关洛阳实验区的文章,题目直接以"中国社会教育社洛阳实验区近讯"来指代。"洛阳实验区自创办迄今,已有六年多的历史,在过去对于教育方法、教育制度的实验,如推行政教合一及全民造产等事业,尚具有相当成绩。抗战以来,该区工作,加紧进行,由本社理事钮永建、俞庆棠、赵步霞诸先生,设法与该区主持者陈大

---

① 《洛阳实验区实验完成》,载《教育通讯》(汉口),第 3 卷 29 期,1940。

② 陈大白:《洛阳实验区事业实验记》,扉页 1～2 页,中原印刷所,1940。

白先生，特为密切指导联系。"①对社教社的主导作用大加肯定。社教社对洛阳实验区亦情有独钟："我们以前保教合一之实验与理想，与今日新县制之组织与内容颇多相似之处，名称虽异但其事业之主要精神与进展路线，原无二致。兹者新县制已推行全国，我们认识已深、渴望已久之新事业，今日得以普及推行，素愿以偿，诚堪为教界同仁所称慰也。"②该文发表在 1940 年，正值新县制推行第二年，该期刊物上发表学术团体近况，中国教育学会、中华职业教育社、中国儿童教育社等都在介绍社团近况，独独社教社递交这篇文章，从侧面彰显了该社对洛阳实验区政教合一的实验效果的自得态度。

二、花县实验区

花县实验区由社教社与国立中山大学教育研究所、广东省教育厅合设，"本社举行第四届年会时，经决议与国立中山大学、广东省教育厅在广州合设一乡村教育实验区，其主旨在寻求推行普及教育之最经济办法，与适应生活需要之教育设施，藉供各地之参考"。③ 花县实验区是以区为单位来进行的政教合一的乡村教育实验，"以培起乡民力量，蕴育乡村自力更生的契机，谋达到再造乡村与复兴民族之最后鹄的"④为事业中心。实验区筹备及董事会成员或为社教社董事，或为社教社成员，社教社吸收已开办的洛阳实验区事业实验心得，更注意运用政治力量，借助广东省教育厅、国立中山大学力量来推进事业实验。

（一）实验区顶层设计

1936 年 1 月 17 日，社教社第十三次理事会暨第四届年会筹备委员会

---

① 《中国社会教育社洛阳实验区近讯》，载《建国教育》，第 1 卷 3、4 期合刊，1939。

② 中国社会教育社：《洛阳实验区之政治实验心得》，载《建国教育》，第 2 卷 1 期，1940。

③ 《乡村教育实验区筹备近讯》，载《社友通讯》，第 5 卷 1、2、3 期合刊，1936。

④ 《花县实验区近讯》，载《社友通讯》，第 5 卷 10 期，1937。

联席会议提案"本社拟与教育行政机关及学术机关在广州合设实验区案"，决议公推金湘帆、萧冠英、崔载阳、徐锡龄、梁漱溟、俞庆棠等六位社友组织委员会，研究具体办法，由金委员召集①；会议上通过《合办实验区办法》，社教社与国立中山大学、广东省教育厅合办实验区设董事会，由主办机关各派3人，另由董事会聘请2～6人组织而成，董事任期三年，董事会内设常务理事三人，任期一年，由全体董事互推。董事会对区负责筹划经费、视察工作、审核计划，并聘请区主任及主任干事。实验区内设正副主任各一人，主任干事②一人，负责综理区务，主任干事经区主任同意后聘请其他干事。从实验区筹备会出席会员③情况看，实验区的顶层设计由广东省教育厅、国立中山大学负主责，尤以社员崔载阳、徐锡龄为最。

　　1936年3月22日，筹备会第一次会议召开，主要讨论了由俞庆棠、崔载阳、徐锡龄拟定的实验区章程草案，决议推定林砺儒、黄希声、崔载

---

　　①　《两次理事会议记　第十三次会议》，载《社友通讯》，第4卷8期，1936。

　　②　实验区筹备会制定选择主任人员的十条客观标准：(1)曾受教育专业训练，并办理民教实验事业者。(2)有从事社会教育事业之志趣与能力者。(3)年龄在三十岁左右，能刻苦耐劳者。(4)能通本地语言者。(5)能深入民间者。(6)能认识社会问题，并能设法解决问题者。(7)能组织民众并领导民众者。(8)能运用科学方法满足民众需要者。(9)有创造能力及研究兴趣，以推进实验事业者。(10)待人诚恳和平，处事有热诚毅力者。《乡村教育实验区筹备近讯　国立中山大学广东省教育厅中国社会教育社合办镇龙村教育实验区章程》，载《社友通讯》，第5卷1、2、3期合刊，1936。

　　③　花县实验区筹备期间先后召开多次筹备会，以第一、二、四次筹备会召开地点及出席人员为例。(1)第一次筹备会，1936年3月22日，会议地点在广州市财政厅前太平餐馆，出席者：邹海滨、黄麟书、萧冠英、黄希声、郑彦棻、林砺儒、徐锡龄、崔载阳；(2)第二次筹备会，1936年5月8日，中山大学会议室，出席者：邹海滨、萧冠英、郑彦棻、林砺儒、金湘帆、黄希声、徐锡龄、崔载阳；(3)第四次筹备会，1936年5月20日，广东省教育厅会议室，出席者：萧冠英、许崇清、金曾澄、崔载阳、郑彦棻、徐锡龄、黄希声、刘蓉森、林砺儒。《乡村教育实验区筹备近讯》，载《社友通讯》，第5卷1、2、3期合刊，1936；《广东省教育厅国立中山大学中国社会教育社合办花县乡村教育实验区董事会第四次会议记录》，载《社友通讯》，第5卷12期，1936。

阳、徐锡龄共同商定，以备下次会议讨论之用。按照选址标准①，筹备组先后探访鹤山之越塘、金岗镇，清远之后岗、周心墟，增城之镇龙、岳潭堡及花县之新民埠等地。将访查所得，报告第二次筹备委员会议，经选定以增县镇龙为实验区地址。② 并第二次筹备会时发布实验区章程，实验区名字正式确定，实验处总办事处拟设镇龙。筹备会按照实验主旨，对其进行详细分解：（甲）关于推行普及教育：（1）教育在普及一地方之儿童、青年及成人；（2）经费要节省；（3）编制要顾及不同年龄之受教育者有继续进修之可能。（乙）关于适应生活需要：（1）教育以民众生计为中心，以复兴民族为鹄的。（2）教育材料应从生活需要中选取。（3）教育历程要充分利用各种活动。（4）教育效果要能行于日常生活。实验区组织系统如图 3-12 所示。

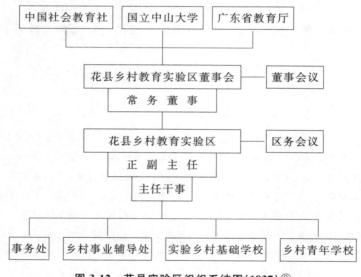

图 3-12　花县实验区组织系统图（1937）③

①　选择实验区地址之客观标准如左：（1）距广州以一日可来回为宜。（2）民众教育程度不要太高。（3）富力不太大亦不太小。（4）壮丁与青年所占成数，以较多为宜。（5）能自成一社会单位（Natural Community）。（6）居民多为直接生产者。（7）人口约五千至一万为宜。

②　《乡村教育实验区筹备近讯》，载《社友通讯》，第 5 卷 1、2、3 期合刊，1936。

③　石玉昆：《花县乡村教育实验区的实验工作》，载《教育研究》（广州），第 77 期，1937。

图 3-12 是该实验区开幕之后，依据事业事实需要，经过董事会第四次会议通过的组织系统图。实际上，在董事会第二次会议后已有一个实验区组织系统图，两者最大的区别在于细化事业部分。前者仅有事务处和研究委员会以及地方建设部和青年训练班等笼统内容，而图 3-12 中，经过实地调查，配合实验纲领①，实验委员会直接被乡村青年学校、实验乡村基础学校和乡村事业辅导处所取代。实验区的顶层设计并非机械的、一成不变的，董事会会根据实验区事业实验而进行相应调整。

1936 年 6 月，经过两次筹备会会议，崔载阳乘赴北平参观之便，本着"诸事具绪"的豪迈心情，专程到无锡与社教社常务理事俞庆棠、赵冕商定主任干事人选问题，决定聘请王璋女士为主任干事，并请邵晓堡、陈益华担任干事②，"希望能协同王女士下旬南下，尽快开始工作"③，急迫推动实验区心情，跃然纸上。按照筹备会第二次会议决议，实验区将于 6 月 1 日开始办公，并已派人赴增城镇龙专事调查，为草拟工作计划标准作准备，计划 9 月 1 日正式成立实验区。可惜，"至九月间，调查始藏事"，"九月二日，我们一行北来者抵粤，当时闻得镇龙区址，正在变更期中，遂追寻各先生所选看之各地，花县之平山、两龙，新民埠；最后亦去增城县之增龙及朱村，总觉得各地条件，不合乡教区筹备会议时所定之选区标准"，

---

① 实验事项纲领有三：(1)训练乡村青年，养成乡村服务之中坚人物；(2)普及乡村教育基础，建造乡村文化之中心组织；(3)倡导乡村建设，并试行普及教育办法。

② 按照事先约定，主要工作人员由中国社会教育社同江苏省立教育学院选定，协商推荐一位合适人员，由联合起来的三方面任命，参照实验区章程规定的 10 条主任人员客观参考，推定王璋及陈、邵三人。三人均为江苏省立教育学院毕业生，其中，王璋系民众教育系毕业，曾任江苏省立汤山农民教育馆及南通民众教育馆研究辅导部主任，继即赴日留学，专攻乡村教育、农村经济等科。陈益华毕业于农师科，历任该院研究实验干事，县立民众教育馆馆长，乡村师范教员及首都实验民众教育馆指导员等职。邵晓堡历任江苏省立汤山农民教育馆主任，江苏省立教育学院研究实验部干事，浙江省立实验农校教员，安徽省立第一民教馆生计部主任等职，并著有《农事指导》一书。储心斋：《忆中国社会教育社》，见中国人民政治协商会议江苏省无锡市委员会文史资料委员会：《无锡文史资料 第 25 辑 江苏省立教育学院专辑》，117 页，自刊，1991；《社员消息》，载《社友通讯》，第 5 卷 1、2、3 期合刊，1936。

③ 《乡村教育实验区筹备近讯》，载《社友通讯》，第 5 卷 1、2、3 期合刊，1936。

"九月十三日，到花县之龙翔市，调查结果，多数条件，尚合于选区标准，遂以最后看到之地点，而决定作为区址"①，实验区相应更名。《国立中山大学日报》亦持相同报道。② 很有意思的是，《社友通讯》上却用"因种种原因"③一带而过。实际上，选区标准早在筹备组第一次会议就公布，先后还比较了数处地址后选定增县龙翔，且已在此处开始数月筹备，印章及其他均以备案，此时更址给出"不适符董事会选址标准"理由，难免给人牵强之感，或许人事变革是主因，有待进一步探究。

实验基本区及扩充区亦随之发生变化："甲、以龙翔为中心，周围村落自成一社会单位者划为基本区，共三乡一镇二附庄。乙、以龙翔为中心，划周围十里内外之村落为扩充区，共包括二十三乡三镇。"④也就是说，花县实验区包括基本区和推广区，其事业实验"这个实验区的做法和一般

---

① 王璋：《二月余来寸进工作之报告》，载《社友通讯》，第 5 卷 7、8 期合刊，1937。

② 实验区更名函请国立中山大学校长鉴核备案，原函如下："敬启者：本会日前决定实验区区址设于增城镇龙，定名为'广东省教育厅国立中山大学中国社会教育社合办镇龙乡村教育实验区'，并曾分函各机关在案。现以增城镇龙未尽适合选区标准，经于十月二十二日第一次董事会决议定花县龙翔为实验区区址，并决定区名改为'广东省教育厅国立中山大学中国社会教育社合办花县乡村教育实验区'。又同日会议决议董事会及实验区各刻印章一颗。董事会印章文曰：'广东省教育厅国立中山大学中国社会教育社合办花县乡村教育实验区董事会之钤记'，实验区印章文曰：'广东省教育厅国立中山大学中国社会教育社合办花县乡村教育实验区钤记'。均经记录在卷。现查董事会钤记经于本月二十四日启用，实验区钤记亦以颁发该区应用，除分函外，相应录案连同印鉴二纸函达，敬乞　鉴核备查为荷！闻校长业已照准备案，并经致函董事会查照云"。《合办花县乡村教育实验区董事会印鉴准备案讯》，载《国立中山大学日报》，第 2283 期，1936-11-04。

③ 《国立中山大学广东省教育厅中国社会教育社合办花县乡村教育实验区进行计划草案》，载《社友通讯》，第 5 卷 7、8 期合刊，1937。

④ 总工作范围为 26 乡、139 个村庄、9858 户，人口共计 51506 人，乡民以耕地为生，实验区共有耕地 45050 亩。其中基本区的 3 个乡村共有 1563 处农户 8898 人，有小学两处、私塾 7 处，文盲约有 57000 人，失学儿童约 925 人。《国立中山大学广东省教育厅中国社会教育社合办花县乡村教育实验区进行计划草案》，载《社友通讯》，第 5 卷 7、8 期合刊，1937。

乡村教育及乡村改进事业等来比，有很多不同，她的路线是：一、训练乡村青年干部，培养农村自力再造之中坚人物；二、试办乡村基础教育，建立农村文化中心之一元机体。她预计在三年之内，在全区二十六乡镇里面，最少须训练出二百个男性青年干部，分布全区各村庄；来做乡村自力引发的根苗"①。实际上，9月16日部分工作人员陆续下乡，筹备一切，10月1日开始正式办公，之后尚有工作人员陆续到达，直至11月15日，方才"阵营扎定，全部人马齐备"。与之前的增城实验选址相比，实为仓促。工作人员初到龙翔，"当时什么都没有，只能做些眼看口说的工作，巡游各乡村，谈谈乡情，做做朋友，除此之外，尚得煮饭洗衣"。总办事处设在跃云书院，因该处原系驻扎军队之用，"乡村人民，对于我们的说法，是男先生教男乡民当小兵，女先生是教女乡民做兵婆"②，工作人员最终通过与区乡镇长频频"上茶楼"，打开了工作局面。

表 3-10　花县实验区干事分工及下乡时间一览表 (1936) ③

职别	姓名	事业分工	毕业院校	下乡时间	备注
主任干事	王璋	综理区内工作，并主持一般乡村建设事业	江苏省立教育学院	9月23日	携带第一批物资下乡
干事	邵晓堡	综理青年训练事业，主持乡村青年学校校务	江苏省立教育学院	9月16日	
	陈平	乡村青年学校生活导师	江苏省立教育学院		
助理干事	杨君智	一般乡村建设及乡村青年学校军训导师	—		
	黄公谦	乡村基础学校事业	—		

---

① 邵晓堡：《介绍南国的花县乡教实验区》，载《乡村建设》，第6卷10期，1937。

② 王璋：《二月余来寸进工作之报告》，载《社友通讯》，第5卷7、8期合刊，1937。

③ 王璋：《二月余来寸进工作之报告》，载《社友通讯》，第5卷7、8期合刊，1937。

职别 明细 姓名	事业分工	毕业院校	下乡时间	备注
干事　陈益华	综理区内一切事务，助理一般乡村建设事业	江苏省立教育学院	9月27日	携带第二批物资下乡
助理干事　梁今	全区农事改良及乡村青年学校农事导师	—	10月20日	—
助理干事　刘立之	管理乡村青年学校事务兼生活导师	—	10月28日	—
黄郁周	乡村基础学校事业	—	11月1日	—
干事　利志明	主持保健所及全区保健事业	—	11月14日	—
干事　潘添寿	综理乡村基础学校校务及全区合作事业	江苏省立教育学院	11月15日	由无锡到达

实际上，董事会人选亦在变化之中。第二次筹备会议推定董事会及区主任人选："一、董事：(1)萧冠英、郑彦棻、崔载阳(国立中山大学)；(2)黄麟书、黄希声、徐锡龄(广东省教育厅)；(3)梁漱溟、钮永建、俞庆棠(中国社会教育社)；(4)邹海滨、钟荣光、林励儒、晏阳初、金湘帆(聘任董事)；二、常务理事：邹海滨、黄麟书、梁漱溟(或俞庆棠)；三、实验区主任：崔载阳为实验区主任，徐锡龄为副主任。"①1936年10月22日，花县实验区董事会第一次会议在国立中山大学办公室会议室召开，追认广东花县龙翔为本区区址，并定名为广东省教育厅国立中山大学中国社会教育社合办花县乡村教育实验区，董事会暂设在国立中山大学研究院教育研究所内。② 董事会成员组成发生了些许调整，如表3-11所示。

---

① 《乡村教育实验区筹备近讯》，载《社友通讯》，第5卷1、2、3期合刊，1936。
② 《花县乡村教育实验区董事会第一次会议》，载《社友通讯》，第5卷5期，1936。

表 3-11　花县乡村教育实验区董事一览(1937)①

职别	姓名	现任职务
常务董事	许崇清	广东省教育厅厅长
	郑海滨	国立中山大学校长
	俞庆棠	中国社会教育社理事会总干事、江苏省立教育学院民众教育研究室主任兼教授
董事	黄希声	广东省教育厅主任秘书
	刘蓉森	广东省教育厅第四科科长
	萧冠英	国立中山大学工学院院长
	崔载阳	国立中山大学教育研究所主任兼教授、实验区主任
	郑彦棻	国立中山大学法学院院长
	钮永建	考试院副院长
	梁漱溟	山东乡村建设研究院院长
聘任董事	钟荣光	私立岭南大学校长
	林砺儒	广东省立勤勤大学教育学院院长兼教务长
	金湘帆	前广东省政府委员
	晏阳初	中华平民教育促进会总干事
	徐锡龄	私立岭南大学教授，兼实验区副主任

从表 3-11 可以看出：与第二次筹备会议议定名单相比，社教社、国立中山大学董事名额保持稳定，而三方之一的广东省教育厅名额因行政职务人员调整而变化较大，原广东省教育厅厅长黄麟书被现任厅长许崇清所替代，常务理事亦随之发生变更；徐锡龄亦因调至私立岭南大学任教授成为聘任理事，替代原计划名单中的邹海滨；而原来教育厅理事名额被继任科长刘蓉森所填补。"嗣以政局关系，黄麟书、徐锡龄、冯锐先后离职，广东省教育厅改派许崇清及刘蓉森为本区理事，董事会并推许崇清为常务委员之一，再聘徐锡龄为本区董事，仍兼区副主任。"②社教社三名董事中，

---

① 《社友通讯》，第 5 卷 7、8 期合刊，1937。

② 石玉昆：《花县乡村教育实验区的实验工作》，载《教育研究(广州)》，第 77 期，1937。

钮永建、俞庆棠均为洛阳实验区董事会的核心人物，从客观上保证了花县实验区顶层设计时可以全面、完整汲取社教社洛阳实验区实验心得。很有意思的是，在第二次筹备会议中，常务董事名额名单中梁漱溟为社教社正式人选，俞庆棠以括号中的备选名单出现，到了正式董事会名单公布时，俞庆棠成为常务董事。按照董事会规定，常务董事产生是董事从合办单位人选中推选，并征询该人同意后确定，依梁氏在社教社第二届、第四届年会时"舍我其谁"的热烈表现，对于此事他应该顺水推舟，担任该实验区的常务董事。这个细节再一次传递着梁漱溟作为社教社的常务理事，对该社事业进展已远不如之前热衷。究其原因，应与他对乡村建设的理念与社教社渐生间隙有直接关系，他对社教社第三届、第四届年会中心问题的评价，亦佐证了这一论断。

按照总体设计，实验区开办费由社方担任，经常费由国立中山大学及广东省教育厅互商分担。此外主任干事一人薪金，除由经常费负担三分之二外，另由社教社在年会存款中负担三分之一，二年为限。筹备会专门列出实验区开办第一年的经常费预算16800元，分俸给、办公、事业三项，平均每月支出1400元，进行了专门别类、事无巨细的顶层规划，如表3-12所示。

表3-12 花县实验区经费预算表(1936年7月—1937年6月)①

项别		明细目节	数量	支出用途
俸给费		总额	9240	占经常费55％，平均每月770元
	职薪	分目总额	8640	平均每月720元
		主任干事(1)	1440	平均每月120元，另由社教社每月补助60元
		部主任(2)	1440	平均每月120元（一人由主任干事兼，不另支薪）
		干事(5)	3960	平均每月330元（其中3人月薪70元、2人月薪60元）
		助理干事(4)	1800	平均每月150元（其中3人月薪40元、1人月薪30元）
	工资	工友(4)	600	工友薪膳，平均每月50元，每人每月12.5元

---

① 《花县乡教实验区制定进行计划暨各项章则》，载《民众教育通讯》，第7卷1期，1937。

项别	目节 明细		数量	支出用途
办公费		总额	1680	占全年经常费的10%，平均每月140元
	文具	分目总额	192	平均每月16元
		纸张	60	平均每月5元
		笔墨	48	平均每月4元
		簿记	36	平均每月3元
		杂品	48	平均每月4元
	购置	分目总额	360	平均每月30元
		家具	192	平均每月16元
		器皿	48	平均每月4元
		什件	120	平均每月10元
	消耗	分目总额	432	平均每月36元
		邮电	120	平均每月10元，包括邮票电报电话机收音机干电消耗
		灯油	192	平均每月16元
		茶水	72	平均每月6元
		薪炭	48	平均每月4元
	杂支	分目总额	696	平均每月58元
		印刷	216	平均每月18元
		房租	60	平均每月5元
		修缮	96	平均每月8元
		旅运	180	平均每月15元
		杂支	144	平均每月12元
事业费		总额	5880	占总经费35%，平均每月490元
	青年学校	分目总额	3480	平均每月290元
		学生膳食	2160	平均每月180元，学生30人每人每月以6元计
		教育消耗	600	平均每月50元，包括讲义用书簿记纸张墨及其他消耗
		农场	600	平均每月50元，包括田租临时雇工肥料种子农具及其他什项
		其他	120	平均每月10元，包括乡村服务学生活动及其他事项

项别	明细 目节		数量	支出用途
事业费	乡村基础学校	分目总额	960	平均每月 80 元
		定式	480	平均每月 40 元，包括儿童青年成人学团、农忙托儿所、高级补习学团等用书簿记纸张墨及其他消耗
		非定式	360	平均每月 30 元，包括农事改良副业提倡合作事业乡村改进会康乐设施等
		其他	120	平均每月 10 元，修缮及临时教师津贴费
	地方建设事业	分目总额	1440	平均每月 120 元
		民众学校	240	平均每月 20 元（共两处，自办一处，特约一处）
		乡村图书室	480	平均每月 40 元，包括读书杂志报纸
		保健所	192	平均每月 16 元，包括药品卫生用品防疫用品等
	各项活动事项		408	平均每月 34 元，包括乡村社会调查合作事业乡村建设协会乡村教育研究会及各项娱乐设施
	其他设施		120	平均每月 10 元，各项教育临时设施

表 3-12 显示，筹备委员会对实验区的经费预算是按照比例分配，薪金占了总经常费的 55%，办公费为 10%，事业费为 35%，主要参照教育部对社会教育中心机关——民众教育馆经费比例的规定："民众教育馆经常费分配之标准，薪工不得高于 50%，事业费及设备费不得低于 40%，办公费 10%。"①12 月 8 日董事会第三次会议召开，社教社总干事俞庆棠亲自到会，通过由社教社补助经费 500 元作为临时经费开支决议。② 实际上，随着实验区组织系统发生变化后，花县实验区经费预算亦发生了变化，每月总预算为 972.22 元，比原预算 770 元高出 200 元之多，支出分为四部分：(1)俸给费为 486 元，其中主任干事为 80 元（社教社补助小洋 60 元不计入）、干事 306 元（月薪 63 元 1 人，56 元 1 人，49 元 3 人，40 元 1 人），助

---

① 《民众教育馆暂行规程》，见教育部社会教育司：《社会教育法令汇编》，99～101 页，上海，商务印书馆，1936。

② 石玉昆：《花县乡村教育实验区的实验工作》，载《教育研究（广州）》，第 77 期，1937。

理干事 73.5 元(月薪 28 元 2 人，17.5 元 1 人)，工友工食为 26.5 元。(2)办公费为 70 元；(3)购置费为 15 元；(4)事业费为 401.22 元，其中乡村青年学校 205 元、实验乡村基础学校 66.4 元、乡村事业辅导处为 129.82 元。调整后的薪工费、办公购置费、事业费比例分别占总比例 49.99％、8.74％、41.27％，符合《民众教育馆暂行规程》中的经费比例分配，保障了实验区事业实验有序开展。

与洛阳实验区相同的是，社教社对花县实验区给予舆论上的支持，在社刊《社友通讯》上刊登花县实验区的各类进展文章，还专门在第 5 卷 7、8 期合刊推出"花县乡村教育实验区专号"。专号中还专门刊登一首署名"南"的小诗："在南国，耕耘这一角之地，撒下些有用的种子，想叫它负起应负的责任。可是，我们什么都没有，所有的，只是——热情，真诚的心，书生的理想。谨将此小小的专号，献给热心民教，从事民教的社友们，敬盼着给我们以指正！"①花县实验区于 1937 年 1 月 24—25 日正式开幕，举

图 3-13　《社友通讯》花县乡村教育实验区专号书影(1937)②

---

① 《前奏》，载《社友通讯》，第 5 卷 7、8 期合刊，1937。

② 《社友通讯》，第 5 卷 7、8 期合刊，1937。

行各式展览(工作、农事和卫生展览),并进行民众体育比赛、演说比赛、游艺表演、幻灯放映等,典礼极为隆重。

(二)主要实验事业

按照实验设计,三主办机关计划以三年为实验周期来进行事业实验,以"寻求推行普及教育之最经济办法与适应生活需要之教育设施,藉供省内外各地之参考"为主旨,主要进行乡村青年训练、乡村基础教育实验和乡村事业辅导实验事业。可惜的是,1938年10月21日广州沦陷,花县实验区事业实验尚不足两年,比较完整的事业实验集中在第一年。"该区进行计划,以及举办乡村青年训练乡村基础教育的两个法则,内容颇多创见,可供实施乡村教育者之参考,至希读者注意"①。此外,还设有乡村事业辅导处,下设民众教育处、乡村图书馆、保健所、农场等实验事业。

1. 乡村青年训练实验

按照顶层实验设计初衷,之所以进行乡村青年训练实验,是基于之前乡村服务人才训练"间接、与农民生活隔膜、难于常驻乡村"以及非常时期青年是国防和军事准备的主要力量,"所以我们认为直接来训练乡村青年,养成乡村服务之中坚人物,而永为乡村之根苗,从事于乡村服务事业"②,实验区特别开设青年学校,进行乡村青年训练事业实验。按照《乡村青年学校组织概要》规定,该校定名为"广东省教育厅国立中山大学中国社会教育社合办花县乡村教育实验区青年学校"(以下简称青年学校),以训练乡村青年、养成农村服务之中坚人物为宗旨,校址设在花县龙口庄。在先期调查实验区人口基础上,实验区采用"选调"方式来征集各区青年干部训练班学员。选调区域包括实验区基本区和推广区,年龄18~25岁、高小毕业或具有同等学力、品性优良且体格健壮的男青年均在征调之列,按照适龄男青年的2%的比例抽调,估算全区共需训练206人,每期训练人数,暂定34人,计划6期完成,选调方法主要靠各乡镇长协助推选以及社会公开

① 《后记》,载《社友通讯》,第5卷7、8期合刊,1937。

② 石玉昆:《花县乡村教育实验区的实验工作》,载《教育研究(广州)》,第77期,1937。

招考。实验区专门制定了《花县乡村教育实验区训练青年干部要纲》，主要内容如下。

一、目的　养成农村的中坚人物，使能领导一般青年；并促进乡村建设，以图乡村之再造及民众之复兴。

二、区域　以本实验区之基本区及扩充区为区域，计三镇二十三乡。

三、定额　区内规定训练男性青年干部二百人，平均每百户分配二人，名为乡额，另设公额特额各若干人，女性青年干部额数暂不预定。

四、考选　乡额则按照区内各乡镇户口之多寡而分配考选额数。分期考选之特额，则以实验区附近为范围；公额则不限区域，均公开招考之。

五、资格　应考青年须高小毕业或具同等学力，品性体格均臻健全，且愿为本乡服务者。

六、场所　设青年干部学校一所，分期集中训练之。

七、时期　暂定每期训练六个月，但得视需要而延长，全部留校。

八、纲目　训练内容分为四纲目：即精神训练、基本知识训练、实用技术训练及乡村服务训练。

九、待遇　在受训期间，乡额生及特额生得免收一切费用，公额生仅收膳费及制服费。

十、服务　受训青年结业后，仍须各返本乡，在本实验区继续辅导之下，从事领导青年及促进乡建之工作，并须自食其力，以不受其他津贴为原则。

十一、附则　本要纲根据本区计划大纲而订定，经本区区务会议通过，以为青年干部训练设施之依据，于必要时亦得提请区务会议修改之。①

———————————

① 《乡村青年训练设施法则》，载《社友通讯》，第5卷7、8期合刊，1937。

1936 年 11 月 15 日，乡村青年学校第一期乡村青年干部训练班招考完成，录取乡额 30 人，公额 10 人。按照规定，乡额生由校方供给膳食及课业用品，公额生需付制服费 2 元、每月膳食费 6 元。乡村青年学校设主任导师 1 人综理教导事项，专任导师 3 人，分任生活指导、农事指导等事项，另设兼任导师若干，负责各科教学，各类导师均由实验区工作人员兼任，每月经费 290 元用于学生膳食和教育开支等。①"房子还是破，设备一起无，在此状态下，却开始准备开学上课。我们准备了铲锯，想让三十位青年，几位导师，凭着双手与大脑，来作开天辟地的大好老。十二月五、六日报到，十二月七日开学。"②在学员们和各位导师的努力下，12 月 7 日正式开学。该校以民族中心教育、劳动实践教育和乡村更生教育为教育方针，课程编制以精神训练、基本知识训练、实用知识训练及乡村建设训练为训练要纲，各定有相应标准，各科教学注重实际生活材料及实际生活，教材均为自编。

表 3-13　花县实验区乡村青年学校课程设置及标准一览表(1937)③

明细分类	课程设置	课时分配	训练标准
精神训练	精神讲话、民族运动讲话、音乐	90	(1)品行纯洁；(2)态度恳挚谦恭；(3)临事诚谨不苟；(4)生活积极而活泼；(5)爱好自然并乐于农村生活；(6)崇尚劳动；(7)有集体生活之习惯与企求；(8)有社会服务之热忱；(9)有从事民族解放运动之决心与勇气。(10)笃信三民主义矢忠国家民族

---

① 《国立中山大学广东省教育厅中国社会教育社合办花县乡村教育实验区进行计划草案》，载《社友通讯》，第 5 卷 7、8 期合刊，1937。

② 王璋：《二月余来寸进工作之报告》，载《社友通讯》，第 5 卷 7、8 期合刊，1937。

③ 整理自《乡村青年训练设施法则》，载《社友通讯》，第 5 卷 7、8 期合刊，1937。

明细分类	课程设置	课时分配	训练标准
基本知识训练	国语、算术、簿记、社会、自然	230	(1)能阅读普通书报；(2)能以语体文发表意见；(3)能说普通语；(4)能运用四则方法及实用计算；(5)能使用简易簿记；(6)具有自然科学之必需常识；(7)具有社会科学之必需常识；(8)认识乡土及本国史地大概及国难情形；(9)简要了解党义及民族运动；(10)明了国际情形之一般
实用技能训练	农业概要、农事实习、国防大意、军事训练、医药卫生	475	(1)简明了解一般之农业科学方法；(2)能以科学方法改良农作栽培；(3)能以科学方法改良农事经营；(4)能从事园艺及畜牧副业；(5)能从事一二种农村工艺；(6)简明了解一般之国防方法；(7)有基本军事技能；(8)简明了解一般之医药卫生方法；(9)有简单治疗及种痘之技能；(10)能自理炊事及日常生活之事务
乡村服务训练	乡村学校设施法、农村合作、农村问题、乡村服务	105	(1)具有乡村建设之必需常识；(2)对乡村问题能作初步之认识；(3)能组织并领导青年；(4)能组织并善导乡民；(5)能协助或参加乡村基础学校工作；(6)能作普及文字教育工作；(7)能组织并经营合作社；(8)能从事农业推广；(9)能参加基层社会活动；(10)能倡导民族自卫运动

　　综括表 3-13 中所列四项标准，训练乡村青年，不仅使其有自力更生能力，参加或协助乡村基础学校等形成工作，并能领导本乡青年，组织青年团体，成为推动青年集体的新力量。也就是说，实验区的乡村青年训练事业实验，在于培植新生的服膺三民主义、矢忠国家民族的乡村领导权势，成为国民党渗透基层的代言人，取代原来的乡村势力。该训练班期限为六个月，为养成学员有纪律及耐劳刻苦生活习惯，采取军事化的集体生活，学生的生活活动采取学团方式安排。每两周的周日及乡间节日，学员可轮流返家省亲。该校生活日程如表 3-14 所示。

表 3-14　花县实验区乡村青年学校生活日程表(1937)①

	时刻	事项	时长(分钟)
上午	6:00—6:10	起床，整理床铺	10
	6:10—6:30	盥洗	20
	6:30—7:10	朝会(升旗、晨歌、精神讲话、早操)	40
	7:10—7:50	扫除校舍，准备早膳、洗衣	40
	7:50—8:10	早餐	20
	8:10—11:00	上午学科	170
	11:00—12:00	自由作业，中餐准备	60
下午	12:00—12:30	午餐	30
	12:30—13:40	休息	70
	13:40—16:30	下午学科，农村实习，乡村服务	170
	16:30—18:00	运动，自由活动，晚餐准备	90
	18:00—18:30	晚餐	30
	18:30—19:00	阅报、入浴	30
	19:00—21:00	谈话会、研究会，自由作业，乡村服务	120
	21:00—21:30	日记	30
	21:30—22:00	就寝、熄灯	30

从表 3-14 可知，青年训练班学员每日安排相当紧凑，为养成自治集体生活习惯，训练班全部生活事项，由导师与学员共同处理。从早上6:00到晚上22:00的集体生活，不仅要自己负责扫除炊事，并仿照山东乡村建设研究院设置"朝会"，举行升旗、晨歌、简易早操等活动，周一至周五，

①　扫除校舍准备膳食均为分组轮流；星期日除轮流省视外，其余留校者生活日程表调整为：(1)上午学科停止，8:00—10:00为全校大扫除，留校学生均需参加；10:00—12:00为全身洁净。(2)14:00—15:00自由作业停止。(3)下午各科停止，13:40—19:00，为乡村访问自由活动时间。(4)19:00—21:00改为集体娱乐。(5)遇有特殊情形时，本日程得临时变更之。《花县乡教实验区制定进行计划暨各项章则》，载《民众教育通讯》，第 7 卷 1 期，1937。

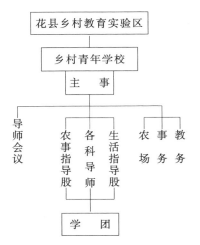

图 3-14　花县实验区乡村青年学校组织系统图①

每日上下午各有 170 分钟为学科时间，进行基本知识和实用技能的学习(基本知识训练为国语、社会、自然和算术、簿记；实用技能训练为农业概要、农业实习、农村工艺、国防大意、军事训练、医药卫生)；为增加学员实地乡村服务能力起见，专门在周末安排乡村服务，要求学员以学校所在乡村为区域，进行家庭访问、农村社会调查，并举办民众学校、合作社、农业推广、参加乡村基础学校等地方建设工作；专门设立农场一处，以便学生农业实习之用。在以周为单位的生活日程安排中，集会活动为 14 个小时，包括谈话会、研究会、娱乐会以及星期集会散布在学院生活日程表中，视实际情况而随时修订开展。

乡村青年学校非常注重学员们的生活日记，学校将印有"今天：看到什么、听到什么、做了什么、想了什么"警惕语言的信纸发给学员，要求学员不得记流水账、发空议论。"在日记中，可以发现许多的事实和问题，如问题有全体性的，则提出来和全体讨论，如属个人性质的，则约某一人个别谈话。"如学员梁汝袖、杜保汉的生活日记，很清晰地记录了他们在课程学习中的成长：

---

① 石玉昆：《花县乡村教育实验区的实验工作》，载《教育研究(广州)》，第 77 期，1937。

上《农事概要》课时，提出组织农业研究会，讨论结果，取名"大块农学会"，取了这新鲜的名称多么有趣，在讨论时已笑得满堂声张了，这个会办到几时尚未定，但是结业后尚可以做下去的。（梁汝袖，6月1日）

再行讨论"大块农学会"的办法，章程已经通过，大略记载这里：大块农学会的宗旨是研究农学的理论与实际，并改进本地的农业生活。组织法：分为若干区，每区（按分为总务、蔗作、稻作、蔬菜、畜牧及花卉六组）为一组，每组选组长一人，每组开会，以每周一次，会务会议每半月开会一次；遇必要时均得开临时会议。会员均须出席。至研究方法，则为：管理本区农场，开会报告讨论，阅览农事书籍，调查本地农业，参观各处农业机关。（梁汝袖，6月2日）

今天是我第一次在田间去实地练习犁田，起初，毫无头绪，不能顾及，以致犁出些什么行线来，深浅斜歪，只是乱七八糟，听说初学的人去犁田，牛必狡猾，或快或慢，令驱使它的人，手措不及，这样的说，和我今天的情形一看，真是一点不错的。当时利家允、利朝瑾两位同学也在此，他俩比较我熟悉，我于是交给家允同学去犁，但他把犁田的方法，告诉我一遍，我都很能领略他的指导。后来他疲乏了，我便很欢欣的接过来，依着他所指导的方法去试验，果然前后不同，较前好得多。我见有点熟悉，于是不断地去干，虽然牛是有点不好，但是在二三小时之内，也能犁了一块约四五分的田。（杜保汉，2月18日）①

从以上三则生活日记，可以看出学员梁汝袖通过《农学概要》课程，学习组织农学会的过程，制定章程、组织、研究办法等，尽管粗糙大略，属于学员的纸上谈兵，但规模初具，对于乡村青年来讲相当不易。学员杜保

---

① 石玉昆：《花县乡村教育实验区的实验工作》，载《教育研究（广州）》，第77期，1937。

汉则属于另一种较少接触农事的乡村青年，他的犁田练习，更多地借助的是同学的朋辈力量，在逐渐熟练犁田技能的同时，亦坚固了同学之间的情谊，为训练期满后回村工作打下基础。实际上，实验区训练青年的最终目的，是要他们回到"生于斯、长于斯"的乡村，负起建设乡村的重任。在训练期间，重点在于如何运用他们建设乡村的智识与工具，乡村服务的工作经验，以及如何鼓动回到乡村后的青年的积极性。训练期满青年学员回乡工作，工作内容有四：（1）回乡作头脑清醒之新农夫，能运用科学耕种方法，一切购买、运销、贩卖、水利、农本贷款等，能极力提倡及运用合作社之组织；（2）视其学识能力之高低，主持、协助或参加乡村基础学校之工作；（3）农闲时，负有积极消除文盲及促进本乡各项建设事业之责任；（4）领导本区青年，组织青年学团，进修身心，锻炼体魄，启发民族意识，负起复兴民族之责任。为了辅导青年学员回乡开展工作，实验区还专门出台《青年干部回乡工作辅导办法》，予以后续支持。

在实验进行中，乡村青年学校面临三大难关，招生不易，留生难和出路问题。按照原实验设计，乡额考选，应依各户口平均分配，以便受训养成的乡村中坚人物回到乡村中服务，但在实际招生中，因为是志愿报考，出现考生乡籍有片面集中趋势，不得已只得一方面降低考生过少的乡村录取标准，一方面酌增考生多的乡村乡额，但依然存在不少缺额乡村。招考进来后，乡村青年学校供给学生膳费及免费书籍，但由于部分青年学生已负有养家责任，"家庭经济的没落，亦足以影响其向学心，甚至使其不得不休学去急谋自己家庭的生活"，更因为传统教育的影响，一般民众"以为子弟上学，必系读书写字，发财升官，决不能在学校里学种田做工扫地煮饭的琐事"，因此对青年学校的课程以及回乡的出路，"学生家庭，频示失望，即在学生本人，更以实验区所昭示彼等之出路为经营农业自食其力之乡村服务者，而非领薪空谈之士大夫阶级，因之亦有对其前途，表示消极失望"。经导师百般解劝，"劝其忍受目前短期的艰难困苦，并导其紧握现实而少为一时的得失，必要时，则给予假期使其回家协助农田工作，过此时期后仍返学校续学",① 并召集学生家长谈话会及学生谈话会，对其指示目前民族、社会的演变趋势及青年所负的责任等，种种努力后，第一期学生中依然有三人休学。

2. 乡村基础教育实验

按照实验区设计，希望能从一乡乡民训练及乡村建设辅导的进程中，探求培养乡民力量及充实乡间资源的途径、方法，并进而谋乡村再造及民族复兴，这一途径、方法便是乡村基础教育实验，乡村基础学校是具体设计。按照《花县乡村教育实验区试办乡村基础教育纲要》规定，以"培起乡民力量，充实乡间资源，以图乡村之再造及民族之复兴"为目的，以新的乡村为实验区域，基本区的其他村庄设立一所乡村基础学校，并确立该校为实施乡村基础教育的主体，同时亦是乡村文化中心，招生对象为村中全体乡民，不论男女老幼，教育内容分为乡民训练和乡村建设辅导。"待试验稍有相当成效，即在试行区内指导各乡村设立乡村基础学校数所，或从新创立，或改组原有校塾，或改变原有小学之内容，而仍存其原名。在实验区域及试行区域内，均须分别树立乡村教育标准及普及办法，力谋普及之"。新设乡村基础学校实验期间所需经费由实验区承担，其他各乡村的所需经费则由地方自筹。实验区制定了《乡村基础教育实施标准》，分乡民训练最低标准和乡村建设辅导最低标准两个方面，予以制度上的规定。

甲、乡民训练之最低标准

一、精神训练：(1)品性纯良；(2)生活积极而前进；(3)有互助合作礼让之精神；(4)有参加民族自卫之勇气；(5)爱护民族国家。

二、知识训练：(1)能阅读民众读物并运用浅近文字；(2)能运用四则及简单实用计算；(3)具有自然及社会之简单常识；(4)了解乡土本国史地大概及国难简略情形；(5)简明认识乡村再造及民族解放之途径。

---

① 石玉昆：《花县乡村教育实验区的实验工作》，载《教育研究（广州）》，第77期，1937。

三、技术训练：(1)能接受简单之农业科学方法；(2)能实地经营农村副业一二种；(3)能实行简要之保健事项；(4)具备国民应有之国防能力；(5)有初步基本之军事技能。

四、组织训练：(1)简明了解组织之意义与重要；(2)有团体生活之习惯与常识；(3)能参加青年组织或全村组织；(4)能参加合作组织；(5)有随时参加各种必需组织之能力。

乙、乡村建设辅导之最低标准

一、文化建设辅导：(1)全体青壮年(16～40岁)均受毕乡民基本训练；(2)全体少年(12～15岁)均受毕短期义务教育；(3)全体儿童(6～11岁)或受毕义务教育或在学；(4)全乡有普遍之正当娱乐风气及设备；(5)有简要之公共体育运动设备；(6)有简要之公共医药卫生设备。

二、政治建设辅导：(1)有健全之集体组织能随时应付各项问题；(2)有活跃之青年组织全体青年少年均参加；(3)有坚强之全村组织全体成年均参加；(4)农村自治精神能充分发挥；(5)全乡充满民族自卫之意识与情绪；(6)全体乡民均积极向上并互助合作。

三、经济建设辅导：(1)全体农家生活安定而无恐慌；(2)乡区农事在整个计划之下接受科学方法；(3)全乡共同倡导副业二三种；(4)有进步之合作组织全乡农家均参加；(5)有流通农村金融之组织与方法；(6)对水利之改良有可能之规划与进行。①

从乡民和乡村训练最低训练标准规定看，乡村基础学校不仅为设施乡村基础教育机构，还是乡村文化的中心机关，是乡村社会事业(如合作、医疗、卫生、自治等)的推进中心，担负着策动乡村再造和复兴民族的责任。由此，实验区规定乡村基础学校以生产劳动和实际生活体验为中心，进行如下单元设计："以乡村生活及国难教育为出发点，以乡村建设(经济、政治、教育、保健)复兴民族为进行目标，一切课程编制、教材内容、

① 《乡村基础教育实施标准》，载《民众教育通讯》，第 7 卷 1 期，1937。

教学方法、学生活动、社会事业之设施，均由同一起点出发，向同一方向进行"①。乡村基础学校的教育方式分为定式和非定式两种，前者系学团式，包括普通学校教育、民众学校教育，又分为基本学团和非基本学团两种。后者非定式则根据民众实际活动而施教，包括社会事业及一般建设，为了养成守纪律及团体生活的习惯，非定式教育一般采取集体方式进行。具体分类如表 3-15 所示。

表 3-15　花县实验区乡民训练学团编组一览表（1937）②

学团类别	分类 明细	期限修业	每日在校时间	学众类别	学期期限	学期起讫
基本学团	儿童学团 甲种	四年	半日	6～8 岁之失学儿童	4.5 个月	2 月 21 日—6 月 25 日；8 月 16 日—10 月 31 日；11 月 21 日—4 月 10 日
	儿童学团 乙种	二年	半日	9～11 岁之失学儿童		
	少年学团	一年	半日	12～15 岁之失学少年		
	青年学团	四月	二小时	16～25 岁之失学青年	4 个月	12 月 21 日—1 月 20 日；2 月 11 日—4 月 10 日
	成年学团	四月	二小时	26～40 岁之失学成年		
非基本学团	幼儿学团	无限制	全日	5 岁以下之幼儿	1.5 个月	6 月 26 日—8 月 10 日；10 月 6 日—11 月 20 日
	特种学团	无定		需要特种训练之乡民，不计性别年龄		依实际需要而于每团举办前临时决定
	补习学团			最低须具有基本学团程度者		
	升学准备学团			具有基本学团程度而志愿升学者		

必须指出的是，表 3-15 显示的学团种类，是一种理论构想，现实中不可能同时或全部开办。原计划儿童学团是半日在学，二年修业年限，而在实际运行中，"因为乡村的传统观念，以为儿童不入学校则已，一入学校，

———————

① 王璋：《广东省教育厅国立中山大学中国社会教育社合办花县乡村教育实验区进行计划大纲》，载《乡村建设》，第 6 卷 8 期，1936。

② 石玉昆：《花县乡村教育实验区的实验工作》，载《教育研究（广州）》，第 77 期，1937。

则必全日，且半日是不及全日的，于是在开始招生时即有种种怀疑，大家相率观望。而较有资产者则送其子弟入私塾，青年与妇女亦多趑趄不前"，经地方领袖劝导入学后，却发现儿童半日教学存在相当困难，"因半日在校，课程难免格外集中，儿童注意力自然不能十分延久。当初因为只顾到教师精力之分配于全制度，故儿童自发活动方面，用力自觉太少"，加上只有一个年级，"年龄太小，分组学习，又缺乏领袖之导生人才，效率因之较差"，由此，儿童学团取消了甲乙两种区分，全日在校，修业期限统一改为四年，其入学资格随之改为 6～11 岁学龄儿童。① 揆之史实，花县实验区事业实验仅有基本学团中的少年、青年和成年学团，其他均未开设。在乡村基础学校里，这三种学团教学科目，采用混合编制，一切学习及作业活动，均以学团分组为本位，尽量发挥自教自爱自学精神。如少年学团开设国语、算术和体育三科，国语中以识字、习字、社会、自然、公民、劳作、卫生和音乐为课程要纲；青年学团、成年学团开设国语、算术和音乐三科，国语中以识字、习作、精神陶冶、民族运动讲话、常识、乡村建设讨论为课程要纲。后又增加妇女学团，其课程为国语、算术、书法、唱歌、家事常识和家庭问题，并规定实行导生制时，科目得酌量详列；每学团时间有余，得另列习字时间。实际上，实验区之所以如此规划，是希望能借此进行学制衔接打通的事业实验（见图 3-15）。

实际上，实验区主要实验事业是联合进行的，青年学校培养的青年骨干训练期满回乡后，组织乡村基础学校民众学校等各学团成员，组成乡村服务团，构建建设乡村的基本队伍。乡村服务团实施项目：一为政治训练，包括民族意识觉醒、社团生活训练、组织能力培养、时事问题讨论以及近百年来中日问题研究等；二为自卫训练，包括军事与救护训练、战事防术指导与训练、国术以及中国固有民众体育（如拔河、踢毽子等），借培养新的乡村政治骨干来改进乡村。综而言之，无论乡村青年训练，乡村基础

① 石玉昆：《花县乡村教育实验区的实验工作》，载《教育研究（广州）》，第 77 期，1937。

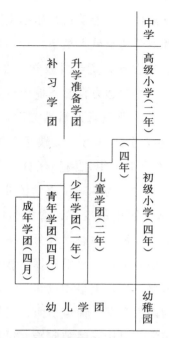

图 3-15　花县实验区乡村基础学校学制衔接设计图(1937)①

教育实验，抑或乡村建设辅导实验，最终均落到了再造乡村复兴民族的政治问题，这就急需政府行政力的保驾护航，需各个机关的联合动力，但这种力量远远不及洛阳实验区。究其原因，或许与合办机关有多处实验机关精神不暇有关，且不论社教社正全力办理的洛阳实验区，广东省教育厅主办有多处社会教育实验区（如省立蓼涌、南岗、三郡、平洲、大沥、高增等），国立中山大学亦自办乡村服务实验区、与番禺县政府合办的龙眼洞乡村教育实验区等，难以集中主要精力去推进花县实验区事业实验。"各实验研究机构之工作，如青年学校之主办，……亦多有建树。惟以设置地址均在广州附近，敌人南进陷广州后，各实验区工作随而不能赓续进行"②，花县实验区事业实验陷入停顿。

---

① 《花县乡教实验区制定进行计划暨各项章则》，《民众教育通讯》，第 7 卷 1 期，1937。

② 石玉昆：《广东省的社会教育》，载《教育与民众》，第 10 卷 6 期，1941。

296

北京师范大学史学探索丛书

三、实验区的特色分析

在"复兴农村为复兴民族之基础，为全国一致共同之心理"[①]的浪潮中，社教社于 1933 年 8 月组织成立"中国社会教育社研究实验事业协进委员会"，以高调姿态汇入时代洪流，先后在河南、广州合作设立实验区，开展以社会教育来复兴农村、复兴民族事业实验。实验区的开设，跟随年会的步伐，将社教社的空间影响从长江流域扩大到黄河流域，再到珠江流域，实现了更深入意义上的扩展。尽管洛阳、花县实验区特色各异，但"政教合一"的顶层设计，使得它们拥有同质的、不同于其他实验区的独特气质。"乡村实验事业，是一种比较难于见效的事业，决非短时间所能完全见效的。正如俗语所谓，'一锄不能成一井'，对于实验者的劳作成果似不必希望太奢。"[②]笔者不以实验区成败作为评价标准，而对其实验区特色加以分析。

（一）社教社年会决议的实践

实际上，不管洛阳实验区，抑或花县实验区，其设立发展均与社教社历届年会(包括年会前后的理事会会议)有着直接关系。换句话讲，合办的实验区可以看作是年会结的一个果，与年会中心议题息息相关。如果说年会举办地点——从长江流域、黄河流域到珠江流域代表着社教社影响在地域上的扩大，"播下一颗种子"，那么，合办实验区则代表了社教社倡导的事业在该地域的生根发芽，真正地发挥着持之以恒的影响，将年会期间集聚的热烈氛围保持、渲染下去。

1933 年 3 月 18—19 日，社教社理事会在南京举行第 4 次会议，钮永建、陈大白联袂递交"开发中原暨西北社会教育案"，提议社教社组织中原暨西北社会教育研究会，确定开发中原暨西北社会教育方案，并"由本社

---

① 林槐:《考察纪实》，载《社友通讯》，第 3 卷 9 期，1935。

② 石玉昆:《花县乡村教育实验区的实验工作》，载《教育研究（广州）》，第 77 期，1937。

right margin
中国社会教育社研究

297

第三章　中国社会教育社合办的实验区

组织西北教育考察团，考察中原暨西北教育状况"。会上，高践四提出"请筹办民众教育实验区案"。"后者是中国社教同志为实验社教新路线起见，集合同志，从事专精研究与实验；前者指示创办实验区之境地，供给民教实验之新领域，这两个提案虽然出发点不同，但在实际上是有着密切关系，于是理事们即把筹办实验区与开发中原暨西北社会教育拉拢一起，混为一谈"①，当即形成如下决议："推定赵光涛、陈大白、高践四（召集人）三人草拟具体办法，提交下次理事会讨论。区址定在洛阳附近，俾便于与中原社会教育馆联络办理，以开发中原社会教育"②。同年 5 月，在钮永建积极运作下，与陈大白勘察并初步选定洛阳县第三区作为实验区，6 月 5 日徐州民众教育馆馆长赵光涛率同僚勘察该地。在此基础上，第二届年会江苏省立徐州民众教育馆提交"积极筹办洛阳民众教育实验区案"，提案理由及办法如下：

主文：积极筹办洛阳民众教育实验区案

理由：中原暨西北为我国文化发源地，而今则民风闭塞，教育落后，仍停滞于封建社会遗型之状态中，为谋开放西北及中原计，创办社会教育事业，实乃治本之图。本社第四次理事会议集议于首都之时，曾决议开发中原暨西北社会教育，并筹设民教实验区于洛阳附近，于六月经钮惕生、赵光涛、陈大白等前往勘察区址，并详查社会情形，此事亟宜积极进行，促早日实现。

办法：一、大会推定专员五人至七人，组织设计委员会，计划一切创办事宜。

二、募集捐款，作为经费，并呈请教育部予以津贴。

---

① 陈大白认为："于是两个提案，变为一个决议案，两个动机，造成一种事业，洛阳实验区就在这种巧合之下着手筹措；以社会教育来开发中原，就成为民众教育的新兴运动了。"陈大白：《筹备前期之洛阳实验区》，载《社友通讯》，第 2 卷 11、12 期合刊，1934。

② 《第四次理事会议》，载《社友通讯》，第 1 卷 10 期，1933。

三、其他各项即根据实际勘察报告办理。

大会经过讨论，决议"照修正案通过"，修订办法如下：（1）由理事会推五人至七人，组织设计委员会，计划一切创办事宜。（2）募集捐款，作为经费，并呈请教育部予以津贴；（3）其他各项即根据实际勘察报告办理。① 对比原案，最大变化是由"大会推定"更改为"理事会推"，隐晦表明理事会作为年会核心话语掌控权的地位。年会过后，第六届理事会会议第三次会议按照第二届年会决议："公推钮永建、赵光涛、王海涵、高阳、陈大白组织设计委员会，并推定钮永建召集，余两人于必要时由常务理事推定补充"②。由此，搭建起洛阳实验区顶层设计的团队。而这个团体的设计中心，体现了第二届年会中心议题"由乡村建设以复兴民族"的精神内核，实际上，洛阳实验区的开办，明确彰显了社教社"趋重乡村工作"③的工作转向。

实际上，第三届年会之所以将地点定在河南开封召开，亦和洛阳实验区有很大关系。"去年第二届年会时，关于本届年会的会址问题，当以河南、广西、陕西诸省均来电欢迎，一时未能确定；第六次理事会议以时间匆促，议案繁多，未及决定，直等到今年春天的第七次理事会议，花费了很久的功夫，参酌了各方面的条件，才确定本年年会在河南开封举行，对其他各欢迎省分只有正式去函表示歉意。"作为私人组织的学术团体，社教社一向经费支绌，"一切经费开支，全恃社员社费维持，今年因开办洛阳实验区及购买社址等原因，经费更形支绌"，所以，"年会经费"是"参酌各

---

① 《决议案》，见中国社会教育社编：《中国社会教育社第二届年会报告》，72～73页，无锡，民生印书馆，1933。

② 《年会前后的两次理事会议》，载《社友通讯》，第1卷4、5期合刊，1932。

③ "民教范围极广，我们的责任极其繁重。但以鉴于国际之情形，及乡村崩溃已至极度，顾在第二届年会提出'由乡村建设以复兴民族'之问题作工作之目标，此次更作深刻之讨论。虽然一时不能得到最后的结果，但是我们的工作方向确定在此"。《大会经过》，见中国社会教育社编：《中国社会教育社第三届年会报告》，15～16页，无锡，民生印书馆，1934。

方面条件"中最重要的一条:"河南省府刘主席、教厅齐厅长对社会教育,向具热忱。本社此次在开封举行年会,除由教厅重要职员任筹备工作外,并补助年会费用大洋一千元"。会议中,社教社常务理事兼事务所总干事向大会做理事会工作报告,特别提及"洛阳实验区之实验事业",并强调"本月二十二日该区补行开幕典礼,欢迎诸位先生出席指教"。① 热忱邀请与会代表年会结束后暂缓归程,移步洛阳,参观刚刚开幕的洛阳实验区,为其事业实验造势。

这届年会,山东省立民众教育馆递交了"呈请教育部转咨各省市政府,通令凡省立乡村民众教育机关区域内之乡村政权,完全交由该机关主持领导案"中,理由之一即政教合一实验,以区为单位比以县为单位更为切实可行,建议省立乡村民众教育机关负责人兼任区长或乡长,全权负责实验区内行政事务,区内一切行政组织与公共团体,均归兼任区长乡长指挥训练。大会决议"交理事会斟酌办理"。斟酌办理的成效,很快体现在洛阳实验区第三年的"教养卫合一"事业实验中。社教社第四届年会提案中,李腾仙以个人社员身份,向大会提交"请政府通令全国实行政教合一案",理由便是"现在政教合一之办法,在各实验区域已有成效,宜请政府令行全国"。② 其提案的根据,便是洛阳实验区的"教养卫合一"的实验心得。由此可见,年会提案中智慧,为社教社合办的实验区事业实验提供源源不断的丰富给养,而实验区的实验心得,又进一步成为社教社社员提案来源的实践支撑。

鉴于洛阳实验区的顺利筹备,理事会在该届年会乐观提交"请由本社

① 《大会经过》,见中国社会教育社编:《中国社会教育社第三届年会报告》,5~7页、16页,无锡,民生印书馆,1934。

② 步骤有四:(1)先由联保作起;(2)每联保之保长准兼任联保小学校长及联保队长;(3)另设联保书记一名,小学(民校)教员若干名,联队副一名,各负一部分之责任,其工作则可交互负责,如书记亦可任课,教员亦可负联保中之一部分工作,联队副亦任小学民校之军事训练及训育等工作;(4)联保设会议,一切进行事宜均由此会议中解决之。《中心问题以外提案决议录》,见中国社会教育社编:《中国社会教育社第四届年会纪念册》,79页,无锡,民生印书馆,1935。

联络南京市政府与安徽省政府协商开办南京及黄山二实验区案",大会决议通过,"理由改为本社已发起设立洛阳实验区,以后应即继续推广,兹先择定南京黄山二处酌量进行"。① 此外,陕西省立第一民众教育馆馆长刘宰国提议社教社与陕西省教育厅、经济委员会合作办理民教实验区,"作村单位之实验,由本社负担设计策画事宜,陕西教育厅负担实地推进事宜,经济委员会负担经济筹划事宜",因该案"交到较迟,未付审查,一并交理事会酌量办理"。② 会后,理事会积极推动,并将"南京及黄山二实验区开办"列入社教社二十三年度社教进行要项中。③ 可惜因种种条件限制④,以上提案未能如愿设立。

花县实验区是第四届年会直接推动的结果。1936 年 1 月 7 日,假国立中山大学大钟楼,社教社召开第十三次理事会暨第四届年会筹备委员会联席会议,会上有"本社拟与教育行政及学术机关在广东设立实验区案",会议决议如下:"公推金曾澄、萧冠英、崔载阳、徐锡龄、梁漱溟、俞庆棠六位先生组织委员会,研究具体办法,由金委员召集"。会后发布《合办实

---

① 原提案理由为"南京为首都所在,安徽黄山为极有希望之风景区域,创办实验区,易收推行社会教育之实效",套用洛阳实验区办法,"由理事会聘请首都与安徽之社友,与南京市政府社会局、安徽省政府教育厅作初步接洽,如两处当局感觉需要,再由理事会正式洽商"。《决议案》,见中国社会教育社编:《中国社会教育社第三届年会报告》,56 页,无锡,民生印书馆,1934。

② 刘宰国提案主文为"积极筹设西安民教实验区,以普及西北民教推进西北文化巩固西北国防案"。《决议案》,见中国社会教育社编:《中国社会教育社第三届年会报告》,58 页,无锡,民生印书馆,1934。

③ 《两次理事会议记录 第八次会议》,《本社二十三年度社务进行要项》,载《社友通讯》,第 3 卷 5 期,1934。

④ 如黄山实验区,理事会第 11、12 次会议先后进行热烈讨论:第 11 次理事会时,事务所与安徽省教育厅杨厅长数次洽商,"本拟派员会勘区址,俾便着手筹备,嗣接教厅复函,以黄山尚未十分平靖,暂缓开始筹备"。8 月 10 日,理事会第 12 次会议,庄泽宣提出:"黄山一带,匪乱已平,本社拟办之黄山实验区,急应积极进行,拟请推定专员与安徽省政府协商,开始筹备案",理事会会议决议"交常务理事接洽进行,斟酌办理"。《第十一次理事会议记》,载《社友通讯》,第 3 卷 10 期,1935;《理事会第十二次会议记》,载《社友通讯》,第 4 卷 4 期,1935。

验区办法》，初步确定了实验区名字、实验主旨、董事会组织、实验区组织、选址标准、经费、进行步骤等内容。有鉴于社教社第十次理事会通过有关实验区经费决议①，该办法中特别指出"开办费由社担任，经常费由中大及教厅互商分担，区主任一人薪金由三方分担"②。正因为会前有此决议，与会期间，广东省教育厅厅长黄麟书、广东省政府代表金曾澄代表教育行政、政府，均发表了热情洋溢、有很强针对性的讲演，如黄麟书就政府难于兼顾学校教育与社会教育同步发展的困难，对社教社政教合一的理念和工作进展寄予厚望："现在，社会教育社诸位先生能够热诚的发动起来，把自己的力量，贡献到社会教育上头与政府分工合作，这是非常之难得的事情。各位先生在这方面的努力，据俞庆棠先生的报告，成绩很好，兄弟负责广东教育行政之责，同时也奉教育部之命到来开会，很希望中国社会教育社诸位先生和教育当局一同努力，把中国的教育问题做一整个的解决，应用民众的力量来救当前最危险的国难。"金曾澄作为理事会公推的实验区组织委员会召集人，作为新加入的社员，对年会在广州召开的意义高度肯定："这次贵社好几百位社员来广州开盛大的年会，我相信，不只是广州市一百几十万的市民将受到很好的影响，就是全省四千万的民众，也将受到很好的影响。广东方面虽然也很注意社会教育，但是并没有多大的成绩。我很希望诸位社会教育专家对于本省社教事业，加以批评、指导，使本省的社教事业，能有更好的成绩。"③国立中山大学作为一所"对于社会事业向表同情，而且一向努力于这种事业的大学"，为与会代表安排了罗岗洞广东省社会教育实验区（1932年创办）、该校与番禺区合办的龙眼

北京师范大学史学探索丛书

---

① 1934年10月28日，第十次理事会议通过："本社系学术团体，此后对于社教事业之研究与实验，只予以精神或劳力之协助，一概不津贴经常费"。《第十次理事会议记》，载《社友通讯》，第3卷5期，1934。

② 《第十三次理事会及第四届年会筹备委员会联席会议记录》《合办实验区办法》，见中国社会教育社第四届年会筹备委员会编：《中国社会教育社第四届年会纪念册》，129～131页，广州，培英印务局，1936。

③ 《讲演词》，见中国社会教育社第四届年会筹备委员会编：《中国社会教育社第四届年会纪念册》，91～93页，广州，培英印务局，1936。

洞乡村教育实验区(1935 年 1 月创办)、黄婆洞中山大学模范林场以及蓼涌民众教育实验区等，为全国各地的社友提供了直面广东省社会教育发展的机会。

该届年会，社员孙有良、杨翼心、杨宝恒向大会提交了"本社应增设实验区于各地，以便分别研究实验各种民教问题案"，认为"本社为吾国仅有之民教学术团体，其研究实验之工作，应注意及于全国各地，各地因环境不同，均有其特殊问题急待解决，本社为适应此项需要起见，应增设实验区于各地，以便分别研究实验各种民教问题"，并拟定三种相应的执行办法：(1)商请教育部划全国为若干区，每区由本社主持设立实验区一处，其经费由教育部津贴，或完全拨给，其实验中心，分别就各区特殊环境规定之。(2)由本社自划全国为若干区，分头商承各该地方教育行政当局合作设立，其经费由各该地方教育行政机关津贴或完全拨给。(3)由本社特约各地民教机关，为本社实验机关，其经费酌由本社津贴，其事业应接受本社之指导。该提案经大会讨论会，作了相应修改，① 修订办法最大变化是将原案中第二条和第三条予以合并，删去了特约各地民教机关为本社实验机关的办法，合作设立的实验区事业应该接受社教社指导。实际上，无论原案还是修改后的决议案办法，都充满了乌托邦色彩。当然，从另一方面也表明了社教社作为全国唯一的社教学术团体，急于影响社教行政的宏愿。作为社教社社员，希望其所在的民间学术团体借助教育行政力量发出更大声音、发挥更大的影响，愿望是美好的。而该届年会凌以安的"呈请教育部转咨各省市政府通令各县市政府试行成人儿童合校制案"、童润之提议"提倡乡村中等学校以训练乡村社会之中坚份子，而树立乡村建设之

---

① 主文：本社应酌设实验区于各地，以便分别研究实验各种民教问题案

决议：办法修订为：(1)商请教育部划全国为若干区，每区由本社主持设立实验区一处，其经费由教育部津贴，或完全拨给，其实验中心，分别就各区特殊环境规定之。

(2)由本社自划全国为若干区，分别商定各该地方教育行政当局，或民教机关合作设立，其经费由各该地方自理，或由本社酌量津贴，其事业应受本社之指导。

《中心问题以外提案决议录 丙、社务类》，见中国社会教育社编：《中国社会教育社第四届年会纪念册》，81 页，无锡，民生印书馆，1935。

永久基础案"、孙有良等人提议"民众教育应以青年训练为中心工作案"①等，均或多或少体现在花县实验区的顶层设计中，为该实验区将乡村青年学校、乡村基础学校打造成文化机关及社会改进中心提供了可资参考的实验路径。

（二）"教化以学校为本"传统回归

显而易见，无论洛阳实验区的乡村民众基础学校，抑或花县实验区乡村基础学校，顶层设计中，均有社教社持之以恒的实验理念，即打破学校教育与社会教育之间界限，容纳儿童、青年和成人于一校，教师不仅承担着儿童教育的责任，还负有教育失学青年、成人的使命，这些学校不仅承担着新教育体制下的义务教育，同时亦恢复原本的乡村文化中心的功能。"中国的教育，所以不能普及，就是因为过去的学校式的教育，太偏于贵族化，穷苦的乡民没有福气走进他的门去，可见只希望学校教育来完成教育使命，提高民族文化，永没有实现的日子。为了积极的扫除文盲，提高农民的文化，所以又要提倡乡村化的社会教育。"②实际上，实验区所进行的乡村民众基础学校、乡村基础学校，是以"谋学校社会化"外化，"教化以学校为本"传统风骨影绰可见，一改小学校"闲人免进"的冰冷面目。

对以西方学校教育为主的新式教育制度的评判，并不仅仅限于社教界。20世纪30年代，随着国内外局势的变化，"民族主义"渐复流行，倡导中国文化、重新肯定中国传统的呼声日高，张君劢1935年创办学海书院时指出，教育不仅仅是"讲学识"，尤其要"敦品行"。他认为，办书院不是开倒车，不是复古，而是"在振兴民族文化，参以西学方法及其观点，以期于融合贯通之中，重建中国文化之基础"③。不难看出，张君劢将批评的矛头直接指向了新式教育。实际上，早在20世纪20年代，乡村社会中的

北京师范大学史学探索丛书

---

① 《中心问题外提案决议录》，见中国社会教育社编：《中国社会教育社第四届年会纪念册》，69页，无锡，民生印书馆，1935。

② 《决议案》，见中国社会教育社编：《中国社会教育社第三届年会报告》，38页，无锡，民生印书馆，1934。

③ 张君劢：《书院制度之精神与学海书院之宗旨》，载《新民》，第1卷7、8期合刊，1935。

教育危机已成为知识界的流行话语，"乡村教育破产论"的声音很高。"中等以上学校集中都市，而使乡村青年不能不向都市求学……所以30年来新教育在数量上可言成绩者只有都市的教育，内地的乡村则反而日趋日下。"[①]而且这种受了新式教育的乡村子弟，却很少重返乡村；甚至连师范学校的毕业生都不愿回到乡村教书。"在乡村教育中，旧式私塾仍占统治地位，旧式文人仍然主导了乡村教育。"[②]如洛阳实验区为实验区事业推进，必须对塾师进行培训。新式教育不仅没有改善乡村文盲众多的状况，反而产生了一种副作用，"成了吸收乡间人才外出的机构，有一点像'采矿'，损蚀了乡土社会"[③]。除了出现教育都市化现象之外，新式教育的贵族化也导致农民在其面前止步不前。新式学校的费用远高于私塾，小学收费要高于私塾两到三倍，更何况私塾束修还可以实物或劳力来抵代。新式小学的费用不菲，乡民难以负担，有人不得不中途辍学。例如，在河北定县的62个村中，初级小学自开办以来，中途退学者至少有418人。其中，因贫穷退学者最多，占到退学总人数的90%。另外，新式学校必备的各种器具，如体育器械、游艺器材、实验设备、手工模型及音乐用具，等等，其建校成本要高出私塾几倍甚至几十倍。[④] 而在清末新政的实施中，办理新式学堂的经费全由地方官员与当地士绅协商筹措，新学捐款被转嫁到乡村民众身上，加上有些劣绅倚仗官府势力，乘机营私舞弊、中饱私囊，使得"在兴学中，农民未受其利，先蒙其害"[⑤]。清末，各地出现了农民群体性破坏新式教育的暴力行为，乡村教育近代化遭遇了农民情感上的抵触与行为上的反抗。

新式学校的教育内容也是农民产生抵触情绪和反抗行为的主要原因。对乡村民众来讲，学校不再是乡民随便涉足之地，大门上常常挂着"闲人

---

① 舒新城：《中国教育建设方针》，载《教育杂志》，第20卷5期，1928。
② 余家菊：《乡村教育的危机》，载《中华教育界》，第10卷1期，1920。
③ 费孝通：《乡土重建》，72～74页，上海，上海观察社，1948。
④ 李景汉：《定县社会调查报告》，203页，北京，中国人民大学出版社，1986。
⑤ 田正平：《清末毁学风潮与乡村教育早期现代化的受挫》，载《教育研究》，2007(5)。

莫入"的牌子，新式学堂所教的内容与教学活动，远离农村生活："而乡村农家应具的知识能力，又一毫无有，代以学校里半生不熟绝不相干的英文、理化等学科知识；乡间的劳作一切不能作，代以体操、打球运动与手足不勤的游惰习惯。"①此时，各大书局出版的教材，多以城市生活为场景，与乡村生活毫不相干。陈礼江等人专门就"农民读书有何利益"的问题做了大量调查问卷，结果显示：农民普遍认为，他们读书的益处是实用，如写信记账、识字明理、万事不求人（如写春联等）等，这些能够在私塾中获得的知识、技能，在新式教育中难以直接得到。此次调查涉及江苏、江西、浙江、安徽等18个省。被调查者中，文盲仅占总数的11.88%，有初等教育程度者（读书1～6年）最多，占59.39%，他们大多为接受私塾教育者。② 毛泽东曾对这种情况有详细描述："'洋学堂'，农民是一向看不惯的。……乡村小学校的教材，完全说些城里的东西，不合农村的需要。小学教师对待农民的态度又非常之不好，不但不是农民的帮助者，反而变成了农民所讨厌的人。故农民宁欢迎私塾（他们叫'汉学'），不欢迎学校（他们叫'洋学'），宁欢迎私塾老师，不欢迎小学教员。"③在传统社会中不管官学、书院、社学和义学，各种学校作为地方文化、教育的中心，不仅授予文化知识，而且还承担着祭祀地方先贤、表彰孝子节妇等引导地方风俗的责任，学校的教官，不仅是生员们的老师，亦是周边民众的精神楷模；它的大门，不仅面向蒙童、士子，而且同时对地方民众开放，是一个开放的场所。近代以来广大农村地区的私塾一直延秉着这种功能，这也是广大私塾"屡禁未绝"的深层社会原因所在。④ 洛阳实验区、花县实验区的乡村基础情况调查大体如此，如洛阳实验区为普及乡村教育，鉴于推广区私塾众

① 马秋帆：《梁漱溟教育论著选》，19页，北京，人民教育出版社，1994。

② 陈礼江、陈友瑞：《农民对于文化反应心理之调查与研究》，载《教育与民众》，第8卷1期，1936。

③ 《毛泽东选集》第1卷，39～40页，北京，人民出版社，1991。

④ 蒋纯焦：《一个阶层的消失：晚清以降塾师研究》，243～245页，上海，上海书店出版社，2007。

多，"不得不就原有师资，加以训练，充实其基本知识，改良其教育方法"①，便是这种情况的真实写照。

新式教育的城市化、贵族化现象，膨胀了民众接纳新式教育后的功利心。"从社会情形看，受过教育之后，不特没有好处并且有害处。据我所知道的，有许多农民在乡村未受教育之前，还在乡村耕田，一旦受了教育之后便连田也不耕，有些连家也不愿意回了。"②之所以出现这种情况，是因为"三十年来中国所自号为'新教育'也者，在最前二十年是闭着眼睛跟着日本瞎跑，较近十年是闭着眼睛跟着美国瞎跑，最近又有闭着眼睛跟欧洲大陆瞎跑的倾向。我们从未想起呆板板的把实业已经发达国家的教育制度搬到中国来，不但于国家社会毫无裨益，反而造成了许多高等游民——现在仍在继续不停的制造，摧残民族前途的命脉。……欲顾中国民生的需要，社会的安宁，民族的繁荣，在教育方面，非把现在的教育制度根本推翻不可！"③实际上，1904年开始建立起来的新式教育制度，是"以癸卯学制为代表的现代学校体系，主要是一种作为科举制度替代物的现代精英（或人才培养）制度"④，中国社会"教化以学校为本"传统断裂，师范生的增多，替换了原本"乡里乡亲"的塾师，学校挂上了"闲人免进"的牌子，传统学校承担的地方文化中心功能消于无形。尽管政府数次变更学制，扩充内容，但对文盲众多的社会现实束手无策，新式教育自然招致世人百般诟病，在此社会语境下，带有浓烈"致敬传统"色彩的社会教育有了发生、发展的机会，"教化以学校为本"的社会教育实验事业得以展开。

不同于学校教育界急于撇清与政治的纠葛而倡导"教育独立"的理念，社会教育界专家却热衷于将两者"浑然一体"，社教社总干事俞庆棠的观点很有代表性，她认为"民众教育的政策，从内容方面而言，是应以政治教

---

① 黄理斋：《保甲中心之村政建设实验》，载《社友通讯》，第3卷3期，1935。

② 庄泽宣：《如何使新教育中国化》，载《国立大学联合会月刊》，第1卷11期，1928。

③ 心水：《现在教育制度的罪恶》，载《生活》，第5卷30期，1930。

④ 于述胜：《民国时期社会教育问题论纲——以制度变迁为中心的多维分析》，载《北京大学教育评论》，2005(3)。

育为中心的，因为可以拿政治的力量来改善经济，藉经济的动机来推进教育，用教育的方式来解决政治。申言之，用教育的力量来解决政治，用政治的力量来推进教育，企望政治与教育之组织合一"。① 国民党元老、社教社的发起人钮永建作为洛阳实验区的倡议者之一，设计出借助政治力量的"征学制"，强迫失学民众进入民众基础学校接受补习教育。社教社资深社员、教育部社会教育司科长钟灵秀极为认可政教合一的力量："现在国难严重，日深一日，无知无识的文盲，不但是不能够挽救国难，并且是万不能立足于优胜劣汰之二十世纪的世界"，要改变这种劣势，"只要政府下最大的决心，严厉督促，各方全力动员，实在可以雷厉风行的放胆做去，没有什么困难"。② 钟氏坚信政府的政治力量对失学民众识字的推动作用。1937 年 8 月，教育部颁发《各省市失学民众强迫入学暂行办法》，"施行强迫入学办法地方的失学民众，除已核准缓学免学者外，应一律入当地所办的各种民众学校"，并对入学民众无故缺课或中途辍学者劝导督促，不遵从者，处以和不入学者同样的惩处③明显可见该实验的精神精髓。洛阳实验区基础教育普及制度，强迫征学制、导生传习制两种教育方法，"若依本实验区所得，将三种对象的教育，均确定为基础教育，于是一村中有一个单级小学的，就可变成一个基础学校，利用原有一所教室，一套教具，一个教师，就可指导全村儿童、青年和成年来求学，这是多么自然、便利而又经济的办法！所以实行强迫征学制，就必须采三部合办的基础学校的编制"。④ 虽然有许多不尽如人意之处，但其作为一种"新质因素"，各地纷纷效仿推行，如江西省中山民众学校、河南省乡村民众学校，江苏省中心民众学校等试行推广，均采用纳儿童、青年、成人于一体，"俨然形成一种基础教育之新运动"，其主张精神与组织实施的实验所得，终为国民政

①　俞庆棠：《民众教育》，95 页，南京，中正书局，1935。

②　钟灵秀：《识字运动的重要和推行》，载《教育与民众》，第 7 卷 8 期，1936。

③　中华民国教育部社会教育司：《社会教育法令汇编》，13～14 页，上海，商务印书馆，1946。

④　陈大白、邢广益：《洛阳实验区之新教育实验》，载《民众教育月刊》，第 5 卷 1 期，1935。

府新县制下国民学校制度所吸收，为世人瞩目。

在政府及社会精英的倡导下，洛阳实验区、花县实验区的基础学校作为"培养国民道德、训练地方自治，增进生产知能及激发民众意志"的地方文化中心，以新的面目传承着"教化以学校为本"的社会传统，不仅"忠孝仁爱信义和平"体现于训育课程中，还联络原乡村社会的保甲长、自然领袖等乡土社会中的士绅，共同推动基础学校事业实验，体现了"乡邑沾化"的价值取向。社教社候补理事马宗荣认为："关于训育的标准，我们以为应就中国民众所有的缺点和今后所应加以改建的处所，加以留意，中国民众现在最大的缺点，就是不守纪律，无公共道德，无整洁的习惯，无团体合作的精神和社会交际的礼貌"，认为社会教育的训育标准应遵循"勤劳、纪律、整洁、友爱、公德、忠实"六大纲目。① 洛阳实验区乡村民众基础学校的儿童部，"明礼仪、知廉耻、负责任、守纪律、守时间、爱清洁"成为训育课程的载体，分为整洁活动、个人整洁检查、精神陶冶、新闻报告、个别阅读和纪律训练六个环节，"这种训练，完全纳之于他们逐日活动表中，以他们的组织，来运用这种力量"②，将训育目标潜移默化到他们的日常习惯中。

与新式学校高悬"闲人免进"的牌子不同，实验区学校事业实验以免收学费、赠送课本文具、增进生产技能、代写书信、附设阅览室、附办临时幼稚园等举措，洛阳实验区还有强迫的征学制和灵活的导生制，热情招徕各个层次、不同性别的乡村民众前来。花县实验区的青年学校毕业后，实验区继续负指导之责，并组织他们成立同学会，组织青年团。学员毕业时，实验区不惜花费有限的办学经费，举行规模盛大的毕业典礼并合影留念，借助种种仪式感，希望通过各种训练班培养的学员，能"出入相友，守望相助"，成为改造乡村社会的中坚分子，成为乡村社会新的组织力量。

---

① 马宗荣：《识字运动·民众学校经营的理论与实际》，115 页，上海，商务印书馆，1935。

② 沙居易：《普及乡村基础教育的实验》，载《社友通讯》，第 4 卷 1、2、3 期合刊，1935。

如洛阳实验区师资训练班组长毕业同学会，"该班毕业同学为联络感情研究民教起见，组有毕业同学会，该会组织分文书、事务、研究、实验四股，将来各校事业发展，均以同学会为活动中心"。① 通过合办实验区事业实验，社教社与地方政府、省教育行政机关，以基础教育普及学校为"榫卯"，在学制外的、不大容易引起社会强烈反应的社会教育领域悄然实现了教育近代化发展过程中"移植"与"传统"的相互妥协，悄然嫁接，并共同主导了近代社会教育的发展路径。正是因为有了以洛阳实验区、花县实验区"教化以学校为本"的事业实验，20 世纪 40 年代中后期，国民政府在强力推进"各级各类学校兼办社会教育"的举措时，显得信心十足。

（三）"政教合一"事业实验

北京师范大学史学探索丛书

政学两界关系一直是学界关注的重点。近代以来，提倡社会教育的人士与其他社会改造论者一样，都迫切希望能够获得教育改革话语权，左右政权的能力大小是实现前提。不少专家热衷行走在"行政与学术"双轨道中，与国民党元老、权力新秀以及各省实际掌权者保持了良好关系，他们依靠这种资源来增大"梦想成真"的砝码。而政府亦希望争取学界支持，赢取其向心力，借以扩大并稳固其政权基础。社教社常务理事梁漱溟曾专门指出："办社会教育的机关，借政府力量施行他的社会教育；而政府则借社会教育工夫，推行他的政令。"②社教社第三届年会有"由本社组织委员会研究政教合一之办法案"，决议"公推相菊潭、赵步霞、彭百川三先生为委员，由相先生召集"③，与政府彼此借力。洛阳实验区、花县实验区的政教合一的事业实验，是社教社与政府双方联合的尝试和探索的结果，实验成果的推广所彰显的政治与教育良性互动，不仅巩固和提高了社教社作为"全国社教之总枢纽"的社会地位，而且共同主导了社会教育事业的发展

---

① 《洛阳实验区近讯 民众基础学校之活动》，载《社友通讯》，第 3 卷 12 期，1935。

② 梁漱溟：《乡村运动发生的事实经过》，见马秋帆编：《梁漱溟教育论著选》，301 页，北京，人民教育出版社，1994。

③ 《社务报告 第十次理事会决议案执行状况》，载《社友通讯》，第 3 卷 9 期，1935。

路径。

社教社的政治资源来自骨干成员对社会变动的新挑战的回应能力。"教育是一种推动社会的力量,要和政治经济等改造携手共进,才能表现效能。民众教育者从他们的言论看去,决不是教育万能论者,他们多相信教育的力量是有限制的,当前的环境是不乐观的,然而他们不肯束手以待环境的改善,或冥想理想国的降临,更不肯离弃了实际的工作来空谈路线理论。这是他们所异于经院派学者或玄想的激进党人之处。"①社员通过年会提案或其他方式比较集中地代表了学术团体对政府、地方对中央、社会对国家政权的要求与愿望,经过大会讨论形成的年会决议案,具有相当的动员能力和社会影响力。"政教合一就在使政教的工作连锁进行,并且使政治的权力和教育的精神合一,使成总的力量,以解决总的问题,所以政教合一,是代表了一种时代精神。"②第二届年会有筹设洛阳民众教育实验区的提案落实,紧接着,第三届年会上河南省立实验民众学校递交了"请本社拟定社教机关与其他机关联络合作之办法案",政教合一是其目标。提案详文如下:

主文:呈请教育部转呈中央通令各省市行政机关与社教机关切实合作,以期收政教合一之效果案

理由:

(一)作君作师是中国自来政教合一之先例。

(二)欧美各国遇有特殊问题,多取决于大学教授,即为政教接近之表现。

(三)中国近代政教分家,主政者类皆漠视教育,地方土劣,又从而把持之,虽仅学者鼓吹说法,然多受政治影响,不能见诸实行。

(四)社会教育为唤起民众之基本工作,但非与政治携手,不能收

---

① 梁容若:《八年来民众教育刊物的检阅》,载《社友通讯》,第 3 卷 11 期,1935。

② 朱坚白:《论政教合一》,载《社友通讯》,第 3 卷 12 期,1935。

功倍之效。

（五）现国家忧患并臻，不可终日，而一般民众犹在五里雾中，若不经一番紧急训练，则麻木沉疴不能拔除。然单靠教育，绝难奏功，亟须政教合一，使全国民众均有保乡保国之精神，兴谋生讲礼之风尚，则庶能挽救国家，复兴民族。

办法：

（一）呈请教育部通令各省市中小学一律联络行政机关兼办民众学校，内设成人青年小学三部。

（二）呈请教育部转呈中央令各省市行政长官须负教育重大责任，以谋政由教出之成就。

（三）由各省市政府严令地方行政机关与社教机关合一，贯澈政教合一之主张，以奠乡村建设之根基。

（四）访造贤良、扶植正绅，为推行政教合一之步骤。

（五）由各省市政府严令各地方行政机关于各该管辖区域内将所有民众分期训练，以成绩优劣为考成之标准。①

该提案经过大会讨论，形成"交理事会于整理中心提案时参考"决议。社教社不仅通过提案、决议案来表达意见，历届年会都提前函请党政两界的代表出席，直接促进政教两界联合。如第一届年会出席的有：中央党部代表杨栋林、教育部代表彭百川、浙江省党部代表胡健中、江苏省教育厅代表相菊潭、福建省教育厅代表钟道赞、浙江省政府代表王继曾。② 第三届年会应邀出席代表增加到41家；第四届年会邀请到中央执委会西南执行部代表区芳浦、教育部代表广东省教育厅厅长黄麟书以及山东、广西、河北、河南、江西、湖南等教育厅代表，"诸先生暨来宾旁听社员等计四百

---

① 《决议案》，见中国社会教育社编：《中国社会教育社第三届年会报告》，38～39页，无锡，民生印书馆，1934。

② 《大会概况》，见中国社会教育社编：《中国社会教育社第一届年会报告》，9页，无锡，民生印书馆，1932。

余人，济济一堂，情形异常热烈"①。理事会更是频频在年会上强调，希望中央最高的党政机关继续给予该社指导帮助，如第三届年会总干事俞庆棠

图3-16　政学两界为洛阳实验区筹建时的题词（1934）②

①　《各日开会情形》，见中国社会教育社第四届年会筹备委员会编：《中国社会教育社第四届年会纪念册》，35页，广州，培英印务局，1936。

②　陈大白：《写在前面》，载《社友通讯》，第3卷3期，1934。

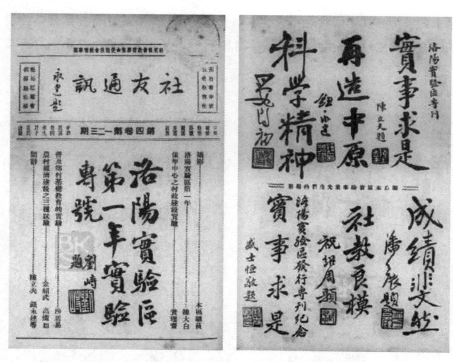

图 3-17　政学两界为洛阳实验区一周年题词书影(1935)①

致闭幕词中谈道:"本社社员都是在社教埋头工作的人,平时或没有多少机会,能够与政府常常接近。我们只有希望中央最高当局顾念民族的危机和我们为民族努力的诚意,能够注意到我们的事业,而常常予以同情与指导"。② 社教社事业开展亦积极响应政府号召。"'开发西北'的一个口号,在今日到处可以听到,同时也有许多事实表现着,譬如本社在洛阳创设实验区,本届年会在开封举行,皆含有这种用意。原想乘年会之便,组织西北教育考察团,以便协助该处教育之改进。会前即订定了办法,公开征求团员。"③质言之,社教社的洛阳实验区开办、年会地址的选择以及组织西

① 《社友通讯》,第 4 卷 1、2、3 期合刊,1935。

② 《大会经过》,见中国社会教育社编:《中国社会教育社第三届年会报告》,25 页,无锡,民生印书馆,1934。

③ 《大会经过》,见中国社会教育社编:《中国社会教育社第三届年会报告》,26~27 页,无锡,民生印书馆,1934。

北教育考察团等均为响应政府"开发西北"号召，将社教社事业发展归置于政府工作计划的同轨道内。

社教社与河南省教育厅、洛阳县政府合设实验区的初衷是"倡导中原及西北之社会教育，并研究及实验中原及西北之社会教育问题"，在实验区筹备及一周年之期，社教社社刊《社友通讯》先后推出专号，"洛阳实验区筹备专号"请来知名社员陶行知题写标题，还请了考试院副院长钮永建、河南省教育厅厅长齐真如、国立北平师范大学校长李蒸及社会名流王次甫、上海市教育局局长潘公展题词助威。"洛阳实验区第一年实验专号"，更是不惜拿出三期合刊的篇幅，不仅请河南省政府主席刘峙题写专号名称，还邀请了教育部部长陈立夫、国民政府考试院副院长钮永建、中央军官学校洛阳分校主任祝绍周、第四陆军总指挥部参谋长盛士恒以及中华平民教育促进会晏阳初、上海市教育局局长潘公展等行政要员、社会名流题词造势。1935年洛阳实验区董事会第三次会议，添聘祝绍周为董事，刘峙、戴季陶、陈立夫、张继四人为名誉董事，"此次所聘之董事暨名誉董事，或则提倡开发西北，或则热心社会教育，洛阳实验区区务，今后之能长足进展，当为意料中之事也"①。显然，政界人士的身份更为社教社所看重。

除积极邀请党政界人士参会，社教社还通过一系列决议案，积极配合政府政策。九一八事变后，救亡、复兴民族成为时代强音和最大政治，无论官方还是民间，都必须直接间接面对这个问题。中国社教社的历届年会，多有围绕该主题的特别议案通过，以民间立场，积极配合着政府的对敌策略。第一届年会，雷沛鸿、俞庆棠与赵冕等人联合提出《本社应请全国各社会教育机关一致实施救国教育案》特别议案，号召各社教机关要灌输救国教育精神，并确定救国教育的目标与方法。经大会审查、修订案通过，并递交教育部。教育部几乎全文采纳，以《社会教育机关实施救国教育方案》为名颁布，要求各省市教育厅局转饬遵行。② 第二届年会以"由乡村建设以复兴民众案"中心议题作为特别类议案。1934年召开第三届年会

---

① 《社务报告 聘请洛阳实验区董事》，载《社友通讯》，第3卷11期，1935。

② 《社会教育机关实施救国教育方案》，载《教育与民众》，第4卷3期，1932。

时，东北沦亡，华北形势岌岌可危，民族意志消沉，有鉴于此，社教社通过《请由本社拟具华北各省救国教育办法，呈请中央采择进行案》特别提案，要"振起国族精神""训练青年壮丁，改善各县保卫团""广设民校，并改进其工作"等，以期配合政府在文化教育上的备战，"培植舆论，唤起民族意识，以为将来抗敌之准备"。① 此番事业，被国立中山大学崔载阳认为"发扬民族精神及陶铸民族意识为重"②，将之归为倡导民族教育的先锋。

实际上，花县实验区前置三合办机关的排序变化，同样在传递着社教社及国立中山大学的"弦外之音"。1936 年 1 月 17 日，社教社第十三次理事会暨第四届年会筹备委员会联席会议通过的《合办实验区办法》中第一条规定："定名：国立中山大学广东省教育厅中国社会教育社合办某某乡村教育实验区"③，到了筹备以及实际命名时，广东省教育厅被排在国立中山大学之前，如此凸显出教育行政的地位，应与借助其背后的政治力量、进行"政教合一"事业实验有直接关系。不难看出，强制征学制，军农合一，造产运动等事业，背后都是政治权力的力量推动。"因为乡村社会是整个的，乡村建设是多方面的，绝非人财两缺的民教机关所能负此重任，因之，与其他事业机关联络战线，确属经济而两便，洛阳实验区即本此旨而实行。"④政治力量被列入征学制建立的第二精义。"因为有了最经济的方法，必赖政治力量以推行，方能发生教育力量，过去民众教育力量实施之困难，其症结即在政教分家，教育事业没有政治力量以资推进，困难问题没有政治力量来解决，因之费力多而收效少。"⑤花县实验区工作人员反思

---

① 《决议案》，见中国社会教育社编：《中国社会教育社第三届年会报告》，29～30 页，无锡，民生印书馆，1934。

② 崔载阳：《八年来民族教育之研究》，载《教育研究》第 65 期，1936。

③ 《第十三次理事会及第四届年会筹备委员会联席会议记录》，见中国社会教育社第四届年会筹备委员会编：《中国社会教育社第四届年会纪念册》，129～131 页，广州，培英印务局，1936。

④ 贾极愚：《洛阳实验区视察记》，载《政治旬刊》，第 1 卷 14 期，1936。

⑤ 陈大白、邢广益：《洛阳实验区之新教育实验》，载《民众教育月刊》，第 5 卷 1 期，1936。

一年来的实验区工作，认为实验区"在过去，也曾得到学术机关及经济机关的合作，也曾得到多少政治的助力。但，总觉得还是太少。将来实验区所训练的青年回乡服务，乡村基础学校制度之推广，普及教育之推行，经济事业之开发，在在需要各方力量尤其政治助力，始能进行顺利。如普及教育之推行，实不仅技术问题，而政治力量亦有其决定作用。目前实验区是需要从政府请得若干权力可以自由支配及得政府明令各区乡村长对区之尽力协助。即经济方面，亦需赖各方学术团体以及政府农业机关之协助与合作，如是，事业之安排与实验之进行，始不至捉襟见肘"。① 此言背后，寻求政治力量作为助力是主要诉求。

社教社之所以如此热情广邀党政两界人士参与年会，究其原因，可大致归为三个：一是该社遵循民间学术团体年会规定②；二是该社为推进社教事业发展，积极追求"政教两界沟通"，以期寻找能将"书生之见"化为"指点方遒"的机会："中国社会教育社究系学术团体，只能尽提倡设计之责，至大规模的推行，则须得行政机关之主持"③；三是政府亟须与教育团体合作，为其政策设计、制定及推行寻找教育界支持，如教育部社会教育司颁发的社教法令、规程有很大一部分与该社提交的提案有密切关系。实际上，社会教育家群体通过社教社这个学术共同体，表现在外的，更多是一种集体的力量，将分散在全国各地、各界的力量聚合在一起，是国家从形式统一向实质统一过渡的侧影。

近代中国各种教育思潮显示知识分子群体（学界）的团体力量，政府希望赢取其向心力，借以扩大并稳固其政权基础。而要争取学界支持，政府

① 石玉昆：《花县乡村教育实验区的实验工作》，载《教育研究（广州）》，第77期，1937。

② "凡国内法定的人民团体举行大会，均须呈请中央民众运动指导委员会派员指导"，中国社会教育社系"根据人民团体组织法而成立，同时又是学术团体，所以每次年会均呈请中央党部暨教育部派员指导"。《大会概况》，见中国社会教育社编：《中国社会教育社第一届年会报告》，9、11～12页，无锡，民生印书馆，1932。

③ 《大会经过》，见中国社会教育社编：《中国社会教育社第三届年会报告》，7页，无锡，民生印书馆，1934。

对其关切的教育课题及理念必然有所回应，设法将其建议纳入政策，化为具体实践；而学界要争取政府的支持，以便其理念、目标能转化为现实。从效果看，政学两界相互妥协所构成的合力，相辅相成，使得社会教育既不会流于口号、形式或一纸具文，又不至于因为经费的短缺或个人能力的限制、位置变动而昙花一现，社会教育因此得到持续、深入的发展。

综之，无论以保甲为中心的乡村村政建设实验，还是以民众基础学校为中心的乡村基础教育普及实验；以合作社为中心的乡村经济建设实验，抑或以乡村青年学校为中心的乡村青年训练、以乡村基础学校为中心的乡村基础教育实验；两个实验区最为注重的，是为各式培训、训练制定详细日程表（如表3-3、表3-7、表3-8、表3-14），这些日程表背后的军事化的班级生活，为保甲长、塾师、壮丁、乡村青年等民众领袖，军民训练、儿童班传习生以及合作社成员，构建一个有特色的、不同于日常生活的集体仪式的空间，在这个空间里，国家意识形态的灌输、社会认同的构建，培养他们成为国家政权的代言人而非乡村社会的代言人，成为主要目标。"洛阳实验区可以说是处处依着中国国民党的主义和法令，并且帮助党政机关推动主义和法令的施行。"①"本区一切事业进行，务须本洛阳县政府之县政进行及区署地方自治的实施，及其他乡建机关切实联络，以谋建国方针的齐一而收政教养卫合一的实效"。② 花县实验区时时强调训练乡村中坚人物，以民族教育、国难教育为中心，使他们负担起建设乡村的重任，再造乡村复兴民族。

美国社会学家科泽认为："人们需要为他们自己构建一种社会认同，以及表达出和他人的一致感，集体仪式为达成这些目的提供了重要的方式。"③在集体生活仪式的作用下，原本抽象的国家、民族、政党等概念因

① 贾极愚：《洛阳实验区视察记》，载《政治旬刊》，第1卷14期，1936。

② 陈大白：《洛阳实验区第二年》，载《社友通讯》，第5卷1、2、3期合刊，1936。

③ ［美］大卫·科泽：《仪式、政治与权力》，王海洲译，87页，南京，江苏人民出版社，2015。

特定生活课程安排而具体化，成为引导、强化学员集体记忆的重要载体，党歌、党旗、国旗、总理遗像、总理遗嘱等作为国民党政党文化的符号，作为三民主义意识形态的重要象征与载体，密集出现，不同年龄阶段的民众们浸润在训练班所表征的各种意义符号之中。而象征符号和仪式作为社会动员、国家认同的方式之一，它们具有整合族群、团体和社区的认同和强固功能，象征符号通过仪式过程得以生动呈现和充分展示，"符号对社会产生影响的关键在于符号霸权的形成，从而使人们对符号产生习惯性记忆，并将这种记忆化为集体无意识从而对他们产生作用"①。各种训练班、民众基础学校的生活课程安排中，教员们的身份、主要内容以及口号等，都成为国民党"党治"权威下基层社会渗透的文化运作方式，构建的集体记忆为国家观念、政党认同做了坚实铺垫。"（洛阳实验区儿童高级班升旗典礼，笔者注）民族意识是我国教育所亟应培植的，每当上早操时前，朝气方盛，即撞钟升旗，全体肃立致敬，村民每个人的心中又是怎样的动荡着国家观念呢？"②实际上，无论洛阳实验区，抑或花县实验区，均利用这种制度设计，将彼时中国政治、经济、教育文化等方面的丰富素材进行抽丝剥茧，凝炼为集体记忆的简洁文本，在这"丰富"与"简洁"背后，体现的是实验区在进行集体记忆建构时采取的多维途径（包括时间、空间和仪式议程、宣传口号等），而每一种途径都在为实验区"政教合一"的实验目标制造着可能。借助这种富含象征与隐喻的多维途径，社教社的精英们向实验区的民众们渲染新的生活秩序和价值取向，民众们身处其中，民族国家、党治文化、合作经济、新生活运动等流行话语体系，被安插在不同形式、不同主题的实验事业中，多向度渗入他们的社会日常生活，党歌、党旗、

---

①　陈蕴茜：《建筑中的意识形态与民国中山纪念堂建设运动》，载《史林》，2007(6)。

②　《洛阳实验区近讯　几种新的生活方式》，载《社友通讯》，第 3 卷 11 期，1935。

国旗、总理遗愿等三民主义符号被广为认同。洛阳实验区管教养卫实验事业①，花县实验区的乡村青年训练、乡村基础教育实验，绝不仅简单地将政治秩序投射到象征层面，还为政治秩序完善提供了新的佐证，为新形势下政教合一提供了一条新途径。单就完成六年计划的洛阳实验区来看，如果从实验区董事会的顶层设计和结果来看，偏于一隅、似乎不那么轰轰烈烈的洛阳实验区事业实验，大体按照预定目标进行，其实验结果甚至与国家重大的法律意志和政治制度——以国民教育为中心，容纳儿童、青年、成年于一体，包括政治、经济、文化、军事为一体的新县制不谋而合②，折射到新县制下的国民学校实践中。从这个角度讲，社教社合办实验区的价值和结论，似有重估的必要。

北京师范大学史学探索丛书

---

① 保教合一之事业设施可分为政、教、卫三方面，关于政的方面，中心组织为联保办公处，办理联保内容行政事业。民众组织有息讼会，调解人民诉讼纠纷；关于教的方法，有民众学校与乡村小学，包括普及义务教育与成人补习教育。至于在育的方面，有壮丁之军训与社会体育运动，并设备乡村医院及医学卫生事业。此种事业内容虽属简单，但甚适实际需要，而且为各联保所必需举办者。中国社会教育社：《洛阳实验区之政治实验心得》，载《建国教育》，第 2 卷 1 期，1940。

② 中国社会教育社：《洛阳实验区之政治实验心得》，载《建国教育》，第 2 卷 1 期，1940。

第四章　中国社会教育社的其他事业

社教社的成立，既将社教界各方力量的整合当作目标同时也实现了社教界力量的整合发展，而后者，主要是通过其开展的各项事业来实现。1931 年 12 月，社教社发起词中，言及"欲谋全国社会教育同志的大团结"，为救"同志散处各地，深感声气少通，愿宏力薄"时弊，而有社教社之发起①。从设立之初，社教社就将"联络同志，交换意见"定为重中之重，历届年会反复强调："在'促进社教事业'这一点上，本社从来没有仅仅希望一个人所办的或某个机关所有的社会教育事业单独的发达，我们所怀抱的是愿望全国整个社教事业的进步"。②"俞庆棠先生主张把社教同志联结成为链子，拿这长长的铁的链子，拘捕贪污土劣而来建设新社会。"③社教社内外部的沟通，是历届年会及理事会议一以贯之的关注议题，发行刊物、辅导各省社会教育事业、召集第三次全国乡村工作会议以及主编《申报》农村生活栏等作为社教社的其他事业，与年会、合办实验区一起，共同构成了社教社的事业整体风貌。社教社也正是通过这些事业，由区域到全国，由长江流域及黄河流域再至珠江流域，内容由单一到综合，从小而大，星散各地的社员之间借此得以联系、互动和彼此烘托，成为乡村建设运动中有影响的全国性学术团体。

一、发行《社友通讯》

《社友通讯》作为社刊，其出刊与社教社存续休戚相关。1932 年 6 月

---

① 《中国社会教育社成立志盛》，载《教育与民众》，第 3 卷 4 期，1931。

② 《工作报告　总干事俞庆棠先生社务报告》，见中国社会教育社第四届年会筹备委员会编：《中国社会教育社第四届年会纪念册》，100 页，广州，培英印务局，1936。

③ 陆盖：《交谊会之花花絮絮》，载《社教通讯》，第 1 卷 1 期，1932。

11—12 日，理事会第一次会议有理事提案"出版社务通讯月刊案"，决议"通过交常务理事办理""规定本社社员通讯研究办法俾可互砥砺案"。① 会后，该社事务所积极筹备，组织编辑部负责编辑事宜，6 月 17 日函请国民党元老钮永建题写刊名，7 月 10 号出版创刊号，16 开本，铅印，间有数期合刊或专号出版。1937 年 10 月出版第 6 卷 3 期后暂停。② 该刊对社员免费，社会人士每册售价二分五厘，全国 12 册三角，国内及日本免邮，其他地区另加邮费 2 分。③ 发行专号时价格有所增加，如第 4 卷 1、2、3 期合刊的"洛阳实验区第一年实验专号"："本刊本期每本收回印刷费壹角，本社社员暨订阅者，概不另行收费"。④ 1938 年 7 月复刊，以第 7 卷来命名，出版至第 7 卷 3 期后停刊，"惜萍踪漂泊，关山迢迁，纸贵行都，既刊又辍"⑤抗战胜利后，社教社恢复独立开展事业，《社友通讯》1947 年 3 月得以复刊，以复刊第 1 卷第 1 期（总第 46 号）发行，改为不定期出刊，目前仅见复刊后 1、2 期内容。总体来看，《社友通讯》虽有中断，但内容具有延续性，主要刊登社务要讯、社员消息、短论及相关告示、广告等，为学界研究社教社提供了第一手珍贵史料。

（一）宗旨

1932 年 7 月 10 日，《社友通讯》创刊号出版，卷首语中称为达到社教社"研究社会教育学术，促进社会教育事业"目的，"必须沟通社员意见，

---

① 大白：《社务发展之前前后后》，载《社友通讯》，第 1 卷 1 期，1932。

② 笔者目前尚未搜寻到 6 卷 3 期，据《社友通讯》编辑叶岛回忆，《社友通讯》6 卷 3 期已印刷，因战火纷飞难以寄往各地："到了十月六日下午一时左右，敌机开始光临无锡车站一带来轰炸，地方秩序颇受影响，印刷所关起大门，把正在印刷中的六卷三期社友通讯无情地搁置在印刷机上。……方桥在无锡城南约十多里，离敌机日常来轰炸的目标稍远，……社友通讯六卷三期，此时在方桥附近的乡村中设法印就，可是送到邮局以后能否按份寄达各地却是很成问题，恐怕有不少社友至今未尝收到这一期吧？"详见：叶岛：《从无锡至桂林》，载《社友通讯》，第 7 卷 1 期，1938。

③ 《本刊价目表》，载《社友通讯》，第 3 卷 5 期，1934。

④ 心斋：《编者附言》，载《社友通讯》，第 4 卷 1、2、3 合刊，1935。

⑤ 《复刊词》，载《社友通讯》复刊，第 1 卷 1 期，1947。

而聚首一堂，沟通商讨"而刊行《社友通讯》，框定刊物四类主体内容①，并对其寄予厚望："本刊是社友感情联络的导体，是社友学术切磋的园地；是中国社会教育社的灵魂，是中国社会教育生命的源泉。凡我同志，都应该加以爱护，培植，使其欣欣向荣，开着灿烂之花"。② 显然，社教社将该刊作为社员的公共园地，以"报告社务状况、传递社友消息、联络社友感情"③为宗旨。

图 4-1 书影，奠定了《社友通讯》因陋就简的风格，16 开本，铅印，封

图 4-1 《社友通讯》创刊号书影（1932）④

---

① 刊物内容主要分为：第一，短论。运用精锐的眼光，犀利的笔端，将现实的社教事业，痛下针砭！第二，社务要讯。逐期就社务发展之重要事实，作有系统之叙述，一面报告社务发展之近况，另一面作编辑社史的资料。第三，社友珍闻。采用侦探的方式，诙谐的笔致，把社友的珍闻趣事，真实的毕露出来。第四，社友活动。刺探社友活动消息，借以联络社友感情。余如小品文字、小小统计等，编者也很希望在这园地逐期贡献于大众之前。《卷头语》，载《社友通讯》，第 1 卷 1 期，1932。

② 《卷头语》，载《社友通讯》，第 1 卷 1 期，1932。

③ 《征稿启示》，载《社友通讯》，第 1 卷 7、8 期合刊，1933。

④ 《社友通讯》，第 1 卷 1 期，1932。

面和目录页没有单独成页，创刊号甚至没有正式的发刊词，仅有短小的卷头语来予以说明。1934 年，该刊出版第 3 卷 1 期时，编辑心斋专门在"编者琐话"中对这种简略风格予以说明："除了上海的《华年周刊》外，无论哪一种刊物，至少每卷都要换一次封面或一种形式，本刊为了不愿多翻花头，并要纪念钮惕生先生的热心社会教育而保存他的题字起见，在形式上，决计不愿常常改变，也许永远不改变。"①正如其言，该刊从创刊到终止，封面始终如一。《社友通讯》创刊号仅有 8 页内容，刊登 5 篇长短不一的文章，囊括了社教社发起人赵冕对即将在杭州召开的第一届年会提出自己的预期，陈大白还原了社教社成立前前后后的事情，此外第一届理事提名名单、为该刊征稿、催缴二十年度社员社费、第一届年会筹备委员会名单、事务所开始办公告示、征求新社员和《教育与民众》广告等，都以小小方框的形式，向社会公告，"在社员之间以及社会教育各方面的关系起了交流作用"②。

抗战全面爆发后，无锡沦为战区，社教社跟随江苏省立教育学院内迁，战火纷飞，事务所事务几乎停顿，《社友通讯》出至第 6 卷 3 期停刊，事务所从无锡迁至桂林。1938 年 7 月，在常务理事们努力下，《社友通讯》在武汉复刊，以第 7 卷第 1 期开始，"在这争取第三期抗战胜利的严重关头，本刊得在武汉复刊与社友相见，我们深信这是很有意义的一回事！社会教育应该在抗战建国的大业上尽它应尽的任务；社会教育工作同志，亟须以最大的努力，去为争取民族的生存而奋斗。……从无锡到桂林，内容是报告本社事务所迁移之经过。过去的事情现在都已成了陈迹，我们盼望本社同人与全体社友，在争取第三期抗战胜利的努力中，大家要合力创造社会教育的前程！"③1947 年，《社友通讯》复刊词中称："本社同志，皆远

① 心斋：《编者琐话》，载《社友通讯》，第 3 卷 1 期，1934。

② 储心斋：《忆中国社会教育社》，118 页，见中国人民政治协商会议江苏省无锡市委员会文史资料委员会编：《无锡文史资料》第 25 辑（江苏省立教育学院专辑），自刊，1991。

③ 《编后注》，载《社友通讯》，第 7 卷 1 期，1938。

义之交游，为事业而努力，虽聚散无定，而声气应求。故本社成立，即刊《社友通讯》，伟论名言，捷音佳讯，瑶章频赐，付梓如期，手此一编，宛如晤对。"①由此可见，《社友通讯》对互通信息的重视和坚持。

（二）稿件来源及作者群体

《社友通讯》作为社教社同仁刊物，除去事务所干事撰写社务报告、理事会会议记录整理等，还利用各种机缘，约请社教同人或社会知名人士，为刊物撰写文章。为了收集散处各地社员消息，理事会还专门组织一支分布于各省的通讯员队伍，并在刊物上多次刊登"征稿启事"，希望社友们一起培育、守护社教社的"灵魂"。

编辑出版《社友通讯》，是事务所的重头戏，因社教社经费支绌，成立半年后才得聘任专任干事，事务所工作由驻地社员分任，"其中陈大白、林敬之、许湘三先生出力较多，特别是陈大白先生"。② 随着社务逐渐增多，绝非所在地社员抽暇兼顾所能应付，1932 年 10 月，"兹经多方物色，聘得储志君担任"。③ 储志作为江苏省立教育学院毕业生，对编辑《社友通讯》很为敬业，除记录整理理事会议、事务所对年会的筹备情况、社务进展、约稿等，还负责编辑《中国社会教育社第一届至第三届年会报告》。④ 1936 年 2 月，储志被江苏省立教育学院聘请做研究工作，"本刊编者储心斋社友因担任江苏省立教育学院研究工作，故此后本刊编辑事宜，改由叶岛社友负责"⑤，聘请专职干事有力推动了社教社社刊有序进展。

---

① 《复刊词》，载《社友通讯》复刊，第 1 卷 1 期，1947。

② 赵冕：《本社第一年的回顾与第二年的展望》，载《社友通讯》，第 2 卷 2、3 期合刊，1933。

③ 《本社聘定新干事》，载《社友通讯》，第 1 卷 6 期，1932。

④ 事务所自称："本社为了要兴奋各地教育当局及社教人士努力研究社会教育学术及促进社会教育事业，每年均举行年会一次。更为了要向未出席年会各社员，报告大会经费及保存社会教育上重要史料起见，每于年会以后，均由事务所不厌其烦的编印报告一册。这本报告，在表面看起来，与其他概况、刊物之类，无甚两样，如考实际，确有其独到之意义。"《最后一页》，见中国社会教育社编：《中国社会教育第三届年会报告》，112 页，无锡，民生印书馆，1934。

⑤ 《编后余谈》，载《社友通讯》，第 4 卷 8 期，1936。

事务所专职干事通过"编辑以后""编后琐语""编后余谈"等方式，表明办刊方向、召唤稿源、说明编辑经过，或就某个问题抛出观点，以期社员能进行更深层次的思考。如第 2 卷 1 期，编辑强调："本刊因限于经费及避免流行病起见，第二卷的编印，只拟在'质'的方面改进而不愿在'量'的方面扩充。"①第 5 卷 5 期、6 期、9 期的"编辑后记"，推出重点文章，向读者推送介绍，如第 5 卷 5 期用"主观的任务，决定于客观的条件"来作开篇，指出："现阶段中国所需的教育，无疑的应是切实反应民族急切的需求。目前中国民族正遭遇着最深最重的迫害，渴望着独立和解放。这就是唯一的教育任务之所在。读了俞先生的'现阶段中国所需的教育'一文，可使我们更正确的更清楚的认识了现阶段中国教育的任务。对于实施国难教育、生产教育、妇女教育等等，必须把握住问题的核心，才能不负教育者应负的任命。希望社友们在这种共同的理解之下，积极推行时代所需要的教育工作。"②第 5 卷 6 期，重点推介理事李燕一文，"在这敌军压境，边防十万火急的局面之下，民众教育界的动向，应该是赶快大规模的向前推进呢？还是再慢慢地扎起寨来准备呢？关于这，社教先进李云亭先生在'想起一段行政经验来'的文中，明确的警醒我们说：'今日之事，时间与数量必须重视，而方针亦不许有丝毫错误。必须在最短期间训练大量民众，然后方能内而言建设，外而言保疆土'。"③此外，编辑部借有限篇幅，还将意见相左的文章同期刊出，以便社友更好地借鉴，如第 5 卷 6 期刊登赵演文章，"在国家承平的时期，教育工作可作多方面的实验，但现在是一个非常的局面，我们所需要的工作，不是迂缓的而是急进的，不是实验的而是实行的，不是散漫的，而是统一的"，"而我们现行的社教实验事业，正与我们所期望的相反。我们现在是太迂缓，太散漫，太谨慎了"④。编者专门在《编辑后记》中予以推荐，并称："当然，这迂缓，这散漫，这谨慎，都是

---

① 《编辑以后》，载《社友通讯》，第 2 卷 1 期，1933。

② 《编辑后记》，载《社友通讯》，第 5 卷 5 期，1936。

③ 《编辑后记》，载《社友通讯》，第 5 卷 6 期，1936。

④ 赵演：《社会教育实验事业统整之必要》，载《社友通讯》，第 5 卷 6 期，1936。

北京师范大学史学探索丛书

有其客观上各种复杂的原因。不过，目前的情势所昭示吾人的，的确应该是一个大规模的'快干''苦干''实干'的时候了。"①第5卷9期，编后语中，指出受教育是人民的权利，"可是我国的大多数人民，现在还不能普遍享受这种应有的权利。虽然政府正极力推行普及教育的政策，但是问题的解决，必然需要全体知识分子的动员，把自己获得的知识，毫不吝惜的即去传给大家。杨翼心先生郑重的揭起了这'教学做教'的檄文，希望社友们共同来展开'知识人'应负的使命！民众教育运动的发展，是有其历史的必然性。所以民众教育出路问题讨论会的出席者，大家虽同样在现实方面摸索到不少的困难，但一经向客观方面阐发，无不加强了乐观的信心。这一篇短短的散记，因限于篇幅，粗读起来，也许会使读者发生不能捉住要领之感。但言语中容有含蓄之处，正希望读者们进一层的思索，或许可以得到若干理论上的启示吧"。② 很显然，编辑部通过这些《编辑后记》，进一步将《社友通讯》"沟通社员意见"宗旨发挥得更为充分。

必须指出的是，《社友通讯》作为同仁杂志，尽管每期仅有寥寥数页，但稿源一直处于不大充裕状态。除直接刊登征稿启事外，编辑利用各种方式呼吁社友广开稿源，利用前文所讲的"编辑以后"是较为便捷方式，如第2卷1期，"在这一周岁中，多赖各方面的指教和陈大白林敬之许竹君诸先生的帮助，各地特约通讯员的赐稿，所以在整整十二月中，总算平安度过，幸告无恙。现在二周岁又开始了，希望从前指教的，协助的，赐稿的，诸位先生们仍抱诲人不倦的态度继续赐教。……本刊篇幅虽然很有限，内容也很简单，我们却不能不认为他是本社唯一灵魂，因此凡我同志，均应以爱护、抚育，使他继续发展，永远生存"。③ 第3卷10期编辑再次呼吁："执笔者胥为本社社员或教育界知名之士，由编者再三函请，各将其精心大作，贡献于读者诸君。惟本社社员有千余人之多，编者难以一一奉请，遗珠之处，存所难免，除对赐稿诸君表示谢忱外，尚希各地社

① 《编辑后记》，载《社友通讯》，第5卷6期，1936。

② 《编后》，载《社友通讯》，第5卷9期，1937。

③ 《编辑以后》，载《社友通讯》，第2卷1期，1933。

员，慷慨执笔，随时赐以论文宏论，藉光篇幅，是为至幸。"①第 5 卷 1、2、3 期"花县实验区第二年专号"，编辑后记中有"本刊为沟通社友消息，及介绍社会教育理论与实施起见，甚盼各地读者暨吾社全体社友，本爱护本刊的热忱，源源惠稿"②。期待读者特别是全体社友多多赐稿。

编辑直接约稿是常见方式，如前文编辑自陈"再三函请"外，亦可从刊发文章的作者按语中寻找凭证。"此次勘察区址经过，前遵赵光涛先生之嘱，已由熊于江苏省立徐州民众教育馆出版社之《教育新路》第廿七八合期编就勘察洛阳民教实验区区址报告专号，以公告于同志之前。兹复承本社储心斋兄再三函嘱报告社友，熊义不容辞，爰再简略报告如右。"③"笔者此次由邹平南返，道经无锡访友，与本刊编者储志先生晤谈片刻，他要我为《通讯》写一点东西。……但为了践我当初的'宿诺'，所以在旅途跋涉倥偬之际，将过去半年参加邹平乡建研究院内部工作时，被邹平的空气所浸育而汲起的几点比较有价值的杂感，不成熟的、不周密的，且不合时的写出来，谨求教于本社各同志。"④蔡衡溪称"近接本社《社友通讯》编者心斋先生来函，说是为欲增加社员兴趣，拟于本社《社友通讯》编印年会专号，嘱我一定贡献拙见，我以事关社员义务，未便推辞，仅就个人对于本届年会想望所及，供述拙见于次"。⑤"兹应本刊编者的函约（就第四届年会中心问题，笔者注），贡献一些我的意见，作为祝望与参考。"⑥"此次教育部民众教育委员会开会，集国内民教专家于一堂，公同研究，关系于民教前途，极为重要，全国瞩目。会毕后，中国社会教育社亟欲将开会情形，在《社友通讯》内详细列出，以副关心民教人士之望。以本人列席会议，属将情

---

① 《编后余谈》，载《社友通讯》，第 3 卷 10 期，1935。

② 《编辑后记》，载《社友通讯》，第 5 卷 1、2、3 期合刊，1936。

③ 杨汝熊：《勘察本社洛阳民众教育实验区区址经过》，载《社友通讯》，第 2 卷 1 期，1933。

④ 徐旭：《被邹平所汲起的杂感》，载《社友通讯》，第 3 卷 8 期，1935。

⑤ 蔡衡溪：《我所望于本社第四届年会者》，载《社友通讯》，第 4 卷 7 期，1936。

⑥ 桐庐：《以民众教育助成地方自治促兴社会生产的我见》，载《社友通讯》，第 4 卷 8 期，1936。

形报告，爰于会后草此，藉图报命，此起草本文之动机也。"①从整体效果看，专题性征稿最为奏效，1937 年 6 月 15 日，编者在《社友通讯》面对全体社友发布"本刊征稿启事"："本刊定于六卷一期，刊行'对于目前社会教育的意见'特辑，至希诸社友惠抒卓见——对于目前社会教育的各方面，加以批判和建议；并探求其真实的价值和正确的立场，以冀社会教育前途有更大进展。每篇字数五百字至一千字，请在七月十日前掷下，俾能如期汇集出版，至为企荷！"②第 6 卷 1、2 期（合刊）如愿刊登 22 篇《对于目前社会教育的意见》，理事庄泽宣、陈礼江、董渭川、赵冕一并助阵，陈大白、林宗礼、屈凌汉、樊月培、秦柳芳、杨汝熊等一干小将也纷纷献言献策，文章前还专门加了编者按："目前，是怎样的一个情势，社会教育在这时候应该负起那些迫切的任务？本刊想发表多方面的意见，献呈于本社第五届年会之前。"③结合后文中表 4-1，可知约稿的主要对象多为社教社核心社员、理事会理事及候补理事、江苏省立教育学院毕业生，他们构成了《社友通讯》的主要作者群体。

当然，对于这些知名社会教育专家，除编辑约稿外，还通过转载方式来与社友分享。如第 4 卷 10、11 期合刊刊登的常务理事梁漱溟的《我国乡村运动》转自《天津益世报 东京通讯》；第 5 卷 6 期刊登的李蒸《想起一段行政经验来》转载于《文化与教育》三周年纪念专刊等。

为及时更新社员状况，事务所还专门通过常务理事聘请在各省组织了一支通讯员队伍，④ 有了这支遍布各省的通讯员队伍，该刊"卷头语"中所

---

① 顾良杰：《教育部民众教育委员会议经过及感想》，载《社友通讯》，第 2 卷 8 期，1934。

② 《本刊征稿启事》，载《社友通讯》，第 5 卷 12 期，1937。

③ 《对于目前社会教育的意见》，载《社友通讯》，第 6 卷 1、2 期合刊，1937。

④ "本社为沟通社员消息，向由常务理事聘请各地通讯员，以资联络，兹值二十五年度伊始，各地社友通讯处变更者定多，经商定聘请苏、皖、赣、冀、鲁、豫、陕、晋、湘、鄂、川、闽、粤、桂等各省通讯员徐朗秋、李邦权等四十余人，聘请书已于九月初分别发出。其他各社友亦请随时赐寄该地社员消息，并盼慷为社友通讯撰稿"。《社务报务 聘请各地通讯员》，载《社友通讯》，第 5 卷 4 期，1936。

框定的"社友活动",逐渐演变为社员消息,社员工作变动、参观、出国进修、生病休养、婚丧嫁娶内容均被搜集进来,社员集体参加重要会议亦被列入。编辑部强调:"本刊宗旨在传达社友消息,联络社友感情,今后拟特别着重社员消息与通讯研究,望各地特约通讯员及各位社友多多赐稿,以光篇幅。"①常见的如社员工作变化,如董事尚仲衣,"尚君原任浙江省立民众教育实验学校校长,对于民众教育之贡献颇多。近应国立北平大学之聘,已前往担任教授云"②;但并非千般一律,如介绍社员邵晓堡,却是介绍其工作单位、社教社的团体社员江苏省立汤山农民教育馆以及馆长孙枋如何励精图治,拟派邵氏等两位工作人员赴山东乡村建设研究院参加事宜。③ 还有社员出国交流,如社员刘湛恩,"刘君现为上海沪江大学校长。于上月二十八日乘轮出洋,作欧美之游。据刘氏语人,此次出洋,其使命约有三端:(1)出席太平洋国际学会;(2)应欧美各友人之约,往各地讲演;(3)教育部委托调查各国公民及职业教育情况。刘君在出洋期间,关于本社各项会议,均请陈礼江氏代表"。④ 还有社员举行订婚、结婚的消息,如王璋和万树庸,经常务理事梁漱溟、俞庆棠介绍,在日本缔结"秦晋之约";林宗礼与赵合玉举行婚礼,特请本社俞总干事前往证婚等。⑤ 亦有社员去世消息的发布,如在赶赴第四届年会路途中去世的刘宰国等。⑥除个人社员消息外,还有社教社社员集体出席国内重要会议消息,如多名社员参加中国教育学会,一一列出参会社员名字,陈礼江、赵冕、彭百川、刘湛恩、黄建中、高君珊、顾树森、陈兆蘅、郑若谷、郑宗海、尚仲

---

① 心斋:《编者的话》,载《社友通讯》,第 1 卷 10 期,1933。

② 《社员消息》,载《社友通讯》,第 1 卷 7、8 期合刊,1933。

③ 《社员消息》,载《社友通讯》,第 1 卷 9 期,1933。

④ 《社员消息》,载《社友通讯》,第 2 卷 2、3 期合刊,1933。

⑤ 《社员消息》,载《社友通讯》,第 3 卷 10 期,1935。

⑥ 社员消息中称:刘君陕西省三原县人,原任陕西省立第一民众教育馆馆长,本社在广州举行第四届年会前,刘君奉省令远道南下,拟出席参加会议,不意行抵南京时,因病魔羁扰,竟以丧生。各地社友闻之,莫不伤痛云。《社员消息》,载《社友通讯》,第 4 卷 10、11 期合刊,1936。

衣、钟道赞、夏承枫、罗廷光、孟宪承、舒新城参加中国教育学会，讨论中国教育改革问题。① 还有团体社员的消息，如徐州省立民众教育馆、河北省立实验民众学校的简介等，不一而足，琳琅满目。

时至 1935 年 5 月，个体社员 1089 人，团体社员 37 处，分布国内 21

图 4-2 《社友通讯》刊登社员消息书影（1936）②

---

① 《社员消息》，载《社友通讯》，第 1 卷 7、8 期合刊，1933。

② 陶行知列该期社员消息榜首，称"陶君致力于社会教育与乡村教育，蜚声内外。……五月一日本社广东分社，假欧美同学会举行欢迎会，并邀请本省教育界参加，讨论乡村社会教育运动各项问题"。《社员消息》，载《社友通讯》，第 4 卷 10、11 期合刊，1936。

省市及英、美、日等国，"差不多已经结成了社教网。不过因为人数多，通讯处不免时有变更。此后各社友的职务或通讯处如有变更，请随时通知，以便代为改正"①。揆之史实，此时的《社友通讯》，社员消息所占篇幅大增，部分期数甚至占了总篇幅的 25％～35％之多，其重视程度可见一斑。编辑特别强调"本刊宗旨在传递社友消息，联络社友感情，今后拟特别着重社员消息和通讯研究，望各地特约通讯员，及各位社友多多赐稿，以光篇幅"②。实际上，"刺探社友活动消息，藉以联络社友感情"，这些消息不仅仅代表个人社员的社会活动，很大程度上亦是社教社社会影响力的表现。

（三）内容分析

实际上，本书使用的大量表格，如每年度的经费预算支出、收发文统计表以及实验区事业实验进展数据等，大部分来自《社友通讯》。除此之外，介绍社员新书、各式广告、启事以及专函刊登等，少量有针对性的学术文章，共同组成了《社友通讯》的主体内容，逐渐成为社友及外界人士了解社教社的"消息荟萃之地"。为清晰起见，笔者利用全国期刊检索数据库和国家图书馆馆藏，将《社友通讯》主要数据信息搜罗出来，如表 4-1 所示。

表 4-1 《社友通讯》主要数据信息一览表③

明细年度（年）	卷期	总页码	出版日期	目　录	备注
1932	第1卷1期	8	7月10日	卷头语；对于本届年会希望之一端（赵冕）；社务发展之前前后后（大白）；交谊会之花花絮絮（陆盖）；本社事务所通告	创刊号

---

① 《编后余语》，载《社友通讯》，第 3 卷 11 期，1935。

② 《编者的话》，载《社友通讯》，第 1 卷 10 期，1933。

③ 缺失 6 卷 3 期。整理自《全国报刊索引》（http：//www.cnbksy.cn/literature/）及国家图书馆所收录的《社友通讯》7 卷 1—3 期及复刊号。

明细年度(年)	卷期	总页码	出版日期	目　　录	备注
1932	第1卷2、3期	16	8月10日	"改进学制系统确立社会教育地位案"——分析和意见(宪承);最近全国社会教育概况(钟灵秀);本社理事会理事的选举经过(敬之);筹备中的本社第一届年会;呈教育部请通令各省市教育厅试行县单位乡村民众教育普及办法文;大批健将(编者);本社事务所最近工作纪要;本社理事会事务所暂行组织大纲	合刊
	第1卷4、5期	18	10月10日	本社第一届年会之回忆(郑宗海);本社第一届年会纪略;年会前后的两次理事会(编者);救国教育方案;又来一批健将;年会拾零(耕莘);欢迎山东教育参观团的一幕(敬之);本社二十一年度进行计划;本社事务所办事规则	合刊
	第1卷6期	8	12月10日	全国从事社教同志当共同努力的几点(陈礼江);教育之根干事业(郑宗海);悼社员祁缪两先生(镜远、芮麟);社务近讯;本社收受捐款办法	—
1933	第1卷7、8期	16	2月10日	推行民众教育办法草案(高践四);仰光大学一夕话(雷宾南);民众教育的新出路(李云亭)、社员消息(记者);理事会事务所工作报告	合刊
	第1卷9期	8	3月10日	参加民教会议的感想(陈礼江);民众教育会议志略(编者);征求社会教育系统稿启事;社员消息(记者);社务近讯(志)	—
	第1卷10期	8	4月10日	仰光大学一夕话　续(雷宾南);第四次理事会议(编者);新社员名单;社务近讯(记者);社员消息(记者);编者的话(心斋)	—
	第1卷11期	8	5月10日	赴沪联络国内艺术团体抗日总动员之经过(彭百川等);联络国内艺术机关团体及社教机关总动员实施抗日救国教育案;开发中原暨西北社会教育案;社教机关励行民众自卫训练案;社教近讯(编者);社员消息(记者)	—
	第1卷12期	8	6月10日	成人应受最低限度之教育标准(甘豫源);成人教育的可能与急需(桂煌译);民众教育歌征稿简章;中国社会教育社待聘社员登记办法;中国社会教育社介绍社会教育服务人员办法;社务近讯(心斋);社员消息(记者);江浙两省组织分社(编者)	—

北京师范大学史学探索丛书

明细年度（年）	卷期	总页码	出版日期	目　　录	备注
1933	第2卷1期	8	7月10日	勘察本社洛阳民众教育实验区区址经过（杨汝熊）；乡村建设问题研究（雷宾南）；筹备中之第二届年会（心斋）；社务报告（编者）；社员消息（记者）；编辑以后（编者）	—
	第2卷2、3期	20	8月15日	本社第一年的回顾与第二年的展望（赵冕）；历史所昭示的本社底前途（宗秉新）；在开发中原社教的征途上（陈大白）；一年来重要社会教育事业进展之鸟瞰（钟灵秀）；民众学校新论（张任天）；修正中华民国学制系统草案（蒋锡恩）；社务报告（编者）；中国社会教育社收支对照表、决议案之执行状况、社友信箱；社员消息（记者）	合刊
	第2卷4、5期	18	10月15日	第二届年会之回溯（渭川）；由"谈不到建设"谈到建设（现之）；本社二届年会志略（编者）；承上启下的两次理事会议（心斋）；新社员名单；社务报告（记者）；社员消息（记者）	合刊
	第2卷6期	8	12月15日	民众教育中不合理化的现象（郑一华）；社务报告（心斋）；社员消息（编者）；介绍民教书报	—
1934	第2卷7期	8	1月15日	十九年度全国社会教育概况编成后之感想（顾良杰）；民众教育之设施途径；本社二届年会决议案之应声；社务报告；社员消息（记者）；介绍民教新书	—
	第2卷8期	8	2月15日	中国社会与中国社会教育（古楳）；教育部民众教育委员会会议经过及感想（顾良杰）；本社第二届年会决议案之应声；社务报告（编者）；社员消息（记者）；惠书致谢并代介绍	—
	第2卷9期	10	3月15日	为附合"学校及社会"学说者进一言（蔡衡溪）；江西省推行音乐教育委员会工作报告摘要；本社第二届年会决议案之应声；社务报告（编者）；社员消息（记者）	—
	第2卷10期	8	4月15日	谈谈教育实验（徐锡龄）；理事会第七次会议记（编者）；新社员名单；本社二十二年度社务进行要项；本社理事会事务所办事细则；社务报告；社员消息（记者）	—

明细年度（年）	卷期	总页码	出版日期	目录	备注
1934	第 2 卷 11、12 期	16	5 月 15 日	到洛阳去（俞庆棠）；筹备前期之洛阳实验区（陈大白）；选择区址的经过（陈大白）；董事会第一次会议经过；会议席上印象记（赵光涛）；洛阳实验区办法及计划大纲；社务报告（编者）；社员消息（记者）	合刊
	第 3 卷 1 期	16	7 月 5 日	读中国银行营业报告（辛宥）；献给有志考察西北教育的同志（陈大白）；本社分社组织办法；洛阳实验区第一年度计划大纲；社务报告（编者）；洛阳实验区近讯；社员消息（记者）；理事会事务所紧要启事；编者琐话（心斋）	—
	第 3 卷 2 期	32	8 月 15 日	本社第二年的回顾与第三年的展望（赵冕）；贡献于本社第三届年会（顾良杰）；我底一点意见（赵光涛）；如何增进年会的效力（许公鉴）；社会教育的进展（李蒸）；从谚语格言中观察中国民族性（庄泽宣）；婚丧礼俗问题（陈东原）；草拟民众学校课程标准之经过（钟灵秀）；二十三年度之山东省立民众教育馆（梁容若）；社务报告（编者）；洛阳实验区近讯（竟成）；社员消息（记者）；编辑以后（心斋）	本社第三届年会特大号
	第 3 卷 3 期	16	8 月 22 日	写在前面（陈大白）；筹备后期之洛阳实验区（黄理斋）；吕庙实验村之农户调查（沙居易、金绍武）；题辞（钮惕生等）；洛阳实验区筹备处计划大纲；洛阳实验区筹备处组织大纲	洛阳实验区筹备专号
	第 3 卷 4 期	20	10 月 15 日	对于中国社会教育社第三届年会之感想（蔡衡溪）；小小的建议（屈凌汉）；本社第三届年会志略（心斋）；理事会两次会议记录（编者）；新社员名单；社务报告（编者）；洛阳实验区近讯；社员消息（记者）	—
	第 3 卷 5 期	14	11 月 15 日	工学团的印象（辛宥）；我所认识的电影教育的意义（宗秉新）；第十次理事会议记（储志）；本社二十三年度社务进行要项；社务报告（编者）；洛阳实验区近讯；社员消息（记者）	—
	第 3 卷 6 期	10	12 月 15 日	积极推行民众教育以复兴民族请愿书（本社）；戏剧与教育（李一非）；本社本年度预算；社务报告（编者）；洛阳实验区近讯；社员消息（记者）	—

北京师范大学史学探索丛书

明细 年度 （年）	卷期	总页码	出版日期	目　录	备注
1935	第3卷7期	14	1月15日	童子军教育与民众教育（刘澡）；征学制实验之发端（陈大白）；征学制普及民众基础教育方案；社务报告（编者）；洛阳实验区近讯；社员消息（记者）	—
	第3卷8期	12	2月15日	普及社会文化的一种有效方法（林宗礼）；被邹平所汲起的杂感（徐旭）；社务报告（编者）；洛阳实验区近讯（俟之）；社员消息（记者）	—
	第3卷9期	14	3月15日	考察纪实（林槐）；洛阳实验区二十二年度下学期实验计划；社务报告（编者）；洛阳实验区近讯（希贤）；社员消息（记者）	—
	第3卷10期	16	4月15日	政教合一（梁漱溟）；怎样到民间去（刘百川）；本社社所建筑委员会简章；第十一次理事会议记；社务报告（编者）；洛阳实验区近讯（大白）；社员消息（记者）；国际通讯；编后余谈（编者）	—
	第3卷11期	14	5月15日	民众教育馆规程的修正（枫）；八年来民众教育刊物的检阅（梁容若）；试行导生传习制；社务报告（编者）；本社第三届年会决议之应声；洛阳实验区近讯；社员消息（记者）；编后余谈（心斋）	—
	第3卷12期	18	6月15日	谈政教合一（朱坚白）；如何唤起民族意识（王湘岑）；上海妇女教育馆之试办（周振韶）；社务报告（编者）；洛阳实验区近讯；社员消息（记者）；编后余谈（心斋）	—
	第4卷1、2、3期	54	9月15日	摄影（本区职员）；洛阳实验区第一年（陈大白）；保甲中心之村政建设实验（黄理斋）；普及乡村基础教育的实验（沙居易）；农村经济建设之三种试验（金绍武、高灿如）、题辞（陈立夫、钮永建等）	合刊，洛阳实验区第一年实验专号
	第4卷4期	20	10月15日	参加本届世界教育会议的经过及其感想（罗廷光）；参加乡村工作讨论会以后（储志）、第十二次理事会议记；部颁第一批简体字表；社务报告（编者）；社员消息（记者）	
	第4卷5期	14	11月15日	社会教育的真义（林宗礼）；政教合一与社会教育（邢广益）；南游向导（石玉昆）；社务报告（编者）；社员消息（记者）；编后余谈（心斋）	—

明细年度(年)	卷期	总页码	出版日期	目录	备注
1935	第4卷6期	22	12月15日	写给要到南国去的社友们(潘翼云);湘湖师范的两种试验工作(金海观);洛阳实验区第二年度试验计划纲要;社务报告(编者);洛阳实验区近讯;社员消息(记者);编后余谈(心斋)	—
1936	第4卷7期	24	1月1日	欢迎社友到广州来(崔载阳);如何讨论中心问题(梁漱溟);吾所期望本社第四届年会(蔡衡溪);对于本年年会的两点希望(储志);促兴社会生产助成地方自治与推行童子军教育(刘澡);我们对于民众教育的主张(杨翼心　孙有良);我所认识的民众教育馆(林宗礼);社员消息(记者);编后余谈(心斋)	—
	第4卷8期	14	2月15日	乡村工作人员修养法(梁漱溟);以民众教育助成地方自治促兴社会生产的我见(桐膺);第十三、四两次理事会会议记(编者);社员消息(记者);编后余谈(史生)	—
	第4卷9期	16	3月15日	本社第四届年会之前前后后(方惇颐);第四届年会决议案一览(记者);第十五次理事会议记(记者);现阶段洛阳实验区之新事业(静波);社友消息(编者);编辑后记(史生)	—
	第4卷10、11期	20	5月15日	我国乡村运动(梁漱溟);纪石碑乡村服务实验区(崔载阳);我国文盲人数之谜(傅葆琛);《欧洲民众教育概观》序(李蒸);策动华北民教事业之新献(记者);社务报告(记者);洛阳实验区近讯(记者);社员消息(编者);编辑后记(史生)	合刊
	第4卷12期	10	6月15日	关于民众戏剧中之故事问题(李朴园);社会教育者的烦恼(周葆儒);国难教育与民众教育(郝士英);社务报告(记者);社员消息(记者);编辑后记(编者)	—
	第5卷1、2、3期	36	9月15日	洛阳实验区第二年(陈大白);非常时期军民训练之实验(邢广益);民众基础教育之普及实验(金绍武);农村合作事业之训练与组织(王怀良);洛阳实验区近讯(波);乡村教育实验区筹备近讯(岳);社员消息(编者);编辑后记(编者)	合刊,洛阳实验区第二年实验专号

明细 年度 （年）	卷期	总页码	出版日期	目 录	备注
1936	第5卷4期	18	10月15日	村单位强迫造产之中心组织（钮永建）；少壮学生动员与农闲民众补习教育（杨效春）；社务报告（编者）；洛阳实验区近讯（记者）；社员消息（记者）；编辑后记（编者）	—
	第5卷5期	16	11月15日	现阶段中国所需的教育（俞庆棠）；四年来之上海妇女补习学校（周振韶）；本社第十六次理事会议记（记者）；本社二十五年度社务进行要项；社务报告（编者）、洛阳实验区近讯（编者）；花县实验区近讯（记者）；社员消息（记者）；编辑后记（编者）	—
	第5卷6期	12	12月15日	想起一段行政经验来（李蒸）；社教实验事业统整之必要（赵演）；筱王村全民造产实验计划（洛阳实验区）；社员消息（记者）；编辑后记（编者）	—
1937	第5卷7、8期	32	2月15日	前奏（南）；花县乡村教育实验区进行计划草案；乡村青年训练设施法则；乡村基础教育设施法则；本区董事一览；二月余来寸进工作之报告；洛阳实验区近讯	合刊，花县乡村教育实验区专号
	第5卷9期	14	3月15日	教学做教（杨翼心）；民众教育出路问题讨论会散记（编者）；半年来筱王村全民造产实验之主要工作（陈大白）；社务报告（记者）；洛阳实验区近讯（记者）；社员消息（编者）；编后；介绍社员新著	—
	第5卷10期	16	4月15日	世界教育旅行后之感想（雷宾南）；全国美展印象记（叶岛）；本社第十七次理事会议记（记者）；花县实验区近讯（记者）；社员消息（编者）	—
	第5卷11期	13	5月15日	日本农村及其更生教育（王璋）；悼社友郑一华储雄伯两先生（陈大白）；社务报告（记者）；洛阳实验区近讯（记者）；社员消息（编者）	—
	第5卷12期	12	6月15日	中华民族教育哲学（崔载阳）；关于青岛（芮麟）；第五届年会中心问题委员会决议案；花县实验区第四次董事会议记录；社员消息（编者）	—
	第6卷1、2期	24	8月15日	对于目前社会教育的意见（庄泽宣等廿二篇）；第五届年会筹备委员会简章；第五届年会筹委会第一次会议记录；社务报告（记者）；社员消息（编者）	合刊

年度 明细 (年)	卷期	总页码	出版日期	目　录	备注
1938	第7卷1期	16	7月1日	乡村工作人员抗敌工作之商榷（梁漱溟）；如何动员妇女参加生产运动（俞庆棠）；洛阳实验区之抗战教育实施（陈大白）；花县实验区之战时教育工作（邵晓堡）；从无锡到桂林（叶岛）；社员消息（编者）	社址为广西桂林江苏省立教育学院院内
1938	第7卷2期	14	10月1日	在抗战建国中民众教育者的任务（俞庆棠）；抗战年余来我们的转徙变化（梁漱溟）；四川省立教育学院之新设施（王欲为）；本社第十八次理事会议记（记者）；社务报告（记者）；联合年会两次筹备会议记（记者）；社员消息（编者）	通讯处暂设重庆白象街58号
1939	第7卷3期	18	1月1日	抗战建国期间社会教育的新动向（陈礼江）；悼冯国华先生（钮长耀）；迁桂后之江苏省立教育学院（秦柳芳）；开展中之渝市战时民众补习教育（姜和）；洛阳实验区政务督导制之实验（陈大白）；松溉纺织实验区参观记（叶岛）；联合年会之前前后后（记者）；社务报告（记者）；社员消息（编者）	通讯处重庆三元庙街教育部第二社教工作团内
1947	复刊第1卷1期	14	3月29日	复刊词（陈礼江）；对于本社第五届年会的期望（古楳）；本届年会中心问题讨论方法私议（甘导伯）；本社简史；本社简章；本社三十六年度工作计划；本社第五届年会筹备委员会简则；社友动态；"社会教育与新中国之建设"讨论大纲（特载）	本社第五届年会特刊
1947	复刊第1卷2期	22	9月9日	两个社会教育的基本问题（章润之）；本社第五届年会决议案；本社章则；社务近况；社友动态（二）；启事三则；本社现任理监事题名；编后记	—

从表4-1可见，《社友通讯》共出版78期54本，其中有11次合刊发行，出版有5次专号（洛阳实验区3次，第三届年会和花县实验区各1）。1932—1937年是连续发刊，第2卷2、3期合刊之前每月10日出刊，之后固定为每月15日（偶有差池，如第3卷1期为7月5日、第3卷3期为8月22日、第4卷7期为1月1日）；1938—1939年期间发行的3期不能保证逐月连续出版，但出版日期固定为每月1日；1947年复刊第1卷2期既

不连续又不定时，由此可窥社教社社务进展态势。从篇幅看，最少是 8 页，最多是 54 页（3 期合刊），大多为 10 多页，编辑对它"小而又小"的定位相当准确。编辑再三努力，希望增加其研究分量，"本刊每期除原有各栏外，均拟留有相当篇幅，以供社友通讯研究——这块园地要希望全体社友尽量利用，决不能任其荒芜"①。邀请到社教社核心专家俞庆棠、赵冕、孟宪承、雷沛鸿、李蒸、郑宗海、庄泽宣、董渭川等人，所撰述的亦多是与社教社事务工作密切相关文章，甚少作学理上的深入探讨。这一点，编辑心斋甚为自豪："不错，本刊确是小而又小，登载的文字少而又少，可是请检阅过去两卷所载的文章，无的放矢的，简直绝无仅有。"②利用有限空间，针对全国社会教育发展态势，有的放矢，解答社友们的疑惑，的确是《社友通讯》作为社教社社刊、作为公共园地的独到之处。

　　介绍社员或团体社员的最新著作，是《社友通讯》助力社教学术的突出表现。"本社为鼓励研究学术，并供给社教同志之参考材料起见，兹后对于各社员之著作，拟作系统之介绍。至希各社员将已出版之著作，每种寄下一份，以后如有新著作，并请随时见寄，以便介绍，是幸。非社员如有著作见寄，本社亦愿负介绍之责。"③揆之史实，《社友通讯》或采用列表简要介绍，或辟出专栏浓墨重彩，几乎囊括了 1932—1937 年期间出版的重要社教力作。如表 4-2 所示。

表 4-2　《社友通讯》介绍社员新书一览表（1932—1937）④

卷期＼明细	著者	书名	发行处	定价（元）	备注
第 1 卷 4、5 期合刊	雷宾南	成人教育论丛	江苏省立教育学院	0.4	—
	周德之等	民众教育问答	江苏省立教育学院	1.5	—
	甘豫源	民众教育	上海中华书局	0.8	—

---

① 《编辑以后》，载《社友通讯》，第 2 卷 1 期，1933。

② 心斋：《编辑琐话》，载《社友通讯》，第 3 卷 1 期，1934。

③ 《启事》，载《社友通讯》，第 3 卷 9 期，1935。

④ 整理自全国报刊索引库（http：//www.cnbksy.cn）《社友通讯》。

明细\卷期	著者	书　名	发行处	定价（元）	备注
第1卷4、5期合刊	徐锡龄	中国文盲问题	上海南国图书馆	0.6	—
	董渭川	社会教育纲要	山东省立民众教育馆	—	—
	尹全智	民众教育概论	北平文化书社	0.5	—
	傅葆琛	乡村民众教育概论	江苏省立教育学院	0.2	—
	李蒸	民众教育讲演辑要	北平文化书社	0.2	—
第2卷2、3期合刊	蔡衡溪	农民教育实施法	河南教育厅编辑处	0.4	—
	林敬之、钱佐元	江苏歌谣集	江苏省立教育学院	2.5	—
	江苏省立教育学院实验部	民国廿一年的民众教育	江苏省立教育学院	0.6	—
	山东乡村建设研究院	乡村建设汇要第一集	山东乡村建设研究院	0.3	—
第2卷6期	浙江省立民众教育馆	国际现势展览会之经过及其内容	浙江省立民众教育馆	1	该馆有优待办法
	朱若溪	农村流通金融之设施	江苏省立教育学院	0.4	社员八折优惠
	邵晓堡	农事指导	江苏省立教育学院	0.4	
		教育新路	江苏省立徐州民教馆	0.5	社员七折优惠
第2卷7期	赵冕	民众教育纲要（1）	上海中华书局	—	各书均系本社社员的民教著作，其中（1）（2）（6）（7）（9）各书尚在印刷中
		社会教育行政（2）	上海中华书局	—	
	张竹汀、童伯匋	民众学校实验课程（3）	江苏省立镇江中心民众学校	0.3	
	宗秉新	江苏的民众教育馆（4）	江苏省立镇江民教馆	0.3	
	秦柳芳、武宝邨	民众教育（5）	上海世界书局	1.25	
	高践四	民众教育（6）	商务印书馆	—	
	徐锡龄、庄泽宣	民众教育通论（7）	中华书局		

明细 卷期	著者	书 名	发行处	定价 （元）	备注
第2卷 7期	朱秉国	民众教育概论(8)	上海大东书局	0.7	—
	甘豫源	乡村民众教育之实施(9)	商务印书馆	—	
	王庚	健康教育实施法(10)	上海勤奋书局	1.4	
		民众体育实施法(11)		1.4	
第2卷 8期	夏承枫	教育行政通论(译)	南京书店	1.5	
	舒新城	近代中国留学史	中华书局	1.4	
		近代中国教育思想史		1.4	
		中国教育建设方针		0.7	
		近代中国教育史料		2.5	
	程天放	改革中国学校教育刍议	—	—	
	蔡衡溪	农民教育实施法	河南省教育厅	0.6	
		教育论丛	河南开明印书局	0.6	
	雷宾南	成人教育论集	江苏省立教育学院	0.4	
	刘国钧	中国图书馆分类法	金陵大学图书馆	—	
	尹全智	民众教育概论	天津百城书局	0.4	
	吴培元	民众图书馆实施法	宜兴县立图书馆	0.8	
	张铁铮等	第二次中国劳动年鉴	北平社会局调查所	2	
	徐锡龄	中国文盲调查	广州南国书社	0.6	
	钟鲁齐	两性学习差异的调查研究	厦门大学	—	
	杜佐周、蒋成堃	儿童与成人常用字汇之调查与比较		—	
	崔济猛、梁仁南	理想之新绥远	天津疾呼旬刊社	0.7	
	陈训慈	丁松生先生与浙江文献	—	—	—
		最近中国图书馆事业之进展	—	—	
		五卅痛史	开明书局	0.2	—

明细 卷期	著者	书名	发行处	定价 （元）	备注
第2卷 8期	方蔚	办学指南	—	—	—
		新学制应用表册大全	—	0.5	—
	朱君毅	中国历代人物之地理分布	厦门大学	—	—
	胡廉华	株洲钢铁厂初步计划书	—	—	—
第3卷 2期	蔡衡溪	中国农村之改进	河南省教育厅编辑处	0.5	—
第3卷 12期	杨效春	写给乡村工作的朋友们	安徽巢县黄麓乡村师范	0.4	—
	蓝梦九	教作用合一的教育	广西南宁国民基础教育研究院	—	—
第4卷 6期	俞庆棠	民众教育	南京中正书局	0.9	—
	赵冕	民众教育纲要	上海中华书局	0.6	—
		北夏的实验答客问	江苏省立教育学院	0.05	—
		区单位普及民众教育的一个设计		0.05	—
	朱若溪	农村经济与合作	上海中华书局	0.6	—
	甘豫源	乡村教育		0.6	—
	马宗荣	托儿所经营的理论与实际	上海商务印书馆	0.5	—
		识字运动民众学校经营的理论与实际		0.3	—
第4卷 10、11 期合刊	黄裳	民众学校招生暨留生问题的研究	国立中山大学教育研究所	1.6	1935年 12月出版
	许公鉴	民众教育论存（第一集）	大夏大学	0.8	1936年 1月出版
	王衍孔	民众教育的理论基础	广东省立民众教育馆	0.8	1936年 2月出版
	董渭川	欧洲民众教育概观	中华书局	—	在印刷中

明细 卷期	著者	书　名	发行处	定价 （元）	备注
第5卷 1、2、3 期合刊	陈礼江	教育论文集	江苏省立教育学院	0.84	特价
	林宗礼	民众教育馆设施法	商务印书馆	1.2	1936年 7月出版
	马鸿述	怎样写论文	国立中山大学出版部	0.4	1936年 5月出版
	陈维藩	消费合作之研究	上海　教育日报馆	0.5	1936年 7月出版
	杨汝熊	小学推广教育	上海新亚书店	0.35	1936年 5月出版
第5卷 5期	董渭川、孔 文振	欧游印象记	山东省立民众教育馆	0.7	计划 1936年 11月出版
第5卷 6期	古　楳	现代中国及其教育（下册）	中华书局	1.7	—
		乡村师范概要	上海商务印书馆	—	列入江 苏省立 教育学 院丛书， 准备年 内出版
第5卷 9期	黄　裳	民众学校概论	国立中山大学教育研 究所	—	
	庄泽宣	人人读（继出四册）	商务印书馆	—	—
第5卷 10期	中国社会教 育社	广西的教育及其经济	江苏省立教育学院	0.3	该社广 西考察 团考察 报告
	张德培	现代各国青年训练	《文化与教育》旬刊社	0.8	—
第5卷 11期	俞庆棠	农村生活丛谈	《申报》报馆	0.5	
	萧冠英	欧洲考察记初编	国立中山大学	—	

明细 卷期	著者	书　名	发行处	定价 （元）	备注
第5卷 12期	王倘、甘豫源、孟宪承等	各国成人教育近况	江苏省立教育学院	1.2	—
	秦亦文、尹树生	利用合作经营论	邹平乡村书店	0.5	1937年6月出版
	刘百川	乡村教育实施记	上海黎明书局	—	已出三集
	朱化雨	华侨生活与教育	广州华侨问题研究社	0.4	—
	朱化雨、林之光	南洋华侨教育调查研究	国立中山大学出版部	1	—

从表4-2可见，《社友通讯》刊登的"社员新作"作者主要集中在江苏省立教育学院、国立中山大学、大夏大学、国立浙江大学等社教人才培养机构，进一步证实了其社教知识生产的能力。就出版社来讲，除去上述几个机构自版外，还有中华书局、商务印书馆、世界书局、中正书局等，特别是中华书局为最多，这与社友舒新城担任该书局编辑所所长有直接关系。第一届年会期间，带着一把大芭蕉扇出席的舒新城，专门以中华书局名义租车15辆，在西湖湖滨兴西菜馆宴请各位出席代表，宾主杯觥交错之余，舒新城代表中华书局发言，在痛骂学校教育制度之余，向在座各位承诺，"愿年出一万元专为扶植有关学术事业之出版物"①，鼓励社教社社员出版社会教育专著。中华书局的倾向性出版资助，直接外化为该书局成为出版社教专著的一大基地。

《社友通讯》第5卷11期重点推出社教社事务所所在地、社教社的团体社员单位——江苏省立教育学院的《各国成人教育近况》新书预告，同期刊

---

① 《大会概况》，见中国社会教育社编：《中国社会教育社第一届年会报告》，15页，无锡，民生印书馆，1932。

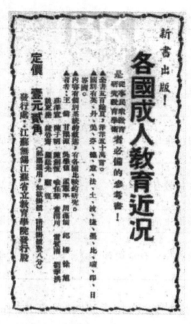

图 4-3　《社友通讯》为社员新作刊登广告 (1937) ①

登了该书的预约通知单。② 该书正式出版后，《社友通讯》又辟出专栏，对该书专门介绍，在广告中用黑体凸显书名，注明"是从事民众教育、研究教育学术者必备的参考书"，还将全书页码、字数，主体内容、著者一一用"▲"列出，定价也被重点标出，见图 4-3。如此隆重，与该书集体作者就职单位及各人的社会声望有关。

　　除介绍社员新作外，社教知名刊物介绍，也是《社友通讯》的"沟通学术"的表现之一。与介绍社员新作一样，同样有列表简介和专栏介绍两种方式。如《社友通讯》用列表方式，向社友介绍了《教育与民众》《民众教育季刊》等六种刊物，并专门做了备注："上列各种刊物内容丰富，足供社教同志参考，均经本社商妥，凡本社社员订阅，经本社介绍可享七折优惠，但每人每种以一份为限。"③社教社与江苏省立教育学院的天然纽带关

①　《新书出版！各国成人教育近况》，载《社友通讯》，第 5 卷 12 期，1937。

②　《新书出版预告　各国成人教育近况》，载《社友通讯》，第 5 卷 11 期，1937。

③　《介绍民众教育刊物》，载《社友通讯》，第 1 卷 2、3 期合刊，1932。

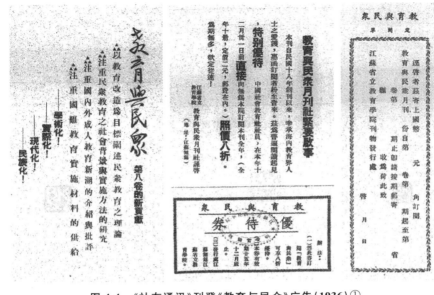

图 4-4 《社友通讯》刊登《教育与民众》广告（1936）①

系，使得它对该院出版物尤为推广，特别是《教育与民众》刊物。《社友通讯》创刊号上就发布了《教育与民众》的简洁广告："撰述：国内社会教育专家；编辑：雷宾南、郑一华、陈大白；发行：江苏省立教育学院；定价：全年两元；优待：凡中国社会教育社社员订阅者，经事务所之介绍，得打七折"。② 之后多次发布《教育与民众》广告，不惜篇幅，还专门刊出"优待券"（见图 4-4），种种表现可窥社教社事务所与江苏省立教育学院的亲密关系。

社教社甫一成立，除去借助《申报》等报刊发布消息外，《社友通讯》是该社各式通告及启事最集中的发表园地，"本事务所为节省经费起见，以后本社各项通告，除万不得已专函通告外，其他均将刊登《社友通讯》通告，希特加注意，为盼。此致全体社员公鉴"③。特别是第 1 卷，从事务所正式办公、年会通知、征集新社员到催缴社费、催缴入社志愿、鸣谢等不一而足。笔者特列出第一卷各期的通告及启事等内容，见表 4-3。

---

① 《社友通讯》，第 5 卷 4 期，1936。

② 《介绍教育与民众》，载《社友通讯》，第 1 卷 1 期，1932。

③ 《社员注意》，载《社友通讯》，第 1 卷 1 期，1932。

表 4-3 《社友通讯》第一卷刊登各式通告一览表(1932—1933)①

题目\明细	发表期数	主体内容	发布时间
通告办公		本事务所于本日起假无锡江苏省立教育学院图书馆楼上正式办公,办公时间除星期日及例假外,每日下午一时起,至四时止。凡欲与本刊接洽事务者,请驾临或通函本事务所可也	1932 年 6 月 16 日
通告		兹定于二十一年八月二十四日至二十六日在杭州举行本社第一届年会,凡我社友,务希准时出席。年会筹备委员会已推定尚仲衣(筹备主任)、陆殿扬、郑宗海、胡承枢、孟宪承、张任天、陈训慈诸先生组织成立,以杭州市新民路浙江省立民众教育实验学校为该会通讯处,以后属于年会一应通告及接洽事项,统归筹委会办理;其有紧急通告,随时刊登《申报》封面广告栏。均请注意是荷	1932 年 6 月 23 日
征求新社员	第 1 卷 1 期	依据本社社章第二章第四条第一款甲项规定:"凡研究社会教育或服务于社会教育机关者,由社员二人之介绍,经理事会之通过,得为个人社员",社员中有愿介绍新社员者,即希依照社章及附呈入社志愿书介绍填寄。本所拟于七月二十日将介绍入社者提理事会审核通过。其后于七月二十日以后寄到者,则于八月二十日左右提交理事会,俟通过后,将不及通知新社员参加本届年会。本所甚望新社员尽量参加年会,故愿介绍者从速办理	1932 年 6 月 30 日
		介绍新社员者公鉴:本社为社教同志之公共组织,凡研究社会教育或服务社会教育机关之同志,如无重大原因,理事会对被介绍人社者均拟予以通过;故凡于今年七月二十日以前被介绍入社者虽未经理事会正式通过,即不啻已取得大部分之社员资格,因而是否愿意出席本届年会,即可为假设之决定。介绍者于填寄本所入社愿书后,希届时函知杭州年会筹备委员会,以如"○○○君被通过为社员,即拟准备出席年会……"等语,俾筹备会便于计算出席人数也	

① 整理自《社友通讯》第 1 卷 1 期,2、3 期合刊,4、5 期合刊,6 期,7、8 期合刊,9,10,11,12 期。

明细题目	发表期数	主体内容	发布时间
社员注意	第1卷1期	本事务所为节省经费起见，以后本社各项通告，除万不得已专函通告外，其他均将刊登《社友通讯》通告，希特加注意，为盼，此致全体社员公鉴	1932年6月30日
催缴社费		凡未缴二十年度社费诸社员，务希早日掷下，俾资应用	1932年6月30日
基本社员注意	第1卷2、3期合刊	查本社入社意愿书上尚有少数基本社员未曾递交，兹因汇编社员一览，急需该项入社志愿书参考，即请拨冗填就赐下，便利进行，为荷！	1932年8月10日
催缴社费		凡基本社员，第一次理事会通过之社员，及此次经理事会理事通讯通过之社员（通讯通过之社员名单见本期）均须缴纳二十年度社费，其他则自二十一年度始。二十年度社费尚未缴纳诸社员，即希将社费早日掷下，俾资应用	
通告	第1卷4、5期合刊	查本社第一届年会，关于"本社于本年度内，注重乡村建设"一案，经决议办法四项。其第二项"本社全体社员，应于本年度内，努力于乡村建设运动"，由理事会第三次会议决议："通告全体社员"。兹除将全案登入年会会刊外，敬希一致起来，努力推行。是所至荷，此致全体社员公鉴	
		此次年会关于"社教同人应负提倡社会教育之责任，随时随地，于言论文字上多多宣传，事业进行中常常顾及，以增厚实施社会教育的力量，而谋社会教育整个之进展"一案，经决议"通过"。并由理事会第三次会议决定："通告全体社员"。兹除将全案登入年会会刊外，敬希一致起来，努力推行。是所至荷，此致全体社员公鉴	1932年10月10日
特别启事		查本社入社志愿书或履历表，尚有少数社员未曾递交，兹因社员一览急待付印，未填交各同志，请速于日内填就寄下，俾利进行，实为感荷	
致谢		本届此次年会，承蒙筹备委员会筹备委员尚仲衣、郑晓沧、陈剑修、陆殿扬、胡承枢、张任天、孟宪承诸先生苦心筹划，又承浙江省教育厅补助经费并设点茶叙，浙江省立社教机关及中华书局暨代表舒新城先生设宴并赠书籍，特此致谢	

题目 \ 明细	发表期数	主体内容	发布时间
特别启事	第1卷6期	本社社章第十七条"凡个人社员能一次缴足二十五元，团体社员能于一次缴足六十元者，永远免除其常年费"。似此做法，手续既极简便，性质亦较固定，望我诸同志尽力照此方法缴纳社费，是所至盼，此致全体社员公鉴	1932年12月10日
鸣谢		社员高践四先生惠助本社国币一百元，除遵章将高先生大名镌于本社铜牌或石碑上，特此鸣谢	
征求各书		本社图书馆已积极筹备，惟以见闻不广、经济有限，尚望我全体同志竭力赞助，惠赐各种社教书籍，俾得搜罗丰富，便利研究之进行，至盼至盼！此致全体社员公鉴	
催填入社志愿		兹因汇编社员一览，急需入社愿书参考。查台端之入社愿书尚未填交，即请拨冗填就赐下，俾利进行，为荷，此致！王树林、王义耕……顾树森诸位先生。注：如前次寄上之空白入社志愿书已失落函索即寄	
征稿启事	第1卷7、8期合刊	本刊以报告社务状况、传递社友消息为宗旨，内容分短论、社务要讯、社友珍闻、社友活动等项，凡我社友，务希源源赐稿，以光篇幅。此致全体社员公鉴	1933年2月10日
征书启事		本社图书室已积极筹备，惟以见闻不广，经济有限，尚望我全体同志，竭力赞助，惠赐各种社教书籍，俾得搜罗丰富，便利研究之进行，至盼至盼！此致全体社员公鉴	
理事会事务所启事		再次催填入社志愿（内容名单第1卷6期同） 查本社二十年度及二十一年度社费，尚有少数社员未曾缴纳，兹因本社各事，亟待筹办，需款甚急，所有未缴纳社费各同志，请于即日内汇下，俾资应用，为荷！此启	

明细 题目	发表期数	主体内容	发布时间
征求中国社会教育系统稿启事	第1卷 9期	我国值此文化衰落，国势式微之际，苟欲扶植社会生存，延续民族生命，非集中力量发展社会教育，难以生效。故自清末以还，即渐渐着重社会教育之推行。至民国十七年后，其趋向尤为显著，此种表现，实为我国前途有望之象征。盖社会教育之力量，不特能改造整个社会，使其文化继续不断地向上，培养民族意识，恢复吾中华民族固有之地位；且能增进农业生产，改善一般经济之组织；促进乡村建设，充实全体人民之生活。是以社会教育之地位，实不亚于学校教育。即谓比较其他一切教育更为重要，亦未尝不可！……望我同志，踊跃应征，此启	1933年 3月10日
社员注意	第1卷 10期	本社最近编印之本社第一届年会报告，业已一一分寄，诸君如因地址变更，未能收到该项报告者，请即示知，当为补寄。此致全体社员公鉴	1933年 4月10日
社员注意	第1卷 11期	诸君服务地址，如有变更，务希随时函告，俾便在本刊披露，为要！此致　全体社员公鉴	1933年 5月10日
通告	第1卷 12期	查本社第二届年会，业经本会决议定于八月二十四日至二十六日在山东济南举行，并已推定山东社员孔潇菴、杨鹏飞、董渭川等二十人为筹备委员，开始筹备，届期务盼拨冗参加，共策进行，社教前途，实深利赖！到会社员膳宿由会供给，惟卧具必须自备。以后若有临时紧急通知，当登上海申报，并祈预为注意，为荷！此致　全体社友公鉴	1933年 6月8日
特别启事		本社社员一览，出版匆促，未及时细调查，关于内容方面，如有与实际情形不合者，请即示知，当藉本刊代为更正。此请　全体社员公鉴	1933年 6月9日
民众教育歌征稿简章		际此民众教育日益发皇之时，民众教育歌之编制，确属刻不容缓。惟兹事体大，绝非少数人所能率尔从事，爰特拟就征稿简章，披露于此，深盼我全体同志，及国内艺术专家多多赐稿，俾便早日公布，以应全国民教同志之急需	—

《社友通讯》自第 2 卷开始，告示通知等更多地被社务报告所取代，但还有零星启事出现，如董渭川夫妇考察欧洲教育先后两次启事。其一为征求欧游旅伴："兹拟赴英丹等国考察成人教育，明年一二月间动身，往返以半年为限。国内各地同志，如有愿结伴偕行冀图互助者，即请函告，以便商洽。通讯处：济南山东省立民众教育馆，董淮"①。很有意思的是，《社友通讯》还出现常务理事"赵冕启事"：称"最近三月，友朋来信寄舍者，每有遗失，日前始查出擅收之农户，经已追回一部分信件。友朋中如尚有来函待覆，久无音信者，幸即赐告，以便澈查，无任感幸！冕 8.11"②，真实体现了"消息汇聚之地"的平台作用。总而言之，《社友通讯》在当时条件下，是社教社分处各地社员联系的主要媒介和捷径。

必须指出的是，《社友通讯》作为社教社社刊，一本"小而又小"的同仁刊物，在 20 世纪 30 年代社会教育刊物蓬勃发展的语境下，对社会、学界，甚至具体到社员个体影响，要有理性评价。"顾名思义，本刊确是诸位社友的一块公共园地，社友们尽可尽量利用，第二卷开始时，也曾特别申明过。可是社友们真正利用本刊的，却系少数中之少数"。③ 编辑这种心声吐露，每年都在反复出现，可见是普遍现象。由此，我们在评价历史存在时，无论辉煌还是惨淡都要泰然直面，特别是后者，不能因为是研究对象而敝帚千金，夸大其时的社会影响。

二、辅导各省社会教育事业

社教社作为"全国社教之总枢纽"，"无论在方法上在理论上，社教社都应充分设法完成其指导的任务"。按照教育部颁布《民众教育馆规程》规定，各省多有以省立社教机关辅导县立社教机关的趋势，社教社亦据此倾向，自觉自愿担负起辅导各省立社教机关的责任。"实施途术，其道多端，

① 《征求欧游旅伴》，载《社友通讯》，第 2 卷 4、5 期合刊，1933。
② 《赵冕启事》，载《社友通讯》，第 5 卷 1、2、3 期合刊，1936。
③ 心斋：《编辑琐话》，载《社友通讯》，第 3 卷 1 期，1934。

从容擘画，今正其时。……社教社的辅导工作应力求普遍：辅导工作，综计不外三端：一为示范，二为自发辅导，三为为社员解决问题。示范只是极小部分的工作，个人殊不欲本社以狮子搏兔之力直接经营一两个实验区或研究实验机关，理由是只有全国社教的成功才是社教社的成功。全国各社教机关无论其粗有心得或彷徨中途，其需要本社之与党政金融各界社会各团体通力合作，以便根本的减除障碍推助进行者，实甚迫切而普遍。"①理念相当丰满，具体到现实中，外化为寥寥数笔可以谈及的辅导事业。

（一）参与教育部民众教育委员会

为推行全国范围内社会教育，教育部于 1933 年 2 月召开民众教育专家会议，希望借助专家力量，群策群力，会后成立了由 12 人组成的教育部民众教育委员会，社教社理事会成员有钮永建、梁漱溟、陈剑修、孟宪承、高阳、相菊潭 6 人入选。次年 1 月，教育部举行民众教育委员会，提案涉及社会教育进行的诸多方面，如推行社会教育方案，国难时期的社会教育、草拟社会教育系统、分区辅导制、政教合一制、社教人员任用及待遇规程、民众学校推广等。从社教社角度看，这种方式无疑是"代当局设计以供采择，未尝非推动中国民教之动力"，"去年中国社会教育社年会即决议征求全国人士关于改革中国教育系统意见。但这不过是社会人士的努力而已。此次会议之推定人起草，系表示政府之注意此问题了"②。社教社借助其力，将该社亟待落实的年会决议案进一步提升到国家层面。

1933 年 2 月 1 日，教育部召集全国社会教育专家，进行为期 3 天的会议。教育部社会教育司科员顾良杰撰文解释教育部召集动机，称"原来在训政期间，民众教育，本极重要，加之遭遇国难，从事实上所得种种的教训，益觉欲引起民众的国家观念和自救精神等，非积极推进民教不为功。朱部长有见及此，久欲召集国内民众教育专家，群策群力，共同研究一具体办法，以为推进之依据，又因民众教育的本身，亦有种种问题，须咨询专家意见，以资解决。因此，益觉得会议的日期不容再缓，这就是召集的

---

① 屈凌汉：《小小的建议》，载《社友通讯》，第 3 卷 4 期，1934。

② 陈礼江：《参加民教会议的感想》，载《社友通讯》，第 1 卷 9 期，1933。

动机"①。教育部在筹备过程中，"教部原来要想延请的专家很多，后因时间限制、职务牵缠，或路途遥远的种种关系，结果除晏阳初、陈筑山、李景汉、孙则让诸先生事前来电声明不能出席外，其余出席的会员，共有二十余人"②。社教社社员钮惕生、高践四、孟宪承、俞庆棠、陈礼江、陈剑修、雷宾南、梁漱溟、相菊潭、尚仲衣等出席，讨论中国民众教育问题，服务教育部的社员顾树森、彭百川、钟道赞、钟灵秀等亦参加此会议。此外社员朱坚白、徐朗秋、顾良杰、郭莲峰等亦列席上述会议。③ 出席名单如表4-4所示。

北京师范大学史学探索丛书

表4-4　教育部民众教育专家会议出席人员一览表(1933)④

类别	姓名 明细	任职单位、职务	是否社教社社员	提案
聘请专家	钮永建	国民政府考试院　副院长	是，理事	—
	高践四	江苏省立教育学院　院长	是，理事	实施民众教育之具体方法案
	俞庆棠	江苏省立教育学院　教授	是，常务理事兼总干事	
	陈礼江	江苏省立教育学院　教授	是，理事	
	雷宾南	江苏省立教育学院　教授	是，理事	
	梁漱溟	山东邹平乡村建设研究院　主任	是，常务理事	—
	陈剑修	国立中央大学　教授	是，理事	—
	相菊潭	江苏省教育厅第三科　科长	是，候补理事	积极改进社会教育及社教机关中心工作案
	孟宪承	国立浙江大学　教授	是，理事	—
	尚仲衣	浙江省立实验民众学校　校长	是，理事	

①　顾良杰：《民教专家会议之经过及其结果》，载《教育与民众》，第4卷6期，1933。

②　编者：《民众教育会议志略》，载《社友通讯》，第1卷9期，1933。

③　《社员消息》，载《社友通讯》，第1卷7、8期合刊，1933。

④　整理自《民众教育会议志略》，载《社友通讯》，第1卷9期，1933。

类别	姓名	任职单位、职务	是否社教社社员	提案
教育部	朱家骅	教育部　部长	—	—
	段锡朋	教育部　次长	—	—
	张　炯	教育部社会教育司　司长	是，理事	—
	沈鹏飞	教育部高等教育司　司长		—
	顾树森	教育部基础教育司　司长	是	
	钟灵秀	教育部社会教育司　科长	是	
	彭百川	教育部社会教育司　科长	是	
	陈石珍	教育部　参事	—	—
	陈泮藻	教育部　参事	—	—
	钟道赞	教育部　督学	是	—
	唐惜分	教育部　督学		
列席	朱坚白	江苏省立教育学院	是	
	徐朗秋	江苏省立教育学院	是	
	顾良杰	教育部社会教育司　科员	是	
	郭莲峰	教育部社会教育司　科员	是	

从表4-4可见，出席的10位专家皆为社教社社员，常务理事俞庆棠、梁漱溟，理事钮永建、雷沛鸿、孟宪承、相菊潭、陈礼江、尚仲衣等悉数出席会议，加上教育部社会教育司司长张炯理事，社教社的15位理事出席了11位；教育部顾树森等4位社员及列席的4位，25名参会人员中有19名为社教社社员，与其说是教育部召开的全国民众教育专家会，还不如说是社教社理事会的扩大会议。社教司科员非常认可该会专家组成："此次敦聘到会者，有热心研究及实验之学者，有曾任或现任社教行政经验丰富之人员，以地域论则南北研究民教之人材，均集合于一室，故本届会议，实已罗致全国各方面之民教专家"①，如此定位，实际上为社教社主导该会议的话语导向做了很好的铺垫。会议开幕后，推定孟宪承、高践四等正式

---

① 顾良杰：《民教专家会议之经过及其结果》，载《教育与民众》，第4卷6期，1933。

代表十一人组成提案审查委员会，提案中除教育部社会教育司拟"推行民众教育方案"外，尚有陈立夫、相菊潭、高践四所拟提案。如高践四草拟"推行民众教育办法草案"，其中拟定推行民众教育目的①及政教合一等推行原则，拟在以教育为方法促进政治经济。会议上，高践四"商同钮惕生、陈逸民、雷宾南、孟宪承、尚仲衣、俞庆棠、相菊潭诸先生向大会提议，旋经大会修正通过"。② 充分发挥了社教社成员之间的朋辈力量。

社教社充分利用该次会议，鉴于年会后决定征求全国意见却未能具体开展的窘迫，钟灵秀等社教社社员特将第一届年会特别类议案"社会教育学制系统案"重新在会议上提出，经与会代表讨论，"结果由大会推定钮永建、孟宪承、高践四、梁漱溟及陈礼江等五先生草拟初步报告，以备递交全国民众教育委员会，做缜密讨论。此问题已成为全国上下共同努力的交点，于最短时间内，定卜有具体决定"③。对于这个结果，理事陈礼江甚为满意，将其列为此次会议"有意义的决议第一条"："年来许多人感觉社教在中国学制系统上无地位，以致她的目标与实施均难确订。去年中国社会教育社年会即决定征求全国人士关于改革中国教育系统意见。但这不过是社会人士的努力而已。此次会议之推定人起草，系表示政府之注意此问题了。教育既是救国和建国的工具，很希望在一二年后，我们能有一个较适合国情的教育系统。"④除此之外，该次会议还就社教经费、社教推行中心等进行讨论，并通过民众学校规程，制定民众教育法及修正民众教育馆规程等社教社重点关注问题，"所有各案，于会议后闻已完全交与社会教育司整理，俟整理完毕，随即移交行将召集之民众教育委员会审议施行"⑤。

---

① 推行民众教育之目的在就人民实际生活之需要（如食衣住行及治安教育卫生等），因地制宜，施以相当训练与指导，以期培起国民力量，树立自治基础；唤起民族意识，复兴中华民族；促进农业生产，改善经济组织；促进乡村建设，充实人民生活。

② 高践四：《推行民众教育办法草案》，载《社友通讯》，第 1 卷 7、8 期合刊，1933。

③ 编者：《民众教育会议志略》，载《社友通讯》，第 1 卷 9 期，1933。

④ 陈礼江：《参加民教会议的感想》，载《社友通讯》，第 1 卷 9 期，1933。

⑤ 编者：《民众教育会议志略》，载《社友通讯》，第 1 卷 9 期，1933。

由此，原本社教社私人团体关注的议案，上升至教育部高度，从政府层面予以推进，这对于急需寻求"政学两界"合作的社教社，无疑是利好消息。

教育部鉴于国内民众教育发展需要，认为"非有专门组织，负责规划，不足以积极推进"，在会议召开前夕，即制定教育部民众教育委员会、各省市民众教育委员会及各县民众教育委员会三组组织大纲，交会议讨论，大会修正通过。会后，教育部公布民众教育委员会聘任委员会名单，如表4-5所示。

表 4-5　教育部民众教育委员会聘任委员会名单(1933)①

姓　名	任职单位及职务	备　注
钮永建	国民政府考试院　副院长	社教社理事
梁漱溟	山东邹平乡村建设研究院　院长	社教社理事
陈立夫	中央党部组织委员会　主任	—
徐廷瑚	国民政府实业部　部长	—
晏阳初	定县平民教育促进会　干事长	—
余井塘	国民政府党部组织委员会	—
陈剑修	国立中央大学　教授	社教社理事
王　祺	国民政府党部	—
孟宪承	国立浙江大学　教授	社教社理事、常务理事
王先强	国民政府内政部　部长	—
高　阳	无锡江苏省立教育学院　院长	社教社理事
相菊潭	江苏省教育厅第三科科长	社教社理事

表4-5所示，教育部民众教育委员会12人组成中，中央党部及国民政府职能部门占5人（其中中央党部1人，党部组织委员会2人，内政部、实业部各1人），钮永建虽为国民政府考试院副院长，但其入选委员会，更多的是社会教育专家身份，1933年全国民众教育专家会议被列为"聘请的专

---

① 整理自《附录　教育部民众教育委员会聘任委员会名单》，载《乡村建设》，第2卷27～29期合刊，1933；顾良杰：《教育部民众教育委员会会议经过及感想》，载《社友通讯》，第2卷8期，1934。

家"即为明证。余下 7 人，除去与社教社颇有渊源的晏阳初，其余均为社教社理事会理事。

1934 年 1 月 11 日，教育部在京举行民众教育委员会会议，为更好发挥会议效果，不仅提前由各主管司将待议问题整理为 9 组提案①，提前寄给各委员先行研究，而且为了普遍征询起见，并将提案寄请非委员之其他社教专家及距离南京较近的各省市教育厅局，请其充分发表意见，于会期前三日寄回，以备采择。社教社社员"刘季洪、董淮、朱坚白、刘国钧、陈东原等亦均有意见书寄会，藉作大会参考资料"。② 此外尚有一些省市教育厅局、社会局，中华图书馆协会及个人议案递交，一并汇编，分送各委员参考。该会会议出席人员，分为两种，一种为当然委员，"包括教育部段钱两次长，张司长炯，钟科长灵秀、彭科长百川、陈泮藻参事、钟道赞督学等 7 人"③（内中有社教社社员 4 人）；一种为聘任委员，如表 4-5 所示，以钮永建等为首的 12 人（内有社教社理事 6 人），此外，还包括列席人员，教育部专员厉家祥、中央图书馆筹备主任蒋复璁、江苏省立镇江民众教育馆馆长赵鸿谦、省立徐州民众教育馆馆长赵光涛、浙江实验民众学校校长林本、社教司郭莲峰、顾良杰（其中 6 人为社教社社员）。也就是说，与会人员正式代表 19 人中有社教社社员 10 人（其中理事 7 人），加上列席代表 7 人后，与会的全部代表 26 人中有 17 名社教社社员，几乎与 1931 年全国民众教育专家会议情形持平。由此，社教社援引去年全国民众教育

---

① 九组提案如下所示：(1)推广民众学校办法草案；(2)民众学校规程草案；(3)修正民众教育馆暂行规程草案；(4)教育部民众学校课程标准编订委员会章程草案；(5)编辑民众读物案；(6)推行职业补习教育办法草案；(7)改进及充实全国图书馆案；(8)社会教育人员任用及待遇规程草案；(9)各省市县民众教育区规程草案。此外由委员临时提出者两案：一、相菊潭先生之请部咨商内政部指定一省或数省以县立民众教育馆馆长或农民教育馆馆长兼任区长试行政教合一案；二、钮永建先生之社会本位的教育系统图草案。详见顾良杰：《教育部民众教育委员会会议经过及感想》，载《社友通讯》，第 2 卷 8 期，1934。

② 《社员消息》，载《社友通讯》，第 2 卷 7 期，1934。

③ 顾良杰：《教育部民众教育委员会会议经过及感想》，载《教育与民众》，第 5 卷 5 期，1934。

专家会议经验，继续借助民众教育委员会，将其亟须推进决议灵活转化为教育部饬令，规范并引导全国社会教育事业发展。

表 4-6　教育部民众教育委员会会议日程表(1934)①

次数 日期	明细	会议安排		到会委员
		9:00—12:00	13:00—18:00	
1月11日	第一次会议	由王先强、段锡朋先后主持，王主席报告开会意义并阐论推行方法暨民教范围等，旋退席；由段次长主持，各委员相继发言，讨论各案大体，并交换意见	审查会分三组：(1)第一组由陈立夫(主席)、陈剑修、孟宪承组成，专起草民众教育之实施途径；(2)第二组由钮(召集)、相、高、徐、孟、钟、二陈、二王诸先生组成，审查交议的第一第九案及相案；(3)第三组由彭百川(主席)、陈泮藻、钟道赞、余井塘组成，蒋复璁、厉家祥、郭莲峰列席，审查交议的第4~8提案	钮永建、相菊潭、高阳、张炯、段锡朋、王先强、钟道赞、余井塘、徐廷瑚、钟灵秀、彭百川、陈泮藻、孟宪承、王祺、陈剑修、陈立夫
1月12日	第二次会议	段次长主持，请各组报告审查经过，结果如下：(1)第一组提出民众教育实施途径报告，结果照原案修正修过；(2)第二组提出原第九案审查报告，修正通过；第一案为再付审查；(3)第三组提出第4~8提案审查报告，各案全体成立，内容分别修正通过	13:00—15:30，开议案审查会，钮永建主席。(1)决议关于新途径者2条；(2)决议关于民众学校原则8条	孟宪承、高阳、相菊潭、段锡朋、余井塘、张炯、陈剑修、钮永建、钟灵秀、彭百川、王祺、陈立夫
	第三次会议		15:30—，段次长主持：(1)钮永建提出审查会草拟关于新途径之两案，决议通过；(2)钮永建提出审查会草拟关于民众学校8案，决议通过。(3)钮永建提出新学制系统案，议决由教育部从速印刷，分送各委员及各专家，征求意见，再行决定；(4)讨论交议第2、3两案，决议修正通过	

---

① 顾良杰：《教育部民众教育委员会会议经过及感想》，载《教育与民众》，第5卷5期，1934。

由表4-6可知，在为期2天的会议期间，共举行3次会议，社教社的6名理事，除梁漱溟有事缺席外，其他5名则全程出席会议，钮永建担任提案审查委员会召集人。图4-5为1月11日第一次会议开会期间的情形。

经过第一天的讨论，由陈立夫、陈剑修、孟宪承组成的第一组审查会，在陈立夫的主持下，起草了民众教育实施途径，提出以民生为建设之首要："民众教育为辅导学校教育之不足，以达社会教育建设之目的。建设之首要在民生，民生问题之内含凡四：一曰人民之生活，二曰社会之生存，三曰国民之生计，四曰群众之生命。……为治标计，吾人应根据社会客观条件与社会教育主观条件，拟定其目标与方法如次：（一）目标：从民众生活之迫切需要出发，积极充实其生活力，从而培养其组织力，并发扬整个民族自信力，以达到民族独立、民权普遍、民生发展之教育宗旨；（二）方法：各种民众教育机关应供给实际生活之组织工具与技能，并尽量举办实验区及其他实验事业，逐渐推行，使民众于参与组织运用工具与技术之中，由做而学，由行而知，因以获得其生活必需之知识与技能"。① 实际上，社会教育如何办理，在《中华民国教育宗旨及实施方针》中已有粗

图4-5　教育部民众教育委员会开会情形(1934)②

---

①　编者：《民众教育之实施途径》，载《社友通讯》，第2卷7期，1934。

②　《国内时事：教育部召集之民众教育委员会第一次会议之开会情形》，载《摄影画报》，第10卷4期，1934。

图 4-6 教育部民众教育委员会第一次会议委员合影(1934)①

略规定,依据此规定,从改善民生着手作为推行社会教育动机者,不乏其人,但缺乏较为明晰的实施途径。这次会议,明确规定以注重生计为实施民教动机,规定了"由做而学""由行而知"的办法,"一洗从前空虚不切实际之病,此项议案,实为诸委员聚精会神最为得意之作,业经全体通过。将来正式公布后,一般办理民教人员,咸得有所依据,以为推行之标准,不致有彷徨无所之虞,其裨益于民教者,何等重大。是为本届会议最大之收获"。② 除此之外,分区辅导制、政教合一制、社教人员任用和待遇规程以及民校推广简要办法等,都是会议期间讨论的热点问题。

揆之史实,该次会议九大提案,与社教社第一届、二届年会决议案相对比,契合度相当高,特别是第4~8提案,直接是年会提案的翻版,而这组提案由第三组彭百川担任主席进行审查,参与人员除余井塘任职于中央

① 《国内时事》,载《东方杂志》,第31卷4期,1934。

② 顾良杰:《教育部民众教育委员会会议经过及感想》,载《教育与民众》,第5卷5期,1934。

党部组织委员会外，陈泮藻、钟道赞均为教育部职员，教育行政官员与社教社社员的双重身份，有助于将社教社年会决议精神直接移植到会议中来，将私人学术团体的集体智慧充分吸纳运用。该次教育部民众教育委员会决议通过《民众教育委员会各级章程》，会后教育部公布施行，为督促起见，教育部又专门制定《省市及县市民众教育委员会组织要点》，训令各地遵照执行。训令中强调民众教育委员会的作用："……此项委员会，系辅助教育行政机关规划并促进民众教育事宜，关系重要，在各地方自应一律筹设。"①由此可见，教育部民众教育委员会作为指导省市、县市两级的中央级别委员会，社教社社员的广泛存在，由其提案形成的决议规划并促进了全国范围内的社教事业，以此为平台，社教社辅导各省社会教育事业得以顺利开展。

（二）设立分社及介绍人才

学术团体的使命，在于时常聚集讨论，以谋学理发现和事业推展。随着社员逐渐增多，一年一次的年会远远不能满足社员需求，"各社员均感时间之短促，不能尽量发表意见。所以希望在限定的时间以内，要完成各地分社。如是，各地社员常有机会聚集讨论，本社事业之发展当更迅速，本社的力量亦可因此深入内地或辽远边疆"。② 1932 年 8 月，社教社第一届年会通过决议案，在条件具备的省市组织中国社会教育社分社，以期能"互通声气，以收联络之效"③。社教社第二届社员大会专门通过《中国社会教育社分社组织办法》(1934 年 4 月中央民众运动指导委员会第 6429 号指令暨教育部第 5021 号指令修正备案)，共 12 条，办法如下：

一、本办法依据本社社章第十三条之规定订定之。

---

① 《民众教育委员会组织要点》，载《教育与民众》，第 4 卷 8 期，1934。

② 储志：《中国社会教育社的过去与将来》，载《教育与民众》，第 5 卷 8 期，1934。

③ 《决议案全文》，见中国社会教育社编：《中国社会教育社第一届年会报告》，70 页，无锡，民生印书馆，1932。

二、分社之单位区域以市县为限。

三、凡分社不论其单位区域之大小均直属本社。

四、各分社之名称，按照本办法第三条规定，名曰中国社会教育社某地分社。

五、分社之社员，以依据本社社章第四条规定手续，经本社理事会通知之社员，志愿加入者为限。

六、分社之组织，以全体社员大会为最高机关。大会闭幕期间，以理事会为最高机关。理事会设理事三人至五人，公推常务理事一人，处理日常事务，并为各本分社之代表。

七、分社社员，除照本社社章十六、十七两条缴纳社费外，并须缴纳分社社费，个人每年五角，团体每年一元。偶有特殊捐助，得视捐助人之意旨，送缴本社，或留归分社。

八、凡依照本办法第二条规定区域内，有社员二十人以上者，方可发起组织分社，其程序如下：

甲、发起人拟具旨趣书及社章草案，连同本社规定格式之赞同书，向本区域内全体社员征求意见，得有过半数之赞同，即由发起人将赞同书汇寄本社审核后，定期举行社员大会，请由本社派员指导。

乙、分社大会将社章通过，理事会组织就绪后，将社章请本社理事会审定认可，并将理事名单函送本社，以便转呈中央备案。

九、各分社之重要工作及社员大会决议案，均须送请本社备案。

十、分社各项章则及决议事项，均不得与本社所规定者抵触。

十一、分社如违背本社社章及本办法，或有足以阻碍本社进行之行动者，得由理事会决议取消认可。

十二、本办法经本社理事会提请社员大会通过，呈请最高党政机关备案施行。①

分社组织办法对分社单位区域、隶属关系、名称、社员、组织等进行

---

① 《中国社会教育社分社组织办法》，载《社友通讯》，第3卷1期，1934。

规定，申请成立分社的区域必须有社员20人以上方符合资格，并要求分社社员，除缴纳总社社费外，并须缴纳分社社费，个人每年5角，团体每年1元。遇有特别捐助，视捐助人意愿，送缴总社或留归分社。为了尽快推广社会教育事业，社教社积极寻找条件成熟区域设立分社，1934年7月，事务所专门印刷"分社赞同书"："按本社分社组织办法第八条甲项之规定，本社社员发起组织分社时，须用本社规定格式之赞同书，向本区内全体社员征求意见。本社因应各地社员之需要起见，已由事务所拟定'中国社会教育社社员组织分社赞同书'，并已印刷，各地社员如欲组织分社，可径向本社事务所函索应用"①。1935年5月，由于洛阳实验区事业实验凝聚了为数不少的社教社社员，在社员陈大白等人努力下，社教社洛阳分社成立，图4-7为洛阳分社成立时分社社员合影。

图 4-7　社教社洛阳分社成立大会留影(1935)②

洛阳分社如期成立，起到了一定的积极影响。"本社为便利各地社员互相研究起见，如满相当人数，即可组织分社，洛阳分社已于今年春天成

①　《拟定组织分社赞同书》，载《社友通讯》，第3卷1期，1934。
②　《本社洛阳分社成立大会》，载《社友通讯》，第3卷11期，1935。

立，广州分社正在积极进行中，不久也可正式宣告成立。最近安庆社员周德之、邵晓堡等热心同志，以安庆社员已满二十人，亟需有一组织，以便互相砥砺。爰发起组织本社安庆分社，预计在今年年内或可相继成立。"①揆之史实，或许因为人数限制等问题，申请设立分社的市县并不积极，截至1936年年初，总干事俞庆棠在第四届年会上报告社务发展，称"社教社总社设在无锡，分社有南京分社、洛阳分社、广州分社三处，在组织中的分社尚有安庆一处"②。该届年会黄道诚、李文白提交四个建议设立分社的提案③，如李文白提案认为："本社社址现在东南，对西北鞭长莫及，就本社社员一项观察（查该社社员计千余人，西北各省社员不及百分之一，笔者注），亦可概见，况值开发西北的现代，应在西北上增设分社或通讯社"，认为不应该拘泥于社员满20人的限制；黄道诚则认为，应该按照全国各省区单位组织分社，"以各省区教育厅，为固定团体社员；并依其需要，轮次举行年会，普及各省区对民教之认识及社教之信念"等，提案审查委员会决定数案合一，主文修改为"本社应鼓励各地分社之设立，并将年会轮流各省举行案"，大会决议"修订通过"。④ 可惜的是，不久抗战全面爆发，决议并没来得及落到实处。社教社希望组织分社来拓展社务、辅导各省社会教育事业的理想，实现起来有一定的难度。

本着"同志能人尽其才，事业能尽量发展"的目标，社教社将介绍社教人才作为辅导各省社教工作之一。"我国社教略在过去因缺少联络之故，各机关往往不能请到相当人才，而专门人才又往往困于一隅，不能展其所长。此种现象，确因无人介绍之故。兹为应双方便利起见，特制定介绍社

---

① 《社务报告 安庆社员筹组分社》，载《社友通讯》，第4卷5期，1935。

② 《工作报告 总干事俞庆棠先生社务报告》，见中国社会教育社编：《中国社会教育社第四届年会纪念册》，101页，无锡，民生印书馆，1935。

③ 黄道诚提案为"本社法定分社及轮流年会案"，李文白提交3个相关提案，分别为"各地社员分别组织分社以便常常集会讨论与推进案""宜再多介绍西北社员案""在西北上增设分社或社教通讯案"。

④ 《中心问题以外提案决议录》，见中国社会教育社编：《中国社会教育社第四届年会纪念册》，84~85页，无锡，民生印书馆，1935。

教人才办法一种，该项办法，现已草拟完竣，俟交理事会通过后，即行正式公布，开始介绍。俾社教同志能人尽其才，社教事业能尽量发展云。"①嗣后，理事会第四次会议通过《中国社会教育社介绍社会教育服务人员办法》，如下所示：

一、任何机关团体需用社会教育服务人员时，均可委托本社介绍。

二、委托介绍时，委托者应开明职位、月薪、聘约时期、人选标准等，连同本机关团体详情，寄往江苏无锡本社理事会事务所。

三、本社介绍人员时，得将合格者加倍开列，听凭选择；如须先约谈话或暂用试用，亦可代为接洽。

四、本社介绍人员，暂以社员为限。②

该次理事会同时通过了《中国社会教育社待聘社员登记办法》，专门对待聘社员资格审查进行了规定："本社于必要时，得约登记人员谈话或测验。其不愿谈话或受测验者，应于登记时预先声明"，"登记人随时供委托介绍者之选用，本社除以合格者开单介绍外，去取之权，绝不参加意见"。③ 社员唐贤钟是《社友通讯》上刊登的第一位代为介绍职业者。在"待聘"标题下，如此遣词："唐君系本社社员，男性，年二十八岁，江苏江宁县人。江苏省立第四师范及江苏省立教育学院毕业，能操纯粹国语，英语较为生涩，擅长地方自治和民众教育。曾任江宁县作厂民众教育实验区主任，嗣因江宁县改为自治实验县，行政计划变更，所有社教机关，一律裁撤，故唐君目前暂无职务。凡国内社教团体机关，需要上项服务人员者，请即函知本社，本社当代为负责介绍。"④未有资料显示唐贤钟是否借助社

---

① 《社务近讯 介绍社教人才》，载《社友通讯》，第 1 卷 9 期，1933。

② 《中国社会教育社介绍社会教育服务人员办法》，载《社友通讯》，第 1 卷 12 期，1933。

③ 《中国社会教育社待聘社员登记办法》，载《社友通讯》，第 1 卷 12 期，1933。

④ 《待聘》，载《社友通讯》，第 2 卷 1 期，1933。

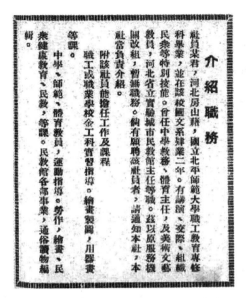

图 4-8 《社友通讯》刊登为社员介绍职业的广告(1934)①

教社介绍如愿谋得工作，但之后，《社友通讯》上为社员介绍工作的广告时有登载，如第 3 卷 6 期中，专门刊登了河北房山籍的社员某君各种情况(如图 4-8 所示)，广告还专门附有该社员能担任工作及课程的具体名称，为需要该项人才的单位提供了详细信息。

社教社向来注重各地社友交流切磋，1932 年的社务进行要项中，方针方面的第 5 条为"增进社友互相切磋共同努力之机会"，教育方面的第 5 条是"鼓励各地社员对于研究实验工作实行分工合作办法"，事务方面的第 7 条为"与国内外有关之学术团体及教育机关作相当之联络"。② 其重点都是围绕交流合作、沟通信息。1934 年 8 月，社教社第三届年会，山东省立民众教育馆提案《由本社建议民教机关，交换工作人员以便观摩案》，提出"当今民教事业，方兴未艾，一切工作，尚有赖于研究与实验。而各地以观点之不同，主张与方法，亦未必能趋于一致，故优点缺点，往往互见。

---

① 《介绍职务》，载《社友通讯》，第 3 卷 6 期，1934。

② 《决议案全文》，见中国社会教育社编：《中国社会教育社第一届年会报告》，71～72 页，无锡，民生印书馆，1932。

因此，相互观摩，实为推广事业之主要方策，但短期参观，以时间之限制，对于各种事业，不能作精密之观察，殊难达到切实研究之目的。至若派员实习，于派出机关之事实上既受影响，接受机关，亦难使其有充分工作之机会，于事业前途，至难有极大之帮助"。① 欲要彻底改变，"惟有较长期的交换工作人员，可以收切实观摩之效"，大会决议案"照审查案通过"。② 实际上，该届年会还通过社员乔志恂所提的《由本社呈请教育部，通令各省市社会教育机关与乡村教育机关，切实联络，以推进乡村之社会教育案》，提案中主要办法分两个方面：一方面是社教机关应主动与有关部门切实合作，另一方面通过教育部、厅通令下属机构努力推行乡村社会教育，该提案将社教社内部社员合作拓展至机关之间的合作。除去这种各地交换工作人员的提案，社教社历届年会还有交换刊物加强合作的决议。如在第一届年会上，理事会有《各教育机关所印关于社会教育及乡村教育刊物，应尽量设法交换，以省经费而增效率案》，照审查案通过。具体办法由该社通函全国各社教机关，调查刊物种类和数量，"汇印一览，分寄赞成交换之机关，请直接交换"。③ 第二届年会则通过了《本社应发行研究社会教育理论及实施之定期刊物案》。社教社希望通过社员、刊物等之间的交换，促进各地社教事业的交流合作。

（三）国难教育总动员

九一八事变以后，民族危亡、国难当头氛围弥漫，国难教育是各界共同关注点，社教界视社会教育为"唤起民众"唯一途径，"社会教育即民族

---

① 《社务报告 介绍交换工作人员》，载《社友通讯》，第 3 卷 8 期，1935。

② (1)交换工作限于工作性质相同之人员。(2)交换之人员、时期，须得两机关完全同意。(3)交换人员之待遇旅费仍均由原工作机关负责。(4)交换人员须完全视同本机关工作人员，得参加一切在原职务上应出席之会议。(5)交换工作终了后，各工作人员须提出书面报告于本社，以供参考。(6)由本社拟定交换工作声请书，由各机关自由填写以便介绍接洽。《决议案》，见中国社会教育社编：《中国社会教育社第三届年会报告》，35～36 页，无锡，民生印书馆，1935。

③ 《决议案全文》，见中国社会教育社编：《中国社会教育社第一届年会报告》，67 页，无锡，民生印书馆，1933。

自决教育，亦即国民自救教育，故社教之产生及本社之成立，都是想为民族谋出路"①。在九一八事变后成立的社教社，从一成立就将国难教育作为己任。第一届年会，社教社理事雷沛鸿、赵冕，常务理事俞庆棠联名向大会递交了"拟请社会教育机关，一致提倡爱国教育案"，大会给予高度重视，经第三次大会议决，将提案中"爱国教育"改为"救国教育"，办法重付审查，并推陈训慈、俞庆棠、高践四、甘豫源、刘绍桢五人为审查委员，审查后，将原案扩充修订如下：

主文：改为"本社应请全国各社会教育机关一致实施救国教育案"

理由：中华民国之教育宗旨，于民国十八年由中央规定者，原有"延续民族生命""务期民族独立"之语。盖一国之教育，自应以民族独立为先决问题。最近我国内忧外侮，愈形严重，所谓"民族生命"，已濒危殆。尤当以雪耻御侮挽救民族国家之生存为中心目标。社会教育既以最大多数之民众为施教之对象，则其对于"唤起民众"，以"求中国之自由与平等"，自应比较学校教育，负更大之责任。故今后中国之社会教育，应尽量灌输救国之精神，而由全国各社会教育机关以各种方法努力推行之。

办法：社会教育实施救国教育之目标，期在养成民众强毅勇敢之精神，勤俭克苦之习惯，利群爱国之观念，国民应有之常识，与团结自卫之能力。务求在全体民众之中，普及救国自强之共同意识，培植复兴中国之真实力量。其设施之办法，为目前所急应实行或应继续推行者，举列如下：

1. 援助东北义勇军；
2. 提倡国货运动；
3. 普及关于国难之宣传；

① 俞庆棠：《社会教育应具推进社会的力量——在中国社会教育社第二届年会开幕时致词》，详见茅仲英主编：《俞庆棠教育论著选》，102页，北京，人民教育出版社，1992。

4. 协助民众自卫；

5. 充实各社会教育机关中有关救国之教材，各图书馆、阅报社及民众教育馆图书部等，应尽量购置并陈列关于救国常识之图书；

6. 编印各种有关救国之民众读物；

7. 编订关于救国之讲演资料；

8. 推行足以发扬民族精神之音乐与艺术；

9. 就民众娱乐中灌输关于救国之材料；

10. 其他有效之各种方法。①

　　该决议方法第九条"就民众娱乐中灌输关于救国之材料"中，做了如下细化分解："民众固有之娱乐如演戏、说书，应使其注重救国御侮之故事，或供给应时之新材料。新剧与电影，近渐普及，尤宜与之联络，使排演映放悲壮动人关于救国之剧本。此外如幻灯、留声机与无线电等，尽可尽量应用，以作救国之宣传。"②由此，进行演戏、说书、新剧、电影制作等的艺术团体被纳入视野中。1933年3月18—19日，社教社理事会第四次会议召开，会上赵冕、赵光涛、雷沛鸿、陈礼江联名提出"本社应联络国内艺术机关团体及社会教育机关，总动员实施抗日救国教育案"，经理事会讨论，决议"修正通过；公推朱坚白、彭百川、赵光涛、董淮、雷沛鸿、孙枋、马宗荣为委员，负责组织抗日救国教育总动员委员会，并指定彭百川为主席"。③委员们19日假江苏省立南京民众教育馆开第一次会议，商议进行步骤，会上推定彭百川、朱坚白和赵光涛三人赴苏沪一带接洽各艺术团体及各电影公司。"百川等遂于三月二十八日赴沪，二十九日竟日奔走，分别接洽各电影公司，唱片公司，说书社，以及海上著名之艺术家，

---

　　① 《决议案全文》，见中国社会教育社编：《中国社会教育社第一届年会报告》，21～25页，无锡，民生印书馆，1932。

　　② 《决议案全文》，见中国社会教育社编：《中国社会教育社第一届年会报告》，24～25页，无锡，民生印书馆，1932。

　　③ 《决议案之执行情况》，载《社友通讯》，第2卷2、3期合刊，1933。

并于三十日下午二时，假一品香旅社邀请各团体代表茶话，以资联络。"①
出席代表如表4-7所示。

表4-7　社教社赴沪联络国内艺术团体出席单位一览表(1933)②

姓　名	任职机构	姓　名	任职机构
戴　策	上海电影教育协会	汪优游	上海大世界尚乐大众社
徐公美		应云卫	
陈大悲	缘洲电影学校	彭百川	社教社社员
石长庚		马宗荣	
潘公展	上海市教育局	赵光涛	
陈　白		张千里	
胡叔巽		陈浩然	上海润余社
钱瘦铁	清贤有声影片公司	徐碧波	友联影片公司
竺清贤		黄警顽	商务印书馆
王鹏巽		何公超	学友图画美术社
邵邨人	天一影片公司	石世磐	世磐兄弟有声电影机制造所
李一岳		徐慕云	胜利公司
唐槐秋		李君磐	大长城影片公司
刘海粟	艺乘书画社	张福田	苏光裕说书研究社
钱化佛		仰天乐	暨南公司
孙雪泥		吴邦藩	联华影业公司
朱鸣球	暨南影片公司	吴冠军	上海润余社评词会社
邱剑飞		山乐旦	北平书坊
郑正秋	明星影片公司	—	—

与会代表37人，除社教社社员外，囊括了上海市教育局、上海电影教

---

① 彭百川、赵光涛、朱坚白：《赴沪联络国内艺术团体抗日总动员之经过》，载《社友通讯》，第1卷11期，1933。

② 整理自彭百川、赵光涛、朱坚白：《赴沪联络国内艺术团体抗日总动员之经过》，载《社友通讯》，第1卷11期，1933。

育协会、商务印书馆以及数家知名说书社、电影制作公司。茶话会由彭百川主持，欢迎各位代表的同时，对社教社在沪招待艺术界意图予以解释："上海为新文化之发源地，又为艺术人才荟萃之区，举凡电影，戏剧，唱片，说书等等，均为宣传之良好工具，苟能加以利用，则收效之大，洵未可限量也。惟吾人欲以艺术为唤起民众之手段，则必先统一艺术界之意志，而后可言救国，可以发生伟大力量"。上海市教育局局长潘公展作为社教社社员，自然对彭百川呼吁予以积极回应："中国社会教育社乃实施社教者与研究社教者所组织，对于社教之设施，多所研究，今日招待艺术界同人，自能为社教前途开一新路线。吾人目击时艰，应集多数人之力量，从事于新组织，及新计划，对一般劳苦工农，施以相当教育，救国前途，实利赖之。"明星影片公司经理、知名导演郑正秋致辞代表了艺术界的看法：

> 今日承中国社会教育社宠招，非常荣幸！关于改良艺术一端，自问知识有限，心余力拙。即以电影而论，最初未尝不欲以教育影片改良社会，无如难合社会心理，屡遭失败，是以一再牵就，于无形之中，难免有违最初宗旨之弊，而今出品之是否适合教育原理，则未敢臆断矣。贵社有此志愿，吾人极表赞同，惟希有确定组织，在电影方面，详加审查，旧者何种应革，新者应如何产生，尤希于材料方面，多所供给，则艺术教育与社会教育，可以融成一片，向同一方向谋发展也。①

随后清贤有声影片公司钱瘦铁、大长城影片公司李君磐、艺乘书画社钱化佛先后致辞，表示艺术界有服务社会的决心，彭百川代表社教社，期盼艺术界努力于抗日救国作品创制，并请各电影唱片公司厂家如有新制抗日救国出品，请函知该社登记，社教社愿代为介绍宣传，以期推广。从结

---

① 彭百川、赵光涛、朱坚白：《赴沪联络国内艺术团体抗日总动员之经过》，载《社友通讯》，第 1 卷 11 期，1933。

北京师范大学史学探索丛书

果看，尽管宾主其乐融融，但社教社之前希望成立的"抗日救国教育总动员委员会"并未如愿组织，即便到会来宾"有以此相请者，同人等即答以须请示本社理事会后，方可决定，未予确定答复"，彭百川对此看似抵牾的做法给予如此答案："同人等于开会之前，对于在沪设立组织一节，曾加以考虑，咸以沪上分子复杂，组织团体，易惹纠纷，及无味争执，故主张暂缓设立"。① 参照学界对20世纪30年代上海电影界纠纷的研究②，彭百川这种论断颇有见识。

尽管"抗日救国教育总动员委员会"命运多舛，但社教社对电影、戏剧等却日益重视起来。第二届年会决议案通过《由本社呈请教育部通令各省市社会教育机关注重实物教学及电影教学案》，原提案由钟道赞、刘之常联名提出，③ 会后，社教社援例将决议案呈文教育部，教育部以教字第1836号训令电影检查委员会，"据中国社会教育社缮呈年会决议之呈请通令各省市社教机关注重实物教学及电影教学案，请予核办等情，查核原案所称各节系为便利教育实施起见，尚属可采。惟原案内办法第二项，应由该会办理"。教字第3339号训令再次迭发，"查本案前据该社呈请，当经令饬电影检查委员会核办，并批示知照各在案"。与教育部的积极态度相比，接到训令后，电影检查委员会却不甚响应，常务委员李景沁如此公文回复教育部："查凡经本会检查核准之电影片、名称、出版公司等项，向来随

---

① 彭百川、赵光涛、朱坚白：《赴沪联络国内艺术团体抗日总动员之经过》，载《社友通讯》，第1卷11期，1933。

② 钟瑾：《迷失在权力的漩涡——民国电影检查研究》，83～112页，博士学位论文，上海大学，2010。

③ 经大会讨论后，将其办法修正如下：(1)各省市县社会教育机关，将农业上急需之机械、肥料，改良种子，除害，制造，运输，防灾等方法，与中国固有之美德，如忠孝仁爱、信义和平、亲爱诚信、见义勇为、临难不苟、杀身成仁等历史材料，分别制成标本、活动模型及明显之图表，作此项施教之工具。(2)呈请内政部、教育部、电影审查委员会，将有关上列之影片，不论国产与舶来品，将影片名称、出品公司、租片地点以及租费等，列表印刷分发全国社会教育机关，以便随时采取。《决议案》，见中国社会教育社编：《中国社会教育社第二届年会报告》，39页，无锡，民生印书馆，1933。

时分类登载公报，分发全国设有电影院之各教育及各警察机关查照，即各处主要社会教育机关函索，亦无不随时陆续递寄，即影片内容，是否关于社会教育，尽可按照类别而查悉。至租片地点大约在上海广州等通商口岸。影片租费随其内容之优劣而殊，未可预定。所请列表分发一节，似无须另行办理。此后由本会陆续检送公报一份，以资查考"①，态度极为冷淡。

尽管遭此冷遇，社教社依然热情未减，积极分函电影教育机关应社教机关教学之用②。1934年8月，社教社第三届年会，教育部社会教育司张炯、顾良杰、钟灵秀、郭莲峰、彭百川等人联合理事陈剑修，联名提交了"拟由本社与中国教育电影协会通力合作实施电影教育案"，统计了中国教育电影协会上海市1933年10月至1934年6月间放映教育电影次数，总计在968所学校映演了1316场次，观众人数达542852人："……观众如此踊跃，可观一般青年对于教育电影之兴趣。迩来各地社会教育机关，亦加注意，相率采用教育电影，以为其中心工作之一，成效尚有可观。惟多各自为政，缺乏整个的与联合的计划。复以经济人才关系，自制教育电影片为数无几，不敷应用。虽有外国制造之教育影片可资观摩，然多嫌不合我国国情，介绍推行，欲益反损，究非治本之方"，要在训政期间完成失学民众补习教育，社会教育为最切要途径，"而电影教育，似为社会教育中收效最速之一种，自应集合群策群力，共谋推进，兹拟建设由本社与中国教育电影协会通力合作，实施教育电影"，建议双方共同筹集巨款经费，向社会征集良好电影剧本，自制影片或委托有名影片公司摄制，给予国内电影制片公司补助以资奖励，并函请各省市教育厅局指定本省各地方规模较大的民众教育馆或其他民教机关组织电影巡回队，遍及偏僻乡村，启迪民

① 《本社第二届年会决议案之应声》，载《社友通讯》，第2卷9期，1934。

② "本社以各地社会教育机关，关于电影教育方面，时有函询，爰于上月二十四日分函电影检查委员会、中国教育电影协会，请将有关社会教育电影名称、出品公司、租片地点以及租费等，列表印刷，分发本社以及全国各社教机关，俾便随时采用。"《社务报告 调查社会教育电影》，载《社友通讯》，第2卷8期，1934。

智而广流传。① 从该提案行文风格看，似应是彭百川主笔。该届年会，福建省立民众教育馆馆长谢大祉、高维昌，同时递交了"积极利用电影教育以增社教效益案""积极提倡教育电影"提案，大会提案审查委员会决定三案合一，通过决议："积极提倡教育电影，以期增进社会教育效率案"。通过办法如下：

（一）建议教育部通令各省市教育厅局，凡省市都会及各县城市与乡村民众教育馆，或他种民教机关，一律附设电影教育组股，专办实施电影教育事宜。

（二）由中国教育电影协会暨该会所属全国教育电影推广处，常川免费，供给教育电影。

（三）由本社与中国教育电影协会，筹集巨款经费，设制片公司，以资奖进。

（四）函请各省市教育厅局，指定本省市各地方规模较大之民众教育馆，或他种民教机关，组织电影巡回队，专到偏僻乡村放映，藉以启迪民智，而广流传。

（五）拟请本社理事会推派负责人与中国电影协会、中央党部、内政部、教育部、电影检查委员会一致联合，向政府建议，从速实施教育电影统制。

（六）凡编制电影剧本及摄制电影，须特别注重发扬中国民族精神，及固有优良道德、古今伟人、模范事迹、生产教育、儿童幸福以及开发边荒等。

（七）举凡涉及迷信肉感，足以萎靡人心之剧本、影片，应绝对禁止发行及摄制。②

①　《决议案》，见中国社会教育社编：《中国社会教育社第三届年会报告》，44～46 页，无锡，民生印书馆，1934。

②　《决议案》，见中国社会教育社编：《中国社会教育社第三届年会报告》，43～44 页，无锡，民生印书馆，1934。

　　年会后，社教社第十届理事会议就"请由本社拟具华北各省救国教育办法，呈请中央采择施行案"进行讨论，决议公推李云亭、梁漱溟、孙廉泉三先生拟具计划，交常务理事办理，由梁先生召集。执行状况已分别聘请担任。① 在社教社理事会的运作下，1935年3月22日，社教社以504号公函向各省市教育厅局，请各省指定规模较大之民众教育机关组织电影巡回队实施电影教育，利用教育电影训练民众，提升民气，增加社会教育效率。② 四川省政府、河北省教育厅给予积极回应。四川省政府以主席刘湘、教育厅长杨全宇联衔函复："贵社第504号公函：请指定民众教育机关组织电影巡回队实施电影教育一案，除指定成都、重庆、万县三市，及泸县、合川两县，积极筹备办理外，相应函复查照，并希将新制教育影片，陆续寄府，以便转发放映是荷。"③河北省教育厅厅长郑道儒回函，称此建议与该厅事业不谋而合，④ 而社教社第二、第三届年会持续关注的提案，各地社员亦纷纷行动起来⑤，这些史料都无一例外透露出教育电影已在各地社

---

　　① 《社务报告 第十次理事会决议案执行状况》，载《社友通讯》，第3卷9期，1935。

　　② 《社务报告 请各省市实施电影教育》，载《社友通讯》，第3卷9期，1935。

　　③ 《社务报告 第三届年会决议案之应声 四川省政府覆函》，载《社友通讯》，第3卷11期，1935。

　　④ "查本厅对于此项实施，曾早计及，并于廿三年三月组织巡回教育电影团，购有含教育意味之影片多种，轮拨各省立民众教育馆供辅导各县民众教育馆工作之用。施行以来，尚著成效，今后更拟注意乡村之巡回及与讲演多多联络，以求功效深入。所有本厅实施电影教育情形，相应函达。另附本厅巡回教育电影团简章一份并请查照。此致中国社会教育社。"《社务报告 第三届年会决议案之应声 河北省教育厅覆函》，载《社友通讯》，第3卷11期，1935。

　　⑤ "因为电影是实施社会教育的有效器具，所以本社第二、第三两届年会均有相关系的决议案，现在各省市均已次第推行。最近本社接到好几处来函，垂询实施电影教育的问题：'电影巡回队的组织办法如何？要几人？''开映教育电影，要用些什么器具？价格若干？''教育映片名称？租价如何？什么公司出品最好？'等等，本社均已分别奉覆。社教同志们，倘有同类的问题，请参阅江苏省立镇江民教馆出版的《电影教育实施法》及《电影教育专号》二书及江苏省立南京民众教育馆出版的《教育电影》一书。"《编后余谈》，载《社友通讯》，第3卷11期，1935。

教机关次第推行的现实境况。而第三届年会决议案中开列的办法，如教育电影统制，随着中国电影制片厂和中央电影摄制场两个官营制片机构成立，特别是1942—1943年，陈立夫陈果夫兄弟以教育部的名义创办了中华教育电影制片厂、中国农村教育电影公司，教育电影官营化完成，社教社所设计的教育电影有专门机构掌管、拍摄，统一规划全国总发行，各省交易厅、民众教育馆和电化教育巡回队负责放映工作的统制制度成为现实。[1]从这点看，社教社年会决议案有明显的前瞻性，社教社作为学术团体，其集体智慧为社会教育发展框定了方向。

表4-8 社教社历届年会"救国教育"主题议案一览表(1932—1936)[2]

届数＼明细	提案名称(经讨论)	提案人	决议
第一届	本社应请全国各社会教育机关一致实施教育救国案	雷沛鸿、赵冕、俞庆棠(江苏省立教育学院)	将原案扩充修订后通过
	改造社会心理，以谋建设社会新秩序，免致陷溺不反，自召亡国灭种案	刘绍桢(江苏江宁县教育局局长)	交理事会参考，与上案合并办理
第二届	民众教育应附丽于各种与民众生活有关之组织中推行，而以唤起民众完成国民革命为目标案	广西省立民众教育馆	请理事会建议行政院及内政、教育两部通令各省，参考原案施行
	各地应举办社会童子军及军事训练，以锻炼青年及成年民众之体格与德性案	张永荣(福建省立民众教育馆馆长)	办法修正为"由本社拟定社会童子军及民众军事训练办法，分呈党政军主管机关查核"
	请全国社会教育机关注重国际常识之灌输，俾一般民众周知国际情况案		照原案通过

---

① 周慧梅、李媛：《国家想象与民国时期教育电影的意识走向》，载《华东师范大学学报(教育科学版)》，2015(1)。

② 整理自《中国社会教育社第一届年会报告》(1933)、《中国社会教育社第二届年会报告》(1933)、《中国社会教育社第三届年会报告》(1934)、《中国社会教育社第四届年会纪念册》(1936)。

明细 届数	提案名称(经讨论)	提案人	决议
第二届	教育民众应注重人格之训练与心理之改造,以挽救民族之危机案		照审查意见保留
	提倡土货,以救危亡案	邰爽秋(私立大夏大学教育学院院长)	修正通过
	应以全力提倡并请教育部积极推进边疆区域社会教育,以抵抗帝国主义侵略案	刘宰国(陕西省立第一民众教育馆馆长)	本案内容与理事会所拟推行西北社会教育方法相似,拟移送理事会参考
	由本社呈请教育部通令各省市社会教育机关注重实物教学及电影教学案	钟道赞(教育部社会教育司)、刘之常	交理事会酌量办理
第三届	请由本社拟具华北各省救国教育办法,呈请中央采择施行案	尹全智(河北民众教育实验学校校长)、崔以宽、张震云	通过,原办法交理事会参考
	积极提倡教育电影,以期增进社会教育效率案	张炯、钟灵秀、顾良杰等(教育部社会教育司)、陈剑修(国立中央大学)、高维昌;谢大祉(福建省立民教馆长)	三案合一,照审查意见通过
	民教之宣传与训练,应酌量采用戏剧表演形式案	李一非(河北省立民众教育实验学校)、吕渭滨、陈国贵	修正通过
	积极筹设西安民教实验区,以普及西北民教,推进西北文化,巩固西北国防案	刘宰国(陕西省立第一民众教育馆馆长)	临时动议,交到较迟,未付审查,一并交理事会酌量办理
	请由本社决定具体方案,训练全体民众的团体意识,以恢复民族,挽救危机案		
	呈请教育部促进西京文化博物馆积极实现,以便搜集西北文化材料,复兴民族固有精神案		
第四届	各省市社教机关积极实施国防教育案	谢大祉(福建省立民教馆长)	修正通过

由表 4-8 可知，自第一届年会起，"国难教育"是社教社历届年会持续关注的热点之一。总干事俞庆棠第一届年会上联合雷沛鸿、赵冕提出要实施国难教育，四届年会共有 16 个议案，其中第二届年会最为集中；提案人不仅有教育部社会教育司的教育行政官员、国立大学教授，更多的提案来自地方基层社教机关主持人。从决议结果看，除"教育民众应注重人格之训练与心理之改造，以挽救民族之危机案"被保留外，其他大多被理事会审查委员会所认可。社教社第四届年会曾通过"各省市社教机关积极实施国防教育"一案，继由第 15 次理事会议公推彭百川、甘豫源、陈礼江审查，复经第 16 次理事会议决议，遂呈请教育部通令实行，部分内容如下：

> 窃外侮横来，国势日蹙，欲确保民族生命，舍整饬国防，其道莫由！考国防之义，除充实武力军备之外，尤应积极实施国防教育，以培养国民之军事知能，唤起国民之御侮情绪。本社第四届年会爰有"各省市社教机关积极实施国防教育"一案，经决议"除通函全体社友努力实施外，并呈请钧部采纳通令施行"，兹谨将该案所拟办法，修正录呈如左：
>
> 一、各地民众学校应利用纪念周或集会时间教授国防常识。
>
> 二、各级社会教育机关应特设国防教育展览室，招致民众阅览。
>
> 三、各级社会教育机关每周应定期举行国防常识讲演，切实灌输民众国防常识。
>
> 四、各级社教机关应设法联络军政机关举行大规模之国防演习，切实训练民众国防之知能。
>
> 五、各级社教机关应积极推行壮丁训练。
>
> 以上各办法均经本社第十六次理事会议详加修正，是否有当，敬恳钧部鉴核采纳通令施行，实为公便。①

各社员相关提案的层出不穷，一定程度上表明地方社教机关对社教社

---

① 《社务报告 呈请通令实施国防教育》，载《社友通讯》，第 5 卷 5 期，1936。

年会提案的跟进，社教社借助年会提案对同一主题的持续关注，对各省市社会教育事业起到引导、辅导之效。

（四）组织省别考察团

组织社员集体考察，是社教社加强各地社教机关互相联络的有效途径。社教社第二届年会，陕西省立民众教育馆李超民提交"请组织西北教育考察团案"，称中国过去教育只注意内部少数都市，而忽视乡村与边疆，西北遂陷入农村崩溃、组织缺乏和文化落伍的不堪局面，亟须发展西北，"吾人为国家民族计，为实施社教计，此均为最好努力之场，急应集中一部分之力量，以转向目标于此。然一切进行，非先事考察不为功。惟兹事体大，决非个人之力量所能济"，提出先由社教社派定西北各省社员加上自愿参加的其他社员组成考察团，经费由社教社、社员所在教育厅、中央或教育部补助及个人自筹统筹解决，区域指定为陕、甘、晋、察、绥、宁、青、新、藏各省（亦可临时更改）。大会决议"原则通过，交理事会积极办理"①。第二届年会将其专门列入特别议案类，由此可见理事会的重视程度。会后尽管事务所积极努力促成西北教育考察团，却因种种原因，终究搁浅。

社教社召开的第四次理事会上，钮永建、陈大白提交"开发中原暨西北教育案"中的办法之一，便是"由本社组织西北教育考察团，考察中原及西北教育状况"，陈大白还专门撰写《在开发中原社教的征途上》，介绍中原及西北地区社教及风土人情，热情动员社员参与西北教育考察团。② 事务所方面也积极行动起来，"事务所方面因鉴于西北各省急待开发，关于考察问题，常在筹划进行中。现在第三届年会既经决定在开封举行，而社员通知到会者又有百数十人，此机会大可利用。因由事务所拟定考察办法，通知各社员（已经通知出席年会者）参加，并暂定开封、洛阳、潼关、

---

① 《决议案》，见中国社会教育社编：《中国社会教育社第二届年会报告》，29～30页，无锡，民生印书馆，1933。

② 陈大白：《在开发中原社教的征途上》，载《社友通讯》，第2卷2、3期合刊，1933。

380
北京师范大学史学探索丛书

图 4-9 社教社征求西北教育考察团社员广告(1934)①

华阴、西安等处为考察地点"②。会后，理事会按照大会决议，专门在《社友通讯》上刊登广告，布告社教社西北教育考察团办法，征求社员（见图 4-9）。可惜的是，这次事务所试图组织的西北教育考察团因报名社员较少再度搁浅。

1935 年 8 月，理事会第十二次会议确定广州为第四届年会召开地点，利用年会组织考察团之议再次提上日程。最为有利的是，社教社理事雷沛鸿曾在江苏省立教育学院工作五年之久，1933 年 9 月主政广西省教育行政，创办并兼任广西普及国民基础教育研究院院长，在其主持下，广西普及国民基础教育实验正在如火如荼地进行，时人对其有极高评价："治义教民教于一炉，更将军、政、经、文打成一片，事实创始，曾无例可援"③；"不但是标本兼顾无零杂褊狭之弊，而且有整个的政治经济力量为

① 《中国社会教育社西北教育考察团征求团员》，载《社友通讯》，第 3 卷 1 期，1934。

② 《社务报告 组织西北教育考察团》，载《社友通讯》，第 3 卷 1 期，1934。

③ 《农运情报 南宁通讯》，载《民间》，第 1 卷 9 期，1934。

其前驱后援，亦比较易致功效。和其他地方的局面建设实验工作一相比论，颇使我们引起有如步枪战法和铁甲车战法的不同之感"①。而且，更为重要的是，雷沛鸿的教育厅厅长身份可为考察社员提供诸多方便。社教社决定再次尝试组织广西教育考察团。"本社以广西年来教育建设等事业，进步迅速，爱利用第四届年会之机会，组织广西考察团，通知参加者，亦达五十余人。"②汲取前两次失败教训，社教社事务所专门拟定了《广西教育考察团办法》，如下所示：

一、本社为利用第四届年会之机会，考察广西各种建设起见，组织广西考察团。

二、本社社员凡有志赴广西考察者，均得参加为团员，惟须于十一月五日向本社事务所报名，并缴纳预定费五元，将来抵冲旅费之一部分（不交预定费者报名无效）。

三、考察之范围，凡广西各种新建设均在其列，惟特重社会教育事业及其背景。

四、考察地点及时间由本社与广西省政府商定，于大会开幕后公布之。

五、考察团须有健全之组织与完密之计划，由各团员自行会商决定，经理事会同意后施行。

六、考察团行经地点，所有身车及住宿等事宜，由本社设法代为接洽。

七、考察一切费用由团员分担。

八、本办法经理事会通过施行。③

① 孔雪雄：《中国今日之农村运动》，408～409 页，上海，中山文化教育馆，1935。

② 《社务报告 筹备第四届年会》，载《社友通讯》，第 4 卷 4 期，1935。

③ 《中国社会教育社四届年会筹备近讯 广西教育考察团办法》，载《教育与民众》，第 7 卷 2 期，1935。

1935 年 12 月，办法公布之后，报名参加者有增无减，广西方面亦传来利好消息。1935 年 12 月 5 日，广西省政府以总字第 3280 号训令该省公路局，饬令该局给予社教社广西教育考察团来桂乘车免费："案准中国社会教育社第九六三号公函开兹乘廿五年一月在广州举行年会之便，组织广西考察团，报名参加者八十余人，函请惠予利便等由，准此，除函复欢迎并准免费乘车以示优待外，合行令仰该局，即便饬属一体遵照，该团员何时入境，另文饬知。派车接送用去燃料，准予报候发还。此令。"① 广西省教育厅亦积极回应，承诺给予招待。《社友通讯》还专门刊登了教育厅长雷沛鸿欢迎电报：② 当然，资助并非仅仅是社友之间的道义，更为重要的是希望考察团能给予广西建设合理建议。1936 年元旦，理事会事务所紧急通告该社广西考察团全体团员，转达广西省教育厅兼广西普及国民基础研究院院长雷宾南快函，称"本社第四届年会广西考察团抵邕后，拟在研究院举行讨论会三日，请转年会同人准备等语。除于上月下旬业已分别函达外，用再通知，敬希充分准备讨论资料，以冀对广西国民基础教育方面有所贡献，藉答广西省政府欢迎同人前往参观之雅意"。③ 第四届年会期间，雷沛鸿受筹备会邀请专门做了广西普及国民基础教育研究院实验报告，向参会代表介绍其国民基础教育实验中的经济、组织和人才问题，更为广西教育考察团出行预热，"我们认定教育不能与政治经济军事文化等分开，故在组织上须打成一片，广西有全省建设纲领，教育建设为其一部份，诸位如到广西考察时，一定会发现很多问题，需待我们去解决"④。

---

① 《训令公路局饬知中国社会教育社广西考察团来桂乘车准免费由》，载《广西省政府公报》，第 102 期，1936。

② "无锡俞庆棠先生台鉴：考察团来桂，极表欢迎。抵梧州后，境内乘车考察，概由省府招待，南宁住宿由研究院招待。余函详，沛鸿　虞印。"《社务报告　广西欢迎参观》，载《社友通讯》，第 4 卷 6 期，1935。

③ 《紧急通告》，载《社友通讯》，第 4 卷 7 期，1936。

④ 《工作报告　雷宾南先生广西普及国民基础教育研究院研究实验报告》，见中国社会教育社第四届年会筹备委员会编：《中国社会教育社第四届年会纪念册》，106 页，广州，培英印务局，1936。

图 4-10　社教社广西考察团全体摄影（1936）①

第四届年会闭幕后的第二天，1936 年 1 月 23 日，66 名社员组成的广西考察团在团长俞庆棠、刘平江（时任江苏省立教育学院总务部主任）的率领下，浩浩荡荡从广州启程，正式出发。

从图 4-10 可见，第一排右数第八为广西省教育厅厅长雷沛鸿，分立两旁的，分别是该团的两位团长俞庆棠、刘平江，从照片看，团员们精神饱满，意气风发。从参团名单看（表 4-9），除去甘豫源、董渭川、崔载阳等少数几位社教社理事及湖南省教育厅督学周调阳、《申报月刊》主编俞颂华等，大多数为分散各地的普通社员。这次为期三周的广西考察，有专门研讨，有主题考察，更有航船路途上的集体讨论，在饱览"桂林山水甲天下"的心旷神怡中，为社员们提供了相互切磋交流的机会。

① 中国社会教育社广西考察团编：《广西的教育及其经济》，卷首插图，中国社会教育社理事会事务所，1937。

表 4-9 社教社广西考察团团员一览(1936)①

队别	职务 明细	名 单
总负责	团长	俞庆棠、刘平江
	文书	甘豫源、陆盖
	会计	邹鸿操、倪培坤
	事务	陈洪有、石玉昆
	交际	童润之、熊宗书
第一队	队长	钱用和
	队员	俞庆棠、孔文振、章绳以、沈季玉、陈岭梅、邹婉芳、俞庆英、陈上宏、王季昭
第二队	队长	邹鸿操
	队员	崔载阳、王乃健、林楚新、黄翠凤、关钟琦、黄家强、富伯宁、伍淑英、刘澡、方惇颐
第三队	队长	谢伯明
	队员	刘平江、朱亦松、董渭川、唐守谦、郑式亚、郝士英、倪厚斋、陈希诚
第四队	队长	张植安
	队员	李腾仙、黄道诚、王春元、程宗宣、张为纲、饶云鸣、熊宗书、王义周
第五队	队长	周调阳
	队员	李抱一、谭瘦南、向郁阶、周方、欧阳刚中、周宝善、曾碧霞、邬淑昭、朱美玉
第六队	队长	陈洪有
	队员	徐朗秋、王子兰、储志、杨翼心、石玉昆
第七队	队长	童润之
	队员	俞颂华、陆盖、黄兴道、甘豫源、娄立齐、周春道、刘平、倪培坤

---

① 笔者整理于中国社会教育社广西考察团:《广西的教育及其经济》,卷首插页,中国社会教育社理事会事务所,1937。

从表 4-9 可知，这次广西考察团的组织相当严密，出行社员 66 名被分为七个队，每队设有队长，还有专人负责文书、会计、事务、交际，辅助两位团长协调整团出行。按照专业和个人兴趣，66 名团员分为政治、经济、教育、军事及社会问题等五组，在为期三周的考察期间，雷沛鸿在公务之余，几乎全程陪同，团员们"经梧州、南宁、柳州及桂林等处，沿途江水萦回，峰林郁秀，团员于参观之余，获观赏自然之美。既饫新知，亦增雅尚焉"①。广西普及国民基础教育研究院的接待者、江苏省立教育学院民众教育系第一届毕业生叶蕴贞的回忆，也为该次日程满满的考察之旅做了很好的注脚：② 下图为考察团参观武鸣民团干部学校时的合影。

图 4-11　社教社广西教育考察团考察留影（1936）③

---

① 《序》，见中国社会教育社广西考察团编：《广西的教育及其经济》，1 页，中国社会教育社理事会事务所，1937。

② "一九三五年秋末，喜从天降，我又一位尊敬的老师俞庆棠来到了南宁。她是去广州出席中国社会教育社的会议之后，率领广西教育考察团诸教育专家，专程来基础教育研究院的，参观座谈之余，师生久别重逢，如游子之重见亲人。雷师最能体察人情，他允许我请假跟随俞师北上，去柳州、桂林，沿途考察（我是去学习的），几近一个月的活动，回院后向雷师汇报，他含笑微微点头。乐于证实了基础教育当时在全省推行的情况。"该毕业生对广西教育考察团赴桂时间"1935 年秋末"记忆有误，为尊重原文，保存了作者说法。叶蕴贞：《深切的忆》，见政协广西壮族自治区委员会文史资料研究委员会：《广西文史资料选辑 第 26 辑 雷沛鸿纪念文集》，143 页，自刊，1988。

③ 《广西之游》，载《申报每周增刊》，第 1 卷 8 期，1936。

经过三周考察，形成了一本厚达 110 页的考察报告——《广西的教育及其经济》。该考察报告分为广西教育和广西经济两部分，分别由考察团社员执笔完成。广西教育分为 6 个方面，有专人执笔，分别为国民基础教育（杨翼心）、民团干部学校（饶铎鸣）、中学教育（陈洪有、孔文振）、高等教育（唐守谦、钱用和）、职业教育（章绳以、陈毅）、图书馆事业（俞庆英、陈岭梅），"结论及建议各点则是我们在平乐至昭平船上讨论的结果，参与这次讨论的，计有董渭川、童润之、刘平江、俞颂华、钱用和、俞庆棠、杨翼心、甘导伯、陈洪有、郝士英、程宗宣、崔载阳等十二人，记录由方惇颐整理"。后一部分广西经济亦是同样模式分工。因是多人执笔所成，编者亦承认："虽经剪裁，而其间繁略长短，仍难一致，挂漏之处，当亦难免"①。后成书之时，教育部分由国立中山大学教育研究所所长崔载阳主笔，由俞颂华、童润之各综其成，文中列有经考察团集体讨论所作的 8 个结论和 18 条建议，既有对广西国民教育优点的高度评价，亦有对其不足婉转的批评。有研究者指出："这次考察规模大，影响深，不仅沟通了南北社教界的联系，而且促进了岭南地区粤、桂两省之间的文化教育交流。"②而这种组织考察团的模式，实际上是社教专家在身体力行中辅导各地社员。

这次考察，不仅开启了社教人才培养机关纷纷组建广西教育考察团的先机③，更为抗战全面爆发后江苏省立教育学院迁桂做了重要铺垫。社教社广西考察团团员、抗战复员后担任江苏省立教育学院院长一职的童润之

---

① 中国社会教育社广西考察团编：《广西的教育及其经济》，2 页，中国社会教育社理事会事务所，1937。

② 曹天忠：《中国社会教育社述论——以年会（1932—1936）为中心》，载《民国档案》，2006(2)。

③ 如国立中山大学，1937 年 1 月 26 日，《国立中山大学日刊》上刊登该校教育系民廿六年班广西教育考察团启事，称"本团日前业已筹备成立，进行就绪。团员之销券款项，亦业汇齐存中国银行，决依原定日期出发。此事经由全体团员一致维护，断无变更之理，特此登报郑重声明"。《教育系民廿六年班广西教育考察团启事》，载《国立中山大学日报》，第 2349 期，1937-01-26。

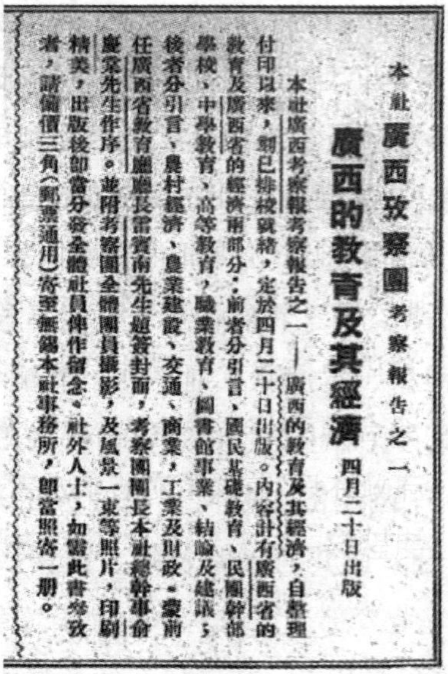

本社廣西攷察團考察報告之一

廣西的教育及其經濟 四月二十日出版

本社廣西考察報告之一——廣西的教育及其經濟，自整理付印以來，現已排校就緒，定於四月二十日出版。內容計有廣西省的教育及廣西省的經濟兩部分：前者分引言、國民基礎教育、民團幹部學校、中學教育、高等教育，職業教育、圖書館事業、結論及建議；後者分引言、農村經濟、農業建設、交通、商業，工業及財政。書前任廣西省教育廳廳長雷賓南先生題簽封面，考察團團長本社總幹事俞慶棠先生作序。並附考察團全體團員攝影，及風景一束等照片，印刷精美，出版後即當分發全體社員俾作留念。社外人士，如需此書參攷者，請備價三角(郵票通用)寄至無錫本社事務所，即當照寄一冊。

图 4-12 《社友通讯》刊登广西考察团报告的广告(1937)①

曾回忆：“迁桂原因有二：一是曾任该省教育厅长的雷沛鸿(广西人)，一度在无锡该院担任教授兼研究实验部主任，在其厅长任内，每年都保送几个学生到该院学习，广西和该院本来就有些人事上的关系。二是中国社会教育社一九三五年在广州举行年会以后，组织了一个广西教育考察团，由俞庆棠率领，去广西参观。当时广西地方统治集团与国民党中央政权闹独立，政治上实行他们独特的‘三自政治’(自治、自卫、自养)，教育上推行‘政教合一’的国民教育制度。这个参观团的主要成员都是教育学院的教师和毕业生，到达广西后，受到当局热烈欢迎。参观团参观了他们的‘三自政策’和国民教育制度的设施情况，在回无锡以后，曾为其政治与教育设施，作过一番宣传。有了这样一段的历史因缘，该院在抗战发生后西迁广西是很自然的。”②不曾想到的是，西迁桂林后，远离战时政治中心，经费

① 《本社广西考察团考察报告之一》，载《社友通讯》，第5卷10期，1937。

② 童润之：《江苏省立教育学院始末记》，见中国人民政治协商会议江苏省暨南京市委员会文史资料研究委员会：《江苏文史资料选辑 第13辑》，47～48页，南京，江苏人民出版社，1983。

无着，此时雷沛鸿已去职广西省教育厅厅长，改任广西大学校长，对西迁至此的江苏省立教育学院爱莫能助，该院办学难以为继，加上1941年国立社会教育学院在重庆创建，理事陈礼江担任院长，国民政府有意让江苏省立教育学院并入其中。在这种情况下，江苏省立教育学院低年级学生转入广西大学，高年级和大部分教师再迁重庆，进入刚组建的国立社会教育学院，该院停办。局势云谲波诡，绝非社教社组织广西考察团时所能预料到的。

当然，社教社广西教育团之所以能成行，与社教社诸位理事、社友的积极推动有直接关系。1933年9月，雷沛鸿辞去担任5年之久的江苏省立教育学院教授暨研究实验部主任、《教育与民众》主编等职务，回籍出任广西教育厅厅长，在其行前，8月15日出刊的《社友通讯》"社员消息"一栏就率先刊出，称"雷君系广西籍，本社理事之一，原任江苏省立教育学院研究实验部主任，近应广西省政府之邀，已经前往担任教育厅厅长职，雷君从事社教有年，贡献颇多，此次回籍主持全省教育行政，该省社教，定卜有惊人之发展也"[1]，为雷沛鸿广西履职造势。10月，雷沛鸿的名字再次出现在社刊的"社员消息"一栏[2]。而同月出版的、由社教社总干事俞庆棠主持的《教育与民众》，则刊登了《广西普及国民基础教育试办规程》《广西普及国民基础教育五年计划》等重要法案。次年4月，雷沛鸿特请假北上，至江浙鲁一带考察，并便道无锡，为江苏省立教育学院师生作了《最近的广西教育》讲演，重点讲述了自担任桂省教育厅长9个月来推行国民基础教育的概况。[3] 并邀请社教社理事、前同事陈礼江前去协助设计，"陈氏向以

---

① 《社员消息》，载《社友通讯》，第2卷2、3期合刊，1933。

② "雷君自回广西，接任教育厅长以来，极力改进，以贯彻其向来对于教育之主张。顷已拟定'广西普及国民基础教育五年计划大纲'，在这五年以内，凡有六足岁至十六足岁之失学儿童均强迫入学受义务教育，失学之壮丁，则强迫接受成年补习教育，并设立国民基础教育研究院，作学术上之贡献，期在五年之内，以教育的力量完成全省各项建设"，《社员消息》，载《社友通讯》，第2卷4、5期合刊，1933。

③ 雷宾南：《最近的广西教育——民国二十三年四月九日在江苏教育学院讲演》，载《教育周报》，第3卷6期，1934。

改造中国教育为己任，故已于本月二日从上海乘轮南下矣。按陈君亦为本社理事之一，现任江苏省立教育学院教务部主任兼教授。六月十日以前之临时通讯处为'广西南宁教育厅转'"①。陈礼江在南宁停留三周时间，其间不仅考察广西国民基础教育各式事业实验，并为广西普及国民基础教育研究院师生做了《国民基础教育研究院之任务》《国民基础学校之任务》等学术报告，协助雷沛鸿完善了广西国民基础教育实验和学术的顶层设计。之所以能如此亲密合作，与曾共事5年之久的同僚之情有关，更为重要的是，雷沛鸿在广西进行的国民基础教育实验秉承的是"政教合一"途径，与陈礼江、俞庆棠、赵冕等社教社理事理念极为一致，社教社先后开设的洛阳实验区、花县实验区，均是"政教合一"事业实验。由此，他们之间亲密合作不足为奇。实际上，自雷沛鸿出掌广西教育行政后，先后有40多名江苏省立教育学院毕业生前去广西参与实验事业（包括雷沛鸿每年选送人数），这些毕业生大多为社教社社员，从这个角度上讲，广西国民基础教育实验更像是社教社的另一个实验区，前文讲过1940年以广西普及国民基础教育理论和实践为蓝本的《国民教育实施纲要》颁布、纳入国家大法而颁布全国时，洛阳实验区负责人陈大白感触与该实验区理念不谋而合，一致之处不言而喻。

很有意思的是，雷沛鸿作为社教社发起人之一，作为社教社的核心成员，他与乡村建设派的两大领军人物梁漱溟、晏阳初的互动，颇能窥出几分社教社的态度。晏阳初早在1932年就与广西当局接触，该年4月29日，晏阳初在复陈光甫（李宗仁代表）信中称："几个月前您代表李宗仁将军给我们发来电报和信函，要求我们派汤茂如先生去上海与他商讨广西省的平民教育问题。……假如李将军心目中确实有一个平民教育的重大计划，我们真是十分高兴帮助广西成为第一个推行全省规模的平民教育运动的省份"②，并派汤茂如前来，在广西宾阳筹办实验县事宜。5月，汤氏因

---

① 《社员消息》，载《社友通讯》，第2卷11、12期合刊，1934。

② 晏阳初：《致陈光甫》，见宋恩荣主编：《晏阳初全集》第4卷，书信卷（1916—1989），255页，天津，天津教育出版社，2013。

涉嫌杀害司机，遭到广西文化名流白鹏飞（白氏曾与汤茂如在江苏省立教育学院共过事，笔者注）等人控告而锒铛入狱，尽管晏阳初认为是白鹏飞因与汤茂如旧时共事有隙而趁机报复，但平教会广西计划就此搁浅却是事实。6月初，广西省政府主席黄旭初电告晏阳初，希望其急派干将继续汤茂如未竟工作。对此，晏阳初颇为犹豫，究其主因，恐与广西高层正与雷沛鸿频频接触，并希望其回籍出任教育厅长有直接关系。雷沛鸿曾对定县实验公开批评①，高调宣传其国民基础教育理念，晏阳初不能不细加考虑。8月雷沛鸿答应回籍就任教育厅长，9月正式上任，当月晏阳初派出平教会重要干事南下，并顺道访问了新任厅长雷沛鸿及其亲任院长的广西普及国民基础教育研究院，可惜先机尽失，此时，广西高层协助下的雷沛鸿国民基础教育普及实验事业正式启动。之后雷沛鸿与晏阳初少有接触，仅见1934年4月平教会应雷厅长之邀，派出副会长陈筑山来研究院作了"国民基础教育应具的精神"学术讲演，北返后寄来大批平民读物，以"践与雷厅长之约"。② 有研究者指出："雷沛鸿在广泛加强与乡建各派联系的同时，似乎对平教派积极介入广西保持着戒备，甚至采取弱化、减低其在广西影响的措施。前述研究院院歌歌词的修改，'弃晏从梁'，即为显例。此举不仅说明雷沛鸿对平教派观点的保留，而且挑战了有'广西宪法之称'的《广西建设纲领》有关近代中国落后的贫、愚、弱、乱病态及病因的说法，后者显然是受晏阳初的影响。在某种程度上可以说，这是否定了晏阳初的看法，无异于反对《广西建设纲领》。此举刺激了与平教会关系十分密切的广

---

① 1933 年 5 月 31 日，尚在江苏省立教育学院任职的雷沛鸿在论及国民基础教育时，指出不可肆意挥霍"来自公币或来自基金"的钱款，在穷国办教育应遵循"因地为粮"原则，紧接着借评述平教会编写教材机会，对定县实验做了如下评价，"它只知研究，不知实施；它又只知实验，不知普及；其尤甚者，它日惟以研究实验自娱，而忘却全国颠连无告的劳苦大众"，他认为应该边研究边实验，边实施边改进，"不可把民众作机械看待，又不可作'一劳永逸'之图"。韦善美、马清和：《雷沛鸿文集》上，59～61 页，南宁，广西教育出版社，1989。

② 武宝琛：《采取设计方法进行的两年来之本院课本编辑工作》，见广西普及国民基础教育研究院总报告编辑委员会编：《广西普及国民基础教育研究院三年来工作总报告》，215 页，南宁，南宁集成书局，1936。

西省政府，致使双方联手抵制和排斥雷沛鸿，这很有可能是造成迄今为止为学界所忽略的雷沛鸿被免职，以及研究院遭关停的重要原因之一。"①从平教会档案记载来看，1936年3月，晏阳初在对定县工作同志讲话中，宣称"广西当局要使本会能彻底推行其工作起见，极诚恳地要求陈（陈筑山，笔者注）先生担任教育厅长职务，同时并请朱有光先生担任国民基础教育研究院院长"②，尽管因"两广事变"爆发及雷沛鸿不合作而告吹，但两人交恶达到了顶点，与其说是两人权力地盘争夺所致，倒不如说是"道不同不相为谋"更为贴切。1936年4月，晏阳初称"应广西当局"迭嘱前往效力，决定在桂设办事会，委陈筑山主持，"并经陆续选遣此间负责重要职责之同志，如有光、佛西、石庵诸兄南下襄助"。③而这个时段的社教社，与晏阳初亦愈行愈远，1936年年初召开的第四届年会一改前三届年会邀请晏阳初出席或为中心问题拟定草案的惯例，年会筹备委员会再无与晏阳初联络的任何记录。1936年夏末，雷沛鸿被迫辞去厅长职务，赴欧美各国考察教育，研究院被关停。1937年2月中旬回国后，"顷已应江苏省立教育学院之聘，来锡讲授《民族运动》、《比较成人教育》等课"。雷沛鸿落魄之时，《社友通讯》专门刊登"雷君系本社现任理事之一，原任广西教育厅厅长，去年秋离桂赴欧美各国考察教育。……雷君曾任该院教授多年，此次回院，闻者莫不称庆不止"④为其缓颊，可谓极大情感慰藉。

相较与晏阳初的江湖恩怨，雷沛鸿与广西同乡、社教社常务理事梁漱溟的相处就简单许多。1933年第二届年会梁漱溟大出风头，雷沛鸿因准备南下赴任，并未参会领略其风采。1935年1月，在雷沛鸿屡屡邀请之下，

---

① 曹天忠：《1930年代乡村建设派别之间的自发互动》，载《学术研究》，2006(3)。

② 晏阳初：《对在定县工作同志的讲话》，见宋恩荣主编：《晏阳初全集》第3卷，460页，长沙，湖南教育出版社，1992。

③ 宋恩荣主编：《晏阳初全集》（第3卷·书信），509页，长沙，湖南教育出版社，1992。

④ 《社员消息 雷宾南》，《社友通讯》，第5卷9期，1937。

梁漱溟答应前往讲学，《社友通讯》特就此事先后两次发布"社务报告"①。在桂省逗留一月有余，梁漱溟日程非常紧凑，不仅为研究院师生先后作了《乡村与都市问题》《中国教育的改造》专题讲演，宣传其社会本位的教育系统方案；主持学术讨论，回答师生疑问，并专门比较了邹平实验与广西国民基础教育实验的异同，在充分赞扬雷沛鸿的敬业与执着，肯定广西当局励精图治的同时，对广西实验中政治力量介入太多、文化力量不足提出批评意见。与社教社俞庆棠、高践四、赵冕等人看法较为一致，雷沛鸿对梁漱溟的社会本位教育系统方案大为认同："我们主张的国民基础教育的论据，恰与梁漱溟先生的基本见地相符合"②。对登载梁漱溟相左意见的《广西国民基础教育与乡村建设运动》文章，雷沛鸿不以为忤，并将其刊登在《国民基础教育丛刊》创刊号上，郑重推荐给研究院师生及国内同行。学界研究者指出，梁漱溟对雷沛鸿的影响甚大，不仅在省内成立了"梁漱溟先生学说研究会"，因认可梁漱溟"中西文明不合辙，才是我国积弱不振的主因"的说法，毅然将研究院院歌中"唯贫与弱是主因"改为"唯文明抵触是主因"，并因此冒犯广西省政府，为其被迫辞职埋下伏笔。③ 或许，事情并非表面上如此简单，社教社以及其背后的江苏省立教育学院，始终是雷沛鸿最稳固的精神家园，雷沛鸿与晏阳初、梁漱溟之间的是非恩怨，已然成为

---

① 社务报告中称："乡村建设为复兴中国民族之唯一大道，尽人皆知，而实现乡村建设之方法，厥为民众教育，是说为本社常务理事梁漱溟先生所创设。梁先生对乡村建设之前因后果，社会背景，理事根据，都有精深之研究。最近应广西教育厅厅长本社理事雷宾南先生之邀，一月二十六日起程前往讲学。据梁氏函本社总干事，彼在桂约勾留一月有余，三月初定可北返参加本社第十一次理事会议。"《社务报告　梁常务理事赴桂讲学》，载《社友通讯》，第3卷7期，1935；"本社梁常务理事漱溟先生，本年二月应广西省教育厅雷厅长之请，前往讲学，并便道广东接洽本社建筑社所募捐事宜。顷以公务已完毕，而本社理事会即将举行，日前由粤来函，于本月十二日由港乘威尔逊总统号北上，约十五日抵沪，十六日来锡，处理社务，本社乘梁常务理事来锡之便，定于十七日上午九时起假江苏省立教育学院举行第十一次理事会议，藉表欢迎。"《社务报告　梁常务理事公毕北返》，载《社友通讯》，第3卷9期，1935。

② 梁漱溟在研究院活动记录集中刊登在《广西普及国民基础教育研究院日刊》（29～34号），主要由马勤如、倪焕周等人整理。

③ 曹天忠：《1930年代乡村建设派别之间的自发互动》，载《学术研究》，2006(3)。

社教社与两人关系的晴雨表。

三、其他社会事业

社教社借址江苏省立教育学院，其理事会理事大多出自该院，这就导致在很多情况下两者之间出现"一而二，二而一"的情况。1932年10月，社教社刚正式办公不久，它就借助山东教育行政人员训练班赴无锡参观江苏省立教育学院之际，"该团参观员，大半系本社社员，本社以彼等均系远道而来，为事业上及感情上的联络起见，特尽地主之谊，于五日假座江苏省立教育学院科学馆楼上备具茶点，表示欢迎"①。社教社借欢迎山东教育行政人员训练班的契机，宣传自己，彰显办社宗旨。以此为开端，社教社更是借助各种机会，利用江苏省立教育学院的各种资源，作为自身社会事业发展一部分。

（一）文盲调查

社教社文盲调查起因是因为世界成人协会来函，调查中国文盲数目，并请该社推员予以答复。这个问题在社教社第十一次理事会议上正式讨论。理事会决议。② 从理事会决议的三人身份看，理事刘季洪时任河南大学校长，理事张星舫（即张炯）为社会教育司司长，常务理事、总干事俞庆

---

① 社教社派出常务理事俞庆棠、赵冕，理事陈礼江等6人出席欢迎会，俞氏欢迎词颇有特色："本社欢迎诸位先生有两种意义：一种是事业上的欢迎，因为诸位先生有的是从事社会教育行政，有的是从事于社教的实际工作，都是社会教育的先锋队。一种是情谊上的联络，因为诸位先生，都是社教的同志，又大半是本社的社员。"面对社教社的热情款待，参观团代表赵玉炳致谢辞特别强调："尤感谢中国社会教育社的热忱，我们当带着苏省的好种子，回去种遍山东省，将来社教之花，如果开遍山东，都是受了今日中国社会教育社招待之赐。"敬之：《欢迎山东教育行政人员训练班参观团的一幕》，载《社友通讯》，第1卷4、5期合刊，1932。

② 公推刘季洪、张星舫、俞庆棠三先生负责答复，由俞先生召集，其要点如下：(1)已有的比较正确的估计；(2)最近拟再设法调查；(3)消除文盲的方法——教育部正推行注音符号，在三年左右或有相当成效。《第十一次理事会议记》，载《社友通讯》，第3卷10期，1935。

棠为江苏省立教育学院研究实验部主任、教授，两教授加上最高教育行政机关长官的资源，该社以此为契机，积极行动起来，对进行全国文盲调查做着种种准备。

总干事俞庆棠对国内既有的文盲调查情况作了清理，她认为人口向来没有正确统计，文盲数目更是囫囵吞枣，多是主观估计，俞庆棠援引了四组数据加以对比："我国人口的估计，一差就差了一个美国人口的总数。倘以人口数小一点的国家来说，一差就差到好几个国家的人口总数呢"。[1]为救此时弊，国内一些知名学术团体对文盲数目调查进行了一些尝试，如平民教育促进会在定县，中华职业教育社在徐公桥实验区，山东省立民众教育馆、江苏省立教育学院在其开办的实验区内，都进行了一些地域性的调查统计，如表 4-10 所示。

表 4-10　国内知名社会团体对于文盲数调查情况一览表[2]

调查年份（年）	地点	范围	人数（人）	男		女		合计		调查者	调查标准
				数目（人）	百分比	数目（人）	百分比	数目（人）	百分比		
1930	河北定县	全县	330300	117950	69	156200	97.5	274150	83	中华平教促进会	识字
1930	江苏	昆山 42 村 607 户	2939	1326	89.6	1323	93.8	2649	88.1	徐公桥乡村改进区	识字

---

① 第一组为 1928 年内政部在调查 12 省的基础上，估算 16 省人口总数为 474787368 人；第二组为同年邮政部报告，全国人口总数为 485508838 人；第三组为 1931 年海关报告，总人口为 438933373 人；陈达著《人口调查》（依据王士达的民政部户口调查及各家估计比较）公布全国人口总数为 372563555 人。第二组与第四组数据相较，差额有 112945283 人之多。俞庆棠：《民众教育理论的探讨》，载《教育与民众》，第 6 卷 9 期，1935。

② 表中部分百分比保留小数点后两位，录入时采取了四舍五入方法保留小数点后一位。该表中 1933 年江苏无锡统计数据有误，表中数据为核对后更改数字。俞庆棠：《民众教育理论的探讨》，载《教育与民众》，第 6 卷 9 期，1935。

调查年份（年）	地点	范围	人数（人）	男		女		合计		调查者	调查标准
				数目（人）	百分比	数目（人）	百分比	数目（人）	百分比		
1933	山东	历城6村727户	3830	960	48	1833	96.8	2793	72	山东民教馆	不能写识自己姓名
1933	江苏江宁	南京民教馆基本施教区	37980	10702	49	13784	93.8	24486	64.5	南京民教馆顾寿恩	识字
1933	江苏无锡	惠北实验区106村	7824	—	—	—	—	5985	76.4	惠北实验区	受教育
1933	江苏无锡	蓬户教育区216户	891	232	26.1	397	44.5	629	70.6	南门民教馆	识字
1933	江苏无锡	342村	20473	5944	28.9	8962	43.9	14906	72.7	北夏民教实验区	受教育

表 4-10 中，以调查地域范围大小和人数多寡来论，中华平民教育促进会在定县的调查都独占鳌头。但是，社教社理事、知名文盲问题研究专家傅葆琛却声称，其数据来源依然是经不起推敲。傅葆琛叙述了一段往事：

> 数年前，李云亭先生在教育部任社会教育司司长的时候，我正在江苏教育学院担任民众教育研究实验部工作。李先生曾写信问我："现在通行之说话'中国人不识字者占百分之八十'，系根据平教总会之估计。吾人以其无论如何不能正确，故未深加研究，但弟深愿知道该项数目系如何推算出来。曾作大规模之调查乎？抑估计得来乎？其方法如何？现在此数太高乎？太低乎？……先生在《文盲与非文盲的研究》一文中云：'中国的文盲实在不少，至少在百分之五十以上'，并引吴稚晖先生之文，谓不识字者有二百兆。现弟所愿函知者，即平教会之"百分之八十"及先生之"至少百分之五十"系如何推算得来。"平教会对于文盲的百分比，据我所知，是根据中华教育改进社的估计。

至于改进社的估计根据何处，则无人知晓。

傅葆琛坦言，"教育部两次估计的青年和成年失学人数，与我前几年估计的数目，相差六千六百余万之多，这因为我们估计的根据不同的原故。……没有根据调查统计，便把我国文盲人数认为占全人口之八十，当然是不合逻辑。不过历年一般人对于我国不识字人的估计，多半采用这个比例"[1]。社员黄裳在搜集国内 27 处机关团体社会调查基础上，得出关于中国文盲的整体状况，[2] 在这些建议中，指出办理民众学校时应注重乡村、妇女和壮年老年民众，容易被大家认可，但第五条"中国文盲百分比，在世界上不算最多"颇惹争议。有鉴于此，借调查民众学校招生暨留生问题，黄裳在全国范围各省市民众学校寄发 4000 份问卷，收回有效问卷 1247 份，代表 21 省市 260 余县市的 66557 名学员，他统计出了民众学校附近文盲百分比，如表 4-11 所示。

表 4-11　民众学校附近文盲百分比统计一览表(n＝1247)[3]

文盲人数(人)	校数(个)	占总百分比	文盲人数(人)	校数(个)	占总百分比
40 以下	71	5.69%	45～50	12	0.97%
40～45	59	4.73%	50～55	61	4.89%
55～60	21	1.68%	80～85	161	12.90%

---

① 傅葆琛：《我国文盲人数之谜》，载《社友通讯》，第 4 卷 10、11 期合刊，1936。

② 他认为，(1)失学儿童占学龄儿童的 57.3%，失学青年成人占青年人总数的 66.7%；(2)城市文盲数为 49.4%，乡村文盲数为 70%；(3)男文盲数为 45.2%，女文盲数为 92%；(4)中国文盲数平均为 66.7%，在世界中居第 17 位。据此，黄裳提出了 6 条建议：(1)民众教育应比义务教育重要；(2)实施民教应特别注重乡村民众；(3)实施民教应特别注重妇女民教；(4)消除文盲不可忽略壮年老年人；(5)中国文盲百分比，在世界上不算最多，土耳其苏俄可作榜样；(6)应速定文盲标准。黄裳：《文盲研究》，载《教育旬刊》，第 1 卷 10 期，1935。

③ 黄裳：《民众学校招生暨留生问题的研究》，36～37 页，广州，国立中山大学，1935。

文盲人数（人）	校数（个）	占总百分比	文盲人数（人）	校数（个）	占总百分比
60～65	108	8.65%	85～90	108	8.685%
65～70	41	3.28%	90以上	90	7.23%
70～75	142	11.38%	未详	292	23.42%
75～80	81	6.49%	—	—	—

据表4-10中数据所示，不论何种社会团体或机构，各种社会调查的结果文盲的平均比例为75.33%，而性别差异很大，女子文盲数比男子文盲数高得多。就分布区域来讲，文盲的数目是乡村高于城市，交通不便的省份高于沿海或交通要衢。而据黄裳调查的1247校中（如表4-11），民众学校设立在城镇者605所，占总数的48.51%，设立于乡村者为420所，占总数的33.68%，未详者222所，占17.81%。如除去未详者外，设于城镇者占总数的59.03%，设于乡镇者占40.97%，乡村失学民众之多，远在城市失学民众之上，而民众学校之设立，城镇与乡村之比反为三比二①，黄裳建议办理教育者应倚重"乡村教育"趋势，倚重"民众教育"的趋势，大力兴办民众学校。面对昔日学生黄裳的调查数据，俞庆棠认为："倘若拿这个数目和全国人口数做一个比例，比较全国教育会议成人补习教育方案中二万万的数目要高着三分之一呢。"②画外之音依然是不够客观。"从来没有人做过文盲的调查"的情况下，得出了各式全国文盲数目结论，这种吊诡逻辑前提实在极不合理，但又现实存在。面对这种局面，社教社加快步伐，着力推进全国文盲调查。

第四次年会，福建省立民众教育馆馆长谢大祉、个人社员林建行分别递交"由社提倡举办全国社会调查案""本会应组织各调查队进行工作以期明了社会实况"提案，经年会提案审查委员会审查，两案合一，主文变为"由本社举办文盲调查案"，决议修正通过的办法有四：（1）凡本社社员应

---

① 黄裳：《民众学校招生暨留生问题的研究》，36页，广州，国立中山大学，1935。

② 俞庆棠：《民众教育理论的探讨》，载《教育与民众》，第6卷9期，1935。

负责调查所在地一村或一乡(五十户至一百户);(2)用抽样调查法;(3)各地社员调查文盲所用之表格,由本社制发;(4)在下届年会前完成此项工作。① 会后,1936 年 3 月 14 日,理事会第 15 次会议就"大会交议,由本社举办文盲调查案",决议公推甘豫源、张锡昌二人设法进行。② 从进度上看,社教社拟借助教育部力量来完成该项全国文盲调查。③ 调查表样式如图 4-13 所示。

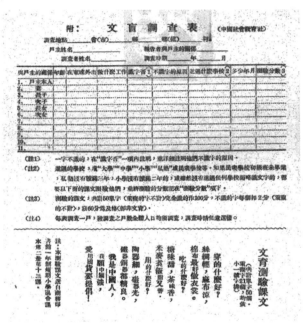

图 4-13 社教社设计的《文盲调查表》图式(1936)④

---

① 《中心问题以外提案决议录》,见中国社会教育社第四届年会筹备委员会编:《中国社会教育社第四届年会纪念册》,81～82 页,广州,培英印务局,1936。

② 《第十五次理事会议记》,载《社友通讯》,第 4 卷 9 期,1936。

③ "文盲调查表格已由甘导伯、张锡昌两社友拟成,另有社员调查办法,亦经事务所草就,本当即为付印,分发各地社友,俾能于十二月底以前寄回本社,整理统计,报告于第五届年会。惟因顾及调查区域之普遍,增加结果之正确性起见,现正呈请教育部协助办理,候批准后,及积极进行。"《社务报告 举办文盲调查》,载《社友通讯》,第 5 卷 4 期,1936。

④ 《文盲调查表》,载《社友通讯》,第 5 卷 5 期,1936。

图 4-13 中还附有专门的测试课文，共有单字 50 个，重复字 21 个，均以小一号字体排，课文来自商务印书馆一年制短期小学混合课本第二册第十三课，课文中"我是中国人，我愿中国强，爱用国货要提倡"，与社教社"提倡国货"的国难教育主题非常切合，这应是被选中的最大原因。至于这些字是否为常用字，是否适合测试文盲，或许不是考虑的主因。

1936 年 10 月 25 日，理事会第 16 次会议时，其中"请审核二十五年度社务进行要项案"，决议中"教育方面之工作第四项'举行文盲调查'，改为'进行文盲百分比之调查与研究'"①，以此为标志，原本计划的"文盲调查"因难度太大，主题悄然缩小至"进行文盲百分比之调查与研究"。嗣后，社务报告中披露改动的原因，原本计划分寄各地社友代为抽样调查，"嗣因感于社员分布之区域，文盲人数大抵已经相当减少，深恐结果未必正确，故改为特约对于我国文盲问题素有研究之傅葆琛、黄裳两社友，作专精之调查研究；并分函各省市教育厅局征求最近文盲之结果，以便汇集研究"。社教社分致各省市教育厅局公函如下：

径启者：我国文盲众多，为世人所公认，但因缺乏精准之调查，全国文盲之总数，仅有概略之估计，向无正确报告。近年来扫除文盲工作，由于政府之热心提倡，各地教育机关之努力进行，旧有"我国文盲数目约占全人口百分之八十"之估计，似有修正之必要。本社有鉴于斯，爰于去春在粤举行第四届年会时，曾议决"举办文盲调查"一案。嗣因限于经费，大规模之调查，不易举办，又经本社第十六次理事会议决议改为"进行文盲百分比之研究"，并列入本社本年度社务进行要项之一。素仰贵厅（局）倡导社教，不遗余力，扫除文盲，成绩斐然，敬希将最近文盲调查所得，赐示一份，俾能汇集研究，求得一较正确之文盲数目，以供全国教育界同人之参考，是为至祷！另奉上本社所拟文盲调查表二十份，敬祈赐正并参考为荷！②

① 《本社第十六次理事会议记》，载《社友通讯》，第 5 卷 5 期，1936。
② 《社务报告 印发文盲调查表》，载《社友通讯》，第 5 卷 9 期，1937。

公函寄出后，绥远、河南、江苏、湖南、贵州、安徽、福建等各省教育厅及青岛市教育局、北平市社会局等复文该社，给予响应。可惜的是，因第五届年会未能如期召开，社教社的文盲百分比调查究竟结果如何，不得而知，但其为全国文盲调查所做的努力不容忽视，以往学界研究甚少涉及，不能不成为一种遗憾。

（二）主持《申报·农村生活丛谈》

1935 年 10 月 15 日，《社友通讯》在"社务报告栏"中，刊登《申报》拟开辟农村生活专栏，已聘总干事俞庆棠担任主编，面对全体社友，征求稿件的消息。称"农村农民生活之疾苦，只有农民自己知道，其他关心者尚不多，以致农民的痛苦，极难解除。最近上海申报馆拟在申报加辟农村生活专栏，描写农村民众之真正疾苦，以及农村经济、实验事业等实况，以备关心农村问题者之研究与参考。如能因此引起一般人的同情和警惕，更所希望。申报该栏请本社总干事俞庆棠先生担任主编，各社友从事乡村工作，时时与民众接触，对于农民之痛苦，定能体贴入微，如蒙赐稿，可寄由本社转交"[1]。《申报》总经理马荫良曾专门言及创设此栏目刊的初衷，"今世之谈我国农村问题者众矣，或分析其症结之所在，或指陈期救济之方策，其言非不善也，而征诸实际，每多窒枘。其故何哉？良以我国幅员辽阔，情形复杂，若非先于我国农村之现状，作周密之调查，下准确之观察，则所论断，自难切乎实际。本报有鉴于此，亟思搜集全国各地农村生活之实录，披载报端，藉以引起国人对于农村问题之注意，提供学者以翔实可靠之材料，因于民国二十四年冬，开辟'农村生活丛谈'一栏，特约俞庆棠先生主持编辑"[2]。俞庆棠接任《申报·农村生活丛谈》主编后，按照报社创栏初衷，提出稿件要符合"有创作性、有时效性且地域能普遍化"要求，特别凸显地域要求，"舆论的逐渐造成，客观的材料的逐渐集聚，农村问题的真际的逐渐显明，从事实的披露，到问题的讨论和解决，都需要靠全国人的集体力量"，1935 年 11 月 1 日，《申报》专门发布该栏的编辑旨

---

① 《社务报告 总干事主编农村生活》，载《社友通讯》，第 4 卷 4 期，1935。

② 《弁言》，见俞庆棠：《农村生活丛谈》，1 页，上海，《申报》馆发行，1937。

趣，如下所示：

（一）供给各省各地农村的现实状况，描写农村民众的真正疾苦；

（二）剖视外国经济力量在农村中的作用和影响；

（三）分析和比较最新的农村经济统计材料，显示农村凋敝的实在情形；

（四）介绍农民对于自己生活上苦乐和对于现状的意见；

（五）介绍国内外对于改进农村生活观念之力量以及已有显著成效之实验事业。①

该栏从 1935 年冬天开始创刊，到 1936 年 2 月，"《申报》因种种关系，决定将这一栏目结束，并嘱将已刊文稿选集成册"②。《申报》总经理马荫良亲自为该书写序，称"发刊以还，颇为国人所注瞩，各方面读者更有来函请汇辑专刊者，爰特再请俞庆棠先生选集成篇，刊行单行本问世，若能因此引起国人对于农村问题之研究与兴趣，或专门学者在农村生活之实际材料上广事搜罗，藉以发见救济我国农村之切实方案，则固本报所祷祝以求者也"③。《农村生活》到底刊发哪些文章？涉及哪些内容？作者队伍如何？是否实现了俞主编最初拟定的发刊旨趣？为清晰起见，笔者特将该栏刊发的文章等相关信息汇成一表，如表 4-12 所示。

---

① 俞庆棠：《发刊的旨趣》，载《申报》，1935-11-01。

② 《编者序言》，见俞庆棠主编：《农村生活丛谈》，4 页，上海，《申报》馆发行，1937。

③ 《弁言》，见俞庆棠主编：《农村生活丛谈》，1 页，上海，《申报》馆发行，1937。

表 4-12 《申报·农村生活丛谈》刊发的文章一览表(1936—1937)①

作者	文章名称	服务单位	是否社教社社员	备注
俞庆棠	发刊的旨趣	江苏省立教育学院	是,总干事	—
柏 良	对于地租问题的一点意见	江苏省立教育学院	是,理事	古楳
乔启明、蒋 杰	江宁秣陵的农村人口和农村土地	金陵大学农学院	—	—
郭人全	杭县凌家桥的土地关系及农业经营	浙江省立民众教育实验学校	是	—
邵士平	四川的土地关系与税捐	—		
姜爱群	九江农村生活	江西省立九江乡村师范学校教员兼实验区主任	是	姜和
秦柳芳	赣中的农村	江苏省立教育学院	是	运章
晋 用	常熟的农村	—	—	—
企 之	久违的故乡宜兴			
张锡昌	烟草区域的农民生活	江苏省立教育学院北夏普及民众实验区干事	是	—
翁祖善	无锡北夏农民生活漫谈	江苏省立教育学院北夏普及民众实验区干事	是	
杨衣水	桐江东岸的山居农民	—	—	—
丁宗许	金山县南部的佃农生活	苏州农业学校教员兼推广部指导员	是	—
玉 昆	广州近郊的农村生活	国立中山大学教育研究所	是	石云昆
吴晓晨	浙江湖属一带的蚕农生活	无锡中国农村经济研究会	—	—
潘翼云	广东顺德蚕农的生活	广东开平	是	—
心 斋	苏北洋河两岸的盐恳	江苏省立教育学院	是	储志
唐兆民	广西大藤山瑶民的经济生活	广西省教育厅	是	

---

① 整理自俞庆棠主编:《农村生活丛谈》,目次,1～3页,上海,《申报》馆发行,1937;中国社会教育社:《中国社会教育社社员一览》,无锡,民生印书馆,1937。

作者 \ 明细	文章名称	服务单位	是否社教社社员	备注
阎志龄	云南农村生活写真	—	—	—
王志超	青岛渔村一瞥	—	—	—
潘读文	广西兴安县的闽笋生产与交易	—	—	—
烨　明	"一二八"战区中的大桥头农村	—	—	—
尤蔚祖	一个停着不进的农村里的生活	江苏省立教育学院北夏普及民众实验区干事	是	—
汪锡鹏	淳湖村村情	—	是	—
张锡昌	黄土平原的农村妇女印象	江苏省立教育学院实验干事	是	—
翁祖善	无锡东南乡农民的田赋负担	江苏省立教育学院北夏普及民众实验区干事	是	—
启　凤	泰兴农村的守望所	山东省第五民教辅导区辅导委员会主任	是	江苏泰兴
杨捷之	海洲白虎山下的庙会	—	—	—
杨汝熊	徐属的黄水	江苏省教育厅第三科科员	是	梦男

　　该栏先后共发表 28 篇文章,内容涉及农民生活、土地问题、劳动状况、赋税地租、商人剥削、农产品价格、国际经济恐慌、副业的衰落(如蚕丝、渔业等)、吏治腐败、灾荒以及一般农村风土人情。所及地域,涵盖了江苏、浙江、四川、江西、河南、安徽、山东、云南、广州、青岛诸省市。从作者身份来看,据不完全统计(因一些字难以确认),能确定的社教社社员为 18 人。1936 年 1 月,第四届年会上俞庆棠向大会作社务工作报告中"上海申报近三月来创办农村生活栏,亦由本社主编"[①],看来并非客气或冒功之言。

图 4-14　俞庆棠主编《农村生活丛谈》书影（1937）①

该书出版后，《社友通讯》专门辟出专栏作广告，称"俞庆棠先生前在《申报》上主编《农村生活丛谈》一栏，发刊以来，颇受读者欢迎。兹由申报馆将过去发表过的二十六篇文字，集刊单行本。内容除陈述农民生活的困苦外，并论及土地问题、劳动状况、赋税地租的繁重、地主商人的剥削、农产品价格的低落、农村副业的衰败、灾荒问题的严重、国际经济的恐慌的影响；以及一般农村的风土情形等。材料丰富，可供研究农村问题者之参考。每册定价五角，由各地申报分馆及各书局发售"②。大力向全体社员推荐该书。

实际上，俞庆棠之所以被选为主编，应有三个方面的原因，一是她对中国农村问题一向抱有浓厚兴趣，并有相当的研究心得。1932 年，她在

---

① 俞庆棠主编：《农村生活丛谈》，版权页，上海，《申报》馆发行，1937。

② 广告中称发文 26 篇，与文中实际载文有误，为遵重原文，特照实录之。《介绍社员新著　俞庆棠编：农村生活丛谈》，载《社友通讯》，第 5 卷 11 期，1937。

《申报月刊》上专门发表文章，认为中国农村衰落原因主要集中在经济、政治以及农民素质方面，特别是农民"因为没受过教育，所以不能想办法来挽救农村社会的衰败，造成繁荣的农村"①。为了更好研究农村问题，她于1935年加入农村经济研究会。二是她作为社教社总干事，该学术团体一向注重农村问题研究，如社教社第一届年会，俞氏提交"本社于本年度内注重乡村建设运动案"，称中国学制与课程，均忽略了农民，"以致负国税最大义务之农民，受赋税天灾人祸，层层压迫，而毫无教育机会可言，农村经济日益衰落。……请本社函请热心人士，教育专家，会同讨论实施乡村民众教育之理论与方法，非特拯救农民疾苦，亦所以奠国家之基础"②。之后历届年会均有社员递交相关主题议案，农村问题是社教社社员所感兴趣的话题，且不少社员在基层工作，与农民有直接接触，社教社的成员是潜在的作者队伍。三是俞庆棠与俞颂华（《申报》核心人物之一）的手足关系，亦为她被《申报》聘为该栏目主编做了人脉铺垫。当然，俞庆棠作为社教社总干事，受邀主持《申报》副刊《农村生活》，借助《申报》平台，对社教社的社会影响的宣传无疑是极为有利的。这一点，从俞庆棠本人接受主编作过说明中可窥一斑："民国廿四年的冬季，承《申报》之约，为编辑《农村生活》一栏，藉着日报所有的广大的读者，这农村生活的写真，或许可以引起许多人的同情，同时可以供研究农村问题和从事乡村工作者的参考，所以不揣学识简陋，欣然担任了"③。《申报》作为发行多年的大报，拥有众多固定的作者群，社教社社员文章发表、增加社会影响的同时，亦是社教社"研究社会教育学术"宗旨的践行。

（三）参办全国乡村工作讨论会第三届年会

20世纪30年代以来，随着全国乡村建设进入高潮，分散各地的相关

---

① 俞庆棠：《中国农村衰落的原因及其救济方法》，载《申报月刊》，第1卷4期，1932。

② 《决议案全文》，见中国社会教育社编：《中国社会教育社第一届年会报告》，26～27页，无锡，民生印书馆，1932。

③ 《编者序言》，见俞庆棠主编：《农村生活丛谈》，3页，上海，《申报》馆发行，1937。

学术团体亟须加强联络，由晏阳初、梁漱溟、高践四、章元善、许仕廉、杨开道等人 1933 年发起，"鄙同人因感于乡村问题日趋严重，而各方乡村工作同人，彼此隔阂，缺乏联络，致力工作效力不宏，故曾彼此通讯，有公共集会及联络组织之提议。……其原则在多求精神上之契合，少注重形式之组织"①，特联合组织乡村工作讨论会，凡从事乡村工作者均可参加，以便交换经验，互相砥砺，增加工作效率，促进事业进展。会议采取值年制，前两届会议分别于 1933 年 7 月、1934 年 10 月在邹平、定县举行，第三届乡村工作讨论会值年由梁漱溟、江问渔担任，两人作为社教社理事，与高践四、俞庆棠等人协商后，定于第三届年会假江苏省立教育学院召开，推定高践四、许仕廉、陈礼江、俞庆棠、刘平江、姚惠泉、童润之担任筹备委员，院长高践四任筹备委员会主任，下设记录、文书、会计和事务四股，各有专人负责。会议召开前夕，总干事俞庆棠以社教社名义欢迎即将参会的各位代表："不用说是无锡的幸运，而同气相求，同声相应，最竭诚欢迎的，莫过于在无锡的中国社会教育社和江苏省立教育学院的同人。"②1935 年 10 月 10 日上午 9 时，全国乡村工作讨论会第三届年会在无锡江苏省立教育学院大礼堂顺利开幕。

从图 4-15 可见，在巍峨的江苏省立教育学院新大礼堂的衬托下，楼前广场上合影的与会代表熙熙攘攘，精神饱满。到会代表 169 人，代表了 19 个省市 104 个③单位、学术团体，包括"政治性的机关二十五，学校二十五，民间团体二十一，民众教育馆十三，学术团体五，教会团体七，其他银行、报馆等八处"④，参会代表以江浙冀鲁赣鄂皖豫等省为多。"大会会场就在江苏省立教育学院新建的图书馆，该馆面向马路，门口挂着'全国乡村工作讨论会第三届年会'的横匾，虽无特别装饰，但在一个不大的城

①　石玉昆：《参加全国乡村工作讨论会第三届年会的经过及其感想》，载《国民基础教育丛讯》，第 10 期，1935。

②　俞庆棠：《欢迎三届乡村工作讨论会》，载《教育与民众》，第 7 卷 1 期，1935。

③　一说为代表 99 处工作机关，还有较为笼统的 100 有余，采取有详细分类的西超的说法。

④　西超：《全国乡村工作讨论会的印象》，载《中国农村》，第 2 卷 1 期，1936。

图 4-15　全国乡村工作讨论会第三届年会开幕合影(1935)①

市里面，这已足够惹人注意。"②这种盛况给梁漱溟留下极为深刻印象，时过一年，他还专门回忆起这次年会，"乡村工作在定县办了有十年，其余也有六七年，也有三二年的，眼看着这种风气一天天的展开。二十二年在邹平开过一次全国工作讨论会，前年在定县，去年在无锡，到会人数年有增加，所代表的机关或团体，也是年有增加；这种很有力量的潮流，是一种自由的集合，不是政府招集的，赴会的人要自己拿路费宿费饭费以及种种开销，而所得只是交换意见，并无实在好处，可是到会的人有一二百人，代表不同的七八十个团体，由此也可见潮流的力量不是被动的"③。在乡村建设的热潮鼓动下，聚集了百余位全国范围内从事乡村工作者前来参会，与会代表名单如表 4-13 所示。

①　《全国乡村工作讨论会第三届年会》，载《中华教育界》，第 23 卷 6 期，1935。

②　叶蕖均：《出席全国乡村工作讨论会第三届年会的经过》，载《民众教育月刊》，第 1 卷 3 期，1935。

③　梁漱溟：《我国乡村运动》，载《社友通讯》，第 4 卷 10、11 期合刊，1936。

表 4-13　出席全国乡村工作讨论会第三届年会代表名单（1935）①

明细 姓名	服务机关	是否 社教 社社 员	明细 姓名	服务机关	是否 社教 社社 员
梁漱溟	山东邹平乡村建设研究院	是	李炳卫	北平民社	—
高　阳	江苏省立教育学院	是	刘任夫	郘县救济院与民生工厂	—
陈筑山	中华平民教育促进会	是	王枕心	江西农村改进会	—
杨开道	北平燕京大学	是	秦运章	中国农村经济研究会	是
许仕廉	实业部	—	王扶山	镇平地方建设促进委员会	—
赵　冕	江苏省立教育学院	是	马方信	山东邹平实验县政府	—
陈礼江	江苏省立教育学院	是	郭宝珣	宁属农业救济协会	—
童润之	江苏省立教育学院	是	茅志岳	上海市高桥农村改进会	—
江恒源	中华职业教育社	是	邓华光		
晏阳初	中华平民教育促进会	—	苏邺圃	江西党马乡实验区	—
章元善	华洋义赈总会	—	陆志忠	上海县农业推广所	—
魏雁明	河南遂平嵖岈山职业学校	—	林鸿勋	辽宁自治筹备处	—
俞庆棠	江苏省立教育学院	是	王育三	宁波	—
严慎修	山西乡村建设研究会	—	马鸣琴	乌江农业推广实验区	—
刘平江	江苏省立教育学院	是	盛景馥	武进农村改进委员会	—
姚惠泉	中华职业教育社农村服务部	—	李冠芳	四川女青年会	—
章　桐	建设委员会	—	潘道昌	右海民众教育区	—
吴剑真	江苏教育厅第三科	是	许　湘	上海市立新陆师范学校	是
钮长耀	上海省立俞塘民教馆	是	陈君谋	江苏省农民银行	—
喻任声	江苏省立教育学院	是	庄泽宣	浙江大学	是
李　萧	山东邹平乡村建设研究院	—	文　模	湖南北平师范大学教育实验区	是

---

　　①　该表所列出席人数与刊登在《社会经济月报》（第 2 卷 10 期，1935）上名单有所出入，后表中的李煜瀛（石曾）、雷宾南实际上均未出席，分别由出席代表崔濂、俞庆棠所代。笔者整理自《全国乡村工作讨论会第三次代表名录》，见乡村工作讨论会：《乡村建设实验》第 3 集，影印版，3～15 页，上海，上海书局，1992；中国社会教育社编：《中国社会教育社社员一览》，无锡，民生印书馆，1935。

姓名 明细	服务机关	是否社教社社员	姓名 明细	服务机关	是否社教社社员
杨兴荣	长安韦曲民教馆	—	徐伯璞	山东省立民众教育馆	是
丁子俊	江西农村改进社万家埠实验区	—	武寿铭	山西铭贤学校	—
胡勤业	河北省立实验乡村民教馆	—	王印佛	上海农学辅导处	—
王士范	浙江县地方建设促进委员会	—	王先强	浙江省嘉兴区行政检查专员署	是
郝葆光	山东乡村建设研究院	—	罗卓如	河南内乡建设促进委员会	—
史清浦	上海市高桥农村改进会	—	王梦凡	清江省立民众教育馆	—
叶　英		—	金轮海	昆山徐公桥乡村改进会	是
范尧风		—	唐茂槐	沪西民生教育实验区	—
陆　盖	江苏省立俞塘民教馆	是	朱坚白	江苏省立南京民众教育馆	是
唐志才	江苏省立苏州农校	是	汪兆熊	江西崇明县政府农业推广区	—
张学铭	乌江农业推广实验区	—	杨效春	安徽黄丽乡村师范学校	是
张爱珠		—	常文熙	农村复兴委员会	—
杨文波	河北大宛农村周报	—	戴集民	江苏省立南京民众教育馆	是
郝心静	山东乡村建设研究院	—	彭秋萍	安徽第二民众教育馆	—
刘玉霞	广东青年全国协会	—	王衍康	浙江省立湘湖乡村师范学校	是
贾麟炳	山西铭贤学校	—	范日新	江宁自治实验县卫生院	—
梅贻宝		—	赵光涛	徐州省立民众教育馆	是
沈光烈	中华职业教育社	—	钱以振	—	—
徐宝谦	江西黎川实验区	—	彭学沛	农村复兴委员会	—
张锡昌	江苏省立教育学院	是	林春业	国立上海医学院卫生科	—
张　潜	山东省乡村教育辅导委员会	—	蒋　振	中央政治学校研究部	—
郭颂铭	建设委员会	—	邹树文	中央大学农学院	—
刘世传	山东齐鲁大学	—	冯贞芳	国立上海医学院卫生科	—
古　楳	江苏省立教育学院	是	屈凌汉	山东省立第一民教辅导区	是
藤仰文	江苏省立黄渡乡村师范学校	—	宾明绶	金陵大学	—
李楚才		是	林玉文	金陵女子大学	—

明细/姓名	服务机关	是否社教社社员	明细/姓名	服务机关	是否社教社社员
李允中	黄渡乡村师范学校民教馆	—	罗石民	广东全省蚕业改良实施区	—
张桐膂	江西特种教育处	—	周浩如	浙江长安小溪口农村改进会	—
王揆生	上海市高桥农村改进会	是	Paul Lindholm	—	—
林天明	江西西山王寿宫地方整理处	—	马济生	川沙励志社	—
陈升桥	清江省立民众教育馆	—	胡次威	兰溪实验县政府	—
徐伯康	江西省特种教育处南丰实验区	—	徐志道		
蔡琳	徐公桥乡村改进会	—	钮永建	俞塘教育事业指导委员会	是
皇甫均	沪西民生教育实验区	—	黄梅仙		是
言心哲	中央大学	—	杨占一		
邰爽秋	念二社运动促进会	是	毕范宇	金陵神学院乡村教育科	—
汪德亮	农村复兴委员会	—	朱敬一		—
孙晓邨		—	李吉辰	丹阳合作实验区	—
张道一	安徽省立第二民众教育馆	是	俞振辉	上海市农会	—
钱伯显	武进农村改进委员会	—	赵连芳	全国经济委员会	—
张维	卫生署	是	陆廷珏	南通省立民众教育馆	—
蒋本沂	卫生署公共卫生讲习班	—	徐廷瑚	实业部	—
赖斗岩	上海高桥卫生事务所	—	李宗孟	俞塘合作事业委员会	—
冯国华	江苏省立俞塘民众教育馆	是	毛吟槎	吴县监理会	—
丁钟秀	国立上海医学院公共卫生科	—	乔志恂	沪西民生教育实验区	—
刘宝珠		—	陶桓乐	南京中国银行	—
赵石萍	金陵大学农学院	—	乔启明	金陵大学	—
张志圣	上海市卫生局高桥区卫生事务所	—	马博厂		—
徐月丽		—	徐爽	首都实验民众教育馆	是
董淮	山东省立民众教育馆	是	叶橐均	广东省社会教育实验区	—
夏传懋	江苏省立黄渡乡村师范学校	—	于国桢	中央党部组织委员会	—

明细 姓名	服务机关	是否社教社社员	明细 姓名	服务机关	是否社教社社员
郑之纲	—	—	董时进	江西省农业院	—
郭人全	浙江省立民众教育实验学校	是	黄秋涛	中华基督教会长老会	—
屠绍祯	青岛市政府	—	王振超	川沙励志社	—
余牧人	金陵神学院乡村教育科	—	吴学培	江苏省立界首乡村师范学校	—
朱敬初		—	徐志道	兰溪实验县政府	—
王洞若	上海山海工学团	—	张新夫	俞塘新生活实验区	—
厉德寅	中央大学	—	王德熙	安徽省政府教育厅	—
梁庆椿	浙江大学农学院	—	瞿仲元	江苏真圣会二社	—
蒋　辑	伦敦领事馆	—	章之汶	金陵大学	—
尤志迈	江苏省吴县农村改进会	—	钱天鹤	中央农业实验所	是
储　劲	苏州农业学校	是	金海观	浙江省立湘湖乡村师范	是

　　表4-13是笔者根据全国乡村工作讨论会第三届年会出席代表名单与该年社教社出版的《社员一览》两相比对而制成的。从表中可以看出，169名出席代表中，社教社社员有45名，约占参会总人数26.63%。社教社理事会的15名现任理事(见表1-8)中，俞庆棠、梁漱溟、赵冕、钮永建、庄泽宣、陈礼江、董淮、高阳8人出席，雷沛鸿专门委托俞庆棠代其参加，而3名常务理事俞庆棠、梁漱溟和赵冕则悉数亮相。从参与社员省别看，涵盖江苏、浙江、山东、广西、广东、河南、河北、湖南、北平、上海、南京等地。其中江苏省参会人数最多(51人)，占总参会人数的30.3%，排在第二位的是浙江，18人参会；参会代表中政府有关人员32人，占总人数的19%，民众教育馆有20人，占总比例的11.9%；从事学术工作的代表为最多数(49人)，占总比例的29.2%。① 常务理事梁漱溟作为最为知名的乡村建设专家之一，他以《乡村工作中一个待研究实验的问题——如何使

---

　　① 林浩藩：《参与第三届全国乡村工作讨论会的经过及感想》，载《福建教育》，第9期，1935。

中国人团体组织》为题目，做了长达3个小时的讲演："梁先生讲演的时候，省立教育学院的大礼堂里拥挤得'水洩不通'，梁先生以多年讲学的特有的本领，个个字眼都清晰地传入每个听众的耳朵里。听完了讲演跑出来礼堂，许多人都相视而笑，说'毕竟不凡'！"①社教社将梁漱溟、江问渔等其他乡村建设流派领军人物吸收入社，并委以主要角色，借助他们的社会声望，不仅迅速扩大了社教社的影响，而且，在他们的合力下，乡村工作成为社教社工作的方向之一，逐渐落实到社教基层工作实践中去。需要指出的是，因《社员一览》为1935年9月编印出版，早于第三次乡村工作讨论会月余，名单或许有所遗漏，亦存在《社员一览》上社员字号的阙如而未能比对出来，但反映出来的大略已能说明问题所在。

相较前两届年会，第三届年会除安排三天正式会议外，13日分组参观。筹备会公推高践四、晏阳初、章元善、许仕廉、陈筑山、梁漱溟、江问渔7人组成主席团。10月10日上午9:00，在江苏省立教育学院大礼堂正式开始，开幕大会由高践四主持。开幕词中高氏专门言之在10月10日举行开幕意义，"今天是我们中华民国国庆日，乡村工作既着眼于中华民族前途，则全国乡村工作讨论会第三届年会在今天开会，实含有庆祝国庆之意"。面对济济一堂的各界代表，高践四言"本会主旨，在互相联络，增加工作效力，这也就是同人参加本会的期望"。晏阳初在随后讲演中，亦对高践四开幕词予以回应："此次参加会员来自十九个省市，大家宁愿抛弃自己工作，不远千里而来此，互相切磋，彼此砥砺，并将过去之酸甜苦辣，种种困难烦闷，借此机会回想诉述。这是本会精神所在，与普通会议性质迥不相同的地方"②。本着这种精神，大会日程以全体大会—分组会议—全体大会—分组会议—全体大会循环进行，分为政治问题、教育问

① 西超：《全国乡村工作讨论会的印象》，载《中国农村》，第2卷1期，1936。

② 高践四还将之分为四点：第一，重行检讨同人所从事的乡村工作；第二，报告一年来工作上的心得与困难；第三，联络感情，研究切实互助方法；第四，交换知识经验，互相切磋商量如何改进工作技术。《全国乡村工作讨论会第三次大会经过》，载《乡村建设实验》第3集，影印版，16、21页，上海，上海书局，1992。

题、经济问题和其他问题 4 组①，分别由陈筑山、庄泽宣、俞庆棠、许仕廉、梁漱溟诸人分别主席，讨论问题 70 余件。13 日江苏省立教育学院安排了分组参观。为清晰起见，笔者特列出较为详细的会议日程表，如表 4-14 所示。

表 4-14　全国乡村工作讨论会第三届年会日程表(1935)②

会议安排　明细　日期		主席	出席人数（位）	主要议题
10月10日	9:00—11:00 开幕大会	高践四	全体	开幕大会
	14:00—17:00 分组会议　政治问题组	陈筑山	22	1. 乡村自治组织应如何始有实效；2. 如何能取政教合一之长而祛其弊；3. 实施全民基本训练；4. 如何试验推行警管区制
	教育问题组	庄泽宣	38	1. 各地乡村教育应以中国民族兴亡为重点问题；2. 乡村民众教育应以乡村青年为主要对象；3. 村单位的农村改进区应如何设法推广；4. 乡村迷信势力应如何利用；5. 如何编制公民训练的系统教材
	经济问题组	许仕廉	70 余	1. 提倡土货以裕民生；2. 今后乡村工作应以民生为中心；3. 应如何扩大公路效用；4. 提倡公民服役，促成治黄治江瀋湖；5. 提倡地方性小规模灌溉放淤及抽水工程，化水患为水利

① 大会专门拟定分类标准：(1)甲组：凡地方政治、乡村保卫、社会行政、公共卫生等关于政治一类之问题属之；(2)乙组：凡关于教育一类的问题属之；(3)丙组：凡农业、工业、水利、道路、金融及合作社等关于经济一类之问题属之；(4)丁组：凡不属于以上各组之问题或事涉两组、三组者属之。各组暂定一名书记员，以便整理与会代表提出的问题，或预为征求专家指教，甲组书记为定县平民教育促进会的陈筑山，乙组书记为江苏省立教育学院的高践四，丙组书记为南京实业部的许仕廉，丁组书记为山东乡村建设研究院的梁漱溟。《全国乡村工作讨论会开会消息　通告三》，载《民众教育半月刊》，第 22～23 期，1935。

② 整理自常文熙：《参加第三次全国乡村工作讨论会记》，载《社会经济月报》，第 2 卷 10 期，1935；石玉昆：《参加全国乡村工作讨论会第三届年会的经过及其感想》，载《国民基础教育丛讯》，第 10 期，1935。

会议安排 日期	明细		主席	出席人数（位）	主要议题
		其他问题组	梁漱溟	15	1. 乡村建设研究工作是否应集中于少数几个中心地点；2. 乡村社会推进之责应由谁负；3. 全国乡村工作同志应如何联络以宏工作实效；4. 确定乡村建设中心理论以便全国遵循案；5. 如何培养农村工作人才等17个提案
10月 11日	8：00—12：00 全体会议		江问渔	全体	讨论各分组会议结果
	14：00— 17：00 分组会议	政治问题组	王先强	28	1. 从事乡村建设以乡村小学教师为中心助力应如何实施案；2. 如何严密保甲组织等10个提案
		教育问题组	俞庆棠	29	1. 请比较何种民众教育制度最经济最有效可以推行于全国案；2. 乡村小学如何兼办民众教育案；3. 乡村小学毕业学生之继续教育问题；4. 乡村民众学校妇女班课程及教材案；5. 乡村民校筹措经济问题；6. 实施民众教育究以何种机关为宜案；7. 训练民校师资案；8. 变更乡村民众学校课程以适应实验需要案；9. 重编乡村小学教材案；10. 怎样组织乡村青年；11. 怎样训练乡村青年；12. 办理乡村工作应由"政教合一"演进为"以教代政"等等
		经济问题组	许仕廉	—	1. 如何确定改革农村经济之整个方案；2. 为改进信用合作社组织注重放款用途以利农村而裕民生案；3. 如何得无产农民参加合作社；4. 合作运动之推广指导金融监督四项工作将如何由社会团体政府机关分工担任；5. 各省农业合作制度划一是否必要及政府如何提倡合作事业案；6. 是否应请政府将现有银行合并成一国营银行制度；7. 如何提倡农民储蓄；8. 合作学术机关行政机关与实验机关应如何密切联系以利合作事业之进展案；9. 阎锡山氏土地村有问题之讨论；10. 中国农村工业问题；11. 农村人口过剩生计困穷宜如何补救案

会议安排 明细 日期			主席	出席人数（位）	主要议题
		其他问题组	梁漱溟	15	1. 各省候补人员应先服务乡村建设案；2. 乡村建设实验是否预定一个三年或五年计划案；3. 如何利用政治力量案；4. 如何发展农村经济人才潜在势力案；5. 训练本地领袖应训现行系统中之人员或另行选择案；6. 应如何应付对农村工作感兴趣的技术人员缺乏问题案；7. 如何降低乡村人口生育率及死亡率案
10月12日	8:00—12:00 全体会议		章元善	全体	讨论第二次分组会议讨论结果
	14:00—17:00 闭幕大会		晏阳初	全体	讨论下届开会地点及推定杨开道、瞿菊农为下届大会值年
10月13日		第一组			参观江苏省立教育学院所办的城乡民众教育实验事业
		第二组			参观无锡各种纱厂
		第三组			游览无锡各名胜

从表 4-14 看，会前预定的甲乙丙丁四组问题组书记，除教育组高践四变化外，其他三组均保持不变。教育问题组两天分别为庄泽宣、俞庆棠担任分组主席。究其原因，表面看来高践四已担任开幕式大会主席，需要致开幕及闭幕辞，实际上，相较社会教育学术素养看，庄泽宣、俞庆棠应比高践四更为合适，且三人同为社教社理事，对外都代表社教社的声音，彼此之间并无严格的此疆彼界，庄、俞二人代替高践四亦是名正言顺。而就两个半天的教育问题组讨论问题看，基本是社教社成员的智慧贡献，如"利用保甲制度促进乡村民众教育问题"，基本是社教社洛阳实验区的经验复制："（一）方法：1. 由保甲长报告区内不识字人数，先劝导，后用政治力量送入学校；2. 分配各时期，按期入学，至少须入一教育机关受教。（二）原则：1. 可以利用保甲长制度以促进民众教育；2. 最好用会议式，

用团体力量自动推行，万不得已方用硬性的政治力量"①。常务理事赵冕，理事庄泽宣、董渭川等提交了相关提案。社教社借助全国乡村工作讨论会第三届年会，积极发声，并汲取其中智慧，将其凝练为提案，提交1936年1月召开的第四届年会，如该届年会大家讨论乡村教育要从政治、军事、经济、文化方面多管齐下，综合解决。社教社第四届年会在讨论中心问题时，张植安认为"要助成地方自治，不光要政教合一，不光用教育的力量、政治力量，还得用经济的力量、军事的力量以推动。所以要助成自治，必须利用行政、经济、军事三种力量，才能指挥一切，各方才能助成，否则，三者缺一，也不能做得通"，大会决议通过，并通知各地社友切实注意。② 换句话讲，社教社正是在广泛汲取其他学术团体、机构的长处，为己所用，"政教合一"的社教事业实验亦由此突破了最初的政治与教育的合一的单一主题，转向政治、文化、经济和军事综合的"政教合一"，其内涵更为宽泛和扩大。由单一到综合，正是社教事业从分散到整合的重要表征。

该次年会，与会代表给予高度评价，"此次在无锡教育学院开三届年会，派代表出席之机关更形踊跃，达一百余处。会员一百六十八人，自由参加旁听者亦有五六十人。集合全国各地农村事业同志于一堂，各抒其阅历经验，研究心得，互相交换意见，以策励乡村建设县政改革诸端之进行，诚国家民族危亡之际培养国力复兴民族之一线光明也"③。但同样存在一些问题。社教社干事储志援引社教社年会经验，深以该年会未规定会员资格、未有严密大会组织及会期过短为憾。他认为不限制会员资格，会因为个人地位、背景、所负使命的不同导致意见复杂，各言其事，以致出现重新转移不能纳入正轨的结果。而缺乏严密大会组织，就会出现"藉这机

---

① 林浩藩：《参与第三届全国乡村工作讨论会的经过及感想》，载《福建教育》，第9期，1935。

② 《中心问题讨论经过》，见中国社会教育社第四届年会筹备委员会编：《中国社会教育社第四届年会纪念册》，43～44页，广州，培英印务局，1936。

③ 常文熙：《参加第三次全国乡村工作讨论会记》，载《社会经济月报》，第2卷10期，1935。

会凑凑热闹，把会议情形，放在脑后的人，也在所难免"，为了避免"议而不决，决而不行"神仙会弊端，储志建议严密该会组织："所以本会的组织似乎应该特别严密，对于各会员的奉行大会决议案，应略具强制性。将大会结果通函全体会员实行，甚至由值年代表负责视导督促，如是才能言行合一。否则会议自会议，于实际方面，很难有所补益。"①实际上，储志的这种担心不无道理，揆之史料，颇有数位借开会之机游山逛水，并留下洋洋洒洒的回忆文章。如上海俞塘合作事业委员会的李宗孟，对该次会议记录得更多的是各处风景、美食，他勉强参加完第一天会议后，第二天就溜了会，"十一日，是大会的第二天，晨间被外面内河小轮的吼叫声、嚣扰声催起了床，上一晚和新夫兄约定不参加第二天下午的分组会议，抽出些空来去玩赏一下无锡的风光——那少妇派的风光"。文中称下午不参会，但是实际上上午仅照了合影便开溜，"早饭后，进城访友，十时许赶赴会场，正在预备摄影，于是在近二百的人头里，也留下一个模糊的影子，摄影后又继续开大会，我恐怕等大会开好吃过中饭去时间太局促，于是招呼了新夫兄早退离场"。之后两人就雇了两辆人力车，去旅馆换了短装，带了只小提箱，里面装了些水果，"很悠然底登车出发"。② 这种参会心得还专门在俞塘省立民众教育馆编辑的《社教通讯》上刊发，可见大家已习以为常。

面对以储志为代表的社教社社员的呼吁，梁漱溟在 11 日上午大会予以回应，借"确定乡村应设中心理论及全国乡村工作机关切实联络案"讨论结果，他认为"一，中心理论不能强求，应自然趋势，逐渐影响而归一致；二、乡村工作讨论会为临时集合，自由发起，讨论不采取决议形式，重在意见之交换，似不必有固定之团体组织"③。这种观点颇得一些代表认同，

---

① 储志：《参加乡村工作讨论会以后》，载《社友通讯》，第 4 卷 4 期，1935。

② 李宗孟：《游屐无锡记——参加全国乡村工作讨论会时的一片生活插页》，载《社教通讯》，第 1 卷 8 期，1935；同行的张新夫的参会感受也是一篇游记，张新夫：《从全国乡村工作讨论会归来》，载《社教通讯》，第 1 卷 8 期，1935。

③ 《无锡通讯：全国乡村工作讨论会第三届年会开会消息》，载《民间》，第 2 卷 12 期，1935。

如参会代表张道一认为："有一位会员深以议而不决，决而不行为痛心。在我个人看这'乡村工作讨论会'七个大字里亦没有表示'会议'的意思，这位先生的话徒表示其未加深思而已。"他认为工作讨论会是交换意见，讨论问题的集会，"这里决不能产生什么决议，因为一年一度的临时结合，各方代表的来路都是自由参加，会员既不是永久的固定的，岂能有什么决议案？决议案又交哪个去执行？不执行又该怎样？"①实际上，全国乡村工作讨论会以"互相联络，增加工作效力"为本旨，作为一种有组织的渠道，在乡村建设各派的联络功能与社教社打成平手②，很大原因就在于它仅仅是个临时集会，而非有会员限制和严密组织的固定社会团体。

总之，这次年会，对社教社意义重大。第一、第二届分别在中华平民促进总会所在地的定县、山东建设研究院的邹平召开，这次在社教社大本营所在地的无锡召开，且社教社社员占参会总人数的四分之一强，大会值年梁漱溟、江问渔均为该社理事，彰显了社教社作为新兴的民间学术团体，在乡村建设队伍中正脱颖而出，显露出与国内知名的乡建学术团体"试比肩"精神气度。"本社自成立以来，对于乡村工作就很着重，除于第二第三两届年会讨论拟定'由乡村建设以复兴民族之设施要点'而外，并创设洛阳实验区从事乡村实验工作。"③社教社奋力推进自身事业进展的同时，社会影响迅速扩大。这次年会的成功举办，彰显了全国各地从事乡村建设的各个学术团体、流派之间的联络合作更为深入，而具体到社教社自身，该社自成立以来，自第一届年会以来一直提倡要注重乡村，强调与各学术

---

① 张道一：《参加全国乡村工作讨论会第三届年会后》，载《新民》，第1卷2期，1935。

② 曹天忠认为："乡村教育和乡村建设派分中，纷繁复杂，贯串其发展的主线之一，无疑是'自小而大'。完成从前者到后者的过渡，其中的症结，是星散的各派如何有效地实现联络。各派藉自发交往和有组织的联系的渠道，进行了全方位，多角度和分层次的横向联络。在前一形式中，平教会、国民基础教育派表现活跃；在后种联系上，中国社会教育社扮演的角色，丝毫不亚于全国乡村工作会议。"桑兵、关晓红：《先因后创与不破不立：近代中国学术流派研究》，428～429页，北京，生活·读书·新知三联书店，2007。

③ 俞庆棠：《欢迎三届乡村工作讨论会》，载《教育与民众》，第3卷1期，1935。

团体机构的有机联络决议①落在实处。社教社通过参与承办全国乡村工作会议第三届年会，积极拓展交往范围，努力展现其社会形象。实际上，除去第三次全国乡村工作讨论会假无锡江苏省立教育学院召开外，1936 年 5 月初，中国测验学会第三届年会、中国教育电影协会第五届年会先后假该院召开。"本社除就近襄助筹备事宜外，并联合省教育学院，无锡县教育局等数团体，宴请两学会出席年会之会员，以尽地主之谊。"②抗战期间，该社联合中国教育学会、中华儿童教育社、中华职业教育社等 12 个团体，在重庆组织中国教育学术团体联合办事处及联合会，连续成功举办了 4 届联合年会。③ 这些联络有效地改变了之前"只有政府当局的主持，各界社会的协助，分道扬镳，缺乏联络"④的状况，一定程度上实现了学术与政治的联结。

---

① 社教社一直重视与国内学术团体的联络，以第二、第三届年会决议案为例：第二届年会上，省立徐州民众教育馆提议《本社应与国内教育、农业、农村经济以及其他各机关学校密切联络合作进行大规模农村经济调查案》（决议"修正通过"）；第三届年会上，由庄泽宣牵头，赵冕、傅葆琛、陈礼江、高践四联名提案《明夏变通年会办法征性质相同学术机关合办暑假讲习会案》（决议修正通过，交理事会办理），希望与国内性质相同学术团体举行联合年会，举行暑假讲习会等，以期能加强联络，会后，理事会公推陈礼江为代表，与中国教育学会、中华儿童教育社接洽，共同联合国立北平师范大学举办暑假讲习会等，积极倡导、呼吁与其他机关的联络合作。

② 《社务报告 招待两学会在锡举行年会》，载《社友通讯》，第 4 卷 12 期，1936。

③ 《中国教育学术团体联合办事处为呈送年会决议案请采择施行由》，见《中国教育学术团体联合办事处请补助案》第 1 册，196-183-1，台北"国史馆"藏。

④ 《浙江省立图书馆对于中国社会教育社年会之献辞》，见中国社会教育社编：《中国社会教育社第一届年会报告》，97 页，无锡，民生印书馆，1932。

第五章 中国社会教育社的政策参与

社教社作为民间学术团体，"只能尽提倡设计之责，至大规模的推行，则须得行政机关之主持"①。为了实现"研究社会教育学术，促进社会教育事业"宗旨，社教社直接函请各省市教育厅或社教机关采行外，将年会、理事会重要决议案向政府建议，积极谋求其制度化，希冀刚性制度作为一种教育领域的权力，一方面对其提倡的社教理论和实践筛选和固化的同时，获得从竞争者中脱颖而出的机会，增加对教育政令的影响力；另一方面借助刚性制度背后的国家政治力量，将其提倡设计的社教理念落实到具体事业，进而实现思想—制度—实践的良性互动。"本社是私人结合的学术团体，其力量只能达到研究实验或倡导。至于通令遵行，这是教育行政范围"，"学术团体之长处，就在能集思广益，供给政府以参考资料。所以本社对于全国社会教育，应该有澈底的了解，作一通盘计划，然后向政府作有力的建议。在事业方面，固然可以多得利益，政府方面，亦可以便利了许多"。② 社教社政策参与大致分为两类，一类是根据临时需要随时建议，如建议教育部通令各省市试行县单位乡村民众教育普及方法、建议教育部采行救国教育实施方案等；一类是视社教发展而作整体建议，如建议教育部将社会教育列入现行学制、建议教育部颁布民众学校课程标准等。后者牵涉面广、对全国社会教育发展有深远影响。本书聚焦后者，以理事会会议记录、年会决议、核心理事主张及教育法令为中心史料，通过个案来剖析社教社的政策参与程度。

---

① 《大会经过》，见中国社会教育社编：《中国社会教育社第三届年会报告》，7页，无锡，民生印书馆，1935。

② 储志：《中国社会教育社的过去与将来》，载《教育与民众》，第 5 卷 8 期，1934。

一、社会教育地位问题

从民国初立的"壬子学制"到 1922 年"壬戌学制",再到《中华民国学校系统》的变迁,近代中国数次学制的变更,在狭义"学校即教育"的观念支配下,学校教育以外广泛的社会教育,仅作为"补学校教育之不逮",被摒弃在国家教育体制之外。"年来许多人感觉社教在中国学制系统上无地位,以致她的目标与实施均难确订。"[①]社会教育在学制系统中的"法理性"地位的缺失,成为限制社会教育进一步发展的"卡夫丁峡谷"。在这种情势下,如欲推动社会教育向深远发展,追求社会教育在学制系统中的合法地位成为必然选择,变革学制系统的呼声日高,社会教育与学校教育的关系成为问题的核心。

(一)对该问题持续关注

1932 年 6 月 11—12 日,社教社第一次理事会议,与会理事对"拟具改进我国学制系统,确立社会教育地位案"达成决议,"推举孟宪承(召集人)、赵冕、陈礼江、俞庆棠、尚仲衣拟具草案,提交下届理事会讨论"。[②]以此为起点,社教社拉开了对社会教育地位问题的持续关注。为清晰起见,特将社教社历次理事会、年会相关内容列表如下。

---

① 陈礼江:《参加民教会议的感想》,载《社友通讯》,第 1 卷 9 期,1933。
② 《社务发展之前前后后》,载《社友通讯》,第 1 卷 1 期,1932。

表 5-1　社教社关于社会教育地位问题决议案一览表(1932—1937)①

类别	次届数	时间	提案名称	提案人	决议
理事会会议	第1次	1932年6月11日—12日	拟具改进我国学制系统,确立社会教育地位案	—	推举孟宪承(召集人)、赵冕、陈礼江、俞庆棠、尚仲衣拟具草案,提交下届理事会讨论
	第2次	1932年8月22日	改进我国学制系统确定社会教育地位一案审查报告	孟宪承 赵冕 陈礼江 俞庆棠 尚仲衣	提交大会讨论并推孟宪承、高践四出席说明
	第3次	1932年8月26日	征集关于学制系统上社会教育地位之方案整理研究以备政府采行案	—	(1)组织整理委员会;(2)整理委员会由本会推定七人组织之,先推定陈礼江(召集人)、舒新城、俞庆棠为整理委员会,并负责拟定征稿启事,交由事务所征集
	第4次	1933年3月18日—19日	请补推社教系统整理委员会案	—	加推钮永建、高践四、梁漱溟、孟宪承为整理委员会委员,仍由陈礼江召集
	第5次	1933年8月23日	请审查社会教育系统之征稿案	—	将梁漱溟、蒋锡恩二稿,一并提交大会讨论
	第10次	1934年10月28日	由本社建议五中全会,请中央特注重民众教育案	理事会	公推钮永建、陈礼江、孟宪承、陈剑修、赵冕五人根据本会贡献要点草案拟提案,由钮永建召集

① 整理自《社务发展之前前后后》,载《社友通讯》,第1卷1期,1932;《年会前后的两次理事会议》,载《社友通讯》,第1卷4、5期合刊,1932;《第四次理事会议》,载《社友通讯》,第1卷10期,1933;《承上启下的两次理事会议 第五次理事会议》,载《社友通讯》,第2卷4、5期合刊,1933;《第十次理事会议记》,载《社友通讯》,第3卷5期,1934;《第十次理事会议决案执行状况》,载《社友通讯》,第3卷9期,1934;《第十五次理事会议记》,载《社友通讯》,第4卷9期,1936;《本社第十七次理事会议记》,载《社友通讯》,第5卷10期,1937;《中国社会教育社第一届年会报告》,1933;《中国社会教育社第二届年会报告》,1933;《中国社会教育社第三届年会报告》,1934;《中国社会教育社第四届年会纪念册》,1936。

明细类别	次届数	时间	提案名称	提案人	决议
理事会会议	第15次	1936 年 3 月 14 日	建议国民政府在修正宪法草案时，明白规定社会教育之地位案	第四届年会决议交议	公推孟宪承、陈剑修、刘季洪为起草员兼代表
	第17次	1937 年 3 月 28 日	第五届年会中心讨论问题之范围，请经通函各理事征集等案	陈礼江、马宗荣	关于中心问题之范围：(1)根据陈礼江、马宗荣二人提案，综合为"中国社会教育制度及政策问题"等
年会	第一届	1932 年 8 月 24 日—26 日	征集关于学制系统上社会教育地位之方案，整理研究，以备政府采行案	钟灵秀、彭百川、顾良杰	1. 由本会通函全国，征求具体方案；2. 方案之形式，大概可分为下列数种，由被征集者自由拟定之；3. 征求日期：以三个月为限；4. 由本社理事会成立社会教育系统草案整理委员会，将征集各案整理汇编，拟呈具体草案数种，限两个月完成；5. 上项草案完成后，由理事会会同整理委员会合开联席大会，审查决定最后采用之草案，限一个月完成；6. 上项最后采用草案决定后，由本会呈请教育部采择
	第二届	1934 年 8 月 24 日—26 日	社会本位的教育系统草案	梁漱溟	请讨论社会教育系统案（理事会）：原草案一并交社教系统整理委员会整理，并征集各方意见，呈请政府指定区域实验
			修正中华民国学制系统草案	蒋锡恩	
	第三届	1935 年 8 月 17 日—19 日	再呈请教育部明令公布社会教育之系统案	—	俟邹平等处试办有成效时，再行呈请教育部办理
	第四届	1936 年 1 月 18 日—22 日	建议国民政府在修正宪法草案时，明白规定社会教育之地位案	—	1. 由本会推举起草委员三人，按照宪法草案应行增加有关社会教育之条文起草具体条文；2. 推举代表三人赴南京面陈意见

从表 5-1 可见，社教社理事会议与年会相互呼应，共同推进社会教育地位问题向纵深发展。理事会第一次会议决议推举出孟宪承为召集人的草案拟定小组，第二次会议孟宪承等人以联名形式递交了"改进我国学制系统确定社会教育地位一案审查报告"，决议将此提交第一届年会，并推孟宪承、高践四出席予以说明。在第一届年会上，孟宪承的说明与钟灵秀、彭百川、顾良杰提案"征集关于须知系统上社会教育地位之方案，整理研究，以便政府采行案"彼此辉映，推动大会形成"有本会通函全国，征集具体方案"带有时刻进度表的决议案。会后，孟宪承专门就小组心得写成专文，称"顶顶热心这个问题的，怕要算钮永建先生了。他的《建立民众教育系统之刍见》，（见《教育与民众》）是一篇经过精密计划的文章。如果我没有错解，他那里所讨论的，也并不是单纯的学制系统问题，倒着重于实施的具体计划。第二次全国教育会议议决的成年补习教育和社会教育两个计划，搁置了两年，始终没有得到中央的核定。我们趁这机会，依钮先生之指示，和我们大家的经验和意见，来修改或补充一番，定出一份新的计划，那也是我们另外所能做的一桩工作"[1]。在这次年会上通过的"本社二十一年度社务进行要项"中，"继续研究改进我国学制系统问题"被列入教育方面工作的第一项。社教社理事会第 3、第 4 次会议中的相关决议是年会决议案的执行情况。1932 年 8 月，社教社开始在全国范围内征集意见，图 5-1 为社教社刊发的特别"启事"。

在《启事》中，社教社称"社会教育应列入现行教育系统，已成为我社教同志及教育学者一致之主张"，"惟兹事体大，究应如何拟定，及与现行学制系统内，原定各阶，如何联络，抑于学校系统外，另定一独立社会教育系统——与学校教育系统并列，或新创一中国教育系统——包括学校教育与社会教育，凡此种种，均为主要之先决问题"。[2] 社教社呼吁全国教育

① 　孟宪承：《〈改进学制系统确立社会教育地位案〉——分析和意见》，载《社友通讯》，第 1 卷 2、3 期合刊，1932。

② 　《中国社会教育社征求社会教育系统稿启事》，载《民众教育季刊》，第 1 卷 4 期，1933。

图 5-1　社教社征求社会教育系统稿启事（1933）①

专家和社教界同志，"事关社教前途，国家基础，民族生命，望我同志，踊跃应征"，贡献自己智慧，以备政府采择。1933 年 2 月教育部召开民众教育专家会，梁漱溟被指定为"民众教育在学制系统之地位"草案起草人之一；该年 3 月，社教社理事会第 4 次会议将 3 人整理小组增至满额 7 人，这次最大的变化便是增加了梁漱溟。同年 8 月，在济南召开的第二届年会上，以梁漱溟为代表的改造派突出重围，"社会本位的教育系统草案"成了社教社制度设计的主体框架，社会教育地位问题已悄然变更为社会教育系统案，实际上，变化的不仅仅是名字，还有社会教育地位案的核心内容，社教社将决议案呈交教育部，教育部指定邹平作为试验地点，第三届年会决议是"再呈请教育部明令公布社会教育之系统案"，大会决议为"俟邹平等处办有成效时，再行呈请教育部办理"，内部分歧已难以统一。由此，

---

① 《中国社会教育社征求社会教育系统稿启事》，载《民众教育季刊》，第 1 卷 4 期，1933。

社教社第四届年会调整思路，重新回归到社会教育地位的路径上来，希借助国民政府修改《宪法草案》之机能确定社会教育地位问题，决议推举三人担任起草委员，按照《宪法草案》应行增加有关社会教育条文起草。① 并特别联合中华图书馆协会，联名向立法院请愿。该年 10 月 28 日，理事会第 10 次会议召开，因国民政府五中全会召开在即，理事会提议"由本社建议五中全会，请中央特别注重民众教育案"，并公推钮永建、陈礼江、孟宪承、陈剑修、赵冕根据本会贡献要点拟定提案，"积极推行民众教育以复兴民族请愿书"，并请由中央委员提案，随后社教社发布请愿书②，为社会教育地位的争取营造舆论。

　　1936 年 3 月 14 日，鉴于国民政府公布的《宪法草案》中未涉及社会教

---

①　1935 年立法院发布《宪法草案》中关于教育方面的内容，规定已过学龄之人民，一律受补习教育，给予学校教育职员年功加薪级养老金等法律上保障。社会教育人员被排除在外。为此，社教社专门联合中华图书馆协会联名撰写请愿书，电呈立法院，请将社会教育列入宪法条文。"后来奉批交法制委员会备考。今年经立法院修正完毕的宪法条文里，照旧没有社会教育的字样。虽然公布了许多规程办法或重要会议的决议案，在国家根本宪法上倘使没有地位，顶多只是一个附庸，不关重要，可有可无，高兴时认为有相当关系，有时不免随便摆布。所以今日的社会教育，虽然有相当的成绩，因为法律上的地位没有巩固，他的内容，往往为一般狡黠者巧立名目，东扯西扯，只图在表面上做文章，取得人家相信，而虚靡了公币，耗费了精神，结果所得甚微。……在本届年会中，应该集中意见，具备有力的理由，再行呈请中央采择，于通过宪法时将社会教育比照学校教育之地位列入。争得法律上的地位以后，立足点才能巩固，才不致随当局之喜恶而决定他的生命"。储志：《对于本届年会的两点希望》，载《社友通讯》，第 4 卷 7 期，1936。

②　1934 年 12 月，社教社发布请愿书，"窃本社成立于九一八事变以后，社员同人，深怀于民族生存之频危，益确信夫民众需要教育之急迫，三年以来，进行弗懈。兹者国难尤亟，民困未苏，教育之努力，尤赖有中央之领导"，为更好地发扬社会教育的救国作用，社教社向中央提出三个建议：(1)中央应确定以民众教育为达到国家建设之唯一途径；(2)中央应明令全国人民有受教之义务，限三年内国民均应受最低限度之教育；(3)中央应筹集巨款，以备比例补助地方推行民众教育。"本社就竞于教育之下层工作，对于中央复兴民族之方案，原不敢冒渎有所建言。惟以祈愿之殷，不觉陈词之切，惟钧会采择而施行之，教育幸甚！民族幸甚！"《积极推行民众教育以复兴民族请愿书》，载《社友通讯》，第 3 卷 6 期，1934。

育人员待遇，理事会召开第 15 次会议，决定推举孟宪承、陈剑修、刘季洪三人为起草委员兼代表，拜谒委员，最终仅以"教育人员"笼统说法代替原本的"学校教师"。或许正因为如此，1937 年 3 月 28 日召开的理事会第 17 次会议，陈礼江、马宗荣提议，将"社会教育制度及政策问题"作为第五届年会的中心问题之一，从表面上看貌似社会教育地位问题讨论又回到原点，实际上经过数年的呼吁和多维制度设计尝试，以更理性和务实的态度再集中讨论，以期能得到更合理的设计方案，可惜因战火燃起，1937 年 8 月的青岛第五届年会戛然而止，该讨论不了了之。但揆之史实，社会教育地位问题始终是社教社最为关注的问题之一，1947 年复社后，该年 3 月在苏州召开的第五届年会，社员余绪胜、李家骥、王倘分别递交第 3、13 和 16 号提案，提案审查组三案合一，修正为"拟请制定社会教育制度草案，请教育部采择案"，大会通过"由本社推定人员，详加研究，制定社会教育制度草案，提经理事会通过后执行"决议。会后，新组建的第五届理事会第 1 次会议继续跟进，决议"推请董渭川、童润之、顾岳中三先生研究制定社会教育制度草案，提交下次理事会会议通过后，呈请教育部采择"，顾岳中为召集人。① 尚未发现后续史料显示结果如何。但不论如何，社教社对社会教育地位问题的持续关注是一以贯之的。

社教社第一届年会钟灵秀、彭百川和顾良杰向大会提交了《促进社会教育列入现行学制系统之进行程序案》提案中，铺陈了当时学界（包括社教界内部）对社会教育地位问题的纷杂主张，难以协调整合的现状。

查社会教育，应列入现行学制系统，已为我社会教育界同人及教育学者一致之主张，切望其早日实现。顾兹事体大，究应如何排列？及与系统内原定各阶段，如何联络？抑应于现行学校教育系统外，另定一独立的社会教育系统？均为重要的先决问题。主张纷歧，各方意思，以少接近之机会，致无集中之可能，亟应征求全国社会教育界及

北京师范大学史学探索丛书

---

① 《本社第五届年会决议案》《社务近况 择要摘录第五届理事会历次会议决案案》，载《社友通讯》复刊，第 1 卷 2 期，1947。

一般教育家之意见，集思广益，制成全国一致之有力方案，以期适用而利施行。①

　　该提案为就职于教育部社会教育司的三位社员联名提议，带有几分官方意愿，加上年会前理事会第一次会议就此问题专门讨论过，并指定以孟宪承为首的理事加以推进。双力合一，年会提案审查委员会认为此案为"目前最切要而急得解决的问题之一"，将之列入"特别重要"的"特别类"决议案。因兹事体大，审查委员会作了如下修正：第一，由本会函请全国各重要社教机关或团体、知名教育学者、著有成绩或经验的社教人士征求具体方案。第二，方案形式，大概分为：（1）将社会教育加入现行学制系统；（2）于学校教育系统外，另立一独立之社会教育系统（将学校与社会系统并列，参照苏俄现行学制系统图）；（3）其他。第三，征求日期以三个月为限。第四，由理事会成立社会教育系统草案整理委员会，整理汇编征得各案，拟成若干具体草案，会同本社理事会召开联席大会，审查决定最后采用草案后，呈请教育部采择施行。② 由此，以社教社为基地，"拥有较大制度设计表述权"的中国近代知识精英，从不同角度、在不同域外观念的观照下，开始"社会教育地位问题"的多维制度设计。

（二）多维设计

　　按照第一届年会决议，理事会第3次会议决议推定陈礼江、舒新城和俞庆棠组成整理委员会，陈礼江任召集人，负责拟定征稿启事，后增加钮永建、高践四、梁漱溟、孟宪承四人，经过数次磋商，拟定了公开征求的三个原则，即"（甲）于现行学制系统之内，加入社会教育系统，彼此联络；（乙）于现行学制系统之外，另定社会教育系统，彼此并列；（丙）另创中国

---

　　① 《决议案全文》，见中国社会教育社编：《中国社会教育社第一届年会报告》，18页，无锡，民生印书馆，1933。

　　② 《决议案全文》，见中国社会教育社编：《中国社会教育社第一届年会报告》，17～18页，无锡，民生印书馆，1933。

教育系统，包括社会教育与学校教育"①。这三项原则，框定了"社会教育在学制系统中的合法地位"大讨论的范围和方向，并形成了相应的联络派、并列派和改造派三种制度设计理路。每派内部意见不一，差异很大。

联络派的主要代表人物有傅葆琛、许公鉴等，他们主张以现行学制系统为主，将社会教育系统镶嵌进去，借以整理社会教育事业，谋求与学校教育取得正式联络。傅葆琛认为，唯有民众教育能救学校教育中组织、课程、时间和费用的四大弊端，主张将民众教育嵌入现行学制系统之中。②许公鉴以"自成系统、联合办理和因旧创新"为原则，拟定了《中国社会教育系统图》。他认为社会教育和学校教育是"合而不并，分而不离"的关系，"学校教育自有严密的进程与限度，至大学研究院而终止；社会教育具有广遍性与永继性，终身受之而无穷"，应在学制中"平分天下"，本着"因旧创新"的理念，编制了《民众学校教育和正式学校教育比较图》，两者共同构建了整个学制系统。③ 尽管两人主张不尽相同，但均为以"补助正式学校教育之不逮"来定位社会教育。

陈礼江是并列派主要代表，他认为"教育系统的产生，是先有需要，经过提倡，最后由政府规定的"，而社会教育作为新兴的、目前尚处于分头研究实验时期，学界尚未注意到其整个计划，更遑论社会教育系统。就当下来讲，"唤起民众，复兴民族，非民众教育不可！"由此，为避免社会教育不居于附属地位，"需自筑壁垒，另成机构"，主张在现行教育系统外，另设一个社会教育系统。陈礼江主张社会教育系统由纵的组织和横的事业构成，前者分为民众学校、县立民众教育馆和省立民众教育馆三级，形成了由狭到广，由低到高，层层递进的社会教育行政体系；图书馆、体育场、戏剧音乐院（团）和博物馆则构成了后者，后者由上下联系的前者来

① 《大会经过》，见中国社会教育社编：《中国社会教育社第二届年会报告》，13页，中国社会教育社自刊，1933。

② 傅葆琛：《民众教育的真义与其他教育的关系》，载《教育与民众》，第 1 卷 8、9 期合刊，1930。

③ 许公鉴：《草拟中国社会教育系统》，载《民众教育》，第 2 卷 1 期，1933。

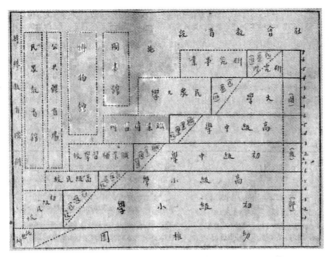

图 5-2　许公鉴设计的新学制结构图(1933)①

加以实施。②"所谓建设中国的中国社会教育系统，就是以第三派(陈氏主张，笔者注)的主张为依据"。据社员顾岳中回忆，"陈氏根据现在全国社会教育实施的普遍情形和教育部历次所要推行的社会教育计划，参以个人的意见，经过多方的斟酌和考虑，构成了一个新的社会教育制度"③。教育行政的权力力量给予了"并列派"进一步施展的空间。

改造派认为现行学制是以个人为本位的，不适合中国国情和民众生活的需要，主张彻底加以改造，教育对象涵盖儿童成年，政治经济文化皆为

———————————

①　图表说明：(1)纵横实线是各级学校教育分界线。(2)纵横及斜虚线是学校教育机关内的分部界限和社会教育实施中的各种组织的分水线。(3)各级学校内表示社会教育分部的虚线，斜行而起讫位置不同，是表示升学自由的关系。如初级小学未毕业的人，可依其程度进初级民众学校，已毕业的人或升高级学校，或进入高级小学的高级民校，或进社会教育机关办的高级民校，都无不可，余类推。(4)社会教育设置散播于整个社会，出了学校校门，随时随地有社会教育。民众教育馆等不过假定的几种机关，不能把社会教育严分其界限，所以都用虚线表示。(5)学校教育系统中的自身分类和年限分段，一仍其旧。但与社会教育连接部分，是以程度为准，不以受教者年龄为限。详见许公鉴：《草拟中国社会教育系统》，载《民众教育》，第 2 卷 1 期，1933。

②　陈礼江：《建设中的中国社会教育系统及现阶段的民众教育事业》，载《教育与民众》，第 8 卷 2 期，1936。

③　顾岳中：《民众教育》，157 页，上海，商务印书馆，1948。

教育内容，使学校教育与社会教育熔于一炉，从而造成一个新的教育系统。这种主张，已有事实的表现，如邹平的乡学村学，广西的国民基础学校等。具体到个人，梁漱溟、庄泽宣、夏承枫、舒新城、高践四、雷沛鸿等人均持此说，梁漱溟的"社会本位的教育系统"设计最为闻名。

梁漱溟的制度设计是他"中国最大的问题是文化改造问题"思路的一贯延续。1933 年 2 月，教育部部长朱家骅亲任主席，邀集各地社教专家，召开讨论推行民众教育专家会议，在会上，梁漱溟抛出了"以社会教育为本而建树一系统"方案，引发多位社教专家的兴趣，并即席推定钮永建、高践四、陈礼江、孟宪承和梁漱溟 5 人组成委员会，由梁漱溟担任"执笔之责"。1933 年 8 月，旨在打破既有学校教育系统、体现学校社会化、社会学校化的教育理念，按照行政区域大小分设国学、省学、县学、区学和乡学五级教育设施的"社会本位的教育系统"提案出炉。① 年会前夕，梁漱溟还专程赴无锡，向事务所递交了《社会本位的教育系统草案》，并与总干事俞庆棠，常务理事赵冕，理事高践四、孟宪承等进行专门交流。② 该草案核心观点认为学校教育与社会教育不仅不可分，而应融和归一，构建一个新的教育系统。

　　两种教育之分判初无学理真据，即于形式上亦复有时难辨。然则何为而由此对称之两种教育见于今之世耶？曰，今之学校教育，一传统教育也；今之社会教育，一新兴教育运动也。正唯传统学校教育有所不足，或且日益形见其缺短，乃由今之所谓社会教育（或民众教育或成人教育）起为补救；此固近今史实之所昭示矣。于此，一以见今日学校教育之不完不妥；一以见今日社会教育亦为一时的措施；两者各不足为准理当事的真教育。真教育行且见其为两者之融和归一；而吾侪今日乃适于此教育的过渡时代也。如何实现此完整合理的一个教

---

① 梁漱溟：《社会本位的教育系统草案》，载《教育与民众》，第 5 卷 1 期，1933。
② 《社员消息》，载《社友通讯》，第 2 卷 2、3 期合刊，1933。

育系统，正今日吾侪所有事。①

在梁漱溟看来，完整合理的教育系统应是经济的，应是以社会为本位的，不仅教育时限要放长至成年乃至终身，而且教育应尽其推进文化改造社会的功用。梁漱溟特别对提案做了长达 16 条之多的说明："自一面言之，本案盖即以学校教育而特别注重教育推广工作，勿拘守于校门以内者。特如所谓'学校应为地方社会之中心，教员应以社会之指导者自任'之义，尤为本案意趣所在。自另一面言之，本案盖即以农村改进实验区，民众教育馆等机关统理学校教育者；或即以民众学校与小学校统合办理者。以社会改进、民众教育之大任，遽付小学教师兼理，虽不无可疑，然合并办理自较经济，又在方针计划上必须一贯，则无可疑也。"②为此，梁漱溟专门设计了从乡学到国学的五个级别、隶属不同级别行政部门的教育系统图，如图 5-3 所示。

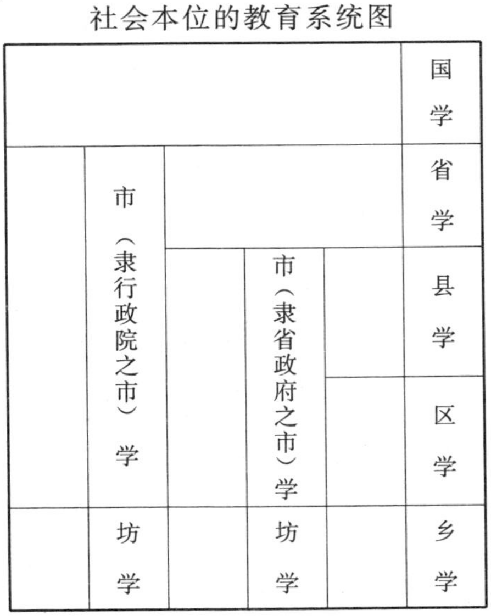

社会本位的教育系统图

图 5-3　梁漱溟设计的社会本位的教育系统图(1933)③

① 梁漱溟：《社会本位的教育系统草案》，载《教育与民众》，第 5 卷 1 期，1933。
② 梁漱溟：《社会本位的教育系统草案》，载《教育与民众》，第 5 卷 1 期，1933。
③ 梁漱溟：《社会本位的教育系统草案》，载《教育与民众》，第 5 卷 1 期，1933。

社教社的济南年会上，梁漱溟应理事会安排作了《社会本位的教育系统》长篇讲演。社教社以理事会名义提交"请讨论社会教育系统案"提案，形成了"原草案一并交社教系统整理委员会整理，并征集各方意见，呈请政府指定区域试验"的年会决议，"受到会内外的广泛关注"。① 社教社第三届年会关于社会教育制度建设方面的提案，基本上是围绕这个"制度建设"思路展开的。

改造派其他代表人物也有形式不同的制度设计。雷沛鸿分析了当时对社会教育和学校教育关系的"各种调和之法"，主张"一切社会制度均具有教育的功能，而学校只是社会制度的一种"，提出了"社会教育和学校教育合流"设计。② 俞庆棠专门设计"中国社会教育制度系统表"，提出中国全民教育制度应由社会教育与学校教育制度共同构成。③ 国立中央大学教授、社员夏承枫认为："改进学制的先决问题，是双方(学校教育、社会教育，笔者注)之各撤防线；废除二元论的妥协契约，另行找出一贯的系统来。学校教育社会教育不过教育行政上的定名，并非教育本质上具有如何的绝大差异性。其相同之点，应打成一片以增效率；其相异之点，应分工而互为补益"④，在此理念下，他以民众教育馆为全民教育的壁垒，提出合社会教育学校教育为一体，涵盖初等、中等和高等教育机关在内的"全民教育系统图"。庄泽宣则主张以教育性质和内容来划分教育系统，并拟定《过渡时期学制系统图》和《理想学制系统图》，以基本学校、产业学校、试验室及图书馆和基本教育、扩充教育和学术教育相对应，来设计新学制系统。

上述社会教育制度建设是知识精英在新形势刺激下对教育问题的现实思考。近代以来，以制度为核心的中国教育体系从来都不是一个单纯的教育问题，而是基于解决近代中国社会问题的需要而建立和发展的。可以

---

① 《决议案》，见中国社会教育社编：《中国社会教育社第二届年会报告》，99～118页，中国社会教育社自刊，1933。

② 雷宾南：《民众教育的自觉运动》，载《教育与民众》，第3卷1期，1932。

③ 俞庆棠：《普及教育与民众教育》，《教育杂志》，第25卷3期，1935。

④ 夏承枫：《社会教育与学制系统》，载《民众教育季刊》，第1卷1期，1932。

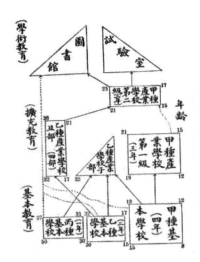

图 5-4　庄泽宣设计的过渡时期学制系统图（1933）①

说，各派"社会教育制度建设"有着颇为一致的最终关怀，即一方面改造清末以来所建立的与社会和生活脱节的学校教育体系，另一方面建构一种新的自下而上发展中国教育的大社会教育思路，完成教育改造和社会改造的使命。"本案以社会运动纳入教育系统之中，直以教育解决社会问题。自一面言之，为教育本身的改造；自另一面言之，即正所以改造社会。"②这种追求，是促进他们积极争取社会教育在学制系统中合法地位的原动力。

各派制度设计者的理论渊源、知识结构的差异，与中国教育改造现实产生了猛烈碰撞。陈礼江吸取苏俄学制的并列体系，孟宪承、俞庆棠借鉴丹麦民众高等学校的经验，高践四、梁漱溟、雷沛鸿从美国心理学家桑代克的成人学习理论汲取营养，大量西方教育理念为新的"制度建设"提供了思想资源。鉴于新教育的种种弊端，为了避免"重蹈覆辙"，他们更注重反思西方理论对中国本土的适用性。"（民众教育）热烈地企图着教育制度的中国化，教育学术的中国化，是则对于摹仿得来的教育必欲加以改造无

①　赵冕：《社会教育行政》，292 页，长沙，商务印书馆，1938。
②　梁漱溟：《社会本位的教育系统草案》，载《教育与民众》，第 5 卷 1 期，1933。

疑。"①他们在制度构建时处处强调"本土化","我们自愿把我们的教育制度'土化',使它富有当时当地色彩,而且使它能根据当时当地的需要,复把握住当代的问题核心,而谋有所以应付外来的要求,解决骤起的事变。"②而"新儒家"梁漱溟的加盟,更无形中加强了回归传统的力量,社会教育和解决中国"文化失调"联系起来,乡农学校、民众教育馆等社会教育形式,承担起传统学校教育的地方文化教育中心的责任,中国传统教育(主要指旧传统)被作为近代社会教育的远祖而纳入知识谱系之中。如此,各派制度设计之间的争论,其意义已不仅仅局限于学制改革本身,学校教育和社会教育之间的纠葛,是新旧域外观念和本土传统之间"剪不断、理还乱"关系的集中表现。

(三)各方回应及成效

社会教育在学制系统中的地位问题,归根到底是如何妥善处理社会教育与学校教育的关系,学制中社会教育和学校教育的地位是各派制度建设的根本区分点。"自从近年来社会教育或民众教育异军突起,所谓教育制度问题已渐具研究价值。因教育行政当局不能有明白的认识,实际从事事业者又各怀成见,已不觉的陷入学校教育和社会教育各争正统的状态。"③而各派的分歧,实际上是对移植西方学制体系下的学校教育和中国传统学校教育、西方社会教育和中国传统社会教化关系的不同角度的深度思考。

联络派认为,社会教育是"正式学校教育的补助教育",是为了补救正式学校教育的"不浅易化、不实用化、不简单化和不经济化"的弊端。傅葆琛认为:"民众教育的产生,即为补助正式学校教育之不逮。……但是我们要明白,民众教育不过是正式学校教育的补助物。所以正式学校教育是干路,民众教育只是些枝路。"他注意到西方强国增加义务教育年限的趋

---

① 甘豫源:《中国教育改造运动中之江苏省立教育学院》,载《中华教育界》,第22卷4期,1934。

② 雷沛鸿:《整个教育体系的演进》,见陈友松主编:《雷沛鸿教育论著选》,131页,北京,人民教育出版社,1992。

③ 夏承枫:《社会教育与学制系统》,载《民众教育季刊》,第1卷1期,1932。

向，认为社教界"不应当劝导他们舍大路不走，去走小路"，这样才能使国家的学制体系承担起普及教育之责。[1] 这种改造方案，在当时努力争取社会教育独立地位的社教人士看来，是"将富于弹性的社教附庸于机械和呆板的现行学制"，认为社会教育以"这一点寄生虫地位而获得发展，决不可能"，认为学制改革"决不可畏怯不前草率行事"。[2] 联络派的"保守"招致了众多批评，社员顾岳中1948年出版的《民众教育》中论及此种制度设计，用了"已成过去"[3]四字一笔带过。

陈礼江以社会教育司职掌所限为依据，指出"社会教育是学校以外的教育，或说正式学制系统以外的非定式的教育"[4]。社会教育和学校教育，在性质、对象、内容、方法和督导等方面都存在着区别。"设置独立社会教育学制与现行学制并列"，反映了人们发展社会教育的强烈要求，代表了不少重视社会教育人士的意见。当然，社员许公鉴对此持坚决反对态度，这种改造方案表面虽是一种"轰烈的作为"，但"学校教育与社会教育，原同为全民教育的各一面，二者分工并进原无不可，若要分道扬镳，殊为不该。在教育系统上而竟各自独立，未免不通"。况且在"学校教育与社会教育已有互相敌对的倾向，若再显然分离，势必互相嫉妒，彼此排挤，多生阻力，发展更难"，最后只能是"两败俱伤"，"愚莫逾此"。[5] 这些分歧没有阻碍陈礼江的积极性，在担任社会教育司司长期间，大力宣扬其主张，1936年10月在视察江苏省立教育学院期间，还特别为学生作了专题讲演。这种方案获得"上下沟通、左右联系""实施和行政打成一片""兼容并包学校教育和社会教育"等时评，在1939年第三届全国教育会议上其核心精神被采择。

改造派所代表的更多是学术界呼声。俞庆棠认为，前两种主张"似不

---

① 傅葆琛：《民众教育的真义与其他教育的关系》，载《教育与民众》，第1卷8、9期合刊，1930。

② 赵冕：《我所认识的民众教育》，载《教育与民众》，第3卷5期，1932。

③ 顾岳中：《民众教育》，160页，上海，商务印书馆，1948。

④ 陈礼江：《积极的社会教育》，载《民众教育通讯》，第6卷2期，1936。

⑤ 许公鉴：《草拟中国社会教育系统》，载《民众教育》，第2卷1期，1933。

能使学校教育彻底改革，又不能使整个教育对于国计民生统筹兼顾"①。梁漱溟认为学校教育和社会教育应该是一完整教育，二者不可分立，学校教育和社会教育对立的出现，是人们认识出现了偏差，本着"纳学校教育于自身的大社会教育"的设计理念，针对"中国三四十年来，学校教育之大弊在离开社会"的现象，矫正"视成人教育和社会教育为临时补充枝节应付之事"的时弊②。梁漱溟被邀请参加 1933 年 2 月教育部组织的民众教育专家会议，成为委托社会教育在学制系统中的地位问题草案的主要撰写人，"这次会议教育部提出的推行民众教育方案中，也列了这个问题，出席的人发表了很多意见，归纳起来不外三点：（1）将社会教育加入现行学制系统；（2）于学校教育系统外，另定一平行之社会教育系统；（3）成立社会教育系统，将学校教育加入。最后，决定由钮惕生、梁漱溟、孟宪承、高践四诸先生等于最短时间，拟一草案，交将成立之民众教育委员会讨论"③。会上，梁漱溟利用其民众教育委员会委员的身份，社会本位的教育系统在更大范围内得到传播和认可。社教社总干事俞庆棠称其"是一种彻底把教育范围扩大为全民众的教育的意见"④，给予了很高的评价。数年后，顾岳中回顾这段历史，称"顺应潮流，检正弱点，学制改革的运动遂湃然产生，各家意见虽纷然杂陈，然窥其内容，实有一共同趋势，即建立社会本位的教育制度者是。所谓社会本位的教育制度，亦即全民的教育制度，发动者为中国社会教育社。该社于一九三二年曾厘定社会本位的教育系统，请政府采择施行，惜未实行耳。然引起从事民众教育者，作民众教育制度的建设运动，其功甚伟"⑤。将其作为社教社"社会教育地位问题"的最具代表性的制度设计。

当然，对改造派的制度设计提出质疑的也大有人在，第三届年会就有

---

①　俞庆棠：《民众教育》，103 页，上海，商务印书馆，1935。

②　梁漱溟：《社会本位的教育系统草案》，载《教育与民众》，第 5 卷 1 期，1933。

③　朱坚白：《民众教育专家会议之追忆与展望》，载《民众教育季刊》，第 1 卷 3 期，1933。

④　俞庆棠：《普及教育与民众教育》，载《教育杂志》，第 25 卷 3 期，1935。

⑤　顾岳中：《民众教育》，155 页，上海，商务印书馆，1948。

明显体现。该社为将梁案继呈，以理事会向大会提交《再呈请教育部明令公布社会教育之系统案》提案，最后决议为"俟邹平等处试办有成效时，再行呈请教育部办理"①，这种谨慎态度表明了该案未能为大家完全接受。而社会人士，对梁漱溟教育系统的制度设计，亦大多保持观望态度，"著者（李宗黄，江宁自治县设计委员会的中央指导员，笔者注）似乎不很喜欢乡学村学的名称的'翻新'，说到学制——根据《社会本位的教育系统草案》，很婉转地道：'此学制之是否适用，则正待于梁氏之实验，余愧非教育专家，殊难论其得失也'"②。1936年10月，时任社教司司长的陈礼江在江苏省立教育学院作讲演，公开指出："这种做法，理想固然很好，实际上很多困难：第一点、因为这些学校规模很小，狭义教育以外的事业，没有力量办理。第二点、县以上的事业更多，范围更大，县学、省学，根本无从办起，所以这派的主张不易行"③。该院学生庐颢能、金开山奉命整理这篇讲演稿，发表在俞庆棠任主编的《教育与民众》上，这个细节颇能代表社教社总干事对梁氏设计的态度转向。社教社干事储志在第四届年会前，专门撰写对该届年会的两点希望，"巩固社会教育在法律上的地位"被列为首位，指出本社成立之初，第一次理事会就提出社会教育在学制系统上的地位，第二届年会决定"社会本位的教育系统"已蒙政府采择，通令实验，惟尚未正式公布，因此社会教育在学制系统中究竟占了什么地位，到现在还没有人能肯定地答复④。第四届年会虽形成了《建议国民政府在修正宪法时明白规定社会教育之地位案》决议，但对采取何种制度设计却"闪烁其词"。

实际上，为了"复兴中华"，近代中国政府启动不同模式的政治制度改革，探索"政治—经济—社会—文化"国家建设构想。特别是南京国民政府成立后，国民党政权接连面对列强、军阀混战及日本势力的挑战，为谋其

① 《大会决议》，见中国社会教育社编：《中国社会教育社第三届年会报告》，40页，无锡，民生印书馆，1934。

② 林槐：《考察纪实》，载《社友通讯》，第3卷9期，1935。

③ 陈礼江：《建设中的中国社会教育系统及现阶段的民众教育事业》，载《教育与民众》，第8卷2期，1936。

④ 储志：《对于本届年会的两点希望》，载《社友通讯》，第4卷7期，1936。

自身生存发展，实现复兴中华和建设现代国家理想追求，势必运用各种力量解除来自多方面的危机，除采用军事、政治、经济、外交等力量外，教育力量的运用成为必需。社会教育作为教育体系一翼，不论是"唤起民众"，还是"社会教育造社会""抗战建国"理念一以贯之。社会教育各种机关(如民众教育部、民众学校)作为中央政府向地方渗透的机构，中央政府对其作制度设计、规划时，势必要估量地方政府自治与建设的特性与要求，使社会教育确能配合其建设而发挥"以教育改造达社会改造"的功能。社会教育因政府行政力推进，而在国民政府统治的核心区域高歌猛进，并在文字教育、政治教育和生计教育等方面，有不俗表现，并借助各种活动实现中央权势向基层社会的渗透。从这个意义上讲，梁漱溟的《社会本位的教育系统草案》未被采纳的真正原因，不是他的设计不够理想，而是由社团团体自下而上的方式还没有成为国民政府立法和推行社会教育的路径。

人们在社会教育和学校教育关系上的分歧，直接结果便是形成了三种不同的制度建设模式，"此事争执多年并无结果，一直到抗战开始，教育部才召集几位社会教育同人，共同讨论，另立教育系统于学校系统之外，但实在仍是办不通……"①1939年召开的第三次全国教育会议，代表们经过热烈讨论，采择陈礼江"并列派"精神，以"行政系统线"与"联络辅导线"组合方式，教育部—教育厅(局)—县政府教育科—乡(镇)公所—保办公处与国立社会教育机关—省立社会教育机关—县(市)民众教育馆—中心学校—国民学校的两条路径，相互配合。议案认为民众教育馆、民众学校为实施社会教育的主要机关，图书馆、博物馆、科学馆等为辅助机关。会议通过"中国社会教育暂行系统图"，如图5-5所示。

---

① 雷宾南：《社会教育与学校教育合流问题》，载《教育与民众》，第9卷8期，1940。

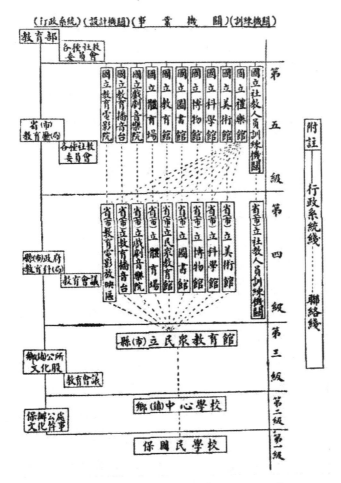

图 5-5 中国社会教育暂行系统图(1939)①

由图 5-5 可知,代表们将社会教育行政系统扩展为 5 个层级,从教育部到省市教育厅到县市教育局,最后下达到乡镇公所或保办公处。"各省应依照现行行政监督专员区,划分为若干民众教育辅导区,每区设立民众教育馆一所。各馆应附设各种高级补习学校,以为一般补习学校毕业生或相当程度民众继续进修之场所。"②并指出中央在国内重要地点分部设立国

① 顾岳中:《民众教育》,158 页,上海,商务印书馆,1948。

② 张聿飞:《抗战中的中国社会教育》,载《社会教育辅导》,第 4 期,1945。

立社会教育机关的重要性、必要性。与战前的三级行政机构相对，更强调了向基层渗透的趋势。这一制度设计中，落实了战前社会教育学界呼吁已久的国立社会教育机构的设置。比如国立民众教育馆、国立科学馆等，以便与省立、县市立（甚至区立）组成层级制体制，以便事业能环环相扣发展。抗战期间，随着国家对社会教育直接推动趋势增强，各种国立社会教育机关纷纷创设，不仅民众教育馆突破未有国立的僵局，国立中国图书馆、国立科学教育馆、教育部直属的中华电影制片厂、教育电影画片社等纷纷设立，国民政府借助这些教育部直属社会教育机关，更进一步向基层社会渗透中央权力。必须指出的是，在战火纷飞中形成的中国社会教育暂行系统，仅仅是政府对专家们的制度设计予以认可，并没有多少实践意义，战后复员期间，社教社依然在为社会教育系统案奔走呼吁。

综之，20世纪三、四十年代"社会教育地位问题"是一场实践性很强的制度设计竞赛，参与这场讨论的，几乎囊括了当时中国教育界的主要干将。实际上，社教社之所以一开始就抛出多维制度设想，其真目的并不在于形成一种整齐划一抽象的制度规定，而是在于强烈的实践愿望。由于理念、利益等种种原因，社教社的专家群体联络合作、形成共识的同时，矛盾抵牾、明竞暗争的派分并存。在未能形成一个大家共同认可的社会教育概念的同时，社会教育理论却空前繁荣，各家各派构建出各异的理论体系。"这种不一致的状况，在少数人看来，或认为思想混乱，主张庞杂，以致议论纷纭，花样百出。其实这种不定于一尊的情状，正是社会教育的生机和希望"。① 在各派的努力下，各异的社会教育制度建设得到程度不一、形式多样的实践机会，有着各自的合理性和积极的历史价值。常务理事赵冕这样评价不同制度设计的作用："社教界人士积极设计各色改造方案，是在于'要政府注意，要社会注意，主要的用意在引起注意这一点上。'"②"这些提倡者和推行者旨趣不一，性格各异，既有平和的、保守的、激进的，也有反动的、落后的，尽管如此，正是由于他们的推动，民众教育思潮才

---

① 陈礼江：《积极的社会教育》，载《民众教育通讯》，第6卷2期，1936。
② 赵冕：《社会教育行政》，310～311页，长沙，商务印书馆，1938。

能在现代诸多教育思潮中逞一时风流。"①由此可见，社会教育制度建设的策略意义可能远远大于其实质内容，它与其说是赋予社会教育在学制中的地位，倒不如说是社教界内部在面对学制改革时所自发形成且尤为必要的一种应急反应。

这种应急反应产生了显著效果，有效营造了学校教育和社会教育一体化发展氛围。尽管各派社会教育制度建设方案不一，但一致反对割裂学校教育和社会教育的关系，认为二者"不但不相冲突或重复，而且有相得益彰之效"②。在他们各异的学制规划中，都强调在既有的社会条件下，根据能给受教育者提供的教育可能性，学校教育和社会教育的界限开始模糊起来，选择灵活多样的教育形式，打破学校教育和社会教育之间的"此疆彼界"，以期以教育改造达到社会改造的目的。而各派对学校教育和社会教育关系的不同意见，以及由此产生的激烈、持久的论争，吸引了社会上广泛关注，他们所期望的制度生成的氛围逐日浓厚。抗战期间，国民政府很大程度上接纳了学校教育和社会教育一体化的主张，特别是教育部《各级各类学校办理社会教育》《国民教育大纲》的出台，学校教育和社会教育合流办理成了国家"强制性"的规定，"务期化除学校与社会之界限，而使学校成社会教化之中心"。③ 正因为有种种舆论铺垫和营造，20 世纪 40 年代国民政府在强力推进"各级各类学校办理社会教育"的举措时，显得信心十足。

二、民众学校课程标准问题

民众学校"清末始稍萌芽，民国以后，逐渐推进，及国民政府成立，

---

① 张蓉：《中国现代民众教育思潮研究》，195 页，北京，中国文史出版社，2005。

② 傅葆琛：《我国社会教育的演变及其动向》，见陈侠等编：《傅葆琛教育论著选》，379~380 页，北京，人民教育出版社，1998。

③ 教育部社会教育司编：《各级学校兼办社会教育办法》，《各级学校兼办社会教育重要法令》，4 页，自刊，1939。

乃日益发达"①。1927年南京国民政府成立后，开展了轰轰烈烈的识字运动，民众学校成为民众教育实施文字教育最通行的一种，"在许多乡村或县里，民众学校为实施教育唯一的机关"②。"但民众学校为民众教育之重要设施，连年以来，已由六千余校增至三万一千余校，每年可容纳学生二百万人，已毕业者有五百万人，关系重要，可以概见。然课程标准之是否妥善，影响于教科用书之编辑，教科用书之良否，影响于学生之学业甚巨，关系密切，自应特别重视。"③但教育部1929年颁布《民众学校办法大纲》，仅规定民众学校学科初级班为国语（包括公民及常识等）、算术（珠算或笔算）、乐歌、体育等，高级班加授职业科目。但选择哪些内容作为课程的组成部分，以怎样的标准去编制课程，采用什么样的教材来讲授这些课程，却没有一致标准可以依据，"因此一般民校教师，除书坊可以购买的千字课本作为唯一的标准教材以外，其他功课就随意教教罢了，甚至有课不教，教而无材，结果当然不堪闻问了"④。课标问题成为限制民众学校教学效果的一大桎梏。有鉴于此，教育界纷纷寻找对策，社教社的努力最为引人瞩目。

（一）起因

从民众学校实际课程内容看，识字依然是课程的主要目标。各地民众学校招生简章"入学四月，识字千余"明确标示，"一般民众学校的先生，大都以为民众学校的唯一使命，是在教民众识字，而一般的民众呢，也以为到民众学校里去的唯一目的，是在于识字"⑤，而识字教材便成为民众学校最为基本的教材。社教社社员黄裳在全国范围内对1247所民众学校调查数据显示，识字课占总课程的46.75%，民众学校采用的千字课本，有

---

① 教育部中国教育年鉴编审委员会编：《第一次中国教育年鉴》（民众学校），600页，上海，开明书店，1934。

② 庄泽宣、徐锡龄：《民众教育通论》，63页，上海，中正书局，1934。

③ 钟灵秀、顾良杰：《民众学校课程标准之又一探讨》，载《教育与民众》，第6卷1期，1934。

④ 许公鉴：《民众学校的改造问题》，载《教育与民众》，第5卷10期，1934。

⑤ 甘豫源、武宝琛：《民众学校之社会化》，载《教育与民众》，第3卷2期，1931。

16.86％采用的是教育部编辑三民主义千字课本，商务印书馆出版的新时代民众识字课本占总数的 13.73％。① 而各书坊"编辑民校课本的人，大多对于民众教育缺少实际的经验，仅靠着主观的理想，并且因为营业关系，又无长时间研究和详密的修改，当然不能有良善的出品"②。即便如商务印书馆出版的识字课本（由沈百英编纂、陈布雷审校，1929 年 8 月出版，在一年半的时间内，第一、二册已经重印 19 次，销路很大），依然存在"课题、生字、课文、图画以及材料"③方面的弊端，对社教社社员周德之的批判，编辑沈百英亦承认在生字和图画方面欠深入思考。④ 其他坊间出版的民校课本可想而知。究其原因，民众学校课程编制标准的阙如，加上对社会教育缺少实际经验，编辑教材者只能按照主观理解来揣测从事。甘豫源认为："现在各级学校的课程编制，严格地说来，不过是教科目的规定。民众学校的课程，也聊复尔尔之，未能免俗。所谓课程即识字，写信、记账、游戏、唱歌……等等。自从革命军统一全国，民众教育民众训练之说高唱入云，但所谓民众学校课程，还没有人提出澈底改革的方案。所不同于军阀时代之平民学校者，不过加授党义数十分钟而已。"⑤而"课程标准，为办学施教重要之根据，抑亦划一同种学校毕业最低限度惟一之利器。查吾国自设立民众学校以来，各地各自为政，课程既不一致，课本尤为纷歧，毕业最低限度更难期其划一，倘长此以往，殊失教育之统一性；对于民众学校事业之前途亦多窒碍。民众学校课程标准，实有从速厘定之必要"⑥。民众学校课程编制标准亟须出台。

---

① 黄裳：《民众学校招生暨留生问题研究》，92～98 页，广州，国立中山大学，1935。

② 许公鉴：《本院实验民众学校二十年度第一学期之实验方案》，载《教育与民众》，第 3 卷 3 期，1931。

③ 周德之：《评商务印书馆"识字课本"》，载《教育与民众》，第 2 卷 5 期，1931。

④ 沈百英：《对于周德之先生评"识字课本"的说明》，载《教育与民众》，第 2 卷 7 期，1931。

⑤ 甘导伯：《民众学校课程论》，载《教育与民众》，第 1 卷 1 期，1929。

⑥ 《决议案全文》，见中国社会教育社编：《中国社会教育社第一届年会报告》，54 页，无锡，民生印书馆，1932。

1932 年 8 月社教社的第一届年会，社员许其仁、钟道赞与张永荣、冯国华分别递交第 9 号（各民教学校课程应注重生计教育方面，以利民教推行案）、27 号（请教育部厘定民众学校课程标准，使办学者知所遵循案）、35 号（请教育部颁布高级民众学校办法并厘定课程标准，以利民众教育之推行与进展案）及 40 号（拟定民众学校课程标准，请予审议案）提案，其中以冯国华提案最具系统性。冯氏作为江苏省立俞塘民众教育馆实验区主任，有数年办理民众学校的切实经验，深味民众学校办学中弊病，认为："苟不将民众学校的课程标准厘订清楚，大家再随心所欲敷衍从事，民众学校的呼声虽喊得应天响，结果还是白费金钱，效率等于零。"为此，他就民众学校的国语、算术、常识、音乐课程拟定了详尽的各科分量的分配，各科的程序、教学方法在内的民众学校课程标准草案。① 审查委员会将四案合一，主文修正为"拟定并实验民众学校课程标准案"，办法则"由本社将第四十案原草案，委托重要社教机关，实施实验。于一年内，缮具实验报告，由本社审查研究后，再行酌夺"。② 四个提案涉及民众学校课程标准，可见该问题已成为普遍难题。会后，理事会函请团体社员江苏省立教育学院、河南省立实验民众学校等单位实验，并请缮具实验报告。③ 期望在第二届年会就实验报告再行讨论。可惜的是，次年 8 月在济南召开第二届年会时，因为种种原因，各团体社员均未能递交具体报告，就职于山东教育厅的社员杨展云、郁瘦梅、孔令粲联名提交"由本社编拟民校课程标准，呈请教育部核准，通令遵照施行案"，认为各地办理民众学校，多数依照中华平民教育促进会所定"四个月毕业，读完千字课"办法，但各行其是、漫无标准的教学实践效果大打折扣，各方实验均认为该办法均无实现的可能，但相沿成习，遂成民众学校不变方式，"吾社既负有推进中国社会教

---

① 冯国华：《民众学校课程标准草案》，载《教育与民众》，第 4 卷 3 期，1932。

② 《决议案全文》，见中国社会教育社编：《中国社会教育社第一届年会报告》，53～55 页，无锡，民生印书馆，1932。

③ 李邦权：《中国社会教育社第一届年会的前前后后》，载《教育与民众》，第 4 卷 1 期，1932。

育之使命，对此社教基本工作，应有所表现。且社内同人，对于民众学校深有研究者，不乏其人，如能集合专家，从事编拟，必能得较完善之课程标准"，建议由大会公推对于民众学校有研究者 7～9 人，组织民众学校课程标准委员会从事草拟，提交理事会通过后呈部审核。大会决议"照原案通过，交理事会斟酌办理"。① 杨展云等人提出的办法，操作性很强，对社教社这个学术团体来讲实行起来更为容易。理事会决议："由会函请钟灵秀、顾良杰、甘豫源、冯国华、马祖武、赵占群、杨效春七社友组织委员会，由钟灵秀召集。"②钟灵秀接到理事会通知后，迅速行动起来，社教社主导的民众学校课程标准设计就此正式开始。

（二）设计经过

按照理事会决议，民众学校课程标准制定由钟灵秀召集，由社会教育司的钟灵秀、顾良杰，江苏省立教育学院的甘豫源、马祖武（时任该院实验民众学校校长）、冯国华（时任江苏省立俞塘民众教育馆实验区主任）、赵占群（赵冀良，中华平民教育促进会干事）及山东建设研究院的杨效春组成委员会。从社员服务单位看，既有最高教育行政机关，又有江苏省立教育学院、中华平民教育促进会和山东建设研究院三大乡村建设基地专家，并加上第一届年会该提案的提出者冯国华，理事会是本着兼收并蓄各家意见来"点将"的，但各家分散各地的状况却造成实际工作进展的困难，召集人钟灵秀这样描述民众学校课程标准草案的诞生：

> 灵秀于去年十一月间接到理事会函托后，以上列七社员中，除灵秀与良杰同在教育部社会教育司服务外，其余五社友散居各地，不易集合，拟先行通函交换意见后，再商进行办法，特函请理事会将各社友最近通讯地址见示，并将冯国华先生拟定之"民众学校课程标准草

---

① 《决议案》，见中国社会教育社编：《中国社会教育社第二届年会报告》，47～48 页，无锡，民生印书馆，1933。

② 钟灵秀、顾良杰：《民众学校课程标准之又一探讨》，载《教育与民众》，第 6 卷 1 期，1934。

案"分发各社友一份，以资参阅。又团体社员如江苏省立教育学院、河南省立实验民众学校等实验经过及材料，亦请去函征集，以便参考。当经理事会函复照办。惟团体社员实验材料，截至二十三年七月止，未征集送到。嗣灵秀接俞理事庆棠函询此案进行经过，当即函复："此案早经准备，所以迟未草拟者，以民国十八年教育部颁布之《民众学校办法大纲》，现在正拟修改为《民众学校规程》，课程略有变更。课程未定，课程标准实属无法进行草拟。一俟《民众学校规程》由部正式公布后，即当迅速进行，于本届大会前提出讨论。"直至本年六月二十八日教育部始将《民众学校规程》正式公布，并通令各省市遵照办理，同时并将《民众学校办法大纲》废止之。自此之后，民众学校课程标准草案，始可着手进行。惟计算距本社年会开会时间仅一月余，各担任起草之社友，又皆散居各处，往返磋商，势必多延时日，乃由灵秀与良杰先行草拟，于短期内草竣，七月十五日将全案油印分寄甘、冯、马、赵、杨五社友，并函请迅为补充删改，于七月底寄还灵秀处，由灵秀汇集各人意见，再行整理，然后寄交理事会，提出本届年会讨论。此本案经过之原委，及进行迟滞之情形，应为社友及热心民教同人详为报告，而请求体谅者也。现在草案，虽经灵秀与良杰草拟成后，然不完备之处甚多，意料其他五社友必多补充删改之处，一俟收到，必能补其阙略，多所增益。①

从钟灵秀叙述可知，理事会 1933 年 8 月份通过决议组织七人民众学校课程标准委员会，召集人称 11 月份才接到通知函，除社教司的同事外，其他五委员只能靠信函联络，而团体社员的实验报告迟迟未能征集到，更因为教育部要有民众学校新令出台，直至次年 6 月份教育部公布《民众学校规程》后，钟灵秀才正式启动民众学校课程标准草案拟定，此时距第三届年会召开仅剩一月有余，委员们分散各地再次成为大的障碍，最终草案拟定

① 钟灵秀、顾良杰：《民众学校课程标准之又一探讨》，载《教育与民众》，第 6 卷 1 期，1934。

变成了钟、顾两人的工作。当然，也正因为钟、顾二人主笔，他们从自身工作经验出发，使得该草案一开始就着眼全国范围，注意给各地留足伸缩性，站在教育部的高度上来定位，使得之后该提案向全国推展之路异常顺畅。

从钟、顾二人设计说明看，该课程标准遵照教育部新颁《民众学校规程》第十二条规定的国语、算术、乐歌、体育四科目分编（高级部的职业科，范围甚广，就少数科目编订，难期到处适用，故留待地方按照情形，自行编订），编订遵循三个目标：（1）精神的训练；（2）文字的学习；（3）简易知识的陶冶；高级部并注意职业常识的培养。民众学校课程标准分初高两级编订，供教学年在16岁以上失学者适用。为各地方有伸缩余地起见，各科分量分配仅定百分比，国语、算术、乐歌、体育四项，初级、高级学校百分比分别为67％、17％、8％、8％和60％、12％、8％、8％（12％职业科目）。以国语科课程标准为例：

表 5-2　社教社社员拟定的民众学校课程标准草案分级规定标准（国语科）表（1933）①

项别　　级别　分类	初级民众学校	高级民众学校
公民	1. 中华民族和国族；2. 国旗和党旗；3. 孙中山先生；4. 国家和人民；5. 人民与国家；6. 实行新生活；7. 公德及公益；8. 服用国货；9. 首都；10. 本地名人事略；11. 本地形势名胜和物产；12. 本地祠庙等历史的故事；13. 本国古今伟人的史略；14. 本国历代的伟大事功；15. 团结自卫	1. 三民主义浅说；2. 武昌起义与双十节；3. 革命先烈事略；4. 政权与治权；5. 国民的权利和义务；6. 提倡国货；7. 我国三大流域的大概及重要都市；8. 地球形状；9. 我国疆域的大概；10. 方向位置及本地区域的大概；11. 国耻痛史；12. 东北四省；13. 本地人民的生活；14. 本地的公益

---

① 表格说明：民众学校初级班最初期读作写应混合，并注重铅笔练习，嗣后仍可混合教学，互相联络，但书写宜逐渐注重；高级班读作写虽分别，仍应互相联络，必要时，仍得混合教学，书写宜侧重毛笔。钟灵秀、顾良杰：《民众学校课程标准之又一探讨》，载《教育与民众》，第6卷1期，1934。

分类　级别 项别	初级民众学校	高级民众学校
常识	16．衣食住行；17．人体外形的大概及功用；18．蚊蝇等害处和驱除的方法；19．健康的益处和方法；20．卫生的意义和方法	15．风雨雷电霜雪冰露的成因；16．学校家庭四周的卫生；17．烟酒等嗜好的害处；18．人体内部的大概及功能；19．衣食住行学业用品等清洁卫生的研究与实行

			初级民众学校	高级民众学校
作业	识字	认识注音符号及汉字	1．认识基本符号；2．学习注音符号拼法；3．书写注音符号；4．应用注音符号注音；5．认识并运用普通单字	求注音符号及单字应用之熟练
		读书	1．认识并运用简单语词；2．阅读实用文和浅易文字；3．认识并运用简易标点符号	在初级民众学校基础上，加上：4．增进运用文字的能力；5．练习使用字典
	作文		1．简易记叙文或实用文之练习；2．其他作文设计之练习	1．叙事和日常事项偶发事项的记述（包括日记）；2．简易记叙文或实用文、说明文的练习
	写字		1．注重笔顺及基本笔画的练习；2．简易熟字的书写与练习；3．国语课本之抄写或默写	1．正书中小字的练习；2．简易行书的认识与学习；3．国语课本之抄写或默写

　　从表 5-2 中可以看出，钟、顾二人拟定民众学校课程标准草案中，选材范围遵照《民众学校规程》中规定，国语科包括公民、常识和作业，其中作业分识字、写字和作文项，认识注音符号与汉字暨读书被划归到识字中。社教社名誉社员吴稚晖大力呼吁注音符号对扫盲的重要性，教育部亦在积极提倡，注音符号在钟、顾二人拟定的民众学校课程标准草案中得到切实体现，被列入国语课程标准目标的第一条："能由注音符号，读出汉字，并能用注音符号注音"。并在作业项下的识字中对认识注音符号作出详细规定。在教学方法要点中，强调要培养学生兴趣，引起学习动机，为照顾学生个体差异，还规定了最低限度。此草案提交中国社会教育社第三届年会，与北平市第一社会教育区民众教育馆提议"呈请教育部改定民众学校课程标准，增订关于职业指导、生计训练等材料案"合并，大会议决

"交由理事会组织委员会研究，俟有结果，再行呈请教育部采择施行"。①年会后，钟、顾二人特将该草案刊登于多家社教刊物上，"谨将《民众学校课程标准草案》附印于后，希望全体社友，及热心民众教育同人，深切注意，不吝赐教，或将意见通函指示（通讯处教育部社会教育司），或另拟方式寄下，以便多所改正，无任欢迎翘企之至！"②希望能有同道予以各种意见，以备参考改正。

实际上，在钟、顾二人民众学校课程标准草案形成之前，赵冀良已有成熟的设计，在《教育与民众》(1934 年 6 月 28 日出版)发表自己对民众学校课程标准的看法，很奇怪的是，他作为理事会指定的民众学校课程标准编制委员会一员，文中称"去年中国社会教育社在济南开第二届年会，组织民众学校课程标准编拟委员会，着手编拟课程标准，贡献教育部采纳。所以民校课程标准，到现在还在问题中呢！这的确是一个伟大而又困难的工作，作者不敏，愿贡一得之愚，请求全国社教同志指正"。他认为民众学校须注意如何造成建设力量、如何唤醒民族意识和如何增高教育效率三大问题，而这三大问题的解决，平教会出版的著作中有明确答案。"中华平民教育促进会出版的《学校式教育工作》中对于上列三项问题曾有详细的论列"；而他编制的初级民众学校课程标准说明，"本课程以文字训练、知识陶冶及精神训练为目标；本课程分为语文、唱歌、时事概要、秩序训练、学生活动五科。语文课包括注音符号、民众读本、民众读物、习字、作文五门"。③ 可以看出，完全是平教会在定县实验的翻版。如果说赵冀良作为平教会干事，未能像钟灵秀等就职于教育部社会教育司的便利，探知教育部正拟颁布《民众学校规程》、课程将有变动的信息，但细查赵冀良拟定的民众学校课程标准，教育部 1929 年就颁布的《民众学校办法大纲》中的

---

① 《决议案》，见中国社会教育社编：《中国社会教育社第三届年会报告》，52～53 页，无锡，民生印书馆，1935。

② 钟灵秀：《草拟民众学校课程标准之经过》，载《民众教育通讯》，第 4 卷 6 期，1934。

③ 赵冀良：《民众学校课程标准之一探讨》，载《教育与民众》，第 5 卷 10 期，1934。

课程规定，并不在他参照之列。由此可推测，钟灵秀在拟定草案期间上演"独角戏"的内在动机，各委员分散各地不易联络只是表面原因，或许各自参照系不同才是主因。为避免类似社会教育地位问题的分歧过多再次上演，钟灵秀联合同事顾氏"独立操刀"，后期仅将观念接近的江苏省立教育学院甘豫源、马祖武、冯国华列入，毅然舍去平教会的赵冀良、山东乡村建设研究院的杨效春，或许是其时能做的最好选择。

（三）教育部颁布修正试用

1934 年 10 月 28 日，社教社理事会第 10 次会议召开，就第三届年会交代民众学校课程标准草案之事讨论，决议"将大会交下之民众学校课程标准草案交原起草委员会，限期召集会议讨论通过后，交常务理事呈请教育部公布施行"。① 会后，社教社常务理事将《民众学校课程标准草案》呈递教育部后，呈文中称："民校课程各地皆无标准，一切科目，多凭各校自主拟定，教学上固感困难，实际效果，亦不甚显著。本社有鉴于此，爰分请国内民教课程专家研讨各种客观条件，经二年之久，拟定民众学校课程标准草案，呈请教育部采择施行。"

> 呈件均悉。查原呈草案，大致向无不合，惟实际是否完善适用，尚待研究实验。兹将原草案修正另印，发饬各省市教育行政机关，就所属各民众学校，制定较为优良之五校至十校，按照标准草案，先行试用一年，充分研究实验，俟期满后，汇齐试用各校意见，开具详细报告，呈备参考。业经明令通饬遵照，仰即知照。②

1935 年 3 月，教育部以第 3830 号批示，将其颁布全国"修正试用"，通令各省市就所属民校中指定较为优良的五至十校先行试用，"期以一年为期，以求得一个比较可靠的结果，藉作修正订定正式课程标准之重要参

---

① 储志：《中国社会教育社第三届年会之种种》，载《教育与民众》，第 6 卷 1 期，1934。

② 《社务报告 民校课程标准准令试用》，载《社友通讯》，第 3 卷 10 期，1935。

考"①。按照教育部饬令，各省市各自选择合格民众学校进行实验事业，并将实验结果汇总上报教育部审核。以江苏俞塘省立民众教育馆实验民众学校实验结果为例，"本馆为实验教育部颁布之'民众学校课程标准草案'起见，于二十四年度起，在东公园民众学校开始实验，一年来共办理初级两期。……至于课程方面，均依照部颁课程标准办理"。其实验意见如下：

1. 受教时间太短：按课程标准，民校课程有国语算术（包括珠算笔算）乐歌体育等，其时间分配比例，较之十八年颁布之民众学校办法大纲，已进步不少。然犹感时间不敷分配之困难，故无论国语、算术、乐歌，均不能在规定时间内教完，而以国语一科尤甚。

2. 课程标准太简略：民校除国语一科采用教本外，其他如算术、乐歌，尚无适合之教材，不得不由教师自编教材。然以民教机关之工作人员，往往担任民校教师者，必同时负有其他不同之任务，无论学力是否能自编教材，其时间和精力均感不足，于是不得不移用普通小学之中级教材。成人与儿童经验各殊，生活习惯亦不同，而个性之差异尤大。是以仅就教师主观之去舍，难免发生问题。故理想之课程标准，能有更详明之指示，庶可减少教者之困难。

3. 课外活动太少：民校留生问题是否发生视施教之能否切合民众实际生活上之需要。依目前情形言，以教学时间不多，多重视教学效果，往往有注重教室内上课之趋势。晚间二小时，全部为其所占，迨散学后，学生劳动终日，兼又上课，精力已疲。匪特课外活动之机会甚少，即教师与学生间谈话机会，亦不易得。

综上三点，民校学生既为时间所限，不克尽量获得课外活动之机会，故仅教室内之上课，即学生能全部接受灌输之知识，终觉于实际生活之要求，相去不无太远。②

---

① 《民众学校课程标准草案》，载《教育部公报》，第 7 卷 13、14 期合刊，1935。

② 钮长震：《民众学校课程标准草案实验报告》，载《民教通讯》，第 2 卷 9 期，1936。

文中所提三条意见，具有很大的代表性，特别是时间不敷使用。浙江省教育厅接到部令后，曾令浙江省立民众教育馆、永嘉县立民众教育馆、嘉兴县立中心民众教育馆、临海县立海门民众教育馆等 10 个社教机关分别进行研究实验，尽管研究实验的问题繁简不一，但各科分量的支配是否适当，各科课程标准所规定目标、作业要项、教学方法要点及最低限度是否适当是共同关注，仅就各科分量支配结果看：国语科教学时间有增加必要（初级应由 66％增加至 75％，高级班应由 50％增加至 65％），算术科初级应由 18％增至 20％～25％、高级班时间分配尚可敷用；乐歌和体育科应以在课外教育为宜，不必列入分配比例，如必须列入课内，其比例各有增减，乐歌应由 8％减至 6％，体育则从 8％增至 9％。各科课程标准中，最为困难的是注音符号的学习，因浙江方言复杂及日常生活应用机会不多，颇难达到课程所定标准。社员林宗礼负责整理汇总这 10 个社教机关的研究实验报告，他认为，除去课程标准本身问题之外，还有两点亟须我们注意：(1)按民校规程所规定之初级毕业最低期限为 200 小时，不敷分配，有提高必要；(2)课外阅读之适当读物缺乏，应从速编制。[1] 来自山东省立民众教育馆的社员樊月培、朱智贤（此时朱氏尚不是社教社社员，笔者注）根据实验结果[2]，提出修正意见：(1)课程目标，应注重民族意识的培养、简易文字的学习、生活常识的灌输及自卫能力的养成；(2)课程标准不宜太高，因生活和地域的关系，太高则不易达到；(3)科目不宜太繁，教材不

---

① 林宗礼：《部颁民众学校课程标准草案之研究实验》，载《教育与民众》，第 8 卷 2 期，1936。

② 该馆特别声明：试用教育部颁《民众学校课程标准草案》办法，分为直接实验和辅导推广两种，希望以不同的环境，不同的人力与财力，得到一个比较客观的结果。但因环境、经济人员种种不同的关系，未能完全遵照规定的各科选材标准，例如国语科在直接实验的民众学校里采用本馆自编的《初级山东农民读本》和庄泽宣编的《人人读》，在辅导推广的民众学校里，多用定县平教会出版的《农民千字课》和本馆自编的《初级合作读本》。上列各书的内容除《人人读》注重趣味教材外，其他多以介绍公民常识为主旨，与教育部规定的标准用意是一致的。此外，如体育科因试用各校多是夜班晚课，且无多余时间，除学习一点国术外，普通体操未能充分实行。

宜过多，但求内涵广博切要，俾得专心学习①。从这些公开发表的研究报告看，作者大多数为社教社社员，拥有丰富的民众学校办学经验，均会在报告中给出或翔实，或简略的改进方案。从这个意义上看，社教社依然在为试用《民众学校课程标准草案》不断修补、完善努力，并为社会营造了一个争相谈论民众学校课程标准的氛围，以期教育部能在"一年期满"后如期颁布正式课程标准。

　　或许是因为各地试用结果发现问题过于繁多，教育部在实验期满后，用了将近9个月时间来整理实验报告。1937年1月28日上午，教育部召集该草案起草人钟灵秀、顾良杰、冯国华、马祖武、甘豫源五人，同时聘请相关方面专家郝更生（体育）、赵元任（音乐）、吴剑真（自卫训练）三人，开会作缜密审查。"据悉课程标准草案经此次讨论结果修正之要点，均以民族主义为中心，约有下数项：（一）在目标方面，特殊注重民族主义的培养，（二）在科目方面，增加《公民训练》科目，（三）体育科目加入自卫一项，此外如时间分量之分配及教学方法与内容，亦均有所更改。闻此项修正草案，俟整理后，尚须送请各审查委员签注最后意见，再呈部长核定公布施行。"②从消息看，教育部除召集草案起草小组，还专门邀请相关科目专家进入，并根据国内政治形势，在目标方面，凸显注重民族主义的培养，增加公民训练，并加入自卫等内容。可惜的是，战火骤燃，《民众学校课程标准》的修正戛然而止。1938年8月27日，教育部以第5730号训令颁布《战时民众补习教育实施要点》，"战时民众学校公民训练教材纲要""战时民众学校公民训练教法要点"和"战时民众学校各科教学时间支配表"被作为附录放在该实施要点之后，主要目标变为激发民族意识，培养抗战职能和发挥战时服务精神。③ 1939年，教育部特种教育委员会颁布《中山

---

　　① 樊月培、朱智贤：《试用部颁民校课程标准草案的意见》，载《山东民众教育月刊》，第7卷6期，1936。

　　② 《民教情报 教育部民教消息汇志 修正民众学校课程标准》，载《教育与民众》，第8卷6期，1937。

　　③ 教育部：《社会教育法令汇编》第二辑，4～6页，重庆，商务印书馆，1940。

民众学校课程标准》，分十部分，包括总说明、总纲以及成人班、妇女班各科的课程标准，很大程度上吸收了之前众人的努力。

三、社会教育人才培养问题

在政府行政力推动下，社会教育作为中央政府向基层社会权力扩张的一个渠道，得到迅猛发展，民众教育馆、民众学校等社会教育机关数量涨幅巨大，社会教育人员数量与日俱增。据教育部统计数据显示：1928 年全国范围内社会教育机关数为 10773 所，职员数为 14495 人，1933 年机关数增至 97591 所，职员数量则为 153691 人，人员数增幅为 10.6 倍。[①] 在迅猛增长势头下，工作人员暴露出很多问题，引发社会各界的注意。"从简易识字学塾，通俗教育，直至平民教育，……在当时这些教育运动，都是风起云涌，但是都不能持久，缺乏专门人才为推动，未始不是一个主要原因。"[②]社教社理事陈礼江将专门人才匮乏看作近代社会教育事业效果不佳的主因之一。社会教育专门人员主要是指民众教育馆、民众学校、公共图书馆、公共体育场、博物馆、科学馆、美术馆、社会教育行政机关等的以社会教育为专业的人员，他们不仅要具备"普通的各种常识，民众教育的专业训练与研究，对实际工作与问题有充分认识与应付能力"，还要"养成一种'传教的精神'和'接近民众的态度'"。[③] 人员素质如何直接影响到社会教育事业的成败。专门人才培养作为社会教育理论的基本问题，社教社一直非常重视，其核心理事大多来自社会教育专门人才培养机构，在积极进行社会教育学科化建构的同时，更利用社教社平台，为在全国范围内建立起国立、省市立、县立正规化的学校教育系统和短期培训班"鼓与呼"，社会教育人才培养体系从无到有，逐渐完善起来。

---

① 赵冕：《社会教育行政》，145 页，长沙，商务印书馆，1938。
② 陈礼江：《民众教育》，441 页，上海，商务印书馆，1935。
③ 李云亭：《民众教育馆概论》，载《教育与民众》，第 2 卷 8 期，1931。

（一）现状调查

与社会教育迅猛发展的态势相比，其人才培养体系远远未能跟上。截至 1932 年，仅有江苏省立教育学院(1928)、河北省立民众教育人员养成所(1929)、浙江省立民众教育实验学校(1930)、私立大夏大学社会教育系(1930)等数处培养专门人才。江苏教育厅曾于 1930—1931 年度视察了该省35 县 64 个社会教育机关，并做出详细报告，"办理成绩优良的不过三五处，而办事精神松懈以致毫无成绩者三十一处，设备简陋而内容不充实者十三处，所办事业未能切合民众需要以致民众不愿与机关接近者十一处，工作毫无计划者五处，此外主任人员及职员兼任机关以外之有给职务者十处"①。由此可窥江苏全省社会教育机关的实际情形。而且，社教机关形同虚设者不是个别省份现象，"探知督学莅境，事前会议如何如何的作几小时的励精图治。在几小时内全校员工师生全体动员表演的异常热闹。社会教育机关亦不免利用热闹作一种魔术以掩护其无聊"②。徒有其表，华而不实。为了进一步明了情况，社员宗秉新专门调查了江苏省 61 县 100 个社会教育机关人员情况③，据调查数据显示：填表的 99 个社会教育机关共有人员 421 人，其中男性 393 人，占总比例的 93％，女性仅有 28 人。从年龄分布看，21～35 岁人数最多，占 311 人(其中 21～25 岁占 101 人，26～30岁占 126 人，31～35 岁占 84 人)，主体属于年富力强。而这个群体的学历、经历情况如表 5-3、表 5-4 所示④。

---

① 周佛海：《各县农教馆实施二十一年度最低标准工作之总检查》，载《江苏教育》，第 2 卷 12 期，1933。

② 夏承枫：《殷鉴不远》，载《山东民众教育月刊》，第 4 卷 1 期，1933。

③ 实际数据只有 47 县，除江宁县社教机关因旱灾奉县政府命令停办外，其他尚有泰兴、六合、句容、金坛、溧水、高淳、昆山、沛县、邳县、东海、泗阳、宝应、沭阳 13 县，始终未见一机关填寄表格。

④ 当时统计者按照"每具一项经历作一个人计"标准来统计民众教育馆馆长、馆员经历，由于一些人员经历复杂，如句容县立民众教育馆馆长曾前后担任县立中学校长、县党部委员，这种计算标准导致表 5-3 和表 5-4 样本总人数有所差异。但从总体来说，基本还是可以反映出江苏省各县立民众教育馆职员的学历、经历概况。整理自宗秉新：《江苏的民众教育馆》，载《民众教育通讯》，第 3 卷 6 期，1933。

表 5-3 江苏省各县立社会教育机关主管、职员学历统计表(1933)

人员 人数及比例 学历	主管		职员	
	人数(个)	百分比	人数(个)	百分比
曾受大学教育者	6	6％		
曾受社会教育专科以上学校教育者	52	52％	19	6％
曾受专门以上学校教育者			47	15％
曾受社会教育短期训练者	4	4％	—	—
曾受师范教育者	23	23％	89	29％
曾受其他中等教育者	11	11％	85	28％
其他	4	4％	28	9％
未详	1	1％	41	13％
总计	100	100％	309	100％

表 5-4 江苏省各县立社会教育机关主管、职员经历统计表(1933)

人员 人数及比例 经历		主管		职员	
		人数(个)	百分比	人数(个)	百分比
曾任社会教育职务者		38	28.1％	67	18.6％
曾任教育行政人员者		29	21.50％	14	3.9％
曾任中小学职务者	中学	60	43.50％	24	6.7％
	小学			141	39.3％
曾任县党部委员者		4	2.95％	—	—
曾任党务工作者		—	—	10	2.8％
曾任农业技术人员者		4	2.95％	—	—
曾任普通行政人员者		—	—	6	1.7％
其他		—	—	24	6.7％
未详		—	—	73	20.3％
总计		135	100％	359	100％

从表 5-3、5-4 可以看出，江苏省各县立社会教育机关有 52％的主管人员受过专门的社会教育相关训练，但职员仅为 6％；受普通师范教育及中

学以下的训练者主管人员占 38％，职员占 66％。从社会教育人员经历来看，主管人员有曾任中小学职务者经历的占总比例 43.5％，职员比例为 46％。需要指出的是，江苏省立教育学院前 8 届毕业生 402 人，毕业生大部分在江苏省内就业，其中担任县立机关主持人或干事的占总数的 47.51％（其中县立民教机关主持人为 36.81％，县立民教机关干事为 10.7％），省立民众机关干事占 15.17％，两项汇总，从事社教工作的占总毕业人数的 62.68％。[1] 拥有"社会教育专门人才培训机关嚆矢"的江苏省，不论馆长还是馆员，其接受过社会教育专业训练的比例，都要明显高于其他省份，其他省份民众教育馆工作人员资格状况可想而知。"各县民教馆长多未受专业训练，而馆员之资格更低，致任民校者，不知正确之教学方法；司图书者，不知编目分类；司生计教育者，无生产知能；司体育者，不知场地布置、比赛规则。复查馆长月薪，多不过四十元，少仅二十元。馆员则多不过二十元，少不及十元。待遇如此菲薄，人才自难罗致。"[2] "现在各县的教育行政当局因为大多出身中小学校之故，业已差不多把社会教育机关当作安插中小学淘汰分子之尾闾。"[3] 由此，社会教育机关被"一般人讥之为养老院，确乎是一个很好的象征"[4]。

现在社会上一般人很少能知道有社会教育，更不知学校教育以外还有教育，他们以为儿童入学，就等于教育，就是受过教育的人，也没有意识到社会教育的重要，有的更不相信除开学校教育以外，还有其他教育设施的可能；就是体会到社会教育的重要，也以为社会教育很容易办，如放风筝、踢毽子，阅报等等，这样的玩意儿，什么人都可以办的。所以一个学校教育的落伍者，一摇身就可以做民众学校的

---

[1]　陈礼江：《本院民教人才训练之理论与实际》，载《教育与民众》，第 6 卷 6 期，1935。

[2]　古楳：《民众教育新动向》，25 页，上海，中华书局，1946。

[3]　赵冕：《社会教育行政》，180 页，长沙，商务印书馆，1938。

[4]　董渭川：《我之盲人瞎马的教育生涯》，载《文化与教育》，第 108、109 期合刊，1936。

校长；一个冬烘的中学教员，也可以做民众教育馆馆长，拿民众教育馆当为养老院；一个蹩脚的书记，也可以做图书馆的馆员。这样，把社会教育事业，弄得一塌糊涂，给社会所轻视。社会教育愈被社会轻视，社会教育系统，也就愈无从建设。①

许多县市的行政长官对办理社会教育只是奉上峰命令行事，对于为什么办社会教育、应该由哪些人来办以及办哪些工作等问题，根本不去也不屑于了解，"各地方教育当局，尚多视为附带事业，不足轻重，敷衍门面，藉资塞责，各项设施，率极简陋"，"不少地方多有挪移学款漠视教育情事，使民众教育馆经费枯竭，一切工作无多表现"。② 纵有"知其重要，热心提倡，而或缓急不分，重轻莫辨，办理合法，获收实效者，亦殊寥寥"③。专门人才的匮乏，成为全国范围内社会教育机关都需要面对的难题。

（二）社员们的年会提案

社会教育人才培养问题，社教社历届年会均有相关提案出现。与其他社会教育基本问题提案最大的不同，是提案人主体并非来自社教人才培养机构的教授们。第一届至四届年会，相关提案 19 件，仅有两件是由高校教授提出，其余 17 件均为地方社会教育机关代表所提，尤以第二届年会为最，该届年会的 8 个提案人分别是江苏省立徐州民众教育馆、福建省立民众教育馆馆长张永荣(2 件)、山东安邱县立民众教育馆馆长刘德芳(2 件)、陕西省立第一民众教育馆馆长刘宰国(3 件)，最后合并形成决议"呈请教育部通令限期设立社会教育人才训练机关案"，提交教育部被转饬各省市施行，影响很大。由此可见，社会教育人才培养问题已成为地方社会教育实践中的突出问题，决非社教专家的理论臆断，而且，地方社会教育机关代

① 陈礼江：《建设中的中国社会教育系统及现阶段的民众教育事业》，载《教育与民众》，第 8 卷 2 期，1936。

② 张简：《咸丰县民众教育馆志略》，载《民众旬刊》第 59、60 期合刊，1935。

③ 《国内民众教育消息 河南教育厅令各县注意社教》，载《教育与民众》，第 2 卷 7 期，1931。

表基于教育实践中积累的种种疑问而形成的提案，具有非常强的针对性，年会以此为基础形成的决议，其解决办法不仅可以应用到地方社教工作中去，而且为社教社知识精英们理论建构提供源源不断、新鲜切实的基层资源。为清晰起见，笔者专门列表如下。

表 5-5　社教社历届年会关于社会教育人才问题的提案一览表(1932—1936)①

明细届数	时间	提案名称	提案人	决议
第一届	1932 年 8 月 24 日—26 日	建议各省市分别筹设高中程度之民教师资训练班级，以应急需案	许其仁（上海市立新陆师范学校民众教育组主任）	审查意见取消，修改原主文提案主文如前（审查意见为仿照江苏省立教育学院专修科办法，以应急需；并谋专修科课程与大学课程之联络，以便专科毕业生有志深造者之继续研究，不必附设高中班）
		呈请教育部饬令各省教育机关，社教主管人员应延请富有社教经验或专门人才充任案	许其仁	两案合一，主文修正为呈请教育部通令各省市县教育行政机关，社教服务人员应请富有社教学识经验或曾受专门训练人才充任案
		呈请教育部通令各省教育厅，饬知各地民教馆等，应尽先聘任民校毕业生案	陈独醒（浙江私立流通图书馆馆长）	
		请本社设立函授学校，以适应各地社教服务人员进修训练之需求案	陆盖（江苏省立俞塘民教馆训练班主任）	照审查意见通过（附审查意见：本社暂无设立函授学校之经济能力，原案交理事会酌定修正，函请国内社教师资训练机关采择施行）

① 整理自《中国社会教育社第一届年会报告》，1933；《中国社会教育社第二届年会报告》，1933；《中国社会教育社第三届年会报告》，1934；《中国社会教育社第四届年会纪念册》，1936；中国社会教育社编：《社员一览》，无锡，民生印书馆，1935。

明细届数	时间	提案名称	提案人	决议
第二届	1934 年 8 月 24 日—26 日	呈请教育部通令各省限期设立社会教育人才训练机关，以培养专才而宏设施案	张永荣（福建省立民众教育馆馆长）	六案合并，主文改为"呈请教育部通令限期设立社会教育人才训练机关案"，决议：照审查意见修正通过如下：由社呈请教育部通令限二十三年度以内：（1）各省专设社会教育人才训练机关；（2）各省就省立民众教育馆附带办理；（3）于国立省立大学或省区内已立案之私立大学，设立社会教育系；（4）各省于原有师范或乡村师范学校添设社会教育课程
		呈请教育部通令全国私立大学添设社会教育系，各省立师范添设社会教育科，县立师范添设社教课程，造就社教人材，以应急需案	刘德芳（山东安邱县立民教馆馆长）	
		呈请教育部通令全国师范学校及乡村师范学校，一律添授民众教育课程，作为必修科目案	江苏省立徐州民教馆	
		请于最短期间设立乡村教育及社会教育人员训练班，推广社会教育，增进生产技能，实现三民主义，巩固社会基础案	刘宰国（陕西省立第一民众教育馆馆长）	
		请教育部通令各省筹设民众艺术学校，培植民众艺术人才，以便实施民众教育，得收优良效果案		
		呈请中央集中训练社教人材，以备实施之用案		
		呈请中央并通令各省分别规定社会教育服务人员养老金恤金及进修办法案	张永荣	两案合并，主文修正为"呈请中央并通令各省市分别规定社会教育服务人员养老金恤金条例及进修办法案"
		各省及特别市社会教育机关主管人员，服务三年以上，应由教育部资送社会教育发达国家留学，以资深造；各县市社会教育机关主管人员，服务三年以上，应由教育厅送国立大学教育学院肄业，以资研究而宏造就	刘德芳	

明细 届数	时间	提案名称	提案人	决议
第三届	1935 年 8 月 17 日—19 日	呈教育部通令各省教育厅教育局严饬所属师范学校认真加授民众教育课程案	陈国贵(河北省立实验城市民教馆馆长)	照审查意见通过,主文改为"呈请教育部规定民众教育为师范学校必修科目案"
		由本社拟定社会教育人才训练机关课程标准案	沈世祺、丁明德(河南省立民教馆馆长、编辑)	交理事会处理
		呈请教育部令国立北平师范大学添设社会教育系,以推广社会教育案	高阳、刘季洪、俞庆棠、王公度、庄泽宣(社教社理事)	照原案通过
第四届	1936 年 1 月 18 日—22 日	请由本社再呈中央明定民众教育课程为各级师范必修科目并注意民教实习案	林宗礼(江苏省立教育学院)	通过
		呈请教育部,将国内现有最著三大社教机关改为国立,并恳饬令各省教厅,举办社教机关一二所,以训练各县从事社教人才	周宝书(湖南省立农民教育馆干事)	未经同意,未便呈请
		筹设民众高等学校案	祝纪年(无锡西溪英文馆馆长)	均被归入"不成立不讨论或保留"
		请由本社设立社会教育研究所,以训练社教人才,并推广社教事业案	郑式亚(福建龙溪县立锦江民教馆馆长)	

从表 5-5 可见,社教社第一至四届年会有关社会教育人才问题,地方社会教育机关代表异常活跃,提案人地域遍及上海、浙江、福建、山东、江苏、山西、河北、河南、湖南等地域,除省立、县立民众教育馆馆长、干事、编辑外,提案人职业职务还包括市立师范学校民众教育组主任、私立流通图书馆馆长、无锡西溪英文馆馆长等。如此地域广阔、具体工作不一的代表们,从各自工作实践出发,针对同一问题提出不同途径、方法和

进度的解决方案，19 件原提案中，14 件是呈请教育部或中央，4 件涉及社教社自身，1 件为其他。就社教社自身提案看，不论是上海市立新陆师范的许其仁希望社教社建议各省市分别筹设高中程度民教师资训练班，抑或江苏省立俞塘民众教育馆的陆盖请本社直接设立函授学校来满足各地社教人员进修培训，还是河南省立民众教育馆沈世祺、丁明德联名提议"由本社拟定社会教育人才训练机关课程标准案"以及福建龙溪县立锦江民众教育馆的郑式亚建议"本社设立社会教育研究所"，不难看出，对于地方社会教育机关人员来讲，他们对社教社几乎看作一个官方的存在，而不仅仅是一个学术团体。从表中可见，地方社会教育机关代表与由知识精英们组成的审查委员会视角、观念存在着张力，主要体现在三个方面：第一是对社教社的定位，陆盖提案经审查为"本社暂无设立函授学校之经济能力"、郑氏提议直接被列入"不成立不讨论或保留"之列，惟有对于沈、丁二氏提案，理事会第 10 次会议决议"公推陈礼江、孟宪承、杨效春三社友拟定，由陈氏召集"①；第二是对高中程度的民教师资训练班，经过大会讨论，"不必附设高中班"审查意见被取消；第三是将培养社教人才机关如江苏省立教育学院等升格为国立。值得注意的是，第四届年会林宗礼将第二届年会提议重提②，就明定民众教育课程为各级师范必修科目案再次呈请中央，可见社教社对社会教育人才问题有异乎寻常的坚持。

这 19 件原提案中，社教社核心理事的提案为"呈请教育部令国立北平师范大学添设社会教育系，以推广社会教育案"，该提案由高阳、刘季洪、

---

① 《第十次理事会议记》，载《社友通讯》，第 3 卷 5 期，1934；《第十次理事会议决案执行状况》，载《社友通讯》，第 3 卷 9 期，1935。

② 他认为"各级师范之目的乃造就民众的师资，不明白民众教育的理论与实际，则教育功效不能深入于社会，同时教育工作亦难获得社会之赞助，故前曾由社呈请中央通令各级师范添设民众教育课程，但截至现在止，除乡村简易师范，已由中央列为必选课程外，其他各级师范对于此项课程尚付缺如。为此实有再请中央通令施行必要。并令饬各校多注意民众教育实习之指导，使每一学生对于民教均有认识，均能实际从事一切"。林宗礼：《请由本社再呈中央明定民众教育课程为各级师范必修科目并注意民教实习案》，《中心问题外提案决议录》，见中国社会教育社第四届年会筹备委员会编：《中国社会教育社第四届年会纪念册》，74 页，广州，培英印务局，1936。

俞庆棠、王公度、庄泽宣诸位理事联袂提出，理由如下："依国际之情势，及中国整个社会之现状，不论乡村或城市（当以乡村为尤要）处处需要教育；全体民众，不问男女、年青或年老，无人不需要教育。社会为整个者，学校教育和社会教育，何必截然划分，整个社会及社会内之各分子均应普遍受到教育，便应赶速从事整个教育人才之培养。故此，负训练学校师资使命之国立北平师范大学，有添设社会教育系之必要，在培植教育全国中学生师资外，有一更重大之责任，应培植全国民众之师资，分赴各省，从事民教事业，以期全国一直努力，急速促成新社会组织之建立，以挽救我中华民族。办法：呈请教育部令国立北平师范大学实行。"[1]相对于地方社会教育机关代表提议设训练班、函授班、课程等短平快路径，社教社理事们着眼于学制体系内的制度构建。"事无人不举，从事民众教育比从事普通学校教育还要困难几倍，格外需要经过专门训练的人材来担任，决不是任何人都可以来滥竽从事的。同一个民众教育机关，得其人则百事并举；不得其人则终年亦可无所事事，所以民众教育的根本推进和不断改造，还在于培养专门从事民众教育的人材。"[2]从提案人服务机关看，高阳和俞庆棠出自江苏省立教育学院，刘季洪时任河南大学校长，王公度是河南省教育厅第二科科长，此二人代表河南，庄泽宣是国立浙江大学教授，很有意思的是，或许是为了避嫌起见，国立北平师范大学校长、社教社理事李蒸并不在提案人的列名之列，该提议于社教社第三届年会提出，李蒸作为主席团成员、大会主席、提案审查委员会成员，审查委员会及大会决议均为"照原案通过"的背后，蕴涵着李氏的态度，以1932年该校教育系课程表为例：

① 《决议案》，见中国社会教育社编：《中国社会教育社第三届年会报告》，42页，无锡，民生印书馆，1934。

② 陈礼江：《民众教育的回顾与前瞻》，载《教育与民众》，第5卷8期，1934。

表 5-6　国立北平师范大学教育系课程表(1932)①

课程类别		课程明细	课程名称及学分	学分(分)
本系必修课程	主科科目	基本科目	生物学(4)；道德学(4)；社会学(4)；心理学(4)；教育概论(4)；教育英文(4)；教育史(4)；教育心理(4)；教育统计(4)；教育及心理测验(4)；普通教学法(4)、哲学概论(4)	90
		分化科目 教育行政组专修	中国教育行政(4)；学校管理(4)；学校卫生与健康教育(4)；学务调查(4)；各国教育行政(6)	
		分化科目 教育心理组专修	学科心理(2)；社会心理(4)；变态心理(4)；动物心理(4)；实验心理(6)	
		分化科目 两组共修	中等教育(4)；师范教育(4)、儿童及青年心理(4)、教育哲学(4)；参观与实习(8)；论文研究(4)	
	副科科目		设于他系	30
本系选修课程	第一、二年级		伦理学(4)；西洋哲学史(4)；生理心理(2)；幼稚教育(4)；教育社会学(4)；现代文化(4)	选修10~40学分
	第二、三年级		小学教育(2)；小学教育实际问题(2)；乡村生活及乡村教育(4)；民众教育(4)；课程论(4)；社会问题(2)；图书馆管理法(4)；高等伦理学(4)；教学视察(4)；工作学校要义(4)；系统心理(2)；科学概论(4)；艺术教育(4)；近代教育思潮(4)；中国教育思想史(4)	

从表 5-6 可见，国立北平师范大学教育系第二、三年级，"乡村生活及乡村教育""民众教育"赫然在列；必修课程项中，如教育概论、教育史、教育心理学、教育测量与评估、实习及毕业论文等科目，与江苏省立教育学院民众教育学系"本系必修课程"完全一致。② 笔者专门比照过两所学校相关课程，结果发现，江苏省立教育学院民众教育系课程是以普通高校教育学系课程为参照，而普通高校教育系中的"普通教育法""教育哲学""儿

---

① 除上述学科外，还有党义(4)、体育(8)，学生共需修满 148 学分，方能毕业。整理自李建勋：《教育学院之概况及其计划》，载《师大月刊》，第 1 期，1932。
② 《江苏省立教育学院一览》，26~31 页，无锡，协成印书局，1934。

童及青年心理"，在民众教育系而化身为"民众教育实施法""民众教育哲学""成人学习心理"等，社会教育教育化趋势明显。① 有此作基础，高践四、俞庆棠、刘季洪、庄泽宣、王公度等人如此提议，实现的可能性大为增加。会后由事务所根据年会决议专案呈请，很快接到教育部教字第15463号批示："查该原呈所请，事关增加学系，应留待考虑。惟关于社会教育之研究实属必要，应由该大学就教育学院教育系之相当科目内，列入社会教育之教材，或酌设关于社会教育之科目，列为必修课程，已令饬该大学审议具复，以凭核办"，本社奉批后，复函该大学李校长以促其早日实现。② 国立北平师范大学专门函复社教社，该校将"民众教育"从选修改为必修。③ 社教社社员、社会教育司科长钟灵秀对此给予高度评价："预料今后此项已受训练之专门人员，必日益增加，以应社会之需要，而社会教育民众教育事业之发展，必有与年俱进之势"。④ 将之视为一种社会教育人才培养的良好去向。

第一届年会陈独醒的提案希望能借助教育行政力量，使得各地民众教育馆优先聘用民众学校毕业生，以此促进社会教育人才培养的良性循环。他提出："民教专校及民教实校之创设，其目的在造就社教专门人才，俾毕业之后，得以分赴各地提倡与实施社教事业，其重要与迫切，不言而知。惟查顷来各地民教馆等所聘任之职员，大都均系普通中学或师范学校之毕业生，用非所学，乏善可陈，而于有充分社教训练之民教、民实毕业生，反无插足顾问之余地，如此现象，实致社教前途无进展之可能。且使社教人才，反流于学非所用之地步与痛苦，宁非可叹，独醒有鉴于此，乃有是按之提出也。"他给出相应的解决办法，"由本社具呈教育部请求通令各省教厅，凡各地民教馆、图书馆等机关工作人员，应尽先聘任民教、民

---

① 周慧梅：《民国时期中国社会教育学科的建构》，载《教育史研究》（辑刊），2017(1)。

② 《社务报告 准令师大添设社教学程》，载《社友通讯》，第3卷6期，1934。

③ 《第十次理事会议决案执行状况》，载《社友通讯》，第3卷9期，1935。

④ 钟灵秀：《最近全国民众教育人员训练概况》，载《教育与民众》，第6卷6期，1935。

实之毕业生，并调查现任各地办理社教职员之履历，如有资格不符者，应令撤换，向本社聘请，如此社教前途，庶有豸焉"①。揆之史实，陈独醒所言情况，的确广泛存在于各地社会教育机关人员聘任中。为了谋求民众教育馆馆长一职，军政长官之间请托之风盛行，如国民党要员刘斐向湖南省政府主席张治中，函荐其少年同学杨某出任湖南省立民众教育馆馆长，以取代原任馆长段辅尧。② 其他各地也多有此类情况发生，成为一种"心照不宣"的惯例，"张三有势力，张三就可以当馆长，李四与张三有关系，李四就可以到馆里去当主任当馆员。社会上人是如此看，教育行政的人也是如此看，甚至民众教育馆本身的人也是作如此看"③。一旦有社会教育机关主管人员任命超越"惯例"，其工作难于开展，只好"挂靴而去"。④ 由此可见，这种难题的解决绝不是仅仅如陈氏建议教育厅下令就可迎刃而解，这已经涉及社会教育人才资格和遴选标准问题，社教社亦先后为之努力过，并最终在制度上得以实现。

（三）各方回应

实际上，早在 1932 年，鉴于"培养此项专门人才实为促进民众教育之基本工作，曾经叠次通令各省市设社会教育或民众教育人员训练机关，或

---

① 《决议案全文》，见中国社会教育社编：《中国社会教育社第一届年会报告》，32～33 页，无锡，民生印书馆，1933。

② 湖南省教育厅：《长沙市民教馆人事任免材料》，59-3-23，湖南省档案馆藏。

③ 林宗礼：《新颁"修正民众教育馆暂行规程"评议》，载《教育杂志》，第 25 卷 10 期，1935。

④ 曾任民众教育馆馆长的朱秉国自述：如皋民众教育馆馆长的选任问题上，就出现了不遵守"惯例"的局面。听说那时候预备做馆长的竟有五六人之多，其中有县党部的委员先生，有新闻记者，有大学毕业生和修业生，有馆内的旧职员。该县教育局的沙局长竟打破常规，"毅然决然的委任了大家都逆料不到的一个我，一个和家乡教育界素来陌生的我。这样一来，许多人感到失望，许多人觉得愤慨"。任命朱秉国作为馆长既然是人们"意料之外"，其工作便很难得到相应人士的支持，"这许多令我悲观又令我愤慨的事件，每天都得碰到，真叫我不能受，有时我愤极，情不自禁，几乎要发神经病似的。"最终短短 15 天之后，便不得不辞去了民众教育馆馆长职务。朱秉国：《十五日民众教育馆馆长生活杂记》，载《教育与民众》，第 3 卷 7 期，1932。

就原有之教院，或师范学校内，设立专系或专科，以培养此项人才"①，但效果不甚明了。1933 年 11 月，社教社将第二届年会决议案限期设立社会教育人才训练机关四项办法呈请教育部，次年 2 月，教育部通令各省选择办理，各省市纷纷响应。截至 1934 年，"以分布情形说，全国已举办或筹设民教人才训练机关者有苏、浙、冀、豫、鲁、粤、鄂、赣、皖、秦、晋、川、绥、甘、滇、察、桂及上海、北平、青岛等二十省市"，此外，宁夏及南京、威海卫等省市，"亦已在各种师范学校内，增设关于社会教育或民众教育课程"。② 1937 年 4 月，教育部为推进全国社会教育起见，制定《各省市民众学校师资训练办法》，规定各省市教育厅局应集中举办或分局举办民众学校师资训练班，招收初级高级中学、师范学校或同等学校尚未就业者，甄别训练，其训练期分别定为 3 个月至 6 个月。1938 年 7 月，教育部颁布《师范学校规程》，其中列有社会教育专修科一种，3 年毕业，并要求于必要时得改为系，5 年毕业。由此，原本中小学教师、基层公务员的巨大人才储备库向社会教育专门人才敞开，有中国特色的社会教育师资培养体系逐渐形成，特别是学制体制内社教师资培养专门学校的增多，源源不断为社会教育领域输送人才，各地社会教育人员的结构得以改变以及资格得以提升，与社教社社教人员待遇问题的解决互为表里，环环相扣，得以同步性地舒缓和制度上解决。

必须指出的是，第四届年会上，湖南省立农民教育馆干事周宝书提出"呈请教育部，将国内现有最著三大社教机关改为国立，并恳饬令各省教厅，举办社教机关一二所，以训练各县乡从事社教人才案"，他认为，要想提倡社会教育，必须引起全国民众注意，应仿照普通学制系统待遇，设立国立、省立、县立三级建制，"由本社郑重呈请教育部，将无锡教育学院改为国立华南民众高等教育学院，定县平民教育促进会，改为华北民众高等教育学院，邹平乡村建设研究院，改为华中民众高等教育学院，并饬

---

① 钟灵秀：《最近全国民众教育人员训练概况》，载《教育与民众》，第 6 卷 6 期，1935。

② 王璋：《一年来之民众教育与人才训练》，载《教育与民众》，第 6 卷 8 期，1935。

令各省，举办省立民众教育学院（以省名定学校名，如江西省立民众教育学院），以国立民众高等教育学院所训练之人才，训练各属区域省立民众教育学院人才；由省立民众学院所训练之人才，供给各县各乡实地办理民众教育之人才，如此提纲挈领作一套有系统之研究实验，然后普及全国，自能收效"①。从大会决议为"未经同意，未便呈请"的结局看，当时应该被提案审查委员会视为过于激进的提案。可是，这份设立国立社会教育人才培养学校的提议，5年后，随着国立社会教育学院的创办而成为现实。社教社对社会教育人才培养问题的决议案，在岁月中日渐发酵，不断为解决社会教育人才培养问题输送能源。

四、社教人员待遇问题

社教人员待遇问题，不仅关系到社会教育经费投入，社教人员是否能安心服务、积极进取，同时也是影响社会教育培养体系能否良性循环的重要条件。社教社常务理事赵冕认为："待遇问题之重要，可以分二方面来说：一、社会教育机关经常费预算，职员薪金通常以全部经费百分之五十为标准，事实上且往往超过这种标准，所以人员之待遇构成了社会教育经费支出之基干；二、适当的待遇可以使人员生活上无后顾之忧，同时还可以鼓励他们向上努力，因而增进教育的效率。"②因教育部对社教人员待遇未有专门规定，由各省市政府自行酌定，但大多菲薄，社教人员流失严重。有鉴于此，以社教社为代表的社教界，在呼吁社会教育与学校教育同等地位的同时，大力提倡社教人员与学校教职员待遇同等。

（一）薪酬状况

南京国民政府成立后，教育界大多采取职位功绩制和训练功绩制相结

---

① 周宝书：《呈请教育部，将国内现有最著三大社教机关改为国立，并恳饬令各省教厅，举办社教机关一二所，以训练各县乡从事社教人才案》，《中心问题外提案决议录》，见中国社会教育社第四届年会筹备委员会编：《中国社会教育社第四届年会纪念册》，77～78页，广州，培英印务局，1936。

② 赵冕：《社会教育行政》，195页，长沙，商务印书馆，1938。

合的方式，按照职位、学历及年限来核定薪水，而对于社会教育人员，各地教育行政部门多依惯例自行酌定标准。据调查数据显示，社教人员薪酬待遇地区差异明显，以民众教育馆为例，江苏省各县市立民众教育馆馆长最高的为60元，最低24元，平均数为40元，馆员最高为42元，最低为0元（兼职不兼薪）[①]；山东省民众教育馆馆长平均数为26.17元，馆员平均数为19.11元；浙江省各县民众教育馆馆长薪俸中数为20～25元。而当时全国中小学教职员薪金中数，中学的为37.96元，其中校长90元，主任49.19元，教员53.67元，职员27.10元；小学校长实验小学月薪中数为57.85元，普通小学月薪中数为24.30元，教师实小月薪中数为42.89元，普小中数为20.52元。[②] 相比之下，民众教育馆馆长及馆员的薪金较低，"民众教育馆职员待遇应与学校教职员相同"，"县立民众教育馆人员待遇应与小学教职员看齐"，成为社会教育界大力呼吁的重点。[③]

表 5-7　江苏省立社会教育人员待遇标准表（1934）[④]　（单位：元）

人员＼级别	一	二	三	四	五	六	七	八
部主任	130	120	110	100	90	80	70	60
实验区主任	90	85	80	75	70	65	60	55
干事	70	65	60	55	50	45	40	35
助理干事及书记	40	35	30	25	20	15	—	—

---

① 黄裳的这个调查统计和宗秉新的有所出入，据宗秉新借助江苏省立镇江民众教育馆之力，调查江苏省县立民众教育馆数字显示，馆长（主管人员）有1人在16～20元，平均数则为34.20元。

② 黄裳：《民众学校教职员待遇的调查与研究》，载《东方杂志》，第31卷14期，1934。

③ 李云亭：《民众教育馆概论》，载《教育与民众》，第2卷8期，1931。

④ 表格说明：（1）以上薪额系包括膳费而言，单位为元。（2）以上等级须依据个人之学历、成绩、职务繁简及各馆经费之情形酌定之，但新任馆员不得超过第四级薪。（3）在一馆以内，助理干事薪给不得超过干事，干事薪给不得超过部主任或实验区主任。（4）各馆如有特殊情形，得呈报教育厅变更之。详见《江苏省立民众教育馆馆员聘任及待遇暂行规程》，载《教育与民众》，第6卷6期，1935。

20 世纪 30 年代初，全国小学教师的薪水及生活状况并不乐观，许多小学教师为了维持生活，不得不身兼数职，才能勉强糊口，既无精力从事其他活动，更无余力去提升自己的业务水平。"目下政治不宁，社会衰颓，直接间接，使小学教师，态度消极，生趣索然，致乐业专业精神，不能充分表现出来。如各级小学经费，因荒灾的关系，往往不能按期发放；教师仰事俯畜之资，既十分微薄，而又时时发生恐慌现象；对于事业，不免常抱'做一日和尚撞一日钟'的思想。"①当时报纸上，常常出现长篇累牍地报道小学教师因欠薪、扣薪而导致的请愿、请假、怠教、罢教等突发事件，1934 年 9 月 29 日《东南日报》报道余杭县拖欠 4 个月小学教师薪水，"学校办公室的教员，好似监狱署里囚人，大家只得相对而泣"，引起社会人士的强烈反响。② 相比之下，社会教育机关工作人员的待遇明显偏低。当时中小学教职员的待遇"已属微薄"，社会教育教职员的待遇则更是连其"个人的伙食都难以维持"。③ 其境况可想而知。

相对于学校经费来讲，社会教育经费被拖欠、挪用现象更为严重，1932 年江苏省各县立农民教育馆，"因特捐专款的关系，竟结欠十个月之多……社教工作人员生活实在不易维持"④。同年，江苏省教育馆联合会第五届年会决议案中，赫然出现这样一条："由本会函请各县教育局速予发清积欠社教经费，以后每月并按照收入成数如数拨发，不得拖欠。"⑤年会决议一般都是该项事业热点问题，拖欠薪工费问题堂而皇之列入决议中，拖欠民众教育馆经费，其人员薪水无着的严重性可想而知。更有甚

① 赵欲仁：《今日小学教师的缺点及其补救》，载《教育杂志》，第 25 卷 7 期，1935。

② 王廷弼：《谈余杭的教育》，载《东南日报》，1934-09-29。

③ 黄裳：《民众学校教职员待遇的调查与研究》，载《东方杂志》，第 31 卷 14 期，1934。

④ 相菊潭：《一年来江苏社会教育之回顾与展望》，载《教育与民众》，第 4 卷 7 期，1933。

⑤ 范永祥：《江苏省教育馆联合会第五届年会概况》，载《民众教育》，第 1 卷 2 期，1932。

者，遇到灾荒年景，民众教育馆人员还面临失业的危险。1934年江苏省大部分地区发生旱灾，田赋锐减，教育经费紧张，一些地方政府便直接裁撤了部分民众教育馆，"宜兴原有农民教育馆4处，今年以旱灾关系，收缩了2处"①。上海市立民众教育馆在"因战争税收无着，极度紧缩重编预算"下，"市长面谕"该馆"即日结束"，"通知本馆职员一律停职，并面谕各工役即日停工"。② 工作人员的生活状况陷入"困苦难堪"境地。

　　30年代中期以后，即国民党实行"法币"改革，流通纸币，中山县政府每月只拨1038元给教育馆，需要支付馆长、馆务主任和七个股的干事、庶务、勤杂等30人的月薪以及教务中的各种必要开支，经费非常拮据。馆员每月工资30元左右（当时店员包食宿的月工资约100元，刚够养家活口）。③

社会教育人员不仅在待遇方面低于学校教育职员，在休假、纳税、养老金、恤金等方面也存在着差距。1930年安徽省就该省第一通俗教育馆讲演部主任汪朗溪"在职病故"，特向教育部请示能否按照学校教职员待遇，教育部以"学校职教员养老金及恤金条例规定仅适用学校职教员，该故员系社会教育职员，自未便援用此种条例"为由，"指令不准"。④ 学校教职员每年寒暑假及各种纪念日，可以带薪休假，而服务满5年后，"有给假休养一年，仍支原薪之规定"。但社教人员常常没有寒暑假之分，甚至在假期中"且倍形忙碌"。"我们已经勉强作到终年不停馆，博物馆、国耻纪念馆、卫生馆等都是例假开放、星期开放，中午不停。吃饭的时候互相轮

　　① 朱若溪：《灾荒声中之民众教育评价》，载《教育与民众》，第6卷4期，1934。
　　② 《上海市社会局关于市立民众教育馆资历审核及人事任免请假等问题的文件》，Q6-18-22，上海市档案馆藏。
　　③ 李国瑞：《漫说中山民众教育馆》，见刘秀莲主编：《文脉相承中山文史　第66辑》，90页，广州，广东人民出版社，2013。
　　④ 《省立第一通俗教育馆呈为该馆职员汪朗溪积劳成疾故请核予优恤》，载《教育部公报》，第2卷28期，1930。

换。……每逢人家悠然自得的时候，便是我们繁忙努力的时候，在除夕爆竹声中布置艺术馆，在大年初一开办化装科学讲演，这都是作过的事。"①各地民众教育馆纷纷具文，请求教育部给予"学校职员的同等待遇"。1934年6月8日，在江苏省立南京民众教育馆的再三努力下，教育部指令第6768号就民众教育馆休假问题作了明确规定，"严寒酷暑时得更番休息，不得放假"，"休息时间，暑假至多不得超过三星期，寒假不得超过两星期"，并且，各馆要留足够的值班人员，"不得使工作停顿"。② 江苏省民众教育馆联合会为了争取与学校教职员同样的权利，1935年函请联合江苏省教育厅转呈教育部，请求"社教人员寒暑假更番轮休日期，拟与省立中等学校假期一致"，被教育部拒绝，"维持原定规定"。③ 同年5月，教育部还通令各省市教育厅，"民众教育馆图书阅览部分，除规定休息日外，每日下午五时以后，九时以前仍应开放"。要求社会教育机构延长开放时间。

如前文所述，社会教育人员主要来自中小学教职员、低级公务员系列，待遇却低于同级学校教职员，使得优秀人才难以进入、留置并安心工作。"社教服务人员与学校教职员相比较，无论职责劳力均有过之无不及，而各地教育行政机关对于社教服务人员之待遇，往往低于学校教职员及其他人员，殊欠公允。如关于薪给方面，省立社教机关必不及省立学校，县

---

① 崔叔青：《对社会教育机关两个小建议》，载《山东民众教育月刊》，第4卷1期，1933。

② 据省立南京民众教育馆馆长朱坚白呈称："窃查社会教育机关之寒暑假期，向无明文规定，往昔各社教机关虽多按时轮流放假，然仅萧规曹随，终无法定根据，究竟是否应与学校相同遵照教育部所颁布之学校办理，再星期日及纪念日，是否当日给假，抑或次日补放，亦无明文规定，理合呈请钧厅核示以资遵循，实为公便。"教育部：《为据省立南京民众教育馆请示社教机关休假办法备文转请核示祈遵由》，载《教育部公报》，第6卷23、24期合刊，1934。

③ 《为据教育学院等呈请规定社教机关寒暑更番休息日期拟酌予规定祈核事由》，载《教育部公报》，第7卷7、8期合刊，1935。

立社教机关必不及县立学校。"①"社会教育与学校教育，本属同等重要，而事实上，则所受待遇，甚不平等。例如学校教职员有进修机会，社教人员无之；学校教员，每服务九年，得休假一年，社教人员无之；学校教职员，年老退职或亡故者，依照《国民政府学校教职员养老金恤金条例》，可以请领，而社教人员，不能一体享受，诚不平等之至。所以各方社教人员，对此多为不平之鸣。"②相比小学教师流失情况，社会教育人员流动更严重。如湖北省恩施县民众教育馆馆员汪芙，工作时间不足一月，"因就区立医院司药职务而去职"，经济因素占据主导，"民众教育馆一月仅支薪十六圆，而其时一医院职员薪水则约二十五圆"③。在这种情况下，社会教育选聘人员只能降格以求，使得不合格人员比例增大，一些专业素养不高的人以为暂时栖身之所，从而形成社会教育人员队伍的人才逆淘汰现象。根据民国时期职级俸给制的规定，这些程度不高的从业人员又进一步影响了社会教育从业人员薪金提高的可能性，人员的选聘和待遇陷入了恶性循环之中，很大程度上影响了社教人员社会形象，妨碍了其绩效实现。总体上，社会教育人员队伍在不断扩大，而有经验的人员却在不断流失。当然，社会教育人员流失的原因不止一端，但待遇低下则为要因。

（二）社教社的呼吁

社会教育人员待遇问题，是社教界普遍关注的问题，社教社第二届年会起历届年会均有相关提案出台，涵盖了社教人员的薪俸、进修、养老、子女教育补助金以及恤金等问题；而且，社教社还利用各种机会，或利用社团整体的名义，或利用核心社员力量，为社会教育人员待遇问题解决寻找契机。不同于其他社会教育问题的多元化诉求，不论社教社核心专家，抑或地方社会教育机关代表，大家对社教人员待遇问题目标基本一致，即

---

① 赵晨：《请教育部订颁社教服务人员待遇办法，以利社教案》，《决议案》，见中国社会教育社编：《中国社会教育社第二届年会报告》，60～61页，无锡，民生印书馆，1933。

② 顾良杰：《教育部民众教育委员会会议经过及感想》，载《社友通讯》，第2卷8期，1934。

③ 高远驭：《恩施县立民众教育馆概况》，载《现代民众》，第2卷10期，1936。

参照学校教职员标准，出台一套社教人员待遇条例，学校教育与社会教育的纠葛，又一次有了交汇点。

表 5-8　社教社关于社教人员待遇的提案一览表(1932—1937)①

明细 届数	时间	提案名称	提案人	决议
第 二 届	1934 年 8 月 24 日— 26 日	呈请中央并通令各省分别规定社会教育服务人员养老金恤金及进修办法案	张永荣(福建省立民众教育馆馆长)	两案合并，主文修正为"呈请中央并通令各省市分别规定社会教育服务人员养老金恤金条例及进修办法案"
		各省及特别市社会教育机关主管人员，服务三年以上，应由教育部资送社会教育发达国家留学，以资深造；各县市社会教育机关主管人员，服务三年以上，应由教育厅送国立大学教育学院肄业，以资研究而宏造就	刘德芳(山东安邱县立民教馆馆长)	
		请教育部订颁社教服务人员待遇办法，以利社教案	赵晨(浙江杭州市教育科第三股主任)	呈请教育部订颁设社教人员待遇办法案，希望至少达到四点：(1)规定社教人员薪给年功加俸标准；(2)规定社教服务人员进修办法；(3)社教服务人员服务十年后得休养一年，仍支原薪；(4)社教服务人员每天服务时间，以八小时为标准

①　整理自《中国社会教育社第二届年会报告》，1933；《中国社会教育社第三届年会报告》，1934；《中国社会教育社第四届年会纪念册》，1936；中国社会教育社编：《社员一览》，无锡，民生印书馆，1935。

明细 届数	时间	提案名称	提案人	决议
第三届	1935年 8月17日 — 19日	请建议教育部明定社会教育机关人员养老金及恤金办法案	郑晓沧(国立浙江大学教授)、陆殿扬(国立浙江大学讲师)、陈训慈(浙江省立图书馆馆长)、胡承枢(浙江省立民众教育馆馆长)、林本(浙江省立民众教育实验学校校长)、陆祖鼎(浙江省教育厅第三科科员)、赵季俞(浙江省教育厅第三科科长)	照审查意见通过。办法改为由本社建议教育部,请比照学校教职员之原定办法,明定社会教育机关人员之养老金恤金办法,通令各省市教育厅局遵照办理
第四届	1936年 1月18日 — 22日	建议国民政府在修正宪法草案时明白规定社会教育之地位案	临时提议	1. 由本会推举起草委员三人,按照宪法草案应行增加有关社会教育之条文起草具体条文;2. 推举代表三人赴南京面陈意见
		建议教育部从速制定社会教育机关人员任用及待遇规程案	临时提议	通过,交理事会办理。办法:(1)由本会推举起草人负责起草具体条文。(2)派代表赴教育部请愿

从表5-8看,社教社第二届至四届年会共有6件提案涉及社会教育人员待遇,总量虽不多,但分量较足。除第四届年会为临时提议、提案人不详外,其他4件原提案,从提案代表来源看,地域涉及福建、山东、浙江,主要集中在浙江省;职业及职务方面,既有省县立民众教育馆馆长、省立图书馆馆长、省立社教专门人才培养机关校长,又有国立浙江大学知名社

教专家，还包括省教育厅、县政府教育科主管社会教育的行政人员。第二届年会3件原提案，经大会讨论后形成两条决议案，会后理事会第6次会议专门决议"交常务理事办理"①。第三届年会由浙江籍代表联名提出提案，经理事会第10次会议，同样是"交常务理事会办理"。社教社先后将第二届、第三届有关社会教育人员待遇提案呈交教育部，第四届年会再次提交2件提案，第一件国民政府修宪中主要涉及社教人员的待遇问题，要求与学校教职员享同等待遇，将之作为社会教育地位的主要标志；第二件从提案名称及通过的办法看，社教社准备负责起草具体条文，并派代表赴教育部请愿，希望能给予通过。

第一届年会福建省立民众教育馆馆长张永荣的提案中，针对现实中社会教育人员待遇不公，将之归因为无社会教育服务人员养老金恤金条例公布，"而社会教育服务人员养老金恤金条例，则未见公布。虽经明令解释，援照行政官吏养老金恤金条例办理，但《行政官吏养老金恤金条例施行细则》规定：请领养老金恤金者，应呈由主管部转咨铨叙部审核，而社教服务人员与行政官吏显有不同，任用时又未经铨叙部审查登记，迨请领时，自无案核对。此种办法，使社教服务人员不能享受养老金恤金之权益者明矣。故应呈请中央另行规定"②。揆之史实，国民政府给予的社会教育人员援照行政官吏养老恤金条例的办理，对象是省立社教机关主管人员，未考虑到普通社会教育机关工作人员。第三届年会，社会教育人员待遇提议由以郑宗海为首的众人联名提议，采用的"高校＋省立社会教育机关＋省教育厅主责科室"的人员组合模式，这种集中浙江省最有代表性的社会教育研究实践及行政力量的代表"跨界"合作，使得其原提案中解决办法深得中国教育行政运作之道，很有特色，如下所示：

(1)由本社建议教育部请比照学校教职员之原定办法，明定社会

① 《承上启下的两次理事会议》，载《社友通讯》，第2卷4、5期，1933。

② 张永荣：《呈请中央并通令各省分别规定社会教育服务人员养老金恤金条例及进修办法案》，《决议案》，见中国社会教育社编：《中国社会教育社第二届年会报告》，60～61页，无锡，民生印书馆，1933。

教育机关服务人员之养老金与恤金办法，通令各省市教育厅局遵照办理。凡继续服务一地十年以上年满六十者，应予以养老金之待遇，凡继续服务一地十年以上病故者，应分别给予恤金。

(2)请本社社员在教育部服务者，或与教育部及中央行政机关人员熟悉者，竭力设法陈述此事之理由与重要，务求其实现。

(3)由各省市本社社员分别向各该省市教育行政机关陈述，请求声援促成。

(4)由本社社员撰文宣传改善社教机关服务人员生活之重要，及本案之意义，在本社刊物及日报杂志中发表，以期引起社会之同情。①

对于后三点，大会决议案中仅以附注形式，“原案办法二、三、四各项抄送理事会参考”处理。这些洋溢着“官场秘笈”的权变之法，或许在中国这个“人情社会”，借助在教育部、中央行政机关和各省市教育机关的社员人脉，奔走呼吁，并在舆论上加以配合，往往能收到意想不到的效果，不过，这些办法不便公开呈文而已。

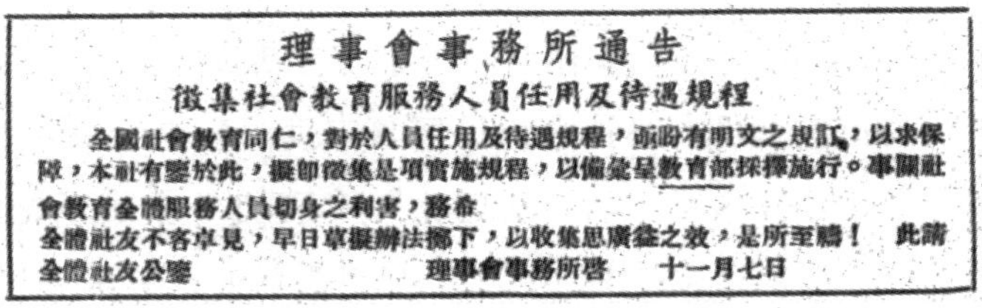

理事會事務所通告

徵集社會教育服務人員任用及待遇規程

全國社會教育同仁，對於人員任用及待遇規程，亟盼有明文之規訂，以求保障，本社有鑒於此，擬即徵集是項實施規程，以備彙呈教育部採擇施行。事關社會教育全體服務人員切身之利害，務希全體社友不吝卓見，早日草擬辦法擲下，以收集思廣益之效，是所至禱！此請全體社友公鑒

理事會事務所啓　十一月七日

图 5-6　社教社理事会发布的征集社教人员待遇问题的通告(1936)②

从图 5-6 可见，1936 年 11 月 7 日，社教社理事会事务所专门在《社友通讯》上刊登通告，重申“全国社会教育同仁，对于人员任用及待遇规程，亟盼有明文之规订，以求保障”迫切现状，希望借助全体社员的智慧，征集相关实施规程，“以备汇呈教育部采择施行”。从时间节点看，制定社会

① 郑晓沧等：《请建议教育部明定社会教育机关服务人员养老金及恤金办法案》，《决议案》，见中国社会教育社编：《中国社会教育社第三届年会报告》，40～41 页，无锡，民生印书馆，1934。

② 《理事会事务所通告》，载《社友通讯》，第 5 卷 5 期，1936。

教育机关人员任用及待遇规程的决议案是该年1月初第四届年会通过；1936年3月14日，理事会第15次会议对第四届年会两个相关临时议案并案处理，决议"公推孟宪承、陈剑修、刘季洪三先生为起草员兼代表"①，而这次通告时间已然是该年11月初，与社教社之前紧锣密鼓的节奏大相径庭。究其原因，应与社教社常务理事、总干事人员试图变动有直接关系。

第四届年会进行期间，即1936年1月19日晚假国立中山大学召开理事会第14次会议，会议上公推梁漱溟、俞庆棠、赵冕继续担任常务理事，而常务理事公推赵冕兼任总干事，并在大会及报纸上予以公布。② 很有意思的是，到了1937年3月14日，理事会第15次会议上，却出现赵冕"坚辞不就常务理事、导致总干事一职更不能兼，势非另行推选不可"的意外，会议专门有两条提议，一是已在大会及报纸上公布常务理事及总干事的第14次会议决议"应否维持原案"，二是赵冕坚辞"究应如何办理案"，面对如此棘手局面，理事会决议二案合并讨论："总干事一职由常务理事商定，报告下次会议"③，又将皮球踢回给常务理事们。1936年10月25日，理事会第16次会议假省立南京民众教育馆举行，会上就该问题进行比较隐晦的讨论，第14号提案"常务理事任期，明年一月期满，拟请先行改选案"，从名称上看，赵冕似乎仍在坚持之前的坚辞态度，理事会决议为"原任常务理事应请继任，延至举行下届年会时止"。④ 至此，持续了差不多快10个月的社教社核心层变动风波平息。至于赵冕为何要坚辞常务理事，目前仅见史料是理事会第14次、第16次赵冕均未出席，前次是崔载阳代，后次是甘豫源代，仅出席了发布坚辞不就的信息的第15次会议，按照社章规定，总干事是由常务理事互推产生，也就是说，在赵冕不在场的情况下，梁漱溟、俞庆棠推选了赵冕兼任总干事，赵冕因事未出席第四届年会，之后大会公布，估计也未征求赵冕意见，赵冕得知时已成既定事实，理事会

① 《第十五次理事会议记》，载《社友通讯》，第4卷9期，1936。
② 《两次理事会议 第十四次会议》，载《社友通讯》，第4卷8期，1936。
③ 《第十五次理事会议记》，载《社友通讯》，第4卷9期，1936。
④ 《本社第十六次理事会议记》，载《社友通讯》，第5卷5期，1936。

第 10 次会议俞庆棠曾有拟辞去总干事念头，实际上，早在第二届年会闭幕会上，俞庆棠作大会发言时，大力赞扬赵冕对社教社的贡献："还有本社的一切社务，多赖赵冕先生主持，赵先生可算是本社的灵魂。"①这次是顺水推舟，奈何赵冕选择辞去常务理事之职，釜底抽薪，这次总干事改任之事不了了之。但社务的开展，却因此受到一定程度的妨碍，由此可见稳定的社团权力架构的重要性。

（三）效果

从第四次年会继续递交相关提案可见，社教社第二、第三届年会决议呈交教育部，并没有取得相应效果。实际上，除去年会议案上呈，社教社还通过 1934 年 1 月教育部召开民众教育委员会契机，集中讨论了社教人员待遇等问题，并形成"社教人员任用及待遇规程"决议案，递交相关主管司及教育部参事处。社教司第三科科员顾良杰对此抱以极大乐观："中国社会教育社历届社员大会，迭有呼吁，该社理事会，业据以呈部核办，教部当然表示同情。惟此事有一前提，即欲求待遇与学校教职员平等，则其人员之任用，必勿冗滥，必求合格，必受上级教育行政机关之考核，果能依此办理，足见社教人员之任用，其资格规定，亦甚严密而不能随便，且任用后须经上级核准，则其不合格者，自不得滥竽充数，如此，则待遇方面，自当与学校教职员一律而不致再有歧视，此教育部制定该项规程草案之本旨也。现该案既经大会决议成立，交主管司及教育部参事处，会同修正，大前提既解决，将来各细目之磋商修改，自较容易。此可向吾社教服务同人，预为告慰者也。"②可惜，由教育部召开的民众教育委员会所通过的决议案，依然未果。

由此可见，社会教育人员待遇问题，并不仅仅是简单的学校教育与社会教育同一地位的观念问题，更有社教人员的任用资格紧密相连，而任用

① 《大会经过：闭幕情形》，见中国社会教育社编：《中国社会教育社第二届年会报告》，第 25 页，无锡，民生印书馆，1933。

② 顾良杰：《教育部民众教育会会议经过及感想》，载《社友通讯》，第 2 卷 8 期，1934。

资格的规定和核准，又与社会教育人才培养问题、社会教育督导问题直接相关。换句话讲，只有建立起较为合理的社会教育人才培养体系，规范的督导体系，大量合格的、受过社会教育系统训练的专门人才出现，才能保证任用资格规定落到实处，如此，才能正式解决社会教育人员的待遇问题，环环相扣，缺一不可。由此，第四届年会关于社会教育人员待遇便改变方向，将社会教育人员任用和待遇作为整体推出。

第四届年会还专门就立法院宪法草案出台问题提出紧急临时提案。立法院 1935 年 10 月出台的修正宪法草案，其中第七章第 142 条"学校教职员成绩优良，久于其职者，予以奖励及保障，期年功加薪级养老金以法律定之"，未提及社教服务人员。有鉴于此，理事会第 15 次会议按照第四届年会决议，推选孟宪承、陈剑修、刘季洪担任起草员，"本社为全体教育人员求得同样保障起见"，特呈文立法院，呈文主体内容如下：

> 社会教育在训练全体民众，使之具备自治自养之知能，自卫自强之精神；学校教育在培植各种人才，谋实现自力更生之大计，二者实殊途而同归，皆以复兴民族为要务。际此国难方殷，尤应以社会教育组织民众训练民众，发扬民族意识，培养国防知能，并激励牺牲为国之精神，一发千钧，刻不容缓。故社会教育责任之重大，工作之艰辛，视学校教育实有过之，然以待遇而论，则国家颁布规程，未能将社教服务人员与学校教职员相提并论，似觉偏枯。窃见钧院前公布宪法草案第七章第一百四十二条所定（中略），对于社会教育服务人员，未蒙提及，群情惶恐，用恳钧院明察实情，准先将宪法草案中第一百四十二条"学校教职员"五字改为"教育人员"四字，俾使同为国家服务之人员，将来得同等之待遇，临呈不胜迫切待命之至！①

从 1936 年 5 月 5 日颁布的宪法草案看，原 142 条变更为 138 条，内文中"国家对于左列事业及人民，予以奖励或补助：……四、从事教育，成绩优

---

① 《社务报告 请修改宪法草案》，载《社友通讯》，第 4 卷 10、11 期合刊，1936。

良，久于其职者"。据该社记录"五月五日国府公布宪草全文，已作普遍之修正"①。社教社所期望的能将社教服务人员涵盖进去的目标得到初步实现。

抗战全面爆发后，随着《民众教育馆规程》(1939)等陆续出台，社会教育人员任职资格逐渐完善，1940 年 3 月，教育部训令各省政府增加小学教师薪金，"并将社教人员薪给按其资历比例提高，俾得安心工作"；② 4 月，行政院核准公布《社会教育机关人员养老金及恤金条例》，该条例不仅首次规定社会教育机关具体范围③，并第一次规定社会教育人员养老金及抚恤金标准，从制度上保障了社会教育人员基本权益。

表 5-9　社会教育人员养老金标准表(1940)④

养老年金(元) 在职年数 ＼ 月俸(元)	200 以上	150～200	120～150	100～120	80～100	60～80	45～60	30～45	20～30	20 以下
20 年未满	900	735	648	594	540	463	381	296	210	180
20～25 年	1050	840	729	660	594	504	413	319	225	192
25 年以上	1200	945	810	726	648	546	445	342	240	204

如表 5-9 所示，社会教育人员养老金标准根据退休前最后月俸和工作年限决定，凡连续服务 15 年以上，年逾 60 岁退休者(未满 60 岁但身体衰弱不胜任务，经医生证明属实者；或因公致残不足 15 年工龄)为申领对象。条例规定了社会教育人员抚恤金的领取条件、标准及承领恤金顺序等。社会教育人员的养老金或恤金的来源，"在国立机关由国库支给，在省立机关由省库支给，在市县区乡镇立机关由市县经费支给"。该条例参照"中小

① 《第十五次理事会议决议案执行状况》，载《社友通讯》，第 5 卷 4 期，1936。

② 《教部电各省政府提高社教人员待遇》，载《教育通讯》，第 3 卷 10 期，1940。

③ 第二条：本条例所称社会教育机关谓左列各种：(1)民众教育馆；(2)图书馆；(3)体育场；(4)博物馆；(5)美术馆；(6)科学馆；(7)专设民众学校；(8)民众教育实验区与其他实验区所属社会教育之组织；(9)各级教育行政机关及社会教育机关所属有关社会教育之组织。

④ 行政院：《社会教育机关人员养老金及恤金条例》，053-0002-00350，重庆市档案馆藏。

学教师的标准办理"①。至此，多年来悬而未决的社会教育人员养老金及恤金政策问题终于解决。

1942 年 10 月，行政院核准《省市县立社会教育工作人员待遇规则》，对社会教育工作人员薪给标准、进修、带薪休假、婚嫁丧生育假、子女免费入学等问题予以规定，与中小学教师享受的各项权益基本持平，破解多年社会教育工作人员待遇低于中小学教师的局面，从一个侧面证明了社会教育与学校教育之间的鸿沟正在逐渐缩小。

表 5-10　省县市立社会教育工作人员薪级表(1942)②

县市立社会教育工作人员		省市立社会教育机关工作人员		月薪（元）	等级	比照文官	
		馆长		400	一	一	
				380	二	二	
				360	三	三	
				340	四	四	荐任
				320	五	五	
		主任		300	六	六	
				280	七	七	
				260	八	八	
				240	九	九	
				220	十	十	
				200	十一	一	
	馆长			190	十二	二	
				180	十三	三	委任
		干事		170	十四	四	
				160	十五	五	
				150	十六	六	
	主任			140	十七	七	
				130	十八	八	

① 《行政院通过社教人员养老金条例》，载《教育通讯》，第 3 卷 1 期，1940。

② 《省县市社会教育工作机关人员待遇规程》，020-002-138，广东省档案馆藏。

县市立社会教育工作人员			省市立社会教育机关工作人员			月薪（元）	等级	比照文官	
	馆员			助理干事		120	十九	九	委任
						110	二十	十	
						100	廿一	十一	
						90	廿二	十三	
						80	廿三	十五	
						70	廿四	十七	
助理馆员						60	廿五		
						50	廿六		
						45	廿七		
						40	廿八		
						35	廿九		
						30	三十		

该规程的最大突破，是增加了社会教育工作人员的升学和带薪学术（工作）休假制度。规程规定连续工作满 5 年后，志愿升学并经主管机关核准、入学后给予 1～3 月的薪酬作为奖励；连续工作满 10 年以上者，"著有成绩得休假一年，从事研究或考察，仍照支原薪，但不以担任其他有给职务为限"。① 该规程从制度上保障了社会教育工作人员与其他政府公务员、学校教员的同等待遇。值得注意的是，规程中所指"社会教育机关工作人员"与 1940 年《社会教育机关人员养老金及恤金条例》中范围不同，只包括民众教育馆、图书馆、体育场、科学馆、博物馆 5 个机构，美术馆、专设民众学校以及民众教育实验区等人员被排除在外。

战后复员时期，社教社召开的第五届年会，社员金祖祺、瞿祐、河南省立开封民众教育馆、古楳、孙月平等 7 件提案合并修订为"提高社会教育

---

① 《省县市社会教育工作机关人员待遇规程》，020-002-138，广东省档案馆藏。

人员地位，并改善社会教育工作人员之待遇案"，决议"照审查意见通过"，审查意见包括：(1)应确定省市县立社会教育机关，与省市县立中学学校之地位完全相等；(2)省市县立社会教育机关工作人员，任用之资格，应比照省市县立中等学校教员任用资格，加以修正，并尽先任用曾受社教专门训练之人员；(3)省市县立社会教育机关工作人员之薪给标准，应一律比照省市县立中等学校教员待遇标准支给，并由本社推定人员起草待遇标准，建议教育部施行；(4)社会教育工作人员一经任用，应予以保障，如无重大过失，不得任意更动，并比照公务员考绩标准，实行年功加薪。①在该决议案中，最大变化是要求社会教育人员待遇完全等同对等学校教职员，会后，社教社以常务理事俞庆棠、陈礼江、童润之联衔方式，以锡普字第 4 号公函，向各省市教育厅局发函，"本社第五届年会决议案请察核采择施行，以利社会教育之进展"。上海市教育局据此呈文市长吴国桢，称"查社会教育以广大之民众为对象，旨在发扬社会文化，灌输民众基本智识，实与学校教育同具重要，本局自复员以来，对于社会教育积极推进，对于工作人员均经慎重遴选。既经任用，予以保障。该社所提改善社会教育工作人员之待遇，确极重要，待遇一节，本局前曾拟具办法，呈请钧府核示在案，准函前由，理合据情叙。仰祈钧长俯念社教机关与普通行政机关性质不同，准将社教工作人员视同教育人员，予以同等待遇，兹谨拟具上海市社教机关工作人员待遇标准一份，随文呈送"②。

---

① 金祖祺等：《提高社会教育人员地位，并改善社会教育工作人员之待遇案》，《本社第五届年会决议案》，载《社友通讯》复刊，第 1 卷 2 期，1947。

② 上海市教育局：《中国社会教育社第五届年会大会决议并请调整社会教育人员待遇等问题》，Q235-2-1577，1947，上海市档案馆藏。

表 5-11　上海市社会教育机关工作人员拟定待遇标准表(1947)①

俸额（元） 职别＼级别	主管人员	主任	指导员	干事	助理干事
一级	520	360	320	260	200
二级	490	340	300	240	180
三级	460	320	280	220	160
四级	430	300	260	200	140
五级	400	280	240	180	130
六级	380	260	220	160	120
七级	360	240	200	140	110
八级	340	220	180	130	100
九级	320	200	160	120	90
十级	300	180	140	110	80

从表 5-11 看，上海市教育局按照社教社第五届年会决议案精神，分主管人员、主任、指导员、干事、助理干事不同级别，拟定出上海市社会教育机关工作人员 1～10 级待遇标准。上海市之所以能如此积极回应，并设计出符合议案精神的详细标准，与其时社教社常务理事之一俞庆棠兼任上海市教育局社会教育处处长有直接关系。未有史料显示市长吴国桢如何批复，但社教社为社会教育人才待遇问题的不懈努力却有目共睹。

---

① 表格说明：(1)社会教育主管工作人员包括馆长、场长、实验区主任、实验民众学校校长及电化教育队队长，其薪金拟参照专科学校校长及高级中学校长之待遇标准厘订，自 300 元起至 520 元止，共十级；(2)社教机关主任包括馆、场各部主任；分馆分场分区及分站主任，其薪级拟参照初级中学校长及高级中学教员之待遇标准厘订，自 180 元起至 360 元，共十级；(3)社教机关指导员薪给拟参照初级中学待遇标准厘订，自 140 起至 320 元，共十级；(4)社教机关干事薪级拟参照国民学校教员待遇标准厘订，自 110 元起至 260 元，共十级；(5)社教机关助理干事薪级参照国民学校教员待遇标准厘订，自 80 元起至 200 元，共十级。

上海市教育局：《中国社会教育社第五届年会大会决议并请调整社会教育人员待遇等问题》，Q235-2-1577，1947，上海市档案馆藏。

五、社会教育视导问题

　　教育视导是教育工作中必不可少的一环，也是教育管理体系成熟与否的主要标志。晚清以来形成的视学制度，范围只限于高等学堂、中学堂和小学堂等学校教育体系，未涉及社会教育。南京国民政府成立之初，沿袭旧制，社会教育视导被作为学校教育督导员的兼职工作，未有独立的社会教育视导设置。社教社在探求社会教育地位、人才培养、待遇等问题，呼吁社会教育与学校教育同等之余，参照学校视导制度，逐渐认识到社会教育视导的重要性，由此，社会教育视导问题进入社教社的关注范围。在社教社为主体的社教界同人呼吁下，教育部 1938 年颁布《各省市社会教育视导员暂行规程》，1940 年颁布《社会教育视导规程》，赣、湘、鄂、豫、陕、粤、川、桂、黔、滇 10 省遵令试行，社会教育视导制度从无到有，实现了制度建构，并在实践中结合国民教育辅导制度顺利推行，并使得教育视导制度得以完善。

（一）年会关注点的变化

　　社教社第一、第三、第四届均有提案涉及社会教育视导问题，从第一届年会增设社会教育指导员，到第三届年会专人负责社会教育视导，第四届年会才落脚社会教育视导制度，由浅及深，由表面工作到制度建构，社教社对之有个渐进的过程，随着对社会教育人才培养、待遇问题等认识加深，社会教育视导问题日益凸显。

　　第一届年会，来自上海市立新陆师范学校的社员许其仁提议："呈请教育部通令各省市，比照督学地位，增设社会教育指导员，以资督察而利社教案"（原提案 10 号），决议是"照审查意见通过"，审查意见将"原标题'请各省教育厅比照省督学地位增设民教指导专员，以资督察而策进行案'

应修正其主文如上"。① 该届年会报告关于原提案基本大多是全文刊登，但许其仁所提第8、第10、第11号原提案都被"从略"②，由这个细节可见，以俞庆棠、高践四、彭百川、郑宗海、舒新城、马宗荣、赵冕、董渭川、相菊潭、甘豫源、赵季俞、朱坚白、陈训慈13人组建的审查委员会对许其仁的该项提案，并没有给予相当重视。质言之，此时社会教育训导问题虽有社员提及，尚未进入社教社重点关注范围之内，第二届年会没有相关提案也说明了这一点。

第三届年会上，山东省教育厅第三科科员杨宝恒、杨翼心联名，向大会提交"各省市社会教育之视导，应由专人负责案"，他们认为："各省市教育之视导，多不分学校教育和社会教育，概用分区制度，惟二者之办理方式、设施标准，俱皆不同，亟应分工，以专其职。关于社会教育之视导，应有专人负责，俾能切实推进"。建议由社教社建议教育部通令各省市，务于最短期间设立专门视导社会教育人员。对于二杨的提案，大会给予"根据第一届年会决议案重行呈请教育部"的决议意见。③ 这次提案，相比第一届年会"添设社会教育指导员"有了更进一步的诉求，强调要设立专门视导社会教育人员，工作内容亦从"监督"上升到"视导"，提案审查委员会及理事会态度比第一届年会时大为积极。会后，理事会第10次会议上提及"大会交议各省市社会教育之视导，应由专人负责案"，决议"交常务理事办理"。会后，常务理事"已呈请教育部通令施行"。④ 社教社逐渐重视社

① 许其仁：《呈请教育部通令各省市，比照督学地位，增设社会教育指导员，以资督察而利社教案》，《决议案全文》，见中国社会教育社编：《中国社会教育社第一届年会报告》，32页，无锡，民生印书馆，1933。

② 第8号原提案为设高中程度师资训练班，审查意见为"不必附设"；第11号原提案为社教服务人员应延请富有社教经验或专门人才充任，审查意见与原第12号提案合并修正，报告刊登了第12号提案陈独醒的提案原文。

③ 杨宝恒、杨翼心：《各省市社会教育之视导，应由专人负责案》，《决议案》，见中国社会教育社编：《中国社会教育社第三届年会报告》，37页，无锡，民生印书馆，1934。

④ 《第十次理事会议记》，载《社友通讯》，第3卷5期，1934；《第十次理事会议决案执行状况》，载《社友通讯》，第3卷9期，1934。

教视导问题。

1936年1月，社教社的第四届年会上，首都实验民众教育馆以团体社员的名义，向大会提交了"请呈请教育部确定民众教育视导制度，增设民教督学，并通令各省市县教育厅局，增设民教视导员，以健全教育行政组织，增加行政效能案"，至此，确定民众教育视导制度诉求正式出现。

> 理由：民众教育事业的设施，可以说普及到全国，而考察她在教育界的地位，仍是附属性质，甚或为某一部分人视为可有可无或点缀门面的东西。在学制系统内，找不到她的地位，在行政方面，找不到她的力量，虽则部设专司，厅局设专科，而行政效率，究不能算大著。按行政机关与事业机关的沟通与联系，只有靠督学、指导员、教育委员他们的视察与指导，而民众教育是教育事业中的一方面，所以民教机关的视导责任，一向都是委诸督学、指导员、教育委员会他们去兼理。可是在他们多数人的心目中，民教事业的视导虽则为法令所规定，而总以为是附带着办一办，普通学校教育的视导，才是他们的本职，如果他对于民众教育没有研究、没有信仰、没有兴趣的话，他更不把她当做一回事。况且民教事业，年有扩充，机关增多，也大有兼顾不及的趋势。故此，民众教育视导制度，实有确定的必要。教育部增设民教督学，各省市教育局增设民教视导员，俾教育行政组织健全，行政效率增加，各省市县民教事业，也得在统一领导之下，均量的发展。是否有当，敬祈公决！
>
> 办法：由社呈请教育部采择施行。①

提案有理有据，起承转合，论述甚为充分，大会给予"通过"决议。会后召开的理事会第15次会议决议，交"常务理事办理"②。尽管呈文教育部

---

① 《中心问题以外提案决议录》，见中国社会教育社第四届年会筹备委员会编：《中国社会教育社第四届年会纪念册》，72~73页，广州，培英印务局，1936。

② 《第十五次理事会议记》，载《社友通讯》，第4卷9期，1936。

依然是"石沉大海"，但这个决议案，从意义上讲，一改之前从争取社会教育地位、推进社会教育发展方面出发，自下而上去争取社会教育地位而采取的策略设计理路，不仅关注视导社会教育，争取社会教育地位，更聚焦到教育行政组织是否健全、行政效能能否增加的国家行政体系问题。这一逻辑出发点的改变，为社会教育视导制度出台做了坚实铺垫。

（二）确立社会教育视导制度

1938年5月9日，社教社迭次呈文终于有了回应。教育部以（汉）教自第3157号训令颁发《各省市社会教育督导员暂行规程》（以下简称《暂行规程》），"教育部为谋切实推进社会教育起见，特规定各省教育厅应设置社会教育督导员，督导员人数应以各省行政监督专员区之数目为根据，每区或两区一人。直辖于行政院之市，每市应设社会教育督导员一人"。①《暂行规程》规定，社会教育督导员应经教育部训练合格，并合于下列资格之一者：(1)大学教育学院或教育系毕业，曾任社会教育职务二年以上者；(2)大学或专门学校毕业，曾任社会教育职务三年以上，或党务工作五年以上者；(3)曾任省立民众教育馆馆长一年以上者，由部令发各省教育厅市社会局委任为社会教育督导员，并呈报教育部备案，其俸给参照省市委任职人员俸给及当地生活费用酌定，分驻各行政监督区内，常川巡回区内各地视察指导，视察旅费实报实销，均由省教育厅市社会局行政费项下列拨，教育部对边远省份予以酌量补助。省市社会教育督导员秉承教育厅长市社会局局长之命，办理下列各项事宜：

（一）督察本区、市社会教育法令之推行；

（二）督促并筹划本区、市社会教育之进行；

（三）督促并计划本区、市社会教育经费之增筹；

（四）视察并指导本区、市社会教育机关之工作；

（五）考核本区、市社会教育机关之成绩；

---

① 《各省市社会教育督导员暂行规程》，见教育部：《教育法令特辑》，120页，重庆，正中书局，1938。

（六）答复本区、市社会教育机关之咨询；

（七）介绍适用之教材及教法于本区、市社会教育机关；

（八）办理本区、市社会教育人员之训练及进行。①

从《暂行规程》规定看，社会教育督导员人选应由社会教育事业有相当工作经验者担任，分驻各行政监督区内，对区内社会教育各项事业具有督察、督促、考核、视察、介绍和办理职责，直接受命于教育厅厅长或市社会局局长明令。社会教育督导员与各省行政监督专员区相匹配的建制，实际上相当于在省教育厅和县政府教育股之间，设置了一个中间层域，按照中央、省市两级建制，分层设置社会教育督导员，中央由教育部设置社会教育督导员3～5人，职责是代表教育部督促及策进各省市社会教育；各省市由教育厅（局）按照行政监督专员区，每区设置一人，负责视察和指导各县社会教育（包括省立民众教育馆等社会教育机构），各省市的社会教育督导员还负有与教育部督导员工作联系的职责，有利于中央发布的社会教育法令在地方社会"不打折扣"或"少打折扣"推行，减少区域性人为政策带来的偏差。

由图5-7可以看出，与教育部—教育厅（局）系统并存的，是行政监督专员区管理体系，每区或两区设置社会教育督导员一人，秉承省教育厅（局）长之命，负责推行该区的社会教育。两套系统互为补充，完成了从行政院、教育部等中央机关到省市至县至乡镇、保的上下贯通，第一次将社会教育行政系统延伸县以下政府机关，是抗战以来最大的变化，更是国民政府借助社会教育活动将其权力进一步渗透到基层社会的突出表现。

《暂行规程》发布后，国民政府的实际权力控制区域的赣、湘、鄂、豫、陕、粤、川、桂、黔、滇10省均积极响应，遵令施行。各地区社会教育督导员办事细则，纷纷出台。从各省发布的社会教育督导要点看，将《暂行规程》中规定的社会教育督导员的任务一一分解，如关于社会教育经

① 《各省市社会教育督导员暂行规程》，见教育部：《教育法令特辑》，120～123页，重庆，正中书局，1938。

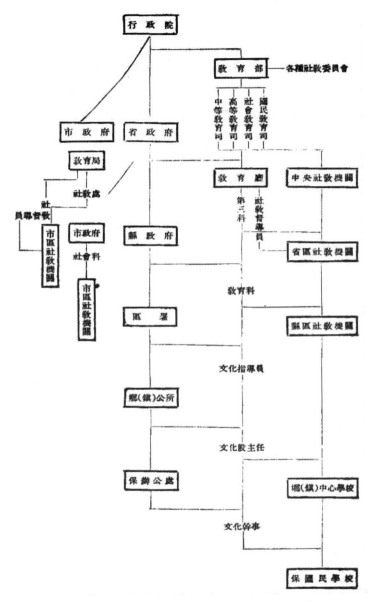

图 5-7　现行社会教育行政辅导系统图(1940)①

①　古楳：《民众教育新动向》，21页，上海，中华书局，1946。

费方面，分解为 9 个方面问题①，事无巨细，操作性很强。教育部对各社会教育机构设置了分门别类的量化标准，督导员按图索骥，诸类打分，并须按时递交督导报告。相较学校教育，社会教育督导制度创立较晚，且因社会教育本身的繁复性，更要求督导人员资格及遴选要格外用心。为此，教育部除确定社会教育督导规程，厘定任用资格，加强人员甄审外，还特别于 1938 年 6 月在汉口设立"各省市社会教育督导员训练班"，由江西、湖南、湖北、河南、陕西、广东、广西、四川、贵州、云南 10 省教育厅保送 67 人，以"社会教育、教育行政、民众组训、战时问题研究"等科作为主要课程，培训时间为三个星期，期满考核合格颁发"社会教育督导员训练班结业证书"，由教育部分发至各省教育厅，充实到各省社会教育干部人员行列中。随后，在重庆办理第四届电化教育人员训练班，分播音、电影教育两组，令四川、云南、贵州、西康、甘肃、湖北、湖南、陕西、河南、重庆等省市保送学员来班受训，两月结业后，派回各省市服务。"部、省社教督导员，分赴各地视察时，除随时对被视察之社教机关，面予指示外，并将详细视察报告分别呈缴厅、部，由厅或部，将应行改进各点，分别令知饬遵；一方面各省市教育厅、局及各社教机关，应呈送年度工作报告，及各项概况统计，由部考察其工作，是否确实，更予以指导改进之饬令。故各社教机关，应行政制度之渐臻完善，而得加速其推行发展之效果。"②1943 年 11 月，教育部颁布《省市县社会教育机关工作人员检定规

---

① 关于各县社教经费方面：(1)县教育经费是否遵照预算开支按期发放？有无挪移拖欠情事？动用预备费是否核实？(2)原有社教经费达到全部教育经费几分之几？(3)新增教育经费是否依照部定标准以百分之三十至五十充社教经费？(4)民教馆图书馆体育场等社教机关已否编列预算？是否逐年增加？(5)在上项预算未编列以前有无临时补救办法维持最低限度之设施？(6)各校附设民校灯油费是否自行筹定？各级中心小学成人班灯油费已否列入地方经费预算？(7)保学成人班妇女班灯油费县府有无补助办法？(8)抗战宣传费曾否编列预算？用途支配是否切实？(9)教育经费稽核委员会组织是否健全？稽核工作如何？《二十八年度江西省社会教育督导要点》，载《江西地方教育》，第 161、162 期合刊，1939。

② 陈礼江：《抗战十年来中国的社会教育》，载《中华教育界》，复刊第 1 卷 2 期，1947。

则》，制定统一标准，进行无试验检定（检查毕业证书、服务证明、志愿书、履历书及最近照片等）和试验检定（检查具体从业能力），这种检定规则成为督导人员督导社会教育工作人员的一项标准。四川省档案馆藏《民众教育馆视导标准图表》以及社会教育督导员对民众教育馆的督导报告，从细微处显示政府对民众教育馆工作进展的考核层面。

从图 5-8 看，教育部对民众教育馆制定了明确视导标准，分为行政组织、职员、经费及款产和事业实施 4 个方面 22 项，将各个方面再下分具体

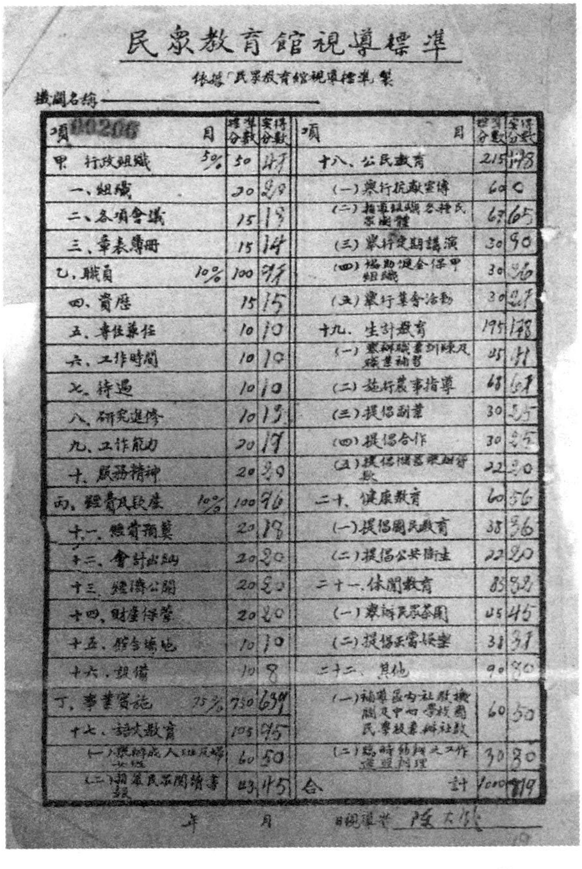

图 5-8　民众教育馆视导标准图表（1943）①

①　四川省教育厅：《资阳仁寿新都简阳资中南充岳池县学校体育场、图书馆、民众教育馆督导报告》，1943—1944，107-01-1714，四川省档案馆藏。

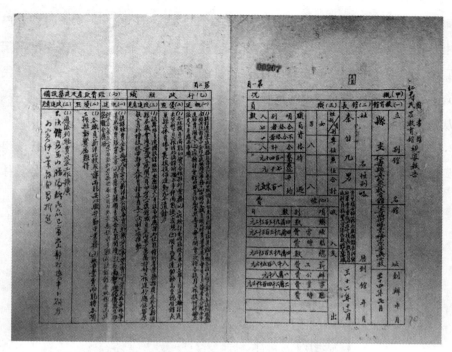

图 5-9　督导员对四川简阳县立民众教育馆的督导报告(1943)①

子项目，以量化打分的方式进行评估，图中各项共 1000 分，该馆得分 819 分。配合民众教育馆视导标准，督导员会出具相应报告书，如图 5-9 所示，督导员比照民众教育馆中心工作大纲，一一列出视导过程中发现的各种问题，教育厅据此训令该机构予以整改。

从视导标准和民众教育馆的政策规定看，动员民众、抗日救国是社会教育的中心工作。时人认为民众教育馆要围绕两点来开展工作，一是有计划的公民训练；二是有系统的抗战宣传工作，进行有计划有系统的，由浅入深由易而难的讲演，灌输民族意识激发民众的抗战情绪。② 认为唯有如此，才能训练全国民众，建构抗战胜利的稳固力量。如广东省教育厅发布的 1940 年社会教育督导计划中，将"督促各实施社教机关推行国民精神

---

① 四川省教育厅：《资阳仁寿新都简阳资中南充岳池县学校体育场、图书馆、民众教育馆督导报告》，1943—1944，107-01-1714，四川省档案馆藏。

② 陈礼江：《民众教育的新时代》，载《教育与民众》，第 9 卷第 3 期，1939。

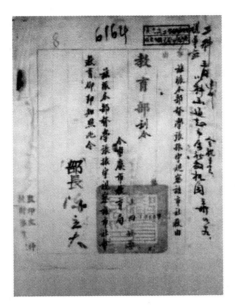

图 5-10　教育部派社会教育督导员视察重庆市社会教育训令(1944)①

总动员，发扬民族正气；运用各种社教方法，发动民众后方服务及协助兵役宣传，增强抗战能力"作为督导要旨。② 社会教育督导员在视导、视察过程中发现问题，借助行政力量予以矫正，为抗战时期的社会教育发展提供了助力。可惜的是，时局混乱及权力倾轧很大程度上消解了它的绩效。

　　总之，如果说教育是现代国家权力之一，为国民形塑、国家认同与民族形成的重要一环，那么社会教育便是这一环上最独特的存在，成为国家迈入现代化的重要指标之一。政府、知识精英提出的理论构想和社会教育实际(包括地方社会、基层民众的反应及应对)之间的张力，则是检验这一时期社会教育工作成效的关键。从上文社会教育地位问题等诸多政策参与梳理可见，提案者不仅仅是社教社的核心知识精英，还包括众多地方社会教育机关代表，他们在围绕大会中心问题建言献策的同时，结合地方社会

---

　　① 　重庆市教育局：《教育部关于派张振宇视察该市社会教育的训令》，065-0001-00009，重庆市档案馆藏。

　　② 　《广东省教育厅二十九年社会教育督导计划》，载《广东教育战时通讯》，第31～32期合刊，1941。

教育工作实践中遭遇的问题和困难，形成提案，这种来源于实践第一线的提案，既为知识精英建构社会教育理论提供了有源之水，更为社教社形成贴近地方社会教育实际问题、操作性强的决议案提供了保障，这种源于真实问题的决议案呈文，最终都程度不一地转化为教育部的制度规定。在"后发型"国家走向近代化过程中，政府所起的巨大导向与约束作用同样表现在社会教育现代化过程中。晚清新政时期开始的社会教育，从一开始就是借助官方力量推进，社教社选择积极的政策参与，让社会教育基本问题依照政府行政权得以解决，尽管在这个过程中，又出现这样那样的新问题，但对社群组织与公评制度向来薄弱的中国学界来说，政府机构所扮演的推动角色是其他机构或组织所无法替代的。换句话讲，如果抛开当时的社会环境，仅就社教社政策参与及社会教育事业发展来讲，这个方面的努力是有着积极意义的。社教社积极联络分散各地的社教工作者，集合团体力量，不仅将"研究社会教育学术，推进社会教育事业"宗旨落到实处，还通过行之有效的政策参与，教育部颁行的一系列社会教育法令、规程，将社教社理想设计辉映到社会现实中来，社教社向社会和政府证明自己的价值与力量，打造社教界学术团体的外在社会形象。制度从来都是工具，能穿越岁月的，唯有那些制度设计背后所蕴藏的思想力量。

第六章　中国社会教育社理事会群体分析

社教社作为民国时期社会教育界全国性的学术团体，引领并规范着近现代社会教育发展路径，核心成员扮演着重要角色，尤以理事会成员为著。理事会(Council)作为一个舶来词，随着欧风美雨涌入近代中国，知识精英怀着对西方学术社团民主精神和民主程序的遵循，将之引入"结社"的组织架构中，按照一定标准经选举或任命的理事构成理事会，为社员大会休会时的常设权力机构。理事会正常更迭作为社团发展的关键问题，不仅是社团组织民主化程度的表征，同时也是吸引新生力量进入决策层、为组织发展培养后备人才的程序；理事群体在学术社团组织中扮演着举足轻重的角色，其社会结构与社会网络很大程度上决定了学术社团的各项事业开展与实施状态。社教社作为唯一的全国性社会教育学术团体，其事业从无到有，从江浙一隅逐渐扩展至全国，并在政策层面影响渐大以及随之而来的组织弊端，均与其理事群体有密切关系。笔者拟从理事会成员年龄、性别、文化程度、地域分布等社会结构和职业结构等入手，分析其对社教社社会教育事业发展和学术秩序建构的影响，进一步厘清社教社发展的核心成员群体及其对社教事业和学术秩序建构的影响。

一、理事会成员更迭及会议召开情况

学界对近代教育家群体特征、教育学界精英群体社会结构图谱、教育精英群体的社会学研究等取得丰硕成果，对厕身于教育学术社团、科学社团理事会的人物多有涉及，① 为笔者分析社教社理事会成员提供了借鉴，为进一步深入探讨起见，笔者特将社教社理事会成员更迭、理事会会议召开及理事出席情况予以梳理。

（一）理事会成员更迭

按照社章规定，理事会成员由全体社员于常年大会期前，用双记名法通讯选举。"理事会设理事十五人，其中十二人由全体社员公选之。其余三人由当选之理事，就未当选之重要省市或重要社会教育事业之社员中推选之"，理事会为执行职务之便利，应组织事务所，该所设总干事，由常务理事互推之。1932 年 4 月底，通讯选举开票结果公布，俞庆棠等 12 人当选为第一届理事会理事；祁锡勇等 12 人当选为候补理事。该年 6 月，事务所正式运行，先后在国民党中央党部、教育部呈准备案，社教社成为法人团体。为清晰起见，笔者统计了社教社第一至第五届理事会名单，如表 6-1 所示。

---

① 有代表性的研究成果有：田正平、肖郎：《中国近代教育家群体特征综论》，载《教育研究》，1999(11)；林良夫：《民国时期教育家群体特征论析》，载《华东师范大学学报（教育科学版）》，1999(4)；张剑：《传统与现代之间——中国科学社领导群体分析》，载《史林》，2002(1)；康绍芳：《19 世纪末 20 世纪初美国教育家群体社会结构特征探析》，载《高等教育研究》，2014(1)；项建英：《民国时期大学女教师群体形成及其特征》，载《高教探索》，2017(9)；Norman Woelfel，Modern of the American Mind：A Critical Review of the Social Attitudes of Seventeen Leaders in American Education，New York：Colombia University Press，1933，等。

表 6-1　社教社第一至五届理事会名单一览表(1932—1947)①

时间 届数	理事会构成	理　　事	候补理事
第一届	1932 年 6 月— 1933 年 8 月	俞庆棠（常务理事兼总干事）、孟宪承（常务理事）、赵冕（常务理事）、高阳、李蒸、钮永建、甘豫源、孟宪承、雷沛鸿、傅葆琛、尚仲衣、陈剑修、刘绍桢、梁漱溟、庄泽宣、董淮（共 16 人）	祁锡勇、黄炎培、彭百川、刘云谷、马宗荣、孙枋、陈礼江、张伯苓、涂开兴、冷御秋、刘湛恩、舒新城、尹全智、张一麐（共 14 人）
第二届	1933 年 8 月— 1934 年 8 月	俞庆棠（常务理事兼总干事）、赵冕（常务理事）、梁漱溟（常务理事）、陈礼江、彭百川、董淮、尚仲衣、陈剑修、高阳、李蒸、钮永建、甘豫源、孟宪承、雷沛鸿、庄泽宣（共 15 人）	傅葆琛、孔令粲、朱坚白、舒新城、张一麐、黄炎培、刘云谷、马宗荣、孙枋、相菊潭、陈兆蘅、杨展云、郑宗海、刘季洪、尹全智（共 15 人）
第三届	1934 年 8 月— 1936 年 1 月	俞庆棠（常务理事兼总干事）、赵冕（常务理事）、梁漱溟（常务理事）、钮永建、孟宪承、庄泽宣、雷沛鸿、甘豫源、陈礼江、彭百川、董淮、陈剑修、尚仲衣、高阳、李蒸（共 15 人）	张炯、傅葆琛、刘季洪、王公度、邰爽秋、孔令粲、朱坚白、舒新城、黄炎培、张一麐、刘云谷、马宗荣、孙枋、江问渔、相菊潭（共 15 人）
第四届	1936 年 1 月—	俞庆棠（常务理事）、梁漱溟（常务理事）、赵冕（常务理事兼总干事）、李蒸、钮永建、孟宪承、庄泽宣、雷沛鸿、甘豫源、陈礼江、彭百川、董淮、陈剑修、尚仲衣、高阳（共 15 人）	江问渔、刘季洪、王公度、崔载阳、马宗荣、张炯、傅葆琛、邰爽秋、孔令粲、朱坚白、舒新城、黄炎培、张一麐、相菊潭、徐锡龄（共 15 人）

---

① 第五届监事会缺少一名监事，按照社章规定，此名监事为额定，将由监事会从重要省市或社会事业机关的社员中推选而来。笔者整理自：《中国社会教育社第一届年会报告》，1933；《中国社会教育社第二届年会报告》，1933；《中国社会教育社第三届年会报告》，1934；《中国社会教育社第四届年会纪念册》，1936；《承上启下的两次理事会　第六次会议》，载《社友通讯》，第 2 卷 4、5 期合刊，1933；《两次理事会会议记　第十四次会议》，载《社友通讯》，第 4 卷 8 期，1936；《社务近况》，载《社友通讯》复刊，第 1 卷 2 期，1947。

理事会构成 时间 届数		理 事		候补理事	
		理事会	监事会	候补理事	候补监事
第五届	1947年 3月—	俞庆棠、陈礼江、童润之(以上3人为常务理事)、董淮、赵冕、古楳、孟宪承、刘季洪、孙月平、梁漱溟、雷沛鸿、庄泽宣、舒新城、甘豫源、钟灵秀、江问渔、黄炎培、崔载阳、王公度、张彭年、蒋复璁(共21人)、顾岳中(总干事)	钮永建、顾毓琇、李蒸、刘平江、英千里、陈剑修(尚缺1人)	邰爽秋、钮长耀、陆盖、朱若溪、姜和、陈友瑞	彭百川、傅葆琛、郑宗海

从表6-1来看,社教社理事会更迭幅度不大。第一届理事会因加推候补理事梁漱溟为理事,从而出现16人规模的理事、14人的候补理事"不合社章"的阵容,这种局面在次年第二年年会前迅速得到调整,理事傅葆琛、尚仲衣、陈剑修、刘绍桢、董淮,候补理事张伯苓、涂开兴、冷御秋、刘湛恩、张一麐各5人因期满,梁漱溟被理事会加推理事、祁锡勇去世,共需补选7人。开票结果,"陈礼江、董淮、彭百川、尚仲衣等四人当选为理事"。[①] 常务理事阵容亦由俞庆棠、孟宪承、赵冕调整为俞庆棠、梁漱溟、

---

① 储志、王璋:《中国社会教育社第二届年会之原原本本》,载《教育与民众》,第5卷1期,1933。

赵冕。按照社章规定，之后每年理事改选三分之一，连选得连任。① 从表中可以看出，第二届理事会调整后，江苏省立教育学院教务长兼教授陈礼江、教育部社会教育司科长彭百川由第一届的候补理事成为理事，国立北平师范大学教授傅葆琛进入候补理事名单，江苏省立民众教育馆馆长刘绍桢因已去职未再连任。第三届、四届理事与第二届相同，其理事人员构成就维持稳定，也就说，其间虽有改选，但改选理事均连选连任，他们构成了稳定的社教社核心成员名单。

相对于稳定的理事队伍，候补理事历届均有调整，情况复杂很多。私立南开大学校长张伯苓、湖南长沙的涂开兴、江苏黄墟农村改进实验区董事冷御秋、沪江大学校长刘湛恩仅出现在第一届候补理事名单中；第二届候补理事名单变化较大，第二届年会因在山东举办，山东省教育厅主任秘书孔令粲、第三科科长杨展云当选候补理事，此外新增候补理事还有江苏省政府民政厅主任秘书相菊潭、国立浙江大学教授郑宗海、江苏省立教育学院教授刘季洪、国立北平师范大学庶务课主任兼乡村教育实验区副主任陈兆蘅、江苏省立南京民教馆馆长朱坚白；第三届候补理事阵容，因杨展云、郑宗海、陈兆蘅一年任期满卸任空额，候补上来的是河南省教育厅第

① 第三届年会前，"本年度任期已满，应当改选者，系钮永建、孟宪承、雷宾南、庄泽宣、甘导伯五人。本社照章通知各社员改选，于第二次大会时当众开票。结果，钮、孟、雷、庄、甘等五人皆获连任。庄先生虽再三谦辞，而以众望所归一致挽留，如是，理事会之组织，依然如故，岂能继续创设事业，当在意想之中了"。第四次年会前，理事会事务所送发通知："本届年会时，本社理事应经全体大会改选四人"。催促社员尽快寄回选票，以便尽快确定理事改选事宜。1936 年 1 月 19 日，社教社第14 次理事会会议假广州国立中山大学钟楼举行，就理事改选形成如下决议，公推李蒸担任理事，决定候补理事名单(关于候补理事名单的决议：三年者五人：江问渔、刘季洪、王公度、崔载阳、马宗荣；二年者五人：张炯、傅葆琛、邰爽秋、孔令粲、朱坚白；一年者五人：舒新城、黄炎培、张一麔、相菊潭、徐锡龄。公推梁漱溟、俞庆棠、赵冕担任常务理事，赵冕兼任总干事。具体详见：《大会经过》，中国社会教育社编：《中国社会教育社第三届年会报告》，第 8 页，无锡，民生印书馆，1936；《中国社会教育社通告》，载《社友通讯》，第 4 卷第 1、2、3 期合刊，1935；《筹备第四届年会》，载《社友通讯》，第 4 卷 4 期，1935；《两次理事会议记 第十四次会议》，载《社友通讯》第4 卷 8 期，1936。

二科科长王公度(第三届年会在河南开封召开)、新上任的教育部社会教育司司长张炯、私立大夏大学教育学院院长邰爽秋、中华职业教育社主任江问渔;第四届因在广州国立中山大学举办,前三届均任候补理事的江苏省立南通民众教育馆馆长孙枋、江苏省立南京民众教育馆馆长刘云谷(此时已去职,笔者注)因任期届满留下的空缺,由国立中山大学教育研究所主任崔载阳、广东省教育厅督学徐锡龄候补进来。第一至第四届候补理事队伍中,中华职业教育社董事黄炎培、大夏大学社会教育系主任马宗荣、中华书局编译所所长舒新城,前教育总长、苏州善人桥乡村改进会董事张一麐一直不变,第二至第四届傅葆琛、孔令粲、刘季洪、朱坚白、相菊潭5位候补理事一直稳定。江问渔、邰爽秋、张炯是第三、四届的候补理事。因第五届青岛年会由于战火蔓延被逼停,第四届候补理事变成了战前社教社绝唱。从前三届名单看,只担任一届候补理事的有张伯苓、涂开兴、冷御秋、祁锡勇、杨展云、郑宗海、陈兆蘅,除祁氏因去世外,其他候补理事皆因一年届满而自然卸任。这组名单中,除去郑宗海、尹全智活跃于社教社年会及其他事业外,其他或为职务行为,或因种种原因被拉入候补理事。

战后的第五届理事会有一些变化,理事会队伍扩展至21人,还增加了监事会①,从名单组成看,主体大致保持了战前的理事会基本阵容,监事会中的3人战前为理事会理事。由此可见,社教社的核心理事队伍基本稳定。当然,名单中增加新鲜力量,一些知名社会教育机构的负责人,如南

---

① 社教社专门办理监事会选举:"本社本年三月在苏州举行第五届年会期间,经大会将社章修正通过,依照规定除原设有理事会外,须增设监事七人,候补监事三人,组织监事会,以与理事会分别执行其任务。嗣后经第五届理事会第二次会议决定'本社监事之推选,遵章采取通讯选举法,即交本事务所负责从速办理'。是项选举事务,上月已经办理藏事,其结果计当选为本社监事者六人为:钮永建(257票)、顾毓琇(228票)、李蒸(193票)、刘平江(182票)、英千里(168票)、陈剑修(151票);候补监事三人为:彭百川(127票)、傅葆琛(118票)、郑宗海(77票);尚有额定监事一人,则依章系由监事会就重要各省市或社会教育事业之社员中推选之。又此项选举结果已分别通知各当选监事及候补监事,一俟监事会定期组织成立后,即可着手进行一切工作"。详见:《社务近况》,载《社友通讯》,复刊,第1卷2期,1947。

京中央图书馆馆长蒋复璁、浙江省教育厅秘书兼杭州民众教育馆馆长张彭年等被选入理事会，教育部社会教育司司长英千里被选入监事会，依然保留着社教社与教育行政体系沟通的途径。第五届理事会决定，采取专人担任该社总干事的做法，公推顾岳中担任。候补理事中有朱若溪、姜和、陈友瑞为代表的江苏省立教育学院毕业生的加入，此时已在国立社会教育学院任职，理事会大部分成员亦出自该院，表明国立社会教育学院已取代江苏省立教育学院，成为最具代表性的社教专门人才培养基地，重新汇聚在此的社教社核心理事，依然掌控着社教社话语权。

从理事会规模看，第一届理事会理事与候补理事比例为 16：14，这种"不合社章"的阵容在次年第二年年会前迅速得到调整，之后第二至四届皆为 15：15，总干事一直由俞庆棠担任，自第二届开始，梁漱溟代替孟宪承，与俞庆棠、赵冕组成常务理事三人组。值得注意的是，理事会将不符合"未当选之重要省市社员"章程规定的梁漱溟加推为理事，给予 3 年任期，如此凸显梁氏的选择背后，与拟借助其乡村建设的社会声望将社会教育从城市推向乡村的布局有直接关系。

（二）理事会议召开及出席情况

按照社教社社章规定，常务理事负责召集理事会议，每年至少举行三次。为进一步确定社教社核心成员名单，深入讨论起见，笔者从召开时间、地点、出席理事以及理事会变动等明细，整理了 1932—1938 年期间社教社先后召开的 18 次理事会会议①，如表 6-2 所示。

---

① 社教社 1947 年复社之后亦先后召开数次理事会会议，但此时工作时断时续，社教社已不复战前的黄金时期的发展势头，故不计入其中。

表 6-2　社教社理事会召开情况一览表(1932—1938)①

日期 年	明细	次数	举行地点	出席理事		主席	理事成员变动
				亲自出席	委托出席		
1932	6月11日—12日	1	江苏省立教育学院	8	4	孟宪承李蒸	加推梁漱溟、庄泽宣、董淮为理事;舒新城、尹全智、张一麐为候补理事;推举赵冕、俞庆棠、孟宪承为常务理事,高阳、李蒸、尚仲衣为候补常务理事
	8月22日—23日	2	浙江省立民众教育实验学校	7	2	高阳董淮	推举年会开幕式主席团;追认俞庆棠为事务所总干事
	8月26日	3	杭州虎跑泉	7	2	赵冕	推举陈礼江、舒新城、俞庆棠组成社会教育地位方案整理委员会
1933	3月18日—19日	4	江苏省立南京民教馆	8	5	钮永建	常务理事兼总干事俞庆棠赴丹麦考察民教,准予请假,其常务理事兼总干事职务公推陈礼江代理
	8月23日	5	山东省立民教馆	8	5	董淮	提名吴稚晖、蔡元培为名誉社员,提交年会讨论,推定第二届年会主席团

---

① 笔者整理自:《社务发展之前前后后》,载《社友通讯》,第 1 卷 1 期,1932;编者:《年会前后的两次理事会议》,载《社友通讯》,第 1 卷 4、5 期合刊,1932;《第四次理事会议》,载《社友通讯》,第 1 卷 10 期,1933;《承上启下的两次理事会议》,载《社友通讯》,第 2 卷 4、5 期合刊,1933;《理事会第七次会议记》,载《社友通讯》,第 2 卷 10 期,1934;《两次理事会议记》,载《社友通讯》,第 3 卷 4 期,1934;《第十次理事会议记》,载《社友通讯》,第 3 卷 5 期,1934;《第十一次理事会议记》,载《社友通讯》,第 3 卷 10 期,1935;《理事会第十二次会议记》,载《社友通讯》,第 4 卷 4 期,1935;《两次理事会会议记》,载《社友通讯》,第 4 卷 8 期,1936;《第十五次理事会议记》,载《社友通讯》,第 4 卷 9 期,1936;《本社第十六次理事会议记》,载《社友通讯》,第 5 卷 5 期,1936;《本社第十七次理事会议记》,载《社友通讯》,第 5 卷 10 期,1937;《本社第十八次理事会议记》,载《社友通讯》,第 7 卷 2 期,1938。

日期 年	明细	次数	举行地点	出席理事			理事成员变动
				亲自出席	委托出席	主席	
	8月26日—27日	6	山东省立民教馆	9	5	高 阳	选举结果陈礼江、董淮、彭百川、尚仲衣当选理事；加推陈剑修为本会理事；加推张一麐（3年）、相菊潭（2年）为候补理事
			济南千佛山	10	5	董 淮	选举梁漱溟、俞庆棠、赵冕为常务理事；高阳、陈礼江当选为候补常务理事
1934	3月15日	7	江苏省立教育学院	13	4	陈剑修	
	8月16日	8	河南省立开封初级中学	9	6	庄泽宣	
	8月18日、19日	9		9	4	钮永建	公推庄泽宣为本社理事（3年），加推张炯为候补理事（3年）；选举梁漱溟、俞庆棠、赵冕为常务理事；孟宪承、钮永建、陈剑修为候补常务理事
	10月2日	10	江苏省立南京民教馆	9	5	陈剑修、孟宪承	本社理事会常务理事互推俞庆棠为事务所总干事，俞恳辞，决议"挽留"；理事庄泽宣提请辞职，决议"恳切慰留"；决议任满各理事延长任期至下届年会时为止
1935	3月17日	11	江苏省立教育学院	11	4	梁漱溟、彭百川	
	8月11日	12	江苏省立南京民教馆	13	5	陈剑修、董 淮	俞庆棠、赵冕提案改选常务理事案，决议延长任期至第四届年会新理事会产生后再行改选

日期 明细 年		次数	举行地点	出席理事			理事成员变动
				亲自出席	委托出席	主席	
1936	1月17日	13	国立中山大学	4	5	雷沛鸿	
	1月19日	14		5	5	俞庆棠	公推李蒸担任理事；决定候补理事名单：江问渔、刘季洪、王公度、崔载阳、马宗荣为3年；张炯、傅葆琛、邰爽秋、孔令粲、朱坚白为2年；舒新城、黄炎培、张一麐、相菊潭、徐锡龄为1年。公推梁漱溟、俞庆棠、赵冕担任常务理事；公推赵冕兼任总干事
	3月14日	15	江苏省立教育学院	8	2	李 蒸、孟宪承	赵冕坚辞常务理事，决议总干事一职由常务理事商定，报告下次会议
	10月25日	16	江苏省立南京民教馆	10	3	陈剑修	常务理事明年一月期满，拟请先行改选，决议原任常务理事应请继任，延至下届年会时止
1937	3月28日	17	江苏省立教育学院	7	8	董 淮	
1938	11月	18	教育部第二社会教育工作团	6	3	梁漱溟	

由表 6-2 可见，1932 年 6 月 11 日—12 日，社教社在江苏省立教育学院召开理事会第一次会议，会议决议加推梁漱溟、庄泽宣、董淮为理事；舒新城、尹全智、张一麐为候补理事；推举赵冕、俞庆棠、孟宪承为常务理事，高阳、李蒸、尚仲衣为候补常务理事，第一届理事会正式确立。就举办时间、频率和地点看，1932、1933 年各举行三次理事会，1934、1936 年各四次，1935 年两次，1937 年一次（因战争发生 8 月份第五届青岛年会被迫取消）。为经济计，每一届理事会都会利用年会期间召开理事会会议，如第一届年会在杭州召开期间，同时举行了理事会第二、三次会议，五、六次会议则利用山东济南第二届年会期间举行，八、九次会议在河南开封

（第三届年会），第十三、十四次会议在广州（第四届年会）。除此之外，理事会召开地点基本在江苏省立教育学院和江苏省立南京民众教育馆两处进行，分别为无锡 5 次（第一、七、十一、十五、十七）和南京 4 次（第四、十、十二、十六），会议主席从参会代表中推选，18 次理事会议中共有 25 人次担任主席，其中山东省立民众教育馆馆长董淮担任 5 次（两次为联合主席）居首位，陈剑修为 3 次，孟宪承、高阳、李蒸、钮永建、梁漱溟各为 2 次，赵冕、庄泽宣、俞庆棠、彭百川、雷沛鸿各为 1 次，与参会次数、社会声望，以及会议召开的地域均存在相关性。

出席理事会会议是理事成员热心社务的指征之一。为了进一步厘清社教社理事会核心成员，笔者将对这十八次理事会出席情况做详细统计。为清晰起见，下面将理事和候补理事分别列表，个人委托代表出席①计入出席次数，请假情况②不予考虑。

---

① 之所以计算进来的理由，是代表人可以代理事投票或议论、履行社务之责。如 1934 年 8 月 16 日在河南开封初级中学召开的理事会第 8 次会议，山东邹平县长王怡柯代表梁漱溟出席，在会议上，王怡柯参与 4 件社务：（1）被公推与孙枋一起审查该社 1933 年度决算案；（2）被公推与郑若谷一起审查并讨论"第二届年会通过'各地应举办社会童子军及民众军事训练以锻炼青年及成年民众之体格与德性'"一案，（3）被公推与俞庆棠、赵冕草拟 1934 年度社务进行要项，交第 9 次会议讨论；（4）被公推与李蒸、庄泽宣、俞庆棠、赵冕审查"'对于编制〈由乡村建设以复兴民族之具体实施方案〉之意见'及〈关于乡村建设问题提案之报告〉案"。详见：《两次理事会议记录 第八次会议》，《社友通讯》，第 3 卷 4 期，1934。

② 会议记录中有两次显示理事们的请假情况：（1）理事会第 1 次会议中"黄炎培、马宗荣、祁锡勇、刘湛恩、张伯苓等，因事未到"；（2）理事会第 15 次会议，"梁漱溟、庄泽宣、舒新城、陈剑修、孔令燦等理事均有来信，除陈先生请俞代外，余均请假"。详见大白：《社务发展之前前后后》，载《社友通讯》，第 1 卷 1 期，1932；《第十五次理事会议记》，载《社友通讯》，第 4 卷 9 期，1936。

表 6-3　社教社第一至四届理事出席理事会议情况一览表①

担任届数	名单明细	亲自出席	委托出席	应出席次数	出席次数	出席率	备　注
常务理事	俞庆棠	17	1	18	18	100%	因赴丹麦考察，第4次会议委托赵冕代表
	赵　冕	14	3	18	17	94.44%	第13、14次会议委托崔载阳代表，第16次会议委托甘豫源代表
	孟宪承	1	0	6	1	16.67%	第二届转任理事
	梁漱溟	4	1	12	5	41.67%	第二届至第四届担任常务理事，任期内出席第11、14、16、18次会议，第8次委托邹平县长王怡柯代表
第一届	傅葆琛	0	3	6	3	50%	第1次委托高践四、第5、6次委托赵冕代表，从未亲自出席
	刘绍桢	2	1	6	3	50%	出席第2、3次会议，第1次委托甘豫源代表
	梁漱溟	1	0	3	1	33.33%	仅出席第6次会议
二至四届	陈礼江	6	3	12	9	75%	第8、9次委托俞庆棠代表、第12次委托赵冕代表
	彭百川	4	4	12	8	66.67%	第8、9、12、17次委托赵冕代表
	孟宪承	6	4	12	10	83.33%	第11、16次委托高践四代表、第14次委托甘豫源代表、第18次委托马祖武代表

---

① 笔者整理自：《社务发展之前前后后》，载《社友通讯》，第1卷1期，1932；编者：《年会前后的两次理事会议》，载《社友通讯》，第1卷4、5期合刊，1932；《第四次理事会议》，载《社友通讯》，第1卷10期，1933；《承上启下的两次理事会议》，载《社友通讯》，第2卷4、5期合刊，1933；《理事会第七次会议记》，载《社友通讯》，第2卷10期，1934；《两次理事会议记》，载《社友通讯》，第3卷4期，1934；《第十理事会议记》，载《社友通讯》，第3卷5期，1934；《第十一次理事会议记》，载《社友通讯》，第3卷10期，1935；《理事会第十二次会议记》，载《社友通讯》，第4卷4期，1935；《两次理事会会议记》，载《社友通讯》，第4卷8期，1936；《第十五次理事会议记》，载《社友通讯》，第4卷9期，1936；《本社第十六次理事会议记》，载《社友通讯》，第5卷5期，1936；《本社第十七次理事会议记》，载《社友通讯》，第5卷10期，1937；《本社第十八次理事会议记》，载《社友通讯》，第7卷2期，1938。

名单明细 担任届数		亲自 出席	委托 出席	应出席 次数	出席 次数	出席率	备　注
第一至四届	高　阳	13	4	18	17	94.44%	第9、10次委托陈礼江代表、第13次委托梁漱溟代表、第14次委托董淮代表
	甘豫源	12	3	18	15	83.33%	第5、6次委托孙枋代表、第10次委托赵冕代表
	雷沛鸿	3	11	18	14	77.78%	仅出席第13、14、17次会议
	董　淮	9	4	18	13	72.22%	第10、11次委托俞庆棠代表、第13次委托梁漱溟代表、第14次委托高阳代表
	李　蒸	3	10	18	13	72.22%	仅出席第1、8、15次理事会
	钮永建	6	4	18	10	55.56%	亲自出席第1、4、7、9、16、18次会议，第8次委托钮长耀代表、第12次委托朱坚白代表、第13次委托雷沛鸿代表、第14次委托梁漱溟代表
	陈剑修	5	5	18	10	55.56%	亲自出席第7、9、10、12、16次会议
	尚仲衣	4	2	18	6	33.33%	亲自出席第1、2、3、4次会议，第8、9次均委托俞庆棠代表
	庄泽宣	1	1	18	2	11.11%	出席第8次会议，第6次会议委托陈礼江代表

如表6-3所示，社教社理事会理事中，按照任期情况和分工情况，可以分为常务理事、第一届理事、第二至四届理事和第一至四届理事。常务理事中又分两种情况，一种是俞庆棠、赵冕连选连任第一至第四届常务理事，1937年抗战全面爆发前两人均保持全勤状况，总干事俞庆棠除因赴丹麦考察、委托赵冕代表出席第四次会议外，其他17次均亲自出席；赵冕因未出席第四届年会，委托崔载阳代表出席第十三、十四次，之后委托甘豫源代表出席十六次会议，第十八次会议未参加。另一种情况是孟宪承和梁漱溟，前者为第一届常务理事，其任期内仅出席1次理事会，缺席5次；

梁漱溟以理事身份首秀了第六次会议，在其担任常务理事任期内的第七至十八次会议中，出席了第十一、十三、十四、十六、十八次会议，第八次会议委托山东邹平实验县县长王怡柯代表。很耐人寻味的是，第一届年会在杭州召开，作为常务理事、年会筹备委员会委员的孟宪承却因"事务繁忙"没有出席年会，年会期间召开的理事会自然缺席，而在其担任理事期间，却先后出席理事会议 10 次之多。梁漱溟担任第二至四届常务理事，在其任期内出席 5 次，加上其担任理事期间出席的 1 次，18 次理事会一共出席了 6 次。从出席数据看，工作在社教社大本营的俞庆棠、赵冕以及曾在此工作的孟宪承，更热心社教社的社务工作。

　　第一届和第二至四届理事名单变化，主要涉及傅葆琛、刘绍桢与陈礼江、彭百川，第一届理事傅葆琛自第二届后，调整为候补理事，陈、彭二氏则从候补理事进入理事名单中。傅葆琛在其理事任期的第一至六次会议中，第一、五、六次分别委托高阳、赵冕（2 次）代表，之后作为候补理事，第八次会议委托赵冕代表、从未真正出席过理事会议；刘绍桢在其任期内出席了第一（甘代）、二、三次会议，缺席 3 次。陈礼江在其担任第二至四届理事期间，亲自出席 6 次，委托代表出席 3 次，共出席 9 次；彭百川理事任期内亲自出席 4 次，委托代表出席 4 次，共出席 8 次。除去这些特殊的，余下理事出席情况从高到低排名情况一次为：高阳（17）、甘豫源（15）、雷沛鸿（14）、董淮（13）、李蒸（13）、陈剑修（10）、钮永建（10）、尚仲衣（6）、庄泽宣（2）。尚仲衣、庄泽宣的排名靠后。当然，出席次数排名靠前的雷沛鸿、李蒸亲自出席均为 3 次，雷、李二氏都曾在江苏省立教育学院工作过，担任过主要院务工作。雷氏 1933 年 8 月应广西省政府之聘，担任广西省教育厅厅长，他亲自出席的理事会第十三、十四次会议，很大原因是因为要接洽出席第四届年会社员会后的广西教育考察团，而十七次会议，则是他落魄重回江苏省立教育学院教书时出席而已。李蒸因出任教育部社会教育司司长离开江苏省立教育学院，后接任国立北平师范大学校长，坦承"自二十一年重长北平师大以来，已不参与民教事业，仅因个人兴趣关系在中国社会教育社备员而已"。① 两人都教育行政事务繁忙，对亲自出席社教社理事会议有心无力，但作为社教社发起人之一，非常看重其联络作用，频频委托昔日同事、社教社的理事们作为代表人，参与社务亦是信念所系。尚仲衣作为发起人之一，在其担任浙江省立民众教育实验学校校长期间，不仅与浙江省立图书馆馆长等联手筹办了社教社第一届年会，并热心社务，承担了第二届年会中心议题的分组提案撰写，因人事纠纷，被迫辞去校长一职，北上国立北平大学担任教授，不再参与社教社社务及年会，甚为可惜。从表中可见，被委托出席代表人大多为出席的理事会成员，如总干事俞庆棠是雷沛鸿、李蒸、黄炎培的"固定"出席代表，先后承担了 19 人次的委托；高阳作为江苏省立教育学院的院长，代表他人出席 14 人次（仅次于总干事俞庆棠）。但亦有非理事代表出席的情况，两人次出现在河南省立开封初级中学召开的第八次会议，梁漱溟委托邹平县县长王怡柯代表、钮永建委托俞塘私立民众教育馆馆长钮长耀代表出席，其中王怡柯还参与理事会提案的讨论、落实工作，第十八次会议远在西北的李蒸委托陈兆蘅代表出席，陈氏曾为社教社候补理事，此时已卸任。

这组出席数据，挑战了以往研究中梁漱溟对社教社影响甚大的论断，梁作为社教社常务理事，虽一度掌控社教社第二届年会话语权，但对于社教社社务，其影响远不及俞庆棠、孟宪承、赵冕、高阳、甘豫源、雷沛鸿、董淮、陈礼江、彭百川、李蒸、钮永建、陈剑修等核心理事。此外，常务理事之外，尚有候补常务理事来做辅助，如第一届理事会候补常务理事为高阳、李蒸、尚仲衣，第二届理事会候补常务理事为高阳、陈礼江，第三届理事会候补理事为孟宪承、钮永建、陈剑修。② 理解了这些，就会明白社教社第三届、第四届年会中心议题，虽遭到梁漱溟质疑，但依然通过的原因所在。实际上，除去乡村建设与社会教育合流的客观形势所趋，

① 李蒸：《想起一段行政经验来》，载《社友通讯》，第 5 卷 6 期，1936。
② 详见陈大白：《社务发展之前前后后》，载《社友通讯》，第 1 卷 1 期，1932；心斋：《承上启下的两次理事会议》，载《社友通讯》，第 2 卷 4、5 期合刊，1933；《两次理事会议纪录》，载《社友通讯》，第 3 卷 4 期，1934。

两者之间的亲密合作，或许相互借势是最大的内在。社教社成立之初，仅将梁漱溟与黄炎培、张伯苓、张一麐、涂开兴、冷御秋等人一起，作为候补理事，是梁氏的积极态度，使得理事会第一次会议便将其变更为理事、第六次会议推选到常务理事的位置上来。梁氏在乡村建设领域的社会声望，对于社教社一个新兴学术团体来讲，能请其担任理事，绝对是个迅速引发学界、社会注意的契机，而梁漱溟之所以心领神会接过社教社的橄榄枝，并在第二届年会前后积极参与，或许将之作为与晏阳初平教会争夺话语权的有力盟友是最大考虑，这一点，从梁漱溟态度转变的时间节点可见一斑，1933 年 2 月教育部民众教育专家会议，他抛出"以社会教育为本而建树一系统"方案，引发多位社教专家的兴趣，并即席推定钮永建、高践四、陈礼江、孟宪承和梁漱溟 5 人组成委员会，由梁氏担任执笔之责。[1]提案出炉后他还专程赴无锡向各位请教，随后，他以理事的身份首次出席了 1933 年 8 月 26 日举行的理事会第六次会议第一次会议，次日，在济南千佛山举行的第二次会议，梁氏以 7 票当选社教社常务理事。相对于晏阳初对社教社疏离的态度，社教社因梁氏常务理事身份，与邹平走得更为密切，社教社决议案将"社会教育系统案"选取邹平县作为实验地点，该县县长王怡柯还曾代表梁氏出席过理事会第八次会议，由此可窥一斑。

诚如前文所讲，候补理事更迭幅度较大，其出席理事会议的情况更为复杂，具体情况如表 6-4 所示。

---

① 梁漱溟：《社会本位的教育系统草案》，载《教育与民众》，第 5 卷 1 期，1933。

表 6-4　社教社第一至四届候补理事出席理事会议情况一览表①

担任届数	名单明细	亲自出席	委托出席	应出席次数	出席次数	出席率	备　　注
第一至四届	张一麐	0	0	18	0	0	从未出席
	黄炎培	0	1	18	1	5.55%	委托俞庆棠出席第10次会议
	舒新城	2	0	18	2	11.11%	亲自出席了第10、11次理事会会议
	马宗荣	2	2	18	4	22.22%	仅亲自出席第12、16次，第11次委托俞庆棠代理、17次委托高践四代理
第一届	张伯苓	0	0	6	0	0	从未出席
	涂开兴	0	0	6	0	0	从未出席
	冷御秋	0	1	6	1	20%	第3次会议委托高践四代表
	刘湛恩	0	2	6	2	33.33%	委托陈礼江代理第5、6次会议
	祁锡勇	1	因病去世				
	陈礼江	5	0	6	5	83.33%	第二届调整为理事
	彭百川	4	0	6	4	66.67%	
第二届	杨展云	2	0	3	2	66.67%	仅出席在济南举行的第5、6次会议
	郑宗海	0	0	3	0	0	从未出席
	陈兆蘅	0	0	3	0	0	从未出席

----

① 　笔者整理自：《社务发展之前前后后》，载《社友通讯》，第 1 卷 1 期，1932；编者：《年会前后的两次理事会议》，载《社友通讯》，第 1 卷 4、5 期合刊，1932；《第四次理事会议》，载《社友通讯》，第 1 卷 10 期，1933；《承上启下的两次理事会议》，载《社友通讯》，第 2 卷 4、5 期合刊，1933；《理事会第七次会议记》，载《社友通讯》，第 2 卷 10 期，1934；《两次理事会议记》，载《社友通讯》，第 3 卷 4 期，1934；《第十次理事会议记》，载《社友通讯》，第 3 卷 5 期，1934；《第十一次理事会议记》，载《社友通讯》，第 3 卷 10 期，1935；《理事会第十二次会议记》，载《社友通讯》，第 4 卷 4 期，1935；《两次理事会议记》，载《社友通讯》，第 4 卷 8 期，1936；《第十五次理事会议记》，载《社友通讯》，第 4 卷 9 期，1936；《本社第十六次理事会议记》，载《社友通讯》，第 5 卷 5 期，1936；《本社第十七次理事会议记》，载《社友通讯》，第 5 卷 10 期，1937；《本社第十八次理事会议记》，载《社友通讯》，第 7 卷 2 期，1938。

名单 \ 明细 \ 担任届数		亲自出席	委托出席	应出席次数	出席次数	出席率	备注
第一至二届	尹全智	2	1	9	3	33.33%	出席第5、6次，第7次委托高践四代理
第一至三届	孙枋	8	0	12	8	61.54%	均为亲自出席
	刘云谷	3	0	12	3	25%	出席了第1、2、3次会议
第二至第四届	傅葆琛	0	1	12	1	8.33%	委托赵冕出席第8次会议
	孔令粲	3	0	12	3	25%	仅出席第5、6、7次会议
	刘季洪	5	0	12	5	38.46%	均为亲自出席
	朱坚白	6	0	12	6	50%	均为亲自出席
	相菊潭	2	0	12	2	16.67%	仅出席第10、11次会议
第三至四届	江问渔	1	1	9	2	22.22%	亲自出席第12次会议，委托俞庆棠出席第17次会议
	王公度	2	0	9	2	22.22%	仅出席在开封举行的第8、9次会议
	张炯	4	0	9	4	44.44%	亲自出席第9、10、11、12次会议
	邰爽秋	2	3	9	5	55.56%	仅出席第15、18次会议，第11次委托赵冕，第12、17次均委托俞庆棠代表
第四届	崔载阳	2	1	7	3	42.86%	亲自出席在广州举行的第13、14次会议，第17次委托俞庆棠代表
	徐锡龄	0	0	7	0	0	从未出席

516

表6-4按照候补理事任期情况，分为第一至四届、第一届、第二届、第一至二届、第一至三届、第二至四届、第三至四届、第四届共8种情况予以整理，其出席情况多寡不一。

（1）第一至四届连选连任的共有4名：张一麐从未出席过理事会议，黄炎培仅在第十次会议时委托俞庆棠代表，马宗荣出席了4次会议（其中2次为委托代表），舒新城出席了2次会议（第十、十一次）。由此可知，张一麐、黄炎培仅是挂名而已，马宗荣任大夏大学社会教育系主任期间，并未对社务有多大热情，后调任江苏省立教育学院工作后，因属地关系，开始参与社教社理事会议；舒新城作为中华书局编译所所长，参与社务的节点是社教社社员著作日渐增多、社教理论逐渐勃发之时，与其说他个人如何关心社教社社务进展，倒不如说是从出版社角度来参与此事，社教社社员1934年在中华书局出版著作日渐增多是显证。这一点，可以从舒新城出席了第一届年会并专门请社友聚餐，但未出席会议期间举办的理事会议得到很好的说明。这种数据冲击了黄炎培、马宗荣与俞庆棠、赵冕、陈礼江、高阳等一起作为社教社主要成员并由此形成的"社会教育社主要成员的这种广泛性和专业性"论断。

（2）担任第一届候补理事有7人：张伯苓、涂开兴从未出席过理事会议；冷御秋、刘湛恩也未亲自出席，如冷御秋委托高践四代表列席第三次会议，刘湛恩前后委托陈礼江代表出席第五、六次理事会议。究其原因，冷御秋、刘湛恩作为中华职业教育社骨干，与担任该社专家会议成员的俞庆棠有不少业务往来，加上刘湛恩与俞庆棠哥大校友的渊源，有着不可推卸的彼此站台责任。其他三位的情况，祁锡勇出席第一次后因病去世，陈礼江、彭百川均出席了第一、四、五、六次会议，陈氏还委托赵冕代表出席第三次会议，陈氏和彭氏在第六次会议被选举为理事，其热心社务得到了众人的认可。

（3）担任第二届候补理事的有3人：仅有杨展云列席第五次、出席第六次第二次会议（均在山东济南举行），其他均无出席记录，3人期满不再担任候补理事。这组数据中，杨展云是职务行为，陈兆蘅从哥伦比亚大学毕业回国后被唐文治聘为无锡国专的教育学教授，后至江苏省立教育学院工作，后跟随李蒸北上国立北平师范大学任教，因其担任庶务处主任，工作繁忙，无暇参与社教社社务；郑宗海虽无出席记录，但揆之史实，郑氏作为第一届年会筹备委员会成员，与孟宪承、尚仲衣私交甚密，作为浙江社会教育界代表，仍为社教社所倚重。

（4）担任第一至二届的候补理事有1人：尹全智作为河北省立民众教育实验学校（前身为河北省民众教育人员养成所）校长，出席了第五、六次理事会议，第七次委托高阳代表。尹氏作为地方社会教育机关的代表，能进入候补理事与其职务直接相关。河北省属于社员较多省份，他作为河北省社教专门人才培养机关的校长，自然被社教社所倚重，尹氏因行政事务繁忙，加之身处天津，无暇出席社教社理事会议。尹氏出席的两次理事会议，所承担的社务工作均为琐事①，由此可见尹氏在理事会中并无多大话语权，但社教社候补理事的身份，对尹全智本身却是很大肯定，尹氏利用自己社会影响，在河北境内积极发展社员。

（5）担任第一至三届候补理事 2 人：江苏省立南通民众教育馆馆长孙枋（出席 8 次，缺席 4 次）、江苏省立南京民众教育馆馆长刘云谷（出席 3 次，缺席 9 次）。因二人职务和学养，为社教社所倚重，刘云谷出席了社教社理事会第一、二、三次会议，之后均为缺席，究其原因，与其 1932 年不再担任江苏省立南京民众教育馆馆长一职直接相关，尽管第二届理事会该馆新任馆长朱坚白已成为候补理事，但刘氏社教素养深厚，且与俞庆棠、刘季洪、高阳、李蒸、刘绍桢等理事有共同筹建江苏省立镇江民众教育馆的情

---

① 尹全智出席的理事会第五、六次会议，涉及其承担的社务有 5 件，同组人员中均有社教社核心理事。其中第五次会议 4 件：（1）公推尹全智（召集人）、孙枋、董淮三人审核二十一年度决算案，经审核无误提交大会；（2）公推孙枋（召集人）、尹全智、赵冕三人遵照大会决议并参考事务所所拟草案，重新编订二十二年度预算案，提交下次会议讨论；（3）公推孔令粲（召集人）、杨展云、尹全智、俞庆棠四人审查本社西北教育考察团组织大纲案，于下次会议报告；（4）公推彭百川（召集人）、尹全智、陈礼江、俞庆棠、赵冕草拟二十二年度社务进行要项案，交下次会议讨论。第 6 次会议上其参与的社务有了回音，如参与拟定的西北社会教育研究会大纲案被"缓议"，参与草拟的二十二年度社务进行要项"由本会再拟定下列数原则，交常务理事草拟"，而参与编订的二十二年度预算案"交常务理事拟具，提交下次会议追认"，除难度最低的第（1）案外，其他均被理事会否定。还有，第 6 次会议中尹氏作为河北代表，被理事会公推作为中国社会教育社研究实验事业协进委员会成员，属于职务行为，不涉及个人影响力。详见：《承上启下的两次理事会议》，载《社友通讯》，第 2 卷 4、5 期合刊，1933。

谊①，社教社仍坚持刘氏连选连任。

(6)第二至四届候补理事有 5 人：出席次数从高到低依次为朱坚白（6次）、刘季洪（5次）、孔令粲（3次）、相菊潭（2次）、傅葆琛（1次）。就朱氏而言，他作为江苏省立南京民教馆馆长，对社教事业非常热心，他不仅出席了在无锡举办的第七次会议，出席了在河南开封举办的第八、九次会议，而且江苏省立南京民教馆作为社教社理事会第四、十、十二、十六次会议召开地点，朱氏更占地利之便，除第十六次会议时朱氏已去职未出席外，其他均出席。刘季洪的情况相对复杂一点，他以江苏省立教育学院教授身份进入候补理事队伍，参加了第七次在无锡举办的理事会会议，待第八、九次理事会在河南开封召开时，刘氏已是河南大学校长，十一次理事会议期间，恰逢刘氏回社教社大本营作学术讲演。相对来讲，孔令粲和相菊潭作为政府行政人员，出席理事会议更多是地利之便，如孔令粲出席了在山东济南举行的第五、六次会议，而后出席了 1934 年 3 月 15 日在无锡举办的第七次会议，其他全部缺席；而作为江苏省政府民政厅主任秘书的相菊潭，出席了在无锡、南京召开的第十、十一次理事会议，从出席频率上看不高，但其作为社教社所在省份民政厅主任秘书，其背后的行政力为社教社助力不小。社教社这种基于行政职属选入候补理事的措施，对该社社务在各自属地进展有很大推进作用。

(7)担任第三至四届理事有 4 人：邰爽秋（出席 5 次，其中 3 次为委托代表）、张炯（出席 4 次）、江问渔（出席 2 次）、王公度（出席 2 次）。很明显，张炯作为社会教育司司长，因职务所在连续出席了第九至十二次会

---

① 1929 年江苏省政府从南京迁往镇江，镇江成为省会，其各项建设均被大力推进，1930 年 1 月，教育厅成立专门机构，委派俞庆棠、刘季洪、高阳、李蒸、韩寿晋、刘绍桢、刘云谷等 7 人为筹备委员，负责规划，送开会议，确定成立江苏省立镇江民众教育馆，并讨论确定该馆实施目标、原则等。详见陈山洪：《三十年代镇江的社会教育》，中国人民政治协商会议江苏省镇江市委员会文史资料研究委员会：《镇江文史资料 第 8 辑》，113 页，自刊，1984。

议，对其社务开展有明显行政威权，参会期间曾被理事会委以重任①。需要说明的是，1936年5月，由陈礼江继任社教司司长，张炯因职务变化，不再出席会议。相对而言，邰爽秋和江问渔因社会声望被社教社所看重。

（8）第四届候补理事崔载阳、徐锡龄，崔氏出席3次（其中第十七次为委托俞庆棠代表），徐氏则未有出席记录，崔载阳作为国立中山大学教育研究所主任，兼任与社教社合办的花县实验区主任，徐锡龄为副主任，对社教社事业推展关系甚大，故笔者将其列入核心理事。

从理事会议记录上看，出席理事会的理事与候补理事并无差别，均是各尽所长。揆之史实，理事会名单的确定，个人学术声望和所在单位声望、职务都是重要影响因素。对于地方社会教育机关代表，职务比重更大一点，实际上，随着社会教育人员资格规定的逐渐严格，特别是地方重要的社教机关，这两项标准日渐合二为一。如江苏省立南京民众教育馆，刘季洪、刘云谷、朱坚白、赵季俞先后担任馆长，前三人均进入社教社理事（候补理事）名单，如不是因为战争中断了社教社的青岛年会，不出意外的话赵季俞应能进入候补理事队伍，因为在该馆召开的理事会第十六次会议，赵氏已悄然出席。

笔者之所以不厌其烦地考察常务理事、理事、候补理事的出席理事会议情况，是想通过这些来厘清到底是哪些人在对社教社社务起着决定性影响，厘清核心理事名单。理事会作为年会闭会期间社教社的最高权力机关，它承担着引导、规划并执行社教社事业的功能，而这个功能的发挥程

---

① 如第十次会议与陈剑修一起负责社址购买过程中与教育部的当面接洽，与吴剑真、马巽伯、朱坚白、董淮五人组成小组，负责草拟各省立民众教育馆推行辅导办法，张氏担任召集人；第十一次会议与刘季洪、俞庆棠组成委员会负责答复世界成人教育协会调查中国文盲数来函，与刘季洪、赵冕组成第四届年会中心问题审查委员会；第十二次会议共推张氏与陈剑修、刘季洪三人与河南省教育厅厅长李敬斋洽商，请河南省教育厅如何在该省教育经费力求紧缩的情况下酌予补助洛阳实验区补助费等。详见：《第十次理事会议记》，载《社友通讯》，第3卷5期，1934；《第十一次理事会议记》，载《社友通讯》，第3卷10期，1935；《理事会第十二次会议记》，载《社友通讯》，第4卷4期，1935。

度，与理事会成员特别是出席理事休戚相关，大体呈现出其出席情况与社务参与深度、广度很大程度上的正相关的变化趋势。

二、理事会成员的社会网络

按照社会机构分析框架，理事会成员的籍贯、性别、出生时间以及求学经历、学历层次、留学国别等与其在理事会承担的角色等指标，构成了理事会成员的社会结构主体，为清晰起见，笔者特列表呈现，并结合表6-1、6-2、6-3、6-4，给予社会学意义上的解读。

表 6-5　理事会成员籍贯、性别、出生时间、求学经历及承担角色一览表[1]

明细名单	性别	出生时间	籍贯	求学经历			承担角色
				就读大学	学位	留学国别	
俞庆棠	女	1897	江苏太仓	哥伦比亚大学 TC	学士	美国	常务理事、总干事
赵　冕	男	1903	浙江嘉兴	南京高等师范学校	学士		常务理事
高　阳		1892	江苏无锡	康奈尔大学	硕士	美国	一至四届理事
甘豫源		1903	江苏上海	国立东南大学教育系	学士		
雷沛鸿		1888	广西南宁	哈佛大学	硕士	美国	
陈礼江		1896	江西九江	芝加哥大学	硕士	美国	一届候补理事，二至四届理事
彭百川		1896	江西永新	哥伦比亚大学	博士	美国	
李　蒸		1895	河北滦县	哥伦比亚大学 TC	博士	美国	一至四届理事（其中孟宪承为第一届常务理事）
董　淮		1901	山东邹县	国立北平师范大学	学士		
孟宪承		1894	江苏武进	华盛顿大学教育学	硕士	美国	
陈剑修		1897	江西遂川	伦敦大学心理学	硕士	英国	
钮永建		1870	江苏上海	日本士官学校		日本	
尚仲衣		1902	河南罗山	哥伦比亚大学 TC	博士	美国	

---

① 表格说明：TC 为 Teachers College 缩写，即师范学院。笔者整理于《中国社会教育社社员一览》及《社友通讯》"社员消息"等。

明细名单	性别	出生时间	籍贯	求学经历			承担角色
				就读大学	学位	留学国别	
梁漱溟	男	1893	广西桂林	顺天中学			第一届理事,二至四届常务理事
傅葆琛		1893	四川成都	康奈尔大学	博士	美国	第一届理事、二至四届候补理事
马宗荣		1896	贵州贵阳	东京帝国大学教育科	学士	日本	一至四届候补理事
舒新城		1893	湖南溆浦	湖南高等师范学校			
庄泽宣		1895	浙江嘉兴	哥伦比亚大学 TC	博士	美国	一至四届理事
黄炎培		1878	上海川沙	南阳公学(举人)			一至四届候补理事
张一麐		1868	江苏吴县	京师大学堂优级师范			
孙 枋			浙江杭县				一至三届候补理事
刘云谷			南京市				
朱坚白			江苏盐城				二至四届候补理事
刘季洪		1903	江苏丰县	华盛顿大学教育学科	硕士	美国	
孔令粲			山东曲阜				
相菊潭		1897	江苏宝应				
尹全智			河北束鹿				一至二届候补理事
张 炯		1879	湖南常德	京师大学堂优级师范			三至四届候补理事
邰爽秋		1897	江苏东台	哥伦比亚大学 TC	博士	美国	
江问渔		1885	江苏灌云	江苏两级师范博物科			
王公度		1895	河南孟津	莫斯科中山大学		苏联	
崔载阳		1899	广东增城	巴黎大学		法国	第四届候补理事
刘绍桢			江苏江宁				第一届理事
刘湛恩		1896	湖北汉阳	哥伦比亚大学 TC	博士	美国	第一届候补理事
冷御秋		1882	江苏镇江	安庆武备学堂			
张伯苓		1876	天津	北洋水师学堂,哥伦比亚大学 TC 进修		美国	
涂开兴			湖南长沙				

明细名单	性别	出生时间	籍贯	求学经历			承担角色
				就读大学	学位	留学国别	
徐锡龄	男	1902	广东中山				第四届候补理事
杨展云			山东城武				第二届候补理事
郑宗海		1892	浙江海宁	哥伦比亚大学 TC	硕士	美国	
陈兆蘅			江苏丹阳	哥伦比亚大学 TC	硕士	美国	

　　从表 6-5 可见，先后当选理事会成员的 41 人中仅有俞庆棠一名女性，她一直担任常务理事兼总干事，是社教社的灵魂人物；已知出生时间的 32 名理事会成员中，1890 年以前出生的理事有张一麐、钮永建、张炯、张伯苓、冷御秋、江问渔、黄炎培、雷沛鸿 8 人，当选 24 人次（按照四届当选次数计算，下同）；1891—1899 年间出生的有俞庆棠、高阳、陈礼江、彭百川、李蒸、孟宪承、陈剑修、梁漱溟、傅葆琛、马宗荣、舒新城、庄泽宣、相菊潭、邰爽秋、王公度、崔载阳、刘湛恩、郑宗海共 18 人，当选 58 人次，平均每人当选 3.22 次；1901—1910 年期间出生的有赵冕、甘豫源、董淮、尚仲衣、刘季洪、徐锡龄 6 人，当选 20 次，平均每人当选 3.33 次。如果以社教社 1931 年成立为时间节点，年龄最大的 61 岁，最小的 28 岁，常务理事三人组中，俞庆棠 32 岁、孟宪承 37 岁，而赵冕年仅 28 岁，其他理事年龄大多在 30～40 岁之间，以 35～45 岁之间最为集中。年富力强，正处于事业黄金发展期的年龄构成，对社教社奋力开拓的集体性格有直接影响。从籍贯看，涵盖了江苏、浙江、山东、江西、河北、河南、广西、贵州和广东，其中以江苏、浙江籍为最多，这样的籍贯分布状态，一方面反映了该时期社会教育发展有明显地域差异性，另一方面也显示了理事当选与地域因素有显而易见的关系。

　　从已知学历的 31 名理事看，留学生占主体，留学国别包括美国、英国、法国、日本及苏联，以美国为主体，哈佛大学、哥伦比亚大学、华盛顿大学、康奈尔大学、芝加哥大学等就读的有 16 人之多，其中又以美国哥伦比亚大学为最多，在留美同学网络中存在留学学校、留学院系的"马太效应"，常务理事俞庆棠，理事彭百川、李蒸、尚仲衣、庄泽宣，候补理事邰爽秋、刘湛恩、郑宗海、陈兆蘅、张伯苓等 10 人毕业于哥伦比亚大学，占总人数的 32.25％之多。据台湾学者刘蔚之博士考证，在 1930 年之前于哥伦比亚大学 TC 获得哲学博士学位的刘湛恩、庄泽宣(I. L. Kandel)、李蒸(F. W. Dunn)、邰爽秋(George. D. Strayer)、尚仲衣(M. B. Hillegas)等中国留学生之间，与桑代克均存在着直接或间接的师承关系。[①] 毕业院校的学缘关系，是分析理事会成员的一个必要社会关系的网络指标。

对社教社理事会成员更迭、召开及出席情况、成员的社会网络等梳理可见，囊括其时社会教育界先进和主要教育行政官员，成员更迭频率不高，从出席理事会频率看，存在一个核心理事群体，其领导权基本掌控在以江苏省立教育学院为主的教授群体手中。理事会成员的社会网络和社会结构表明，当选标准不仅有学术水平高低及对社务关心程度的考量，地域因素、学缘关系、社会声望、留学国别及行政职务都是重要筹码。

领导群体的相对稳定，对维持新兴的社教社社务发展有重要作用。社教社自成立以来，经费问题一直严重存在，新人入社较少，发起人必须扮演"保姆"角色，像呵护孩子一般守护着社教社，唯有如此，才能使得社教社在外无学制体制支撑、内无充裕经费可用的窘境下"突围"，核心理事群体保持稳定是关键因素。此种架构为联络同志、扩大社务提供极大便利，为社教社从众多昙花一现的学术团体中脱颖而出并成为全国性学术团体提供了坚实的组织保障；但这种超稳定的组织架构也是一把双刃剑，一定程度上背离了他们所追求的西方学术社团遵循的民主精神和民主程序，缺乏对新成员的吸纳力。社教社虽有严格的选举程序，但理事会的成员更替存在"同仁化""包办化"的嫌疑。常务理事俞庆棠希望能为该社注入一点活力，1934 年召开的第 10 次理事会上，当其再次被推选为事务所总干事时，俞"恳辞"，决议给予

---

① 刘蔚之：《美国哥伦比亚大学师范学院中国学生博士论文分析(1914—1929)》，台北，《教育研究集刊》，2013 年 2 期。

"挽留";① 1936 年在广州召开年会期间，在常务理事赵冕未参会的情况下，俞庆棠、梁漱溟将其推为总干事，希望能借此机会实现更迭，远在无锡的赵冕得知消息后，马上向理事会递交了"辞去常务理事"的辞呈，因为总干事要由常务理事互推产生，赵冕这种"釜底抽薪"办法收到奇效，"决议总干事一职由常务理事商定，报告下次会议"，半年后召开的第 16 次会议赵氏采取委托代表出席，从该次会议达成的决议来看，总干事更迭一事不了了之。② 实际上，作为一个学术团体，超稳定的理事会成员组成并非优势，作为模仿西方而创建的纯学术团体，成员流动是其开放性与民主化的重要外在表征，是促进其正常发展和成长的先决条件。社教社这种更迭幅度不大的稳定状况，正在迈向现代化道路上中国学术体制化所展现出来的新陈代谢，传统与现代、开放与封闭、区域与整体交织在一起。

理事会成员学历组成也为这种"新陈代谢"作了注脚。不同于同时期中国科学社等留美、留日学生之间的壁垒森严构成，社教社理事除去欧美，留学国别中有两名留日的成员，其中一名是中华学艺社（留日学生组成的学术社团）的核心成员马宗荣。而且，除去有不同留学背景的成员外，国内大学毕业生，如南高师的赵冕、东南大学教育系毕业的甘豫源、北平师范大学毕业的董淮也厕身其间；理事中张一麐、张炯均毕业于京师大学堂优级师范，黄炎培毕业于南阳公学，他们三人都是旧式功名出身；梁漱溟作为新儒家的代表，他仅有顺天府中学的文凭。理事会成员的学历布局，为调和域外观念和传统文化打下坚实基础。理事们以社教社为平台，思想不断碰撞，在新的社会结构中迅速转化并构建出新的知识图景，并进而影响到社教社对国内社会教育设计的走向，这些作为社教社背后的思想体系，决定了社会教育"以教育改造达社会改造"目标以及作为建构国民意识形态工具的想象图景。

---

① 《第十次理事会议记》，载《社友通讯》，第 3 卷 5 期，1934；

② 详见：《第十五次理事会议记》，载《社友通讯》，第 4 卷 9 期，1936；《本社第十六次理事会议记》，载《社友通讯》，第 5 卷 5 期，1936；《本社第十七次理事会议记》，载《社友通讯》，第 5 卷 10 期，1937。

三、理事会成员职业状况分布

理事会成员采取全体社员双记名法通讯选举、当选理事推选两种方式，从表6-1当选理事看，当选标准不仅有学术水平高低及对社务关心程度的考量，地域因素、学缘关系、社会声望、留学国别及行政职务都是重要筹码，理事会理事的职业分布状态是社会教育家群体的一个微缩体。换句话讲，职业分布状况是学术共同体社会声望的重要指标之一，而社会声望作为职业选择的主要维度，既保证学术团体可以吸收到足够优秀的后备力量有序发展，同时也是该项事业社会认可度的重要表现。社教社作为一个宽松的民间学术团体，与其社员之间不存在隶属关系，社员的个人成就和社教社也不存在直接关系，但社员的地位、社会声望却与提高社教社威望、扩大影响等方面呈现显著正相关。这种职业分布状况，是政府采取强制性制度推进社会教育政策的外在表现，更是社会教育自身理论构建、人才培养和学科化趋势的集聚。

（一）理事会成员职业分布

如前文所叙，理事会群体由理事和候补理事两类组成，为清晰起见，笔者特分别展开梳理第一至四届①的理事会成员职业分布，如表6-6所示。

---

① 按照社章规定，第五届理事会应于1937年8月青岛召开第五届年会改选成立，但因战火蔓延青岛年会未能举行，所以战前社教社只有三次理事会更迭。

表 6-6　社教社第一至四届理事职业分布状况表①

类别\届数	姓名	现从事职业	曾从事职业	备 注
第一至四届	俞庆棠	江苏省立教育学院教授兼研究试验部主任	曾任中央大学区扩充处处长	常务理事、总干事
	赵冕	江苏省立教育学院副教授	曾任浙江省教育厅第三科科长	常务理事
	高阳	江苏省立教育学院教授、院长		
	甘豫源	江苏省立教育学院副教授兼研究试验部副主任		
	雷沛鸿	广西省教育厅厅长	曾任江苏省立教育学院教授兼研究试验部主任	
	董淮	山东省立民众教育馆馆长	曾任中央大学区视察员、安徽省教育厅第一科科长、山东省教育厅督学	
	李蒸	国立北平师范大学校长、教育系教授	曾任江苏省立教育学院教授、研究试验部主任	
	钮永建	国民政府考试院副院长	曾任江苏省政府主席	
	陈剑修	国立中央大学教授兼教务长	曾任教育部社会教育司司长	
	尚仲衣	浙江省立民众教育实验学校校长、国立北平大学教授		
	庄泽宣	国立中山大学、浙江大学教授		
第一届	傅葆琛	国立北平师范大学教授	曾任江苏省立教育学院教授	
	刘绍桢	江苏省立镇江民众教育馆馆长		
	梁漱溟	山东乡村建设研究院		担任二至四届常务理事

① 笔者整理自《中国社会教育社第一届年会报告》，1933；《中国社会教育社第二届年会报告》，1933；《中国社会教育社第三届年会报告》，1934；《中国社会教育社第四届年会纪念册》，1936；《承上启下的两次理事会议 第六次会议》，载《社友通讯》，第 2 卷 4、5 期合刊，1933；《两次理事会议记 第十四次会议》，载《社友通讯》，第 4 卷 8 期，1936。

类别届数	姓名	现从事职业	曾从事职业	备注
二至四届	孟宪承	国立中央政治学校教授	曾任江苏省立教育学院、浙江大学教授，浙江省立民众教育实验学校校长	担任第一届常务理事
	陈礼江	江苏省立教育学院教授兼教务长	曾任江西省教育厅厅长，1936年5月转任教育部社会教育司司长	
	彭百川	教育部社会教育司科长	1934年调任昆山试验县县长	

从表6-6看，理事会理事队伍保持着稳定状态，自第二届理事调整后，陈礼江、彭百川取代傅葆琛、刘绍桢后，理事名单再无变化，其间虽社章规定"每年理事改选三分之一"，但改选理事均连选连任，构成了稳定的、最为核心的15人规模的社会教育家群体名单。从他们的职业分布看，高校教授有11人，占总人数的73.3%（包括第一届理事傅葆琛），如考虑雷沛鸿曾任江苏省立教育学院教授的履历的话，理事中有80%来自高校或曾在高校任教（其中2人为大学或学院的校长）；来自中央或省级行政机关3人；2人担任省立民众教育馆馆长，梁漱溟则来自知名的山东乡村建设研究院，是国内乡村建设派核心人物。高校教授中有4人曾先后担任过主要教育行政职务，而在各自任职的高校中，除去教授身份，大多兼任该高校某一重要部门的行政工作。相对来讲，社教社的候补理事更迭频繁，其职业分布稍为多元，如表6-7所示。

表 6-7　社教社第一至四届候补理事职业分布状况一览表①

类别 届数	姓名	现从事职业	曾从事职业	备　注
第一至 四届	张一麘	苏州善人桥乡村改进会董事	前教育总长	
	黄炎培	中华职业教育社董事	江苏省教育学会会长	
	舒新城	中华书局编辑所所长		
	马宗荣	私立大夏大学教授兼社会教育系主任	1933 年调任江苏省立教育学院副教授	
第一届	张伯苓	私立南开大学校长		
	涂开兴	南洋华侨中学校长		
	冷御秋	中华职业教育社董事		
	刘湛恩	沪江大学校长兼教授	职教社职业介绍所所长	
	祁锡勇	江苏省立镇江民众教育馆馆长	1932 年底去世	
	陈礼江	江苏省立教育学院教授兼教务长		第二届转任 理事
	彭百川	教育部社会教育司科长	1934 年转任昆山试验县县长	第二届转任 理事
第二届	杨展云	山东省教育厅第三科科长		
	郑晓沧	国立浙江大学教授兼教育系主任、校务委员会主席	东南大学教授、浙江省教育厅科长、江苏省教育厅科长	
	陈兆蘅	国立北平师范大学教授兼庶务课主任	江苏省立教育学院教授	
第一至 二届	尹全智	河北省立民众教育实验学校校长		
第一至 三届	孙　枋	江苏省立南通民众教育馆馆长		
	刘云谷	江苏省立南京民众教育馆馆长	淮安中学教务长	

---

① 笔者整理自《中国社会教育社第一届年会报告》，1933；《中国社会教育社第二届年会报告》，1933；《中国社会教育社第三届年会报告》，1934；《中国社会教育社第四届年会纪念册》，1936；《承上启下的两次理事会议　第六次会议》，载《社友通讯》，第 2 卷 4、5 期合刊，1933；《两次理事会议记　第十四次会议》，载《社友通讯》，第 4 卷 8 期，1936。

类别 届数	姓名	现从事职业	曾从事职业	备 注
第二至四届	傅葆琛	国立北平师范大学教授		
	孔令粲	山东省教育厅主任秘书		
	刘季洪	国立河南大学校长兼教授	江苏省通俗教育馆馆长、江苏省立教育学院教授	
	朱坚白	江苏省立南京民众教育馆馆长		
	相菊潭	江苏省政府民政厅主任秘书		
第三至四届	江问渔	中华职业教育社主任		
	王公度	河南省教育厅第二科科长		
	张 炯	教育部社会教育司司长	教育部督学	
	邰爽秋	私立大夏大学教授兼教育学院院长		
第四届	崔载阳	国立中山大学教授兼教育研究所主任		
	徐锡龄	广东省教育厅督学	江苏省立教育学院教授	

表 6-7 显示，中国社会教育社的候补理事或曾担任候补理事的 28 人名单中，与理事群体职业分布相较，高校教授比例大幅下降，中央或省市教育行政长官、省督学，各省立民众教育馆馆长、大学校长以及知名出版社编译所所长等明显增多，职业分布向教育行政机构、知名学术团体等倾斜。从表中可见：第一至第四届候补理事队伍中，中华职业教育社董事黄炎培、大夏大学社会教育系主任马宗荣、中华书局编译所所长舒新城，前教育总长、苏州善人桥乡村改进会董事张一麐维持不变，第二至第四届有傅葆琛、孔令粲、刘季洪、朱坚白、相菊潭 5 位稳定的候补理事；江问渔、邰爽秋、张炯是第三、四届的候补理事。从前三届名单看，只担任一届候补理事的有张伯苓、涂开兴、冷御秋、祁锡勇、杨展云、郑宗海、陈兆蘅，除祁氏因去世外，其他候补理事皆因一年届满而自然卸任。这组名单中，除去郑晓沧、尹全智活跃于社教社年会及其他事业外，其他大多因年会举办，因属地职务行为被拉入候补理事。

（二）大会主席团成员职业分布

为利于年会顺利召开，理事会会事先推选筹备委员会主任、大会主席团，这些人员的选择标准，与获选人个人及其单位在社会教育界的声望、影响有密切关系。为进一步说明问题，笔者对社教社第一至四届社员年会主席团、筹备委员会主任的职业分布状况进行梳理。如表6-8所示：

表6-8 社教社第一至四届年会大会主席团成员职业分布状况表①

明细 届别	大会 主席	大会主席 团成员	单 位	筹备委员会主任
第一届 （杭州）	郑晓沧	钮永建	国民政府考试院副院长	尚仲英（浙江省立民众教育实验学校校长、教授）
		郑晓沧	国立浙江大学教育系主任、教授	
		俞庆棠	江苏省立教育学院教授	
		高践四	江苏省立教育学院教授、院长	
		董渭川	山东省立民众教育馆馆长	
第二届 （济南）	俞庆棠	未详		董渭川（山东省立民众教育馆馆长）、孔令粲（山东省教育厅主任秘书）
第三届 （开封）	李蒸	钮永建	国民政府考试院副院长	王公度（河南省教育厅第二科科长）
		齐真如	河南省教育厅厅长	
		李 蒸	国立北平师范大学校长、教授	
		高践四	江苏省立教育学院院长、教授	
		俞庆棠	江苏省立教育学院教授	
		庄泽宣	国立浙江大学教授	
		陈剑修	国立中央大学教授	

---

① 笔者整理自《中国社会教育社第一届年会报告》，1933；《中国社会教育社第二届年会报告》，1933；《中国社会教育社第三届年会报告》，1934；《中国社会教育社第四届年会纪念册》，1936。

明细 届别	大会 主席	大会主席 团成员	单 位	筹备委员会主任
第四届 (广州)	梁漱溟	钮永建	国民政府考试院副院长	萧冠英(国立中山大学教授兼教务长)
		邹海滨	国立中山大学校长、教授	
		金曾澄	广东省政府委员	
		黄麟书	广东省教育厅厅长	
		梁漱溟	山东乡村建设研究院院长、教授	
		雷沛鸿	广西省教育厅厅长	
		萧冠英	国立中山大学教务长、教授	
		崔载阳	国立中山大学教育研究所所长、教授	
		钟荣光	私立岭南大学校长、教授	
		俞庆棠	江苏省立教育学院教授、社教社总干事	
		董渭川	山东省立民众教育馆馆长	

　　表 6-8 显示，社教社四届年会大会主席、大会主席团以及筹备委员会主任，与表 6-6 具有很高的同质性，绝大多数为高校教授。值得注意的是，前三届年会大会主席不仅全为高校教授，且皆毕业于美国哥伦比亚大学师范学院，学缘一致。就大会主席团成员组成看，尽管每届年会因举办地不同而更换属地教育行政长官，人员亦有更换，但就职业统计看，大学教授占主体，社教社的理事会理事组成同样如此。

　　图 6-1 为社教社第三届年会大会主席团中李蒸、高践四、俞庆棠、庄泽宣、陈剑修 5 人合影。另外两名大会主席团成员(钮永建和齐真如)因行政事务繁忙未参与合影，钮氏因考试院即将举行考铨会议牵制，迟至会议最后一天才与会；河南教育厅厅长齐真如只参加了大会开幕式，做过简单致辞后便因"行政事务缠身"，匆匆离场。① 这种情况甚为常见，以钮永建为例，第一届年会安排 8 月 25 号(大会召开第二天)上午有钮氏演讲，24号晚上却接钮氏电报，称"因病滞沪"；第四届年会会期 5 天，钮氏最后一

---

　　① 《大会经过》，中国社会教育社：《中国社会教育社第三届年会报告》，第8、21～22 页，无锡，民生印书馆，1934。

图 6-1 社教社第三届年会主席团合影(1934)①

天匆匆赶到，参加年会闭幕式并做发言，当时会议记录员笔录后，"当即面请钮先生校阅，然因钮先生另有要公，无暇过目"。② 由此可见，大学教授是社会教育家群体的核心力量。由此，社员在社教社争取话语权所凭借的，是个人学识和社会声望，而非行政职务，与会者就提案进行讨论，各抒己见，争论的背后大多暗含不同学术团体之间的博弈。由于理念、利益等种种原因，社会教育家群体潜流涌动，明竞暗争。

对社教社理事、年会主席团等进行研究发现，其群体职业分布在高校（包括社会教育师资专门学校和普通大学）、教育行政机关、民众教育馆以及国内知名学术团体、出版社等。职业分布适应时空的需要，该群体职业分布状态很大程度上显示了社会教育事业专业性、学术性的程度如何。换句话讲，如果理事会群体以知识生产的高校为主，则社会教育的理论建构、专业人才培养以及学科化程度都相对较高，较高的社会声望容易吸引

---

① 《中国社会教育社第三届年会主席团合影》，载《中华教育界》，第 22 卷 5 期，1934。

② 《大会概况》，《中国社会教育社第一届年会报告》，第 14 页，无锡，民生印书馆，1932；《考试院副院长钮惕生先生讲演词》，第 97 页，广州，培英印务局，1936。

更多的优秀人才作为后备力量。教育行政人员的存在，是该事业赢得政府行政力的一种筹码，而其他著名的学术团体、知名出版社主要人物的在场，则是其社会影响存在和扩大的表征。

大学作为培养人才、生产知识的场所，教授们拥有较高的社会声望。理事会群体中的有代表性的高校教师，分布有明显的地域性。就理事来源来看，江苏省立教育学院的专家学者居核心地位，这和该院作为主要发起人有直接关系，加上其为国内第一所专门社会教育师资培养机构，毕业生多就职于社会教育界，它在社会教育领域影响日益增大，3 名常务理事中有 2 位出自该院，且俞庆棠兼任总干事，除表中现任职于江苏省立教育学院的理事及候补理事外，孟宪承、雷沛鸿、傅葆琛、李蒸、刘季洪、马宗荣等人均先后受聘就教于该院。1939 年举行中国教育学会学术团体联合会时，时人给予中国社会教育社这样的评价："中国社会教育社成立八年，会员分布各地，该社理事多为江苏省立教育学院教授"。① 揆之史实，江苏省立教育学院每次年会与会代表也最为集中，在社务活动及年会中，该院亦拥有相当大的话语权。

社会教育作为国民政府用"行政力"铺设的事业，与政府各级行政人员关系密切。无论是日常事业推动，还是社教社学术团体的会务进展，都有数量不菲的政府行政人员参与其中。尽管历届年会应邀出席的教育行政、政府部门的官员，在年会上亦发表重视社会教育的言论，或给予中国社教社经费补助及支持，② 不少属于职务行为，但他们的参与，为社教社打造"政学两界"平台提供了可能，而且，还为理事会群体政策参与做了坚实保证。

地方知名社会教育机构亦是理事会群体职业分布的重要地带。从理事

---

① 《教育学术团体汇志》，《国立浙江大学校刊》复刊，第 7 期，1939。

② 如第三届年会在河南开封召开，河南省政府代表李敬齐、河南省政府民政厅代表李培基、河南省政府教育厅代表齐真如、河南省党务特派员王星舟、河南省政府建设厅马兆骥、河南绥靖公署李宝镇等出席，以及安徽省政府教育厅陈东原、山东省政府教育厅杨展云、湖南省政府教育厅欧阳刚中等，前三位还有大会训话，但这种职务行为不列入。详见《大会经过》，《中国社会教育社第三届年会报告》，2～3 页，无锡，民生印书馆，1934。

会成员组成看，历史悠久、办理效果明显的省立民众教育馆、省立民众教育实验学校负责人纷纷在列，如江苏省立南京民众教育馆馆长刘云谷、朱坚白，省立镇江民众教育馆馆长祁锡勇、刘绍桢，省立南通民众教育馆馆长孙枋，山东省立民众教育馆馆长董淮；浙江省立民众教育实验学校校长尚仲衣、河北省立民众教育实验学校校长尹全智等人。他们凭借省立社会教育机构的优势，大多"述而有作"，探索出各具特色的省立民众教育馆的运行模式，将实践升华为理论。必须指出的是，笔者仅仅是为了分析取样的方便，将理事会群体职业分布状态采取线性分析，实际上，以李蒸、陈礼江、俞庆棠、雷沛鸿、刘季洪、陈剑修等为代表的社会教育家群体中核心人物，行走在"学术与行政之间"，甚难清晰界定此疆彼界。实际上，多身份、身份交叉几乎是理事会核心成员的"复调结构"，而他们政教合作的共识延展到社会教育家整个群体，社会教育家群体的"政学两界"之间的职业流动，为社会教育事业赢得更多的行政力支持作了伏笔。

四、社会教育学术秩序构建

"在异质的社会中，思想家不可能对整个社会发表言论，而是倾向于只给经过选择的部分公众发表"①，言论作为学者知识生产的一部分，专业学会提供了经过选择的公众发表平台，有规律召开的年会是其思想集中发布的最佳契机。作为学术共同体的专业学会是一个不同力量相互竞争的权力关系网络，存在着明显的分层等级结构，结构分层与学术精英生产有着对应关系。这种对应关系的形成，与专业学会核心人物的学术品位及偏好取向密切相关，它对学术成员的内隐资质加以筛选并给予其能力释放支持空间。具体到社教社，处于该社等级结构上层，以地缘、学缘为主要纽带的理事会核心成员，通过对学术会议特别是年会中心议案提案的筛选确定，由此生产象征权力和学术精英，并建立起相应的社会教育学术秩序。

---

① ［波兰］弗·兹纳涅茨基：《知识人的社会角色》，郏斌祥译，15 页，南京，译林出版社，2000。

由不同大学、社会团体和机关为基干构成的社教社，是一个不同力量相互竞争的权力关系学术共同体，存在着不平等的等级结构，这种结构分层与理事成员的知名度、社会声誉或受关注程度密切相关。按照布里斯（Val Burris）的社会资本理论，他发现在有声誉的大学之间存在着一种教师聘任中的交流关系、相同或相近学缘关系，这些关系构成具有资本价值的社会网络。这种社会网络通过对学术品位和风格的掌控进而实现精英机构与精英学者的再生产。① 具体到社教社，这种对应关系的形成，是占据着该社上层等级结构，以地缘、学缘为主要纽带的核心理事会成员对提案人的内隐资质加以筛选、给予其能力释放支持空间的加速度机制，它生产象征权力，并进而生产社会教育学术精英和学术秩序；它对社会教育学术品位和取向偏好，框定人脉网络的搭建范围，更直接影响社教社历届年会中心议题提案的重心，决定年会话语权的获取人范围。换句话讲，社教社社员看到的年会中心议案提案，是理事会核心成员精心筛选及设计后的结果，从这个意义上讲，年会中心议案提案的设计或出台过程，实际上是理事会群体博弈过程，社会教育学术秩序由此形成。

一般来讲，年会中心议案很大程度上是核心成员特定时期共同关心的主题，是学术共同体中等级结构权力关系的集中体现。这个中心议案可以是一个问题，也可以是一系列问题，它们构成的认识中心，涵盖专业学会核心成员的关注焦点，代表该研究领域总体的研究兴趣和发展方向，并进而影响这个专业学会中个体研究取向。所以各个学术团体对中心议案的设计或出台都非常慎重，社教社概莫能外。如前文所讲，理事会在年会召开前事先征集中心提案，除通知社员作为提案参考外，并邀请国内知名学术团体、教育家群体起草具体提案，然后由常务理事汇总提交大会。换句话讲，中心议案的具体提案的出台，实际上是常务理事及理事会筛选后的结果，中心议案提案的设计及确定过程，便成了讨论研究历届年会中心议案论争的前提。

---

① Burris Val，"The academic caste system：Prestige hierarchies in PHD exchange networks，"*American Sociological Review*，2004(2)，pp. 239-264.

表 6-9　社教社第二至四届年会中心议题及起草人一览表(1933—1936)①

届次	起草人	起草过程	中心议题	年会讨论焦点	结　果
第二届	梁漱溟、董淮、杨效春	梁漱溟一人执笔	由乡村建设以复兴民族为要旨	梁漱溟提案成为与会代表讨论中心	因讨论激烈，就中心问题组成"乡村建设具体方案编制委员会"
	中华平民教育促进会	盛意协助			
	孟宪承、尚仲衣、郑宗海	因人事纷易未递交			
	庄泽宣、古楳、崔载阳	如期递交			
	高践四、陈礼江、赵冕	增加俞庆棠			
第三届	庄泽宣、江问渔、高践四、孟宪承、雷沛鸿、梁漱溟、晏阳初	梁漱溟因意见不合退出，高践四、孟宪承负主笔之责	由乡村建设以复兴民众之设施要点案	大会围绕社教社倡导乡村社会教育如何实施讨论	形成了"由乡村建设以复兴民族之设施要点"决议案
第四届	梁漱溟、高践四、俞庆棠、孟宪承、陈剑修、崔载阳、江问渔组成"中心问题委员会"	广征社友意见，由委员会荟萃辑要，根据单元法编成手册	助成地方自治，促兴社会生产	集中讨论政教关系和看待现有政府问题	通过将中心议题"交由中心问题委员会办理"

判定年会中心议案提案中的话语权，需将提案起草人出现频率与实际影响两个方面来综合考量。从表 6-9 可见，第二届、三届、四届年会中心议题提案起草人出现频率看，不论采用分组起草提案，还是成立委员会，梁漱溟、高践四、孟宪承三次均被列入，晏阳初、江问渔、庄泽宣、崔载阳两次；常务理事俞庆棠、赵冕以及理事董淮、尚仲衣，候补理事郑宗海，社员杨效春、古楳各一。但从实际出台的中心议题以及决议案，以曾先后工作于江苏省立教育学院的教授们作为社教社的核心成员，牢牢掌控该社年会中心议案提案的话语权，他们之间有着密切的学缘、地域、留学国别等相互重叠的多重学术网络。尽管第二届年会以来梁漱溟一直连选连任常务理事，每届年会中心议案提案起草亦被列为必要人选，其影响也在逐年增强，但依然未能进入社教社权力核心，特别是第三届年会梁漱溟因

意见相左以身体原因退出，该社社刊《社友通讯》上刊登"当以梁先生患病赴北平休养，另推孟宪承高践四二先生协助编拟。现在该项方案，业经编制就绪，交事务所付印，本届年会定能提出讨论"，[①] 态度坚定，第二届至四届中心议案具体方案的出台过程，彰显社教社核心成员仅将其作为与晏阳初、江问渔一样的学术团体核心人物看待，作为吸纳外在智慧的来源。以俞庆棠、高践四、孟宪承、李蒸、雷沛鸿、陈礼江、赵冕等人为代表的社教社核心成员，"政教合一"是他们筛选中心议案提案的关键因素，并由此布局出社会教育学术秩序。

整体来看，年会中心议案以乡村建设和地方自治为主题，显示社教社对时代潮流的积极回应；从中心议案提案人的选择看，主要是以地域、学缘和社会声望、学术水平为标准；而提案的最终确定，却隐藏了以俞庆棠、孟宪承、高践四、赵冕、雷沛鸿等为代表的社教社核心成员的内在选择，"政教合一"是关键因素。

"政教两界"关系一直是学界关注的重点。民国时期提倡社会教育的人士与其他社会改造论者一样，都迫切希望获得教育改革话语权，左右政权的能力大小是实现前提。不少专家热衷行走在"行政与学术"双轨道中，并与国民党元老、权力新秀以及各省实际掌权者保持了良好关系，他们依靠这种资源来增加"争夺话语权"的砝码。而政府亦希望争取学界支持，赢取其向心力，借以扩大并稳固其政权基础。"本社唯一之目的，在鼓起社会教育的热烈运动。……以期学术界与行政界彼此可以沟通，而使全国社会教育有长足的进展"。[②] 由此，社教社不仅在年会召集时广邀各界政要出席，更在其中心议案提案设计，将"政教合一"内化其中，并借助年会影响，在社员中统一思想，先后通过设立河南洛阳社会教育实验区、广州花县乡村教育实验区，将实验结果运用于丰富社会教育理论体系，构建社会教育学术秩序。

---

① 《中心提案草拟就绪》，载《社友通讯》，第 3 卷 2 期，1934。

② 《大会经过》，中国社会教育社：《中国社会教育社第二届年会报告》，7 页，无锡，民生印书馆，1933。

以第二届年会四组"各成系统"提案为例，主体内容各有千秋：第一组由梁漱溟单独起草的提案，实际上是借年会中心议题的壳，重申其乡村建设主张。梁氏从"民族复兴问题""民族复兴之途径"和"乡村建设要点"三个方面展开，认为近代中国社会衰败破败的根源是中国文化的崩溃，"民族复兴有待于文化之重新建造"。他祭出"文化改造"大纛，用文化建造来实现社会组织的重构，复兴民族。"乃从乡村中寻求解决中国政治问题、经济问题、以及其他一切社会问题之端倪。由此端倪之寻得，即新社会组织结构之发现"，而乡村工作的开展，是大力发展乡农学校这个简易组织，"由此组织由外间最易灌输新知识，新方法或供给各种资料于乡村"，"由此组织而乡村内部最易引起多数人之力量，以渐形成一团体"。① 梁氏开出的药方，是将文化改造作为乡村建设与民族复兴的关键。第二组提案是中华平民教育促进会县政改革思想的集中体现，提出一个乡村建设整体计划，建议"以县为单位进行乡村实验最为适当"，政治、经济、教育等方面连锁进行、分工合作，以县为一级个别实验逐层推广至全省乃至全国，旨在救济"愚、贫、弱、私"的平民教育是乡村建设的原动力。第四组提案人观点与梁漱溟针锋相对，他们认为"现在谈不上建设，更谈不上复兴"，为了防止乡村更大的崩溃，"非停止一切所谓'建设'与'新政'不可"。按照庄泽宣等人的设想，县以上的政治机关都要"与民休息"，彻底清除一切苛捐杂税，减轻乡民负担，在人才储备未充足之前，万不可轻举妄动，劳民伤财。他们强烈抨击"空口说白话，纸上定章程，甚至于硬定一系统"的有害无益的表面功夫，认为那样只会导致乡村崩溃到不可收拾境地。第五组江苏省立教育学院的四人组合认为乡村建设实为民族复兴的重要途径，与梁漱溟不同的是，他们主张用社会教育力量建设乡村，培养民众的团体性，以期有组织、能合作。乡村实验单位以"中心机关能应付的户数及面积为标准"，每区以100～500户较为妥当。该组旗帜鲜明赞同"政教合一"，"在政府当局励精图治而又认识乡村建设之区域，应使各种势力合并，重行整

---

① 《"由乡村建设以复兴民族案"原委及讨论经过》，中国社会教育社：《中国社会教育社第二届年会报告》，80～81页，无锡，民生印书馆，1934。

齐，以特设的全民教育机关为中心，领导进行"，而在"政治比较落后的区域，负责推进乡村建设之机关，宜保持他文化机关的本质。以此立场，与政府机关及其他势力联络"。① 很明显，第一、第二、第五组提案学者都提到社会教育与乡村建设之间的密切关系，但社会教育的内核却被赋予了不同底色，带有各自鲜明的学术理路和不同的逻辑出发点。

尽管梁漱溟是理事会指定的第三届年会中心议题小组主持人，但他对于政教合一的主张显然与孟宪承、高践四、俞庆棠等有明显差异。梁氏认为乡村建设的核心是稳定唯一的政府与乡建团体的关系问题，"我现在主张政教合一，但不主张用国家权力来干涉个人思想行为"。② 作为掌控话语权的江苏省立教育学院教授们，他们正积极推进依赖国民政府行政力的"政教合一"，梁氏这种主张自然难以得到理事会的认可，扞格难入，双方对于"政教合一"内在理解存在严重分歧。

实际上，社教社第四次理事会议上，理事钮永建便提案与河南省教育厅、洛阳县政府合设洛阳实验区，开展"政教合一"实验事业；第二届年会上，江苏省立徐州民众教育馆赵光涛的《积极筹办洛阳民众教育实验区案》获得通过。"以民众教育来建设乡村，以乡村建设来复兴民族，为先导社会思想之主潮。洛阳实验区系中国社会教育社河南省教育厅洛阳县政府合力倡导，亦即此种思潮之产儿"。③ 按照合办洛阳实验区办法规定，社教社负责指导"实验区之设计事项"。他们很清楚社教社作为学术团体的利弊，在方案设计时强调行政背后的力量，"因为我们感觉到社会教育事业的实施，本身力量太薄，是非与行政方面联络进行不可的"。④ "本区系中国社会教育社河南省教育厅与洛阳县政府所合办，在本质上已有政治助力，在

---

① 《"由乡村建设以复兴民族案"原委及讨论经过》，中国社会教育社：《中国社会教育社第二届年会报告》，85～91 页，无锡，民生印书馆，1934。

② 梁漱溟：《政教合一》，载《社友通讯》，第 3 卷 10 期，1935。

③ 陈大白：《洛阳实验区第一年》，载《社友通讯》，第 3 卷 10 期，1935。

④ 杨汝熊：《勘察本社洛阳民众教育实验区区址经过》，载《社友通讯》，第 2 卷 1 期，1933。

实际上亦感着迫切需要，所以政教合一，即为我们事业建设之路线"。① 以"政教合一"理念为旨归，由社教社主持，包括教育、经济、政治全方面的，逐年扩展实验单位的顶层设计徐徐展开，随着"征学制"推广，教育对象数量大增，而"严重的招生与留生问题，都可迎刃而解。人力物力固然是经济了许多，而实际效能确已增进不少"。② 洛阳实验区实验工作经过 6 年的积累和努力，总结出一套"政教合一"理论与实践经验，即"村政辅导、政务督导与保教合一"。③ 为当时学界"政教合一"理论探索出一个行之有效的实践模式。

在他们的制度设计中，政教合一作为技术路线，"由教育改造达社会改造"的社会教育从一开始就尽占先机。社会教育既是社会再造的结果，又是社会再造的手段和前提，两者同步进行，互为支撑，自觉将发展社会教育与解决中国基本社会历史发展问题衔接，强调教育与个体生活、与社会、与传统的紧密结合，从而将社会教育看作整个国家现代化设计中的一个重要组成部分，"政教合一"是逻辑起点。

对于梁漱溟来讲，他热心参与社教社社务及其年会中心议案提案的最大目的，在于推销他的"文化重建"乡村建设话语体系。第二届年会梁氏除参与中心议案第一组提案拟定外，还递交了"社会本位的教育系统案"，理事会还专门安排其就"中心议案提案"作了大会讲演，一时间风头无两，由此被理事会委以第三届年会中心议案提案主持人的角色。因不满理事会对中心议题的坚持，以身体有恙为由不再参与，但却意难平，年会开幕前夕在《大公报》上发表《乡村建设与社会教育》一文，称"一则为对该社此次集会表示欢迎，一则为一般读者作一点介绍"。在文中，他将社教社界定为"近似一个社会运动的团体"，"我现在要说的是，这种社会教育运动与我们乡村建设运动有汇合的趋势"。梁氏认为中国社会问题所在内在规定了乡村建设和社会教育合流。社会教育是乡村建设的途径和方法，而乡村建

① 陈大白：《洛阳实验区第一年》，载《社友通讯》，第 3 卷 10 期，1935。

② 陈大白：《民众教育统制论》，《教育与民众》，第 6 卷 5 期，1934。

③ 《中国社会教育社洛阳实验区实验报告之一》，《建国教育》，第 2 卷 1 期，1940。

设作为"吾民族社会重建一新组织构造之运动",是社会教育发展趋势,"乡村建设与社会教育,是一而二,二而一"。① 他借两者合流说,表明乡村建设在现今中国的重要性,而话语中"我们的乡村建设"彰显了邹平的正宗地位,他作为政学两界公认的邹平乡村建设的灵魂人物,在社会教育界具有自然话语权。由此,可以看出梁氏在第二届年会表现的足够高调背后的底气所在,虽与其他社员唇枪舌剑、"华山论剑"一番,或许被挫了几分锐气,但会后被理事会委任主持"乡村建设具体方案编制委员会",依然是以"舍我其谁"的姿态来起草第三届年会中心议案。不想与理事会中"无锡派"意见出入颇大被否定,梁氏大为不满,他先后发文陈明心迹,既为社会教育张力,更彰显自己正宗乡村建设教主地位。这种软硬兼施的策略,是其对"无锡派"江苏省立教育学院"恰到好处的刺激",但于结果无补。第四届年会,梁漱溟未能掌控中心议案提案起草的话语霸权,虽以大会主席的身份主持年会中心议题讨论,但第二届年会一边倒的局面一去不返,梁氏发言并没有成为年会讨论及会后风向标,这与社教社核心成员态度变化有很大关系。

显而易见,中心议案提案起草者之所以会出现如此大差异,"政学两界"关系是一个关键点。梁漱溟作为社教社的常务理事,其知识图景迥异于留美的俞庆棠、孟宪承、陈礼江、雷沛鸿、郑宗海、尚仲衣、邰爽秋、庄泽宣、高践四等,亦不同于留英的陈剑修,留法的崔载阳。自下而上与自上而下的两条路径,是近代以来教育改革争论的焦点,同样体现在社教社理事之间。在梁漱溟看来,社会教育作为一种新潮流,不仅改造清末以来移植西方学校教育体系的新教育,更以改造社会、唤起民众为己任,成为一种新的自下而上教育改革之路:"以社会运动纳于教育系统之中,直以教育解决社会问题。自一面言之,为教育本身的改造;自另一面言之,即正所以改造社会。"② 他建议学校教育与社会教育合流,并专门起草《社会本位的教育系统草案》,试图以民间力量来自下而上进行社会改造。而有着留美背景的雷沛鸿、陈礼江、俞庆棠、高践四、李蒸等人为代表倡导的"政教合一"路径,

---

① 梁漱溟:《社会教育与乡村建设之合流》,载《乡村建设》,第 4 卷 9 期,1934。
② 梁漱溟:《社会本位的教育系统草案》,载《教育与民众》,第 5 卷 1 期,1933。

社会教育的发展是以教育法规、制度化的政策为保障，以行政机关和行政力量为依托，成为一种自上而下的教育改革之路。他们之间的分歧，早在1933年教育部召开全国民众教育专家会上就初见端倪，与会专家就社会教育"由上而下抑由小而大"推行办法进行激烈争论，"以上两种推行办法究竟谁好谁坏，在大会场上和审查会里争论的很激烈，结果还是两种方法并存供部参考"①。因为知识生产路径不同，梁氏与社教社其他核心成员之间的分歧，在社教社的第三、四届年会逐渐增大，乃至愈行愈远，抗战后期梁氏遂辞去该社常务理事，不再参与该社活动。实际上，这也是笔者之所以未将梁漱溟列为社教社理事会核心成员的主要原因之一。

实际上，正是通过这样的"政教合一"，社教社才得以突破那些昙花一现的专业学会宿命，将分散在全国各地、各界的力量聚合在一起，成为国家从形式统一向实质统一过渡的侧影；这种密集的、自由的学术论争互动，使得乡村建设、地方自治等社会热点楔入社会教育话语体系，对学术共同体成员进行潜移默化的学科规训，生产社会教育学术精英，由此构建了社会教育学术秩序。

---

① 陈礼江：《参加民教会议的感想》，载《社友通讯》，第1卷9期，1933。

结语　中国社会教育社的社团形象

通过前面六章的内容，笔者追溯了社教社的酝酿缘起、组织运行、历届年会、合办实验区及其他事业，对其政策参与进行考辨，并对其理事会群体进行分析，就是希望借助详细和具体的历史梳理，搭建一条穿越自然时空、文化时空和政治时空的时光隧道，拂去云霭雾遮，尽可能真实地还原出社教社的昔日模样。借鉴政治术语"国家形象"（National Image）的分析框架，分析社教社的社团形象，将社教社自身认知和其时社会其他行为体对其认知的两方面叠加出来。综言之，笔者从两个视角切入，一是"自我塑造"，即社教社在历史文化基础上融入现代化诉求，主动以活动开展和制度规定对自身形象的建构，以此加深学界及社会各界的认知而产生认同，增加社团在社会中的整体竞争力；二是"他者视野"，即社教社的旁观者、体验者对其社团形象的认识和评价，是其苦心经营、自我塑造的效果的试金石。

（一）大门口的陌生人

20 世纪上半叶教育社团迅猛发展，"据不完全统计，从 1901 年至 1949 年全国各地共设立教育社团 295 个，其中民国年间创建的有 236 个"[1]。1931 年成立的社教社是其中一员。与 1917 年设立的中华职业教育社、1921 年创立的中华教育改进社、1923 年创立的中国儿童教育社和中华平民教育促进会等弄潮儿相比，社教社以成立时间迟、常务理事过于年轻、社员数量少、无专门社址、无固定经费来源等缘故，明显先天不足，加上社会教育为新兴事业，社会各界对其了解甚少，社教社作为社会教育界的学术团体，成了教育界及社会各界"大门口的陌生人"。

通过前文对社教社的考察可知，从成立伊始，社教社在核心理事顶层设计下，对组织架构、社员招募、理事换届、社团章程、社务计划、理事

---

① 李华兴：《民国教育史》，572 页，上海，上海教育出版社，1997。

会议等社务做了明晰规定，通过刊行《社友通讯》打造精神家园，举办年会引导社员在各地如何开始社教工作，努力帮助社员应对工作中各种问题，并专门就社徽进行数次讨论，并决议专人负责设计①，并呼吁社会教育地位提升、争取社会教育经费、人才培养、社教人员薪酬、养老恤金等。在第一届年会总干事俞庆棠的社务报告中，对社教社的困窘状态很是坦承，如经费上收支相抵不敷数十元，年会费用承浙江省教育厅补助150元才得以运转；如无专门社址，借用江苏省立教育学院图书馆一隅办公，无专职干事，请江苏省立教育学院同事及同学兼任，而为之努力的社会教育，外无正式学制保障，社会教育经费有限；各地政府普遍重学校教育轻社会教育，内无薪酬养老金恤金保障，社教服务人员人心涣散，而教育部对于社会教育人员任职资格和遴选制度的缺失，使得社教机关成了"各色人等落脚的客栈"，社会口碑甚差。面对如此内外交困的局面，俞庆棠却满怀激情，援引各种数据：如传递各地社友消息的《社友通讯》已出版3期，事务所成立两个月来收文200余件，发文1200余件，积极沟通各界；如成立8个月社员已发展至306人等，由此得出鼓动人心的结论："吾人都深信本社前途之发展为无限量"②。通过一系列的制度和活动，社教界内部完成身份建构和身份认同。与此同时，对外社教社正视社会教育存在的问题，"我们决不能以这种成就自满。这种成就并不一定完全是我们努力的结果。近世民众教育的产生本有她的背景。在民众解放呼声最高，国难程度益重的当儿，需要整个的民众有智识，有组织，有训练，有生产技能与救亡意

---

① 理事会第4次会议上有"请规定本社社徽形质案"，决议请尚仲衣（召集人）、韩天眷、杨秉仪三人负责设计，并限于四月底将设计结果，交到事务所以便制造；理事会第6次会议，"请规定本社社徽形式案"，决议"函请韩天眷社友继续设计，并代为征集"；理事会第7次会议，"请规定本社社徽形质案"，决议交第三届年会讨论。《第四次理事会议》，载《社友通讯》，第1卷10期，1933；心斋：《承上启下的两次理事会》，载《社友通讯》，第2卷4、5期合刊，1933；《理事会第七次会议》，载《社友通讯》，第2卷10期，1933。

② 《演说词及其他论文 本社理事会事务所总干事俞庆棠报告》，见中国社会教育社编：《中国社会教育社第一届年会报告》，89～90页，无锡，民生印书馆，1933。

识……已成为普通的要求。民众教育在这个时候是应运而生，乘时而起。其一发而不可复遏并在短时间获得出人意料不及的成就，大部为时势使然，非完全由于教育家之力。……在这历史的整个过程当中，我们只有随时检点着过去的困难和缺点的所在，而斟酌将来应行致力的地方，以推进这个过程"①。对民众教育馆规程、民众学校课程标准以及社教人员培养存在的问题建言献策，进行积极的外在修复，将年会决议呈交教育部等行政机关，争取社会教育地位问题；努力参与各种官方活动，如民众教育专家会议，树立社会教育的正面形象。并接待国际考察团专家、加入世界成人教育协会，提供社教社英文版简介等，对内对外都在展示社教社是个立足国内、放眼世界的学术团体。总干事俞庆棠曾借寄语第一届年会希望之契机，就社教社的自我塑造进行了详细的说明："(1)社会教育社原为一个复级的社会团体，社员之集合，非若单级的社会团体，如家庭邻居等朝夕相见之易。惟其不易，故深望此次与会诸先生，能尽量利用此种机会，从事实际经验之交换，实际问题之讨论。(2)在实际问题之中，对于目前事业之急切问题，尤望与会诸同志，多多提出，并谋适当解决。(3)希望大会注意在深的方面，能使社会教育成为一种高深的学术；在广的方面，能使社会教育推广于农村之中。(4)希望与会社员，能以此增进服务精神，认社会教育为终身事业，努力实现教育机会之均等，使一般负担最重之农民，能享受应享受之教育权利。(5)希望大会对于社会教育效率之增加，能有详密之讨论，使吾人有真正之成绩表现，勿予批评社会教育者以口实。(6)希望大会能促进社会教育运动，成为一个全国的运动，使社会教育普及，早日实现。"②社员大会作为社教社最高权力机关，俞氏的这番"个人希望"，颇能代表核心理事们对社团形象自我塑造的愿景。

在社员的观念中，社教社的使命，还集中在"造成重视社教之舆论"认知上。1934年7月，社教社第三届年会召开前夕，社员顾良杰曾专门撰

---

① 陈礼江：《民众教育的回顾与前瞻》，载《教育与民众》，第5卷8期，1934。

② 《演说词及其他论文 本社理事会事务所总干事俞庆棠报告》，见中国社会教育社编：《中国社会教育社第一届年会报告》，90~91页，无锡，民生印书馆，1933。

文，称："本社今后的第一使命，在造成重视社教之舆论。社会教育，历经行政方面及本社同人积极倡导，较之数年前，确已呈蓬勃气象，然少数地方，尚有认社教为不急之务，或加以轻视者。即如社会教育与学校教育占同等重要地位，社教服务人员，应与学校教职员同等待遇，固本社所主张者也。……此虽仅属草案（中华民国宪法草案中无社教人员字样，笔者注），尚须经多次修改，将来未必即据此定案，然一般人对于社教轻视之成见，与社教之不足登大雅之堂，即此可见一斑。风声所及，上行下效，捷于影响，颇闻少数社教经费支绌地方，偶责以增筹，辄以本地学校教育尚难维持为答；少数社教人才缺乏地方，偶责以培养，辄以本地学校教育尚未整理就绪为言；玩其语气，似必待学校教育经费已有办法，学校教育事业已经整顿，方能以其余力，经营社会教育者。……已到今日状况，而犹不免有此误解。试问在如此状况之下，欲期社会教育与学校教育，平衡发展，能乎不能？所以今后本社第一使命，在阐明社会教育之重要及其功用，因而造成一种中坚舆论，务使教育界及非教育界，咸认识社会教育，至少应与学校教育同样重要，且共认识为国难期内需要最急之教育，乃可以打破一般人从前轻视之成见与误解，合力扶奖进之。"① 顾良杰作为教育部社会教育司科员，专司国内社会教育行政事务，他对社教社使命最大盼望，是"务使教育界及非教育界，咸认识社会教育"，造成一种中坚舆论，让这个"陌生人"尽快被大家所熟悉。

（二）新时代代表者

作为一个由年富力强、留学生为核心理事主体的社教社，总干事俞庆棠规划颇有代表性，他们的执着、坚持在政策参与中体现得淋漓尽致。"一个学术团体的组成，最要紧的也是要有肯为社务终身尽力，鞠躬尽瘁，死而后已的忠贞同志，那么才能使社务蒸蒸日上，永续下去；而且这种同志，愈多愈好。我们试看几个有历史的团体，如：中华平民教育促进会、中国科学社、中华职业教育社等，他们无形中似乎都有一个中心集团，在那里'锲而不舍''终身以之'的为社尽力，从不肯轻易离开，去图个人的进

---

① 顾良杰：《贡献于本社第三届年会》，载《社友通讯》，第 3 卷 2 期，1934。

展，纵有时赴他处工作，都是得其本社的同意，其工作正是为其本社，决不肯须臾舍弃本人从事的立场，这种精神是极可敬仰的。"①的确，社教社作为一个相对宽松的民间学术团体，与其社员之间不存在隶属关系，社员的个人成就和社教社也不存在直接关系，但社员的地位、社会声望对提高社教社威望、扩大影响等方面，却呈现显著正相关。

以总干事俞庆棠为例，她作为民国专业学术团体少见的女性，社教社历届理事会换届却能一直连选连任常务理事兼总干事，与其学术背景、社会职务和社会资源密切相关。俞庆棠毕业于美国哥伦比亚大学，不仅与理事会中李蒸、尚仲衣、郑宗海、庄泽宣、陈兆蘅、邰爽秋、张伯苓等人有相同学缘，而且她作为唐家长房儿媳，公爹唐文治的社会声望和人脉为她搭建了一个宽广平台，她以中央大学区扩充处处长身份倡议创建中央大学区民众教育学院（江苏省立教育学院前身），得到国民党元老、江苏省政府主席钮永建的经费资助，并先后获得定县平教会晏阳初、同窗陶行知的大力襄助，晏阳初派出左右手汤茂如、陶行知派出心腹干将赵叔愚，前来助力俞庆棠，而聚齐了李蒸、傅葆琛、陈礼江、雷沛鸿、陈兆蘅等人分任该院各科教授，为共同组建社教社又添加一层同僚之谊；夫婿唐庆诒作为国立交通大学英文系主任，与国际友人的熟稔，如介绍国际教育联盟考察团赴无锡考察社会教育，胞兄俞颂华作为知名国际记者，先后担任《东方杂志》《申报月刊》等主编，这些都为俞庆棠担任总干事提供了内外资源。而俞庆棠的各种社会资源，转而又为社教社发展搭建了各种关系网络。在同仁眼中，她与伍博纯、晏阳初一起，成为近代中国社会教育演进三个阶段的代表者之一，"社会教育在我国进展之轨迹是可分为三大阶段的，第一阶段是通俗教育时期，第二阶段是平民教育时期，第三是民众教育时期，如果我们要找一个人来代表每一个时期中的努力者，当然要推伍博纯、晏阳初、俞庆棠三位先生了。因为他们都是牺牲了一切来努力于这一工作的，伍先生死去了，晏先生还在干着，俞先生也是正为民众教育谋发展

---

① 宗秉新：《历史所昭示的本社底前途》，载《社友通讯》，第 2 卷 2、3 期合刊，1933。

着，前途仍没有限量，民众蒙福亦正无涯既"①。

理事会的核心成员构成了社教社的精神底色，尽管组成名单有变化、更迭，但核心成员却似中流砥柱，成为带领社教社这艘刚刚打造好的巨船下海远程的风帆。在他们的制度设计中，政教合一作为技术路线，"由教育改造达社会改造"的社会教育，从一开始就尽占先机。社会教育既是社会再造的结果，又是社会再造的手段和前提，两者同步进行，互为支撑，自觉将发展社会教育与解决中国基本社会历史发展问题衔接，强调教育与个体生活、社会、传统的紧密结合，从而将社会教育看作整个国家现代化设计中的一个重要组成部分。在他们的设计中，社会教育与学校教育界限开始模糊，一种纳儿童、青年、成年为一体的民众基础学校实验如火如荼；在他们的设计中，政治、教育、军事、经济力量开始合一，师法征兵征工的征学制横空出世，一种容"教养卫"为一体的实验应运而生；在他们的设计中，现代与传统实现了妥协，不仅塾师、地方士绅、乡村自然领袖、青年骨干重组学董会，乡村学校重新被打造为地方文化中心，而且说书、唱戏、滩簧、国术、民谣旧形式重焕新生，赫然列入社会教育方式。在他们的推动下，社务发展神速，"本社以'研究社教学术促进社教事业'为宗旨。在'学'一方面，社友们已有乡村建设的哲学、民众教育的理论，国民基础教育的理论与实验。在'术'一方面也有各种新方法的创造。至于事业方面，我们愿望全国整个社教事业的进步"②。核心理事们通过各式舆论平台，张扬"以教育改造达社会改造"的目标，宣传自己对本土文化的改造和聚拢的主张，与其他社团建立联系，扩大影响，在平教会的刊物《民间》、山东乡村建设研究院的刊物《乡村建设》等刊登社教社活动，总干事俞庆棠还主持《申报》"农村生活丛谈"一栏，动员社员发表文章，扩大舆论影响；《社友通讯》上推介社员学术著作，提升普通社员的社教学术研究能力；社教社通过合办实验区，联合社员组成设计委员会，通过顶层设计，

---

① 高潮：《编完之后》，载《民众教育月刊》，第3卷7期（伍博纯先生纪念专号），1931。

② 方惇颐：《本社第四届年会之前前后后》，载《社友通讯》，第4卷9期，1936。

将社教理念落实到实验区事业实验中，探索一个不同于其他流派的"政教合一"模式；而历届年会将地方基层社员的集体智慧汇总，推动社教实践中急切问题的解决，利用核心社员的社会资源和人脉，将其上升到国家政策层面，积极争取社会教育地位问题，民众学校课程标准、社教人才培养等；努力参与各种官方活动，通过政策参与获得政府认同，树立社会教育的正面形象。"正是因为该社的努力，民众教育各种机构、团体作为社会势力形成了一种力量，在它的推动下，中国社会教育才得以'在学习欧美实践的同时，探索中国独立民众教育图景'。"①"为什么社教社被称为是'枢纽'，而不是像儿教社那样的'中心'呢？这是因为它是各流派的一个汇合'。"②唯有"枢纽"定位，社教社才得以吸纳众多学派参与其中。的确，社教社成立以来，反复强调政教联合，各届年会迭请政界、社会名流出席，积极为众多流派提供联络的平台，参与举办全国乡村工作讨论会、第三届年会、中国测验学会第三届年会、中国教育电影协会第五届年会等，积极拓展与其他团体的深层次的合作，这些联络有效地改变了之前"只有政府当局的主持，各界社会的协助，分道扬镳，缺乏联络"③的状况，一定程度上实现了政治与学术的联结、各派之间的互动联合，还主动与国际组织协会发生联系，成立之初便积极加入"世界成人教育协会"，1935年派社员罗廷光代表该社出席在英国牛津举行的"第六届世界教育大会"。"在1930年代乡村教育各界派分之间的互动过程中，中国社会教育社在突破区域局限，使全国连成一体，从分歧到合作，从单一到综合及其影响方面扮演了重要的角色，从而为社会结构和国家制度的整合准备了民间的思想条

---

① ［日］新保敦子：《试论民国时期的民众教育——从与日本对比的视角》，见李廷江主编：《晚清中国社会变革与日本》，159页，北京，社会科学文献出版社，2014。

② 张礼永：《教育建设的第三条道路——民国时期教育研究组织之探析》，119页，博士学位论文，华东师范大学，2011。

③ 《浙江省立图书馆对于中国社会教育社年会之献辞》，见中国社会教育社编：《中国社会教育社第一届年会报告》，97页，无锡，民生印书馆，1933。

件。"①社教社反复强调提供联络机会，参与的政府官员、社会名流亦予以同样回应，共同建构了国家和精英话语中社教社社团形象。

专业学会既是一个学科发展成熟的衡量标志之一，也是推动相关学科和领域不断繁荣、发展的重要组织，更是一个学科实现制度化建设的重要环节。古楳曾将"中华平民教育促进会""中华图书馆协会""中华聋哑教育社""中国社会教育社"及"中国教育电影协会"等都归为中国社会教育的学术团体。② 尤以中国社会教育社最具代表性。该社作为中国社会教育界的专业学会，是社会教育界学术共同体不断成长的结果。该社成立后先后在杭州、济南、开封、广州和苏州举办年会，"串联当时处在发展时期的民众教育馆，编织了民众教育相关者的人脉网。可以说，正是由于中国社会教育社的存在，民众教育的各种机构、团体作为一种社会力量的民众教育事业才在全国开展起来"③。中国社教社搭建起一个政学两界共同参与社会教育的空间与场域。

这一时期的社教社，无论从自我塑造，抑或它者视野，都呈现出一个有清晰社团宗旨、有效联络各地社员、既有国际视野又有本土关怀、有凝练力的社团形象，日生日成。"民国肇造以来，民众教育上有三个学术团体，恰可以代表三个新时代：一个是通俗教育运动之下的中华通俗教育会，一个是平民教育运动之下的平民教育促进会，一个就是民众教育运动之下的中国社会教育社。"④社教社由成立之初的教育社团浪潮中一股溪流，一路汇集，终成"弄潮儿向涛头立"，"研究社会教育学术，促进社会教育事业"大纛，猎猎风中。

① 曹天忠：《中国社会教育社与乡村教育派分的互动》，载《中山大学学报（社会科学版）》，2006（4）。

② 古楳：《社会教育指南》，11～12 页，上海，大夏大学教育学院，1940。

③ ［日］新保敦子：《试论民国时期的民众教育——从与日本对比的视角》，见李廷江主编：《晚清中国社会变革与日本》，138 页，北京，社会科学文献出版社，2014。

④ 宗秉新：《历史所昭示的本社底前途》，载《社友通讯》，第 2 卷 2、3 期合刊，1933。

（三）战后复员再出发

1947年，《社友通讯》复刊词中称："本社同志，皆道义之交游，为事业而努力，虽聚散无定，而声气应求。"[1]再次重申"同声相应"的联络作用。社教社复社之初，各地社员失去了联络，鼎盛时期的1600多名社员剩下不足300名，各地基层社教机关图书资料馆舍毁于战火、正在废墟中重建，抗战期间政府已制度化人员待遇、人才训练、经费等问题难以落实，社教社战前购买社址已废弃，经费依然无着。再次面对建社之初的一穷二白，在常务理事俞庆棠、陈礼江、童润之率领下，社教社重振精神，通过年会、理事会议重捡战前社会教育理论和实践中未竟事业，提请教育部制定社会教育系统案、提高社会教育人员地位、改善社教人员待遇、加强人才训练机关开设、充实社会教育经费等，并积极为国家拟定了建设纲领，通过年会中心问题拟定和讨论塑造战后复员时期的国家形象，希望借此唤起民众，重拾"以教育改造达社会改造"社会教育功能，改善国家发展的舆论范围，增强民众对国家和民族前途信心，由此重塑社教社中断数年的社会形象。

在常务理事陈礼江，董事董淮、古楳三人起草的第五届年会中心问题大纲中，称"我们认为新中国既有建设的可能，社会教育就应该按照各地建设的需要，决定着手的先后。并按照各地建设进行的情形，决定工作的重心，拟定下列各种社教工作"：

(1)依据建设需要，大量制造电化教育的器材，积极推行电化教育。

(2)大量编印通俗读物，俾识字的民众能由文字上的了解而领导实行。

(3)在农村中，尽量透过各种建设性的组织（如合作社等），教导文盲从实践中获得教育。

(4)在人口集中，工业比较发达的区域，大量设立成人班，推行

---

[1] 《复刊词》，载《社友通讯》复刊，第1卷1期，1947。

建设教育。

（5）在边疆各地，尽量依据各民族的生活习惯，实施流动教育或巡回教育，以提高文化水平。

（6）成立县单位建设需要的展览室，科学实验站，巡回文库，使民众获得工作的参考。

（7）根据各地建设计划及进展的程度，编印各级民众课本，以适应民众的需要。

（8）编印促进建设的民众剧本及歌曲，以供各地民众的欣赏和表演。

（9）普遍辅导各地成立各种民众组织与团体，行使民权，以奠定自治的基础。

（10）指导民众参加各种选举活动，以培养民主的习惯和精神。

（11）根据实验的结果，宣传改良饮食的方法，以促进民众的健康。

（12）倡导各种锻炼身体的组织，并时常举行比赛，以发展国民的体育。

（13）推行兵役教育，使民众了解兵役的要义和施行的条件。

（14）协助民众实行二五减租，以减轻佃农的负担，恢复生产的力量。

（15）协助政府推行民生主义的土地政策，以实现耕者有其田。

（16）切实办理农业推广的工作，以促进农业生产。

（17）指导各地民众运用各种新式的生产工具和技术，以促进各种工业的发达。

（18）依照各地的情形，组织妇女会，切实推行家庭教育，以转移社会的重心。

（19）根据实际的需要，组织和辅导各种合作社，积极展开业务，期能成为社会活动的中心。①

---

① 《本社第五届年会讨论中心问题〈社会教育与新中国之建设〉讨论大纲》，载《社友通讯》复刊，第 1 卷 1 期，1947。

遗憾的是，国共两党国内战争战火重燃，社教社第五届年会中心问题"社会教育与新中国之建设"根本没有机会展开便戛然而止，无疾而终，社教社雄心勃勃的再出发计划很大程度上被搁浅，时不我与，徒叹奈何！

20世纪上半叶国人追求现代性和反省现代性并存，构成了社会变革的内在张力，教育作为变革社会晴雨表一样的历史存在，概莫能外。社会教育作为一种"以教育改造达社会改造"的思潮，现代和传统的巨大缝裂，在这里得到一种神奇的缝合尝试。社教社于1931年年底成立，此时"尊西崇新"已逐渐落潮，在以蒋介石为代表的国民党右翼权势实体主导下，"中国化""本土化"呼声日高，"由追求思想而变为改造现实，由高唱'世界'而改为呼唤'中国'"①。社教社虽以留学生为核心成员的主体，但参与其中的人们似乎不再单单"挟洋自重"作为争夺话语权的砝码，从而表现出来一个看似悖论而又普遍存在的现实，即它的成立不仅进一步促进西方成人教育理念在中国的传播和扎根，而且还壮大了反省现代性思潮的整体声势与影响，他们在用一种去新教育、去专业化的"反省现代性"方式，来追求中国社会教育现代化的理论体系构建。在他们的理论构建体系里，桑代克的成人学习心理、杜威的实用主义、巴伦的现代生活课程理念与儒家传统"仁义礼智信"、新儒家的朝会和谐相处；在他们的制度设计中，现代与传统一片融洽，在"唤起民众""复兴民族"背景下，不仅塾师、地方士绅、乡村自然领袖、青年骨干重组学董会，乡村学校重新被打造成地方文化中心，而且民间艺术形式被再次重视，说书、唱戏、滩簧、国术、民谣旧形式重焕光彩，与幻灯、电影、人体挂图一起，列入社会教育方式。作为体制内的知识分子，他们热衷于政学两界的双轨行走，身份变化为争夺社会教育的话语权力增加砝码的同时，亦沟通了政学两界，践行了"政教合一"的路径设计。质言之，以"研究社会教育学术，促进社会教育事业"为宗旨的社教社的出现，不仅仅完成了社会团体的民间力量整合，努力政学两界的联络，更为重要的是，它促使了这种现代性与反省现代性并存的内在张力进

---

① 张宪文、张玉法主编：《中华民国专题史 第二卷 文化、观念与社会思潮》，11页，南京，南京大学出版社，2015。

一步深化，这一点，学界长久以来未给予应有的重视。揆之史实，社教社社团形象的"自我塑造"大多包含一定的自我标榜色彩，"他者视野"恰恰提供了这样一种相对疏离的观察，为那群35～50岁为主体的青壮年知识精英打造的社教社提供一种理性的、中立的历史理解和观照。实际上，通过对社教社自我塑造和他者视野的综合，我们就有可能最近距离观察这个历史存在，细致地分析社教社和参与其中的人物及活动，我们就有了对那个时期政治、学术和教育中的权力关系做出描述的底色，正如俄国哲学家赫尔岑所言："向后看，就是向前进"，深刻认识过去的思想，或许就可以揭示未来意义。

中外参考文献举要

一、原始档案

中国第二历史档案馆

1. 全宗 5(2)，第 527～579、1586～1589、1715、11391～12135 卷

2. 全宗 21，第 28868～28890 卷

3. 全宗 624，第 11～22 卷

重庆市档案馆

1. 全宗 06(15)，第 00254～00259 卷

2. 全宗 094(01)，第 00009～00014 卷

3. 全宗 053，(03)00111～00134、(04)00031～00034、00301；(14)00089、(19)01592～01674、02116；(29)00238～00381 卷

4. 全宗 055(06)，第 00063～00149 卷

广东省档案馆

1. 全宗号 02(07)，第 111～119 卷

2. 全宗号 20(02)，第 138～145 卷；第 1118～1124 卷

3. 全宗 38(01)，第 9～16、37～38 卷

上海市档案馆

1. 全宗号 Q6(5)，第 764 卷

2. 全宗号 Q6(18)，第 176 卷

3. 全宗号 Q235(2)，第 1553、1577、1862 卷

北京市档案馆

1. 全宗 J2(03)，第 924 卷

2. 全宗 J4(04)，第 238 卷

3. 全宗 J183(02)，第 5613、26270、34395、36279、38137、38830、39177 卷

北京师范大学史学探索丛书

二、报刊

刊物

1．《社友通讯》，1～6卷(6卷2期止)、7卷(1、2、3)，复刊1卷(1、2)，1931—1937；1938—1939；1947；中国社会教育社。

2．《中华教育界》(1～25卷)，1912—1937，上海，中华书局。

3．《东方杂志》(31～32卷)，1933—1934，上海，商务印书馆。

4．《教育与民众》(第1～12卷)，1929—1938，1945—1947，江苏省立教育学院。

5．《民众教育通讯》(1～4卷)，1930—1934，江苏省立镇江民众教育馆。

6．《民众教育月刊》(1～3卷)，1928—1933，《民众教育季刊》(1～2卷)，1933—1934；江苏省立南京民众教育馆。

7．《民众教育季刊》(第1～4卷)，1930—1935，浙江省立实验民众学校。

8．《山东民众教育月刊》(第1～8卷)，1930—1938，山东省立民众教育馆。

9．《乡村建设》，1931—1937，山东乡村建设研究院。

10．《民间》(北平)，1934—1937，民间社。

11．《浙江民政月刊》，1930—1934。

12．《浙江教育行政周刊》，1932—1934。

13．《教育研究》(广州)，1931—1939，国立中山大学教育研究所。

14．《师大月刊》第7～8期，1933，北京师范大学。

15．《教育通讯》，(汉口)(第1～34期，第2～6卷)，复刊1～5卷，1938—1939；1940—1949；教育通讯周刊社。

16．《教育报公报》，1933—1938。

17．《广西普及国民基础教育研究日刊》(29～34号)，广西普及国民基础教育研究院。

18．《国民基础教育丛刊》，1935，广西普及国民基础教育研究院。

报纸

1.《大公报》(津)，1895—1934。

2.《申报》，1872—1946。

3.《国立中山大学日报》，1933—1937。

4.《新新新闻》(成都)，1929—1937。

5.《中华周报》(上海)，1930—1932。

三、地方志、文史资料

地方志

1. 湖南省地方志编纂委员会：《湖南省志》，长沙，湖南教育出版社，1996。

2. 四川省地方志编纂委员会：《四川省志·教育志》，北京，方志出版社，2000。

3. 北京市地方志编纂委员会：《北京志·教育卷》，北京，北京教育出版社，2001。

文史资料

1. 江苏省暨南京市委员会文史资料研究委员会：《江苏文史资料选辑》，第13辑，南京，江苏人民出版社，1983。

2. 江苏省无锡市文史资料委员会：《无锡文史资料》，第25辑，自刊，1991。

3. 江苏省政治协商文史资料委员会：《江苏文史资料选辑》，第104辑，南京，江苏《文史资料》编辑部，1998。

4. 江苏省武进县文史资料研究委员会：《武进文史资料》，第3辑，自刊，1984。

5. 陕西省西安市文史资料研究委员会：《西安文史资料》，第6辑，自刊，1984。

6. 湖南省溆浦县文史资料研究委员会：《溆浦文史》，第1辑，自刊，1987。

7. 浙江省绍兴文史资料研究委员会：《绍兴文史资料选辑》，第7辑，自刊，1988。

8. 四川省名山县文史资料征集委员会：《名山县文史资料》，第 4 辑，自刊，1988。

9. 青岛市政协文史资料委员会：《青岛文史资料》，第 15 辑，自刊，2006。

四、其他资料

1. 国际教育考察团报告：《中国教育之改进》，南京，国立编译馆，1932。

2. 江苏省教育厅编：《江苏省现行教育法令汇编》，自刊，1933。

3. 江苏省立教育学院：《江苏省立教育学院一览》，无锡，协成印书局，1934。

4. 中国社会教育社：《中国社会教育社第一至第三次年会报告》，1933—1935。

5. 中国社会教育社第四届年会筹备委员会：《中国社会教育社第四届年会纪念册》，1936。

6. 中国社会教育社：《中国社会教育社社员一览》，1935、1937。

7. 江苏省立镇江民众教育馆：《四年来之江苏省立镇江民众教育馆》，自刊，1934。

8.《第一次中国教育年鉴》，上海，开明书店，1934。

9. 古楳：《卅五年的回忆》，无锡，民生印书馆，1935。

10. 丁致聘：《中国近七十年来教育纪事》，南京，国立编译馆，1935。

11. 教育部社会教育司：《社会教育法令汇编》，上海，商务印书馆，1936。

12.《考试院副院长钮惕生先生讲演词》，广州，培英印务局，1936。

13. 青岛市立民众教育馆：《青岛市立民众教育馆概况》，自刊，1937。

14. 俞庆棠主编：《农村生活丛谈》，上海，《申报》馆发行，1937。

15. 国立中山大学教育研究所：《本所研究事业十年》，1937。

16. 陈礼江、邰爽秋：《民众教育之理论与实际》，上海，教育编译馆，1937。

17. 中国社会教育社广西考察团：《广西的教育及其经济》，自刊，1937。

18. 教育部社会教育司：《民众教育馆重要法规》，上海，商务印书馆，1939。

19. 教育部社会教育司：《各级学校兼办社会教育重要法令》，自刊，1939。

20. 国民精神总动员会：《国民精神总动员会会长训词》，自刊，1941。

21. 蒋介石：《中国之命运》，重庆，中正书局，1943。

22. 国立社会教育学院院长室：《国立社会教育学院概况》，自刊，1948。

23.《第二次教育年鉴》，上海，商务印书馆，1948。

24. 陈立夫：《战时教育行政回忆》，台北，台湾商务印书馆，1973。

25. 肖继宗：《革命文献》，第68辑，台北，中国国民党中央委员会党史史料编纂委员会编印，1975。

26. 王聿均、孙斌编：《朱家骅先生言论集》，台北，"中央研究院"近代史研究所史料丛刊，1977。

27. 张允候等：《五四时期的社团》二，北京，生活·读书·新知三联书店，1979。

28. 余英时编：《近代中国思想人物论：民族主义》，台北，台北时报出版公司，1981。

29. 朱有瓛主编：《中国近代学制史料》，第2辑上册，上海，华东师范大学出版社，1987。

30. 韦善美、马清和：《雷沛鸿文集》上，南宁，广西教育出版社，1989。

31. 中国第二历史档案馆编：《中华民国档案史料资料汇编 第3辑 文化》，南京，江苏古籍出版社，1991。

32. 宋恩荣编：《晏阳初全集》，第 1 卷，长沙，湖南教育出版社，1992。

33. 陈友松：《雷沛鸿教育论著选》，北京，人民教育出版社，1992。

34. 朱有瓛主编：《中国近代教育史资料汇编·教育行政机构与教育团体》，上海，上海教育出版社，1993。

35. 马秋帆编：《梁漱溟教育论著选》，北京，人民教育出版社，1994。

36. 王炳照、阎国华主编：《中国教育思想通史》，第 7 卷，长沙，湖南教育出版社，1994。

37. 江苏省立教育学院校友会：《艰难的探索 续集 江苏省立教育学院校友回忆录》，苏州，苏州大学劳动服务公司誉印社，1994。

38. 中国第二历史档案馆：《中华民国史档案资料汇编 第 5 辑第 3 编 教育(1—3)》，南京，江苏古籍出版社，1994—2000。

39. 刘寿林等：《民国职官年表》，北京，中华书局，1995。

40. 李国钧、王炳照：《中国教育制度通史》，第 7 卷，济南，山东教育出版社，2000。

41. 梁漱溟：《梁漱溟全集》，第 2 卷，山东，山东教育出版社，2005。

42. 梁吉生、张兰普编：《张伯苓私档全宗》中，北京，中国档案出版社，2009。

43. 王奇生：《党员、党权与党争：1924—1949 年中国国民党的组织形态》，北京，华文出版社，2010。

44. 宋恩荣：《晏阳初全集》，第 3、4 卷，天津，天津教育出版社，2013。

45. 张宪文、张玉法：《中华民国专题史》，第 10 卷，南京，南京大学出版社，2015。

46. 全国报刊索引数据库，http://www. cnbksy. cn/home。

五、专著

1. 蒋维乔：《江苏教育行政概况》，上海，商务印书馆，1924。

2. 汤茂如：《民众教育运动史略》，北京，中华平民教育促进会总会，1928。

3. 庄泽宣：《如何使新教育中国化》，上海，民智书局，1929。

4. 宗秉新：《江苏的民众教育馆》，镇江，江苏省立镇江民众教育馆，1933。

5. 马宗荣：《社会教育概说》，上海，商务印书馆，1933。

6. 马宗荣：《现代社会教育泛论》，上海，世界书局，1934。

7. 庄泽宣、徐锡龄：《民众教育通论》，上海，中华书局，1934。

8. 高践四：《民众教育》，上海，商务印书馆，1934。

9. 陈礼江：《民众教育》，上海，商务印书馆，1935。

10. 俞庆棠：《民众教育》，南京，中正书局，1935。

11. 马宗荣：《识字运动、民众学校经营的理论与实际》，上海，商务印书馆，1935。

12. 黄裳：《民众学校招生暨留生问题的研究》，广州，国立中山大学，1936。

13. 马宗荣：《社会教育纲要》，上海，商务印书馆，1937。

14. 黄裳：《民众学校概论》，广州，广州省立民众教育馆，1937。

15. 赵冕：《社会教育行政》，长沙，商务印书馆，1938。

16. 陈大白：《洛阳实验区事业实验记》，洛阳，中原印刷所，1940。

17. 彭大铨：《民众教育馆》，重庆，中正书局，1941。

18. 马宗荣：《社会教育纲要》，上海，商务印书馆，1947。

19. 顾岳中：《民众教育》，重庆，中正书局，1947。

20. 赵冕：《民众教育》，上海，中华书局，1948。

21. 戈公振：《中国报学史》，北京，生活·读书·新知三联书店，1955。

22. 林清江：《教育社会学》，台北，"国立"编译馆，1972。

23. 孙邦正：《六十年来的中国教育》，台北，正中书局，1971。

24. 李建兴：《社会教育与国家建设》，台北，文学出版社，1985。

25. [美]周明之：《胡适与中国现代知识分子的选择》，雷颐译，成都，四川人民出版社，1991。

26. [美]艾恺：《世界范围内的反现代化思潮——论文化守成主义》，张信译，贵阳，贵州人民出版社，1991。

北京师范大学史学探索丛书

27．［美］费正清编：《剑桥中华民国史（1912—1949）》上、下，杨品泉、张言、孙开远等译，北京，社会科学文献出版社，1994。

28．王海光：《旋转的历史——社会运动论》，上海，上海人民出版社，1995。

29．李华兴：《民国教育史》，上海，上海教育出版社，1997。

30．［美］保罗·康纳德：《社会如何记忆》，纳日碧日戈译，上海，上海人民出版社，2000。

31．郭于华：《仪式与社会变迁》，北京，社会科学文献出版社，2000。

32．刘正伟：《巡抚与士绅：江苏教育近代化研究》，石家庄，河北教育出版社，2001。

33．［英］齐格曼·鲍曼：《立法者与阐释者：论现代性、后现代性与知识分子》，洪涛译，上海，上海人民出版社，2001。

34．李孝悌：《清末的下层社会启蒙运动：1901—1911》，石家庄，河北教育出版社，2001。

35．罗志田：《乱世潜流：民族主义与民国政治》，上海，上海古籍出版社，2001。

36．张鸣：《乡村社会权力和文化结构的变迁（1903—1953）》，南宁，广西人民出版社，2001。

37．王雷：《中国近代社会教育史》，北京，人民教育出版社，2003。

38．曹天忠：《教育与社会改造：雷沛鸿与近代广西教育与社会》，天津，天津古籍出版社，2004。

39．张蓉：《中国近代民众教育思潮研究》，北京，中国文史出版社，2005。

40．陈旭麓：《近代中国社会的新陈代谢》，上海，上海社会科学院出版社，2006。

41．［美］西达·斯考切波：《历史社会学的视野与方法》，封积文等译，上海，上海人民出版社，2007。

42．田正平、陈胜：《中国教育早期现代化问题研究：以清末民初乡村教育冲突考察为中心》，杭州，浙江教育出版社，2009。

43．王先明：《变动时代的乡绅——乡绅与乡村社会结构变迁（1901—

1945)》，北京，人民出版社，2009。

44．朱考金：《民国时期江苏乡村建设运动研究》，北京，中国三峡出版社，2009。

45．杨才林：《民国社会教育研究》，北京，社会科学文献出版社，2011。

46．周慧梅：《近代民众教育馆研究》，北京，北京师范大学出版社，2011。

47．朱煜：《民众教育馆与基层社会现代改造(1928—1937)：以江苏为中心》，北京，社会科学文献出版社，2012。

48．［美］戴维·斯沃茨：《文化与权力：布尔迪厄的社会学》，陶东风译，上海，上海译文出版社，2012。

49．桑兵等：《近代中国的知识与制度转型》，北京，经济科学出版社，2013。

50．刘晓云：《近代北京社会教育发展研究(1895—1949)》，北京，知识产权出版社，2013。

51．周慧梅：《"新国民"的想象：民国时期民众学校研究》，北京，北京师范大学出版社，2013。

52．孙喆、王江：《边疆、民族、国家：〈禹贡〉半月刊与20世纪30—40年代的中国边疆研究》，北京，中国人民大学出版社，2013。

53．［美］大卫·科泽：《仪式、政治与权力》，王海洲译，南京，江苏人民出版社，2015。

54．黄书光：《变迁与转型：中国传统教化的近代命运》，上海，上海教育出版社，2014。

55．桑兵：《清末新知识界的社团与活动》，北京，北京师范大学出版社，2014。

56．赵倩：《现代化语境下的民众教育与社会改造：1928—1937年北平地区民众教育馆研究》，北京，中国人民大学出版社，2015。

57．于潇：《社会变革中的教育应对：民国时期全国教育会议研究》，杭州，浙江大学出版社，2015。

58．黄兴涛：《重塑中华：近代中国"中华民族"观念研究》，北京，北京师范大学出版社，2017。

六、外文资料

1. Chuang，Chai-hsuan，*Tendencies toward a Democratic System of Education in China*，Teachers College，Columbia University，1922.

2. Jennings Pinkwei Chu，*Chinese Students in America*：*Qualities Associated with their Success*，Teachers College，Columbia University，1922.

3. Yuntin Cheng Li，*A Study of The Organization of The American of One-Teacher School*，Teachers College，Columbia University，1927.

4. Shwang Chow Tai，*Objective Measures Used In Determining the Efficlency of the Administration of Schools*，Teachers College，Columbia University，1927.

5. Chung I Shang，*A Method of Selecting Foreing Stories For The American Elementary Schools*：*Applied to the Evaluation of Stories Translated by the Author From The Chinese Folk Literature*，Teachers College，Columbia University，1929.

6. Pu Hsia Frederick Chao，*Education for a Democatic China*：*A Report of a Type C Project*，Teachers College，Columbia University，1946.

7. Lin Ying Kao，*Academia and Professional Attainments of Native Chinese Students Graduating form Teachers College*，*Columbia University (1909—1950)*，Teachers College，Columbia University，1951.

8. Hsiao Kung-ch'uan，*Rural China*：*Imperial Control in the Nineteeth Century*，Seattle，University of Washtoning Press，1960.

9. Geerte，*Religion as a Cultural System*，*In Michael Banton*，*ed.*，*Anthropological to the Study of Religion*，London，Tavistock，1966.

10. Mary C. Wright，*China in Revolution*：*The First Phase*，New Haven and London；Yale University Press，1968.

11. Evelyn Sakakida Rawski，*Education and Popular Literacy in Ch'ing China*，Ann Arbor，University of Michigan Press，1979.

12. Paul Bailey，*Reform the People：Changing Attitudes towards Popular Education in Early Twentieth Century China*，Canada，University of British Columbia Press，1990.

13. 新保敦子：《中国における民衆教育に関する一考察——俞慶棠と江蘇省立教育学院をめぐって》，《早稲田教育評論》，第 15 卷，2001.

14. 戸部健：《民衆教育館による"社会教育"の変容過程——1920 年代後半から1940 年代天津の事例を中心に》，《近きに在りて》，第 50 卷，2006.

七、主要论文

期刊论文

1. 陆尔奎：《论教育会的性质》，载《教育杂志》，1909(9)。

2. 傅葆琛：《我们为什么要在训政时期努力民众文字教育》，载《教育与民众》，1931(5)。

3. 陈礼江：《积极的社会教育》，载《教育与民众》，1931(6)。

4. 徐锡龄：《中国民众教育发展之经过》，载《教育与民众》，1932(6、7)。

5. 夏承枫：《社会教育与学制系统》，载《民众教育季刊》，1932(1)。

6. 许公鉴：《草拟中国社会教育系统》，载《民众教育季刊》，1933(1)。

7. 赵冕：《本社第一年的回顾与第二年的展望》，载《社友通讯》，1933(2、3)。

8. 梁漱溟：《社会本位的教育系统草案》，载《教育与民众》，1933(1)。

9. 朱坚白：《民众教育专家会议之追忆与展望》，载《民众教育季刊》，1933(3)。

10. 宗秉新：《历史所昭示的本社底前途》，载《社友通讯》，1933(2、3)。

11. 顾良杰：《民教专家会议之经过及其结果》，载《教育与民众》，1933(6)。

12. 梁漱溟：《社会教育与乡村建设之合流》，载《乡村建设》，1934(9)。

13. 赵冕：《本社第二年的回顾与第三年的展望》，载《社友通讯》，1934(2)。

14. 顾良杰：《教育部民众教育委员会会议经过及感想》，载《社友通讯》，1934(8)。

15. 储志：《中国社会教育社的过去与将来》，载《教育与民众》，1934(8)。

16. 俞庆棠：《普及教育与民众教育》，载《教育杂志》，1935(3)。

17. 千家驹：《中国的歧路——评邹平乡村建设运动》，载《中国农村》，1935(7)。

18. 陈礼江：《建设中的中国社会教育系统及现阶段的民众教育事业》，载《教育与民众》，1936(2)。

19. 贾极愚：《洛阳实验区视察记》，载《政治旬刊》，1936(14)。

20. 作民：《中国社会教育社的第四届年会》，载《中国农村》，1936(3)。

21. 雷宾南：《社会教育与学校教育合流问题》，载《教育与民众》，1940(8)。

22. 王璋：《广东省教育厅国立中山大学中国社会教育社合办花县乡村教育实验区进行计划大纲》，载《乡村建设》，1936(8)。

23. 石玉坤：《花县乡村教育实验区的实验工作》，载《教育研究》（广州），1937(77)。

24. 张聿飞：《抗战中的中国社会教育》，载《社会教育辅导》，1945(4)。

25. 陈礼江：《抗战十年来中国的社会教育》，载《中华教育界》复刊，1947(2、3)。

26. 田正平：《论中国教育近代化的延误》，载《华东师范大学学报（教育科学版）》，1996(4)。

27. 桑兵：《近代中国学术的地缘与流派》，载《历史研究》，1999(3)。

28. 王奇生：《党政关系：国民党党治在地方层级的运作（1927—1937）》，载《中国社会科学》，2001(3)。

29. 徐秀丽：《中华平民教育促进会扫盲运动的历史考察》，载《近代史研究》，2002(2)。

30. 田正平、李江源：《教育制度变迁与中国教育现代化进程》，载《华东师范大学学报（教育科学版）》，2002(1)。

31. 于述胜：《民国时期社会教育问题论纲——以制度变迁为中心的

多维分析》，载《北大教育评论》，2005(3)。

32．曹天忠：《中国社会教育社述论：以年会(1932—1936)为中心》，载《民国档案》，2006(2)。

33．曹天忠：《中国社会教育社与乡村教育派分的互动》，载《中山大学学报(社会科学版)》，2006(4)。

34．侯怀银、张宏波：《"社会教育"解读》，载《教育学报》，2007(4)。

35．侯怀银：《中国社会教育研究的若干问题》，载《教育研究》，2008(12)。

36．王笛：《茶馆、戏园与通俗教育：晚清民国时期成都的娱乐与休闲政治》，载《近代史研究》，2009(3)。

37．郑成林、路中康：《社群、社团史研究与近代中国社会重构——"近代中国社会群体与社会变迁"学术研讨会述评》，载《近代史学刊》，第5辑，2009。

38．周慧梅：《域外观念与中国学制变革：基于20世纪30年代"社会教育制度建设"的考察》，载《教育研究》，2011(5)。

39．刘蔚之：《美国哥伦比亚大学师范学院中国学生博士论文分析(1914—1929)》，载《教育研究集刊》(台湾)，2013(2)。

40．孙邦华：《中国教育现代化运动中的中国化与美国化、欧洲化之争：1932年国联教育考察团报告书〈中国教育之改造〉的文化价值观及其反响》，载《教育研究》，2013(7)。

41．朱煜：《民众教育馆与基层政权建设：以1928—1937年的江苏省为中心》，载《近代史研究》，2014(3)。

42．胡芮：《从道德想象到伦理实体：近代"中华民族"形态嬗变的思想史考察》，载《云南社会科学》，2015(4)。

43．周慧梅：《致敬传统与民国社会教育路径之选择：以民众学校为考察中心》，载《天津师范大学学报(哲学社会科学版)》，2016(4)。

44．田正平：《关于民国教育的若干思考》，载《教育学报》，2016(4)。

45．李长莉：《中国近代社会史研究三十年发展趋势与瓶颈》，载《南京社会科学》，2017(1)。

46．周慧梅：《民国时期中国社会教育学科的建构》，载《教育史研究》

北京师范大学史学探索丛书

辑刊，2017(1)。

学位论文

1. 元青：《杜威与中国》，博士学位论文，南开大学，1999。

2. 古小水：《1927—1937年中国民众教育研究：以江苏为中心》，博士学位论文，南京大学，2000。

3. 陈钊：《国民政府战时教育方针研究》，硕士学位论文，西北大学，2002。

4. 刘方仪：《江苏省教育现代化的推手——江苏省教育会研究(1905—1927)》，博士学位论文，南京大学，2005。

5. 郑新华：《近代中国教育如何可能——以江苏省教育会为例(1905—1927)》，博士学位论文，华东师范大学，2006。

6. 孙广勇：《社会变迁中的中国近代教育会研究》，博士学位论文，华中师范大学，2006。

7. 周慧梅：《南京国民政府时期的民众教育研究》，博士学位论文，北京师范大学，2006。

8. 何树远：《中华教育改进社与民国教育界(1919—1928)》，博士学位论文，中山大学，2008。

9. 古秀青：《清末民初江苏省教育会研究》，博士学位论文，华中师范大学，2008。

10. 杨思机：《指称与实体：中国"少数民族"的生成与演变(1905—1949)》，博士学位论文，中山大学，2010。

11. 钟瑾：《迷失在权力的漩涡——民国电影检查研究》，博士学位论文，上海大学，2010。

12. 张礼永：《教育建设的第三条道路：民国时期教育研究组织之探析》，博士学位论文，华东师范大学，2011。

13. 周祥林：《梁漱溟乡村建设伦理思想及实践研究》，博士学位论文，中南大学，2011。

14. 崔慧姝：《梁漱溟乡村建设运动及其争议研究》，博士学位论文，南开大学，2012。

后　记

　　这是我第四本关于民国社会教育的专著，原本不在计划之内，更不曾想到洋洋洒洒写了数十万字。与上一本《民国社会教育研究》用尽洪荒之力的艰涩相比，写这本书却格外酣畅淋漓，那种"与君初相识，犹如故人归"的感觉，伴随始终。

　　这本书的由来，颇有几分峰回路转、云舒霞卷的意味。2015 年 11 月初，学术会议上偶遇学长储朝晖，读博士期间他高我两级，多有交往，他聊起正组织人马做"民国教育社团史"，问我可有社团推荐，可有兴趣加入。我当时已接下浙江大学田正平老师的征召令，承担着《民国社会教育研究》撰写任务，无暇他顾。回来后，和学生李媛说起此事，觉得中国社会教育社很值得一做，她正开始攻读教育史的博士学位，自告奋勇尝试一下，我们一起讨论了框架，并和储师兄做了对接。李媛开始频繁往来国家图书馆，社教社四次年会报告和《社友通讯》是大宗资料来源。按照丛书规定，要以时间为维度呈现社团发展脉络，大纲几经修改，资料日多，她却日益焦虑，为写不出新意反复纠结。我当时正陷入《民国社会教育研究》煎熬中，对史料仅能草草浏览，提议不妨从经费、社员发展、政策参与等方面试试，至于如何进入，如何兼容现有框架，却难以给予多少实质助力。后来，因开题压力李媛中断尝试，社教社研究出师未捷，悬空搁置。储师兄再三希望我能接手，不善于说不的我只有硬着头皮，答应等书稿完成后试试。2017 年 3 月结束《民国社会教育研究》书稿创作，我正式进入社教社专题研究，经过月余资料阅读梳理，恍然发现，如果没有对整个民国时期社会教育的整体把握，没有对其时社会语境的深切体会，就难以理解社教社中的其人、其事，更难以进入它搭建的政学两界的公共话语空间，换句话讲，如果没有经过十多年学术铺垫，面对社教社，或许我一样束手无策。此时，方才明白这个选题对初涉社教研究领域的李媛来说，是多大的困难所在，她听我说起这些感受，半开玩笑地讲幸好她勇于放弃，没有毁掉社教社这个好选题，兜兜转转，一年半过去了，再次遇到，便是"不早一步，不晚一步"的恰逢其时。

实际上，真正使我下定决心来做这个专题，是在《民国社会教育研究》最后一章写作之时。拟框架之初，我想尝试一下民国时期社会教育学科制度化建构，主编田老师力排众议，认为"这一章我意是要的，而且，写得好可能是全书的亮点"。写作过程中，一些问题一直在心中萦绕：社教界人士为什么近乎执拗地打造政学两界的公共平台？为什么要将其学术社团定位于联络沟通？为什么如此纠缠于学校教育与社会教育地位之争？谁掌握着这个政学两界共同平台话语权？社教社的核心理事又是怎样通过这个平台，将全国范围内的社教机构、乡建团体整合起来，形成一种社会力量？而这种社会力量又是如何影响中央、各级政府及基层社员的？对整个社会教育的发展趋势有何影响？普通社教工作者、基层社教行政人员是怎样使用及评价这个平台的？这些问题关涉到民国社会教育研究的进一步深入，社教社专题研究势在必行，而对参与其中的人物和活动进行更为细致、深入分析，解心中疑惑之余，或许还可以突破"国家—民间社会"简单框架，对民国时期政治、教育与学术中的权力关系作出具体而准确的临摹和刻画。实际上，后一种追求，于述胜教授早在 2005 年就谈起过，那时，我正纠缠于博士论文写作，这种高见，于我，只是听听而已，没有任何实质意义。

社教社作为社教界的学术团体，从 1931 年 5 月开始酝酿，同年底成立，抗战期间工作断断续续，1947 年复社，事业开展集中在 1932—1937 年，按照历史分期实难展现其辗转腾挪、披荆斩棘的历史面貌。我第一步所做的，便是重新厘定框架，按照社教社的"原本模样"谋篇布局，不敢亦不能因外在框架而削足适履，失了敬畏初心。专题化考量与储师兄规划相去甚远，如强行放入必突兀了整套书的完整风格，亦是我不愿不想的。此时，储师兄麾下已兵强马壮，罗致 30 多人的庞大研究团队，远非 2015 年的十余人同日而语，我不习惯大兵团作战，自请辞去。无论如何，我还是很感念这段学术合作上的缘起缘寂，以及由此催生出这本计划之外的专题研究。

社教社于我，是"熟悉的陌生人"。尽管从博士论文选题就进入民国社会教育领域，与社教社的核心社员如俞庆棠、孟宪承、赵冕、陈礼江、高阳等，四届年会，合办的洛阳、花县实验区等"打过交道"，但七鳞八爪，散落在不同的知识板块中，且之前不管是民众教育馆、民众学校专题研究，还是社会教育长时段考量，我更多地关注的是"怎么做"，甚少去涉及"为何做"，它们也从未如此集中在一个资料谱系中。从这个平台进入，突然发现，或轰轰烈烈，或细小入微的社教社事业背后，那些或熟悉或陌生的人物一个一个粉墨登场，异彩纷呈。在这个政学两界共同打造的社教共同体中，话语权争夺的背后，绝非简单的地域、学缘、理论体系、实践逻辑之间的纠缠，更有学术与政治、派系之间的博弈。随着探索日深，发现社教社不仅仅是社教界的各路精英集聚之精神家园，还是大多数民国教育界的知识精英啸聚的江湖，如中华平民教育促进会的晏阳初、山东乡村建设研究院的梁漱溟、晓庄师范的陶行知、中华职业教育社的黄炎培和江问渔、中华儿童教育社的陈鹤琴、南开大学校长张伯苓、沪江大学校长刘湛恩、河南大学校长刘季洪、中华书局的舒新城、浙江省图书馆馆长陈训慈、大夏大学的邰爽秋等，都与社教社有着深浅不一的关系，蔡元培、吴稚晖更是被社员大会公选为荣誉社员。通过这个视角，再看社教社的年会，比如第二年年会中心问题提案拟定，五组草拟提案的出台，其背后不仅有梁漱溟与晏阳初隔空开战，梁漱溟与国立中山大学的庄泽宣、古楳、崔载阳短兵相接，乡村教育派分脉络清晰浮现；更隐藏着浙江省立民众教育实验学校校长尚仲衣被驱赶，孟宪承、郑晓沧奔走相助的学术与政治的博弈。我为发现事件背后的"人"兴奋不已，更被他们对社教事业的情怀深深吸引。有了事件背后的"人"，仿佛一下子找到了密码，以往碎片化、漂移的知识板块得以拼接、黏聚，史料渐有融会贯通之势，似乎不再那么需要刻意以求，它们便会自动联结一样，我逐渐体味到做系列研究的妙处。

2017年5月正式动笔，春节假期初稿完成，再到4月初定稿，其中虽有数次因各种杂事中断，但整体还算流畅。印象最深的，是春节假期，家人都回了河南老家过年，我一个人在北京，每天两点一线，简单而忙碌。过年期间的英东楼格外清静，从大年三十到初二，从早上8:00到晚上

11:40，花了整整 3 天的时间，再次核对了社教社上千名社员的次章，并列出 4 个长短不一的表格，将繁复不已、不断变化的五届理事会中的理事、候补理事名单及他们在 1932—1938 年期间 18 次理事会议出席情况、主席、承担的主要社务一一厘清，一张复杂、纵横交错但清晰的人物关系谱系图自然生成，而一直隔开我和中国社会教育社之间的那层面纱，悄然滑落，结语部分自然流淌笔端。那种笨功夫带来的成就感，足以抵挡一切学术独行的寂寥。

实际上，这本书写得酣畅淋漓的背后，不仅仅是十多年的资料积累、自我努力的结果，更有外界助力加持，跨度两年的《民国社会教育研究》的学术历练，主编田老师的当头棒喝，直接助我"打通任督二脉"，眼前一片豁然开朗。书稿结束后，我不仅信心百倍地开启了社教社专题研究，更挟余勇调整博士论文《南京国民政府时期民众教育研究》的篇章布局，以《国家塑造与社会变革：1895—1949 年社会教育研究》为题成功申报国家社科基金后期资助。如果说人一生中只能遇到那么几个能够塑造我们学识和培养研究兴趣的人，那么我是足够幸运的，前有导师王炳照先生指明方向，春风化雨，恩师走后，又得遇田老师提携后进，耳提面命。两位老师共同之处，都要求我不要着急，就一个选题稳扎稳打，做深做透。能回报老师的，唯有谨记叮咛，化为践行，谨慎走好下一步，愿来日可期。

初稿出来后，我习惯性地打印出来修改。老爸主动请缨，要帮我校对错别字，不忍心他每日操持生活之余，还要看这些不大通俗的文字，便以"还是初稿，比较粗糙"婉转谢绝，我以为他就此偃旗息鼓。一次偶然机会，发现早起的老爸戴着老花镜，正在灯下一页一页认真地翻看打印稿，被我发现还有点不好意思，说看我每日匆匆，特别想帮上点忙。他和老妈退休后远离家乡，蜗居京城，带外孙女，操持家务，为我腾出尽可能所有的时间。我知道，老爸把他当年未实现的学者梦寄托在我的身上，他虽不言，我亦能懂。小女周周是个古灵精怪、伶牙俐齿的小姑娘，她已习惯妈妈的写书形象。春节期间，千里之外的电话那头，4 岁半的周周会一边接电话一边给姥姥姥爷传达信息，"妈妈写书很开心"。平日里，只要不出差，每日清早去幼儿园的路上，是我们难得的亲子时光，她会悄悄和我分享很多小秘密，说等她长大了，要发明一个会自动下载妈妈脑子里想法的机器人，帮妈妈写书，妈妈只用在家休息就行，小姑娘的天真、体贴让我时常动容；外子李会先博士承担了周末大多数带娃任务。家人的理解和支持，为我潜心于有兴趣的事情做了坚实后盾。

北师大历史学院是我博士后期间工作两年的地方，古道热肠的杨共乐院长，一直关注我的成长，为我提供源源不断的助力。我的第一本专著《近代民众教育馆研究》，有幸被列入"北京师范大学史学丛书"第 3 辑，出版后先后获得北京市第六届教育科学优秀成果奖一等奖、第七届高等学校科学研究优秀成果奖（人文社会科学）三等奖，得到学界的一些认可，我知道，奖励背后，更多的是对这个高平台的肯定。这本书再次有幸被列入史学丛书系列，唯愿不负知遇，敬请各位方家不吝赐教。

谨以此书献给我的父母——周随东先生、原桂叶女士。

周慧梅

2018 年 4 月 8 日于北京师范大学英东楼

北京师范大学史学探索丛书